本书由天津市科协资助出版

阎耀军 著

预测·预警·预控

未来 | 研究 | 三部曲

FUTURE RESEARCH TRILOGY

社会科学文献出版社
SOCIAL SCIENCES ACADEMIC PRESS (CHINA)

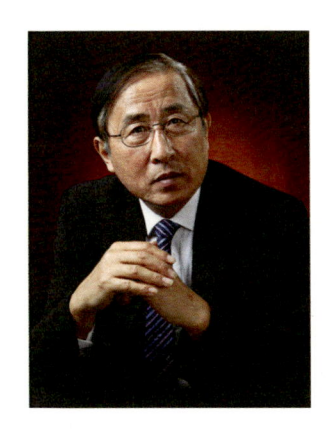

阎耀军

中国未来研究会副会长，天津市未来与预测科学研究会会长，天津市科协委员，天津工业大学公共危机管理研究所所长、教授、研究生导师。主要研究方向：社会预测学理论，社会预警、预控与公共危机管理。

主持国家社科基金课题 3 项、省部级和重大横向课题 20 多项，发表论文 200 多篇，出版学术专著 5 部。理论研究代表作：《试论社会科学与社会预测》、《试论社会预测主客体的互动反射性原理》、《社会稳定的计量与预警预控系统的构建》、《我国社会预警体系建设的纠结与破解》、《社会稳定风险仿真模拟与社会冲突的前馈控制》。应用研究代表作："民族关系监测预警系统"（软件）、"犯罪预测时空定位信息管理系统"（软件）。

学界同行专家公认其主要创新性贡献为：首先提出并建立了社会预测学的基础理论（《社会预测学基本原理》，社会科学文献出版社，2005）；最早系统阐述了现代实证性社会预警理论与方法（《现代实证性社会预警》，社会科学文献出版社，2006）；率先提出了公共危机管理的前馈控制理论（《社会管理的前馈控制》，社会科学文献出版社，2013）；开辟了社会稳定风险仿真模拟研究的新方向（国家社科基金重点项目 13ASH003）；为建立有中国特色的社会预测学和未来学理论研究以及实践应用做出了突出贡献。

2014 年获得"全国优秀科技工作者"荣誉称号并被授予天津市五一劳动奖章。

代　序

预测·预警·预控——学术媒体访谈录*

自2003年10月中共十六届三中全会提出"建立健全各种预警和应急机制，提高政府应对突发事件和风险的能力"的决策，随之党的四中、五中、六中全会反复加以强调之后，社会预警和公共危机管理的研究在我国骤然兴起并渐成一门显学。笔者于2003年9月出版国内第一本有关社会预警的学术专著，①并于此后的十多年中持续探索推进，先后出版五部学术专著，发表相关学术论文60多篇，同时受国家安全部门的委托主持跨学科研究，开发多款监测预警管理系统软件。鉴于社会预警与公共危机管理的重要性和人们给予的关注度，多家学术媒体对笔者进行过学术专访，在本书付梓之际，为灵活方便地表达自己的学术观点和回答社会关切，笔者特梳理各家媒体之问，以答记者问形式编序作答，权且代序。

记　者：阎教授您好，近年来有关公共危机和社会预警是一个非常"热"的话题，您能就此给我们解释一下吗？

阎耀军：其实，正如著名社会学家、中国社会科学院荣誉学部委员陆学艺先生生前给我的一本书写的书评《前馈控制：人类有史以来的梦想》所说的一样，从历史的宏观来看，人类对这类研究从来都没有"冷"过。从早在5000年前就出现的预卜未来的龟卜，以及3500年前卦算吉凶的蓍筮，到当代方兴未艾的未来学研究，再到最前沿的被称为国家安全"新核武器"的

---

* 近年来，《中国社会科学院院报》（2006年6月27日）、《科技创新与品牌》（2012年3月）、《科技文摘报》（2012年3月4日和10月25日）、《未来与发展》（2013年6月）、《天津工业大学报》（2015年3月10日）、《社会管理创新》（2015年8月）等学术媒体先后对笔者进行学术专访，为方便表达自己的学术观点，特在此基础上对专访中提出的问题加以综合编排，以问答的形式成文，是为代序。

① 参见阎耀军《超越危机——社会稳定的量度与社会预警》，延边大学出版社，2003年。

"政策模拟器"的研发，总之人类的认识史表明，对未来的预测、预警和预控，是人类自古至今都在不懈追求的梦想，只不过在当代社会越来越甚罢了。

记　　者：阎教授，您能给我们介绍一下我国建设社会预警体系的时代背景及意义所在吗？

阎耀军：当代社会伴随着科技迅速发展和经济全球化、世界一体化的浪潮，各种风险蔓延和空间扩散速度日益加快，尤以震惊世界的"9·11"恐怖袭击事件和"非典"事件为标志，使世人更加清醒地认识到"风险社会"的来临。而我国情况更加特殊，不仅正处于发展环境最好的"战略机遇期"，而且处于"经济转轨、社会转型"的变革期，在国际经验的社会发展序列谱上恰好对应着"非稳定状态"的频发阶段。在"改革、发展、稳定"的关系中，社会稳定是维系国家有序运行的根本保证。因此，在我国未来发展进程中，科学、定量、实时地监测和诊断社会稳定风险在各个领域的状态变化，对潜在社会风险进行预测预警预控，乃是降低社会管理成本、维护社会稳定的必然选择。为此，早在2003年，中共十六届三中全会就做出了要"建立健全各种预警和应急机制"的英明决策，并在后来的四中、五中、六中全会上反复强调，直至十三届全国人大一次会议后，国家正式设立中华人民共和国应急管理部。

记　　者：阎教授，听说您早在中央提出"建立健全社会预警体系"之前就出版了《社会预测导论》和《超越危机——社会稳定的量度与社会预警》两部学术专著和相当多的论文，而在中共中央做出有关决策后您又先声夺人，很快连续出版了《社会预测学基本原理》《现代实证性社会预警》《社会管理的前馈控制》三部颇受学术界好评的书，相关论文的发文量也一度居于全国之首，尤其是您构建的"社会稳定模型"和由此模型衍生的指标体系对我国长达17年社会稳定波动情况的测量和模拟预警，被一些学者称为"此前绝无仅有的大胆尝试""一次大胆尝试和很有意义的探索"，是一项"具有拓荒性的"研究。您能告诉我们这十多年来是什么力量驱使您坚持这一研究并取得如此丰硕的成果吗？

阎耀军：丰硕不敢当，但说到成果，在这一领域值得敬佩的学者有许多，如中国社会科学院的朱庆芳研究员，她在国内最早提出社会预警指标体系；南京社会科学院的宋林飞研究员最早进行了社会预警的实证研究；南京大学的童星教授一直在积极推进社会风险的研究；中国科学院的王铮研究员正在这一领域的前沿攻克政策模拟的难关；特别值得一提的是著名社会学家陆学艺、李培林研究员坚持十多年主编的《社会蓝皮书：中国社会形势分析与预测》……总之，这是一个异彩纷呈的群体，我在其中只能算沧海一粟。要说这一研究领域的驱动力，每个人可能各有不同，但如果从科学发展史的宏观来看，促使人类在预测、预警、预控这条道路上如此执着和持久地追寻的基本驱动力主要有两个：其一是科学自身内在的逻辑延展力量；其二是社会需求的外在推动力量。科学发展史表明，后者的推动力往往更大。我们在前面已经谈到现代社会的一个重要特征即"风险社会"，而在一个风险频仍的社会中，光靠所谓"应急管理"是远远不够的，必须对未来有一定程度的预测、预警和预控，否则人类不仅会在这个风险世界中越来越疲于奔命，而且会付出越来越高的成本。正如恩格斯所说，社会一旦有技术上的需求，那么这种需求要比十所大学更能推动科学的发展。所以作为一个学者，如果将自己的科学兴趣即研究方向与社会需求统一起来，获得一种双轮平衡的驱动，那么他的研究应该取得事半功倍的成效。

记　者：这就是一些媒体称誉您的"双轮驱动，异军突起"，可以这样理解吗？

阎耀军："异军突起"实不敢当，我倒是时时感到后生可畏。因为当今学术界是一种千帆竞发、百舸争流的局面，尤其是年轻人更是在学术研究领域突飞猛进，其中佼佼者众多，我只不过是夕阳中的一匹仍然心怀梦想的伏枥老骥而已。

记　者：阎教授谦虚了，再怎么"双轮驱动"，也得有深厚的积淀才能爆发出来啊。

阎耀军：这倒是事实。如今的成就得益于我 20 年前对学术研究的定位和目标选择。其实我是半路出家，40 岁才由党政机关到科研机关做学问的。面对茫茫学海中 1000 多个学科如何选择？面对社会学中的近 100 个分支如何选择？社会学创始人孔德把社会学研究分为描述、解释、预测三个层次。事实证明后者最难，能搞和愿搞者甚少。譬如孔子 50 岁读《易》，读到"韦编三绝"；马克思预测社会未来，花了 40 年时间。

记　者：所以面对"预测之难"，绝大多数人望而却步。

阎耀军：但是反过来看，供给越少则需求越大。在社会加速发展的当代条件下，社会系统的不确定性，进一步增强了人类对自身的安全和未来秩序的期盼，特别是在我国的特殊条件下，社会结构的复杂性既提高了社会预测的难度，又增加了社会预测的迫切性。当然，选择预测学研究是需要诸多主客观条件的，"对加速发展的现代社会来说，预测它在时间和空间上发展的多种可能性和复杂性，不仅要有保持探讨大问题和挑战难问题的勇气，还要有系统的知识储备、丰富的理论准备以及有效的经验研究的支持"。经过一年多的思考，我发现社会预测是社会科学认识过程的完成阶段，社会预测是检验社会科学成功程度的标准，社会预测是认识世界向改变世界转化的中介，社会预测的强弱关系到社会科学的地位和前途……总之社会预测在社会科学研究中具有十分特殊的地位和价值。于是我决定把研究方向锁定在这一非常具有挑战性的目标上，迄今已有20年。

记　者：资料显示，这20年间，您先后承担主持了有关预测、预警、预控研究的三项国家社科基金项目、六项省部级项目和十多项地方政府部门委托的项目；出版学术专著五部，发表论文60余篇；您研发了多种相关软件，还组建了专门研究机构。您能给我们梳理和总结一下您或你们团队的研究理念和研究特色吗？

阎耀军：我们这个团队确实有自己独到的研究理念和特色，以及由此形成的优势。第一是理论前沿和实际应用先发优势。我们早在1997年就开始研究社会预测和预警问题，并于中共中央正式提出"建立健全社会预警体系"的同年就发表了全国第一部社会预警专著《超越危机——社会稳定的量度与社会预警》；我们还研发出全国首创的，以"民族关系监测预警管理系统"和"犯罪预测时空定位信息管理系统"为代表的计算机应用软件并应用于实际部门，目前全国已有十多个城市和部门到本所接受软件使用培训。

第二是对复杂非物化现象计量研究的优势。对社会稳定或风险这类复杂非物化现象的计量，是长期困扰科学界的一个难题。自20世纪下半叶兴起于美国并逐渐风行于世的"社会指标运动"，提供了一种以社会指标为工具的计量方法后，许多人在重视定量研究的同时却忽略了定性（理论）研究，其后果是导致众多缺乏理论支持的指标体系，从而导致计量效度和信度的低下。对此，我们提出"理论模型是统率指标体系基本框架的灵魂"的观点，成功构建了"社会稳定理论模型"、"民族关系和谐模型"和"信访问题预警模型"，并据此构建计量指标体系，辅以多种现代计量方法，从而推进了定性和定量研究的结合和统一。

第三是以前馈控制为研究取向的特色优势。在理论上，肇始于维纳的控制论以反馈控制为其理论核心；在实践中，以应急办为代表的各类公共危机管理机构重心亦在反馈控制；而各类研究机构，绝大多数以危机的事后应对、突发事件的处置，甚至危机的善后管理为中心。而我们的重点则放在危机发生前的"预警管理"，强调"前馈控制"。我们认为，在当代高速运行的社会中，任何反馈控制都不能避免"时间滞差效应"，而时滞效应往往又会导致"潘多拉魔盒效应"，使危机后果不可挽回。因此前馈控制应当是现代危机管理的重中之重和难中之难，我们的策略就是集中力量攻其重点和难点。

第四是文理工结合、"四位一体"集成创新优势。我们认为理论、方法、技术包括计算机软件开发，其中任何一个方面做到极致，都不能单独解决应用问题。只有上述四个方面集成为一部"整车"，才能使科研产品由"好看"向"好用"转变。天津工业大学是一所以工科为主的院校，其工科的某些学科具有竞争世界一流的实力，被教育部列为"双一流大学"。在这样的院校中如何发展软科学或人文社会科学，我们探索出一条多学科大尺度交叉、"理论－方法－技术－应用"四位一体综合创新的道路，并初步显现其他研究机构难以比拟的文理工结合优势。我们的研究人员不仅有管理学和社会学博士，还有数学博士、系统工程学博士、心理学博士、信息与计算机博士、情报学博士、统计学博士、地理信息技术博士等。我们开发的各种监测预警软件，就是多学科集成的产品。

记　者：可不可以这样概括：以公共危机的前馈控制为目标取向，以文、理、工大尺度跨学科协同为科研组织特点，以提供理论－方法－技术一体化的集成产品为最终科研产出就是你们的科研理念和特色。

阎耀军：可以这样认为。

记　者：有人简称您的研究为"三预"研究，即预测、预警、预控。您能给我们阐释一下这三者之间的联系和区别吗？

阎耀军：预测、预警、预控三者之间具有内在的一致性。预控即前馈控制是预测和预警符合逻辑的发展与延伸。因为预控必须以预测、预警为基础和前提，但预控才是人类追求的根本目的。正如著名社会学家陆学艺先生多年前曾对我说的："我们搞社会预测和预警的目的是什么？是搞好社会控制。现在我们国家在经济预测之后有很多调控的方法跟上，但是社会预测之后的调控方法就欠缺。我劝你再往前走一步，将预测、预警和预控结合起来。"想想看，早在5000年前就出现的预卜未来的龟卜，以及3500年前卦算吉凶的蓍筮，直到当代方兴未艾的未来学研究，其目的是什么？还不都是趋利避害，实现对未来的预控。所以，在预控这个根本目的面前，预测和预警都是手段，仅此而已。

记　者：如果我们把预测、预警、预控看作三个相互联系但又有所区别的不同研究领域，您认为哪个难度最大呢？

阎耀军： 首先是不好把这三个方面截然分开，因为它们三者之间你中有我、我中有你，相互纠缠和渗透，依赖性很强，而且各有各的难处，不太好做难度上的比较。如果一定要比较一下的话，我只能就学术研究的角度而言，说预测、预警、预控三者之间的难度是递进关系。

预测主要是理论方面的探讨。例如，人类究竟能不能进行社会预测？社会预测在什么情况下是可能的，在什么情况下是不可能的？进行社会预测的认识论依据即哲学基础是什么？现代科学基础又是什么？现代社会中的社会预测与传统社会中的社会预测有哪些重大变化和区别？自然预测方法能否用于社会预测？社会预测与自然预测之间有什么差别？这些差别对社会预测的理论和方法有什么影响？在社会预测的基本原理中如何解决所谓"蝴蝶效应"和"俄狄浦斯悖论"？还有，从纵向来看，人类的预测活动有数千年历史，如何总结这漫长的社会预测思想史？从横向来看，人类社会预测活动分布在众多领域，如何总结各个领域预测活动的特殊规律并使之转化为一般规律？再有就是社会预测与社会科学的关系以及社会预测学的学科性质等方面的问题。总之，诸如此类的问题均属于哲学层面的认识论问题，所用的功夫更多的是理论方面的探讨和思辨。

预警不仅要有理论思辨，还要有具体方法。社会预警与一般社会预测的不同之处在于它关注的是社会运行中的负面信息，它在对负面信息的量变过程的跟踪监测中，适时对其向负面质变临界值发展的状况进行测度和评估，（从这个意义上说，社会预警更倾向于社会评估的范畴）并适时向社会发出评估性预报。社会的良性运行在向恶性运行的演化中有一个临界值，这个临界值在社会预警曲线图上表现为一个向下转折的"拐点"，或是一条警戒线，社会预警的任务就是在一定理论的指导下，运用一系列专门的评估与预测的手段和技术，测算出这些警戒线或"拐点"，并度量社会负变量向其运行的临界程度。由此可见现代社会预警的前提和基础是社会计量，它和自然科学领域对物化现象的计量不同，属于对非物化现象的计量，那么如何对复杂的非物化现象进行计量？这至今仍是困扰社会科学家的难题。所以社会预警关注更多的是测度方法上的问题。

预控不仅要有理论和方法，还要有技术。如信息技术，包括地理信息技术、政策模拟技术、计算机软件开发技术等。如果说在古代或传统社会中，预控可以依靠个人的素质而不需要太多技术的话，那么在现代社会若没有相应的技术手段则完全不能做到预控。所以从学科层面来看，预控要比预测和预警涉及更多的学科，它不仅要跨越社会学的界限，与政治学、法学、管理学等学科交叉，还要跨越文科的界限，与理工科的信息科学、工程学、控制论等技术学科交叉。

记　者：我大致听明白了，您是说从学术研究层面看，必须把预测和预警弄明白了才能进行预控研究，所以还是预控研究比较难，至少是费的功夫要多。但是如果从实践层面看，这三者之间哪个更困难一些呢？

阎耀军：从实践层面看，预测和预警可以只认识不作为，预控则既要认识又要作为。所以预控要比预测和预警更逼近实践层面，他不仅要求研究者给出理论、方法，还要求给出具体的可供实际工作者操作的技术，如监控技术、政策模拟技术、仿真推演技术等。显然，预控是一件更加困难的事情。

记　者：哦，对了，您刚才提到了政策模拟，您能说说政策模拟与预测预警预控又是什么关系吗？

阎耀军：政策模拟是在预测、预警和预控理论原则和方法指导下发展起来的一门新的科学技术。政策模拟是与决策支持系统等计算机科学紧密联系，对实际政策问题开展仿真模拟的新型学科。由于政策一旦发挥作用就会改变现实世界，而政策模拟具有可通过仿真推演预先揭示风险的功能，所以为避免风险和最大限度降低社会成本，政策模拟作为一个新兴学科在20世纪60年代应运而生，并被称为国家安全的"新核武器"而得到广泛运用。

记　者：有这么厉害呀！那么这门新型科学技术现在已经发展到什么程度了呢？

阎耀军：这门新兴学科首先被应用于资源环境领域的未来研究，由著名未来学组织"罗马俱乐部"首创"世界模型"，模拟了未来世界100年的运行，出版了《增长的极限》一书，向世人发出了振聋发聩的预测；在经济领域，人们发明政策模拟器模拟经济运行，世界上著名的政策模拟器有美国的AMIGA和Fair-model，澳大利亚Murphy Model，加拿大SPSD/M，美、日、德、澳联合开发的MSG2，印度Storm等；在军事领域，则有以美国为最的大型作战模拟系统，已经能够把数十个战区连在一起进行模拟，而且这种模拟在实战中得到了检验，在海湾战争中美军通过作战模拟获得俗称"100小时战争"的作战方案，在后来的实战中完全应验，可谓模拟精确描绘了实战、实战又忠实体现了模拟。真正实现了"运筹于帷幄之中，决胜于千里之外"。

记　者：怪不得叫国家安全的"新核武器"呢，因为可以通过预测、预警和预控"不战而屈人之兵"嘛。

阎耀军：是的，孙子兵法强调通过"庙（妙）算在先"来实现预控，而政策模拟就是当代最高级最前沿的一种"妙算"方法。利用仿真模拟方法完成虚拟实践,已经成为人们继神灵喻示、经验比照、理论推导、科学实验之后的第五种超前认识世界的途径和工具。

记　者: 说到孙子的军事思想,全世界的军人都推崇备至,而且在某种意义上来讲至今都无人超越。可是既然他那么强调妙算,那么他或他们那一代的哲人们就没有想到过政策模拟这种方法吗?

阎耀军: 政策模拟作为人类实现前馈控制的一种工具或技术手段,和前馈控制一样,都是现代人起的新名词或学术化语言。其实无论是前馈控制还是政策模拟这类思想,我们的老祖宗都说过和用过。大哲学家老子说的"为之于未有,治之于未乱"就是前馈控制,而墨子"止楚攻宋"用的就是典型的政策模拟方法。公元前440年,楚国欲用公输班发明的云梯等新型武器攻打宋国,墨子为止楚攻宋,解带为城,以牒为械,与公输班模拟攻守,楚方九攻未果,故而放弃攻宋念头。只不过墨子当时用的"政策模拟器"不是计算机,而是一根腰带和几块木片而已。诸如此类在两军对垒时大量使用的沙盘推演,都可以看作政策模拟方法的源头。

记　者: 但是古代的政策模拟和现代的政策模拟还是不可同日而语是吗?

阎耀军: 那是当然。思路虽然一样,但是在科技含量上有质的不同,况且由于现代社会的高度复杂性,我们现在的模拟对象的复杂程度与古代有天壤之别。所以光靠人脑无法直接完成,必须借助构建的计算机决策支持系统来实现。

记　者: 古人和外国人我们都说了,那么我们国家现在在这些方面的进展怎样呢?您对此有何考虑吗?

阎耀军: 政策模拟于20世纪80年代传入我国后也得到较快发展。一批学者较早发表了学术专著,如汪同三的《宏观经济模型论述》(1992)、张野鹏的《作战模拟基础》(1994),郑玉歆等的《中国CGE模型及政策分析》(1999),王铮等的《中国国家环境经济安全政策模拟分析》(2004);吕胜利等的《资源、环境与经济社会协调发展的模拟研究》(2008),胡晓峰等《战争复杂系统仿真分析与实验》(2008)等。此外,近年来学者们还发表了大量论文,如薛俊波等的《中国宏观经济政策模拟系统的开发及其应用》(2010),孙翊、王铮的《"后危机"时代中国多区域支付政策的CGE模型、模拟及分析》(2010),安贵鑫等的《基于SD的我国油气资源:社会经济系统协调发展政策仿真》(2010),肖教燎的《土地政策传导机制与路径的分析与仿真:以江西省为例》(2010),石艳丽的《基于复杂适应系统的我国石油开发政策模拟与仿真》（2011），赵光华等的《基于 Swarm 的环境政策仿真研究》（2010），李杨的《Swarm 环境下基于主体建模的财政政策仿真框架研究》（2011）等。总之，目前政策模拟研究已在资源环境、经济和军事（战争）三个领域取得令人鼓舞的研究成果，但对社会管理领域的政策模拟研究仍十分薄弱，尤其是对社会稳定风险模拟基本没有涉及。所以本人以"基于政策模拟方法的社会稳定风险研究"为题，向国家社科规划办申请重点项目研究基金，其中的重要研究内容之一就是试图采用模拟科学方法构建"社会稳定风险模拟器"。值得庆幸，这一申请获得了批准。

记　者：祝贺您得到国家社科重点项目。但是听起来好难啊，社会多复杂，有多少不确定因素啊！您为什么要选择这么难做的题目呢？

阎耀军：是的，这是个非常难的研究项目，甚至会有失败风险。因为社会稳定风险是一个更为复杂的系统，社会稳定风险的不确定性结果能否通过模拟方法得到？不确定的结果又如何通过实验进行验证和校验？对于社会稳定风险的仿真模拟，我们需要的是过程还是结果？现在谁也难以说清，而只有行动起来才能前进！我们选择这个高难度题目的原因有三。

其一，本选题具有一定可行性。从整个人类与风险作斗争的历史来看，如果剥去现代科技的外衣，仅就模拟风险和对策推演方法的本质来看，政策模拟古已有之，如前面提到的墨子"止楚攻宋"就是典型案例。现代意义上的"政策模拟器"不仅是随着现代社会的高度复杂性、脆弱性，尤其是 20 世纪德国社会学家 Ulrich Beck 所揭示的"风险社会"而产生的一种规避风险的工具，而且是以现代科技发展为基础而产生的一种新型科学，有许多先进的科研工具和可借鉴的丰富成果，为我们研究开展这一选题的研究提供了非常有利的条件。

其二，本选题极具应用价值和现实意义。如若"社会稳定风险模拟器"研发成功，其对维护社会稳定的工具性意义自不待言。从现实状况来看，中共中央自 2003 年十六届三中全会提出要"建立健全社会预警体系及应急管理机制"以来已历时十载，而我们的社会预警体系建设与业已建立的庞大应急管理系统相比，显得极不平衡。这种"重应急、轻预警"格局和困境的形成，自然有管理体制、思想观念等方面的原因，但更深刻的原因在于科学技术方面，即长期以来我们的社会预警方法都是停留在社会指标评估层面，至今未能创造出具有较高效度和信度的社会预警工具。而研发"社会稳定风险模拟器"，可以极大提高社会预警的科学化水平，从而有望突破我国社会预警体系建设中的种种障碍和瓶颈，使其中的纠结和矛盾迎刃而解。

其三，一般认为，选题的难度越高学术价值越大。政策模拟属于对未来的预测研究，面对"预测之难"这一公认的事实，许多人对未来预测研究望而却步。但是反过来看，供给越少则需求越大。在社会加速发展的当代条件下，社会系统的不确定性，进一步增强了人类对自身安全和未来秩序的期盼，特别是在我国的特殊条件下，社会结构的复杂性既提高了政策模拟的难度，又增加了政策模拟的迫切性。当然，选择政策模拟研究是需要诸多主客观条件的，对加速发展的现代社会来说，模拟它在时间和空间上发展的多种可能性和复杂性，不仅要有抱持探讨大问题和挑战难问题的勇气，还要有系统的知识储备、丰富的理论准备及有效的经验研究的支持。总之，政策模拟在社会科学研究中具有十分特殊的地位和价值，所以我希望能有更多的学者把研究方向锁定在这一非常具有挑战性的目标上来。

记　者：太好了阎教授，我们衷心祝您的研究能够取得成功。最后，您作为中国未来研究会的副理事长，我们还想听听您对您的同仁在未来学研究上的期望。

阎耀军：未来学研究要创新，未来学要在社会上更有话语权，不仅要有好的理论和方法，还要有更加科学实用的工具和手段。我认为社会预测预警预控的研究应该是未来学的强项和优势领域，所以在开发社会风险模拟器方面一定要不甘人后。如前所述，现在经济学和军事学及环境科学已经在各自的领域成功地采用了政策模拟方法，这里面当然也有未来学家的功劳。但是在社会管理领域大家都还没有涉及。许多空白需要我们的未来学家和相关学科的专家携手填补。就未来学的学科性质来说，未来学在预测、预警、预控包括政策模拟领域方面的责任应是最重的。习近平总书记说不要"空谈误国"，要"实干兴邦"。未来学研究要搞好理论研究，但是更应该注重干实事。而开展方方面面的政策模拟工作就是实事。

记　者：为什么说开展方方面面的政策模拟工作是干实事呢？

阎耀军：举一个简单的例子吧。前些年国庆节推出的高速公路免费的政策就没有进行政策模拟，结果造成成千上万人堵在高速公路上过节的局面。其实用政策模拟方法推演一下很简单，只需将私家车保有量、假期出行意愿和高速公路每分钟车辆通行量等参数建模计算，就能得到预期结果并据此调整政策。同理，我们的社会保障政策、社会维稳政策等，也是可以运用政策模拟方法来推演的。所以我想我们的未来学研究要跟上科技进步的潮流，要在社会上更有话语权，就要联合一些技术科学创造具有较高科技含量的政策模拟工具，其中前面提到的"社会稳定风险模拟器"就是现在党和国家十分需要的一个模拟工具，而研发这个管理工具，我们未来学研究者责无旁贷。

记　者：好一个责无旁贷！我觉得我们所有的科学工作者都责无旁贷。我们看到著名社会学家陆学艺给您《社会管理的前馈控制》一书写的书评题为《前馈控制：人类有史以来的梦想》，并说您是人类这一梦想中矢志不渝的追梦人，还说每个学者都应该有自己的梦，每个学者的梦都应该是实现"中国梦"的一个组成部分。这话说得真好，我们就用这句话来结束采访吧，愿我们梦想成真！谢谢阎教授接受我们的采访。

受访人：阎耀军

采访时间：2012～2016年

采访记者：代安娜、张小燕、胡月、凌燕、张馨月等

目 录

第一卷 预测——关于社会预测基本原理的探讨

卷首语 应当为社会预测学立一个门户 ································ 3

第一章 人类社会与人类的社会预测 ································ 5
第一节 人和动物的社会及预测和预感 ································ 6
第二节 从古代龟蓍占卜到现代科学预测 ···························· 12
第三节 社会预测在人类社会活动中的作用 ························ 21

第二章 当代社会变迁与社会预测的发展趋势 ···················· 30
第一节 社会预测的需求随着社会变迁的加速而急剧增长 ······ 30
第二节 发达国家社会预测活动的四大特点和趋势 ················ 32
第三节 现代社会预测在我国的兴起和三大发展趋势 ············ 40

第三章 社会预测与自然预测的主要差别 ···························· 48
第一节 社会预测与自然预测在主客体关系上的差别 ············ 48
第二节 社会预测与自然预测在规律性上的差别 ···················· 50
第三节 社会预测与自然预测在复杂程度上的差别 ················ 53
第四节 社会预测与自然预测在不确定性程度上的差别 ········ 54

第四章 社会学视野中的社会预测及其分类 ························ 59
第一节 广义社会预测与狭义社会预测 ································ 59
第二节 社会预测的基本分类 ·· 63
第三节 社会预测的主要研究领域 ······································ 70

第五章　社会预测学作为社会科学中的横断学科 ········ 80
第一节　社会预测是社会科学认识过程的最终完成阶段 ········ 80
第二节　社会预测的效果是检验社会科学成功程度的标准 ········ 82
第三节　社会预测是"认识世界"向"改造世界"转化的中介 ········ 83
第四节　社会预测功能的强弱关系社会科学的地位和前途 ········ 84
第五节　社会科学中社会预测功能不发达的状况亟待改善 ········ 87

第六章　社会预测学作为社会学中的分支学科 ········ 90
第一节　社会预测学是社会学中势在必建的分支学科 ········ 91
第二节　社会预测学在社会学母体中成长和分化 ········ 95
第三节　社会学视野中的社会预测学的研究内容 ········ 97
第四节　社会预测学研究的重点和难点 ········ 100

第七章　社会预测的主客体关系及其博弈性原理 ········ 103
第一节　社会预测客体的因应与自我实现预言 ········ 103
第二节　社会预测主客体的互动反射 ········ 106
第三节　社会预测的主客体博弈与纳什均衡 ········ 109

第八章　社会规律及社会预测的规律性原理 ········ 112
第一节　社会运动究竟有无规律可循 ········ 113
第二节　社会规律与自然规律的共通性和一致性 ········ 114
第三节　自然规律在社会预测中的应用及其限度 ········ 118

第九章　社会周期与社会预测的周期性原理 ········ 125
第一节　周期性是自然界和人类社会的普遍命题 ········ 125
第二节　人类利用周期性进行预测的历史考察 ········ 130
第三节　社会周期的特点与社会预测 ········ 133

第十章　相似现象与社会预测的相似性原理 ········ 136
第一节　充斥整个宇宙的相似现象 ········ 136
第二节　相似性能否用于社会预测 ········ 138

第三节　相似类推的内在机理和仿真模型 …………………………… 142

第十一章　社会惯性与社会预测的惯性原理 …………………………… 147
　　第一节　惯性是宇宙间的一种普遍现象 …………………………… 147
　　第二节　社会惯性的表现形式和影响因素 ………………………… 149
　　第三节　利用惯性原理进行社会预测的局限性 …………………… 151

第十二章　社会系统与社会预测的系统性原理 ………………………… 154
　　第一节　任何社会预测都应当是对系统的预测 …………………… 154
　　第二节　系统论及其对社会预测的理论意义 ……………………… 155
　　第三节　社会预测应当遵循系统论的理论原则 …………………… 157

第十三章　社会预测的不确定性与测不准原理 ………………………… 160
　　第一节　社会系统的不确定性 ……………………………………… 160
　　第二节　社会预测为什么会有测不准性 …………………………… 162
　　第三节　社会预测的魅力和意义所在 ……………………………… 168

第一卷参考文献 …………………………………………………………… 171

第二卷　预警——关于社会预警理论与方法的探讨

卷首语　为之于未有，治之于未乱 ……………………………………… 177

第十四章　社会预警：由迷信占卜走向现代实证科学 ………………… 181
　　第一节　人类社会预警历史发展的四个阶段 ……………………… 181
　　第二节　实证性社会预警在当代的发展 …………………………… 189

第十五章　现代实证性社会预警的概念及概念体系 …………………… 194
　　第一节　现代实证性社会预警核心概念的界定 …………………… 194
　　第二节　现代实证性社会预警的概念体系 ………………………… 197

第十六章　现代实证性社会预警的基本原理 ………………………… 202
第一节　建立在量变质变规律基础上的警限原理 ………………… 202
第二节　社会运行基本矛盾关系的对立统一原理 ………………… 203
第三节　社会危机现象的周期性重演原理 ………………………… 204
第四节　社会危机发展过程的相似性原理 ………………………… 205
第五节　建立在因果相关性基础上的警兆原理 …………………… 206

第十七章　现代实证性社会预警的相关理论（上）………………… 208
第一节　社会稳定理论 ……………………………………………… 208
第二节　社会转型理论和社会分层理论 …………………………… 210
第三节　社会运行理论 ……………………………………………… 211
第四节　社会控制理论 ……………………………………………… 213

第十八章　现代实证性社会预警的相关理论（下）………………… 216
第五节　结构功能主义理论和社会冲突理论 ……………………… 216
第六节　耗散结构理论 ……………………………………………… 218
第七节　全球化理论 ………………………………………………… 220
第八节　社会燃烧理论 ……………………………………………… 221

第十九章　现代实证性社会预警与社会计量 ……………………… 224
第一节　社会计量是以指标体系为工具的"软计量" …………… 224
第二节　社会计量的难点在于对"非物化"现象的计量 ………… 225
第三节　社会计量在现代实证性社会预警的重要作用 …………… 226

第二十章　社会预警指标体系中的理论模型建构 ………………… 229
第一节　理论模型是建立社会预警指标体系的灵魂 ……………… 229
第二节　社会预警的系统动态分析模型 …………………………… 231
第三节　社会预警模型中各子系统的相关关系 …………………… 234

第二十一章　社会预警指标体系中的现实警源依据 ……………… 236
第一节　权力腐败问题 ……………………………………………… 237

第二节	农业、农村和农民问题	239
第三节	城镇失业、下岗和再就业问题	241
第四节	贫富差距和分配不公问题	242
第五节	犯罪和社会治安问题	246

第二十二章 社会预警指标体系的构建 249
第一节	基于理论模型的指标体系框架设计	249
第二节	各级指标理论内涵的阐释和论证	250
第三节	社会预警指标的遴选原则	257
第四节	用德尔斐法遴选指标并确定权重	260

第二十三章 社会预警指标体系的运行平台与操作要领 266
| 第一节 | 现代实证性社会预警系统的结构模式 | 266 |
| 第二节 | 现代实证性社会预警系统的操作要略 | 271 |

第二十四章 运用社会预警指标体系进行实证性研究 277
第一节	社会预警指标数据的采集和处理	277
第二节	对中国1989年社会稳定状况的回溯性评估	284
第三节	对中国1985~2002年社会稳定的模拟预警	286

第二十五章 附录 293
| 附录一 | 建立社会预警指标体系遵循的原则和研究路线 | 293 |
| 附录二 | 本项研究所使用的各种专家咨询调查表 | 297 |

第二卷参考文献 312

第三卷 预控——关于前馈控制理论、方法和技术的探讨

卷首语 前馈控制——人类有史以来的梦想 319

第二十六章 绪论 ······ 322
第一节 问题的提出 ······ 322
第二节 研究的目的 ······ 324
第三节 主要研究内容 ······ 325
第四节 理论性背景 ······ 327
第五节 研究的方法 ······ 330

第二十七章 前馈控制的基础理论研究 ······ 331
第一节 前馈控制的基本概念 ······ 331
第二节 前馈控制与反馈控制之优劣比较 ······ 332
第三节 前馈控制对现代社会管理的意义 ······ 333

第二十八章 中国古代先哲的前馈控制思想 ······ 336
第一节 逢事必占,庙算在先 ······ 336
第二节 采诗考政,体察民意 ······ 337
第三节 见几而作,不俟终日 ······ 339
第四节 未乱先治,图难于易 ······ 340
第五节 令人知事,明其法禁 ······ 341
第六节 曲突徙薪,预控为重 ······ 342
第七节 先戒为宝,宁可虚防 ······ 343
第八节 不战而胜,先发制人 ······ 344
第九节 仿真模拟,推演结局 ······ 345
第十节 锦囊妙计,依次而行 ······ 347

第二十九章 现当代国内外对前馈控制科学方法的探索 ······ 349
第一节 社会指标方法 ······ 349
第二节 情景分析方法 ······ 353
第三节 城市网格化管理方法 ······ 359
第四节 网络舆情监测方法 ······ 364
第五节 政策模拟方法 ······ 369

第三十章　我国社会管理中前馈控制的问题 …… 376
第一节　"预警"和"应急"两者之间究竟是什么关系？ …… 377
第二节　阻碍前馈控制的四重障碍 …… 380
第三节　预警工具科学化中相互纠结的三个瓶颈 …… 381

第三十一章　破解前馈控制诸多纠结的设想和设计 …… 384
第一节　开发"社会风险模拟器"的设想 …… 384
第二节　社会管理前馈控制机制系统模式设计 …… 386

第三十二章　对我国社会稳定实施前馈控制可能性的探索 …… 390
第一节　用来解释社会稳定机理的理论模型和指标体系框架 …… 390
第二节　用来测评社会稳定程度的具体指标 …… 393
第三节　社会稳定的时间序列数据分析和模拟预警 …… 393

第三十三章　前馈控制在我国信访工作中的应用研究 …… 399
第一节　信访问题实施前馈控制的理论模型及指标体系 …… 400
第二节　信访问题前馈控制系统的整合和运行机制 …… 409
第三节　信访问题前馈控制机制的全面整合模式暨系统构建 …… 412
第四节　基于MIS的信访预警预控管理信息系统构建设想 …… 417

第三十四章　前馈控制在我国民族关系管理中的应用研究 …… 431
第一节　民族关系预警预控系统的理论模型及指标体系 …… 431
第二节　民族关系预警预控系统的运行机制 …… 440
第三节　民族关系预警预控管理信息系统的构建 …… 455
第四节　《民族关系监测评估预警信息管理系统》的操作说明 …… 466
第五节　广西版民族关系监测预警及处置系统简介及使用说明 …… 494

第三十五章　前馈控制在打击犯罪领域中的应用研究 …… 520
第一节　犯罪预测时空定位信息管理系统的构建 …… 520
第二节　犯罪预测时空定位信息管理系统操作使用 …… 532
第三节　犯罪预测时空定位信息管理系统运行效果及应用前景 …… 544

第三十六章　复杂系统脆性视角下的公共危机预控研究 …………… 549
第一节　复杂系统崩溃机理 …………………………………………… 549
第二节　三维元胞自动机的复杂系统脆性模拟 ……………………… 551
第三节　公共危机的系统分析 ………………………………………… 553
第四节　基于支持向量机的脆性熵预测 ……………………………… 555

第三十七章　对"后发危机"的预控研究 ……………………………… 560
第一节　什么是后发危机 ……………………………………………… 560
第二节　后发危机生成的逻辑框架与路径模拟 ……………………… 562
第三节　基于案例的对比分析 ………………………………………… 565
第四节　后发危机的具体防控策略 …………………………………… 575

第三十八章　基于大数据背景的"推荐系统"运作模式的预测预控 …… 578
第一节　推荐系统与社会预测 ………………………………………… 579
第二节　基于推荐系统方法的社会预测案例分析 …………………… 585
第三节　推荐系统的优越性和实施条件 ……………………………… 589

第三十九章　基于"人在回路"技术的敏感领域社会预测研究 ……… 595
第一节　什么是社会预测敏感领域的"官–僚困境"？ ……………… 595
第二节　社会预测敏感领域官–僚困境的成因 ……………………… 596
第三节　预测软件中主观修正模块的设置与领导者预见
　　　　能力的嵌入 ………………………………………………… 598
第四节　完善信息公开制度和搭设敏感信息流程中的
　　　　法约尔天桥 ………………………………………………… 600

第四十章　基于膜科学与技术的社会风险因子分离技术研究 ……… 604
第一节　对膜现象和膜技术的哲学思考 ……………………………… 604
第二节　将膜技术引入现代社会风险管理的社会物理学思考 ……… 607
第三节　将膜技术引入社会风险管理领域的若干难点问题分析 …… 612
第四节　社会膜概念的界定和社会膜的技术结构设想 ……………… 614

第四十一章　社会稳定风险仿真模拟与社会冲突的前馈控制 …… 618
　第一节　仿真模拟方法与社会冲突的前馈控制 …… 619
　第二节　社会稳定风险的系统性涌现与仿真模拟 …… 621
　第三节　对社会稳定风险涌现（社会冲突）进行仿真模拟的
　　　　　初步设想 …… 625

第四十二章　研究结论及后续研究设想 …… 631
　第一节　研究结论 …… 631
　第二节　后续研究设想 …… 635

第三卷参考文献 …… 638

附录　已发表的与本项研究相关的论文 …… 649

后　记 …… 653

第一卷
预测——关于社会预测基本原理的探讨

卷首语　应当为社会预测学立一个门户

社会学从创立至今已经有170年历史，无论是从被尊为社会学鼻祖的孔德开始的西方社会学，还是从被誉为"社会学之王"的马克思开始的马克思主义社会学，① 都是十分强调和重视社会预测的。孔德认为社会学的理论目标就是发现社会的规律，预测社会现象的发生；应用目标则是将所得到的预测现象发生的原则应用于社会，指导社会活动。② 马克思更是几乎一生都在预测人类社会未来发展的方向。美国当代著名社会学家丹尼尔·贝尔的《后工业社会的来临》就是对西方社会结构变化的一种社会预测。从中国的社会学来看，最先介绍西方社会学的严复在《群学肄言》的序言中说："群学何？用科学之律令，察民群之变端，以明既往，测方来也。"社会学者许德珩1936年在《社会科学与社会学》中指出，社会学是"研究人类社会之构造……探究社会变革的因果关系和法则，以推知社会进行的方法，预测将来的一种学问"。李达指出：社会学"其研究之目的在探求社会进化之原理；其研究之方法，在追溯过去以说明现在，更由现在以逆测将来"。③《中国大百科全书·社会学》把预测功能归为社会学的三大功能之一。近年来，中国社会科学院社会学研究所更是把社会预测作为自己的经常性研究工作，其编写的每年一度的"社会形势分析与预测蓝皮书"，不断引起国内外的广泛关注。由此可见，社会预测在社会学中一直有相当重要的地位。

但是，令人十分诧异的是，在社会学学科体系的近百个分支学科中，至今尚未见到社会预测学的踪影。非但如此，就是在囊括1200多个学科的《学科大全》④ 中，在《中国大百科全书·社会学》中，甚至连社会预测学的词条也没有。当然，在其后的一些工具书如中国社会科学院文献信息中心编的《社会科学新辞典》中，我们有幸见到了这个词条，但遗憾的是至今仍

---

① 参见袁方主编《社会学百科辞典》，中国广播电视出版社，1990，第845页。
② 参见《中国大百科全书·社会学》，中国大百科全书出版社，1991，第4页。
③ 转引自《中国大百科全书·社会学》，中国大百科全书出版社，1991，第2页。
④ 参见韩寿根等主编《学科大全》，沈阳出版社，1989。

没有见到冠之以社会预测学名称的学术专著。我们无意否认前人关于社会预测的研究（其中有些是极有价值的），但作为社会预测学的学科体系和学科建设，现在有必要提上议程。为此，作者于2003年向全国社会科学规划办公室正式申报了国家社会科学基金项目"社会学视野中的社会预测基本理论研究"。需要特别说明的是，作者申报的这个选题是当时的课题指南中没有的，是属于作者自选的项目，一般这种情况中标率是极低的，但令人欣慰的是评委们给予了高票通过。这一方面说明申报者具有相当的理论说服力，另一方面说明评委们对这个选题有相当普遍的共识，大家都希望在我们社会学的分支学科群中，为社会预测学立下一个门户。

当然，为社会预测学立门户，绝不仅仅是找个门脸儿，挂上"社会预测学"的招牌就算完事的，还需要里面有丰富多彩的"货色"，还需要通过实打实的"经营"，使之"生意"兴隆。所以，一个学科的建设成功，需要经过长期的艰苦努力，有大量工作要做。现在出版的这本《社会预测学第一卷：社会预测基本原理》，算是为这个分支学科奠了个基、开了个头。因为据说作者对社会预测学的研究有更加长远的计划，准备以多卷本的形式做系列化研究。这种做学问的雄心和诚心是值得赞许和鼓励的。但是我在这里要送给作者一句《老子》六十四章中所说的话："民之从事，常于几成而败之。慎终如始，则无败事。"希望作者能够谨记力行。因为世界上的事情，不仅是万事开头难，终了也许更加不易。作者现在只是开了个头，离成功还很遥远，但作者如果能够真正做到"慎终如始"，不懈努力，我相信作者一定能够在学术之林中，为社会预测学争取一席之地，立下一个响当当的门户。

2005年5月

第一章　人类社会与人类的社会预测

人是社会动物，但是动物也有社会。在20世纪70年代中期，当我国还处在与世界潮流隔绝状态的时候，世界学术界乃至整个社会曾发生过一场我们当时一无所知的强烈争论风暴。这场风暴起因于1975年6月美国哈佛大学教授、生物学家爱德华·奥·威尔逊（Edward O. Wilson）近700页的巨著《社会生物学：新的综合》的出版。在这部书中，威尔逊将动物行为学、综合进化论、遗传学同社会学结合起来研究，创立了"社会生物学"。他把社会定义得极为广泛，认为"一群属于同一物种的个体，以协作方式组织起来"便构成社会。"聚集、性活动和领土性是真正的社会的重要性质……鸟群、狼群以及蝗虫群体是真正社会的良好范例"，"一种社会，可以仅把他们视为一群特殊的有机体来加以描述"。① 他的研究表明，一些动物种群如蚂蚁、蜜蜂、亚洲猿猴、黑猩猩等也是具有社会性的，人类社会的一些基本特征在这些动物群体中也是存在的。例如，家庭是人类社会的细胞，但在猿猴中也有类似的"家庭集团"，其成员多达几十个个体、占据着数百平方公里的土地为家族领地，并且有强烈的领土意识，"家族"内实行雄性统治制度，并分等级。威尔逊的研究表明，不仅动物中存在社会，而且人类社会和生物界、动物界有极为相似的特征。他甚至认为"应当用自然史的自由思想来看待人类，就像我们是来自另一个星球的动物学家……从这种宏观的角度来看，人文科学和社会科学就成为生物学的一些专门学科；历史、传记和小说就是人类行为学研究的纪录，而人类学和社会学则共同构成与灵长目同类的物种的社会生物学"。② 威尔逊的理论遭到了一些学者"以科学名义的讨伐"，也得到了一些学者的高度评价，如著名社会预测学家丹尼尔·贝尔就把社会生物学的出现列为"20世纪70年代社会科学领域中

---

① 爱德华·奥·威尔逊：《社会生物学：新的综合》，阳河清新编译，四川人民出版社，1985，第10~13页。
② 转引自米歇尔·弗伊《社会生物学》，殷世才、孙兆通译，社会科学文献出版社，1988，第2页。

的四大进展之首"。总而言之，当时围绕社会生物学的争论已经达到了真正白热化的程度。现在，本书对这场早已时过境迁的争论已无必要再发表什么议论，我们现在所关心的只是与本书主旨——社会预测——有关的问题，即什么是社会，或者说什么是人类社会，以及人类社会和动物社会有什么区别。

人类有预测能力，但是动物亦有预感。许多研究和观察到的现象表明，动物的预先感知能力可能比人类要强得多。"春江水暖鸭先知"，"燕子低飞蛇过道，大雨眨眼要来到"，人们早在古代就借助动物的预感来预测季节和天气的变化。在2004年发生的震惊世界的印度洋大海啸中，人类死亡20余万人，动物却很少伤亡。在这一血的事实面前，人类的预测能力不得不在某些动物的预感面前感到羞愧。那么，什么是预测？人类的预测和动物的预感是不是一回事？

人类之所以能够最终脱离动物界并且成为自然界的主人，其重要原因之一，与人类具有一种理性的超前认知能力即预测能力有关。关于这一论断，我们只需回顾一下在远古时期许多和类人猿同时存在的动物种群如今多已消亡，而只有人类能够及早地改变自己以适应环境，或改造环境以适应自己，做到适者生存并处于优胜地位就足够了。所以从特定意义上可以说，一部人类史就是一部人类依靠自身的预测能力趋利避害求生存的历史。那么人类进行预测活动的历史是怎样的？人类的预测在人类的社会进步中发挥了哪些重要作用？

上述问题，就是本章将要探讨的内容。

第一节 人和动物的社会及预测和预感

"社会"和"预测"这两个词语，可以说是人们常识范围内再熟悉不过的概念了。但是我们把这两个词语纳入学术范围来探讨并定义，就不那么简单了。先说社会，人们都知道社会就是聚集起来的群体。但是如果根据这个世俗的概念来理解，那么长期定居在一起的人群和因看一场足球比赛而临时聚集起来的人群就没有区别，聚集在一起生产劳动的群体和聚集在一起觅食的动物群体就没有区别。因为两者都是"聚集起来的群体"。再说预测，人们都知道预测就是对未来发展的预先判断。如果根据这个世俗的概念来理解，那么动物的预感也是"对未来发展的预先判断"。人类对一场沙尘暴的来临做出事先的推断可称之为预测，而动物对一场地震将要来临的事先判断就不是预测了吗？

本书的研究对象是社会预测。我们对一个动物种群的行踪做出预先推断可称为预测，对一个人的病情的好转或恶化的事先推断也可称为预测，对一个政权的更迭或股市的涨落的预先推断也是预测。毫无疑问，诸如此类的预测都是由社会中的人做出的，预测的主体都是人。但是预测不光要有主体，还要有客体，即预测的对象。把预测的主体和客体结合起来看，预测就产生了类别，其中最大和最重要的两个类别就是对自然现象的预测和对社会现象的预测。从上面所举的例子来看，前两种预测属于自然预测，后两种属于社会预测。人有两重属性，一是自然属性，二是社会（文化）属性。我们对人的病情的预测是指对其身体，更准确地说是对其肉体，对一个自然人的生理现象的预测，这当然属于自然预测；而对人的行为的预测则是社会预测。那么社会预测和自然预测又有什么不同呢？

上述社会、预测、社会预测的概念，已经接触社会预测学这门科学的实质性问题，它们作为社会预测学的核心概念，是我们探索社会预测学首先必须严格把握的逻辑起点。厘清这些概念，对我们后面将要探讨的"社会预测和自然预测的主要差别""社会预测的分类""社会预测的基本原理"等问题，以及最终从根本上把握社会预测的特点都是非常重要的。

首先我们来看什么是社会。如前所述"社会"作为一个世俗的概念，似乎谁都知道是怎么回事，可以说是一个常识范围的问题，无须我们多做解释。但是恩格斯曾经告诉我们："常识在它自己的日常活动范围内虽然是极可尊敬的东西，但它一跨入广阔的研究领域，就会遇到最惊人的变故。"① 例如"死亡"似乎是谁都懂得的日常概念，但在法学研究和生理学研究领域却很难断定什么是"死亡"，因为任何一个有机体，在每一瞬间都是它本身，又都不是它本身，每一瞬间都有细胞在死亡，也有新的细胞在形成，每个有机体，永远是它本身，同时又是别的东西。又如在伦理学和法学研究领域对堕胎是否算谋杀，也很难得出一个正确的结论。对于"社会"这个概念也是这样，一旦让它进入研究领域，给出一个严格的学术定义，并不是一件很容易的事情。

---

① 恩格斯：《社会主义从空想到科学的发展》，《马克思恩格斯选集》第3卷，人民出版社，1972，第418页。

在我国的古籍中,"社"是指用来祭神的一块地方。《孝经·纬》记载:"社,土地之主也。土地阔不可尽敬,故封土为社,以报功也。""会"就是集会。两个词联用,表示在一定的地方,于民间节日举行的演艺集会,祭神的庆祝活动。如《旧唐书·玄宗上》(本纪第八)中记载:"礼部奏请千秋节休假三日及村间社会,并就千秋节先赛白帝,报田祖。然后坐饮,散之。"① 意思是说,从千秋节那天起,全国上下,直到农村,放假三天。规定首先祭祀西方之神,再祭神农,然后聚会畅饮,直到散会。再如,唐裴孝源所著的《贞观公私画史》载有晋史道硕画《田家社会图》。再有宋孟元老在《东京梦华录·秋社》中说:"八月秋社……市学先生预敛诸生钱作社会……春社,重午,重九亦是如此。"这一条说得更明确了,一年之内,每逢节日,老师让学生凑份子钱,进行团体活动,就叫社会。从这里又发展为社会的第二个意思,是指志趣相同者结合的团体。如明代冯梦龙在所著的《醒世恒言·郑节使立功神臂弓》里说:"原来大张员外在日,起这个社会,朋友十人,近来死了一两人,不成社会。"社会在这里所说的两个意义可以说是指有许多人为了一个共同目的聚集在一个地方进行某种活动。这个名词早年的意义基本上与我们现在表达的社会的意思是差不多的。所以社会这个词不能说是外来语。②

在西方,英语"society"和法语"societe"均源出于拉丁语"socius"一词,意为"伙伴"。日本学者在明治年间最先将英文"society"一词译为汉字"社会"。近代中国学者在翻译日本社会学著作时,袭用此词,中文的"社会"一词才有现代通用的含义。西方社会学者对社会一词有各种不同的理解,说法不一。但是,我们认为只有马克思主义才给社会以科学的定义。按照马克思主义的观点,社会是人们相互交往的产物,是各种社会关系的总和。马克思说:"社会——不管其形式如何——究竟是什么呢?是人们交互作用的产物。"③ 他还指出:"生产关系总合起来就构成为所谓社会关系,构成为所谓社会,并且是构成为一个处于一定历史发展阶段上的社会,具有独特的特征的社会。"④ 从这里我们可以看出社会的两个特点,一是没有人们之间的交往,便没有社会。二是没有生产劳动便没有社会。因为人们的交往首先是在生产、分配和交换过程中发生的经济交往。经济交往建立生产

---

① 《旧唐书·玄宗本记》卷八,《玄宗上》,缩印百衲本二十四史《旧唐书》,商务印书馆。
② 参见北京大学社会学系编《社会学教程》,北京大学出版社,1987,第26页。
③ 《马克思恩格斯选集》第4卷,人民出版社,1972,第320页。
④ 《马克思恩格斯选集》第1卷,人民出版社,1995,第363页。

关系。人们在生产过程中的交往，乃是任何另一种交往的基础。因此在经济交往的基础上产生政治交往和思想沟通，从而建立与生产相适应的政治关系和意识形态。所有这些关系总合起来就构成了社会。马克思对社会的定义突破了那些只看到表面现象，认为"社会就是由一群人组成"的这样肤浅的说明，而揭示了社会的实质是由人们依一定的关系彼此结合而成的生活共同体，而这些关系则是他们在生产物质生活资料的基础上所形成的。

　　社会是由具有一定的社会关系的人们结合而成的，那么它和其他动物的所谓社会，就有重大的、原则性的区别。从现象看，人类同许多动物甚至昆虫一样，都是过着群体生活，但这是两种性质完全不同的群体生活。动物的群体生活是出于本能，是一种遗传行为，是一种生物现象；而人类的群体生活，则是一种社会现象。所谓本能，就是在动物进化过程中形成，而由遗传固定下来的，对个体和种族生存有重要意义的行为，如鸡孵蛋、鸟筑巢、蜂酿蜜等。如果用卵生动物做实验，即把两代隔开，下一代长大了，还是和上一代一模一样进行群体生活。所以我们可以说动物的群体生活是生物现象，而不是社会现象，是自有人类之前就有的。人类的群体生活现象，主要不是出自本能，不是属于遗传的行为，而是人类自己创造的一种超越了生物本能的现象。

　　人类的群体生活是建立在物质资料生产的基础上的。人类要生存就要谋生。在这一点上，人和其他动物没有什么区别。但人和动物在如何谋生这一点上却有根本区别。动物谋生全靠自身机体的能力，靠本能寻找现存的自然界的东西，因此，人以外的一切动物，无论是单独谋生还是集体谋生，都是受自然力量的支配。人类谋生，一是向自然去找，二是向自然去要。所谓向自然去找，就是在自然界中寻找现存的物质生活资料，这是人类谋求物质生活资料的辅助手段。所谓向自然去要，就是通过劳动改造自然，创造物质生活资料。这是人类谋生的主要手段。这就是恩格斯在《自然辩证法》一文中所说明的："人类社会区别于猿类的特征又是什么呢？是劳动。""动物仅仅利用外部自然界，单纯地以自己的存在来使自然界改变，而人则通过他所做出的改变来使自然界为自己的目的服务，来支配自然界。这便是人同其他动物的最后的本质的区别，而造成这一区别的还是劳动。"在强大的自然力量面前，无论是找还是要，单个人的力量是不能维持自己的生存的。所以当人们开始生产他们所必需的物质生活资料的时候，就必须和他人合作，因而产生了与其他一切动物不同的生活群体。正如马克思所说的那样："人们在生产中不仅仅同自然界发生关系。他们如果不以一定的方式结合起来共同活动和互相交换其活动，便不能进行生产。为了进行生产，人们便发生一定的联系和关系，只有在这些社会联系和社会关系的范围内，才会有他们对自然界的关系，才会有生产。"① 一个人不与他人结合起来，自己独立地生活是不可能的。英国作家笛福有一本著名的小说《鲁滨孙飘流记》，小说主人公鲁滨孙因所乘之船失事，在荒岛上单独创造生活条件，过了28年。但要注意的是，这不过是一本小说里虚构的故事。即使这个故事是真的，也应该知道，鲁滨孙已经在文明的社会学会了许多生活的本领，而且从破船上取下许多生活的用品，这也都是从文明社会带来的。另外，鲁滨孙还找到了一个土著，给他起了一个名字叫"礼拜五"，同他在一起共同度过漫长的岁月。

总之，社会是人类生活的共同体。马克思主义认为，社会在本质上是生产关系的总和，只有具体的社会，没有抽象的社会。我们从具体的社会总结各个具体社会所共有的特征，才能形成社会的一般概念。

那么社会的特征有哪些呢？《中国大百科全书·社会学》中的归纳主要有六个方面。①它是有文化、有组织的系统。社会由人群组成，但不像动物结群那样生活，人类社会是按照一定的文化模式组织起来的，而只有人类社会才有文化。②从事生产活动是人类社会的一大特征。生产活动是一切社会活动的基础，任何一个社会都必须进行生产。③在任何特定的历史时期，社会都是人类共同生活的最大社会群体。它独立存在，不从属于任何其他群体。④具体社会有明确的区域界限，存在于一定空间范围之内。⑤连续性和非连续性是社会的又一特征。任何一个具体社会都是从前人那里继承下来的一份遗产；同时，它又和周围的社会发生横向联系，具有自己的特点，表现出明显的非连续性。⑥社会有一套自我调节的机制，它是一个具有主动性、创造性和改造能力的"活的有机体"，能够主动地调整自身与环境的关系，创造自身生存与发展的条件。②

以上我们费了很多笔墨来说明什么是社会和社会的特征，目的是要我们更清楚地了解社会预测的客体，既不是自然界，也不是所谓动物社会，而是人类社会。人类社会不仅包含人与自然的关系，而且包含人与人之间的关系，本质上是生产关系的总和。而人类社会的一系列特点，使社会预测成为

---

① 《马克思恩格斯选集》第1卷，人民出版社，1972，第362页。
② 参见《中国大百科全书·社会学》，中国大百科全书出版社，1991，第272页。

一种最为复杂和最为困难的预测。关于这一点我们在后面的各个章节中还要反复探讨。

现在我们来看什么是预测。通过上面的讨论，我们看到人类社会与动物社会具有天壤之别，其实人类的预测与动物的预感更是泾渭分明。首先，预测不是预感，两者可以说有本质的区别。对此，马克思有一个非常精辟的比喻："蜜蜂建筑蜂房的本领使人间的许多建筑师感到惭愧。但是，最蹩脚的建筑师从一开始就比灵巧的蜜蜂高明的地方，是他在用蜂蜡建筑蜂房以前，已经在自己的头脑中把它建成了。"① 由此可见动物的预感充其量不过是一种通过遗传形成的生物本能，只有人类的预测才是理性前瞻的智慧花朵。这是人类的预测和动物的预感的第一个区别。

预测和预感的第二个区别是，二者超前认知的时空范围具有很大不同：人类预测的时空范围较远较大，而动物预感的时空范围较近较小。当然人也有自然属性即动物性，所以人也有预感。如果我们按照人的社会性的强弱来分层，我们同样会发现，那些社会性较强的人预测的时空范围较为长远宏大，而社会性较弱的人预测的时空范围则较为短近渺小。这种情况可用时空二维图形来表示（见图1-1）。

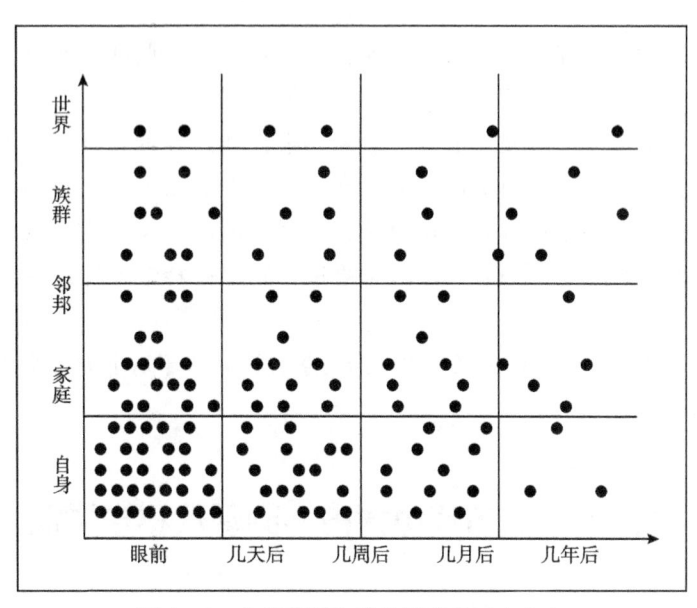

图1-1 人类预测和动物预感的时空分布

---

① 《马克思恩格斯全集》第23卷，人民出版社，1972，第202页。

从图1-1可以看出，人类的预测和动物的预感都会落在这幅时空二维图的某一点上，但两者在超前认知的空间范围和时间范围是不同的，动物的预感集中在图的左下角，而人类的预测则处在距离时间和空间轴线更远的位置。就人类的自然—社会两重性来说，自然性较强的人的预测（包括预感）偏近于图的左下角，而社会性较强的人的预测，则更多地远离时空轴线。但这种人的数量较少，正好与前者相反。也就是说，只有少数人能够预测到更大范围的事情并具有远见卓识，而大多数人则只关心短期内和周围的事情。

从科学预测的角度看，预测和猜测、臆测也不同：前者要依据一定的理论和方法进行有根据的推导，而后者则基本上是毫无科学根据的主观想象。对此，由于本书后面涉及社会预测基本原理的各章都要进行详细讨论，恕此暂不展开论述。

至于什么是社会预测，其实我们在前面已经点到：社会预测与自然预测的区别主要在于预测客体的不同。但是两者之间究竟有哪些具体的差异？这些差异使社会预测具有哪些特征？会给社会预测带来哪些影响？这些都是比较复杂的问题，我们在后面将辟专章进行讨论，恕此亦不展开。

现在我们不妨先给社会预测下这样一个定义，所谓社会预测，是预测主体依据一定的经验和理论，以及对社会发展规律的把握，而对现在事件的未来后果和未来可能发生的社会现象、事件和过程的预见。它主要研究并预测与社会发展变化有关的未来问题，目的在于帮助人们趋利避害，设计符合自身利益需求的社会发展目标，选择、创造和控制达到未来理想社会的途径和手段，为决策者做出科学决策，制定社会未来的远景规划提供依据。

当然，要真正对上述定义有深刻的理解，还有待于对下面各个章节的进一步讨论。

第二节　从古代龟蓍占卜到现代科学预测

人类之所以能够最终脱离动物界并且成为自然界的主人，其重要原因之一就是人类具有一种超前认识能力，即预测能力。试想，在远古时期许多和类人猿同时存在的动物种群如今都消亡了，很重要的原因就是它们虽有发达的预感但没有预测能力，不能及早地改变自己以适应环境或改造环境以适应自己。所以一旦生存环境发生了自己无法适应的变化，就会逐渐消亡（例如恐龙）。所以，人类的预测活动，可以说在人类产生的那一天就开始了。从特定意义上我们完全可以说，一部人类史就是一部人类依靠自身的预测能力求生存的历史。

人类最初的预测是自然预测，因为那时人类首先要从自然界获取生存资料，所以当时预测的对象主要是自然界和人类自身（自然人），如天会不会下雨，下多少雨才会有好收成；人会不会生病，生了病会不会好等等。据有关专家考证，"预测"概念起源于医学。在古希腊语中"预测"与"诊断"是同义词，主要指预测病情的发展。由此可见人类的预测活动最先还是由自然预测开始的。人类对社会的预测，只能是在人类社会产生之后的事情。在有了共同劳动，产生生产协作关系以后；在有了原始部落，产生社会组织以后；在有了利益纷争，产生战争冲突行为以后；在有了社会分工，产生经济贸易活动以后；在有了国家政权，产生管理与被管理的人际关系以后……总之，人类为了生存，必须运用自己特有的超前认知能力，对自己的生存环境（自然的环境和社会的环境）做出预测，谁预测得好，谁就生存得好；谁预测得不好，就会在生存竞争中被淘汰掉（这一点可以从后面将要谈到的许多伟人和成功人士的事例中得到证明）。所以自古以来，自有人类社会以来，人们就非常重视社会预测。早在2000多年前就有人总结预测的重要性："凡事预则立，不预则废。"① 它把预测的重要性几乎提到了绝对化的高度，但笔者认为这个论断也不算过分。

虽说人类对社会预测极端重视，但人类社会预测的能力并不能超越历史的局限，始终是随着人类社会的物质生产与科学认识水平的发展而发展的。本书认为社会预测在历史上大致先后经历了神灵性预测、经验性预测、哲理性预测、实证性预测四种形式，这四种社会预测形式在人类社会的古代、近代和现当代都曾先后占据主导地位，而且人类早期的预测形式在现当代社会预测活动中也有不同程度的反映和体现，但总的趋势是后者不断取代前者，或者说是前者不断向后者转变的过程。这个转变过程的重要特征是，社会预测中非科学的因素不断消亡，科学因素不断取得主导地位。

---

① 《礼记·中庸》。

| 预测·预警·预控

一　神灵性预测

神灵性预测也称神秘预测，产生于原始社会时期，盛行于整个奴隶社会和封建社会时期，至今还有其残迹。神灵性预测主要是指人类建立在宗教迷信基础上的占卜预测。所谓占卜，据《辞源》解释，就是"视兆以知吉凶"。① 所谓"兆"，就是人们借以判断吉凶的各种现象。根据取象的不同方式，占卜也分为不同的种类。其中最早的占卜种类是龟卜和蓍筮。我们今天所说的甲骨文就是龟卜留下的遗迹。据推测，龟卜出现于5000年前，蓍筮稍后，出现于3500年前。这说明早在原始部落时期人类就有了预测活动。

龟卜的具体方法是先将龟甲或牛胛骨削磨成一定形状，然后在其背面钻一个圆窝或梭形的浅凹槽，深度不穿透骨面，然后涂上牛血，由占卜者将其背面放在火上烧烤，这样在甲骨正面的相应部位就会出现"卜"字形裂纹。裂纹的长短、粗细、曲直、显隐，乃至甲骨开裂时发出的声音，就是人们赖以预测吉凶的依据——卜兆（见图1-2和图1-3）。

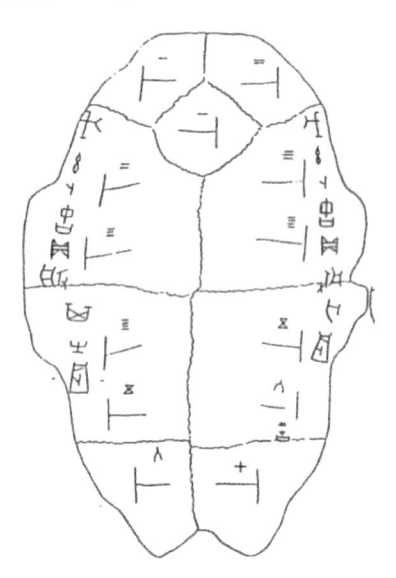

图1-2　古人用来做预测工具的龟甲　　**图1-3　龟甲上的卜文**

注：2004年3月20日，考古人员从三峡库区重庆市云阳县塘坊码头遗址考古发掘出一块碎片状可整理复原完整的唐代甲骨卜具，这是国内首次找到的唐代"卜甲"。该"卜甲"为龟甲卜具，直径为15~20厘米，上面烧制的卜眼清晰可辨。

资料来源：笔者参照图片所画（图1-3）。

---

① 参见《辞源》，商务印书馆，1979，第431页。

蓍筮的具体方法是用一种名为蓍（shī）草的多年生菊科草本植物（见图1-4）的草梗，按一定规则排列组合进行推演，得出一组数字构成的卦像，据以推测未来将要发生的事情。

图1-4　古人用来起卦的蓍草

注：蓍草别名为一枝蒿、飞天蜈蚣、蜈蚣草、锯草等。主要分布于东北、华北、西北及河南、湖北、湖南、江西等地。是一种多年生草菊科本植物，高50～150厘米。茎直立，稍有棱线，被白色柔毛，向下部渐疏，上部有分枝，节间短。叶密集，单叶互生，无柄，叶片线状披针形，长6～10厘米，宽0.7～1.8厘米，先端尖或稍钝，基部半抱茎，边缘有栉齿状羽状裂片，裂片线形或长圆形，边缘疏生不等大的齿牙，端尖，上面近无毛，下面被柔毛，花时下部叶常枯萎。头状花序直径5～8毫米，排成宽约4厘米的圆锥伞房状，总苞近球形，苞片多为3层，卵状椭圆形，长约3.5毫米，边缘舌状花白色，5～11朵，花冠宽矩圆形或近圆形，先端3浅裂，有时不明显，裂片钝圆，中央管状花两性，白色，花药黄色，伸出冠外。瘦果扁平椭圆形，长约3毫米，宽约1毫米，有翅，无冠毛。花期6～9月，果期9～11月。生于山坡草丛，沟谷湿地或灌木丛中。

蓍草作为《周易》起卦的工具，其占卜的方法非常复杂，我们这里暂时不去管它。需要弄明白的是，当时的人们为什么偏偏选择了"龟"和"蓍"这两种东西作为占卜工具呢？据科学考证，在中生代三叠纪，龟就在地球上成为独立的家族，比人类早2.2亿多年。当原始初民们处于蒙昧状态，在强大自然力面前束手无策，尤其是生活中受到山水之阻、寒暑之变、饥饿之苦、疾病之灾，以及风雨雷电无情摧残而不能抗御时，龟却经历了一般生命难以生存的大冰川期的长期磨难而进入生命的春天。古人看到龟的这种"历岁久远"的强大的生命力，认为这是不可思议的天生神物。《蠡海集》云："龟之前爪五指，阳也；后爪四指，阴也，故为阴阳之大用。"《说苑》云：

"灵龟五色，色似玉，背阴而负阳，上隆象天，下平法地，转运应四时，蛇头龙项，左睛象阳，右睛象月，知存亡吉凶之变。"由此可见，在古人心目中，龟被尊奉为可以预警善恶祸福的神灵之物。因此在原始自然崇拜中，龟成了他们崇拜的图腾，认为天地之间的万事万物千变万化，无不集于龟身、存于龟胸。周王朝为提高龟卜灵应和得到龟的更大帮助，破尧舜禹汤之先例，在宫廷内设立龟官，专办龟事，使龟在朝庭中有专职的代言人，官名就称"龟人"。不仅其地位同御使相当，而且龟人能直接决定天子的言行，随时参与帝王的决策。至于蓍草作为占卜工具，主要也是因其品质纯良，异于众蒿。它不仅全身皆可入药，治疗风湿、毒蛇咬伤，还可做香料。据说神异的蓍草可以从一根抽出百茎，长达丈余，在其生长的地方，"兽无虎狼，草无毒螫"，给人以可以通灵的印象。所以伏羲当年用蓍草画卦。后来历代帝王派人到伏羲陵谒祖，必定要带蓍草作为信物。东汉时期的王充在《论衡·状留》中说："龟生三百岁，大如钱，游于莲叶之上；三千岁青边缘，巨尺二寸。蓍生七十岁一茎，七百岁生十茎。神灵之物也，故生迟留；历岁长久，故能明审。"王充这段话，可以说是古人为什么用龟蓍作为预测工具很好的注脚。总之，占卜的种类非常多，除了龟卜和蓍筮，还有占星、占梦、占相、占八卦等，名目繁多，据东汉班固统计，当时的占卜种类已经多达190种。又据考古发现，仅在河南安阳的殷墟，就出土了约10万片甲骨，其数量之多、内容之丰富，足以说明当时占卜是何等之盛行。这种以宗教占卜来进行社会预测的方式的产生和流行，是由于当时人类的生产力水平和认识能力都非常低下，人们对自然界的许多现象，如电闪雷鸣、山崩海啸等既惧怕又无法理解，对自然灾害更无力抵御。在饥寒、疾病与野兽威胁的无奈之中，愚昧和无知驱使人们把这些自然现象超然化、人格化，塑造出种种偶像来加以崇拜，把自己的命运交给这些主宰万物的神灵，认为神灵是自然和社会生活的最高主宰，于是上至国家大事，下至个人安危，尤其是关于祭祀和战争方面的事情，几乎事事都要求神问卜，征求神灵的意见，占卜预测已经成为当时人们不可或缺的生活内容。而统治者也往往利用这种宗教占卜预言的精神控制功能来加强和维护自己的统治地位。

二 经验性预测

经验性预测是指人类通过对社会现象的长期观察，在多次重复出现的事物中获得一些经验性的知识，并据此对社会现象进行的预测形式。经验性预测来源于自发的原始直观预测，是在宗教占卜预测发展的同时发展着的一种唯物的预测方式。在原始社会，人们在生产和社会实践过程中逐渐形成对事态演变的直接浅近的经验性知识，从而根据这些经验对事态的发展做出预测。这在对自然现象的预测中表现尤为突出。例如，古代埃及人根据长期观察的经验，以天象的某些征兆来预测气候，他们一旦看到天狼星在日出时出现在地平线上，就预测洪水和雨季将会来到，从而有效地把握农时。我国古人说的"五百年必有王者兴""天下大势，分久必合，合久必分"，亦是根据长期的历史经验做出的经验性预测。

用曾经获得的直接经验和间接经验来比附未曾经历的未来事件，是经验性预测的重要特征。据《国语》记载，周幽王二年（前780年），西周都城附近的泾水、渭水、洛水发生了地震，有一个叫伯阳父的人认为，这是周朝将要灭亡的征兆。伯阳父引证史实说，过去伊水、洛水干涸，夏朝灭亡。如今周朝的情景与夏、商两代末年相似，而地震又堵塞了水源，这样河流必然干涸，山岳必然倒塌。发生自然灾荒则会造成物资缺乏，饥荒频繁，社会混乱，国家危亡。因此，伯阳父预言：不过十年，周朝将亡。就在这一年，泾水、渭水、洛水干涸，岐山崩裂。又过了九年，周朝果然灭亡。在我国春秋战国时期，越国被吴国打败，范蠡和文种辅佐越王经过十年的艰苦奋斗复国之后，范蠡用"飞鸟尽、良弓藏，狡兔死、走狗烹"的比喻，预先向文种警告说越王不能和臣下共富贵，劝其赶紧功成身退，以避灾祸。文种不听，果然遭杀身之祸。这些都是典型的经验性预测。由于经验性预测与唯心主义的神灵性预测划清了预测观念和方法上的界限，所以是人类社会预测思想史上的一大进步，但这种预测仍带有较大的偶然性和局限性，它的准确性也不是很高。这是因为经验性的预测是建立在对重复现象单纯的观察基础之上的，它尚不能找到产生某种现象的必然原因。众所周知，无论是在自然界还是在人类社会，有许多现象同时存在并重复出现，但这些相伴发生的现象并不等于它们之间就存在必然的因果性联系。事实上，即使我们有好几次看到相同的事物前后相继出现，也还是不能预测它们将来也一定会继续如此。所以经验性预测还是属于带着原始直观预测痕迹的感性预测。当然，由于人类永远也无法穷尽对客观世界的认识，所以即使是在现当代社会预测中，经验性预测也还是占有特定的地位并继续发挥其应有的作用。但是，为了使社会预测更准确，就必须知道引起现象的原因和现象变化的规律。而要达到这一点，光凭经验而没有理性的思考是不行的，所以经验性预测必然要向哲理性预测发展。

三 哲理性预测

哲理性预测是根据社会变化的规律而不是仅凭现象的重复来对事物的未来进行预测。哲理性预测是科学预测的定性形式（与定量相对而言，与后面将要讲到的实证预测相对而言）。哲理性预测是随着社会生产力和科学技术的发展而产生和发展起来的。许多科学家和哲学家把研究客观世界的本质与规律作为自己的使命，与此同时也开始用科学与理性展望未来，从而使人类的预测活动开始突破神灵性预测的桎梏和经验性预测的局限。进步的哲学家用理性与逻辑对社会的未来进行哲理性预测。哲理性预测的发展在人类历史上呈现两个阶段。

一是古代朴素的哲理性预测。随着人们对社会局部领域运动的规律性的逐步认识，人们开始根据客观规律进行预测，如中国古代的《易经》《孙子兵法》中都体现出哲理性预测思想的光辉。从孙膑的马陵之战①、围魏救赵之战②等战役的预测中，诸葛亮的《隆中对》等政治军事预测中，我们可以看到古代确有不少运用哲理性预测的高手。但这一阶段的哲理性预测还比较浅近、模糊，其力量也十分有限，只能使人们在若干局部性问题上获得较浅近的预见，如军事领域和政治斗争领域；还不能完全脱离宗教占卜预测的桎梏，而在更广阔的社会领域中发挥作用。

二是随着近代自然科学的发展，尤其是19世纪中叶马克思主义的诞生而产生的科学的哲理性预测。随着自然科学中不断产生的重大发现和马克思通过历史唯物主义和剩余价值学说对社会发展规律的揭示，人类的社会预测第一次划时代地上升到科学化的高度，并促使哲理性预测不仅在自然领域，而且在社会领域中发挥更广泛的作用。正如毛泽东所指出的，科学预测，尤其是社会历史领域中的科学预测，其真正的基石是马克思主义奠定的。他说："整个人类在马克思主义产生以前对于社会的发展历来没有预见，或者没有很清楚的预见……资产阶级在自然科学方面有很多好的预

---

① 在马陵之战中，孙膑根据魏军剽悍善战、轻视齐军，而主帅庞涓又求胜心切、纵兵急进等特点，采取避敌示弱、退兵减灶等手段，并正确预测作战的地点和时间，最后诱敌于事先设伏的地域而加以聚歼。

② 战国时魏国围攻赵国都城邯郸。赵国求救于齐国。齐将田忌依孙膑之计，不去赵国直接解围，而是率兵偷袭兵力空虚的魏国都城，待魏兵回救时伏兵于途将其击败，遂解赵国之围。

见,但在社会科学方面还是盲目的。只有产生了马克思主义,才对社会发展有了预见,使人类对社会发展的认识达到了新的阶段。"[①] 总之,马克思主义的产生使科学预测活动真正在自然界以外的社会历史领域日益广泛地展开。马克思恩格斯对社会前景的科学预测,是预测史上的空前壮举和光辉范例。它为科学预测在社会各领域中的全面运用打下了坚实的基础,为人们在社会历史领域中进行的各类预测提供了总的科学理论指导和基本依据。不仅如此,马克思主义的科学理论还揭示了整个世界(包括自然界、社会和人类思维)运动的一般规律,提出了一些经典性的未来预测思想原则和科学方法,使人们对整个世界各领域的未来预测状况大为改观。

四 实证性预测

实证性预测是建立在现代科学与技术基础上的一种预测方法,它仍然以哲理性预测作为理论基础,但更显现鲜明的现代科学技术特点。因此我们也可以称实证性预测为现代科学预测。现代科学预测和传统科学预测区别的显著标志之一是定性预测和定量预测相结合。而定性和定量相结合的预测,离开现代数学方法、现代数理统计技术、现代信息处理技术、计算机科学,以及以"老三论"和"新三论"等为代表的现代科学理论是无法做到的。现代科学预测产生于20世纪中叶,当时人类各种社会活动已经达到了前所未有的规模,科学知识加速积累的趋势和整体化的要求越来越强烈,社会信息流的运行和社会变迁的进程越来越快,而比较抽象和笼统的哲理性预测已经不能满足人们指导具体的社会实践的需要,时代要求人们用现代的科学技术手段,更加系统地、高效率地、具体化地预测社会未来,于是现代实证性预测应运而生。现代实证性预测的代表作当推西方著名的未来学研究团体"罗马俱乐部"的第一部研究报告——《增长的极限》,这份报告第一次系统地使用实证性预测的方法,考察了人类科学技术,生产力增长和自然资源,生态环境及其他一些要素的相关关系,用建立数学模型的方法和计算机技术,做出了未来的增长会在2100年达到极限的震惊世界的预测。他们的这一预测对许多国家的发展战略都产生了重大的影响。我们不可能在此详述其中内容,但从其所建立的世界模型中,可对现代实证性预测管窥一斑(见图1-5)。

[①] 参见《毛泽东文集》第3卷,人民出版社,1996,第394页。

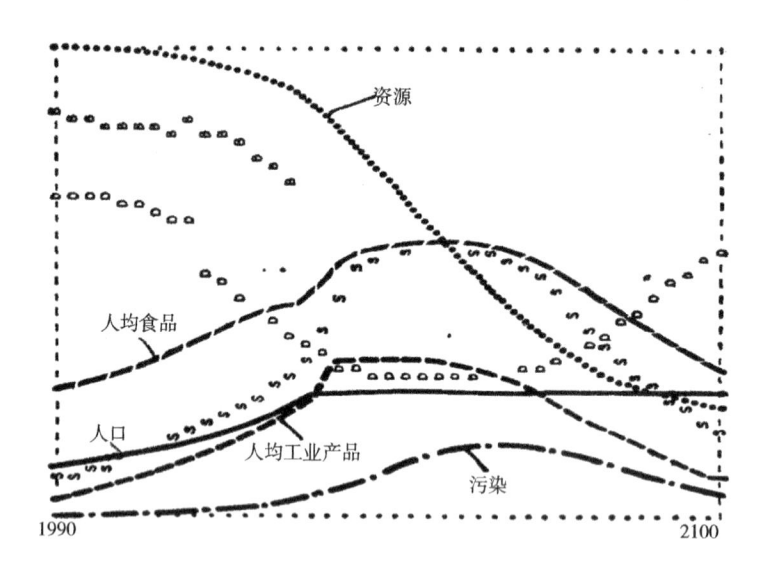

图 1-5　罗马俱乐部用实证方法预测 100 年之后情况的世界模型

注：这个世界模型标绘的所有变量，符合 1900~1970 年历史上的实际值。如果按照这个"标准"趋势假定，在历史上支配这个世界系统发展的物质关系、经济关系和社会关系均不发生重大变化，那么在这里粮食、工业产量和人口按指数增长，直到迅速减少的资源基础迫使工业增长减速。因为这个系统中自然的滞后往往发生在工业化高峰以后，人口和污染继续增长。由于粮食和医疗服务减少，死亡率上升，人口增长最终停止。所以，罗马俱乐部根据这个模型预测这个系统会因为资源危机而崩溃，增长很可能在 2100 年停止，最迟在下个世纪（即 21 世纪）内一定会停止。

上述世界模型的预测表明现代预测科学是以实证性预测为特征的。但是，实证性预测并不排斥哲理性预测，而是使预测在哲理性判断的基础上走向可计算、可试验、可操作、可模型化的实用阶段。因此，我们可以说实证性预测的产生是预测科学现代化或现代科学预测的重要标志。对此，由于我们在后面的有关章节中还要做专门的讨论，在此就暂不展开了。

以上我们阐述了人类进行社会预测活动所经历的四个阶段，现在需要特别指出的是，这四个阶段并不是泾渭分明的，而是你中有我、我中有你，相互渗透和共存的；换句话说，我们在神灵性预测阶段，可以看到科学预测的萌芽，而在科学预测阶段，仍可以看到神灵性预测的残迹，其走向态势见图 1-6。

社会预测由愚昧的神秘占卜走向现代科学的历史证明，人类对社会的认识每加深一步，科学预测的领域就会向外拓展一步，而占卜预测的范围就会随之向后退缩一步。上述四种社会预测形式，在人类社会的古代、近代和现当代都曾先后占据主导地位，而且人类早期的预测形式在现当代社会预测活

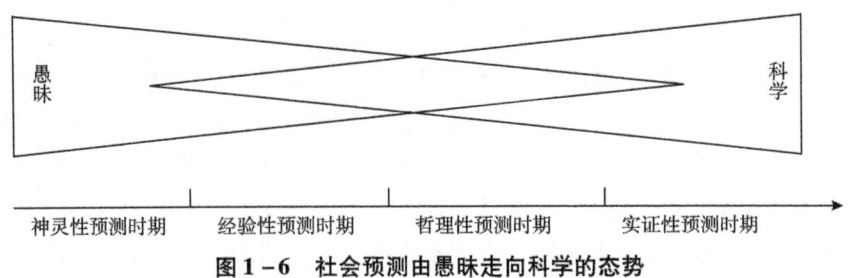

```
愚昧 ———————————————————— 科学

神灵性预测时期   经验性预测时期   哲理性预测时期   实证性预测时期
```

图1-6　社会预测由愚昧走向科学的态势

动中也有不同程度的反映和体现。但总的趋势是后者不断取代前者，或者说是前者不断向后者转变的过程。在这个转变过程中的重要特征是，社会预测中非科学的因素不断消亡，科学因素不断取得主导地位。

第三节　社会预测在人类社会活动中的作用

"凡事预则立，不预则废"这句古训，已经把预测在人类社会活动中的作用推崇到了极致。这至少说明预测在人类活动中的作用是非常普遍的。我想预测在人类生活中的这种普遍性，可能是由人类的本性所决定的。正如德国未来学家拜尔豪所说的那样："这种想在今天知道明天事件的愿望，像人类本身的存在一样，是由来已久的。"但是我们现在要讨论的是"社会预测"（不是自然预测）在"社会活动"（不是个人活动）中的作用。笔者认为社会预测在人类的社会活动中至少有下列四个主要的作用。

一　趋利避害作用

人是有目的性的动物，一个正常的人在社会活动中的行为，一般情况下总是趋利避害的，无论他在生活中还是在事业上，总是想获得成功，不想遭到失败。然而，人们在未获得成功和遭到失败之前，"利"与"害"总是存在于未来的时间与空间，你要想在未来的时空中趋利避害，你就得预测。据国外统计，利用预测方法获得的收益，比用于预测的开支高50倍；相反，如果你不预测，就会招致严重的后果。因为，"利"与"害"在你未来时空中就总是未知的，如果你不能事先预测它们，那么结果不是"幸运之神擦肩而过"，令你懊悔不已；就是"灾难之星猝然而降"，让你惊慌失措。这其中的道理十分简单，而事实却非常丰富，我们不妨试举几例。

三国时期的诸葛亮从布衣之士成为一代名相，不可谓不成功，而其之所以成功，于其预测能力的高超是须臾不可分的。《隆中对》就是一个非常著名的社会预测，反映了其能够"未出茅庐而知三分天下"的社会预测能力。他助刘备建立蜀汉政权与曹操、孙权鼎足而立，靠的是料事如神。料事如神是什么？就是善于预测。草船借箭、借东风火烧赤壁、借荆州等，为何借得来，因为有预测。空城计、连环计、苦肉计，如何骗得过？因为有预测。火烧新野、智算华容、三气周瑜、安居平五路、六出祁山、七擒孟获、巧布八阵图，这一个个脍炙人口的故事和活剧，都淋漓尽致地反映了诸葛亮具有"鬼神莫测之机"的预测能力。

毛泽东从一个农民的儿子成为开国领袖，靠的也是其非凡的社会预测能力。毛泽东在第一次国内革命战争时期就预言"星星之火可以燎原"；在抗日战争初期就预言了抗战的"战略退却、战略相持、战略反攻"三个阶段，写下了著名的军事预测著作《论持久战》。有人说毛泽东军事上最精彩之笔有三处：三次反围剿、四渡赤水、三大战役；又说毛泽东是军事奇才表现在三个方面：没读过一天军校，没受过一次伤，从不背枪。其实毛泽东是个预测大师，他对中国革命战争的每一步预测几乎都应验了，他靠先见之明的智慧，领导革命从胜利走向胜利。毛泽东曾有一句名言——没有预见就谈不上领导。这的确是真知灼见。

政治家军事家取得成功要靠预测，商家企业家金融家取得成功也要靠预测。

被后人誉为中华商祖的陶朱公范蠡，是我国古代春秋战国时期的越国人，他居官则为卿相，居家则致千金。靠的是什么？也是预测。当年范蠡助越王勾践灭吴成就霸业就有很多好的预测，我们暂且不说，只说他在政治上成功之后，却劝其政治伙伴文种隐退江湖，他说，飞鸟尽，良弓藏；野兔尽，走狗烹。越王这个人只可共患难，不能共富贵。范蠡退隐之后携美女西施"下海经商"，他靠经济预测方法赚钱，成为当时有名的大富豪，被今人称为"中华商祖"。范蠡当时用的经济预测方法在今天看来很简单，但在当时却是一种超人的智慧。他的具体方法是"水则资车，旱则资舟"，即水灾时要准备好车，旱灾时要准备好船。这是因为水旱交替出现，一旦水转旱时车必短缺，由旱转水船则走俏。抓住时机贱买贵卖，定能获利丰厚。这实际上是运用了农业丰歉循环论等市场变化规律。这也是我国有史可查的最早的市场预测，距今有2000多年。与此同时，史书还记载了计然、子贡、白圭等善于凭预测经商并成为大富翁的人物，在此就不一一举例。

当代大型企业集团海尔，雄视国内家电业，跻身世界500强。靠的是什么？也是预测。仅从其利用天气预测抢抓商机一例，就可管中窥豹，略见一斑。某几年气候反常，一些产品如纯净水、饮料、空调、服装等产品受气候变化影响很大。如1997年夏北热南凉，空调销售出现了北抢南降的局面，对此许多厂商都晕头转向，而海尔却大发其财，因为他们从当年3月就获得了中长期天气预报资料，并立即组织加班生产空调赶运北方城市。当年仅北京市场的分量就由上年的20%上升到50%。从1999年开始，已有40多家企业到国家气象中心预测室购买中长期气象预报，价格在数千元至上万元。在发达国家如美国，目前有300多家从事短、中期天气预报的公司，生意都十分红火。长期预报公司只一家，也是顾客盈门。设在宾夕法尼亚的"战略天气预报公司"，自1993年以来每年收入都翻一番，2000年前后年收入已达500万美元。

其实利用气象预测经商的案例古已有之，除了前面讲到的范蠡利用"水旱交替、丰歉循环"的气候规律，采取"水则资车，旱则资舟"的策略之外，距今2600年前的古希腊，当时著名的"七贤人"之一，预言家泰勒斯根据调查资料和气象知识，预测到本地的橄榄油将获得大丰收，便事先购买了附近所有城市的榨油机的使用权，待橄榄油收获季节高价出售，贱买贵卖，赚了一大笔钱。

金融奇才索罗斯，创立反射性理论，财富增长1000倍。靠的是什么？也是预测。乔治·索罗斯1930年生于匈牙利布达佩斯。1947年他移居英国，并从伦敦经济学院毕业。从伦敦经济学院获得硕士学位后进入了伦敦证券界，从事股票分析和推销工作。1969年与人合伙成立了以募集私人投资为主的合伙基金——"量子基金"。索罗斯主管"量子基金"后，"量子基金"发展神速。1970年，基金已增长到1200万美元，1980年达到2.5亿美元。到1993年，"量子基金"已经神奇般地增至70余亿美元。增长之快，令人咋舌。有人曾算了一笔账，如果你在1969年"量子基金"刚成立时投入1万美元，那么至1993年（共23年），你将拥有1000万美元。"量子基金"的飞速发展也给索罗斯带来了巨额财富。20世纪90年代初，索罗斯就已跻身10亿美元超级大富豪之列，1997年则达到25亿美元，世界排名第131位，1998年初达到了50亿美元。

索罗斯在投资界之所以能取得如此骄人的成绩，是与其喜欢分析思考的性格和神奇的预测能力有关的。索罗斯著有《金融炼金术》。索罗斯特别偏爱哲学，对社会预测有着自己非常独到的看法，他认为研究自然界的方法论与研究人类社会的方法论是截然不同的。他凭借他的哲学素养和对经济学、金融学理论的研究，创立了"反射性理论"。索罗斯靠这种理论判断股市、预测股市、操纵股市成为暴发户。

以上是正面的例子，反面的例子更多，上文提到的那位范蠡的政治伙伴文种就是不仅自己不会预测，也不听人的预测，结果终为越王所戮，成为刀下之鬼。临死前发出慨叹，悔不听范蠡之言。现在只举一个非常典型的例子，那就是头号强国美国当年因不听兰德公司的预测而在全世界面前出丑的实例。

1950年9月15日美国侵朝开始之前，兰德公司就预测，如果美国出兵朝鲜，"中共军队将跨过鸭绿江"援助朝鲜。但这一预测并没引起美国重视。几乎在同时，德林软件公司于9月7日拿出了耗用大量人力、物力和财力研究"美军出兵朝鲜，中共将做出何种反应"的主要结论"中共将出兵朝鲜"，并打算以500万美元的价格将全套研究报告出售给美国当局。但政府与军方决策者视这种预测为无稽之谈，宁愿用500万美元买一架战斗机，也不肯买这套研究报告。结果战争惨败，损失了大量人力、物力和财力，终于认识到预测机构预测的重要性。最后，五角大楼在承认自己"在错误的时间和错误的地点，选择了错误的敌人，打了一场错误的战争"的同时，为总结教训，以280万美元购买了那份已经过时的全套研究报告。自此以后美国便非常重视社会预测并成为一个全世界预测机构最多的国家之一。对此我们在后面还要详细介绍，在此暂不赘言。

以上种种说明一个道理：无论你做什么事，在什么地方做事，你都是在和时间赛跑，你都是在空间里竞争，你要取得成功，你就必须学会预测，因为只有学会预测，你才能够穿越时空；只有穿越时空，你才能够见人所未见，知人所为之，见微知著、先知先觉、未雨绸缪、趋利避害，从政则把握先机，从军则不误军机，从商则抢占商机，成竹在胸，胜券在握。

二　领导决策作用

决策在人类的社会活动中是一种经常性的行为，一个人只要不是随波逐流或听天由命地混日子，他就必然要在日常生活中经常自觉或不自觉地进行决策，即决定做什么或不做什么、这样做或那样做。各行各业的工作人员，无论是高级负责人或一般劳动者，只要他有最起码的责任心，他在工作中也必然会感到经常面临各种要做出决策的问题。但是，一项决策的效果与该决策本身之间有着时间上的滞后关系，即现在做出的决策，其效果要在或长或短的将来才显示，也就是说，现在有待你做出决策的事情乃是发生在将来的未来事件。因此，做出决策时主要考虑的不是现在而是将来的情形，要衡量的不是现在而是将来的效果。这意味着，任何决策都不可避免地要依赖预测。显然，任何决策者都希望尽可能确切地预测未来。在经济、政治、军事及社会生活各领域中，卓越的效果取决于英明的决策，而英明的决策则依赖高质量的预测。这种情形说明决策和预测是人类智力活动的两种常见的和紧密相连的伴生现象，预测是决策的基础和前提，决策的成败取决于预测的正误。这一点无论在个人活动中和社会活动中都是如此。

在人类的社会活动中，有关社会发展的重大决策一般都是由领导者做出的，所以作为社会活动的组织领导者，其社会预测的能力和水平就显得格外重要。因为个人活动中出现决策错误，影响的只是个人；而领导者社会决策的错误，将影响到整个社会。这个社会范围的大小因领导职务的高低而异，领导的职务越高造成社会危害的范围就越大。毛泽东对领导者的责任概括为两条：一是出主意，二是用干部。"出主意"就是决策，是领导者的首要职责。领导者靠什么来完成这项首要职责，在很大程度上要靠其超人的社会预测能力，因为只有如此才能做出英明的决策。纵观古今中外，凡是著名的成功领导者都具有超人的预测能力，要么也是其左右聚集着许多擅长预测的高参。总之领导者要靠预测实施领导，靠预测维护权威。

在人类历史上灿若群星的领导者中，毛泽东就是其中的一位具有超人预测能力的佼佼者。有一本叫《毛泽东预言》的书，其中写了毛泽东的 50 个预言，几乎全部都实现了。① 毛泽东之所以能每每在革命的紧要关头，做出正确的决策，领导中国革命从胜利走向胜利，就在于其杰出的预测能力。毛泽东对领导与预测的关系有着极其精辟的论述，他说："什么叫做领导？领导和预见有什么关系？预见就是预先看到前途趋向。如果没有预见，叫不叫领导？我说不叫领导。斯大林说：没有预见就不叫领导，为着领导必须预见。""坐在指挥台上，如果什么也看不见，就不能叫领导。坐在指挥台上，只看见地平线上已经出现的大量的普遍的东西，那是平平常常的，也不能算领导。只有当着还没有出现大量的明显的东西的时候，当桅杆顶刚刚露出来的时候，就能看出这是要发展成为大量的普遍的东西，并能掌握住它，这才叫领导。""没有预见就没有领导，没有领导就没有胜利。因此可以说没有预见就没有一切。"② 毛泽东在中国社会革命中之所以能够取得领导地位，是和

---

① 参见吴江雄主编《毛泽东预言》，红旗出版社，2000。
② 《毛泽东文集》第 3 卷，人民出版社，1996，第 394~396 页。

其英明的决策分不开的，而其英明的决策又取决于非凡的预测能力。毛泽东具有丰富的社会预测思想，他能够在敌强我弱的情况下，看到革命胜利的曙光，预言中国革命一定能够胜利，社会主义一定能够实现。据说1936年毛泽东在陕北保安的窑洞里对斯诺勾画未来，斯诺对此称为"窑洞中的预言"。后来他在一本书中写道："革命运动要求它的领袖能够比旁人早一点看到将来要发生的事；在这方面毛很成功，所以他的追随者对他的判断力产生了极大的信心。"1945年9月2日美国纽约的《下午报》发表一篇题为《这就是毛泽东——中国共产党的领袖》的文章，文章写道："在预测中国会发生什么事情的时候，毛泽东一直永远是准确的。"总之所有这些都充分说明社会预测对于领导决策的作用是至关重要的。

三　计划管理作用

人类的活动和动物界的活动一个重大区别，是人类的活动尤其是社会性活动，往往是一个有计划的过程。人类社会作为一个复杂系统，如果尽是些无计划的活动，那么社会就会处于混乱无序的状态，人类也就得不到正常的发展。我们的社会之所以能够稳定有序的发展，和人类对社会活动的计划管理是分不开的。然而，人类制定计划又离不开预测。

张明忠在他编译的《略论预测在计划管理系统中的地位和作用》一文中指出，计划和预测虽是两个不同的概念，但二者却是互相结合的。它和整个管理系统，特别是和这个系统的核心环节（计划）紧密联系。在社会主义制度下，预测为国民经济计划及其计划的管理服务。他还把计划工作分为以下五个阶段。

①分析国民经济发展的现有水平，已经形成和正在产生的经济趋势；
②科学预测；
③选择发展目标并做出计划决策，制定党政指令、基本发展方针；
④拟定、讨论和审批国民经济发展计划草案；
⑤组织计划的贯彻执行。[①]

从上面的流程中我们可以看出，整个计划工作实际上分为预测（①~②）和计划（③~⑤）两个阶段。在这里，预测是走在计划前面的，实际上是制定计划的一个准备阶段，其任务是揭示客观事物的过程和发展方向，为

[①] 参见《略论预测在计划管理系统中的地位和作用》，张明忠编译，《预测》1986年第6期。

制定计划提出科学论证。第二个阶段才是计划的实质性的制定。但是，如果没有预测作为计划前的基础，计划将失去根据，所以预测在成为计划的一个有机组成部分的同时，也成为一种科学计划的方法。总而言之，预测和计划是统一的计划管理系统整体的两个阶段、两个环节、两个要素、两个密不可分的方面。预测反映客观规律，向计划提供有科学依据的计划资料，计划机构则利用计划前的预测研究制定切实可行的计划。人类社会的发展就是在预测—计划—再预测—再计划……的动态滚动发展和前进的。经验证明，没有科学的预测，就不能揭示未来的发展道路，从而也不可能有正确的发展计划。没有经过预测的计划只能是想当然的一纸空文，轻则计划落空，重则贻害社会。那种抱着"车到山前必有路"和"祸福天注定"，等着"天上掉馅饼"和"抽奖撞大运"而办事无计划的懒汉和庸人，迟早要受到惩罚。

现在我国实行社会主义市场经济体制，并不排斥计划管理。因为以市场为基础的指导性计划与传统的计划相比较，必须实现以下几个转变：在计划内容上从以生产计划为主转向包括国民经济和社会发展各个方面的综合计划，即综合性；在计划对象上从以个量为主转向总量为主，即宏观性；在计划期上从以短期为主转向以中长期为主，即战略性；在手段上从直接的指令性计划转向以间接的指导性计划为主，即市场性；在方法上从传统的以经验方法为主转向现代的以科学方法为主，即科学性。在实现这些转变的过程中，加强经济社会预测显得尤为重要。如果把计划管理作为一个过程，它包括制定、实施、调整等几个阶段，那么预测是和每个阶段一一对应、密不可分的。计划制订离不开科学的预测，计划的综合性、宏观性、战略性仅凭计划人员的经验与判断是难以实现的，没有科学的预测就不可能有能真正起指导作用的计划。计划的实施和调整离不开监测与预警，监测预警可以使政府管理部门和宏观调控决策人员及时，准确地把握社会运行的脉搏，并根据各项社会经济指标的监测结果，对未来趋势做出超前判断，以便适时地调整计划并采取适当措施实施调控。

四 持续发展作用

就人类社会的整个生存与发展来说，他对自然界的依赖是永恒的，但这种依赖又是以对人和自然关系的长远预测为前提的。毫无疑问，人类有能力改造自然、改造社会。但是正当我们陶醉于改造自然和社会的所谓胜利时，自然和社会却"报复了我们"，这样那样地惩罚了我们。因此我们说，改造世界是可以做到的，而关键在怎样正确地而不是胡乱地、盲目地改造世界，

第二章　当代社会变迁与社会预测的发展趋势

社会变迁作为社会学中的一个重要概念，要比社会发展、社会进化具有更加广泛的含义，它包括一切方面和各种意义上的变化。当代社会相较于传统社会的一个显著特点，就是社会变迁速度的加快，而且呈现越来越快的趋势。那么社会预测与当代快速的社会变迁之间会出现一种怎样的关系？在这种关系的情景下，社会预测的发展会呈现出何种特点并产生何种发展趋势，是本章将要讨论的问题。

第一节　社会预测的需求随着社会变迁的加速而急剧增长

我们若从社会变迁的视角来看社会预测，就会发现社会变迁的速度和社会预测的需求两者之间呈现一种正比例增长的函数关系，即社会变迁的速度越快，人们对社会预测的渴望或需求越是成倍的增长。在古代农业社会，人们的预测活动主要偏重自然预测领域，对社会预测的需求并不迫切。因为那时的生产力低下，社会变迁十分缓慢，在人一生的几十年中几乎感觉不到社会有什么变化，甚至几代人生活的社会背景都没有多大区别，人们对未来有相当确定的认识：未来如同现在。因此对社会预测的需求很少，即使是上层政权更迭和改朝换代，对"天高皇帝远"的老百姓来说，也往往犹如陶渊明在《桃花源记》中所言"不知有汉，何论魏晋"。但是，随着人类社会生产力的不断发展，情况发生了非常大的变化。马克思、恩格斯在《共产党宣言》中说："资产阶级争得自己的统治地位还不到一百年，他所造成的生产力却比过去世世代代造成的生产力还要大，还要多。自然力的征服，机器的采用，化学在农业中的应用……仿佛用法术从地底下呼唤出来的大量人口，——试问在过去哪一个世纪能够料想到竟有这样大的生产力潜伏在社劳动里面呢?"① 生产力的高度发展使社会交往、社会运动、社会变化的速度大大加快。例如,公元前 50 万年人类绕地球一圈的时间需数亿年,公元前 2 万年需数百年,公元前 300 年需数十年,公元 500 年需数年。1900 年需数月,1925 年需数周,1950 年需数日,1965 年只需数小时。又比如,美国由农业社会变为工业社会用了 100 年,由工业社会变为信息社会只用了 20 年。在信息社会中,新的传播技术发明的周期越来越短,几十年的成就胜过以往几百年甚至数千年;信息生产量巨大增加,以往(1844 年电报发明时)每秒可传递 10 个符号,而现代的波导每秒可传递 10 亿个符号。在信息社会中"信息爆炸"使社会变化急速而复杂:一个企业可以瞬间倒闭,一个国家可以顷刻瓦解,银行汇率骤然变动,显赫政要昙花一现,各种新生事物往往"忽如一夜春风度,千树万树梨花开"。总之社会变迁之快,变化之多,越来越让人应接不暇,没有足够的时间做出反应。在这种情况下,人们对社会预测的需求不仅由弱到强,而且越来越强。对此,我们从盛行时间最长、影响范围最广、发展势头最足、以预测未来社会发展为主要目的和内容的"未来学"思潮的蓬勃发展,以及大量社会预测机构的涌现中就可以清楚地看到这一形势。"未来学"一词从德国学者费莱希姆 20 世纪 40 年代提出算起至今已有半个多世纪,从罗马俱乐部发表《增长的极限》所引发的未来学高潮算起也有 30 多年。这与当代绝大多数学术思潮各领风骚仅几年的境况相比,可谓经久不衰。未来学著作成为全球最畅销的书,托夫勒的《未来的冲击》被译成 50 种文字,到 80 年代就发行了 700 万册。哈尔林斯的《地球末日》竟售出 2500 万册之多。这和其他学术著作出版困难的状况形成强烈反差。未来学的研究成果层出不穷,罗马俱乐部自成立以来,每一两年就有新作问世,一口气提交了十几份研究报告。托夫勒继 20 世纪 70 年代《未来的冲击》和 80 年代的《第三次浪潮》之后,又于 90 年代推出新作《权力的转移》(又译《大未来》)。奈斯比特 1982 年《大趋势》轰动全球,1990 年又出版《2000 年大趋势》,1996 年又推出《亚洲大趋势》,2000 年又推出《高科技·高思维》,在全球畅销 1400 万册。总之,各种预测未来的研究成果汗牛充栋,一浪高过一浪,呈席卷全球之势。各国预测未来的研究机构如雨后春笋,有的发达国家专门搞预测的研究机构达 600 多家,还有的国家甚至实行了"社会经济预测立法"。我国从 20 世纪 80 年代开始进入社会转型和社会变迁的加速期,社会预测研究也开始活跃起来,自 90 年代开始,全国各地

---

① 参见《马克思恩格斯全集》第 4 卷,人民出版社,1958,第 471 页。

悄然兴起了以经济社会预测为目的和内容的各种"白皮书""蓝皮书""绿皮书""金皮书"等,而其中以中国社会科学院系统牵头组织的"蓝皮书"范围最广、影响最大,已有近20个省市的社科院开展了这项工作。所有这一切都充分说明人们对社会预测的意识和需求在日益增强。在西方,有些人甚至认为"拒绝预测,就意味着拒绝生存"。世界未来学会主席 E. 科尼什在《未来学家的任务》一文中说,要想在一个变化多端的世界中求得生存和发展,就必须向前看。由此看来,社会预测已经成为人类现代社会生活中必不可少的和越来越重要的内容。

第二节 发达国家社会预测活动的四大特点和趋势

发达国家社会变迁和社会运行的速度一般都远远高于发展中国家,因此分析他们开展社会预测活动的特点和趋势,对发展中国家是具有借鉴意义的。发达国家主要集中在西方国家中,社会预测在西方的叫法是未来研究或未来学,因此在那里社会预测运动被称为未来主义运动。我们现在不管他们叫什么,其实质内容,不外乎是对人类社会发展前景的一种现代社会预测活动。大规模的现代社会预测活动首先兴起于西方和美国这些社会生产力比较发达的国家,并在那里得到比较迅速的发展。苏联、东欧、日本及其他国家和地区的现代社会预测活动虽然起步较晚,但都发展较快。总之各个国家的社会预测活动都具有自己的特色或者说发展趋势。我们现在本着学习和借鉴的态度,将这些特点或趋势概括为组织化和国际化、学术化和普及化、商品化和产业化、制度化和法律化等方面,并逐一进行分析。

一 社会预测活动的组织化与国际化特点及趋势

社会预测活动的发达与否,其组织化程度是一个重要标志。而组织化的标志,一是组织的数量,二是组织的规模。

20世纪60年代以来,世界各国先后成立了不少未来预测研究的科学机构和学术团体,如美国的赫德森研究所、世界未来学会、意大利的罗马俱乐部、巴黎的国际未来可能性协会、世界未来研究联合会、伦敦的2000年人类学会、荷兰的人类2000年国际协会、柏林的未来研究所、日本的未来学协会、苏联的全国性预测学会以及社会科学院社会学研究所的社会预测室、波兰科学院的波兰2000年研究与预测委员会和华沙预测研究中心、罗马尼亚布加勒斯特大学的国际未来研究和方法论中心等都是实力很强的社会预测机构。20世纪70年代中期，美国还创办了当代问题研究所。此外，从事未来研究的还有兰德公司、系统开发公司、世界观察研究所、布鲁金斯学会、普林斯顿大学国际研究中心、行为科学高级研究中心等。这些被西方和美国称为"思想库"的研究机构和学术团体，专门为最高领导机构决策服务，在社会生活的各个方面发挥了极为重要的作用。现在世界上进行未来研究的预测机构据不完全统计有2000家以上，而美国就有600多家，其中以兰德公司、斯坦福研究所、赫德森研究所、世界观察研究所等最负盛名。

在组织规模方面，有些未来预测机构的规模非常庞大。例如设在美国华盛顿的世界未来学会，拥有分散在80个国家中的45000名会员和70个团体会员。它在好几个国家都设立了分会，并提出了建立"世界网络"的建议，试图通过这个网络，把世界各国的未来学家、各行各业的人士联系在一起，是世界上最大的未来研究组织。设在巴黎的国际未来可能性协会，通过由70多个国家的200人组成的联络网保持通信联系，是世界上最早的未来研究组织。在美国，仅一个斯坦福研究所就拥有专职人员3000多名。

社会预测活动的国际化实际上是组织化在世界范围的进一步延伸。社会预测的国际化也有两个标志，一是国际性研究机构的出现，二是跨国性预测活动的开展。

从国际型研究机构来看，除了上述提到的世界未来学会和国际未来可能性协会，比较著名的还有1968年在意大利罗马建立的罗马俱乐部，其成员都是来自各国的著名科学家、实业家、政治家和教育家，是公认的著名国际型未来研究团体；1972年成立于奥地利维也纳的国际应用分析研究所，拥有17个成员，主要研究发达国家面临的一些共同未来问题；成立于1981年国际预测家协会，由一些从事预测研究的数学专家、教授组成，每年召开一次学术会议，出版《国际预测杂志》；1966年成立于荷兰的人类2000年国际协会，现总部设在比利时布鲁塞尔，其宗旨是综合各国未来研究成果、协调各国研究并为各国研究提供材料；还有世界秩序模型研究计划组织、世界未来研究联合会等都是著名的国际性研究组织。

从跨国性预测研究活动来看，如美国政府组织的《公元2000年的地球》研究计划，如20世纪80年代在多伦多首届全球未来大会的召开，联合了世界未来学会、罗马俱乐部、国际未来可能性研究协会等世界性机构，共有5000多名专家学者参加的大会。美国数据资源公司BRI的国际部负责70多个国家的经济预测，亚太地区有13个国家。国际部在伦敦的分部负责欧洲国家，华盛顿分部负责苏联国家。美国沃顿计量经济预测学会即 WEFA 集团公司在 45 个国家有 1500 多个用户，拥有 152 个国家经济，金融，人口统计以及行业的数据并提供世界 94 个国家（经济组织和地区）的详细预测以及区域和行业的预测。

二 社会预测活动的学术化与普及化特点及趋势

社会预测活动学术化的标志是出现了一批专门从事社会预测活动的职业工作者和著名专家，出现了一批有较大影响的学术出版物和学术研究成果，以及出现了围绕社会预测活动的学术流派。

以美国为例，美国社会预测未来学研究专家及其代表人物的数量和影响，在世界社会预测领域具有重要地位。美国拥有人数最多的一支社会预测研究队伍。其人员分布在各个领域，各种部门。在他们当中，如麦克黑尔、康恩、米德、西堡、托夫勒、贝尔、哈尔曼、阿西莫夫、林斯顿、马蒂诺、赫尔默、戈登、福雷斯特、梅多斯、奈斯比特等，都曾经是（因有的学者现已去世）或仍然是活跃在社会预测领域的著名专家学者。他们大量著书立说，发表演讲，教授未来学或与未来有关的课程，积极参加国内外未来学大会和专题会议。他们在理论研究和基础研究这两方面，都有许多建树，对西方未来学理论、方法论体系的形成和技术方法的创新做出了积极的贡献。

美国的未来学出版物，不仅反映了美国社会预测研究成果所达到的水平，反映了这种研究所具有的深度和广度，同时说明了美国在西方社会预测领域中所占有的重要地位。以专著、报告、通信、专刊、杂志、教材、预测小说以及其他形式出版的读物，每年都在大幅度增加。它们是美国未来学研究机构和人员的专业论坛和普及宣传未来学的网络系统。在它们当中，具有较大影响的有贝尔的《后工业社会的来临——社会预测初探》；托夫勒的《未来的冲击》《第三次浪潮》《大未来》；马蒂诺的《用于决策的技术预测》；麦克黑尔的《未来的未来》；林斯顿等编著的《特尔斐法：技术和应用》；康恩、维纳合著的《2000 年：今后三十三年的预测概论》；奈斯比特的《2000 年大趋势》等未来预测研究的专著和《未来学家》《技术预测与社会变革》等期刊。有关未来教育的报纸杂志和未来课程的教科书、兰德公司等智囊机构有关未来预测问题的专著和报告，也是此类出版物中的一个重要组成部分。

在包括上述在内的整个西方社会预测出版物中，有一部分专著已被列为西方未来学的经典著作。它们是罗马俱乐部以《增长的极限》（1972）为代表的一系列研究报告、托夫勒的《未来的冲击》(1970)、《第三次浪潮》(1980)、贝尔的《后工业社会的来临——社会预测初探》(1973)、卡恩的《今后二百年》(1976)、奈斯比特的《2000年大趋势》(1982)及其他一些有名的著作。

《增长的极限》是罗马俱乐部的代表作。罗马俱乐部自建立以来，先后发表了十多篇研究报告，如《人类处于十字路口》(1971)、《重建国际秩序》(1976)、《走出浪费的时代》(1977)、《人类的目标》(1978)、《学无止境·克服人的差距》(1979)、《能源，一个相反的看法》(1980)、《第三世界——世界的四分之三》(1980)、《关于财产与福利的对话》(1981)、《走向未来的道路图》(1981)、《未来一百页》(1981)、《是福还是祸》(1982)等。其中最著名、影响最大的研究报告是《增长的极限》。该报告着重研究人口、工农业生产、自然资源和环境污染等问题，对西方经济增长的限度提出了每况愈下的预言。由于这篇研究报告的基调有些悲观，因此被人们称为"悲观派"的未来研究，并在世界范围内引起了"悲观"和"乐观"之争。

托夫勒的《未来的冲击》描写了未来社会的发展前景。除了在生活上出现各种新事物，作者特别提到了所谓"超工业社会"和"超工业的教育制度"，并着重叙述了西方国家科技发展造成的社会后果——严重破坏了社会环境和社会价值。作者指出，为免受未来的冲击，我们应当对未来的情况有所准备，这样才不会对猝然而降的各种事件惊惶失措。

贝尔在他的《后工业社会的来临——社会预测初探》中，系统地论述了他的"后工业社会"理论。他认为"后工业社会"有五个特征：一是经济方面，即从制造产品的经济向服务性经济的转化；二是由于服务性经济的发展，出现了一个向白领职业的转化过程，后工业社会的领导阶层不是企业主，而是科学家和研究人员；三是中轴原理，即理论知识居于核心地位，成为社会革新与制定社会政策的源泉；四是未来的技术方向，即有计划有节制地发展科学技术，同时对科学进行评估；五是制定政策，强调通过"智力技术"进行各项决策的重要性。他说，为使社会更迅速地向前发展，必须不断地发展新的技术，以维持较高的生产率和生活水平。"后工业社会"是围绕知识组织起来的，它充分发挥"智力技术"的作用，来达到控制社会发展、指导发明和变革的目的。

托夫勒的《第三次浪潮》和奈斯比特的《2000年大趋势》，发挥贝尔"后工业社会"理论，进一步强调了科学技术的作用，认为人类社会面临新的文明的冲击，从工业社会又跨入新的信息社会。托夫勒在书中阐述了信息时代的社会规范，价值观念、科学技术和 21 世纪民主等广泛问题。"信息社会"的名称也开始在资本主义世界流传。

在社会预测活动中还产生了著名的两大学术流派：悲观派和乐观派。悲观派的代表是罗马俱乐部，乐观派的代表是赫德森研究所。这两派之间的论战，特别引人注目。悲观派认为，到 21 世纪头十年，矿藏资源将会耗尽，粮食生产的增长将会终止，环境污染将会无法消除。为避免这种灾难，必须确立"全球的平衡"。他们建议急剧缩减人口和工业生产的增长速度，使其只能达到人和机器的简单再生产的水平，即"零增长"。乐观派与此相反。他们承认某些危险是不可避免的，人口过多、食物和能源短缺、环境污染等，但是人类可以克服前所未有的多种挑战。对此我们在后面还要讲到，在此暂不展开。

在西方发达国家，社会预测活动不仅具有学术化的特点，还有普及化的趋势。表现在两个方面，一是未来教育的普及，在西方，几乎所有的国家都开展了未来学研究。在美国未来教育已经进入小学、中学和大学的教堂，设置了为数甚多的未来教育课程，举办了各种提供学位的未来教育计划（见表 2-1）。

表 2-1 美国未来教育情况（据不完全统计）

课程设置	教学地区和学校	授课对象
可供选择的未来生活方式	美国弗吉尼亚州诺弗尔克公共学校	小学生、初中生
人和技术：从现在走向未来	美国纽约诺斯波特初级中学	初中生
展望公元 2000 年	美国弗吉尼亚州弗雷德里克斯堡沃尔克·格兰特中学	初中生
未来	美国兰卡罗来纳州西哥伦比亚，艾尔波特中学	中学生
计算机、社会和未来	美国宾夕法尼亚州，雷德诺	中学生
未来学：理论和应用	美国明尼苏达州，伯恩斯维尔等高级中学联办	中学生
变化中的社会	美国俄克拉荷马州卡萨迪学校	中学生
未来的冲击	美国明尼苏达州布鲁明顿杰弗杰中学	高中生
21 世纪	美国佛罗里达州墨尔本中学	中学生
有关未来的文献	美国康涅狄格州丹伯雷伍斯特学校	中学生
预测未来	美国弗吉尼亚州灵顿伯特迈尔小学	小学生

续表

课程设置	教学地区和学校	授课对象
未来主义：一个模型单位	美国纽约州格林伯特公共学校	初中生和中学生
生活与社会科学未来	美国明尼苏达州圣保罗学院	中学生
未来之一：为未来的学生进行探索	加拿大安大略省，伯灵顿，霍尔顿教育委员会	中学生
探讨未来	美国佛蒙特州莫尔汤，哈伍德联合中学	中学生
都市化和城市未来	美国加利福尼亚大学伯克利分校	博士生
公共政策和政治的未来	美国加利福尼亚大学洛杉矶分校	本科生、博士生
想象未来	美国加利福尼亚大学洛杉矶分校	本科生、硕士生
未来学	美国纽约州大学城市学院	大学本科生
教育未来主义	美国俄亥俄州克利夫兰州立大学	硕士生和成人
政治和社会的未来	美国华盛顿乔治城大学	本科生、硕士生
未来社会学	美国华盛顿乔治城大学、新泽西州普林斯顿大学	本科生
未来的交流	美国堪萨斯州，劳伦斯的堪萨斯大学	本科生、硕士生
21世纪的商业	美国肯特州立大学	本科生、硕士生
为未来作出选择	美国纽约州新社会研究学院	本科生、硕士生
技术预测	美国北达科他大学	硕士生
社会变化和未来研究	美国宾夕法尼亚州匹兹堡大学	本科生
未来的形象	美国明尼苏达州圣克劳州立大学	本科生
未来经济学研究	美国肯塔基州莱兴顿特兰西尔瓦尼亚大学	本科生
预期未来	美国农业部研究生院	成人
未来研究计划	美国夏威夷州，夏威夷大学	本、硕、博士生
未来研究	美国德克萨斯州休斯敦大学、	硕士生
未来分析	加拿大安大略省奥克维尔谢里登学院	本科生
系统动态分析	美国马萨诸塞州坎布里奇麻省理工学院	本、硕、博士生

资料来源：秦麟征主编《未来领域软科学研究大全》，贵州人民出版社，1988。

社会预测普及化的另一个方面是全方位渗透各个领域，如探索有关经济、科技、人口、粮食、资源、能源、城市规划、交通运输、情报信息、自动化、外层空间、教育、人才、环境、医药卫生、家庭、文化生活等重大问题的未来趋向，并通过决策能动地控制其发展。

三 社会预测活动的商品化与产业化特点及趋势

在高度市场化的发达国家中，社会预测研究具有明显的商品化倾向和产业化趋势。以美国为例。早在20世纪50年代初期，一些预测机构就开始将自己的预测产品作为商品交换。如1950年9月15日美国侵朝开始之前，兰德公司就预测到，如果美国出兵朝鲜，"中共军队将跨过鸭绿江"援助朝鲜。但这一预测并没引起当局重视。几乎在同时，德林软件公司于9月7日拿出了耗用大量人力、物力和财力研究"美军出兵朝鲜，中共将做出何种反应"的主要结论"中共将出兵朝鲜"，并打算以500万美元的价格将全套研究报告出售给美国当局。但政府与军方决策者视这种预测为无稽之谈，宁愿用500万美元买一架战斗机，也不肯买这套研究报告。结果战争惨败，损失了大量人力物力和财力，终于认识到预测机构预测的重要性，并以280万美元购买了德林软件公司的全套研究报告。又比如，美国斯坦福研究所在20世纪80年代制作的《2000年世界粗钢产量预测》项目集中40余名专家研究了一年半，耗资100多万美元。研究报告售价昂贵，每份高达1.7万美元，仍然门庭若市。这个研究所一不拿国家津贴，二不靠企业资助，研究人员的薪金和课题费开支全靠"出卖预测"：每年接受60多个国家的几百个单位的1200多个委托研究项目。每年研究经费达1.3亿，收入达数亿美元。在美国甚至搞天气预报的机构都是营利性的，如设在宾夕法尼亚的"战略天气预报公司"，自1993年以来每年收入都翻一番，目前年收入已达500万美元。目前有300多家从事短、中期天气预报的公司，生意都十分红火。长期预报公司只一家，也是顾客盈门。早在1991年，美国咨询业的产值就已达到2030亿美元，占国民生产总值的20%，美国咨询机构的80%为营利性质。

在美国，社会预测的产业化趋势在大型专业化预测公司中得到充分体现。例如，世界著名的民意测验公司和商业调查/咨询公司盖洛普公司，经过70多年的发展，现在已经是一个拥有3000多名员工的大型调查机构，在美国有12个地区办公室，有40个分支机构分布在全球20多个国家。盖洛普公司以其独特的研究和产品，为大批客户提供了高质量的服务，其中包括政府部门、著名跨国公司、医疗和教育机构等。目前，盖洛普在全球25个主要国家设有分公司，涵盖全世界60%的人口和70%的总产值，近十年来，其营业额平均年增长25%。又如美国有两家最大的专业性的私人预测公司，一家是位于波士顿的数据资源公司DRI，另一家是位于费城的WEFA集团公司。

政府是他们的最大雇主,除了美国政府,也有其他国家的政府和美国各州的政府。此外,企业特别是大的跨国公司都是他们的主要用户。数据资源公司DRI 于 20 世纪 60 年代成立,主要业务是预测、信息和计算机服务,主要业务部门是预测研究部,包括美国宏观经济预测部、地区预测部、行业预测部、汽车预测部、钢铁预测部、交通预测部和国际经济预测部。它的第一个产品是美国经济预测。国际部负责 70 多个国家的经济预测,亚太地区有 13 个国家。国际部在伦敦的分部负责欧洲国家,华盛顿分部负责苏联国家。国家经济预测主要有两个产品:一是每个月一次时间跨度为五年的预测;二是每年做两次(2 月、8 月)的 25 年长期预测报告,用户主要是政府和各大公司。DRI 地区预测做到州、市、县和大都市的区,每个季度做一次,用户主要是州政府、房地产商、制造商、销售商等。

WEFA 集团公司是沃顿计量经济学会的简称,由 1980 年诺贝尔经济学奖获得者劳伦斯·R. 克莱因教授于 1963 年创立。1987 年这个实体与蔡斯计量经济学会合并组成了 WEFA 集团。他是一家提供经济信息和决策支持的公司,以宏观经济和微观经济出版物向用户提供经济数据、软件、预测和咨询服务。他在 45 个国家有 1500 多个用户,拥有 152 个国家经济,金融,人口统计以及行业的数据并提供世界 94 个国家(经济组织和地区)的详细预测以及区域和行业的预测。它开发了著名的经济分析软件 AREMOS。在预测工具上 WEFA 开发了著名的沃顿美国宏观经济模型以及通过贸易流连接的世界经济计量模型,并且每年开两次国际性预测会议,春季在欧洲,秋季在美国。WEFA 的预测产品有四类:按季出版的中期预测报告,每年出版长期经济展望报告、月度监测报告,以及不定期的专题研究报告。

四 社会预测活动的制度化与法律化特点及趋势

社会预测活动的制度化与官方的重视和支持是分不开的。西方各国政府一级负责未来工作的部,委员会或研究部的数目在不断增加。例如,瑞典政府成立了未来研究部,不少国家建立了 2000 年委员会。瑞典的全国性社会预测机构"未来研究秘书处",是由国家总理直接指导的官方学术团体。而作为现代社会预测的故乡和发源地之一的法国,是第一个把社会预测用于指导制定国家五年发展计划的。法国科学技术总局曾设有一个"1965 年工作组",为法国第五个五年计划(1966~1970 年)提供了 35 份预测研究报告;法国技术情报和预测局为法国第六个五年计划提供了 20 多种对法国经济有重大影响的产品长远发展预测。由于法国的社会预测与政府的国民经济计划工作相结合，因而得到了官方的支持。在法国，不但有民间的，而且有官方的专门机构从事社会预测研究。这些机构的成立，极大地保证和推动了现代社会预测活动在法国的开展。在美国，美国总统、国会、政府部门、三军、企事业团体、民政机关、公众服务机构、学术界、教育界、文化艺术界等都设立了专门的研究机构或者具有未来研究倾向的研究单位。在罗马尼亚，根据罗马尼亚有关社会经济发展的法律，各个计划部门设置了专职预测岗位；国家计委设置了计划与预测协调局和计划与预测研究所。日本政府在宏观经济管理中很重视计划调节的作用。为科学地制定长期发展规划，日本政府十分重视预测研究。仅从20世纪70年代初到80年代中，日本总理府科学技术厅就采用特尔斐法组织过四次大规模的长期预测，每次期限为30年。每次预测都包括几乎所有领域，征询数千名各行业专家的意见。第一次预测（1970~1971年至1971~2000年）包括五个领域693项课题；第二次预测（1974~1976年至1976~2005年）包括七个领域743项课题；第三次预测（1980~1982年至1981~2010年）包括800项课题；第四次预测（1986年至1987~2015年）包括1071项课题。这种大体每经过五年滚动一次的大规模预测，不仅为日本政府制定长远规划提供了科学依据，还有助于对规划中的问题进行及时修订。

第三节　现代社会预测在我国的兴起和三大发展趋势

一　现代预测活动在我国的兴起

中国古话讲"人无远虑，必有近忧"，"凡事预则立，不预则废"，这说明在古代我国就很重视社会预测。以毛泽东同志为主要代表的中国共产党人，也是非常重视预测的。有人曾编过一本叫作《毛泽东预言》的书，说毛泽东一生有50个重要预测，其应验程度达到惊人的地步。[①] 这一切都说明我国具有良好的社会预测传统。但是传统的社会预测与现代的社会预测是有区别的：传统的社会预测主要凭借个人的智慧和经验，主要是定性的预测；而现代的社会预测需要定性和定量相结合，要依靠一系列科学的分析方法和计算技术，而且需要依靠集体的力量来完成。

---

① 参见吴江雄《毛泽东预言》，红旗出版社，2000。

特别需要指出的是，在我国改革开放以前，由于受高度集中的计划经济体制影响，计划覆盖了经济及各方面活动的全过程，因此各方面只检查计划执行情况，而不必搞预测，并把预测当成资本主义自发性、盲目性的产物加以批判。因此，高度集中的计划体制不仅排斥市场机制，也排斥预测。当时，都把国民经济和社会运行看成一个大工厂，各个企事业单位都是这个工厂的车间，人财物产供销全部按照主管部门的计划和红头文件办事，总之一切都由计划安排好了。这就很容易使人们产生误解，以为社会主义经济社会发展没有随机性，不需要预测，而且认为预测和未来学这些东西是资本主义社会和唯心主义的产物，对其开展了长期的批判。

改革开放以后，国家指令性计划的范围与作用日益缩小，非国有经济的比重增长很快，投资主体日益多元化，居民消费行为不断变化，经济运行的随机性在深度和广度上明显加强。在社会领域，利益群体多元化，社会结构与人们的价值观念发生了多方面的变化。这种情况使人们对经济社会预测的看法发生了很大的变化，多数人主张开展预测工作，党和政府的文件多次对此表示了大力支持。1984年，中共中央在"关于经济体制改革的决定"中提出，要充分重视经济信息和预测，提高计划的科学性。高度评价了预测在国民经济和科技发展中的重要作用，对推动预测研究和预测工作发展起了巨大的作用。

1986年7月，国家科委在北京召开了全国软科学研究工作座谈会，会上万里同志做了"决策民主化和科学化是政治体制改革的一个重要课题"的报告，充分肯定了软科学研究的重要性，提倡大力发展软科学研究，为各级决策者和领导人服务。1987年10月召开的中国共产党第十三次全国代表大会在政治报告中又明确提出"要大力发展软科学"。预测学是软科学的重要组成部分，多数软科学研究课题都包含有预测研究的内容。党中央和中央领导同志的号召，无疑给预测方法和技术在全国的应用注入了新的活力，预测工作在我国逐渐广泛地开展起来。

二 大规模长期预测的开展及跨领域综合预测趋势

大规模长期预测的开展及跨领域综合预测活动的开展，是改革开放以来我国社会预测活动的一个重要特点和发展趋势。其主要表现是20世纪80年代开展的"2000年的中国"大型社会预测研究活动。当时，党的第十二次全国代表大会明确规定了我国发展社会主义经济的战略目标、战略重点和战略步骤，提出了从1981年到20世纪末的20年间，我国经济建设总的奋斗目标是在大力加强应用技术研究的基础上，在不断提高经济效益的前提下，力争使我国工农业总产值翻两番，这就为"2000年的中国"的研究拉开了序幕，提出了一项重大的预测研究课题。摆在社会预测研究者面前的任务是：对中国国情与国际环境，主观和客观条件进行综合分析，对2000年中国的经济、文化、科学技术、人民生活及精神文明的发展做一个详细的综合研究，描绘出一个比较清晰、具体、生动的图像，为党中央、国务院和各级政府部门制定发展规划提供科学依据。我国的社会预测研究虽然不能说始于"2000年的中国"的研究，但是"2000年的中国"的研究却是新中国成立以来第一次开创了进行大规模长期预测和跨领域综合研究的先例，大大推动了我国的社会预测研究工作的规模和水平。

从1983年起，在国务院经济技术社会发展研究中心的组织下，国家科委、计委、经委和中国社会科学院等单位共同参与，动员了国内400多名专家、学者和实际工作者通力合作，经过两年多的时间完成了"2000年的中国"的研究。这是一个多层次、跨学科、跨部门的庞大而复杂的经济社会系统的研究。除总报告外，还完成了"2000年中国的人口与就业""2000年中国的经济""2000年中国的能源""2000年中国的人民消费""2000年中国的科学技术""2000年中国的教育""2000年中国的自然资源""2000年中国的环境""2000年中国的农业""2000年中国的交通运输""2000年中国的国际环境""2000年中国的总体定量分析"12个分报告，以及20多个专题报告。

此外，国务院经济技术社会发展研究中心和中国科协还组织全国几十个一级学会，编撰了"2000年的中国"的研究资料，内容涉及农业、煤炭、电力、石油、金属、化工、通信、交通、机械、电子、轻工、纺织、建筑、环保、水利、水产、地质、地球物理、系统工程，以及防疫等各种领域、各种专业和多种学科，资料总数达70多辑。

在"2000年的中国"研究的总方针指导下，各部门、各省市和有关单位也相继开展了"2000年的中国"的研究。除上述"2000年的中国"外，还有大量有关"2000年的中国"的论著问世，如《2000年我国经济结构定量分析》《2000年我国产业结构趋向合理的总体设想》《2000年的中国社会》《2000年国民收入预测》《自然科学成果与2000年的中国》《2000年全国需电量预测》《我国交通运输现状和2000年预测》《2000年的中国公路交通》《2000年的中国通信》《2000年的中国电子工业》《2000年核工业技术经济社会发展纲要研究》《2000年的中国城市化研究》《2000年的中国城乡关系》

《2000年中国市镇住房与住宅建设展望》《2000年小康居住水平论证》《2000年我国水供需平衡预测》《展望2000年经济中心城市的商业服务业》《我国2000年服务业就业比重的预测》《论高等院校人才管理——展望2000年》《2000年的中国体育》《2000年的北京》《2000年的上海》《展望2000年的天津》等。

三 以"蓝皮书"为代表的"皮书热"及预测活动制度化和系列化趋势

所谓"蓝皮书",是指非官方的属于学术性的关于年度预测的公开报告。其特点和风格是在进行预测研究时,采取超越具体部门利益的相对独立的专家立场和学术视角,以其客观性和权威性而受到社会各界的重视和普遍欢迎。"蓝皮书"由中国社会科学院于20世纪90年代初首先发起。因其和传统的官方"白皮书"特点和风格不同,故称之为"蓝皮书"。由此可见书皮的颜色乃约定俗成,本身并无实际意义,只是表明代表一个特定的社会群体对形势的看法和意见。有意思的倒是自20世纪90年代以来,我国以预测活动为主旨的书籍之书皮的颜色越来越多,以至被人们称为"皮书热"和"皮书系列"。如国务院发展研究中心、国家统计局、国家信息中心、航天工业部、中国人民大学、清华大学、吉林大学,甚至某些大型企业如首钢等,也都开展了预测研究活动,还分别出版了"白皮书""金皮书""黄皮书""绿皮书"等,一时间五颜六色,异彩纷呈。

在这日趋勃兴的"皮书"热中,发轫于中国社会科学院的"蓝皮书"影响最大、影响范围最广。早在1991年,中国社会科学院以数量经济与技术经济研究所为主的经济学科片就编辑出版了第一本"经济预测蓝皮书",受到党和国家领导人的高度重视。几十年来,该书对各年度经济走势的变动方向的把握上,是相当准确的;预测的内容除了综合性宏观内容,还包括工业、农业、投资、运输、商业、金融、证券、财政、税收、工商管理、土地、外贸等各个方面。因而在国内各界及海外均产生很广泛的影响。继"经济蓝皮书"之后,以中国社会科学院社会学所为主,于1992年又编写和出版了第一本"社会形势分析与预测蓝皮书",因此,中国社会科学院预测研究的视角和内容得到了极大的拓展,所以"蓝皮书"产生了更加广泛的影响和"皮书热"效应。从20世纪90年代中期开始,由中国社科院刮起的"蓝皮书"之风蔓延至全国各地的十多个地方社会科学院,每年都针对当地情况出版经济、社会预测蓝皮书,有的地方社会科学院如吉林社会科学院的"蓝皮书"

每年分经济、社会、农村、边贸四本，已成系列化趋势。与此同时，教育界也出版了"教育蓝皮书"，文化界也出版了"文化蓝皮书"，环保界也出版了"环境绿皮书"，还有如上所述的其他代表不同领域和社会群体看法的各种颜色的"皮书"。由于这些"皮书"用科学知识的力量超前预告了经济、社会的走势，因而得到了各级党和政府的高度重视，成为他们在进行决策时的重要参考书。

社科界风行"蓝皮书"和整个学术界的"皮书"热现象引人深思。这说明现代社会发展变化的速度越来越快，人们越来越感到超前把握社会发展变化趋势对生存和发展的重要性。尤其是我国社会正处在计划经济向市场经济转轨变型的时期，政府下达的指令性指标已极为有限，企业、行业和地区迫切希望社会能够提供多元化的超前信息来发展自己，而政府也更加需要多方面的预测信息来进行科学决策，这样具有超前"信息大全"式的各种"皮书"应运而生，并很快形成一个潜力巨大的"预测市场"。在这个"预测市场"中，社会科学界的专家学者们敏锐地抓住了机遇，并且正努力开拓，占领着越来越大的市场份额。

"皮书热"的兴起还标志着社会科学的预测功能开始得到重视和充分发挥，标志着学者们从过去单纯的描述性研究和解释性研究开始向预测研究大胆迈进，标志着社会科学院进一步从纯学术领域参与到对社会重大现实和理论问题的思考和研究中来。这一切说明预测是决策的基础，社会科学界要按照党的十四届六中全会提出的"为党和政府决策服务，为两个文明建设服务"，以"蓝皮书"为形式的预测研究将大有可为。

"皮书热"的兴起，还标志着我国的预测研究活动，已经由学术界带头走向制度化系列化，这对我国预测研究的发展，以及对我国决策科学化民主化建设，都将产生有深远意义的影响。

四 社会预测活动的多层次展开和全方位渗透趋势

随着我国社会由计划体制向市场体制的转型，我国的预测研究和预测工作，除上述全国范围的大规模的"2000年的中国"的研究和"皮书系列"之外，在高、中、低多个层次，经济、社会、科技多个领域以及众多行业都初步开展起来，出现了一个多层次、多领域和多行业广泛开展预测研究和工作的良好局面。

在宏观社会预测方面，有中国社会科学院每年出版的社会预测蓝皮书中的总体预测，如《走向新世纪的中国：1999~2000年中国社会形势分析与预测总报告》等；各地方社科院的蓝皮书也有相应的对本地区社会形势的总体预测，如北京社科院的《北京社会形势分析与预测》、天津社科院的《天津社会形势分析与预测》等。

在人口预测方面，有国家科委的《全国人口预测模型》《人口系统控制模型》，中国社会科学院的《21世纪中国人口发展前景》，天津社会科学院的《天津市未来50年人口发展趋势预测》，河北省的《河北省百年人口发展预测及人口控制的几个问题探讨》等。

在人才预测方面，有国家科委的《科技人才预测》、人事部的《科技队伍发展趋势预测》；地方的有《上海市人才现状普查及需求预测》《内地中小城市科技人才流动预测》《上海专门人才动态预测》《北京市专门人才预测及培养规划的总体方案》《天津市人才预测》《安徽省专门人才预测》《湖南省教育厅人才需求预测》《机械工业部专门人才现状调查与需求预测》等。

在劳动就业方面的预测有劳动和社会保障部的《中国的就业形势及其前景》，天津社会科学院的《天津市劳动力供给与需求预测》等。

在人民生活方面的预测有中国社会科学院社会学研究所的《加入WTO后中国社会可能的变化》和《2000年：居民生活和消费市场的新走向》、天津社会科学院的《生活的革命：WTO中国百姓入世后的日子》、零点调查公司的《中国市民生活满意度调查》等。

在社会结构变化方面的预测有中国社会科学院社会学研究所的《当代中国社会阶层研究报告》，清华大学社会学系的《中国社会分层结构的新变化》，中国社会科学院的《成长中的中国私营企业主阶层》《中国妇女发展的现状与趋势》《跨入新世纪的中国青年》等。

在社会治安方面的预测有公安部的《中国社会治安形势分析与预测》、中国社会科学院法学研究所的《跨世纪的社会治安》，天津社会科学院的《天津市社会治安状况的评估、预测与对策建议》，中共沙市市委研究室的《沙市社会转型期犯罪发展的趋势预测》等。

在社会心理方面的预测有国家计委社会发展研究所的《中国城镇居民社会心态调查报告》和《中国居民社会心态跟踪分析》，国家体改委社会调查系统的《中国社会形式与改革的社会心理调查报告》，零点调查公司的《中国城市市民心态综合评价》。

在社会保障方面的预测有民政部的《中国社会保障》，劳动社会保障部的《社会保障形势的分析与预测》等。

在社会政治方面的预测有中国社会科学院政治学研究所的《中国政治形势》《中国政治形势的分析与预测》等。

在社会改革方面的预测有国务院发展研究中心的《中国国有企业改革的现状与前景》，国务院专题调研室的《社会保障体制改革的新进展》，国家体改委的《中国经济体制改革形势分析与展望》等。

在生态环境方面的预测有中国社会科学院的1999年蓝皮书中的《中国当前生态环境报告》，环境保护总局的《高污染、低控制：中国的环境与生态》等。

在经济方面的预测就更多了，如中国社会科学院经济学科片历年的《中国经济形势分析与预测》、国家计委的《宏观经济分析与预测》、国家人事部的《中央政府与地方政府经济关系的基本态势及走向》，以及各地方的年度经济预测等。

总而言之，社会预测所涉及的方面之多、领域之多和行业之多我们是无法在此一一列举的。以上所举案例仅为近年来中国社会科学院和地方社会科学院社会预测和经济预测蓝皮书中的一小部分。

五　市场预测随着市场经济的发展方兴未艾

我国实行的是社会主义市场经济，资源配置市场化，企业行为主体化，宏观调控间接化。在这种情况下，无论是农村还是企事业单位，已不是从前那种生产任务由上级下达，生产原料由上级统配，生产产品由上级统销的封闭式生产系统。目前，他们多数已成为开发经营型单位，是一个与社会需求沟通的开放型系统，其运转程序为需求预测和技术预测—产品开发—产品生产—产品销售—售后服务、调查用户反映、开展新一轮预测—产品开发，如此往复循环。因而加强市场调研、强化市场预测已成为搞活经济、提高企事业单位经济效益的关键。近年来，市场预测在我国蓬勃兴起，目前已有20多个省、市预测机构开展了市场预测工作。由于生产资料已作为商品进入市场，因而市场预测已不局限于消费资料，还包括生产资料。主要预测对象有钢材、机电产品、棉花、化肥、粮食、黄红麻、汽车、家用电器、自行车、手表、啤酒等。例如，2000年中国钢材需求量预测，1996～2000年纺织品市场分析与展望，1995～2000年我国原油产需前景分析与预测，我国粮食供需状况预测与分析，国内摩托车市场供求预测，钢铁工业监测、预测、预警分析，煤炭中长期供求关系展望，我国食糖市场分析与展望，中国卷烟市场预测，"八五"时期及2000年中国主要农产品产量预测，普及型小轿车需求前景预测，轴承销售量预测，北京市消费水平、结构分析及预测，贵州省人民消费水平、消费结构的调查、消费趋势及消费发展的预测，我国大中城市猪肉生产消费和生猪生产预测，化纤长丝及其织物市场的预测，胶印机的市场需求预测，全国床单产销趋势分析和预测，上海市洗涤用品消费趋势预测，服装市场需求预测研究，照相机中长期预测，电度表供求趋势的预测，微型汽车市场调查和需求量分析，我国汽车市场预测，塑料原料市场形势分析与展望，天然气与其他气体能源需求预测，农业生产资料市场的预测，农药机械市场需求量的短期预测，化肥需求预测，四川电力供需分析预测，天津居民住宅电话装机量预测。

以上所举案例，仅为从《预测》杂志中摘录的很小一部分，在我国现在实际的市场预测活动中可能仅为万分之一。但这足以说明在市场经济中搞好市场预测的必要性和广阔前景。

综上所述，社会预测工作在我国已经广泛地开展起来，预测的水平也有较大的提高。但是从总体来看，从大多数领域和单位来看，还存在一定差距，表现在以下几个方面：预测尚未成为决策的必经程序和必要组成部分，尚未成为普遍的工作制度；预测方法尚未普及，而且不规范，使用不够简便；已经开展的一些预测工作，多数是作为科研项目进行的，未把它变为可以普遍推广应用的工作；预测专业技术人员缺乏，其数量和素质均不能满足我国普遍开展预测工作的需要；在各个领域，基本上未形成与决策体制相适应的预测体系，缺乏预测机构和专门从事预测工作的人员，预测咨询机构也非常少。因此，目前我国的预测工作基本上尚未成为决策机构须臾不可离开的工作。与国外发达国家的社会预测工作相比较，还有较大差距。增强社会预测意识，加大预测投入，普及预测知识，培养和壮大预测队伍，积极开展预测研究，以立法形式把预测纳入决策程序，还是一个需要不断努力的过程。

第三章 社会预测与自然预测的主要差别

人类的预测活动面对自然和社会两大领域。在人类预测活动的历史中，有一种值得深思的现象是：人们在盛赞了对自然预测不断取得的辉煌战果之后，往往反过来对社会预测颇多指责，或苛之其不准，或讥之其迟滞，更有甚者则武断社会预测之不可能。其实，这是不公平的。社会预测与自然预测既不能等量齐观，更不可同日而语，二者之间是有诸多重要差别，而弄清这些差别，对正确认识和搞好社会预测具有极其重要的意义。长期以来，无论是专家学者，还是普通百姓，不少人对社会预测抱有不适当的看法，他们要么对社会预测要求过高，要么怀疑社会预测，要么惧怕进行社会预测，要么干脆否定社会预测的可能性……笔者认为其出于不能够区分社会预测与自然预测的不同特点，从而导致认识上的误区。为此，本章将着重研究社会预测与自然预测的差别，目的是通过这些差别来认识社会预测的特点，从而对我们的研究对象有一个正确的、根本性的把握。

根据目前已有的观点和笔者进一步的研究，笔者认为社会预测与自然预测的主要差别可以归纳为主客体关系的差别、规律性质的差别、复杂程度的差别和不确定性程度的差别等四个大的方面。

第一节 社会预测与自然预测在主客体关系上的差别

所谓预测主体，是指进行预测活动的人或由人组成的预测机构。所谓预测的客体，是指预测主体进行预测的对象，即其所要预测的客观事物。预测作为人类的一种超前认识活动，无论其预测的客体是谁，其预测的主体都是人自身，但是预测的客体却存在于两个大的领域之中，这就是自然领域和社会领域。人类的预测活动在这两个领域中表现出很不相同的特点，其中最重要的不同就是各自的预测活动中所蕴含的主客体关系的差异。

在对自然现象的预测中，预测客体——自然现象——是自然本质和自然规律的反映，它是一个自然的存在，它对人类的预测毫无感知能力，其运行轨迹不会因为预测主体的预测而受到任何干扰，它是"我行我素"的。例如，哈雷对"哈雷彗星"运行轨迹的预测，无论其预测的正确与否，这颗行星一定还是按照自己固有的轨迹运行，不会因哈雷的预测而有任何改变。因此预测主体可以将预测客体作为"身外之物"进行纯客观的研究。在此，预测主体和预测客体的界限是泾渭分明、互不相干的。

然而，在对社会现象的预测中，预测客体——社会现象——是社会本质和社会规律的反映。什么是社会？前面已经说过，社会不是指一个个单个的自然人，而是指人与人之间形成的关系，所以社会的本质就是人与人之间的关系，社会规律就是人的活动规律。这样看来，社会预测的客体其实就是由预测的主体构成的，在这里，"主体和客体都是自相缠绕，并经常地变换角色"①。在社会预测活动中"预测主体一方面是未来社会事件的预见者，另一方面又是未来社会事件的实践者，预测是对自身实践方向的预测。因而，预测结论作为实践活动的目的或计划，影响着实践活动的方向，而实践活动的结果又影响着预测结论的正误。""要预测未来，就像一个人想抓着自己的头发将自己提起来一样困难。"② 这种情形正像马克思指出的，人们本身创造了自己的历史，同时，既是剧中人，又是剧作者。社会主体首先是剧作者，即人们自己的社会实践活动创造了客观的历史，所以社会规律是"人们自己的社会行动的规律，"③ "是由于人们的活动而产生的，并且是人们活动的客体化的结果，而且只有通过这种活动才能实现"④。所以我们讲社会预测的主体，就是讲见诸社会预测客体之主体；讲社会预测的客体，就是讲见诸社会预测主体之客体。总之，社会预测的客体就是预测主体自身的行为，这是社会预测活动与自然预测活动的根本性区别。

人类对自身行为的预测可分为两种情况，一种是对整个人类社会走势的宏观预测；另一种是某一社会集团对另一社会集团的预测。无论这两种情况的哪一种，只要是作为预测客体，就会产生与自然预测客体不同的两种特性。一是预测客体会对预测主体的预测有感知能力，并且在感知到预测主体的预测后会产生因应行为。例如，三国时期魏、蜀、吴三大军事集团的斗争

---

① 李明华：《论社会预测的特殊性及社会预测的复杂性》，《哲学研究》1994年第3期。
② 张德春：《社会预测的理论前提》，《山东大学学报》1994年第3期。
③ 《马克思恩格斯全集》第20卷，人民出版社，1971，第308页。
④ 〔苏〕波波夫、〔苏〕休休卡洛夫：《社会认识和社会管理》，赵承先译，上海译文出版社，1986，第97页。

中，每一方在感知到对方对自己的预测后，都会采取相应的因应行为。二是即便预测客体没有感知到预测主体对其的预测，预测客体也会因受到各种随机扰动因素的影响而对自身的行为发生某种改变。因为社会预测的客体是由人构成的社会，人是"活的"，具有主观能动性的。作为预测客体，他和预测主体一样，都具有主观能动性。因此，社会预测主客体之间的关系，是一种互动反射的关系，① 是一种极端复杂的博弈关系。② 对此，当代著名哲学家波普尔（Karl Raimund Popper）曾用古希腊神话中"俄狄浦斯弑父娶母"的故事加以描述，并称之为社会预测的"俄狄浦斯效应"。③ 而由于受这种效应的影响而产生的社会预测，又被社会学家默顿（Robert King Merton）称为"自我实现的预言"和"自我否定的预言"。④ 由此可见，社会预测主客体之间的关系与自然预测相比具有极大的也是带有根本性的差别。正是由于这一根本性差别，社会预测和自然预测之间衍生出一系列重要的差异。

第二节　社会预测与自然预测在规律性上的差别

毋庸置疑，社会预测和自然预测之所以可能，都是以承认规律的存在和人们对自然或社会的事实性认识为前提条件的。这种本体论上的承诺不仅使得社会预测和自然预测成为可能，而且在认识论上亦保证了社会预测和自然预测在其根本点上具有共通性和一致性。

然而，由于社会预测主客体关系有不同于自然预测的特殊性，社会规律也就有不同于自然规律的特殊性。自然规律可以离开人和人的活动而自发地起作用，社会规律则离不开人和人的活动。社会规律就是人的活动的规律。

---

① 阎耀军：《试论社会预测的互动反射性原理》，《预测》2003年第1期。
② 阎耀军：《社会预测的赌博与博弈》，《理论与现代化》2004年第1期。
③ 古希腊传说中，忒拜国王听到一则预言说自己将死于亲生子之手。于是当他的儿子俄狄浦斯诞生后，就令人把刚出生的儿子扔到森林里去喂野兽。后来俄狄浦斯被科林斯国王波吕玻斯所救并抚养成人，他从不怀疑自己是波吕玻斯国王的儿子。俄狄浦斯成年后也得到神的预言——他将弑父娶母。他怵于神示，便离开波吕玻斯国王夫妇，漂泊异乡。在漂泊途中，他在一次争执中无意杀死了国王拉伊俄斯，并娶了拉伊俄斯的遗孀为妻子。后来他得知拉伊俄斯就是自己的亲生父亲，他所娶的妻子就是自己的亲生母亲，于是弄瞎了自己的双眼。参见波普尔《历史主义贫困论》，中国社会科学出版社，1998，第16页。
④ 〔美〕罗伯特·K. 默顿：《社会研究与社会政策》，生活·读书·新知三联书店，2001，第117页、第285页。

众所周知，恩格斯曾经对物质的运动形式进行过深入的研究。他从当时的科学认识出发，将客观世界中的物质运动划分成五种基本形式，即机械运动、物理学运动、化学运动、生物运动和社会运动形式。在这五种运动形式中，前三种是无生命的运动形式，后两种是生命运动形式；前四种是自然界的运动，后一种是社会的运动。每种运动形式都各有自身的基本矛盾，无生命运动的基本矛盾是吸引和排斥；生命运动的基本矛盾是同化和异化、遗传和变异；社会运动的基本矛盾是生产力和生产关系，经济基础和上层建筑的矛盾。由于这三种基本运动形式都有自己特殊的物质载体和特殊的矛盾，从而规定了各自的特殊规律性。虽然各种运动形式都是属于物质的运动，都必须共同遵守物质运动的一般规律，但是每一层次的运动都有自己的特殊规律，这些特殊规律只能在各自的领域中才能起主导作用。与自然界的运动相比较，社会运动毕竟是高级的、复杂的运动形式，有其自身的特点和特殊的规律。我们进行社会预测主要应当依据社会规律。

说到这里有人可能会问，人类社会无论多么高级，但人是从动物进化而来，社会是从自然发展而来，人和社会的存在和发展都不能脱离自然界，并以自然界的存在为前提。这样，在自然界起作用的规律会不会作用于人类社会呢？若能，那么是在多大程度上作用于人类社会？我们能否据此进行社会预测呢？这个问题是很有意思的，也是关键所在。

20世纪70年代，美国生物学家威尔逊（Edward O. Wilson）曾将动物行为学、综合进化论、遗传学同社会学结合起来研究，创立了"社会生物学"。社会生物学试图通过对动物行为的研究探索人类行为的生物学基础，即人类行为与基因遗传的关系，并给出了许多新的说明。他认为，不仅生物和人类的形态结构及生理特征是由基因决定的，而且人类的许多行为特征也是由遗传决定的。威尔逊在《社会生物学：新的综合》和《论人的天性》等著作中，通过将人类与其近亲，如亚洲猿猴、黑猩猩进行比较，发现人类社会的一些基本特征在动物群体中也是存在的。例如，家庭是人类社会的细胞，但在猿猴中也有类似的"家庭集团"，其成员多达几十个个体、占据着数百平方公里的土地为家族领地，并且有强烈的领土意识，"家族"内实行雄性统治制度，并分等级。威尔逊的研究表明人类社会和生物界、动物界有着相似的特征。那么是不是因此就能够运用生物界的规律进行人类社会的预测呢？达尔文提出的最为著名的生物界"物竞天择"的规律，能够完全适用于人类社会吗？如果能够，那么后来社会达尔文主义为什么又遭到了批判？不错，我们是在人类社会的运动中看到了许多生物界的同化和异化、遗传和变异、优胜劣汰现象，甚至我们还会看到物理运动中的排斥和吸引、能量的守恒现象，但是我们是不是可以说这些在自然界起支配作用的规律，在人类社会中也能够起支配作用呢？回答是否定的。

从发展上看，地球上的物质经历了漫长的演化过程。起初，地球上没有任何生命，是个无生命世界；后来产生出最初的生物，揭开了生物进化的序幕，开始了生物进化史。生物进化的结果，从古猿逐步演变成人，有了人并形成人类社会，又开始了社会发展过程。这个演化过程表明，无生命运动形式，生命运动形式和社会运动形式之间，有低级、高级之分。与此相应，每种运动形式的规律，也是有区别的。从无生命运动到生命运动是一次飞跃，从生命运动到社会运动是一次更大的飞跃。所以无生命世界中起作用的规律和生命运动规律是不同的，生命运动规律和社会运动规律也是不同的。诚然，高级运动形式由低级运动形式发展而来，在高级运动形式中包含着低级运动形式，低级运动形式的规律在高级运动形式中仍然发生作用，但发生作用的方式和范围已经发生了变化。有些低级运动形式的规律在高级运动形式中不是独立地发生作用，而是在高级运动形式规律制约和调节下发生作用，有些低级运动形式的规律只是在高级运动形式的某一方面继续发生作用，如此等等。

无生命运动规律和生命运动规律，都是自然规律。正如恩格斯指出的，自然规律有一个明显的特征，即在自然界中起作用的规律没有自觉的目的掺合在其中，而在社会历史领域内进行活动的，全是有意识的、经过思虑和激情行运的、追求某种目的的人。这就是说，社会规律是通过人的行动展现出来的，离开了人的行动，也就没有社会规律。

上述分析说明，社会规律和自然规律是有区别的，它们之间有高级、低级之分，社会规律是比较高级的运动形式规律；它们之间的表现形式是不同的，自然规律可以离开人的实践活动而发生作用，社会规律的作用则要通过人的实践活动而表现出来。自然规律在人类社会中会起作用，但这种作用是有限的，因为社会领域的核心部分，如生产方式、阶级斗争、社会经济形态、政治法律制度、道德、社会意识形态、社会制度的变更、历史的发展等有特殊的规律性，不能完全归结为自然规律，也不能完全用自然规律进行解释、说明和预测。如果我们把自然领域的特殊规律完全照搬到人类社会中来，在人类社会中任意推广，那么结果就会走向反面，真理也就变成了谬误。

总之，人类社会中起主要作用的基本规律是生产力与生产关系、经济基础与上层建筑的矛盾运动规律，正是这种矛盾运动规律决定着人类社会制度的更迭、交替和变革，推动着人类社会的发展。正因为如此，"把动物社会的规律直接搬到人类社会中来是不行的。一有了生产，所谓生存斗争便不再围绕着单纯的生存资料进行，而要围绕着享受资料和发展资料进行，在这里——在社会生产发展资料的情况下——从动物界来的范畴完全不能应用了"①。

第三节 社会预测与自然预测在复杂程度上的差别

从前文对于物质运动的类型分析中，我们已经了解到人类的社会运动乃是各类运动形式中的最高级形式，他不仅有自己特殊的运动规律，而且其他各类运动形式中的规律在社会运动中仍然起作用，其实这就已经大致地说明了社会预测的复杂性。但是为更加深入具体地了解社会预测的极端复杂性，我们觉得还有必要进行如下讨论。

从更加广泛和宏观的意义上来讲，社会活动乃是一种自然现象，它以个人的心灵生活为前提，即心理学，而心理学又以生物学为前提，生物学又以化学与物理学为前提，社会学在各门科学的阶梯中来得最后，这一事实就清楚地向我们表明了社会结构之复杂，所涉及的各种变量之多，是自然界其他任何一种运动形式都无法相比的。在自然预测领域，预测客体的因素体系比较简单，人们在相当长时期里，都是以追求简单性著称的，人们只要掌握支配事物运动的少数几个简单变量和事物的初始状态就能够进行预测。而在社会预测领域，预测客体因素体系的复杂性程度要远比自然现象错综复杂得多。我们这里看到的仅是社会运动形式和自然运动形式相比时的情形，但是社会系统不仅包含人与自然的关系，还包含人和人的关系。对社会系统自身的研究来说，从一开始就面临着研究复杂性的任务。因为社会运动自身的发展形式也有低级和高级之分，社会运动的高级形态比之低级形态的复杂程度亦有天壤之别。下面就来介绍一下人类社会的这种越来越复杂的情形。

我们可以很容易地想象到，在只有几百人的原始部落中，其社会的组织结构和人与人之间的交往关系应该是何等简单。但是伴随人口的不断增长以及新的社会形态的出现，人类社会逐步从结构复杂性程度较低的原始社会演变到结构复杂性程度较高的现代社会，社会的组织结构和人与人之间的社会

---

① 恩格斯：《自然辩证法》，人民出版社，1972，第292页。

交往方式变得越来越复杂。人们为了在社会活动中驾驭这种愈演愈烈的复杂性，不得不去不断地发明一些社会管理技术来简化这种复杂性。否则，人们就无法交往、互动，以及在更大范围内达到社会协调。当年秦始皇扫平六国，实现了我国历史上第一次大一统的时候，也曾使自己面临空前的复杂性。他所采取的"书同文、车同轨、统一货币、统一度量衡"等措施，实质上是为了降低社会的复杂性而采取的一种社会管理简化技术。同样，汉高祖刘邦当年打进咸阳城"约法三章"，制定了共同的"游戏规则"，也是为了降低社会的复杂性而采取的简化技术。随着社会复杂性程度的不断增加，复杂性简化技术就不断发明，我们现在所看到的各种共同的符号体系及相关的传播、简化技术，共同的行为规范（包括价值规范和法律规范），以及社区、工厂、公司、行政区划、科层组织等都是用于简化社会复杂性的简化技术。

其实，社会简化技术只能够促使社会有序化，而不能够使社会结构本身及人与人之间的交往关系简化。相反，社会简化技术的存在和发展，只能说明社会结构的日益复杂化和人与人之间交往的更加复杂化。现代社会就是复杂性简化技术最发达的社会。生产的标准化、大型企业及科层制组织的普及、国家各种管理机构的形成、决策的程序化或民主化、各种法律制度等，都是现代社会用来简化社会交往过程复杂性的基本技巧，但是这只能说明现代社会要比以往的任何社会都更加复杂化。这种复杂化程度，不仅是威尔逊所说的"生物社会"所不能比拟的，也是人类社会的所有低级形态所不能比拟的。

从以上分析可以看出，社会预测和自然预测不仅在复杂性程度上是不可等量齐观的，而且从社会日益复杂的演化趋势来看，社会预测之难，也是自然预测无法相提并论的。

第四节　社会预测与自然预测在不确定性程度上的差别

"天有不测风云，人有旦夕祸福"。对预测来说，无论是在自然领域还是在社会领域，不确定性都是广泛存在的。兴起于20世纪60年代的系统科学和包括耗散结构理论、协同学、超循环理论、突变论、混沌学、分形学等理论在内的复杂科学的新发展告诉我们，社会系统是比自然系统更具有复杂性、动态性、非线性、随机性与不可逆性的超复杂系统，因而具有更多的不确定性。所以我们对待社会预测，应当充分考虑社会系统的不确定性要大于自然系统的特点。

不确定性是和事物发展的随机性相联系的。广义的随机思想认为，在对事物的作用力形成平衡力系时，任何极微小的外力推动都会成为决定事物运行方向的主导力量。原因并不是它自身度较大，而是在一系列较大的力组成一个暂时稳定的平衡力系时，事物处于"随遇而安"状态，任一方向上的微小外力都可能打破旧平衡而使事物发生"位移"。这种偶然的微小作用力究竟来自何方或取什么形式，却带有极大的随机性。只能肯定改变系统原平衡状态的力一定存在并终会起作用，而对其具体作用方向只能做出概率性估计。当事物只有一个受力面时，外力的方向是确定的。而对于一个处于动态环境中的事物，其受力面是全方位的，它的运动方向也极难做出确定的估计。从前面我们对社会系统的复杂性分析中可以看到，社会事物要比自然事物的"受力面"要多得多，因而不确定性也要大得多，对其进行预测也愈加困难。

在社会运动中，虽然有些不确定因素的力量是极微小的，但社会作为一个由大量子系统组成的非线性的混沌的动态系统，在特定的情况下却会对某些微小的变量极为敏感。对此，控制论创始人 N. 维纳曾引用一首民谣加以表述：

钉子缺，蹄铁卸；
蹄铁卸，战马蹶；
战马蹶，骑士绝；
骑士绝，战事折；
战事折，国家灭。①

在这首民谣中，"钉子缺"是输入，"国家灭"是输出。在这里，起初很微小的因素经过一系列中间环节而逐级放大。对此"混沌理论"将其称为"蝴蝶效应"。② 蝴蝶效应是指事物变化对初始条件的敏感依赖性。社会作为一个混沌系统对初始条件是极为敏感的，初始条件中非常细微的差异都会最终导致系统行为的极大变化。人们常说的"差之毫厘，谬以千里""千里之堤，溃于蚁穴"等成语，也有与其相近的意思。

---

① 〔美〕诺伯特·维纳:《维纳全集》第 13 卷，美国麻省理工学院，1981，第 371 页。
② 参见〔美〕詹姆斯·格莱克《混沌：开创新学科》，张淑誉译，上海译文出版社，1990，第 22 页。

混沌理论认为，即使是完全确定的预测，所获得的长时间的迭代结果也可能是类似随机的混沌，所以对社会系统长期预测的不准确是情有可原的，因为社会系统不仅仅是受外在随机因素影响，更重要的是由于系统内在的动力学特征的影响。

例如，关于中国人口增长数量极限的预测，以近年完成的《中国土地资源生产能力及人口承载量研究》为最全面细致。这一研究从土地资源的生产能力角度出发，根据现有状况加上未来发展的可能性，预测出中国土地资源的最大粮食生产能力为8.3亿吨，播种面积亩产为398千克，如果人均粮食标准保持500千克，则最大人口承载量为16.6亿人，如果保持550千克，则为15.1亿人口。值得注意的是，这个结论的前提是"可预见的"，即根据确定性因素，也就是说，排除了"不可预见的"不确定性的因素。比如对于技术进步，在现在水平上加上"可预见"的最大可能的情况进行预测，至于超出这种可能的技术进步跃迁则是"不确定的"和"不可预见的"。应当说，从预测的角度说，这一研究是全面、细致、科学、合理的，也是迄今为止一项规模最为庞大、研究最为深入的承载力分析。但是，正如研究本身所昭示，未来的不确定因素我们是无法预见的。例如，所谓最大承载人口数是可变的，其中之一就是消费水平。随着人民生活水平的提高，消费弹性的快速增大会对人口承载量具有重大作用。除此之外，最大生产能力也并非不可变，如果出现"不可预见"即不确定性因素，那么，这种最大生产能力也将发生变化，或者提高（如出现某些未曾预料到的发现和发明），或者不变，甚至也可能降低（如自然灾害和战争等等）。总之在社会预测中，这些不确定的因素我们是难以预料的。

社会系统的不确定性首先归因于作为社会交往过程主体的人类个体主观意识上的随意性、偶然性、模糊性、多样性和封闭性。社会过程由无数人际互动过程构成，相互理解是人际互动得以正常进行的基本前提。与自然界物体的相互作用不同，个体的行为与互动受意识指引，个体意识如何，他对周围情景的界定如何，他的行动就如何。

首先，人类个体意识具有极大的主观随意性和偶然性。一方面，对外部特征相同的对象或情景，不同人对它的界定、理解、诠释可以不一致。如英国人说的"一千个读者就有一千个哈姆雷特"，和中国人说的"情人眼里出西施"就是这样；另一方面，即使同一个人在不同时间、地点、条件下对同类情景所做出的行动是可以不同的。例如，杜甫诗中的"感时花溅泪，恨别鸟惊心"，苏东坡诗中"横看成岭侧成峰，远近高低各不同"就是这样。

其次，个体意识具有很大模糊性和多样性。人在理解、诠释、界定外部情景时，并非像计算机那样，简单地运用"是——非""对——错""行——不行"等二值逻辑，而是运用多值逻辑："一定是、大概是、可能是、大概不是、一定不是"等等。

再次，个体意识具有高度的封闭性。人类个体意识活动被天然地封闭在个人的大脑之内，意识无法脱离个体大脑而存在；人可以用语言或其他符号表达自己的意识，但如此表达出来的意识已经不同于它在人脑中的状态。

上述种种情况使人与人之间的互动过程即社会交往充满偶然性和不确定性。然而，社会过程之所以如此，更在于人际互动的"双重偶然性"[①]。社会交往过程的不确定性由于"双重偶然性"而大大加剧。因为最简单的社会交往（互动）也得由两个人的行动构成。由于交往双方的主观意识具有高度的随意性、多样性和封闭性，必然产生所谓"双重偶然性"；交往双方的意识都处于高度多变的状态，使双方行动的协调过程变得更加困难。设想我们正骑着自行车走在一条狭窄的街道上，迎面驶来一辆与我们相对而行的自行车，如果双方都试图通过左右闪避而不是停止前进来避免相撞，反而会使相撞的概率增大，因为双方的闪避行动都充满偶然性，每一方都无法准确而又及时地预测对方的反应。相反，如果一方及时停止前进（也就是将自己行为的偶然性降低到零），就能够使对方准确及时地对自己的行为做出判断，从而恰当地协调双方的行动路线以避免相撞。由此可见"双重偶然性"是社会交往的基本特征。

社会交往过程的不确定性随着参与交往的人员数目的增长而增长。当交往由两人组成时，只存在一组"双重偶然性"问题；当交往成员增加到三人时，"双重偶然性"问题会陡然增加到三组（存在三对互动者的"双重偶然性"）：A—B，A—C，B—C。当交往人数进一步增长时，具有"双重偶然性"的互动对子会以几何级数增长。

综合上述分析看来，由于社会系统中不确定因素的大量存在，人类虽然可以在已有认识的基础上预见客观事物的未来，但又只能预先地把握其主要趋势或大致轮廓，而不可能预先地把握客观事物未来发展的所有关节点和细节。用冯之浚先生的话来说就是不可能做到"点预测"。冯之浚指出："预测科学要求的科学预测，一般都是预测到一个区间，而不是预测到点。所谓

[①] 参见谢立中《社会的复杂性：社会学家的视野》，人大复印资料《社会学》月刊2001年第12期。

'预测到点',通常称之为'点预测',就是预测到一个定值,其实点预测注定是要落空的。"因为"预测不是什么神机妙算,它仅仅是一个有价值的科学工具,它总是在某个条件下达到某个概率的准确性。因此,我们不能要求社会预测提出百分之百准确的预测,否则必然会对预测感到加倍的失望。'预测不求甚,求甚等于无',预测允许有误差,也肯定会有误差"[①]。所以,如果社会预测对本质上属于不确性的社会事件硬是当作自然界中的确定性事件对待,盲目地追求社会预测的精确性,只能说明预测者的幼稚和"外行"。总之我们不能够对社会预测提出像自然预测那样的精确性要求,更不可能要求社会预测搞出一个如自然预测那样的"社会日历"。

---

① 参见冯之浚《战略研究与预测技术》,《河北学刊》1986年第3期。

第四章 社会学视野中的社会预测及其分类

社会预测学实际上是未来学、预测学和社会学相交叉的产物。在三者的关系中，前两者研究的范围应当是涵盖自然预测和社会预测两个方面的。但是，正如我们在上一章所讨论的那样，社会预测与自然预测具有很不相同的特点，所以在实际的预测研究中，无论是未来学还是预测学，如果具体到一个研究者，其研究的领域都是偏重于某一方面的，或是自然预测，或是社会预测。如此看来，未来学和预测学与社会学的交叉是有利的，它可以使我们更好地把握社会预测的内涵和内容，从而有利于社会预测活动的开展和社会预测学的学科建设。社会学一经和未来学及预测学相交叉，便有了社会学的视野，所以本章着重对社会学视野中社会预测的研究范围及类型加以讨论。

第一节 广义社会预测与狭义社会预测

从社会学的视野来看社会预测的研究范围，必然要涉及对社会学研究对象的讨论。"社会学"在语源学上的意义是关于社会的学问，由拉丁文"societas"（社会）或"socius"（社会中的个人）和"logos"（词、学说、学问）两个部分组成。绝大多数社会学家认为社会学一词是由法国哲学家、社会学家 A. 孔德在 1838 年 10 月出版的《实证哲学教程》第 4 卷中正式提出的。孔德也因此而被尊为社会学的鼻祖。但是据考察，这部共 6 卷至 1842 年才出齐的著作，在第 1 卷（1830）至第 3 卷（1835 年 9 月）中，并没有出现过"社会学"这个词，而都是使用的"社会物理学"这个术语。因此，根据第 3、第 4 两卷发表的时间间隔推算，"'社会学'这个名词，大概是 1835～1838 年之间用的"。[①] 那么，孔德为什么要创造"社会学"一词来代替他以

---

① 参见《中国大百科全书·社会学》，中国大百科全书出版社，1991，第 1 页。

前使用的"社会物理学"呢？学术界至少有两种解释：一种解释认为这是针对圣西门的，孔德原来是圣西门的秘书和合作者，后因观点不合而分道扬镳。孔德十分傲慢自负，以为社会学这门新学科是他发现的，所以要用自己创造的社会学来代替圣西门一生中大部分时间使用的社会物理学来命名这门学科。另一种解释认为这是针对比利时社会统计学家凯特莱的，因为在孔德看来，社会物理学这一术语已被凯特莱"窃用"，所以要创造一个新名词来代替它。这两种解释孰是孰非，除了具有考据意义，于学科的实质意义不大。重要的是孔德使用社会学这一术语的实质和目的，仍和使用社会物理学一样，都是为了表明一门用实证方法研究社会现象的基本规律的独立学科，以区别于过去那种思辨的社会哲学或历史哲学。孔德认为社会学是"科学之首"，是"科学的皇后"。孔德把社会学看作"社会物理学"，表明他认为建立一门"社会的自然科学"是完全可能的。在他看来，社会学的科学性，就是像自然科学那样的科学性和精确性。所以，在孔德看来，社会学是与研究自然现象的科学相对的"研究社会现象的科学"。显然，这是一种包括作为社会现象的经济现象、政治现象、文化现象等在内的广义的社会概念。

作为社会学发展史上三大传统之一的马克思主义社会学（唯物史观），也把社会学研究的对象看作与自然科学相对的广义的社会。几乎是在孔德提出社会学构想的同时，马克思在《1844年经济学哲学手稿》中已经形成新的唯物主义历史观的萌芽。马克思认为人同自然界的关系是以劳动为中介的，他从经济学上分析了在生产资料私有制度下，人的劳动本性异化的表现，提出了劳动的解放将标志着人性的复归和社会的人性化，从而使对资本主义的经济学批判转入到在社会学上关于资本主义对人限定的地位的批判。马克思把社会运动看作受客观规律支配的自然历史过程，这些规律不仅不以人的意志、意识为转移，反而决定了人的意志和意识。他从经济基础和上层建筑、生产力和生产关系之间辩证矛盾运动以及由此形成的阶级和阶级斗争出发，解释了人类社会的一般结构和历史发展的原因，阐明了资本主义社会的起源、发展和必然衰亡的原因。在《资本论》中，马克思从商品这个包含着资本主义社会全部矛盾的最简单的现象出发，按照历史和逻辑一致的原则，使用了从抽象上升到具体的辩证思维方法，逐步揭示资本主义社会各种矛盾，完成对资本主义社会的结构和运行机制的详细考察。最后，他发现了这个社会赖以生存和发展的奥秘——剩余价值规律，指出了人类社会未来发展的方向，为把社会主义从空想变成科学提供了理论依据。从马克思的社会研究来看，包括社会中的经济、政治和文化各个方面，是一种非常广泛的社会研究。当然，马克思本人一直拒绝把自己的社会理论称作社会学，其基本原因，是马克思唯物史观社会学的产生，使社会学在本质上变成为批判的、革命的科学与孔德强调秩序、均衡，目的在于维护和改良现存制度的社会学形成鲜明的对立。即使如此，由于马克思唯物史观社会学对后来社会学的发展起着重大影响，人们还是把它当作早期社会学的三大传统之一。甚至有学者称马克思为"社会学之王"。

由此可见，在社会学的传统或早期社会学家的观点看来，"社会学"实际上是"社会科学"的代名词，带有某种包罗万象、凌驾于各门社会科学之上的印记。例如，孔德认为社会学的目标是一切现有知识的综合。斯宾塞也认为社会是各种社会科学的综合或总和，他的《社会学原理》包含对政治、经济、宗教等各种社会科学的研究。根据这种"综合"和"总和"的观点，社会学是离不开各门社会科学的。其中，"总和"的观点事实上是把社会学与各门社会科学的关系看成整体与部分的关系，如果按照这种"总和"的观点，那么广义的社会预测与和各个学科领域的预测可以如图4-1所示；综合的观点则强调社会学是将各门社会科学的成果，从社会整体的角度加以综合而得出的，如果按照这种"综合"的观点，那么广义的社会预测与和各个学科领域的预测可以大体用图4-2表示。美国的吉登斯等人认为社会学是一种研究社会元素与第一原理的科学。社会学研究社会的一般的普遍的现象，各门社会科学则研究社会生活的特殊现象。社会学的原理具有普遍性，适用于一切社会生活。各门社会科学的原理则只有特殊性，仅适用于特殊的社会现象。这种观点，事实上把社会学与其他各门社会科学的关系看作一般与特殊的关系。如果按照这种观点，那么广义的社会预测与各个学科领域的预测可以用图4-3来表示。

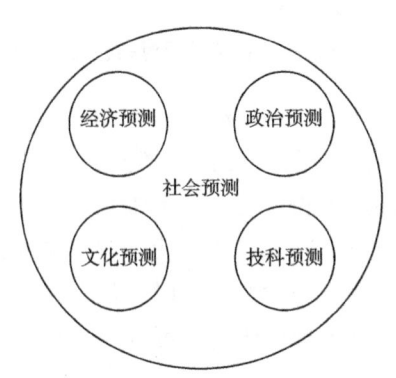

图4-1 按照总和观点的广义社会预测

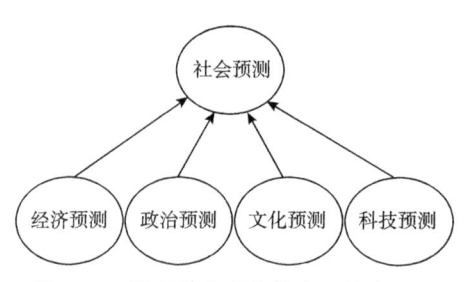

图 4-2　按照综合观点的广义社会预测

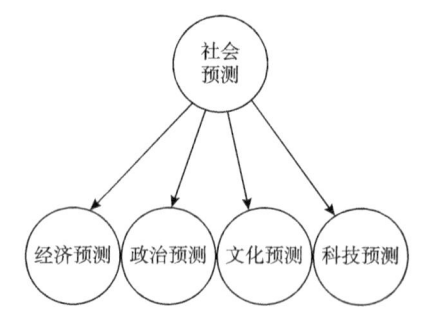

图 4-3　按照一般和特殊关系的广义社会预测

随着社会学进入形成时期，它逐渐摆脱了哲学的怀抱，越来越明确地确定了自己的范围和方法，成为与其他社会科学并列的独立科学。迪尔凯姆、韦伯、斯莫尔、托马斯、索罗金等人都认为社会学与其他社会科学一样，都研究社会生活现象的一个方面，它与其他社会科学处于平等地位。如果按照这种平等关系，那么就出现了所谓狭义的社会预测，可用图 4-4 来表示。

图 4-4　与其他社会领域相对的狭义的社会预测

综上所述，广义的社会预测是指与自然预测相对的对人类社会的预测，并包含狭义的社会预测；而狭义的社会预测是指与人类社会中的经济领域、政治领域等方面的预测相对的"社会领域"的预测。当我们在对社会发展的总体趋势进行研究的时候，这时我们取广义社会预测的视角；当我们研究经济与社会协调发展的时候，这时我们取狭义社会预测的视角。社会学视野中的社会预测基础理论研究，可以同时从广义和狭义的两种视角出发。

第二节 社会预测的基本分类

为进一步探讨人类的社会预测活动,研究者们把社会预测活动区分为不同的类型。分类的标准很多,人们可以根据研究的需要,从不同的角度进行分类。在此我们综合各家意见提出按照预测的主体、客体、时间、目的、范围、方法六条标准划分的16种基本的社会预测类型(见图4-5)。

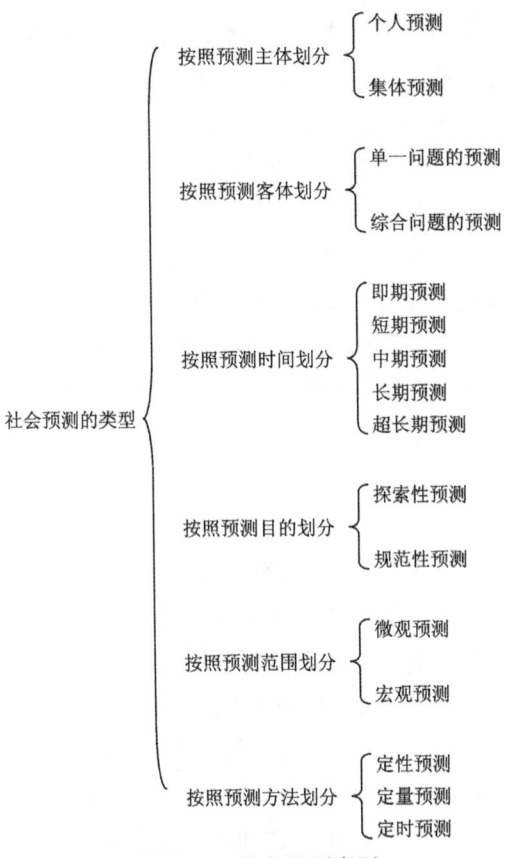

社会预测的类型
- 按照预测主体划分
  - 个人预测
  - 集体预测
- 按照预测客体划分
  - 单一问题的预测
  - 综合问题的预测
- 按照预测时间划分
  - 即期预测
  - 短期预测
  - 中期预测
  - 长期预测
  - 超长期预测
- 按照预测目的划分
  - 探索性预测
  - 规范性预测
- 按照预测范围划分
  - 微观预测
  - 宏观预测
- 按照预测方法划分
  - 定性预测
  - 定量预测
  - 定时预测

图4-5 社会预测类型

按照图4-5中的分类方法,我们可以看到共有16种基本的预测形式,所有的预测活动都可以是上述六大类、16种基本组合中的一种。下面我们就对这16种基本类型做逐一介绍。

一　按照预测主体划分

（一）个人预测

个人预测是指以单个的人为预测主体所进行的社会预测活动类型。这类预测活动完全凭借个人的经验、知识、专长及预测能力。这种类型的社会预测活动在历史上比较多见，在现代社会生活中也仍然占有相当大的比重。其原因一是由于过去的社会比较简单，人们所面对的预测对象一般比较单一，凭借个人的智慧，尤其是一些天才人物超人的智慧，比较容易做出正确的预测；二是由于每个人的活动领域千差万别，以个人预测的形式随时对自己所面临的社会环境变化进行分析和推断，也是很自然的事情。但个人的社会预测能力往往会受到个人的经验、知识及专业的限制，尤其是在错综复杂的现代社会中，以及对综合性较强的复杂对象进行预测研究时，其局限性就很大了。但对于某一方面的专家来说，个人预测的形式仍有其独立的价值和重要作用，因为对一些专业性问题的真知灼见，往往是由个人首发现并提出的，而真理也往往掌握在少数人手中。在古代历史上诸葛亮的社会预测活动，在近现代史上马克思的社会预测活动，基本上可以说就是一种个人预测。况且集体预测也仍然是由一个个专家组成的集体。所以，无论社会怎样发展，个人预测的形式是不能忽略的。

（二）集体预测

这是以多人组合为预测主体进行社会预测活动的形式。这种集体预测活动，可以是临时组成的专家小组或专家会议，也可以是固定的预测研究机构。人类采取集体的形式进行社会预测活动，是由于社会发展的日益复杂化趋势而决定的。社会的日益复杂化的标志是社会结构的日益复杂化和"信息爆炸"，仅凭借个人的头脑，已无法认识超出个人知识结构以外的社会现象或事件，更无法把握和处理大量的信息。所以集体预测的形式再现当代社会预测活动中占有较大的比重，并且这种比重还会随着社会的发展而日益增大。因为集体预测的形式与个人预测的活动形式相比具有许多长处。首先，它有利于集中较多的个人智慧，以知识互补的优势使得预测研究更为全面，从而提高预测的质量。其次，它有利于按照预测研究的程序，展开分工，采取流水作业的方式，从而提高预测的效率。在现当代社会预测活动中，完全由个人对复杂的综合性较强的宏观社会问题进行预测几乎是不可能的，所以集体预测的形式得到了日益普遍的应用。如专家问卷法、头脑风暴法、德尔斐法等方式进行的社会预测活动，均属于集体预测的形式；而"兰德公司"、"赫德森研究所"及我国的国务院发展研究中心等，也都属于著名的以集体预测方式进行预测活动的专门机构。

二 按照预测客体划分

（一）单一问题的预测

从预测客体的角度来看，有些社会问题是比较单一的。如人口问题、犯罪问题、就业问题、离婚问题等，对诸如此类的问题进行的预测活动，我们称之为单一问题的预测（有人曾以"课题"为划分标准称之为"单项预测"，意思和我们这里说的"单一问题的预测"差不多，但我们认为在语言的表述上，用"单一问题的预测"更为恰当。因为"课题"即预测的"客体"，与前面以预测的"主体"的分类相对应。而"单项预测"中的"项目"，实际上和"课题"是同义反复，无论是项目还是课题，都是预测客体，都有单纯的和复杂的区别）。当然，从系统论的观点看，纯粹单一问题的预测是不存在的，因为任何"单一"的存在，都是在复杂的或综合的因素体系之中的存在，对"单一问题的预测"，也要进行综合性的研究。所以，"单一问题的预测"与"综合问题的预测"只是在相对的意义上而言的。所以我们千万不要对所谓的"单一问题的预测"发生任何形而上学式的误解。尤其对单一问题的预测结果，一定要审慎对待，注意到其预测结论的局限性和作为决策依据的有限性。

（二）综合问题的预测

综合问题的预测是指与单一问题预测相对而言的预测活动类型。这种预测活动通常由多个单一问题预测的子课题组成，或者说是一种涉及多个单一问题的预测，并在单一预测的基础上进行综合研究的预测活动。需要特别指出的是，综合问题的预测，绝不是多个单一预测结果的简单相加，而是把单一预测当作综合预测系统中的一个子系统，并在各个子系统的相互作用和相互影响中对特定的预测对象进行的总体预测。因此，综合问题预测的目的不仅在于了解各个单一问题的预测结果，而且要综合地了解不同单一问题发展趋势的相互制约和相互联系。例如，关于经济与社会协调发展问题的预测，就不仅要分别考虑经济预测和社会发展预测两个方面的预测结果，更要将两个方面的预测结果联系起来，考虑其"协调发展"的预测结果。又比如对可持续发展的预测研究，就要将人口、资源、环境、经济、社会诸多子系统的"单一问题的预测"加以综合考虑才能进行。同理，辩证地看，综合问题的预测与单一问题的预测也只是相对意义上的划分，因为从特定的意义上来讲，任何单一问题的预测也都是某种程度上的综合性预测。例如上面提到的人口预测，就包括人口的年龄结构、文化结构、就业结构、民族结构、地理分布结构、流动人口等诸多方面的预测问题，因此也是一定层次上的综合问题预测。

三　按照预测时间划分

（一）即期预测

需要特别说明的是，以前曾有人提出将5年以内的预测称为短期预测，将5年以上至15年以下的预测称为中期预测，将15年以上的预测称为长期预测等等。我们认为这种一般意义上的时间划分没有什么意义。因为针对具体的预测对象而言，其预测时间范围的长短类型是不同的。例如以瞬息万变的市场预测来说，5年的预测应当算是较长期的预测了，因为有些产品的销售情况，常常要在上半年就预测下半年的情况，甚至要在当月预测下个月的情况。而对社会结构变迁的预测，5年之内可以说一般不会有什么显著的变化。所以以时间梯度来划分预测的类型必须针对具体的预测领域和预测对象，否则是没有任何意义的。为此我们同意以预测对象发生变化的程度，作为区分预测时间长短尺度的标准。这样，我们就可以对那些研究对象不发生性质的变化，也不发生量的重大变化的预测称为即期预测，其特征是往往有较详细、精确的定量估计。这类预测在经济领域比较普遍，如产品、产值、销售额等的月度、季度预测等。

（二）短期预测

短期预测通常是指用于研究对象仅仅发生数量变化的预测。其特征为一般不涉及预测对象的性质变化，只是对预测对象进行总的数量上的预计。这类预测在经济和社会发展领域一般表现为年度预测的形式。

（三）中期预测

中期预测通常是指用于研究对象以数量变化为主，同时也发生某种程度的性质变化时的前景预测。其特征是既对事物的发展变化做定量的预计,也对事物的发展变化做定性的预计。这类预测通常与经济社会发展的规划活动相适应,时间幅度一般为 3~5 年。

(四) 长期预测

长期预测通常是指不仅对研究对象进行数量变化方面的预测,更对其性质上的变化的前景进行展望的预测活动。这类预测活动的特征是往往包含若干个中期预测在内,在进行定量预测的同时,着重进行定性方面的预测。这类预测往往与远景规划相联系。如在 20 世纪 80 年代各国普遍开展的"公元 2000 年"的未来研究活动,就是属于长期预测的典型例子。

(五) 超长期预测

超长期预测通常是指对研究对象的整个发展的宏观过程的未来性质变化趋势的预测活动。这类预测一般只能对研究对象的前景作定性的趋势性预测,而无法做具体定量的描述。例如,对人类未来社会形态的预测、对人类未来生态环境变化的预测等。马克思对人类社会形态发展趋势的预测、罗马俱乐部的《增长的极限》等就是属于超长期的预测。

四 按照预测目的划分

(一) 探索性预测

探索性预测是指从已知的事物发展趋势出发来顺推事物未来发展的一类预测方法。特点是把预测对象从过去到现在的倾向线,用一定的方法延伸到未来,以得出事物未来发展的可能性。采用此类方法要收集预测对象过去的时间序列资料,选择恰当的具体方法进行合乎逻辑的推断,找出其规律性,然后用近似值法,采用一次函数、指数函数、增长曲线等数据建立变化模式,进而推算出特定的未来时刻的预测值。探索型预测方法主要用于探索未来的发展可能性,而不提供如何促使可能性变为现实的途径。由于预测建立在充分的经验数据和理论推断的基础上,因此这类预测实用价值很高。按照推断方式的不同,探索性预测方法可以分为①客观的探索性预测,如趋势外推法、时间序列法等;②主观的探索性预测,如德尔斐法、博弈法等;③系统的探索性预测,如投入产出法、系统动态模型法等。该预测方法比较符合人们凭借经验积累来探索未来的习惯性的思维方式,因此得到了广泛的应用。

(二) 规范性预测

规范性预测是指从设定的未来目标出发,反序逆推事物发展进程的一种预测方法,又称为定标性预测。它把预想的目标作为约束条件来预测达到目标的时间、途径、现有条件及达到这一条件的最佳方案。该预测方法建立在系统分析的基础上,将预测系统分解为几个具体单元,并对各个单元之间的相互关系进行分析研究。由于目标的确定性,通过向目标前进常能够促进技术的发展,同时由于目标是将来发生的,又可以更好地规划为达到目标应该做的工作,从而为决策和规划服务。规范性预测方法主要包括矩阵法、目标树法、远景树图法、网络法、模型法、系统分析法、技术关联分析预测法等。

最后我们还应当指出探索性预测与规范性预测的区别与联系。探索性预测是把活动对象由现在引申到未来,而规范性形式则根据未来的社会需要、目标、价值、条件限制等规范性因素,对活动对象未来发展的可能性和可行性进行分析。更简单地说,探索性活动是探索各种可能的目标,而规范性活动则根据既定目标研究和预测使目标实现的途径。所以,这两种预测形式是相辅相成的。没有社会需要,没有目标和计划,就没有进行探索性活动的必要,如果经过探索性活动,断定活动对象未来发展不可能实现各种可能的目标和计划,进行规范性活动就将变成毫无意义的事。因此,这两种预测形式在实际操作中常常是互相配合、互相补充的,于是产生了一种"反馈性预测"的形式,但这不是一种独立的方法,故不列入本分类框架。

五 按照预测范围划分

(一) 宏观预测

宏观预测是指以宏观的事物为研究对象的预测活动类型。所谓宏观对象,一般指涉及较大的地理范围,领域、部门和系统的活动对象。例如,全球、一个洲、一个国家、一个省份,通常都属于较大的地理范围;整个工业、农业、交通运输等,属于较大的部门,整个自然科学或整个社会科学,属于较大的领域;而整个国家或整个省的经济系统等等,则属于较复杂、较大的系统。实际上，活动的宏观对象，指的就是系统大的对象。以大系统的未来为研究对象和预测对象的活动形式，是普遍存在的。如目前盛行的全球未来预测，国家经济社会和科学技术发展的总体预测，等等，均属于这种活动形式。

（二）微观预测

微观预测是指与宏观预测对象相对而言的预测活动。对比它范围大的对象来说，微观对象是微观的，但对比它范围小的对象来说，微观对象则是宏观的。即使在宏观与微观对象之中，加上一个中观对象，也仍然是相对的。因此，它们都有一个参照物。大系统若以小系统为参照系统，则为大系统（全国人口以全省人口为参照系统），若以更大系统为参照系统（全国人口以全世界人口），那么大系统也就成了小系统或中系统（当它同时以更小系统为参照物时）。这里所说的微观对象，通常指涉及地理范围较小（如区、县、城镇等），部门较单一（如某厂、矿、机关、学校或研究所等），领域较狭隘（如科学中的一门学科或分支学科等），系统较简单（如科学、技术、社会、经济，军事等复杂系统中的分支系统，从属系统等）的对象，即这种对象是相对较小的小系统、支系统，分系统。微观预测，指的就是以此类系统为对象的活动。

六 按照预测方法划分

（一）定性预测

定性预测是指依靠知识和经验，对社会事件未来的性质、特点和趋势进行定性的推测，又称为直观性预测或判断式预测。进行定性预测时，主要通过分析历史资料和研究未来条件，凭借预测者的主观经验和逻辑推理能力做出判断。它引导人们从各方面设想并认识事物演变的动因和过程，从而使预测者能用定性的语言来描述事物。虽然在进行预测时，为综合说明问题，也往往需要将材料数量化，但其本质仍是定性的。定性预测是定量预测的基础，贯穿一切预测方法。定性预测作为一种独立的方法，一般用于预测事物发展的总体趋势，事件发生和发展的各种可能性及其造成的影响，以及缺乏历史统计资料、影响预测对象的主要因素难以做定量分析的事物，如对全球未来总前景的预测、新技术发展的预测、新产品的销售情况的预测等。常用的定性预测方法主要有专家会议法、德尔斐法、主观概率法、用户调查法、相关因素分析法等。

（二）定量预测

定量预测是指运用数学方法来描述事物的运动规律和数量关系，从而对事件未来的性质和趋势进行量化描述的预测。定量预测通常是在定性的基础上，对预测结果的数量要素进行测度，用数学模型对事物发展变化的机理做出合理的模拟，计算出预测对象未来发展的数量特征。定量预测的精度和可靠性很大程度取决于原始数据的可靠性和方法的科学性。定量预测通常是动态模型，用于微观战术预测，它使用各种可能假定，以预测对象的属性和相应参数为依据，利用电子计算机程序进行外推。定量预测方法主要有外推法、回归分析法、经济计量预测法、时间序列法、因果关系法、概率和模糊数学法等。

（三）定时预测

定时预测是指对事件未来发生的时间要素进行预测的方法，又称为时间预测法。预测内容有某项新技术何时能研制出来，何时能达到规定的性能指标，何时能在工业上应用，何时将更新换代等。预测的依据是，时间是一个从过去延伸到未来的连续统一体，并且假定过去发展的趋势将会延续下去，而不是以随机方式出现的。定时预测方法适用于短、中期预测，而对长期而言，由于出现不确定因素的可能性加大，精确度较差。定时预测方法主要有简单时间序列法、生长曲线法、包络曲线法、定量类推法、替代曲线法、动态模型法、主观定时预测法等。

第三节 社会预测的主要研究领域

社会预测的领域分类，可以说是难以穷尽的，因为三百六十行，行行都可以有预测。人类的社会活动随着分工的不断发展，领域的划分也必然越来越多越细。所以，我们在此只能对那些社会基本领域的预测活动进行大体的划分，与此同时对各个基本领域中的预测类型或主要内容，采用列举的办法进行简要介绍。

在进行社会预测基本领域划分时需要说明三点：①社会预测有广义和狭义之分，本书的划分取兼顾广义社会预测和狭义社会预测两种视角；②社会不仅指人与人之间的关系，也包含人与自然的关系，本书在划分时为避免和自然预测相混淆，对自然预测和社会预测相交叉的部分（如环境、资源、能源等）没有列入；③对社会预测的基本领域，前人有过划分，如秦麟征主编的《未来领域软科学大全》划分为六大领域，庞元正、丁冬红主编的《当代西方社会发展理论新词典》中有五个方面的词条等。本书的划分主要在前人的基础上进行糅合、局部性调整和补充。

本书将社会预测基本领域的框架概括见图4-6。

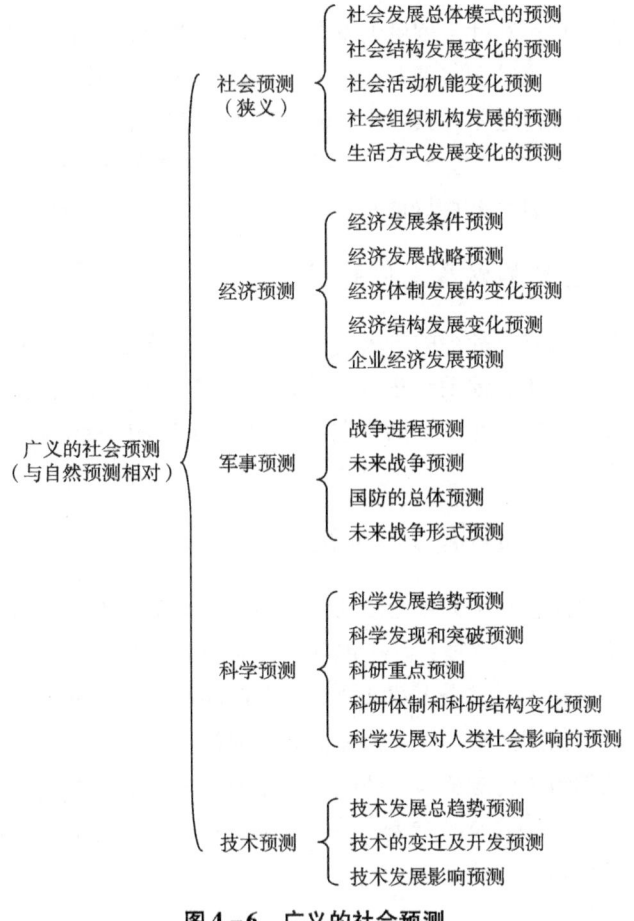

广义的社会预测（与自然预测相对）
- 社会预测（狭义）
  - 社会发展总体模式的预测
  - 社会结构发展变化的预测
  - 社会活动机能变化预测
  - 社会组织机构发展的预测
  - 生活方式发展变化的预测
- 经济预测
  - 经济发展条件预测
  - 经济发展战略预测
  - 经济体制发展的变化预测
  - 经济结构发展变化预测
  - 企业经济发展预测
- 军事预测
  - 战争进程预测
  - 未来战争预测
  - 国防的总体预测
  - 未来战争形式预测
- 科学预测
  - 科学发展趋势预测
  - 科学发现和突破预测
  - 科研重点预测
  - 科研体制和科研结构变化预测
  - 科学发展对人类社会影响的预测
- 技术预测
  - 技术发展总趋势预测
  - 技术的变迁及开发预测
  - 技术发展影响预测

图4-6 广义的社会预测

从图4-6中我们可以清楚地看到，人类社会预测活动的基本领域，以及每个领域中所包含的主要内容。下面我们对这些基本领域及其所包含的主要内容进行具体阐述。

一 社会预测（狭义）

社会预测是以社会问题和社会现象为对象的一种预测活动，目的在于为选择社会发展的战略目标、控制社会的发展趋势、预防社会发展的不良后果服务。其主要类型和内容有：

（一）社会发展总体模式的预测

这种预测活动把整个社会的发展作为研究对象，预测人类社会的未来发展、未来社会的形态和社会制度的变革等。像马克思、恩格斯关于社会主义取代资本主义、未来社会将是共产主义社会的预测；美国著名社会学家、哈佛大学社会学教授丹尼尔·贝尔（Daniel Bell）1973 出版的《后工业社会的来临——社会预测的一次尝试》；我国当代著名社会学家郑杭生1996年出版的《转型中的中国社会和中国的社会转型》等就是这类预测的典型的例子。

（二）社会结构发展变化的预测

这种预测活动研究社会的阶级（阶层）结构、职业结构、教育结构、人口结构等的发展变化。像毛泽东的《中国社会各阶级分析》，以及由原中国社会科学院社会学研究所所长陆学艺主编的《当代中国社会阶层研究报告》等即属于这类预测。

（三）社会活动机能变化预测

社会活动机能包括个人社会活动机能和社会活动机能两部分。从事社会活动是否有价值、是否必要，从中能获得何种利益，有什么动机、意图，抱什么观点参加活动等，是个人和社会与社会活动相互作用的，不断变化的因素。这种类型的预测活动，以个人和社会参加社会活动的价值体系、需求体系、活动体系等为主要对象和活动内容。像美国未来学家约翰·奈斯比特和帕·阿博顿妮的《2000年大趋势——九十年代的十个新趋向》中的部分内容就属于这一类预测。

（四）社会组织机构发展的预测

研究各种组织机构及其相互之间的社会联系和发展变化。如政府机构之间、民间机构之间、生产活动机构之间和非生产活动之间的相互联系、影响等。社会的组织机构是不断分化与组合的。在各种组织机构之中，存在复杂而又不断变化的社会联系。它们之间的这种相互联系、相互作用、相互影响的复杂关系，各种组织机构系统中的分化与组合，是这种类型预测的主要内容。像改革开放以来围绕组织机构改革，对政府机构与政府机构之间、政府机构与民间机构之间、生产活动机构与非生产活动机构之间相互关系的发展变化所做的预测，就是这类社会预测活动的表现。

（五）生活方式发展变化的预测

这预测主要研究个人、社会集团、整个社会的生活方式的发展变化。在这种类型的预测活动中，生活是主要的研究和预测对象。其主要内容包括个人的生活、社会集团的生活、整个社会的生活。进行这种预测的目的是了解生活方式的发展变化。这种类型的预测在社会预测中占有相当大的比重。这是因为它涉及生活的空间和时间、社会生活的物质需求和精神需求、社会生活结构、社会生活的组织和控制等方面的发展变化，因此它的活动对象和内容，是丰富多彩的。例如，潘允康在《社会变迁中的家庭》中就分析和展望了"家庭未来"的各种可能的趋势；刘重在《生活的革命：WTO 中国百姓入世后的日子》一书就预测了当我国加入世界贸易组织后，普通百姓的个人生活乃至整个社会生活将产生的变化。

当然，社会领域预测活动的对象和内容，并不局限于上述五个方面。实际上，凡是对社会发展变化的过程和现象的预测，都作为社会预测的一个相对独立的方面。

二 经济预测

经济预测是预测经济领域未来不确定事件发展趋势和状况的预测活动，是为经济决策服务的。经济活动是人类生存的基础，因此经济预测在整个社会预测活动中占有相当大的比重，而且经济预测的理论也相对发达，已经形成社会预测中独立的分支学科——经济预测学。经济预测的类型、对象、内容也是多种多样的。我们这里只能介绍其中主要的几种。

（一）经济发展战略预测

这种预测作为一种宏观的、综合的经济预测活动，具有不同层次，其对象可以是一个国家中的某一个地区，也可以是某一个国际社会的经济组织，但通常以一个国家的国民经济总体为活动对象。国民经济总体涉及各方面的内容，如国民生产总值和国民收入的增长率、物价变动率、生产增长率、国际经济发展动向等等。这种活动是比较复杂的综合性预测。它不但涉及国民收入、总产值、总投资、人均生产消费水平、部门结构，地区布局、劳动生产率、经济效果等方面的问题，而且必须考虑相关的一些因素，如人口规模、社会发展、科技发展、环境、生活水平、资源开发、劳动人、产业部门和非产业部门等等。由于课题众多，相互关系复杂，所以从事这种预测活动必须花费时间较长、成本较高。例如，1983年由国务院经济技术社会发展研究中心组织的研究《2000年的中国经济》就是组织了上百名学者用了两年多的时间完成的。

（二）经济发展条件预测

经济发展既受到本身发展规律的制约，也受到外部相关条件的限制。因此，这种类型的预测，实际上就是以经济发展的内部条件和外部条件为活动对象的。其主要内容有经济发展所需的资源和能源条件、劳动力的供给与需求状况、科学技术成果转化的经济效果、劳动效率、劳动心理和行为、经济发展的政策等。从事经济发展条件的预测活动，目的是了解和确定有利与不利条件，为扬长避短、发展经济打下基础。中国社会科学院刘国光、李景文等主编的每年一度的中国经济形势分析与预测蓝皮书，每年都要涉及这种类型的预测。

（三）经济体制发展的变化预测

这类预测活动主要研究什么体制适合经济的发展和经济体制改革的趋势。科学、合理和有效的经济体制，有利于调动积极因素，促进经济发展。从经济体制角度进行的预测，涉及经济体制与经济活动的管理制度、管理机构、经济政策等内容。其目的在于寻找符合国家，经济部门，企业实际情况的经济体制，或改变现有经济体制的途径。我国在实现有计划经济体制向市场经济体制的转型过程中，这类预测是很多很多的。

（四）经济结构发展变化预测

这类预测主要研究国民经济结构和各部门构成的变化、发展趋势与经济增长的关系。经济结构包含众多组成部分。例如，第一、第二、第三产业之间、它们与整个经济之间，都存在有机联系和一定的结构关系；又如，在产业部门中，工业、农业、建筑、运输、邮电、商业之间，他们与整个经济之间，亦存在一定的有机联系和结构关系。它们之间的比重是否恰当、布局是否合理，就是经济结构方面的问题。由于新产业部门的出现，经济结构的比重和布局发生了新的变化，也属于经济结构方面的问题。与经济结构有关的未来预测活动，主要以上述比例、比重关系和布局、新产业的出现等问题为内容。

（五）企业经济发展预测

这是一种微观的经济预测，由于企业是经济的细胞，企业经济发展的预测是企业经济活动中的重要环节，因而企业经济预测是经济预测中最为常见的类型。企业发展方面的预测内容很多，其中包括社会对企业产品的需求预测、企业产品的销售量和市场占有率预测、新产品开发预测、企业投资和发展规模预测、企业生产成本与利润预测、企业生产技术发展预测、固定资产的更新换代预测等。这种类型的预测活动，关系企业的发展、竞争、生存、管理、经营和效益，因而备受重视。

三 军事预测

军事预测是人类社会预测历史中一种发展较早、运用较多的预测，目的在于揭示军事领域的发展前景，探索未来爆发战争可能性和已经爆发的战争的未来趋势和综合后果，为决策者制定正确的军事决策服务。在战争时期，军事预测活动是制定军事战略、战术和作战计划必不可缺少的前提。在和平时期，军事预测仍不可忽视，它是争取主动、防患于未然的长远大计。孙子曰："兵者，国之大事，死生之地，存亡之道，不可不察也。"克劳塞维茨说战争是政治的继续。军事预测自古以来就备受人类重视，积累了丰富的经验和理论，随着军事预测的发展，已出现了一门独立的预测学科——军事预测学。所以军事预测领域也具有丰富的内容和各种具体的预测类型，它们以军事问题，国防安全问题、战争与和平问题为基本对象。它们对国防建设和国家安全，防止侵略和颠覆活动，对付未来战争、争取和平，具有极为重要的意义。

（一）战争进程预测

是对已经发生的战争的未来前景的一种预测，是军事预测中关系极为重大的预测种类。它通过研究交战双方（或多方）军事、政治、经济、民心、士气等各种力量的对比，以及对双方（或各方）统帅军事指挥能力的对比的综合分析，对战争（包括具体战役）的发展过程及其结局做出预测。例如毛泽东的《论持久战》就是战争进程预测中极为经典的预测案例。

(二) 未来战争预测

这是对尚未发生的战争的未来前景的一种预测。为防备未来可能发生的战争并使本国在未来战争中处于有利的地位，就必须开展未来战争预测活动。这种以未来战争为对象的预测活动，主要涉及可能发生战争的原因、导火线、时间、地点、规模、性质、特点、胜负、影响、后果等方面的内容。在这种预测的基础上，一个国家才能有效地制定针对未来战争的战略决策和战术决策。例如，像1960年美国H.卡恩的《论热核战争》以及有些国家所做的关于第三次世界大战的预测就属于这种预测。

(三) 国防总体预测

主要研究本国和世界各国军事力量对比、发展趋势和前景。国防总体预测作为军事预测中最为常见的一种预测类型，它关系国家安全和国防战略决策，涉及国家国防建设的一系列重大问题。它的主要内容有世界各国军事力量的发展状况，世界军事斗争的发展趋势，各种军事力量的对比、组合、分化情况，敌对国家和阵营的军备和防务体系，与全球有关的战略和战略部署，兵力分布，武器系统，本国的军事和国防力量的发展水平、兵力部署、战略方针、军费开支、兵源补充、武器装备、国防工业、国防科学技术的开发应用等诸多方面。

(四) 未来战争形式预测

随着科学技术的发展，人类的战争形式也发生了革命性的变化。有人把人类历史上发生的战争形式划分为三个时期，即人力时期、畜力时期和机械力时期；美国"国防预算规划"研究中心主任克雷派尼维奇认为人类历史上发生过从诸如步兵革命、炮兵革命直到核武器革命等十次军事革命。而现代精确制导武器和远程武器的发明，人类的战争形式正在经历着以信息技术为核心的第11次革命。在当代科学技术迅猛发展的情况下，对未来战争形式的预测在整个军事预测中占有非常重要的地位，它的主要关注点是由新技术引发的未来战争中的武器装备系统的变化、作战方式和作战理论的变化，军事组织结构的变化等。例如军事科学院外军部的研究员王保存的《世界新军事革命》，国防科技大学教授张召忠的《谁能打赢下一场战争》《战争离我们有多远》，沈伟光的《信息战》，陈欤耕的《点击未来战争》等，都是研究未来战争形式的一种具体的预测活动。

四 科学预测

科学预测是以科学领域的未来发展为对象的一种预测活动。主要目的是用科学的方法分析现代科学各个领域的内在联系，以预测科学发展趋势、方向、可能出现的科学发明，预见未来的基础学科和前沿学科，指明科学研究的重点或方向。科学预测也有各种不同的类型和丰富的内容。它们的活动对象，主要是与科学活动有关的问题和现象。

（一）科学发展趋势预测

这是为制定科学发展战略和发展决策不可或缺的经常性的一种预测活动。它预测整个世界和本国科学的发展趋势，例如综合化和专业化的趋势，是否将持续下去，新的发展趋势是什么，诸如此类的问题，都是这种面向科学未来的活动所必须解答的问题。在从事科学发展趋势的预测中，人们通常把科学的发展水平和发展阶段，把各种科学的新进展，科学与科学之间的相互作用和相互影响等等，列为主要的活动内容，如顾镜清的《2000年的科学技术（现状和预测）》就属于这类预测。

（二）科学发现与科学突破的预测

科学将出现何种新的发现或新的突破，这是此类活动所要研究和预测的首要问题。从事这种活动的目的，主要是为科学的发展决策服务。由于以科学发现和科学突破为主要内容的预测活动，涉及基础研究的进展（理论研究和实验研究的水平），科学家的知识积累和素质，基础研究的难易程度等方面的不确定因素，因此它具有较大的难度。一般来说，这种活动的主体，往往是科学家和专业工作者本身，其他人很难代替。

（三）科研重点的预测

选择哪些项目，作为科学研究的重点，是科学领域中人们经常考虑的问题。从事科研重点的未来研究和未来预测，可以为科研重点的选择提供科学的依据。在从事此类活动时，往往以科学领域中的重大科研课题，重大科研课题的进展，国家或有关部门的人力、物力、财力和技术条件，国家、单位和个人的理论研究和实验工作的水平等问题为活动内容。其活动结果，主要是通过所确定的科研重点（国家、单位和个人三个层次）、出成果的可能性和可行性分析、实施重点的方案和途径的设计等来加以体现的。

（四）科研体制和科研结构变化的预测

为适应科学技术发展的需要，科研体制和科研结构就必须进行相应的变革。从科研工作者的单独研究发展到集体攻关，就是体制和结构方面的一种变革。合理的体制和结构，有利于科学的迅速发展。从事以科研体制和科研结构为对象的未来研究和未来预测，就是为了确定最有利于科学发展的体制和结构。在科学走向社会化的现代，这种面向科学未来的活动是很有必要的。研究和预测科研体制和结构的主要内容是科研机构和科研活动的组织形式，领导人员、管理人员、科研人员的构成状况，科研人员的年龄结构，基础研究和应用研究的比例，科研单位的分布等。

（五）科学对人类社会影响的预测

科学对人和社会的影响，表现在两个方面，即物质方面的影响与社会方面的影响。以这两种影响为对象的面向科学未来的研究和预测活动，目的在于通过了解科学对人和社会的影响的广度与深度，充分合理地利用科学发展成果，防止对科学成果的滥用，更好地利用科学成果为人类造福。物质方面的未来预测，把科学发现、科学突破及其物化为技术的结果，与可能导致的人与社会物质生活，经济生活的变化，科学进步与未来社会物质文明的联系，科学发展与社会经济发展的协调统一等，作为主要的活动内容。精神方面的同类活动，则围绕下列主要内容进行科学的发现，如突破与物化，如何改变和提高人对自然、社会和人本身的认识，科学发展如何改变人与社会的价值观和伦理观，科学的进步将如何塑造未来的精神文明等。例如，托夫勒1980年出版的《第三次浪潮》指出未来的新产业将以电脑、电子、信息、生化等为基础，并预测弹性化生产、兼差工作方式的盛行等新趋势，预测工作场所将再从工厂移回家中，以及政治和国家体系的种种改变等。还有约翰·奈斯比特等的《高科技·高思维》预测了高科技时代的危机、趋势和人类面临的前所未有的机遇与挑战。

五 技术预测

技术预测是指在技术领域从事的关于技术发展趋势、技术推广运用对经济、社会的影响的预测活动。技术预测是运用最广泛、最为常见的一种预测活动，是为技术决策服务的。其任务是通过研究与技术发明、应用有关的一系列问题,预测即将出现的技术发明及其效果、技术发明与市场需求的关系,以促进科技知识的物化,获取最大的社会经济效益。技术预测的主要内容有以下三个方面。

(一) 技术发展总趋势预测

是为制定技术发展战略,从宏观的角度研究科学技术发展水平、技术力量、未来技术发展重点等而进行的一种预测。国家或有关技术部门在制定技术发展规划和重点技术发展决策时,需要了解技术总的发展趋势和发展前景。以技术发展趋势为具体对象的总体未来预测,可以为国家或有关部门的技术发展计划、规划、决策,提供重要前提和可靠的依据。这种预测的具体内容包括世界和本国技术发展水平、国家或部门的技术力量、技术队伍的结构、资金的来源、资源的保证、技术发展重点、技术政策状况、有利和不利的环境条件等。

(二) 技术的变迁及开发预测

这是一种对新技术、新工艺、新过程应用进行的一种预测。技术的开发过程,始于科学发现物化为技术。新技术、新工艺、新过程是技术开发方面未来预测的具体对象。因此,为探索新的技术发明及其所开拓的新的技术领域、开发新技术所需要的时间、力量和经费、新技术发展的功能,特性等方面的情况,为新技术、新工艺、新过程的发展决策服务,这种预测总是把技术的纵向和横向的发展,以及影响技术发展的各种因素等作为预测的主要内容。

(三) 技术发展影响预测

指以新技术的某种影响为对象的一种预测类型。技术开发对环境、社会系统会发生影响;新技术开发出来以后,亦可以产生各种各样的影响。例如新技术开发出来的新产品,对产品市场的影响,新技术、新工艺的采用,对生产过程和生产率的影响,社会和人由于使用了新的技术产品也会受到种种的影响。这些影响"犹如一把双刃剑",既有积极的一面,也有消极的一面,如核技术、克隆技术等。所以,技术发展影响预测,就是研究技术的发展应用对经济发展、社会生活以及生态环境的影响的一种预测活动。随着科学技术的发展和社会对新技术的需要,技术预测显得越来越重要,许多发达国家都把技术预测和技术评估当作增强竞争力的手段。

第五章　社会预测学作为社会科学中的横断学科

在前面四章中，我们将社会预测放在了四个背景中进行了考察：一是人类社会预测活动历史背景下的纵向考察；二是人类社会预测活动的现实背景中的横向考察；三是相对于自然预测背景的对比考察；四是人类社会预测活动类型和不同层次背景中的内容考察。通过这四个方面的考察，我们应当对什么是社会预测，它的内涵、外延以及性质有了一个基本的了解。但是我们要把社会预测作为一个"学科"，还必须将其放在社会科学体系的背景中进行考察，方能对社会预测的地位和作用有进一步的认识。因为社会预测学与其他纵向学科（政治学、经济学、城市学等）不同，它是一个横断学科，它几乎可以和所有的社会科学学科相结盟，而形成XX预测学；同样，几乎所有的社会科学学科在自己科学认识的逻辑顺序（描述、解释、预测）中，也终会将社会预测作为自己的必经之路。

第一节　社会预测是社会科学认识过程的最终完成阶段

马克思主义认识论认为，认识的总过程是循环往复、永无止境的。但是，就某个单一认识过程而言，我们认为，只有当做出预测，才是一项科学认识获得的最终完成阶段。

社会科学研究作为人类对社会现象的一种认识活动，其功能表现为对社会现象的描述、解释、预测三种不同的形态。其中，描述的功能在于力求通过客观而准确地记录、搜集和整理特定社会现象及其过程的信息，为人们认识社会现象提供符合实际的可靠的感性经验资料，告诉人们特定的认识对象"是什么样"；解释的功能是通过将描述的感性经验资料上升到理性认识，对社会现象的形成、发展及其过程进行因果性考察，从而告诉人们特定的认识对象"为什么会这样";预测则是在前两种功能基础上的进一步发展,它利用描述功能所提供的各种信息,以及解释功能所提供的各种相关因素的因果分析,推测出特定的认识对象及受其影响的相关事物将如何发展变化,其功能是告诉人们特定的认识对象"将来会怎样"。

社会科学在认识上的这三种功能,在序列上是不一样的。

首先从认识活动的时间序列上看,它们表现为一种在认识上依次而动的继起性过程,即一项科研活动,总是从描述开始,进而解释,再进而预测。对此,大多数科学家有基本相同的看法,如他们对认识自然和认识社会的周期性过程都使用实验(观察)—描述—解释—预见,或问题—假设—理论—预言,以及提出问题—解释问题—假设—理论—预见等语言公式来解说。由此可见,预测乃是一项科学研究的最后完成阶段。换句话说,"只有回答了关于未来的问题,才能证明科学知识的形成已到了完成阶段"①。

其次,从认识活动的空间序列上看,三种功能呈现一种依次扩展的广延性过程。描述功能只能解决认识对象的一个特定"点"是什么样的问题;而解释功能要想解释清楚这个"点"为什么这样,则必须了解与其相关的"点"(一个或数个以上)的相关关系,这样认识活动便从空间范围上扩展开了;预测功能的发挥在于根据各个"点"之间的相关性,以及某一个或几个"点"的发展变化,推测相关"点"的发展变化,这样认识活动的空间范围便进一步扩展,而且这种扩展随着人类认识能力的提高是可以无限延续的。总之,对社会现象的描述、解释、预测的整个过程,在人们的认识空间上表现为一种由点到面、举一反三的放射性格局。从这个意义上说,社会预测乃是社会科学认识功能的最大化表现。

再次,从认识活动的纵深序列上看,三种功能表现出一种依次深入的层次性过程。经由描述而达解释,经由解释而达预测,每一前者都依次为后者的基础,每一后者都依次是前者的深化和提高,并包含前者。因此,描述、解释、预测在认识的过程上并不居于同一层次,描述属于科学认识的初级层次,解释居于中介地位,只有预测才贯穿到底,深入认识过程中最彻底的层次。

追寻马克思主义经典作家对社会现象科学认识过程的轨迹,我们可以十

---

① 〔苏〕B. B. 科索拉波夫:《社会预测方法论》,顾镜清译,贵州人民出版社,1985,第17页。

分清楚地看出他们都是以提出某种社会预测来最后完成他们的科学研究的，如马克思的《资本论》和毛泽东的《论持久战》就是典型的例子。

第二节　社会预测的效果是检验社会科学成功程度的标准

实践是检验真理的唯一标准。一种理论是否正确，在多大程度上是成功的，需要经过实践的检验。实践检验什么？是检验描述还是检验解释？我们认为预测具有更易于被检验的性质。在自然领域，只有当你预测的天体运行现象（如日食、月食等）确实如期发生，才能证明你对天体运行规律的描述和解释是正确的。同理，在社会领域，只有当你预测的社会现象确实发生，才能证明你对社会运行规律的描述和解释是合理的。

首先从逻辑上看，一般来说能够预测常常被作为划分科学与非科学的界线。因为凡是科学的理论，必然都揭示了事物之间的本质联系，把握了事物的发展规律，自然就具有预测功能。如牛顿力学就是自然科学领域预测的典范：只要知道了物体运动的初始状态和条件，根据牛顿第二定律，就能预测出物体任何时刻的运动状态。又如马克思的历史唯物主义学说就是社会科学领域预测的典范：只要知道了生产力发展状况，根据生产关系一定要适应生产力发展水平的规律，就能知道生产关系将如何变化；只要知道了社会经济结构的变化，根据上层建筑一定要适应经济基础的规律，就可以预测社会政治结构也会随之变化。当然，社会科学不是"社会日历"，它不可能像自然科学中的预测那样清晰准确（如日食月食在哪一天哪一刻发生），它只能预测社会发展的一般进程，因为社会现象要比自然现象复杂得多，在认识过程中的主客体关系则更加复杂（这一点我们在前面已经详细讨论）。但我们不能因此而得出社会预测不可能的结论，因为从唯物史观看，人类社会是同自然界一样的客观存在，社会发展实际上是一个物质的、客观的、不以人们的意识为转移的"自然历史过程"。所以，尽管社会有机体有其特殊性，但同自然界一样，本质上也是客观物质体系，也由其内部固有的矛盾所推动，是一个合乎规律的辩证发展过程。因此，社会科学不仅应该能够进行科学预测，而且同自然科学一样，应当把预测的效果作为检验其成功程度的标准。

其次从实践上看，任何理论的科学性都需要得到实践的证明。在自然科学领域，证明一种理论是否具有真理性，可以通过实验室等大量测试手段进行检验，如物理实验、化学实验等。但是在社会科学领域，要证明一种理论知识的正确与否，则必须经过人们社会实践的检验。所以，社会科学只有做出社会预测，才能为社会实践提供明确的检验目标。相对而言，一般停留在描述和解释阶段的研究要被实践所验证则要困难得多。

从科学发展史看，早期西方国家就曾对社会科学的科学性质表示怀疑，甚至根本否认社会科学的科学地位，总是把社会科学排斥在科学的殿堂之外，其理由就是认为社会科学理论的科学性无法验证。后来正是由于社会科学家所做的许多社会预测得到了证实才改变了上述局面。例如，法国思想家迈希尔（18世纪末到19世纪初），对巴黎未来几百年的发展进行了预测。从1950年的实际情况看，他的预测36%得到证实，28%接近实现，只有36%是错误的。法国哲学家和数学家寇道塞在法国大革命时期曾采用外推法进行了一系列社会预测，其中75%得到证实。沙杰尔莱特1901年在《21世纪的发明》一书中作的一些预测，其中64%得到证实。凯木费尔特在1910年和1915年公布的25项预测中，到1941年只有3项未被证实和3项是错误的。由此可见，社会预测的可信度也是较高的；社会预测具有提高社会科学可验证性的功能。因此我们可以有把握地说：社会科学预测功能的发达与否及其预测应验率的高低是检验社会科学成功程度的标准。

第三节 社会预测是"认识世界"向"改造世界"转化的中介

诺贝尔发明炸药，能够使移山填海变得易如反掌；袁隆平发明水稻杂交技术，能够使水稻产量成倍增长；计算机网络技术的发明，使人类社会的生产方式和生活方式发生了翻天覆地的变化……总之，自然科学中的重大发现对于人类"改造世界"的重大作用，是有目共睹的。但是相对自然科学而言，社会科学的地位却显得非常尴尬，以至不时地遭到社会上的一些疑问或诘问：社会科学有什么用？其中隐含的意思很明白，即是说社会科学对"改变世界"没有什么实际用途。

上述这种看法显然是不正确的，因为他们没有看到社会科学作为"认识世界"的工具对"改变世界"的作用，是以间接的形式体现的。但是，我们无法阻止一些人就是要这么"直观地去看"，因为"认识世界"和"改变世界"毕竟是两回事,而且在这两者之间存在长长的一串中介环节。一般来讲,事物之间联系的中介环节越多,则事物之间的联系就越不容易看清楚。在从"认识世界"到"改变世界"这一根长长的链条上,如果我们的社会科学站立在远离"改变世界"的另一端,尽管我们做了很好的描述研究和解释研究(这当然也是很有用的),但如果就此止步不前,那么我们煞费苦心弄出来的那些精美的描述和圆满的解释,对"改变世界"的实际工作来说,如果不是让人感到隔靴搔痒,也会让人感到鞭长莫及。对于缺少预测环节的社会科学研究,一些人提出"社会科学有什么用"的质疑,虽然片面但也不为大过。因为马克思就曾说过:"哲学家们只是用不同的方式解释世界,而问题在于改变世界。"① 当然,社会科学理当追求对世界的正确描述和合理解释,但它绝不意味着可以永远停留在描述和解释阶段,因为描述和解释都是针对已经发生的事情,只有预测才能针对尚未发生的事情,任何正确的描述和完美的解释都有待深化成预测才能最终体现其价值和意义。所以社会科学要想以积极的方式能动地改变世界,就必须进行社会预测。

社会预测作为一种针对众多可能性前景而进行的对策性分析,它的主要意义是为社会决策即社会政策的制定提供依据。社会预测作为"认识世界"过程的最终完成阶段,它在迈向"改变世界"的下一个环节就是社会决策。由此可见,社会预测是社会决策的基础和前提,社会预测具有直接引发社会决策的品格,社会预测的功能和目的,就在于引起人们有针对性的干预活动,从而影响被预测事件,使社会朝着有利的方向健康发展。由此可见,社会预测是使社会科学"认识世界"的学术活动,最大限度地接近"改变世界"的实践活动的中介或临界点,是社会科学致力于改变世界的基本方式。马克思的科学社会主义理论作为社会预测,所引发的人们改变世界的伟大实践运动,就极其充分地说明了社会预测能够真正地有助于社会科学实现解释世界和改变世界的双重任务。

第四节 社会预测功能的强弱关系
社会科学的地位和前途

从系统论看,社会科学研究作为整个社会大系统中的一个子系统,必须

---

① 《马克思恩格斯选集》第1卷,人民出版社,1966,第19页。

与其他系统交换能量即社会资源才能存在和发展。而经验告诉我们，社会资源主要掌握在各级社会决策系统中。那么社会科学如何从社会决策系统那里取得自己所需要的社会资源呢？通过前面的分析我们可以看到，社会预测是社会科学诸种功能中最逼近社会决策系统的功能，它能比其他功能更直接地进入社会决策系统；而社会决策系统也更愿意拿出资源来与社会科学系统的"最终产品"——社会预测相交换。由此可见，社会科学作为一个生产学术理论知识的特定智力系统，预测要比单纯的描述、解释等"半成品"更具有直接的社会交换价值。社会科学的预测功能越发达，与其他系统的交换能力就越强，反之亦然。如果社会科学完全丧失了预测能力，那么作为一个系统，它就接近了"熵死"状态。通俗地讲就是人们常说的，走进了自我封闭、自我欣赏、自言自语、自我循环的死胡同。你不与社会交换能量，社会当然没有理由"回报"你，给予你想要的地位。对此，一位曾做过政府高级官员，后来又当了社科院院长的"边际人"有深切的体会，他曾针对社会学的发展指出："从社会学学科看，社会学如何与政府决策相联系，是社会学生命力之所在。"① 这句话，也可以说是深刻总结了社会科学发展的历史经验。

从我国古代"社会科学"的发展来看，春秋战国时期为什么出现了诸子百家的学说和"百家争鸣"的盛况？学者们为何能纷纷"学而优则仕"，而一个"二流学者"苏秦居然能挂六国相印？就是因为当时的"社会科学"能为社会决策者——各路诸侯争霸天下提供以种种预测为主要内容的谋略。楚汉相争时期，宰相萧何为什么要"月下追韩信"？就是因为韩信擅长军事预测，并精确到"十面埋伏"。三国时期，刘备为什么要"三顾茅庐"？就是因为诸葛亮的政治预测能力达到"未出茅庐而知三分天下"的程度。由此可见，当时的学者（社会科学）和王者（政府）在交换能量方面是相得益彰的。由于当时"社会科学"预测功能的充分发挥，那些善于神机妙算的学者们的社会地位是很高的。唐太宗李世民贞观元年封功臣时，就把这些人置于"功居第一"的地位。当时一些武将甚为不服，唐太宗解释说，这些人"虽无汗马功劳，然有运筹帷幄、鼎定社稷之功，犹如西汉萧何，故得功居第一"。在当时的"社会科学"内部，专门研究预测方法的学问也备受推崇，《周易》被尊为"六经之首"。

西方一些发达国家近现代社会科学发展的历程更能清楚地说明这一点。

---

① 阎耀军：《社会学应用于廉政建设的一项创举》，《社会学研究》1996年第4期。

如果我们把政府对社会科学研究经费的投入、对学者建议的采纳数量及吸收学者入仕的人数等参数，做成一种反映政府对社会科学重视程度的综合指数；同时把社会科学机构数、科学家人数、科研成果数等参数，做成一种反映社会科学繁荣程度的综合指数，那么我们会看到，在20世纪30年代到80年代末期这半个多世纪里，这两条指数曲线是成正比例发展的。这说明社会决策系统和社会科学系统在能量交换上遵循着等价交换的原则。而这种交换的实现，得益于社会科学预测功能的充分发挥。拿美国来说，在19世纪末20世纪初直到20世纪30年代，社会科学正处于专业的形成和巩固时期，科研活动也主要在大学里进行，社会预测的能力还很弱，这时政府对社会科学的拨款是很少的。但进入40年代以后，社会科学开始以社会预测的方式干预政府决策。著名人类学家本尼迪克特在《日本文化一些类型》的调查报告中根据日本的民族性提出了许多具有前瞻性的建议，为美国政府解决日本战后的问题帮了大忙；德林软件公司和兰德公司关于"中国将出兵朝鲜"的预测未引起政府重视，而致使美国蒙受了巨大损失；盖洛普民意测验公司对总统选举的预测屡屡应验……这一切都使政府和社会各界不得不对社会科学所显示的预测威力刮目相看，从而不得不从本系统中拿出相当的资源来与社会科学的智力资源——社会预测相交换。最为明显的是美国政府对社会科学拨款的迅速增长，从1959年的5700万元增长到1979年的7.5亿元，20年间增长了十倍多。这种情况反过来又进一步刺激社会科学研究成果价格的提高，斯坦福国际研究所制出的《20世纪末世界粗钢产量预测报告》每份售价高达17000美元，仍然顾客盈门。兰德公司虽为非营利性组织，而每年的收入却总在3000万美元以上。各种为政府和大财团决策服务的"思想库"和"智囊团"大量涌现，社会科学空前繁荣起来。社会科学工作者的社会地位也极大提高，普遍受到人们的尊重，"大学里的社会科学家以惊人的速度直接进入联邦政府"，[①]哈佛大学教授基辛格博士当上了国务卿就是最有说服力的例子。在英、法、日等国也有相似的情况。英国政府在20世纪80年代中期用于研究事业的全部经费开支中，社会科学部分的增长率大大超过自然科学。法国社会科学进入昌盛阶段时期，最为引人注目的就是"社会展望学派"，G·贝尔热创建的社会展望中心和《社会展望》杂志，为政府制定国民经济计划、为大型企业的发展做了大量的预测工作。日本三菱综合研究所接受的委托金额，竟同日本政府对大学提供的科研经费相等。

[①] 王兴成、秦麟征主编《国外社会科学政策研究》，社会科学文献出版社，1993，第44页。

第五节　社会科学中社会预测功能不发达的状况亟待改善

在人类科学的脚步已经跨入21世纪的今天，自然科学对自然现象的预测已达到了很高的水平，并得到了人们的普遍认同；相比之下，社会科学对社会现象的预测却依然让人感到扑朔迷离。这种情形在我国科学界尤为显见。对此冯之浚曾深有感触地指出："当今的时代，大多数学科都已达到了这样的发展阶段：在保持它们的经验功能（包括收集、描述、比较和系统化）的同时，还可以进行展望与预测，闪耀新的理论的光辉。因此，对于任何一门学科来说，其成熟的标志，就是与经验功能紧密联系在一起的预测功能。然而，目前在这一方面却呈现出一种矛盾的状况：在我们进行的社会规划中，一方面，这些直接为社会规划服务的科学尚处于发展的经验阶段，因而，它们没有能力在理论的高度上展现它们的预测功能；另一方面，当今最成熟的科学，像数学、物理学、生物学和化学等，尽管具有预测功能，但在进行社会规划时，又无法直接采用。也就是说，发展最不充分的学科偏偏要从最长远着眼，并且还要求为发展较充分的学科进行预测，这种矛盾的状况，不能认为是容易解决的。我们只有依靠预测学的发展，使这门学科从目前所具有的经验性质，逐步上升到具有科学理论的性质，才能使这种矛盾的状况有所改善。"[①] 那么，究竟是什么原因使社会科学预测这样落后于自然科学预测呢？究其原因，我们认为主要有客观和主观两个方面。

其一，从客观上讲，社会预测确实要比自然预测更加复杂。在前面我们讲过，在自然领域里，预测的客体是自然存在，自然界中各种因素是确定的，偶然性和随机性较少，预测客体一般不受预测主体的干扰和影响，如用牛顿力学预测某一天体在某一时刻的运行位置，这项预测对天体不会有任何影响，因此预测结果的确定性较强。然而在社会领域里，预测的客体是社会存在，社会是人构成的，这样在认识客体中就必然包含主体的活动，而认识主体的活动往往会对预测事件产生干扰和影响。如某股市预测权威对股票价格做出了近期将上涨的预测，往往会引起一大批股民的购股狂潮，从而实际影响他所预测的上涨现象。又如预测犯罪率将大幅度提高，势必引起社会有

---

① 冯之浚：《战略研究与预测技术》，《河北学刊》1986年第3期。

关部门的高度重视和加强社会控制措施，从而实际上影响了原有的预测。这种社会预测对被预测事件发生干扰和影响的"俄狄浦斯效应"，使社会预测中认识主体和认识客体之间自我相关、相互渗透、相互缠绕，决定了社会领域中充满了大量的随机性和偶然性，决定了社会预测的不确定性和复杂性。对社会这种超复杂系统进行有效预测，的确还有待于整个社会科学研究水平的提高。

其二，从主观上讲，与人们对社会科学的三大功能（描述、解释、预测）认识上的偏差有关，而这种认识上的偏差又有深刻的社会政治文化原因：历史上浓厚的个人专制的封建政治文化传统，20世纪50年代的"反右斗争"及后来的"文化大革命"等，所有这些都致使社会科学的预测功能遭受抑制和萎缩。如50年代马寅初先生关于人口的社会预测遭到了无情批判之后，直至改革开放前，很少再有具有科学价值的社会预测就是一个非常典型的例子。相反，在当时特定的历史背景下，社会科学的解释功能却畸形地发达起来。而且这种被扭曲了的解释功能（指那种曲意迎合性解释）在上级的决策做出之后而显得异常活跃并常使人产生"过剩"的感觉。这种情形久而久之很容易使人们对社会科学产生误解甚至错觉，即以为社会科学的功能就是解释，就是对上级政策的图解和宣传，就是对上级认可的事实进行理论上的"包装"。当这种误解泛化为一种社会性之后，其结果不仅是扭曲了社会科学解释功能的正确形象，而且更使社会科学的预测功能淹没于一种无形的抑制性的社会心理氛围之中。其实任何人在常识的范围内思考一下都会极清楚地看出：真正的科学研究是一种认识未知的创造性活动，对未知的解释是一种创造性的"科研"活动，而任何对已知的解释，严格说来都应属于"科普"的范畴。当然，社会科学的宣传普及工作也是社会科学研究机构的应尽之责，但问题在于我们绝不能因此而忽略甚至放弃了社会预测这种探索未知的，从一定意义上说更加具有本质意义的科学研究活动。

我国改革开放后，随着以社会转型为特征的社会变迁的加速演进，以及党和国家决策民主化科学化的进展，社会科学认识活动中三大功能不平衡的局面开始得到改观，社会科学的预测功能日益引起人们的高度重视。1996年党中央的十四届六中全会决议对社会科学提出了要为党和政府决策服务的明确要求。预测是决策的基础，这就促使社会科学必须加强预测功能。然而由于历史的惯性作用，我国社会科学长期萎缩的预测功能一下子还很难展开，无论是从科研个体长期形成的思维定式，还是从科研群体的知识结构，以及从社科研究行为与政府决策行为的衔接机制上来说，一时确实还很难完全适应这种要求。好在对社会预测的社会性需求的大门已经打开，特别是江泽民曾两次集中论述了哲学社会科学问题，反复强调了哲学社会科学与自然科学"四个同样重要"，并用"五个高度重视"对各级党委和政府及全社会提出了具体要求，用"五点希望"指明了广大哲学社会科学工作者的努力方向。[①]这一切都将为社会科学预测功能的发挥提供一个广阔的天地和良好前景。

[①] 参见江泽民于2001年8月在北戴河和国防科技和社会科学专家座谈时的讲话、2002年3月在视察中国人民大学时的讲话。

第六章 社会预测学作为社会学中的分支学科

在上一章对社会预测在社会科学体系中的地位和作用的讨论中，我们看到了社会预测具有与各个学科交叉和渗透的性质；在上述各章的讨论中，我们还看到了人类的社会预测实践活动已经取得了十分丰富的成果。这一切说明这两个问题：一是各个学科在自身研究的逻辑顺序中，如果走到了预测这一步，都会为社会预测学的学科建设提供学术养分；二是社会预测在各个领域已进行了相当广泛的实践并取得了丰富的成果，丰富的实践应当上升为理论，理论系统化之后应当建立一门学科。所以本章将从理论的角度，探讨社会预测的理论建设即学科建设问题。

然而，在讨论之前我们不得不首先遗憾地指出，无论是未来学还是社会预测学，作为一个理论体系的学科建设还是相当薄弱，或者说是亟待拓展的。拿未来学说，虽然它用于预测未来的具体技术性方法很丰富，并做了大量的应用研究和许多影响很大，甚至是耸人听闻的预测，从20世纪40年代起持续热闹几十年，然而它用于预测未来的许多基本理论问题一直都没有很好解决，甚至像未来学的基本定义问题和研究对象的界限问题都长期悬而未决，以致从20世纪80年代起又重新提出进行学科建设问题。对此有关专家评论道："研究者往往把热情倾注给预测应用而不重视理论探讨。所以这门学科显得'先天不足'，以至于不被人们所承认。"[①] 从社会预测学看，甚至有人提出社会历史领域根本不能预测的观点，并且该观点有越来越大的影响。[②] 在我国，20世纪80年代秦麟征和张学礼两位学者曾对预测学的学科建设做出突出贡献，著有《预测科学》和《怎样科学地预测未来》，但仅此而已，可谓凤毛麟角。况且时隔20年，社会预测的理论和实践又有许多新的发展和新的问题。我国严格意义上的社会预测学的学科建设亟待拓展和建树，应当提上议事日程。

---

① 秦麟征：《未来领域软科学大全》，贵州人民出版社，1988，第302页、342页。
② 旷三平：《马克思社会预见理论面临的挑战》，《学术研究》2000年第4期。

第一节 社会预测学是社会学中势在必建的分支学科

社会预测学，顾名思义是一门以预测社会未来为自己研究对象的科学。但是，社会预测学不同于各类具体预测社会未来的著作（如未来学中描述未来的一些著作），而是研究如何科学地预测社会未来的最一般原理和方法的基础学科。社会预测学分为广义和狭义两种，广义社会预测学是与自然预测相对的整个人类社会而言；狭义社会预测学是与经济预测学、政治预测学、科技预测学、军事预测学等具体社会领域的预测学相对而言。目前，无论是广义社会预测学还是狭义社会预测学，其学科化建设，在我国均尚处在酝酿起步阶段。

人类对社会未来的预测活动源远流长，社会预测作为一门古老的学问，可追溯到中国古代《易经》之前的龟卜、蓍筮、占星、占梦等名目繁多的占卜之术，而其中的龟卜远在5000年前就产生了。所以算计古今中外论及社会预测或预测社会的书籍，其数量之多可谓汗牛充栋。但是从现代科学意义上来看，可以称得上是预测科学的书籍并不很多。从笔者对国家图书馆藏书的电子检索来看，剔除其糟粕（迷信占卜之类的书籍）之后，仅有68部，其中研究预测具体方法和技术的书籍占1/3，自然预测和工程预测及微观应用研究的书籍占1/3，真正研究预测基础理论的书籍恐怕连1/3都不到，而其中能够全面系统地论述预测基本原理的书就更少了，而且主要是偏重于经济预测原理的阐释，至于冠之以"社会预测学"名称或以社会学的视野研究社会预测原理为内容的系统著述，在我国还没有出现。

那么是不是可以说，仅因为没有社会预测学，就应当建立社会预测学呢？不是的。科学发展史告诉我们，一种新的学科的产生，必须有充分的理由和足够的条件。笔者认为，现在提出建立社会预测学，或者说在社会学中建立社会预测学，至少有如下理由和条件。

一 当代社会变化的日趋加快与社会预测相对迟滞的反差，使社会实践发出研究社会预测基础理论和方法的呼唤

恩格斯对科学的发展曾有一句名言："社会一旦有技术上的需要，则这种需要会比十所大学更能把科学推向前进。"[①] 这说明社会需求是科学发展的

---

① 《马克思恩格斯选集》第4卷，人民出版社，1995，第731~732页。

最重要的动力。中国古代就有"人无远虑，必有近忧"，"凡事预则立，不预则废"的说法，可见很早人们对社会预测就相当重视了，而事实上人类对社会预测的需求从来就没有停止过。但问题是社会预测学在此前为什么一直就没能建立起来呢？我们以为除了人们受到认识能力和科学技术发展水平的限制外，就是由于受到对社会预测需求强度的限制。

纵观人类社会发展的历史，人类对未来的关注，是人类自产生以来便有的认识现象，具有普遍性和广泛性。但是我们也必须看到，人类在社会发展的不同阶段和水平上，对社会预测的需求是不同的。这种不同，不仅反映在对社会预测重视的程度上，还反映在对社会预测关注的方式、内容、范围及时间久暂等诸多方面。如果说在缓慢发展的古代社会，陶渊明在《桃花源记》中的人们"不知有汉，何论魏晋"，还可以无忧无虑生活的话，那么到了现代社会，人们若不知未来，就会如"盲人骑瞎马，夜半临深池"，没有预测几乎处处寸步难行。所以在现代社会里，人们对未来社会的关注和展望要比历史上任何时期都要强烈得多、迫切得多和广泛得多。其原因正如我们在上一章中谈到的，人类社会已经进入了信息时代，社会变迁、变化、变革的速度越来越快、越来越复杂。总之，现代社会的发展呈现周期缩短、速率加快、方向增多、变化莫测等复杂特点。因为现代通信、计算机技术以及现代交通运输手段极大地改变了人们的占有时间和活动空间。现实的空间在单位容量方面扩大了，而相对人们不断扩大的活动范围而言却显得愈加狭窄和拥挤；现实的单位时间中容纳的事件多了，而人们在每次具体的活动中却更加感到时间的紧迫和短促。社会变化的加速度使预期在未来一定时区发生的事件突如其来，对人的现实生活产生重大影响。对这种突如其来的影响，被未来学家托夫勒称为"未来的冲击"。在这种情势下，人类的社会预测能力显得相对迟滞了。在1700多年前，诸葛亮能够做到"未出茅庐而知三分天下"；在150多年前，马克思能够预见到共产主义社会的历史趋势；在80多年前，列宁可以预见到社会主义可以首先在一国取得胜利；在60多年前，毛泽东可以预见到中国抗日战争是一场持久战，并准确地预见到战争发展的若干阶段；在40多年前，兰德公司可以预见到美韩战争中，"中国将出兵朝鲜"……然而在最近30多年来，人类对自己的社会预测能力不再显得自信了，20世纪70年代中期，美国战后最为严重的经济衰退，人们没有预料到①。中国"粉碎

---

① 美国《每周评论》1977年第4期专论说："尽管预报人员采用了最先进的经济计量模式和计算机，还是没有能力甚至在6个月以前预报出战后最严重的衰退。"

四人帮"走上改革开放道路并取得令世界瞩目的快速发展,人们事先没有预料到;20世纪80年代末90年代初的东欧剧变和苏联解体,人们事先没有预料到;90年代"东亚金融危机",使被世人称为"亚洲奇迹"的东亚经济遭受重创,人们事先没有预料到;21世纪初美国发生"9·11恐怖袭击事件",引发世界经济下滑,人们事先没有预料到。以上种种的"能够预见到"和"没有预料到",说明了人类在进入信息时代前后对社会变化超前认识能力的反差,说明了社会变化的日趋加快与社会预测相对迟滞的反差。

尽管近几十年来预测社会未来的书籍铺天盖地而来,尽管这些书籍的销量大得惊人,有的高达数百万册、上千万册;尽管预测社会发展的未来学盛行多达半个世纪之久;尽管预测研究机构越来越多,有的发达国家多达600多个。但是所有这些似乎并没有解决好人类预见未来社会的问题。也正因为如此,有些学者如波普尔甚至对社会预测发出了诘难,认为社会历史领域的预测根本是不可能的。① 这一方面说明现代社会和传统社会在社会预测的难易程度上的强烈反差,另一方面说明人类对社会预测需求的日益增长与社会预测的理论和方法严重不适应的强烈反差。正是这些反差,使社会实践发出了要加强社会预测理论和方法研究的呼唤。

过去有人曾提出一个公式:人类对社会预测的需求与社会发展变化的速度成正比。② 现在看来还得补充一个公式:人类对社会预测理论的需求与社会预测的难度成正比。当代社会不仅变化速度越来越快,而且变化的内容以及致使变化的因素和形式越来越复杂,人们在传统社会中可以仅凭个人的经验和洞察力做出天才预测的时代已经一去不复返了,单纯的定性预测研究方法也远远不够用了。在现代社会中,必须建立起一套相应的科学预测理论和方法,才能够满足人类对社会快速变化的超前反映。这就是我们提出要建立社会预测学的根本性的理由。

二 各领域预测研究成果的积累和部门预测学的发展,以及现代科学技术的产生,使社会预测进行学科化整合的条件与时机业已成熟

要使一个学科真正建立,光有主观的需求和重视是不够的,还必须具有一定的客观条件,不然我们就无法解释在过去那么长时间里社会预测学一直

---

① 〔英〕波普尔:《历史决定论的贫困》,华夏出版社,1991。
② 阎耀军:《试论社会科学与社会预测》,《社会科学战线》1997年第6期,第260页。

都未能建立的原因。

目前社会预测学的产生，我们认为已经具备了如下两个主要条件。

一是人类在社会各个领域进行预测研究的实践活动及其形成的研究成果尤其是应用性研究成果，已经积累到了相当的程度，基本上可以满足进行理论概括总结，形成新兴学科理论体系的需要。虽然这些成果积累的量化数据，我们没有见到详细的统计，但仅从一些例子就可以略见一斑。典型的两个例子是我们在本书第五章所谈到的我国在20世纪80年代围绕"2000年的中国"所进行的大规模的，几乎是全方位的各个领域的长期预测活动，以及20世纪90年代开始的以中国社会科学院"蓝皮书"为代表的持续进行的经济、社会年度预测活动。此外的预测研究成果就更数不胜数了。再者，以描述展望未来的未来学书籍的数量之多、销量之大也是前所未见的。面对如此之多的应用研究成果，人们普遍的感觉是它们犹如一片无线之珠，散藏于各处，需要我们去搜寻、提炼并加以贯穿，成为一套系统的社会预测理论，使之达到学科化的高度。

二是社会预测各领域中的一些部门预测的学科化程度已经有了相当的发展。众所周知，人类的认识总是从各个局部开始逐步走向综合的，学科的形成往往来源于某一领域各个局部研究成果的集合，如果人类对各个局部的认识尚未完成，要进行高度的综合是不可能的。社会预测学是社会科学中诸学科预测潜力的亚系统理论总结，因而也是这些学科预言可能性的联合型综合性总结。目前的情况是，社会预测的总体理论基础薄弱，具体领域预测发达，如经济、科技、军事，尤其在市场营销、证券交易、未来科技等方面，都有相当完善的预测理论和技术。而且，在不少具体领域已经形成局部的预测体系或预测学，例如在科学学和一系列技术科学范围内，形成作为独立科学方向的科技预测和科技预测学；在经济科学中形成经济预测和经济预测学；在军事和政治相邻学科中，形成军事政治预测和军事政治预测学；在人口科学中，形成人口预测和人口预测学；甚至在人才科学或人力资源管理学中，还形成人才预测学和人力资源预测等。于是，人们将有可能对整个社会预测领域的模糊认识转化为清晰认识，由感性认识转化为理性认识，由零散的认识转化为关于学科的整体的认识，经过进一步的理论综合，就会形成完整的学科形象。目前，社会领域部门预测学、专题预测学的发展已经达到了一定程度，并且正在迅速走向综合，形成一门社会预测学——关于社会现象和过程的预测规律及预测方式方法的科学——已经成为必然之势。

第二节　社会预测学在社会学母体中成长和分化

　　这里所要讨论的不是由哪些人来建立社会预测学的问题，而是社会预测学应该以哪个学科为主体或者说母体来建立的问题。科学发展史告诉我们，科学的发展如同社会生产一样，分工总是越来越细，数量总是越来越多。据统计，当代学科的种类已经达到2200种，其中社会科学类的学科就有700多种。① 学科种类之所以如此多，从根本上来说，是源于人类的社会需求。从这个意义上讲，新学科的产生或建立，必须是能够为人类社会提供某种新的功能。任何没有实际社会功能的学科都不会有产生的土壤和条件。

　　科学学和学科学的理论告诉我们，学科的社会功能不是一劳永逸的，当其发展到一定程度就会呈递减趋势。所谓递减，是学科的社会功能与发展中的社会需要不适应造成的。学科的不断分化则是递减趋势的具体表现。学科分化说明母学科对社会需要缺乏足够的功能，因而需要母学科不断分化出更多的子学科，用以补充自身原有功能的不足。学科的分化又促进了学科的更新，在学科更新过程中，总是伴随着新学科的产生。这种学科新陈代谢现象又是学科社会功能强化的基础，新陈代谢旺盛的学科会表现出更强盛的适应力和生命力。由此看来，学科功能递减律又是学科进步的标志，它标志着人类对自身生存的世界有了更为深刻的认识。所以，一位学者讲得好：学科不应是一副僵硬的铠甲，而应是一领飘逸的斗篷，它应该不断地用新的内容充实和发展老的学科，创建新的学科体系，以补充母学科社会功能衰减所造成的缺陷。

　　那么，现在的问题是：社会预测学作为一种具有强烈社会需求的，能够为社会提供新的社会功能的新学科，应该在哪一个已有学科的母体中分化出来呢？换言之，社会预测学应该以哪一个已有学科的基础上建立起来呢？也许有人会认为，未来学可以当此重任，甚至还会以为社会预测学的研究在事实上已经由未来学承担了。笔者认为这是一种极大的误解，因为社会预测学与未来学的目的是不同的，二者不能相互替代。这是因为社会预测学的研究虽然不能离开对未来社会的研究，但它的目标并不像未来学那样是对社会的未来发展做出一种超前性的描述，而是从基本原理和方法上揭示如何对未来

---

① 韩寿根等主编《学科大全》，沈阳出版社，1989。

社会做出科学预见。况且，如前所述，未来学自身还存在相当多的问题，基本上是一个不成熟的学科。所以，我们通过研究认为，在社会科学诸学科中，社会学具有其他学科所不具备的优势，应当责无旁贷地担当起建立社会预测学的重任。其理由有二。

一　社会学具有注重预测的历史传统

从社会学170多年的发展来看，无论是从被尊为社会学鼻祖的孔德开始的西方社会学，还是从被誉为"社会学之王"的马克思开始的马克思主义社会学，[①] 都是十分强调和重视社会预测的。孔德认为社会学的理论目标就是发现社会的规律，预测社会现象的发生；应用目标则是将所得到的预测现象发生的原则应用于社会，指导社会活动。[②] 马克思更是几乎一生都在预测人类社会未来发展的方向。美国当代著名社会学家丹尼尔·贝尔的《后工业社会的来临》就是对西方社会结构变化的一种社会预测。从中国的社会学来看，最先介绍西方社会学的严复在《群学肄言》的序言中说："群学何？用科学之律令，察民群之变端，以明既往，测方来也。"马克思主义社会学者许德珩1936年在《社会科学与社会学》中指出，社会学是"研究人类社会之构造……探究社会变革的因果关系和法则，以推知社会进行的方法，预测将来的一种学问"。李达指出，社会学"其研究之目的在探求社会进化之原理；其研究之方法，在追溯过去以说明现在，更由现在以逆测将来"。[③]《中国大百科全书·社会学》把预测功能归为社会学的三大功能之一。近十年来，中国社会科学院社会学研究所更是把社会预测作为自己的经常性研究工作，每年一度的社会形势分析与预测蓝皮书，不断引起国内外的广泛关注。由此可见，社会预测在社会学中一直有重要的地位，社会预测学理当由社会学中脱颖而出。

二　社会学具有多元交叉和高度综合性的特点

从社会学的学科特点来看，社会学是一门多元交叉的复杂的综合性学科，《中国大百科全书·社会学》中列出的社会学内部分支学科就有60多个，社会科学诸学科中没有任何一个学科具有像社会学这样开阔的视角和广

---

① 袁方主编《社会学百科辞典》，中国广播电视出版社，1990，第845页。
② 参见《中国大百科全书·社会学》，中国大百科全书出版社，1991，第4页。
③ 参见《中国大百科全书·社会学》，中国大百科全书出版社，1991，第2页。

泛的交叉性。像社会学与政治学交叉形成的政治社会学、与经济学交叉形成的经济社会学、与文化人类学交叉形成的文化社会学、与科学学交叉形成的科学社会学、与心理学交叉形成的社会心理学等,不一而足。可以说社会学的分支学科基本涉及了社会的所有领域和社会科学中的所有主要学科,并且社会学这种向其他学科的交叉与渗透的能力,还将随着社会及社会科学的发展日益增强。所以由社会学来完成社会预测学的综合任务是大势所趋和历史的必然。在社会学学科体系中,社会预测学作为一个重要的分支研究领域长期虚席以待的局面应该结束了。

当然,最后还必须指出的是,社会预测学作为一个新兴学科,可能要比社会学具有更强的多元交叉性和高度的综合性,因为社会预测学还具有横断学科的特点,在具体应用领域还会和任何一个领域的学科形成新的交叉,因此其他学科也必须参与社会预测学的学科建设,换言之,没有其他学科的参与,社会预测学也是不会真正建立起来的。

第三节　社会学视野中的社会预测学的研究内容

社会预测学的主旨是研究与自然预测相对的广义社会预测的基础理论问题,其预期研究成果——社会预测学——将从基础理论的层面上彻底廓清社会预测与自然预测的区别与联系,揭示社会预测不同于自然预测的特殊规律和方法,总结和提升社会预测各个具体领域的预测原理及方法到广义社会预测层面,吸收和移植相关学科的理论和方法于社会预测理论之中,构建起系统的社会预测理论体系。社会预测学的基本内容和其学科体系的基本框架有关,而一个学科的框架体系形成是一个逐步完善的过程,笔者目前只能根据自己现有的认识水平,对社会预测学研究的基本内容概述如下。

一　社会预测的科学定位问题

社会预测和自然预测的关系问题:二者在预测规律上有何异同?二者又是如何转换的?二者如何辩证地统一起来?总结和揭示出作为与自然预测相互对应的广义社会预测的特点(如局限性问题、不确定性问题、复杂性问题、反馈性问题、可验证性问题等)和一般规律。

社会预测作为一门学科在社会学体系中的定位问题,包括社会预测在社会学认识活动中的地位和作用;作为社会学重要组成部分的狭义的社会预测在社会学体系中的地位、作用、基本特点和功能及和社会学内部其他分支学科之间的相互关系。

二 社会预测学的学科结构和具体功能

社会预测学的结构层次包括社会预测的基础理论研究、社会预测的基础应用研究和实际应用研究、社会预测的方法论研究、社会预测思想史研究等。

社会预测学的具体功能包括社会预测与社会认识、社会预测与社会决策、社会预测与社会规划、社会预测与社会政策、社会预测与社会控制等方面。

三 社会预测的基本原理研究

基本原理是一个学科的命脉。现有的预测的基本原理包括规律性原理、连续性原理、相似性原理、因果性原理、系统性原理、征兆性原理与测不准原理等。这些原理散见于现有的各种预测书籍之中，大多数处于浅尝辄止的水平，并且有些原理概括得不够准确。社会预测学的任务是将其加以集中甄别、补充和修订，予以深入透彻地探讨。

四 社会预测的相关学科和相关理论研究

社会预测学是既作为独立的研究部门，又作为其他各门学科的组成部分而同时存在的一种知识体系。因此建立社会预测学必须以相关学科为必要的支撑体系，包括哲学尤其是马克思主义哲学与社会预测、历史学与社会预测、社会心理学与社会预测、政策学与社会预测、经济学与社会预测、未来社会学与社会预测、数学与社会预测、社会指标理论与社会预测、仿真理论与社会预测、系统论与社会预测、信息论与社会预测、控制论与社会预测、协同论与社会预测、耗散结构论与社会预测、博弈论与社会预测、突变论与社会预测、超循环理论与社会预测、混沌理论与社会预测等。总之，社会预测学的相关学科及理论支撑体系应该是一个随着科学发展而发展的动态的开放体系。

五 社会预测的思维形式研究

社会预测作为一种对社会未来的认知方式，在哲学的层面上看属于超前认识论的范畴。因此必须研究社会预测中的超前思维形式，如预感与预测、幻想与预测、推理与预测、经验与预测、超理性思维与预测等。

六　社会预测的基本条件和一般程序研究

社会预测已有的研究和实践都表明，并不是所有的对象都能够进行预测的，而在所有能够预测的对象中，也不是任何对象都能够准确预测的。那么进行社会预测需要什么条件？这些条件与自然预测所需要的条件有什么不同的特点？社会预测中不同具体领域的预测需要什么条件？共同的基本条件有哪些？这些都是社会预测学必须研究的问题。

社会预测的程序研究也同样，必须弄清社会预测和自然预测在预测程序上的区别与联系，概括和总结出社会预测中不同具体领域预测共同的基本程序。

七　社会预测的主要方法及应用案例研究

社会预测的具体方法很多，有人统计多达200多种，但据说真正有用和常用的也不过20多种。如社会仿真建模方法、先兆指标体系方法、历史周期分析方法、发展趋势外推方法、相似推断方法、因果分析方法、德尔斐法（专家调查法）等。社会预测学的任务是对这些预测方法加以进一步的梳理、归纳、总结和科学阐述，并在阐述这些方法时结合实际应用的案例进行分析。

八　社会预警的理论与应用研究

社会预警是在社会顺境状态下，在对社会负变量监测和评估的基础上，对社会运行接近负向质变的临界值的程度所做出的不确定性的早期预报。其实质是对社会安全运行的稳定性程度的评判，其目的和作用是识警防患，超前预控。社会预警是社会预测中的一个特殊种类，属于社会预测范畴，但又与社会预测在对社会运行方向的关注点、在超前认识的早期性、在发布预报的确定性及在日常操作上的监测性和评估性等方面，都有诸多的细微差别。[①] 也正是因为这些差别，使社会预警在社会预测学中具有突出的学术理论价值和特有的地位，而且社会预警的应用研究对社会实践中实施早期社会控制也具有重大的现实意义。因此社会预警应该是社会预测学中的一项重要内容。

---

① 阎耀军：《论社会预警的基本原理》，《武警学术》2002年第7期。

九 社会预测的历史研究

任何一个学科都有自己的思想理论渊源和社会实践过程,而学科的建立从某种意义上说就是对特定学科思想理论渊源和实践过程的提炼和总结。社会预测思想史研究社会预测的演变过程及社会预测学本身的发展过程,尤其是社会预测学说史。人类对社会的预测已有数千年历史,关于社会预测的学术思想具有十分丰富的内容,从我国古代的易经、孙子兵法到马克思及近代的种种学说,这些学说和社会预测的基本理论有密切关系,认真加强对这类学说的科学研究,对社会预测学基本理论和应用社会预测学的建立有巨大的借鉴和促进作用。

以上只是勾画了社会预测学研究内容的基本框架,至于它是否合理,细节之处是否完善等,还有待进一步探讨。

第四节 社会预测学研究的重点和难点

社会预测学要研究的内容很多,但其中的重点和难点问题,就目前来看有以下三个。

一 社会预测的理论基础问题

这是当代社会预测理论上争论的焦点。以马克思主义理论为指导的学者们认为客观事物的规律性是未来能够预测的基础和前提,人类意识的能动性是预测的心理依据,唯物辩证法和具体的预测方法和预测技术是预测的方法论根据。马克思主义认为:世界是物质的,物质是运动的,运动是有规律的,规律是不以人的意志为转移的。人类社会运动是物质运动的一种高级形式,也具有不以人的意志为转移的客观规律,只要人们把握了社会规律,就能对社会发展的未来进行预测。马克思主义的上述基本观点构成了社会预测的理论基础。但是当代以英国哲学家波普尔为代表的一些西方哲学家、思想家,近年来对马克思主义关于社会预测的理论基础发起了诘难和攻击,他们力图通过否定社会规律的客观性来从根本上否定社会预测的可能性。波普尔认为,科学的预测必须依据规律才能做出。但社会历史不存在具有普适性和重复性的规律,只有根据统计规律可能算出的趋势,而"规律和趋势是根本不同的两回事"。因此,"由于纯粹的逻辑理由,我们不可能预测历史的未来进程"。

这是一个涉及社会预测是否可能的问题，也是一个涉及捍卫马克思主义理论的大问题。尤其是在当代马克思所预言的共产主义运动遭到重大挫折，西方学者庆幸"历史的戏剧并不是像黑格尔和马克思所相信的那样是可以预言的，也不是向他们所相信的那样是'合乎逻辑地'发展的"，[①] 而我们有些学者也感到困惑的情况下，我们提出建立社会预测学，就有义务科学地回答这一挑战。

二 对社会预测不同于自然预测的特点的认识问题，以及由此而来的社会预测的范式更新问题

时下不少学者认为预测是一种有学术风险的事，而更多的学者则认为社会预测更是一种冒险。其实这是对自然预测和社会预测的认识上存在误区造成的。这个误区来自两个方面：从预测者方面来讲，是由于对社会预测和自然预测两个认识领域的混淆，产生的预测方法和预测期望值的不恰当；从预测受众方面来讲，是由于对社会预测的要求不恰当，他们总是希望社会预测能够像自然预测中的天气预报一样准确，从而可以给他们提供一本"社会日历"。其实社会预测与自然预测有很大的不同，社会预测具有极端复杂性。这种复杂性的最突出的表现就是社会预测对预测对象的影响。这种影响被一些学者称为"俄狄浦斯效应"和"反因果性"。此外社会预测与人的目的性、规范性紧密相连；在预测方法的选择和运用方面与自然预测也有很大程度上的差异。因此如果硬性用自然预测的客观可能性尺度来评判、衡定社会预测的客观可能性，不仅不能说明社会预测的科学性和合理性，反而因其混淆了二者之间的差异性，使其丧失了应有的科学性和合理性。再有，混沌理论中提出的"蝴蝶效应"，著名投资金融家索罗斯从股市预测的角度提出股市行为预测的"反射性理论"等，都是发人深思的和在社会预测学中需要深入探索和加以解决的问题。这一切又进一步说明弄清社会预测和自然预测的区别是社会预测学获得成功的关键。在基于自然科学的经典科学时代，人们认为宇宙是简单、均匀、连续、可逆和机械的，因而拉普拉斯对自然预测有一个著名的主张：只要给出充分的事实，我们不仅能够预言未来，甚至可以追溯过去。然而，兴起于 20 世纪 60 年代的系统科学和复杂科学的新发展，包括我们前面提到的耗散结构理论、协同学、超循环理论、突变论、混沌学、分

[①] 参见《当代著名西方哲学家评传》第 7 卷，山东人民出版社，1996，第 160~163 页。转引自旷三平《马克思社会预检理论面临的挑战》，《学术研究》2000 年第 4 期。

形学等理论告诉我们，社会系统是比自然系统更具有复杂性、动态性、非线性、随机性与不可逆性的超复杂系统。简单的、静态的、线性的、确定的与可逆的系统只是社会系统中极少的一部分。而基于经典科学的预测范式只能对社会的未来做出有限的描述，建立社会预测学必须吸收新兴理论进行预测范式的更新。

三 社会指标与社会预测以及社会预测运用数学方法的问题

衡量传统的社会预测和现代科学的社会预测的重要标志之一，是预测方法上的定性和定量问题。英国经济学家威廉·配第在《政治算术》一书中指出，任何社会现象都可以用数学、重量和尺度进行表述和比较分析。马克思说"一种科学只有在成功地运用数学时，才算达到了真正完善的地步。"[1] 20世纪以来，数学方法被大量运用于社会科学领域。使用数学方法进行定量研究被认为是一门科学具有更为完备形态的重要标志。因为客观世界，包括自然现象，也包括人类社会，都有量的规定性。人类社会生活中存在着大量的资料，他们反映了社会现象中复杂的数量关系和结构，只有掌握了这些资料并运用数学工具加以分析，才有可能对社会现象进行深入的研究。社会预测只有以大量数据资料为依据，才能真正从传统的定性研究转向定量研究，使定性研究和定量研究相结合，从而使社会预测获得更为完备的形态。然而，运用数学方法进行社会预测的前提和难点在于构建社会指标体系的理论框架（亦称理论模型）。社会指标体系是对客观社会系统的主观抽象和模拟。自20世纪60年代兴起于美国并风行于世界各国的社会指标方法的出现和完善，在很大程度上是出于社会预测的实际需要。由于社会指标方法在实现定量分析和模拟现实方面的显著作用，因而可以帮助人们进行定量与定性相结合的社会预测。但现在重要的和令人忧虑的是，相当多的指标体系设计者在重视定量分析的同时似乎忽略了定性的研究，致使多数指标体系设计的框架处于随意罗列的状况，严重缺乏理论的系统支撑。"皮之不存，毛将焉附"，指标体系理论框架及理论模型的错误或不完善，使社会预测中数学方法的运用失去了正确的前提，这正是目前人们对一些社会指标体系的评价和预测结果不满意或不信任的原因。因此，加强社会指标体系设计的理论建设，将是社会预测学中要着力解决的问题。

---

[1] 转引自杨直、方一明《现代社会科学研究管理思路》，安徽人民出版社，1991，第176页。

第七章　社会预测的主客体关系及其博弈性原理

在本书的第三章中，我们已经花了大量的篇幅对社会预测与自然预测之间的差别进行了讨论。通过这些讨论我们已经发现，其实社会预测与自然预测之间的所有差别都可以归结为一条，这就是社会预测与自然预测主客体关系之间的差别。换言之，二者之间的所有差别都是由社会预测与自然预测主客体关系之间的差别派生出来的。因此，当我们探讨社会预测的基本原理的时候，应当把社会预测的主客体关系研究作为首要的切入点。

第一节　社会预测客体的因应与自我实现预言

所谓社会预测客体的因应，是指在社会预测过程中预测客体因感知到预测主体的预测而产生相应的应对行为。社会预测客体的因应是一种很古老并且很普遍的现象，本书前面提到的古希腊传说中"俄狄浦斯弑父娶母"的著名预言就是这种因应的生动写照：忒拜国王听到"俄狄浦斯弑父娶母"的预言后，将自己的亲生子扔去喂狼；俄狄浦斯得知"俄狄浦斯弑父娶母"的预言后离开波吕玻斯国王夫妇，漂泊异乡。这些都是预测客体对预测的因应行为。不幸的是，在这个故事中，预测客体为避免预测结果而采取的因应行为，反而导致了预测事件的发生。

也有预测客体为避免预测结果而采取的因应行为，导致原预测事件不发生的情况。例如，某预测机构预告有关部门说，某地区因矛盾激化可能在近期内会发生严重的社会动乱。有关部门得知这一预测后，马上采取了一系列缓解矛盾和加强社会控制的因应措施，结果导致社会动乱并没有如期发生，从而使原预测失效。

像上述这种因为预测客体对预测的因应行为而导致预测事件发生或不发生的事例，被著名社会学家默顿分别称为"自我实现的预言"和"自我否定的预言"。总之，无论是预测的"自我实现"还是"自我否定"，皆缘起于被预测事件即预测客体的有意识的因应活动。预测客体一旦理解了预测的意蕴，预测往往会成为其采取因应行为的直接动因，从而实际影响被预测事件。这无疑使社会科学预测比自然预测更加困难。如果社会预测不考虑自身将引发的社会预测客体的一系列因应行为，其准确性不能不受到一定的限制。

总而言之，预测客体对预测的因应现象在人们的历史经验和现实生活中是不胜枚举的。对这种由于因应行为而导致的预测主体和客体在相互联系中所产生的特殊的复杂性，一些学者在他们有关社会预测的著述中也有表述。例如，波普尔就曾指出"预告是一桩社会事件，它可能和其他的社会事件相互作用、并且在其中和它所预告的事件相互作用"，尤其是"预测本身就可能影响到被预告的事件，这就很可以对于预告的内容产生反冲力量；而这种反冲力量可以是一种严重得足以损害社会科学中所预告的，以及其他研究成果的客观性的程度的力量"①。曾师从波普尔，后成为证券界大腕的索罗斯在分析股票市场时也注意到类似现象，并在他的《金融炼金术》等著作中提出"反射性理论"。总之，人们已经意识到了社会预测中由于预测客体因应现象的存在所产生的特点，但尚没有把这一特点从社会预测方法论的角度，纳入社会预测的基本原理层面加以研究。

社会预测的客体会对社会预测的主体的预测产生因应行为，是社会预测和自然预测的根本性区别。在对自然界的预测中，预测的主体是人，预测的客体是人以外的自然界。人对自然界或自然界的某一事件做出预测后，自然界对人类的预测并没有感知能力，因而不会对人类的预测产生因应行为。例如，哈雷对"哈雷彗星"运行轨道周期进行预测后，哈雷彗星并不会因为有了这个预测后就改变自己的运行轨道，依然"旁若无人"，"我行我素"。预测山崩海啸、日食月食等也都同样。社会预测则完全不同，社会预测的主体是人，客体也是人（或由人构成的社会事物和事件），人是能动的有反应能力的，人对人自身构成的社会进行预测活动，就必须将预测客体的因应行为考虑在内。为了具体说明这一点，我们不妨举一个现代社会预测的实例。

这个实例实际上是一场颇为有趣的关于一项社会预测的赌博。众所周知，关于世界的人口、资源和环境问题，未来学界一直存在两个对立的阵营，即悲观派和乐观派，并且他们争论已有上百年的历史。悲观派的代表有

---

① 〔英〕波普尔：《历史主义贫困论》，中国社会科学出版社，1998，第16页。

第七章　社会预测的主客体关系及其博弈性原理

埃尔利希（Paul Ralph Ehrlich）和米都斯（Dennis L. Meadows）等人，前者是美国著名的生态学家，在1968年出版了《人口炸弹》，1970年出版了《人口·资源·环境》，他在书中认为人口增长造成了资源危机、能源危机和环境污染，人类已经面临资源耗竭的生存威胁，所以人口增长其实是比原子弹还要危险百倍的"人口炸弹"。米都斯是著名的罗马俱乐部成员，他们出版了《增长的极限》等书，也对人类世界的前景做出了悲观的预测。

而以美国马里兰大学的经济学教授西蒙（J. L. Simon）为代表的经济学家则认为埃尔利希和梅多斯的观点是危言耸听。他研究了1万年来的人类历史得出结论：当人们得知物质将变得稀少时，人们就会以新的发现来应变（因应行为），人们就会用新资源去替代老的或尽可能保护它。例如，3000年前希腊由青铜时代过渡到铁器时代，起因于制造青铜用的锡的短缺，希腊人因此而发现了铁。同样，16世纪英国木材的贫乏导致煤的时代的到来。1850年左右鲸油的减少促成了1859年世界上第一口油井的开采。人口增长并非坏事，而是一种实惠，它最终会导致更干净的环境和更健康的人类。明天的世界将变得更加美好，因为将有更多的人奉献出更多的创意。西蒙认为，人类将无限制地进步，因为地球上的资源取之不尽、用之不竭。由于西蒙考虑了人类因应行为的因素，因此他对世界前景预测是乐观的。

但是，当西蒙的上述观点发表以后，收到许多愤怒的人们的来信。一位埃尔利希的追随者算了一笔简单的账：地球上的资源必须在越来越多的人中间分配，而全世界的人口在以每年7500万（1980年数据）的速度递增，大大超过了地球的"承受能力"——它所能提供的食物、淡水和矿产的量。随着资源日趋枯竭，日用品一定会变得越来越昂贵。西蒙对此攻击的反应是在报纸上公开下了一份战书：请悲观派人士任选几种自然资源——粮食、石油、煤、木材或金属，任选未来的某一时间，如果资源随着人口增长而日趋减少，那么价格必将上升。西蒙提出，他打赌这些资源的价格会稳幅下降。在记者们的怂恿下，埃尔利希接受了西蒙的挑战。他于1980年以1000美元为赌金，以五种金属——铬、铜、镍、锡和钨的价格打赌。如果十年后这些金属的综合价——扣除通货膨胀的影响——计算出来超过1000美元，则超出部分由西蒙付给他；如果价格跌落，则由他赔付差额部分。西蒙和埃尔利希签了一份协议。这场赌博的结果于1990年秋揭晓。出乎绝大多数人的意料之外，西蒙居然赢了。由埃尔利希的小组选出的五种金属的综合价，剔除自1980年以来的通货膨胀因素之后，结果下降了。埃尔利希只好将一纸有关金属价格的计算结果，连同一张576.07美元的支票寄给了西蒙。

上例充分说明，在社会预测中，必须将预测客体的因应因素考虑在内，才能得出正确的预测结论，考虑预测客体的因应，应当成为社会预测的一个理论原则。

第二节　社会预测主客体的互动反射

我国学者李明华1994年在《哲学研究》第3期发表《论社会认识的特殊性及社会预测的复杂性》一文，对预测主体和预测客体"相互渗透、相互缠绕"的现象进行的探讨是有启发意义的。在实际的社会预测过程中，因应行为不仅在预测客体身上发生，当预测主体得知了客体的因应行为后，也会发生再次预测的因应行为。这样就形成社会预测主客体之间的互动反射现象。为更好地说明这种互动反射现象，下面我们以《三国演义》中著名的"空城计"的故事为例加以分析。

> 当年诸葛亮误用马谡，致使街亭失守。司马懿引十五万大军蜂拥而来。当时孔明身边别无大将，只有一班文官，五千军士，已分一半先运粮草去了，只剩二千五百军士在城中。众官听得这个消息，尽皆失色。孔明登城望之，果然尘土冲天，魏兵分两路杀来。孔明传令众将旌旗尽皆藏匿，诸军各收城铺。打开城门，每一门用二十军士，扮作百姓，洒扫街道。而孔明乃披鹤氅，戴纶巾，引二小童携琴一张，于城上敌楼前凭栏而坐，焚香操琴。司马懿自马上远远望去，见诸葛亮焚香操琴，笑容可掬。司马懿顿然怀疑其中有诈，立即叫后军作前军，前军作后军，急速退去。司马懿之子司马昭问："莫非诸葛亮无军，故作此态，父亲何故便退兵？"司马懿说："亮平生谨慎，不曾弄险。今大开城门，必有埋伏。我兵若进，中其计也。"孔明见魏军退去，拊掌而笑，众官无不骇然。诸葛亮说，司马懿"料吾生平谨慎，必不弄险；见如此模样，疑有伏兵，所以退去。吾非行险，盖因不得已而用之"，我兵只有二千五百，若弃城而去，必为之所擒。

"空城计"这个案例很好地说明了预测主客体相互反射的情况。其实诸葛亮和司马懿二人预测水平的高下也就在于是否懂得社会预测的这种互动反射性。在这个故事中，司马懿作为预测主体的错误就在于把自己的对手——预测客体——诸葛亮看成了一成不变的"自在之物"，不懂的当预测客体在感知到预测主体的预测后会产生因应行为即反射性。他在夺取街亭这个战略要地之前,对诸葛亮的预测就是"平生谨慎,未敢造次行事……但怕有失,不肯弄险";在夺取街亭,取得战略优势之后,在诸葛亮的"空城计"面前的预测还是"亮平生谨慎,不曾弄险",故而错过了生擒诸葛亮的大好机会,犯了一个遗恨千古的大错误。

诸葛亮高人一筹之处在于他懂得社会预测的反射性原理:根据预测对象对预测信息的反应进行再预测。诸葛亮之所以敢在司马懿 15 万大军的摧城压力之下,"大开四门"而自己"披鹤氅,戴纶巾,引二小童携琴一张,于城上敌楼前凭栏而坐,焚香操琴",就是因为他知道司马懿对他的因应行为即反射必是"此人料吾生平谨慎,必不弄险",所以就反其道而行之,从而留下了"空城计"的千古佳话。

在这个诸葛亮拿司马义"开涮"的预测案例中,诸葛亮和司马懿预测理念的差异或分野在于是否了解"反射性"。诸葛亮知道了司马懿"料吾平生谨慎,必不弄险"的预测(反射)后,又针对这种反射进行再了预测;而司马懿就不懂得作为预测客体的诸葛亮对他的预测("亮平生谨慎,不曾弄险")会有反射性,更谈不上根据这种反射来修正或调整自己原来的预测,故而铸成贻笑千年的大错。

对于上述案例所反映出的社会预测的主客体互动反射理论,在我国古代兵书中有一个更加概括的术语,这就是"将计就计"。而将计就计的例子,不仅在军事政治斗争中,就是在商业贸易和人们的日常生活中,也是相当普遍的。凡是有智慧的人都会采取这种办法进行种种有关的预测活动。

我们再以股市预测的例子进一步说明社会预测的反射性原理问题。假设某预测机构预告说,股票价格将会连续上涨三天,然后在第四天下跌。显然,与股市有关系的每一个人就都会在第三天以前抛出股票,于是在第三天时股票价格就下跌了,结果造成原预测(第四天下跌)失准。这个例子说明,在社会预测中,社会预测的客体对于预测主体发出的预测信息,是一个可感知的能动的自为系统。而预测主体除非预测不预告,只要预测信息一经发出,就会作为一个新的物质因素(信息)进入社会过程,并对原有的社会系统发生扰动,尤其是当预测客体充分感知到这个预测信息之后,这个预测客体就不是原来的预测客体了(我们把在感知预测信息前后的同一预测客体看作是有差异的),预测客体会根据自身的利益对预测信息做出反应,并在必要时改变或调整自己的行为趋向。这样的后果当然会使预测主体原来的预测发生或多或少的偏差,甚至完全相反。这时预测主体就必须根据预测客体对自己第一次预测所采取的因应行为进行再预测（如上例应调整原股市在第四天下跌的预测为第三天下跌）。由此就形成预测主体到预测客体再到预测主体的第一次反射。这样的反射有时要经过多次，这种情形可用公式或物理模型表示见图7-1。

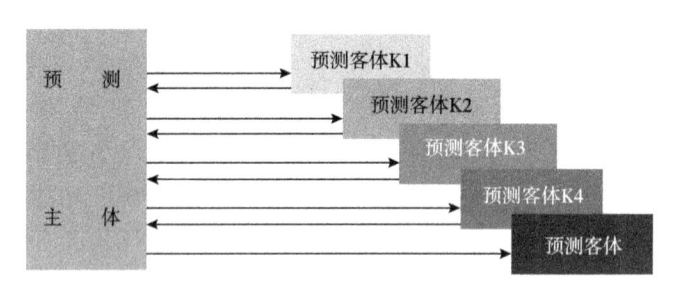

图7-1 社会预测的反射性原理示意

还可用数学公式表示。设预测主体为 Y，预测客体集合为 Ki（$i=1, 2, 3, 4, \cdots, n$），

则

$$K_1 \quad K_2 \quad K_3 \quad K_4 \cdots K_n$$
$$Y \to K_1 \to Y \to K_2 \to Y \to K_3 \to Y \to K_4 \to \cdots \to Y \to K_n$$

该模型只是一个极其简化了的表述，在现实情形中，预测客体对预测主体的因应行为，不仅会在预测主体和客体之间产生反射，还会在预测客体和其他系统之间产生反射，我们称之为间接因应。直接因应和间接因应对预测主体构成了一个多维反射的体系，使预测客体的变化呈现一种极为复杂的情形。总之只有当预测客体和预测主体所做出的预测目标相一致时，也就是说到了特定的情形之下，预测客体不再对预测主体的预测做出因应行为，或者预测客体的因应行为不再影响预测目标的时候，预测主体的预测才算最终完结。由此可见，正确的社会预测不仅应当是一个把已知的因应行为计算在内的静态过程，而且更是一个对未知的或随时可能出现的因应行为实施不断监测并加以相应调整的动态过程。在这里，任何对于社会预测可以一蹴而就的想法和机械地把社会运动当作一种简单的力学过程的想法，都是极其错误和幼稚可笑的。我们不能期望社会预测能够像自然预测那样一次性地完成，道理很简单，因为社会预测的对象是"活的"，社会预测的"准星"必须对"活动的靶子"，进行如影随形、与时俱进地跟踪校正，尤其对于长期的社会预测更应如此。

第三节　社会预测的主客体博弈与纳什均衡

经过上面的分析我们发现，在社会预测中，其主客体之间的关系，具有与自然预测完全不同的如下两种非常有趣的现象。

一是社会预测的主体出于趋利避害的本能，会在做出预测之后积极促成或阻止预测结果的发生。如预测社会进步会促使人们更加努力地工作，从而使社会进步得更快；预测社会动乱会促使人们防范社会动乱，阻止社会动乱的出现。由此出现了上述如默顿所说的"自我实现的预言"和"自我否定的预言"两种结果。如果属于后者，那么原预测失准。在此，社会预测的主体和客体的关系是混一的或者说是角色互换的，他们既是剧作者，又是剧中人，[①] 是自编自导自演的。

二是预测的客体出于趋利避害的本能，会在感知到预测主体做出的不利于自己的预测之后，采取因应行为，极力阻止预测结果的发生，而且预测客体在因应的过程中使自身发生了某种改变（这时就不完全是原来意义上的预测客体了），从而导致原预测的失准。这时预测主体为了保证正确预测，就必须根据变化了的"新客体"（采取了因应行为之后的预测客体），修正或者完全改变原预测，即对预测客体的因应行为进行再因应。而预测客体当感知到预测主体改变后的新预测之后，又会产生新一轮的因应行为……主客体之间如此循环往复，犹如上升之螺旋。双方轮回的次数，要到其中一方无力因应或者认为不需要因应时为止。在此，预测主客体之间的关系是互动反射的，或是具有博弈性的。对此，我们产生的灵感是我们应当把"博弈论"引入社会预测的基本原理研究。

所谓"博弈"，俗称就是"下棋"。在社会预测中，主客体之间的关系就像是在下棋，你走一步，我走一步，火来水挡、水来土掩，双方互相算计斗智，犹如七十二变的孙悟空和二郎神斗法，魔高一尺、道高一丈，具有很强的博弈性。在长期的社会实践中，由于人们在军事、经济和日常生活中经常遇到这种带有博弈性的问题，于是便发明出一种叫作"博弈论"的学问，由美籍匈牙利数学家 J. V. 诺依曼和美籍德国经济学家 O. 摩根斯顿于 1928 ~ 1943 年提出。博弈论（Game Theory），又有人译作"对策论""游戏论"，

---

① 《马克思恩格斯全集》第 20 卷，人民出版社，1971，第 308 页。

它本身是一种用数学模型和数学方法解决博弈问题的数学理论。在博弈论中，上述只有一个预测主体和一个预测客体的两方对局，只是博弈的最基本形式，被称为"两人对局"。在实际的社会预测活动中，常常会发生一个预测主体对多个预测客体，或者多个预测主体对一个预测客体，或多个预测主体对多个预测客体三种情况，对此博弈论中分别称之为"三人对局"、"n人对局"和"联合对局"。其中主客体之间相互因应反射的情形就更加复杂了，此时社会预测的主体不仅需要考虑两个以上的预测客体与预测主体之间的因应行为，还要考虑两个以上的预测客体之间的因应互动行为，如果是"联合对局"，就还要考虑另外的预测主体对预测客体的影响。其情形见图7-2。

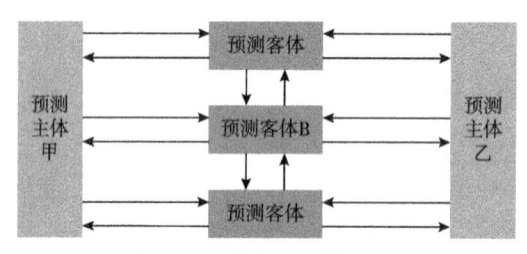

图7-2 "联合对局"示意

上述复杂的情况在自然预测中是不存在的。当然，在博弈论中也有"一人对局"即人与自然的对局，但是这种对局中作为预测客体的一方是自然现象，它不会感知到预测主体的预测信息，亦不会与预测主体之间产生互动反射的因应行为，因此在这里是没有意义的。

由此可见，社会预测更深层次的要义在于由于社会预测主客体之间关系的这种博弈性的存在，使社会预测较之自然预测具有不可比拟的难度，因此我们应当用博弈论的观点来理解社会预测，否则我们就会陷入困惑和误区而不能自拔。从博弈论的角度看，在社会预测中，多数预测不是进行一次之后就可以完成的，许多情况下是经过多次才完成的。这就是博弈论研究的"多次"或"重复游戏"的实质所在。一个成功的社会预测，往往是在"多次博弈"之后逐步形成的，因为只有在预测主客体之间的"多次博弈"中，预测客体的因应措施才越来越完备，其行为特征亦表现得越来越清楚，我们才能够较为确定地知道预测客体的行为方式，从而才能使预测本身符合"纳什均衡"① 的要求。我们

---

① "纳什均衡"是现代博弈论中的一个最重要的基本概念，指在信息总是不完全的情况下依据某种概率与预期所形成的相对关系。由1994年诺贝尔经济学奖得主，为博弈论做出了杰出贡献的约翰·纳什（John Nash）提出。

只有把多次博弈的思想引入社会预测活动，才可以理解为什么社会预测不可能向自然预测那样可以"一次性的"完成，而必须遵循"社会预测的主客体互动反射性原理"，① 如影随形、与时俱进地跟踪预测客体的变化，在动态的过程中逐步地完成自己的预测。

总而言之，社会预测的主客体互动反射的这种博弈性，是由社会预测不同于自然预测的特点所决定的。社会预测的主客体互动反射性的博弈性原理，不仅是科学地进行社会预测必须遵循的一个理论原则，而且是正确的社会预测活动赖以进行的认识论方面的条件，是认识和掌握社会预测对象的带有根本性和普遍性的重要理论根据。

---

① 参见阎耀军《试论社会预测的互动反射性原理》，《预测》2003 年第 1 期。

第八章　社会规律及社会预测的规律性原理

"规律"作为一个含义十分宽泛的概念，目前学术界一般把它定义为事物过程、事物内部或事物之间的本质的、必然的联系。预测就是建立在事物之间联系的必然性认识之上。必然性是规律的一个基本特征。"客观规律不外是各种事物和现象之间的这样一种因果联系和这样一种相互关系：一些事物和现象的存在，必然引起另一些事物和现象；事物发展的这一个阶段，必然引导到另一个阶段。"① 很显然，人们如果找到了事物之间的这种必然性的联系，就可以由因求果，根据事物的现状超前认识事物的未来。我们用恩格斯在《自然辩证法》中的一个例子可以很简单地说明这种情形：氯和氢在一定的压力和温度之下受到光的作用就会爆炸而化合成氯化氢。当人们掌握了这个规律后，只要知道了氯和氢以及光和一定的压力、温度等构成一个特定的因素体系，就能够很容易的预测"氯化氢"这一结果的产生。牛顿发现了万有引力定律，天文学家哈雷则利用万有引力定律推算出一颗彗星轨道，并预测它以约76年为周期绕太阳运转。1758年3月13日，当一颗彗星准时地拖着长长的尾巴出现在天空时，全世界都为之沸腾，为之赞叹，并将这颗彗星命名为"哈雷彗星"。如今，人们根据天体运动的规律准确地预测日食、月食的出现已是司空见惯的事情。所以，将掌握"规律性"作为预测的基本前提，这在自然领域的预测中是没有问题的。因为人们已经根据所掌握的自然规律成功地对自然现象进行了许多成功的，甚至是十分精彩的预测。但问题是正如本书在前面第三章"社会预测与自然预测的主要差别"中所讨论的那样：社会预测与自然预测在规律性质上具有显著的差别，社会规律有着不同于自然规律的特殊性。那么，在社会预测领域中，规律性是否能够作为进行社会预测的一条基本原理呢？如果能够，那么其中的自然规律能否应用于社会预测？这就是本章所要讨论的问题。

---

① 华岗：《规律论》，人民出版社，1982，第145页。

第一节　社会运动究竟有无规律可循

在讨论规律性能否作为进行社会预测的基本原理的时候，我们遇到一个更加前提性的问题，即社会运动有没有规律？或者说社会规律是否是可知的。这个问题在传统的马克思主义哲学的回答中无疑是肯定的。但是，在人类认识史上，围绕社会有无规律可循或者社会规律是否可知的争论一直没有停止过，尤其在当代，随着以混沌理论为代表的一系列复杂学科的出现，随着当代社会复杂性程度的日益提高及以往的"社会预测"出现的种种"问题"，马克思主义的社会规律观和社会预测观受到了前所未有的质疑和挑战。在当代，这种争论已经成为一个预测理论上的焦点问题。以马克思主义理论为指导的学者们认为：世界是统一于物质的，人类是自然界中的一个物种。由人类构成的社会运动不过是物质运动的一种高级形式，他和自然运动一样也具有不以人的意志为转移的客观规律，只要人们把握了社会运动的规律，就能对社会发展的未来进行预测。马克思主义的这一基本观点构成了社会预测的理论基础。但是，如前所述，当代以英国哲学家波普尔为代表的一些西方学者则力图通过否定社会规律的客观性来从根本上否定社会预测的可能性。波普尔认为，科学的预测必须依据规律才能做出，而规律是靠不住的。人们希望能够像牛顿发现物体运动规律那样发现"社会运动的规律"，不过是一系列误解的结果。因为根本不存在与物体运动类似的社会运动，所以不可能有那种规律。他还认为"人类历史的进程受人类知识增长的强烈影响"，而"我们不可能用合理的或科学的方法来预测我们的科学知识的增长"。况且在社会预测中还存在着"俄狄浦斯效应"，所以"由于纯粹的逻辑理由，我们不可能预测历史的未来进程"。① 总之，波普尔认为社会历史不存在具有普适性和重复性的规律，只有根据统计规律可能算出的趋势，而"规律和趋势是根本不同的两回事"。② 波普尔等人的观点尤其是在当代马克思所预言的共产主义运动遭到重大挫折后很有市场，一些站在资产阶级立场的西方学者甚至庆幸"历史的戏剧并不是像黑格尔和马克思所相信的那样是可以预言

---

① 〔英〕波普尔：《历史决定论的贫困》，华夏出版社，1991，第1~11页。
② 〔英〕波普尔：《历史决定论的贫困》，华夏出版社，1987，第91页。

的,也不是向他们所相信的那样是'合乎逻辑地'发展的",[①] 而我们有些学者也感到十分困惑。这种情况,不仅关系"规律性"能否作为社会预测的基本原理的问题,而且还涉及捍卫马克思主义理论的大问题。

波普尔强调社会预测中具有"俄狄浦斯效应"这没有错,因为它说明了人的活动的主体性、人文价值性的一面,这具有不可忽视的合理性。但是因此而否定社会运动没有规律性和否定社会预测的可能性则是错误的。这只能说是一些人在社会运动的高度复杂性面前失去自信心的表现。从逻辑上讲,我们不能因为暂时不能认识社会运动的复杂性,就断言社会运动没有规律性,从而又断言社会预测是不可能的。例如,价值规律在人类社会中起作用已有很长的历史,可是人们直到18世纪和19世纪由大卫·李嘉图和亚当·斯密揭示出"无形的手",人们才发现它,认识它;生产关系要适应生产力,经济基础要适应上层建筑的规律在人类由原始社会向奴隶制社会变革时就发挥作用,但直到数千年之后马克思创立历史唯物论时人们才发现它、认识它。所以可以肯定地说,社会运动中还会有一些规律没有被我们发现和认识,但我们不能因此而认为这些规律就不存在。对于"俄狄浦斯效应"也没有什么可以大惊小怪的,其实不过就是反映了社会预测不同于自然预测的特点。对此,恩格斯很早也指出过,恩格斯说自然规律有一个明显的特征,即在自然界中起作用的规律没有自觉的目的掺和在其中,而在社会历史领域内进行活动的,全是有意识的、经过思虑和激情行运的、追求某种目的的人。所以"俄狄浦斯效应"只能说明社会运动由于不仅包含人与自然的关系,还包含人与人之间的关系,因而比自然运动和自然预测更复杂更困难,除此而外不能说明任何别的问题,更不能说明社会运动没有规律和不能预测。所以我们不赞同波普尔等人借社会认识的复杂性特殊性来否认社会规律的客观性,进而否认社会预测的可能性的极端观点。

第二节 社会规律与自然规律的共通性和一致性

在本书第三章中,我们为说明社会预测和自然预测的区别,在其中的第二节中专门讨论了社会规律与自然规律的差异性,并以此说明自然规律不能够简单用于社会预测。但是从宇宙宏观来看,无论是机械运动、物理学运

---

① 参见旷三平《马克思社会预见理论面临的挑战》,《学术研究》2000年第4期。

动、化学运动、生物运动还是社会运动的规律，它们之间不管存在多少差异，但在其规律性这一根本点上仍具有共通性和一致性。我们既然说规律是预测的基本前提，我们就不可以说，只有社会规律才是社会预测的基本前提，而自然规律就不是社会预测的基本前提，这在逻辑上是不通的。所以我们现在有必要专门讨论一下社会规律与自然规律的共通性和一致性问题。

如前所述，恩格斯曾经从当时的科学认识出发，将自然界中的物质运动划分成五种基本形式，即机械运动、物理学运动、化学运动、生物运动和社会运动。从现代科学提供的资料来看，物质运动可以划分成四种基本形式：无生命的运动形式、生命运动形式、社会运动形式和思维运动形式。我们现在只讨论前三种形式。在这三种运动形式中，每种运动形式各有自身的基本规律，无生命运动的基本规律是吸引和排斥，生命运动的基本规律是同化和异化、遗传和变异，社会运动的基本规律是生产力和生产关系，经济基础和上层建筑的矛盾。这三种基本运动形式由于都有自己特殊的物质载体和特殊的规律性，从而规定了各自的特殊性。但是，从宏观宇宙时空的发展上看，地球上的物质经历了漫长的演化过程。起初，地球上没有任何生命，是个无生命的世界；后来出现最初的生物，揭开了生物进化的序幕，开始了生物进化史；生物进化的结果，从古猿逐步演变成人，有了人形成人类社会，又开始了社会发展过程。这个演化过程表明，无生命运动形式，生命运动形式和社会运动形式之间，有低级、高级之分。与此相应，每种运动形式的规律，也是有区别的。从无生命运动到生命运动是一次飞跃，从生命运动到社会运动是一次更大的飞跃。从这种观点看，无生命世界中起作用的规律和生命运动规律是不同的，生命运动规律和社会运动规律也是有区别的。但是，高级运动形式是从低级运动形式发展而来的，在高级运动形式中，包含低级运动形式，低级运动形式的规律在高级运动形式中仍然发生作用。所以，我们在指出了社会规律与自然规律之间的区别以后，还必须强调指出它们之间的区别只具有相对的意义。恩格斯基于对运动形式的分析指出，研究运动的本性，当然必须从最低级、最简单的形式开始，并且是先学会理解最低级最简单的形式，然后才能对更高级的和更复杂的形式有所阐明。所以从本体论观点看，人是从动物进化而来，社会是从自然发展而来，人和社会的存在和发展都不能脱离自然界，并以自然界的存在为前提。

在自然界中，每一个生物种群为了生存和发展，需要不断调节自己的生活习性和改变自己的形态结构，以适应外界环境的变化。在生物种群之间发生的争夺食物、栖息地、配偶等生存竞争中，一些对环境变化有较大适应性优势的物种能够保存下来并遗传后代，而另一些不能适应环境变化的物种就会被淘汰以至灭绝。这就是"物竞天择、适者生存"，即自然选择规律。达尔文揭示的这条有机界发展规律不仅在一般生物界起着主导作用，而且同人类的起源和人类社会的发展也不无关系。其实，人作为一种社会性动物，是生物进化的产物，作为自然界的一个组成部分，正如恩格斯指出的那样："我们连同我们的肉、血和大脑都属于自然界，存在于自然界的。"① 因此人类的行为不能不受自然规律的支配。恩格斯曾把达尔文发现的有机界的发展规律与马克思发现的人类社会发展规律相提并论，称它们为19世纪自然科学和社会科学研究中的两个具有划时代意义的发现。他说："正像达尔文发现有机界的发展规律一样，马克思发现了人类历史的发展规律，即历来为繁茂芜杂的意识形态所遮盖着的一个简单事实：人们首先必须吃、喝、住、穿，然后才能从事政治，科学、艺术、宗教等等；所以直接的物质资料的生产，因而一个民族或一个时代的一定的经济发展阶段，便构成为基础，人们的国家制度、法的观点、艺术乃至宗教观念，就是从这个基础上发展起来的，因而也必须由这个基础来解释，而不像过去那样做得相反。"② 这说明达尔文揭示的有机界的发展规律与马克思揭示的人类社会发展的规律是统一的。马克思主义的唯物史观认为，生产力决定生产关系，经济基础决定上层建筑，这是人类社会发展的基本矛盾运动规律。人类的经济活动，即物质资料的生产活动是最主要的、最基本的实践活动，而物质资料的生产的目的首先是满足人们的吃、喝、穿、住的物质的、生物学的需要，协调人与自然的关系。否则，人类就不能适应自然环境的变化，就不能维持自己的生存，这样，人类社会的发展也就成了一句空话。人类社会实践活动是各种各样、丰富多彩的。除了经济活动，还有在此基础上产生和发展起来的政治、军事、科学、文化、教育及宗教等活动。所有这些实践活动都是受物质生产活动制约、并为物质生产活动服务的。马克思说得好："物质生活的生产方式制约着整个社会生活、政治生活和精神生活的过程。"③ 因此，从根本上说，人类的一切活动都是为了保证或促使人类更好地生存和发展，而不能妨碍这一目的实现。这是生物界一切物种的所有行为都是为了物种的生存和繁衍法则，即自然选择规律在人类社会中的表现。

---

① 恩格斯：《自然辩证法》，人民出版社，1972，第305页。
② 《马克思恩格斯全集》第19卷，人民出版社，1971，第376页。
③ 《马克思恩格斯选集》第2卷，人民出版社，1972，第82页。

科学研究的历史也反映了社会规律与自然规律之间的共同性和一致性。人类对社会规律与自然规律之间的共同性和一致性的认识，经历了一个历史发展的过程。自然科学从17世纪以来获得和积累了关于自然规律的知识，而对于社会的有系统的研究则比较晚，对社会规律的认识则要更晚一些。所以人类对自然规律和社会规律的认识，在很长时期着眼它们之间的区别，而且把自然和社会看作界限分明的两个不同领域。对自然的研究被视为科学，以致科学这个概念本身只是被看作自然科学的同义词，科学就是指自然科学。这是因为自然科学最先达到数学的精确性，在自然科学中，能够做定量的实验研究，研究的结果可以通过精密实验进行检验。对社会的认识则遇到了相当大的困难，在相当长的时期里，人们在研究社会现象的时候，还停留在臆测和猜想，或限于思辨式的推理，或进行定性的研究。这是因为人们所面对的社会现象要比自然现象复杂得多。尽管社会研究的学者们竭尽全力试图像自然科学那样，探索出社会规律，并因此逐渐形成各种社会科学的学科，可是在自然科学家眼里，或者用自然科学已经获得的成就和达到的水平做标准的人看来，对社会的研究简直算不上科学。这种情况也是在长时期里人们把自然和社会看作完全不同的两个领域的原因；同时，正是由于这种认识，人们把自然与社会，把自然规律与社会规律分割开来进行研究，这种研究方式又强化了人们的认识，形成了一种观念：认为自然和社会之间具有绝对分明的界限；自然科学绝对不同于社会科学，自然规律根本不同于社会规律。换句话说，自然是纯粹的自然，社会是纯粹的社会，社会规律中丝毫不会有自然规律的因素，自然规律中同样丝毫不会有社会规律的因素。

随着人类认识的不断深入，随着科学的发展，人们的认识和观念发生了变革，从过去着眼这两个领域之间的区别逐渐转向认识它们之间的联系和渗透，并通过这种联系和渗透，去揭示现实世界的规律性。拿社会学来说，170年前其创始人孔德曾经把社会学命名为"社会物理学"，并按照物理学的分类方法，把社会学分为社会动力学和社会静力学。孔德认为社会与自然之间并无本质的不同，研究自然的方法应当贯彻到研究社会中。他坚持统一的科学观，开启了社会学实证主义传统的先河。后来近代的英国社会学家H.斯宾塞把社会看成一种有机体，用生物进化的观点研究社会进化及其营养、持续、分配等的功能。再后来美国生物学家E.O.威尔逊进一步综合了个体生态学、环境生态学和群落遗传学的理论观点，用生物学的观点来研究人类社会，建立了社会生物学。展望现代科学的发展，现代科学正在日益打破自然科学和社会科学之间的藩篱，交叉学科像雨后春笋大量涌现，《世界新学科总览》根据国内外有关新科学发展的资料，汇集了470门新学科，其中很多新学科是自然科学和社会科学之间的交叉学科，① 这些新学科的萌芽、形成和发展，反映了当代自然科学和社会科学相互交叉、渗透、综合的趋势，反映了自然科学规律和社会科学规律之间的真实的、具体的联系，也预示了对这种联系的认识将有更深入的发展。总之，科学正在向揭示自然规律和社会规律的统一的方向发展，社会规律和自然规律既是相互区别的，又是相互联系和相互渗透的，两者之间甚至存在着密如蛛网般的联系，在其规律性这一根本点上具有共通性和一致性。

第三节　自然规律在社会预测中的应用及其限度

通过本书以上的讨论，我们基本弄清了这样二点：第一，社会运动是有规律可循的，并且其规律是可以被认识的；第二，无论是社会预测和自然预测，都应以对规律的认识为前提，而规律是分为不同等级的，不同等级的规律在具有差别的同时，在其规律性这一根本点上仍具有共通性和一致性。现在我们可以研究社会预测规律性原理的第三个问题，即低等级运动中的规律，或者说自然规律在社会预测中的应用问题。

所谓社会预测的规律性原理，是关于社会预测对象与社会运动规律的相互关系的理论。该理论认为，社会的运动和自然界的运动一样，不是杂乱无序的，而是有规律可循的；社会运动的规律也是可以被人们认识的，人们只要掌握了社会运动的规律性，就可以根据其规律对社会的未来发展趋势和状况进行预测。人们要想对社会事物进行科学有效的预测活动，不论其形式如何，都必须在掌握预测对象规律的基础上才能进行。

关于预测的规律性原理，在前人讨论预测原理的文献中几乎都提到过。但是，我们现在在前人所说的规律性原理前冠以"社会预测"一词，问题就不那么简单了。因为如前所述社会运动作为高级的运动形式，包含机械运动和生命运动等低等级的运动形式，那么低等级运动中的规律性就仍会在高等级的运动中发挥作用，那么我们应当如何看待这些作为社会预测的基本前提的不同等级的规律呢？

---

① 参见余哲等编《世界新学科总览》，重庆出版社，1987，第11页。

首先我们来看无生命运动规律与社会预测。从学科的角度看，无生命运动的规律属于物理学研究的范畴。在人类的科学研究中，物理学是最先成熟起来的学科，因此在科研中形成了以物理学为基础科学研究范式。上述社会学早期的名称曾以"社会物理学"命名就是典型的例证。在现当代，自从耗散结构等理论建立以来，科学界出现了一种学术思潮，即把物理学规律，主要是自组织理论，广泛地推广应用到其他领域，其中包括社会预测领域。例如，20世纪60年代末，著名物理学家普利高津（I. Prigogine）提出耗散结构理论以后，该理论已被广泛应用于化学、地学、农学、医学、工程技术、哲学、历史、经济学等研究领域。70年代初，著名物理学家哈肯（Hermenn Haken）创立了协同学，既对自然科学问题做出了定量解释，也对社会科学的一些问题给出了定性说明。数学家勒内·托姆（Rene Thom）建立突变理论以后，一些学者就把它用于预测股票市场、局部战争或冲突的突然爆发、城市的历史变迁和城市发展模式等。80年代初，美国学者杰里米·里夫金（Jeremy Rifkin）和特德·霍华德（Ted Howard）合著的《熵：一种新的世界观》一书问世，该书把熵定律即热力学第二定律广泛运用于哲学、心理学、经济学、政治学、社会学以及西方文化的各个领域，如此等等。这就提出了一个问题：如何看待把物理科学规律推广应用于社会领域的问题。从本书的角度看，也就是如何看待应用物理科学规律预测社会现象的可能性和意义。

当我们谈到将一种理论尤其是物理学理论移植、推广或应用到另一个领域的时候，很容易想起历史上机械论的教训。其实，对机械论也应当进行历史的、全面的分析。从历史的观点看，我们不能把机械论说得一无是处，甚至首先应当肯定它的积极作用。要知道，近代科学发展的初期，只有力学最先成熟了，并以力学为基础形成了科学的范式。将力学理论方法推广到其他研究领域，不仅是不可避免的，而且是积极的。诚然，随着科学的发展，机械论的消极作用也越来越暴露出来。机械论的兴衰给我们留下的经验和教训是当一种新理论特别是基础性理论问世后，加以推广应用，最大限度地发挥它的理论潜力，这是科学进步的一个因素；相反，由于受片面分工的限制，囿于一个狭窄的研究领域，对其他领域的成就不闻不问，对科学的发展反而不利；同时，在推广应用的过程中，应当在科学研究实践中注意考察理论的限度，推广应用的根据，尽可能避免推广应用中的片面性。

应当看到，社会科学所研究的社会，不同于物理科学所研究的物理世界。社会系统，比起物理系统要复杂得多，社会系统不仅包含人与自然的关系，而且包含人和人的关系。对社会系统的预测研究，从一开始就面临着研究复杂性的任务。社会运动与机械运动相比较，社会运动毕竟是高级的、复杂的运动形式，有其自身的特点，我们在前面讨论的社会预测的主客体关系的博弈性就是其中最突出的表现。所以，就目前科学状况而言，应用物理科学规律研究社会现象，主要是在自然和社会的交叉点、线、面上，从不同角度、不同侧面提供某种新途径、新方法，提出新解释，形成新学科。而社会领域的核心部分，如生产方式、阶级斗争、社会经济形态、政治法律制度、道德、社会意识形态、社会制度的变更、历史的发展等，仍有其特殊的规律性，不能完全归结为物理科学规律，也不能完全用物理科学规律进行解释、说明和预测。再者，对社会现象的预测研究，亦不可避免地会受研究者的立场、观点、价值观念、思维方式、性格和心理特点等因素的制约和影响。过去，社会科学家进行社会预测研究时，受这些因素的制约和影响；现在，无论是社会科学家还是自然科学家应用物理科学规律研究和预测社会问题时，仍然会受这些因素的制约和影响。所以当我们利用物理学规律进行社会预测研究时，应当审慎地注意考察其理论的限度。

我们再来看生命运动规律与社会预测。从学科的角度看，生命运动的规律属于生物学研究的范畴。严复翻译的《群学肄言》（原系英国社会学家 H. 斯宾塞所著《社会学研究》）中就强调"以天演为宗"，以生物学规律研究社会现象，从而论证中国的社会变法。社会现象的因果关系，是受天演规律支配的。社会犹如生物的有机体，是不断进化的，生物学的规律可以用之于社会学。[①] 我们必须承认，生物学规律是生物的存在和发展的客观规律的反映，它揭示了生命的存在方式、生命的起源和生物进化的规律。生命运动形式与社会运动形式联系密切，因此生物学规律可以适用于社会领域的一些方面。因为人是由动物演变而来的，人类作为生物的一个种群，并没有特殊的遗传规律。相反，人类的遗传行为特征，都可用生物遗传的基本规律来说明。这就是说，遗传学规律不仅适用于所有动物、植物和微生物，而且也适用于人类。人类与动物有其统一性，亦即人的生物属性。

但同时我们也必须承认，社会运动形式是比生物运动形式更为高级的形式，因此，生物学规律推广应用于社会领域，不能不受到限制。因为人类一旦从动物中分化出来，他就使自己具有与动物不同的本质特征，这就是社会属性。马克思曾经说过："人……天生是社会动物。"[②] 马克思主义并不否认

[①] 《中国大百科全书·社会学》，中国大百科全书出版社，1991，225 页。
[②] 《马克思恩格斯全集》第 23 卷，人民出版社，1972，第 363 页。

人的生物属性，但他认为，人的生物属性反映的不过是人的机体作用的某些方面，这些方面是人生存的基本条件，但对人的社会活动不起决定作用。人的本质是它的社会属性，用马克思的话说，是"一切社会关系的总和"。① 一定历史发展阶段的人总是生活在一定的社会中，是一定社会成员的一分子，无论这种社会是阶级社会还是无阶级社会。人的社会活动与交往对于人的正常发育与成长是至关紧要的。印度"狼孩"帕斯卡，自幼在狼群中长大，学会了狼群的生活习性：怕火、怕水，昼伏夜行，喜食生肉，不愿与孩童戏耍，有嘴不会讲话，失去了语言思维能力，实际上他已成了一个半动物状态的人。"狼孩"现象说明，只有人的社会性才决定人的本质，决定人类社会结构及其基本特征。人的生物属性在人类社会的起源与发展过程中，被包括于人的社会属性之中，并从属于人的社会属性。既然人类是一种社会性动物，那么仅从生物学方面或者基因遗传的角度来解释人类的行为特征，就显得不够了。

威尔逊创立了社会生物学，论证了人类社会行为有其生物学基础，在理论上具有启发意义和贡献，但社会生物学的理论缺陷在于它把人类社会行为特征都归结为基因遗传的作用。威尔逊这样说过："问题的关键已不在于人类社会行为是否由遗传决定，而在于遗传决定的程度到底有多大……我们可以进一步说：遗传起着决定性作用。"② 例如，关于人的本性，威尔逊就认为它是由基因决定的。在他看来，因为基因是自私的，所以人性也是自私的。基因不自私就不能生存，而人不为己则天诛地灭。他毫不隐讳地说："基因就是自私，是自私行为的基本单位，也是发生在生命运动各层次的自私行为的原因。在社会生物学的理论中，自私，是生命的本性之一。"③ 由此可见，威尔逊纯粹是从基因遗传的角度来解释人的本性的，他完全排除了人性的社会因素。这是显然是片面的。应该承认，生活在一定社会的人们，由于受私有制经济的影响，人的思想中或多或少有着自私自利的成分，所以，若不进行集体主义教育，个人主义就会膨胀，然而人的这种自私性或者叫个人主义，并非与生俱来。婴儿呱呱坠地之际，他的大脑是"白板大脑"，因而其成长过程中表现出来的行为可塑性极大。在这里主要决定于他所处的社会环境的优劣：在集体主义"熔炉"里，他可能被教育成为一名共产主义战士，在资产阶级个人主义盛行的境况下，他可能成为一名社会的畸形儿。所以

---

① 《马克思恩格斯全集》第1卷，人民出版社，1971，第18页。
② 威尔逊：《论人的天性》，贵州人民出版社，1987，第18页。
③ 威尔逊：《社会生物学：新的综合》，四川人民出版社，1985，第40页。

说，一个人是自私自利还是克己奉公，主要在于后天的社会教育。人与动物行为的一个很大区别在于人的行为的可塑性极大。如果按照社会生物学所说，人天性自私，这种自私又是由基因决定的，并且是可以遗传的，也就是不可塑的，那么人类社会将是一个个人主义泛滥和膨胀的社会，而人类社会现实中存在的雷锋、欧阳海、焦裕禄、孔繁森式的舍己为人，助人为乐的现象就变得无法解释。所以，如果用生命运动的"基因决定论"来解释和预测人类社会行为将会导致谬误。

正因为人类社会与动物群体之间存在如此区别，所以在一般生物界起作用的规律就不能够完全照搬到人类社会中来，人们也不能够完全应用生物学理论去解释所有的人类社会现象。正如恩格斯所说的："人类社会和动物的本质区别在于，动物最多是搜集，而人类则能生产。仅仅由于这个唯一的然而是基本的区别，就不可能把动物社会的规律直接搬到人类社会中来。"[①] 尽管有些生物学规律，例如自然选择规律，对人类社会也有适用性，但由于条件的改变，这种规律在人类社会中所起作用的范围、作用方式和作用大小，都是一种辅助性的、从属性的，不占主导地位。我们并不否认在人类社会的一定阶段（如原始社会）或一定程度上存在生存斗争，从这个意义上说，动物社会的自然选择和生存斗争规律在人类社会是起作用的。可是，这个规律所起的作用是较小的。它已经由在动物社会起主要作用的根本规律，降到人类社会中的次要的、附属的规律。人类社会中起主要作用的基本规律是生产力与生产关系、经济基础与上层建筑的矛盾运动规律，正是这种矛盾运动规律决定人类社会制度的更迭、交替和变革，推动人类社会的发展。在此，物竞天择和生存斗争规律在人类社会运动中所起的作用大大削弱了。

如果我们盲目地把"生存斗争""自然选择"的规律直接应用于人类社会的预测，认为生存斗争和自然选择是万能的、普遍的规律，就会导致社会学史上的社会达尔文主义。例如，运用生物学规律于社会学研究，从民族主义出发，认为民族之间，强者应当统治弱者；从种族主义出发，把某一种族看成优等种族，其他种族应当被它统治，所有这些又都要从生物学规律上寻找根据和证据，这就不能不把原本正确或有合理性的东西变成错误和反动，或者说，政治上的反动导致了理论上的荒谬。这种情况在历史上是屡见不鲜的。

---

① 《马克思恩格斯全集》第34卷，人民出版社，1972，第163页。

通过以上讨论，我们得到以下结论。

第一，低级运动形式的规律在高级运动形式中仍然发生作用，但是发生作用的方式和范围已经发生了变化。有些低级运动形式的规律在高级运动形式中不是独立地发生作用，而是在高级运动形式规律制约和调节下发生作用，有些低级运动形式的规律只是在高级运动形式的某一方面继续发生作用，如此等等。所以我们在运用低级运动形式的规律进行社会预测时，应当充分注意其理论限度。任何一种具体的科学理论，即使带有综合性、基础性的理论，也只能在该理论的限度内，即在它所起作用的范围内进行推广应用，超越理论的限度所规定的范围，势必造成泛化，可能带来消极的影响。

第二，低级运动形式的规律或理论应用于社会预测领域，应当审慎地注意推广应用的根据。上面举出的耗散结构和协同学理论等，推广应用于社会领域，其依据是耗散结构理论和协同学研究的都是自组织系统。自组织系统和相应的条件，是这两种理论的限度，也是推广应用的根据。社会系统也属于自组织系统，可以应用耗散结构理论和协同学进行研究和解释。至于熵定律的推广应用，也有一个推广应用的根据问题，熵定律即热力学第二定律，是孤立系统演化的规律，把它作为适用一切领域的规律，甚至作为世界观，是否恰当，这个问题本身是值得探讨的。所以，一种理论、规律本身的限度，既是推广应用的根据，也限制了推广应用的范围。

第三，在运用低级运动形式的规律或理论进行社会预测研究时，应当充分注意被应用领域即社会领域本身的特点。自然科学规律应用于社会领域，是一种结合。结合，就需要从社会领域的特点出发，不研究它的特点也就不能真正结合。马克思列宁主义普遍原理应用于中国革命和建设实际，就是将马克思列宁主义普遍原理同中国实际相结合，结合就是从中国社会的特点出发，创造性地应用马克思列宁主义理论解决中国革命和建设的实际问题。这种结合尚且需要从结合对象的特点出发，属于不同层次的规律和社会问题的结合，更需要注意社会领域的特点。否则，如果简单地运用达尔文生物进化论中"物竞天择"的理论解释和预测人类社会中的问题，就得出错误的结论。

综合起来说，在运用低级运动形式的规律或理论于社会预测研究的问题上，我们不赞成还原论，也不赞成独特论。还原论试图把高级运动形式归结为低级运动形式，认为只要把低级运动形式研究清楚了，高级运动形式的问题也就能够得到解决。这种完全否定社会运动形式的特点，认为用物理科学的理论和方法完全可以解决社会科学问题的观点我们是不能同意的。独特论一味强调社会运动形式的特点，认为社会规律中丝毫不会有自然规律的因素，对于用自然科学理论和方法研究社会问题，采取否定和拒绝的态度，这也是不科学的。因为自然界中的许多规律不可能不对人类社会发挥作用，如物理运动中的排斥与吸引、能量与守恒规律、生物运动中的遗传与变异、同化与异化规律等，只不过发挥作用的程度和表现形式有所不同而已。所以，我们反对还原论完全抹煞两种运动形式的区别，独特论则把这种区别绝对化这样两个极端。正确的态度应当是在高级运动形式和低级运动形式、社会运动形式和自然运动形式之间的关系上，应当承认适度还原的作用和意义而反对还原论，应当承认独特性而反对独特论。承认自然规律对于社会预测的科学意义，又要强调在应用自然规律预测社会现象时，要注意社会运动形式的特点，从社会运动的实际出发，实事求是。

正是在上述意义上，我们将社会预测的规律性理论称为社会预测的基本原理。不仅如此，由于社会运动的规律性是社会预测活动得以进行的基础和前提，规律作为人们对事物过程决定性联系的概括的反映，是人们寻求确定性的最高成果。正是规律性的认识为我们在过去和未来之间的一片原始沟壑中架起了座座桥梁，正是规律使我们得以凭借过去，把握未来，在过去和未来之间进行更有效的选择。因而社会预测的规律性原理，应当处于社会预测基本原理体系中的核心地位，可以说是社会预测的元理论。

第九章　社会周期与社会预测的周期性原理

周期是指物体、物理量完成一次运动，再度回到某一相对位置或恢复同一状态所需要的时间。例如，行星的自转周期、公转周期，变星的光变周期等。① 周期性是泛指一切事物发展规律的重复有效性或循环再现性。周期性实际上是物质世界运动的一种重要的和普遍的规律性现象，我们将发生在社会领域中的周期性现象，称为社会周期。对此，不少人将其称为"历史周期"或"历史周期率"。② 但本人以为，在自然界和人类历史中的任何周期都是"历史的"，因为"周期"本身就是一个时间名词，所以从本书研究的角度出发，为便于与自然领域的周期性相区别和相对应，似以称"社会周期"为宜。对于社会周期，人们有许多经验和感受，而且不少学术著作也都进行过讨论，甚至很早以前就有人根据社会周期进行社会预测活动。但令人不解的是，此前尚未见有人将社会领域中的这种周期性纳入社会预测的基本原理之中，我想这肯定是一个重要的疏忽。为此，本章拟将社会运行中的周期性作为社会预测的基本原理提出，并命名为"社会预测的周期性原理"。所谓社会预测的周期性原理，是一种描述和阐释社会事物发展规律的重复有效性或循环再现性即周期性现象的理论。该理论认为，周期性是事物内部矛盾运动的反映，是客观世界的规律性的一种表现形式。周期性现象不仅广泛存在于自然界，而且也是人类社会中存在的普遍现象。因而利用社会运行的这种周期性，可以超前对社会发展的未来进行推断，实施有效预测。

下面我们就来讨论这一原理是否可以成立。

第一节　周期性是自然界和人类社会的普遍命题

人们在长期的社会预测实践经验中，总结出许多社会预测理论。在这

---

① 参见《辞海》缩印本，第200页。
② 这一概念最先由著名民主人士黄炎培先生于1954年向毛泽东提出，特指社会政治领域的政权更迭周期现象。

些理论中，有些是科学的，有些是不科学的（如各种占卜预测理论）；有些虽然是科学的，但是不具有普遍意义；有些既是科学的又具有普遍意义。我们将那些既科学又具有普遍意义的理论称为基本原理。换言之，社会预测的基本原理就是指在社会预测的实践中被证明是科学的和具有普遍意义的基本理论，它以大量社会预测实践为基础，是对人类长期社会预测实践的带有根本性的或最一般性的理论概括和总结。社会预测的周期性原理正是如此。

客观事物运动的周期性是自然界和人类社会的"普遍性命题"。人们在长期的社会生产和生活实践中发现，无论是自然界还是人类社会，周期现象比比皆是：日有东出西没之周期，月有阴晴圆缺之周期；海有潮涨潮落之周期，河有河东河西之周期；现代科学还发现银河系、太阳系的全息大循环周期，生物界的全息大循环周期，乃至整个宇宙的全息大循环的周期。在微观世界，也充满了小的循环和微循环周期，像生命周期、生理周期、心理周期、智力周期及由此形成的生物钟理论等。

我们先来看一下人们对自然界周期性的考察。

潘顺安在《地质学中的周期现象及其意义》[①]一文中认为：在地质学领域存在着普遍的周期现象。在地球的长期演化发展过程中，相同的地质作用往往在不同的地质时代周期性出现。例如，在地壳演化过程中，总是周期性地出现较长时间的缓慢演化发展和较短时间的激烈演化时期的交替。在较短的地壳激烈演化期，地壳运动以水平运动为主，地槽褶皱隆起，地台抬升，露出水面。地槽区岩石遭受强烈的水平挤压作用，形成变形十分复杂的褶皱。断裂活动、岩浆涌动强烈。新的断裂形成，老的断裂重新活动，地震活动频繁。地壳激烈演化期也是生物界大变革的时期，原来繁盛和占统治地位的生物衰退或者全部绝灭，原来不起眼的生物门类则逐渐兴盛起来，并且出现新的生物门类和大量的新种属。地壳激烈演化期过后，是长时间的缓慢演化时期。这时，地壳运动以升降运动为主。形成了全球性海侵。这一时期，地壳升降频繁，地面交替露出水面和为海水覆盖，形成大规模的沼泽地带，植物繁盛，为煤系的形成创造了物质条件。地壳上升过程中，地震频繁，在地槽区引发多次浊流活动，沉积了特有的大理石建造。这一切预示着下一个地壳激烈演化期的到来。

又如，地质历史时期，沉积作用也呈现周期性的变化，大的周期变

---

① 《广西教育学院学报》（综合版）1994年第4期。

化发生在一个纪或一个代的期间内，小的周期变化则可以在很短的期间内发生。山西太原石灰系综合剖面图可以很好地说明这种情况（见图9-1）。

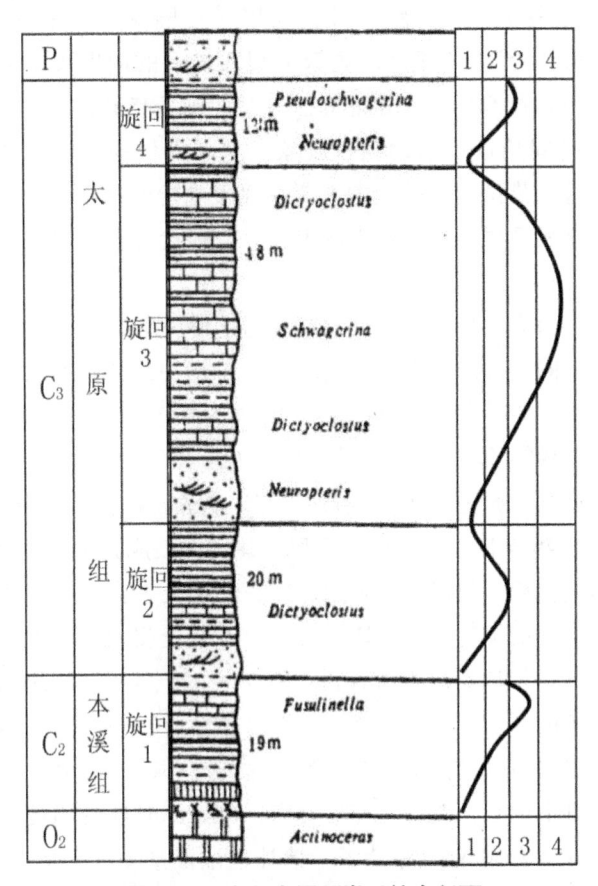

图9-1　山西太原石炭系综合剖面

注："1"为河湖沉积，"2"为沼泽沉积，"3"为滨海沉积，"4"为浅海沉积。
资料来源：《地史学教程》，1980。

从图9-1可以看到四个沉积周期。每一个沉积周期都是以砂岩或泥岩开始，然后是灰岩，最后以泥岩或页岩结束，经历了一个海侵海退旋回。沉积环境上表现为前期水体逐渐加深和后期水体逐渐变浅的过程。此外，作者还分析了"冰川作用的周期性""岩浆作用的周期性""地震活动的周期性"等，从不同层面论述了地质学领域周期性现象的普遍性。

自古有"万物出于土，万物还原于土"和"一方水土养一方人"的说法，以现代的宇宙全息统一律的观点看，人类社会属于大自然的一部分，理所当然地要受到周期性的支配。

在社会历史领域，我们亦不难看到周期性的存在。例如，中国历史上自公元前秦王朝实现"大一统"到1911年清王朝灭亡期间，共存在62个正式的王朝，其中统一的王朝只有11个。所以《三国演义》中说"天下大势，分久必合，合久必分"，就是反映国家分裂和统一的周期性现象；每一个统一的王朝最长不超过500年，因而又有"五百年必有王者兴"的说法，就是从政权更迭的时间角度反映周期性现象；中国古代的十二生肖、八字、五行、天干地支等都是试图对社会的周期性现象进行概括和总结。当然，这些都是古人对社会发展周期性的朴素认识，只有现代科学才能对社会运动的周期性现象进行了科学的研究。

最早提出要研究这种社会历史周期性的是黄炎培。1945年毛泽东与黄炎培在延安谈话，对中国历史上"兴勃亡忽"的历史现象进行哲学归纳，指出了人类社会历史中存在着夺权—掌政—腐败—消亡的"历史周期率"。黄炎培是清末举人，1905年加入中国同盟会，1931年"九一八"事变后，积极投入抗日救亡运动，曾任国民参政员。1945年访问延安后深受启示与鼓舞，返重庆后即于1945年底发起组织中国民主建国会，成为中国民主建国会的创始人。新中国成立后，曾任政务院副总理、全国人大常委会副委员长、全国政协副主席、中国民主建国会主任委员。1945年延安之行，毛泽东邀请黄炎培畅谈了一个下午。黄炎培坦率地说："我生六十多年，耳闻的不说，所亲眼见到的，真所谓'其兴也勃焉'，'其亡也忽焉'。一人、一家、一团体、一地方乃至一国，不少单位都没有能跳出这周期率的支配力。大凡初时聚精会神，没有一事不用心，没有一人不卖力，也许那时艰难困苦，只有从万死中觅取一生。既而环境渐渐好转了，精神也渐渐放下了。有的因为历时长久，自然地惰性发作，由少数演为多数，到风气养成，虽有大力，无法扭转，并且无法补救。也有因为区域一步步扩大了，它的扩大，有的出于自然发展；有的为功业欲所驱使，强求发展，到干部人才渐渐竭蹶，艰于应付的时候，环境倒越加复杂起来了，控制力不免趋于薄弱了。一部历史，'政怠宦成'的也有，'人亡政息'的也有，'求荣取辱'的也有。总之，没有能跳出这个周期率。中共诸君从过去到现在，我略略了解的了。就是希望找出一条新路，来跳出这周期率的支配。"对此，毛泽东首次提出了依靠民主来跳出历史周期律的思想。

在社会经济领域，我们看到经济学家们对经济运行的周期性进行了深入研究。马克思创立的历史唯物主义，不仅揭示了人类社会生产资料所有制的原始公有制—私有制—共产主义公有制的发展周期,而且揭示了资本主义制度中经济运行的周期性危机:从1825年英国发生第一次经济危机,到19世纪末20世纪初,资本主义进入垄断阶段以前,世界一些主要资本主义国家(如英、美、法、德等),先后于1825年、1836年、1847年、1857年、1866年、1873年、1882年、1890年、1900年、1907年共发生了十次经济危机。这些危机大约每隔十年左右一次,相当有规律地经历着"危机—萧条—复苏—高涨—危机"的各个阶段"就好像一年四季的自然更迭一样"。① 在第二次世界大战后,经济危机发生的次数就更为频繁了。

马克思之后的一些经济学家也对经济周期进行了研究,并提出了用以说明近百余年来资本主义经济发展的长期趋势中呈现景气和不景气周期性交替变动的"长周期理论",又名"长波理论"。最先提出"长波理论"的是俄国经济学家尼古拉·康德拉季耶夫,他在1926年发表的题为《经济生活中的长波》(后译为英文发表于美国《经济统计评论》1935年第6期)一文中统计分析了140年的数据,认为资本主义经济危机不仅存在长度为7~10年的"中程周期"(又称"中波"或以法国克莱门·尤格拉命名的"尤格拉周期"),和平均长度为3.5年的"短波"(又称以美国约瑟夫·基钦命名的"基钦周期")之外,还存在平均长度为50年的"长波"。美籍奥地利经济学家熊彼得沿袭康德拉捷夫的说法,并把这种"长波"称为"康德拉捷夫周期"。后来出生于俄国的美籍经济学家西蒙·库兹涅茨在1930年出版的《生产和价格的长期运动》一书中考察了19世纪初到20世纪初近100年主要资本主义国家60种产品的产量和35种主要产品价格变动的时间数列,提出了平均为20年的"长波"或"长期消长"的论点,日益受到西方经济学界的重视,并被称为"库兹涅茨周期"。② 1985年美国经济学家莫迪利安尼提出消费与储蓄生命周期假说并因此而获得了诺贝尔经济学奖。在微观的社会经济运动中,有人还提出产品的生命周期理论、时尚(如时装)的周期理论等。

由于周期性现象的大量存在,人们感到有必要建立一门"周期学"。据说周期学作为一门新兴学科,近年来在美国、德国、日本等工业国家已经开始受到关注和重视。美国宾夕法尼亚州的周期学研究基金会已发现了560种有规律的周期循环现象。美国加利福尼亚的一家研究机构收集整理了大约

---

① 《马克思恩格斯全集》第12卷,人民出版社,1962,第607页。
② 许涤新:《政治经济学辞典》,人民出版社,1980,第566~568页。

3000余例周期活动的事件。例如，每隔2.5亿年，整个银河系将完成一次大循环周期；每隔2600万年地球上的海洋生物种类将经历一次灭绝周期；每隔93408年，太阳系的星球将经历一个大循环周期，恢复到原来的位置；世界性的地震周期为24年，大阳黑子周期为23年，地球干旱周期为22年，地球水灾周期为17年；每隔9.6年加拿大的山猫数量将经历一个上升或减少的循环周期；美国谷物丰收的周期是9年，"飞蝶热"每过4年出现一次，国际金融市场的波动周期为10个月左右，海潮的周期大约是12.5小时……这些周期表明客观世界中的周期性变化事件是普遍存在的，其周期变化成因亦各具特点。总之，我们处于一个周期性的世界，我们自身也是一个周期性的世界。事物发展的周期性，不仅被马克思主义以前的一些哲学家猜测到，被马克思主义经典作家所揭示出，而且也被客观世界和人类认识发展的辩证性质证实。事物发展的周期性广泛存在于自然界、社会和人类认识中，它的客观普遍性是毋庸置疑的。

第二节　人类利用周期性进行预测的历史考察

人们在对世界周期现象的认识中，还进一步发现，依据这种事物运行的周期性，可以有效地对事物发展变化的未来前景进行预测。

早在2000多年前春秋战国时期的范蠡就利用周期性进行过成功的预测。范蠡，字少伯，楚国宛（今河南省南阳市）人，生卒年不详。春秋末年与文种等人辅佐越王勾践，卧薪尝胆，奋发图强，灭吴复仇，成就霸业之后，范蠡隐退江湖，携美女西施"下海经商"，富甲天下，其中很重要的原因就在于他善于运用周期性原理进行经济预测。范蠡首先提出了农业经济的周期性循环的说法。他认为，农业生产决定于天时，而天时变化是周期性循环的，因此农业收成的好坏也呈现一定的周期性，是按照"六岁穰，六岁旱，十二年一大饥"的周期丰歉循环的。范蠡还认为，根据经济周期性循环的规律进行预测，可以知道"万货之情"，并提出"旱则资舟，水则资车"[①]的"待乏"商业经营原则，即水灾时车无用但要买车预储，旱灾时船无用但要买船预储。因为水旱交替出现，具有周期性，一旦水转旱时车必短缺，由旱转水船则走俏，抓住时机贱买贵卖，自然获利丰厚。范蠡当时用的预测方法在今

[①] 《史记·货殖列传》。

天看来已是平常，但在 2000 多年前这却是一种超人的智慧，这也是我们所见到的迄今为止的最早的利用周期性原理所进行的预测活动。

范蠡之后的先秦商业经营思想家白圭（名丹，周人，前 370～前 300），根据古代岁星纪年法和五行思想，也提出了农业经济周而复始的周期之说，他认为农业的每一周期为 12 年，周期开始的第一年总是大丰收，其后两年"衰恶"，第四年旱，再后两年小丰收，第七年又是大丰收，而后两年又"衰恶"，第十年大旱，继而又是两年小丰收，下一周期开始又是大丰收年。如此反复，以至无穷。白圭的农业周期循环说比范蠡的论述更具体。在对待商业经营问题上，白圭主张运用事物发展的周期性"乐观时变"，依据年岁丰歉的预测，实行"人弃我取，人取我与"的所谓"治生之术"；强调预测清楚后要抓住时机，当机立断，"趋时若猛兽挚鸟之发"，要像"伊尹、吕尚之谋，孙吴用兵、商鞅行法"那样精于运筹、指挥和制断。对于此人精湛的预测思想和精明的致富之道，司马迁在《史记》中有"天下言治生祖白圭"之誉。

在近代科学发展史中，俄国化学家门捷列夫利用周期性原理进行了最为精彩的科学预测。门捷列夫在化学研究方面取得许多成就，其中最有影响的是发现了元素周期律。1955 年 101 号元素发现后被命名为"钔"，就是为纪念他对化学所做出的重大贡献。1869 年以前，被发现的元素已有 63 种。对这些看来杂乱无章的元素，许多化学家都试图找到它们之间的联系。例如，德国化学家德贝莱纳的"三元素组"、英国化学家纽兰兹的"八间律"等，从不同角度对元素进行了分类，但是都没有真正找到它们相互间关系的本质。还在学生时代，门捷列夫就想过，应该有一种把元素的原子量与其特性联系起来的广泛概括。1876 年门捷列夫认真地研究了物质的化学性质、比重与原子量、化合物的分子量间的关系，发现钠、钾、铷、铯等元素具有相似的性质，氟、氯、溴、碘间也具有相似的性质，这种情况还出现在钙、锶、钡之间。为了进一步研究元素的分类，他将已发现的 63 种元素的名称或符号、原子量和其他特性分别写在 63 张纸片上，并对纸片进行排列组合。他曾根据元素对氢、氧的关系，金属性和非金属性，原子价，元素的活泼性排列组合，但所得的分类结果不令人满意。后来，他抓住元素的原子量探索元素间的规律性，发现不同元素的原子量差别可以很大，但化合价的变动范围却较小，且许多元素具有相同的化合价，同价元素的化学性质又往往非常相似。他将已发现的元素按原子量由小到大的顺序排列起来，看到钾以后的元素随着原子量的增加，其性质又显示出与钠到氯相似的变化。据此，他于

1869年2月编制成第一张元素周期表。1869年3月他在俄国化学会的学术报告会上正式宣布："按照原子量的大小排列起来的元素，在性质上呈现明显的周期性"。在第一张元素周期表中，他留下了4个空位，每个空位上只写出他预测的原子量：45、68、70、180。他预言这四种元素的性质并断言它们必将被发现。果然，空位元素"类铝"于1875年被法国化学家布瓦博德朗发现，即元素"镓"；空位元素"类硼"于1879年被瑞典化学家尼尔森发现，即元素"钪"；空位元素"类硅"于1886年被德国化学家文克勒发现，即元素"锗"。门捷列夫的预言和以后被发现的元素的性质惊人的一致，使人们认识到元素周期律的重要性。后来，他又预言过一些元素，例如在氢和锂、氟和钠、氯和钾间的三个空位上将分别填充原子量为2、20、36的未知元素，这一点又被拉姆赛、瑞利等人发现的氦、氖、氩证实。另外，他还根据自己所发现的规律，修改了一些元素的原子量。事实证明，他的修改是完全正确的。1871年，他又发表了《化学元素的周期性依赖关系》一文和第二张元素周期表，并给元素周期律下了定义："元素（以及由元素所形成的单质或化合物）的性质周期性地随着它们的原子量而改变。"元素周期律把各种元素包括它们的单质和化合物纳入一个完整的、科学的体系，使科学家们掌握了探寻自然界周期发展的钥匙，增强了研究的目的性和自觉性，从而使科学研究进入了一个系统化的新阶段。

在比较微观的具体领域运用周期性进行预测的案例也屡见不鲜。例如时装流行预测就是近代一门利用周期性原理开展预测活动的新兴学科。随着时装预测研究不断深入，其预测的精确率越来越高。许多时装制造商越发借助时装流行预测成果来发展自己，以便争夺市场。而预测因素是多方面的，有文化、政治、经济、宗教、色彩等因素，但首要因素还是周期因素。法国著名的时装设计师樊高·里夏尔夫人曾经总结出时装流行的周期理论，即服装的色调、剪裁、长短、宽窄和装饰，大体20年为一个周期，考虑设计90年代的服装，需要回溯到70年代至50年代以至更远。但这种周期性并不是简单的重复，每次都会出现一些新的花样，遵循的理论便是旋极论。因此服装设计家必须了解历史，细心敏锐地观察现实，利用周期理论才能看准市场。

至于在社会历史领域，人们利用治乱兴衰的周期律进行政权更迭的预测，在我国的历史典籍中可谓比比皆是、屡见不鲜。而马克思揭示了资本主义经济危机的周期性，并预言了人类社会制度将向着更高级形态发展的伟大预测更是为人所熟知。对此无须本书再多赘言。

第三节　社会周期的特点与社会预测

运用社会运行的周期性进行社会预测，需要对社会周期的特点予以正确把握。

社会周期与自然周期不同。在自然界中的周期性现象，一般有较严格的规定性，如我们前面反复提到的哈雷彗星的运行轨道和周期是十分确定的，因而人们可以对其进行精确的预测。据说现代科学对自然领域的某些周期性现象的预测（如日食和月食）可以精确到以分秒计。但是对社会领域周期性现象的预测却不同，因为社会周期具有较大的时间张力或者说弹性尺度。因为在社会运行周期中活动者的"全是有意识的、经过思虑和激情行运的、追求某种目的的人"。由此可见，社会周期虽然具有客观规律性，但也有一定程度的人为性，所以也有人将其称之为"准规律"。[①] 为更好地说明这一点，我们下面以我国封建社会治乱兴衰和政权更迭的周期为例加以论证。

在我国的封建政治统治中，很早就有"得民心者得天下"和"民能载舟亦能覆舟"的说法。所以一个政权周期的长短，很大程度上取决于统治者的作为。如果统治者能够顺应民心，为民造福，那么就"水可载舟"；如果政治集团内部尔虞我诈、互相倾轧，对人民行尽压迫、剥削之能事，逆民心而动，就有被人民"覆舟"的危险。所以社会周期的长短要由统治者和被统治者双方的行为和意志来决定。当"民心向背"达到"统治者不能照旧统治下去，而被统治者不能照旧生活下去"临界值时，如果统治者继续倒行逆施，就会加速其灭亡；如果统治者意识到危机将要发生，断然采取改革措施，就可以缓和矛盾延续其统治。对此，历史给我们提供了正反两方面的例证。秦朝二世而亡，根源于对人民的暴政而使官逼民反；隋朝二世而终，主要原因是统治者决策失误及腐化；而明王朝在面临衰亡的万历年间，统治集团内的有识之士张居正变法图新，顶住多方压力，对封建生产关系进行了有限度的调整，扶大厦于将倾，拯救处于风雨飘摇中的明王朝，重现复兴，延续了明王朝的统治……从这些例子可看出，社会周期不是一种自然现象，它的发生不像四季更替般依时而发，节到必来，完全不由人的意志为转移，它是由人

[①] 参见杨忠虎、魏新玲《关于历史周期率的哲学思考》，《理论月刊》2000年第6期。

的活动所引起的一种社会历史现象,是各种因素"合力"作用的结果。对此,我们还可以从秦代至清代2000多年的社会波动的周期性变化得到实证分析(见表9-1)。

表9-1 秦代至清代社会波动的周期

单位:年

波动名称	波动时间	与上次波动相距
秦末农民起义和楚汉战争	前209~前202	
新朝绿林、赤眉起义	17~36	217
东汉末黄巾起义和魏南北朝战乱	184~589	147
隋末农民起义	611~628	21
唐末黄巢起义和五代十国战乱	875~979	246
宋金元战争	1125~1279	145
元末红巾军起义	1351~1368	71
明末李自成起义和清军入关	1627~1664	258
清末辛亥革命	1911	247

资料来源:徐平华:《中国封建社会周期波动与人口关系初探》,《南昌大学学报》(社会科学版)1996年第1期。

由表9-1可见,主要朝代如西汉、东汉、唐、北宋、明、清社会波动的间隔时间在两百年上下,实际平均间隔期为210年。换言之,中国封建社会在一般情况下每隔200年左右就会发生大规模社会波动和王朝更替。之所以存在这一时间规律,很大程度上因为一个新王朝建立之后,要经过约200年左右的时间,人口与物质资料生产的矛盾才发展到足以引起社会大波动的地步。但是,常常有一些其他因素打破这一规律性,使波动间隔期程度不同地缩短。一是封建统治者及其荒淫无道,赋役苛重,使农民起义提早发生。秦、隋二朝就属此类。二是汉族与周边少数民族的矛盾十分尖锐,加快了社会波动的发生。宋、元二朝就属此类。此外,天灾、疾疫等也会加速波动的爆发。

通过上述考察可以发现,社会周期的发生并不像自然周期如四季更替般具有铁的规律性,而是有很大的弹性尺度。历史上既有建立几天就垮台的政权,也有延续数百年的王朝。就是说,社会周期即使是客观规律,它本身也有着极大的时间张力,具有人为性和不恒定性。这是社会周期和自然周期的一个根本区别,也是我们在运用社会周期性进行社会预测时的理论局限所在，需要充分予以注意。

　　社会周期虽然有较大的弹性和一定的人为性，但是它的背后隐藏着的是人类社会发展的客观规律，是人类社会基本矛盾运动和人的社会活动综合作用的结果，是生产力和生产关系矛盾不可调和时所发生的规律性现象。所以我们必须认识到，社会运动的周期性现象不是一种偶然历史现象的简单叠加，而是一种源自社会内在矛盾运动的历史必然。在唯物辩证法看来，社会运行的周期性，不是简单的历史循环论，[①] 而是否定之否定规律所揭示的事物发展曲折性的规律表现形式。它虽然只涉及否定之否定规律的形式方面，却与这一规律有着不可分割的联系。恩格斯在《反杜林论》中就把周期性明确地表述为唯物辩证法的否定之否定规律。他举了许多例子论证周期现象的客观规律性，例如，麦粒—麦株—麦粒，蝴蝶卵—蝴蝶—蝴蝶卵这样的小周期，就是包含在岩石的形成—破坏—形成，岩浆冷凝—熔解—冷凝这样的大周期中的；原始社会的平等—奴隶、封建社会的不平等—资本主义社会建立在契约基础上的新的平等这样的小周期，也是包含在原始公有制—私有制—共产主义公有制这样的大周期之中。这里恩格斯不仅论证了自然界发展和社会发展周期现象的规律性，而且还深刻地揭示了周期现象具有层层嵌套特点的规律性。

　　总之，周期性是在社会运动的各个层面反复出现的一种普遍现象，是社会矛盾运动和人的社会活动综合作用的结果，它的背后隐藏着的是人类社会发展的客观规律，周期性理论是对社会运行的一种规律性的概括和总结，并且在社会预测中具有普遍的方法论意义，因而我们完全有理由将其作为社会预测的一条基本原理。

　　最后，我想用科普大片《宇宙与人》中一句富有启发意义的话来结束本章的讨论：没有月亮，就没有潮汐，而没有潮汐，就没有陆地上的生命。因为正是潮汐，使海洋中的生物逐渐来到了陆地上。所以，可以说周期现象乃是人类与生俱来的一种生命现象。人是社会的主体，有了人才有人类社会，抓住了人类社会的周期性，则抓住了社会预测的奥秘所在。

[①] 又称"社会循环论"，参见李盛平等主编《新学科新知识词典》，中国国际广播出版社，1989，第310页。

第十章　相似现象与社会预测的相似性原理

所谓社会预测的相似性原理，是指一种承认事物的个性并在事物的个性之中寻求共性即相似性，并用之类推社会事物未来前景的理论。该理论认为，客观世界中的事物虽然千差万别，但它们之间在特定的层次上总存在着某种相似性；相似性不仅普遍存在于自然界，而且亦普遍存在于人类社会之中；依据事物之间的相似性，人们可以从已知事物类推未知事物。社会事物之间相似性的存在，是人类之所以能够进行社会预测活动基础。在社会预测中运用相似性原理，就是根据预测客体与某种已知社会事物的相似性，来类推这个预测客体的未来发展变化。

在确认上述原理之前，我们需要考察和论证两个前提：一是客观世界包括人类社会中的万事万物之间是否具有普遍的相似性，二是事物之间的相似性能否用于社会预测，最后才是如何运用相似性原理进行社会预测。下面我们就来分别讨论这三个问题。

第一节　充斥整个宇宙的相似现象

笛卡尔有一句名言：自然界甚至没有两片完全相同的树叶。是的，笛卡尔说的没错，世界上是没有绝对相同的事物，成千上万的树叶中不会有两片绝对相同的叶片；世界上几十亿人口中没有相同的指纹，就连孪生子也不例外。否则，我们就无法进行任何区分。所以，在大千世界数不胜数的物种和事相中，每个物种和事相都是独特的。但是，不相同并不等于不相似。什么是相似？我国学者张光鉴在他的《相似论》中对相似进行了科学研究，他认为客观事物发展过程中，都存在同和变异，因为只有同才能有所继承，只有变异，事物才能往前发展。所以相似不等于相同，相似就是客观事物存在的相同与变异矛盾的统一。变异就是事物发展过程中和运动过程中的差异。相似现象就是客观世界物质的基本粒子在统一场作用下运动的一种和谐协调而又互相适应的一个组合形式。①

相似是普遍存在的。在自然界中，大至宇宙星系之间，小至每个原子运动的形式都存在大量的相似之处。现代物理学表明，客观世界中小到基本粒子，大至行星、太阳及红巨星、白矮星和中子星，从非平衡态到平衡态的演化过程中，都存在惊人的相似过程。协同论的创始人哈肯惊叹地说："在这个太阳系下没有任何新东西。的确我们发现，这种类似性在很多现象（和理论处理）中都存在，只是明显程度不同而已。"② 在我们周围的动、植物中，亦都存在大量的相似之处。例如，从高至参天大树到灌木小草直至原始藻类的各种植物之间，都存在相似的叶绿素；从高等的人类直到低等的各种飞禽走兽直至软体动物之间，大都存在着赖以生存的血红素。而叶绿素和血红素又都是和空气中的二氧化碳与氧起作用，都是由此成为植物和动物的能源供应者。而这一系列的相似关系并非巧合。英国科学家戴维·开林（D. Keilin）为之研究了很多年。1961年英国的彼得·米切尔（P. Mitchell）终于证明动物的线粒体呼吸链和叶绿体非环状光合氧化还原链的化学原理是基本相似的，并因而获得1978年诺贝尔化学奖。现代化学还进一步证明，叶绿素和血红素的化学结构也是相似的，都是卟啉结合物。叶绿素是卟啉结合了镁元素，而血红素是卟啉结合了铁元素。所以客观世界中看来是风马牛不相及的东西，却深刻地存在着相似的特性，因为人和植物都是由共同的祖先——核前生物体变异来的。

相似在人类社会中也是普遍存在的。整个社会发展史都如同史学家惊叹的那样"呈现着惊人的相似"：生活在地球不同地方的大多数民族都不约而同地经过了石器时代、陶器时代、铜器时代、铁器时代；社会形态都经过了原始部落社会、奴隶社会、封建社会，到资本主义社会。不但宏观的过程和结构是相似的，就连很多微观的发现创造过程也惊人的相似，有些伟大的发现有时甚至是在不同的地方同时出现的，如达尔文与华莱士同时发现了生物的进化现象，牛顿和莱布尼茨同时发现了微分方法等。在人类的社会组织上也存在大量相似性，如一个国家、一个政府、一个工厂、一个军队、一个家庭都有各种各样的相似层次和结构。例如，我们社会学中常讲的"家国同构"就是一种相似：不仅家庭关系中的父子关系和国家中的君臣关系是相似的，就连家庭住宅构造的模式都是和国家（皇帝）住宅构造模式是相似的，

---

① 张光鉴：《相似论》，江苏科学技术出版社，1992，第4页。
② 参见张光鉴《相似论》，江苏科学技术出版社，1992，第10页。

如北京的四合院与故宫。

　　总而言之，客观世界中万事万物的相似形式是多种多样的，有功能相似、结构相似、动力相似、几何相似、过程相似、行为相似等。相似的事物真是数不胜数。反过来想想看，如果世界上的万事万物之间没有各种各样的相似性质，那么人类就不可能得到由此及彼的认识，也就无法生存下去。因为面对不可胜数的事物，如果没有相似性，任何一个东西都被当作独一无二的事物来认识，不能够举一反三，那么人类很快就会被客观环境的复杂性所压倒；将不能应对客观环境的种种变异，以求得生存和发展。总之，自然界和人类社会发展的历史证明了客观世界存在着这种相似性。

　　对于相似性，学者们有过不少论述。我国古代哲学家常说的"万变不离其宗"的"宗"，"千变万化其理一也"的"理"，"道生万物"的"道"等等，其中都蕴含深邃的相似性的道理。列宁曾经指出："自然界的统一性显示在关于各种现象领域的微分方程式的'惊人的类似'中。"[①] 莱布尼茨也说过："自然界都是相似的。"然后又说："为什么相似，是神定的先定谐和。"针对这句话，列宁正确地指出："具有深刻的辩证法，虽然有僧侣主义的解释。"[②] 本书前面提到的现代科学的著名学者、科学家如奥地利的贝塔朗菲（L. V. Bertalanffy），美国的维纳（N. Wiener）、香农（C. Shannon）和L. 普利高津，德国的哈肯和艾根，法国的托姆（R. Thom）等人，他们都是站在不同的角度、不同的层次上，研究了事物中的某些相似性，而提出了举世公认的系统论、控制论、信息论、耗散结构、协同学、突变论和超循环论等重要理论。总之，对于世界存在的相似性，不论是在普通人的感觉之中，还是在哲学家们的理性之中都是存在共识的。

第二节　相似性能否用于社会预测

　　既然客观世界普遍存在着相似性，那么我们能否利用这种相似性来预测事物的未来呢？这是涉及社会预测的相似性原理能否成立的关键问题。

　　首先我们来看相似性能够用于社会预测的客观依据是什么。通过第一节的讨论我们已经知道，客观世界是多与一的矛盾着的统一体。因此，在一事

[①] 《列宁全集》第14卷，人民出版社，1957，第305页。
[②] 参见张光鉴《相似论》，江苏科学技术出版社，1992，第1页。

物与他事物、一个类与另一个类、一个领域与另一个领域之间，都存在一定的共性。世界上一切事物之间，不论是相近的事物还是不同发展阶段的事物之间，都存在着某种程度的相似性。不仅事物性质之间有着相似性，而且事物运动变化的规律之间也存在着相似性。所以从原则上说，世界上一切事物之间，都存在着应用相似类比法进行预测的可能性。由此可见，客观世界现象及其规律的这种统一性和它们的相似性，就是我们能够运用相似性进行预测的客观依据。

我们再来看人类运用相似性进行预测的实践。其实，根据事物的相似性质进行预测，从人猿相揖别的时候就开始了。那时人类根据自然界各种事物的几何形状、物理性质等的相似性，进行相似模拟，制造出各种器具和进行原始生产劳动，这里面就已经包含根据相似性进行预测的萌芽了。例如，本书第一章中所谈到的距今 5000 年前的预测形式龟卜和 3500 年前的蓍筮，就是利用了某些动植物的相似性。古人为什么要用龟甲和蓍草作为预测工具？因为"龟生三百岁，大如钱，游于莲叶之上；三千岁青边缘，巨尺二寸。蓍生七十岁一茎，七百岁生十茎。神灵之物也，故生迟留；历岁长久，故能明审"①。

《易经》在我国古代被尊为"六经之首"，至今仍在世界上享有盛誉。《易经》在进行预测时也是从事物的相似现象入手的。《易经·系辞》中说："与天地相似，故不违。知周乎万物而道济天下，故不过。旁行而不流，乐天知命，故不忧。"在论及《易经》创始时的思想时又说："古者包牺氏之王天下也，仰则观象于天，俯则观法于地，观鸟兽之文与地之宜，近取诸身，远取诸物，于是始作八卦。以通神明之德，以类万物之情。"

《孙子兵法》是一部享誉世界的兵书，其中有许多利用相似性预测的例子。《孙子兵法》中讲，要想事先预测战争能否取胜，必须"经之于五事，校之于七计而索其情"。② 这里的"五事"和"七计"，就是孙武在战争中总结出来的对比敌我双方的各种条件，通过条件相似预测战争胜负。《孙子兵法》中还说"置之死地而后生，投之亡地而后存"，"百里而趋利者蹶上将"，以及"知可以战与不可以战者胜""识众寡之用者胜""上下同欲者胜""以虞待不虞者胜""将能而君不御者胜"等，都是战争中许多相似现

---

① 王充：《论衡·状留》。
② 所谓"五事"就是"道""天""地""将""法"；所谓"七计"也就是"主孰有道""将孰有能""天地孰得""法令孰行""兵众孰强""士卒孰练""赏罚孰明"七个方面的情况（参见《孙子兵法·计篇》）。

象的经验总结。有人甚至认为:"《孙子兵法》从头到尾都是在总结战争中的相似现象、相似条件和相似关系的基础上,指导我们如何去进行预测和做出决策。"①

我们在前面第一章中曾讲到的范蠡对越王的预测,所根据的"飞鸟尽,良弓藏;野兔死,走狗烹"的例子,就是人们在以往的经历中看到或知道的人们对待"鸟"与"弓"、"兔"与"狗"之间的关系,并以此来"类推"君臣关系,预测君主在消灭了"敌人"之后,会如何对待曾帮助过自己的"功臣"。这种预测也是运用了相似性原理,其相似点是关系相似。

100多年前,马克思就预料到:"工业较发达国家向工业不发达国家显示的,只是后者未来的景象。"② 马克思在这里所用的预测方式就是过程相似。事实证明,在历史发展的进程中,所有的民族都经历着基本相同的道路,自然经济和农业生产方式、商品经济和工业生产方式以及产品经济和后工业生产方式等几种生产方式或几种社会经济形态,就是这一道路上依次演进的几个基本阶段。生活在更加先进形态的国家对别的国家显示出它们的未来,就像别的国家显示出是那个先进国家的过去一样。

笔者也曾亲自运用过程相似的方法,对沙市③在社会转型期的犯罪发展趋势进行过实证性预测研究。根据1991年中国社会科学院社会指标课题组用综合评分法对全国188个地级以上市的经济社会发展水平进行的综合评价看,处于改革开放前沿的地区具有明显的"经济发展超前、社会治安滞后"的特征。如沿海特区四市(深圳、珠海、厦门、汕头)每万人口的刑事案件立案率达33件,比188市平均22.6件高46%。由此得出的结论是特区四市先于全国其他地区进入改革开放的过程,他们在社会转型中,经济虽然获得高速发展,但由于社会结构的急剧变化,社会控制手段一时跟不上,西方腐朽文化与生活方式的侵蚀,收入不公而产生利益矛盾,"权钱交易"的腐败现象滋长,流动人口剧增,法制不健全等原因而诱发了犯罪率的上升。这种情况以深圳最为典型,深圳"经济效益"和"生活质量"的得分,均居188市之首,而社会秩序仅得3.7份,居倒数第五位。其中每万人口的刑事案件立案率高达53.4件,比188市平均高出1.4倍。那么根据过程相似的社会预

---

① 金山:《相似论——相似·预测·决策》,江苏科学技术出版社,1994,第40页。
② 《马克思恩格斯选集》第2卷,人民出版社,1972,第100页。
③ 沙市原为长江边上的一个重要通商口岸和新兴的轻纺工业城市,曾被国家列为继沿海开放城市之后的第二批改革开放城市。1994年沙市与湖北省荆州地区合并为荆州市,现为荆州市中的一个区。

测原理，我们认为特区四市这种在经济转型期"经济发展超前、社会治安滞后"的现象，将会随着改革开放在我国不同地区空间上的扩展和时序上的演进，在一定程度上为所波及的地区重新演示。对于这种相似推论，我们还以一些数据进行了实证，方法是依改革开放的程度和社会转型的时空序列，分别抽出若干具有代表性的城市分成三组，并以1978年为改革开放的标志，将1978~1993年的犯罪增长情况分前、中、后三个五年进行比较（见表10-1）。

表10-1　不同区域刑事立案率平均增长速度比较

单位:%

地　区	1978~1982年	1984~1988年	1988~1993年
深圳、珠海（以外向型经济为主）	***20.863***	9.826	—
苏州、无锡（以集体经济为主）	13.453	***20.766***	—
沙市、抚顺（以全民经济为主）	-6.094	11.884	***22.45***

资料来源:《不同经济发展形态区域犯罪研究》，《公安研究》1990年第5期，第36页。

从表10-1中斜体数据来看，不同地区的犯罪率高峰时间段呈现出相当有规律的过程相似性，处于社会转型第一层序的深圳、珠海的犯罪增速已开始减慢，有呈抛物线状演进的趋势；处于第二层序的苏州、无锡在1984~1988年正经历着第一层序城市1978~1982年犯罪发展的顶峰阶段；而处于第三层序的沙市、抚顺在1988~1993年增长速度与第一层序城市在1978~1982年，第二层序城市在1984~1988年的数字相似。沙市在1993年时的犯罪率增幅已经略微超过了沿海特区1978~1982年时情况。所以我们当时预测下一个阶段沙市的犯罪率将会下降至16%左右。[①] 这个预测笔者在1996年的回访中已经得到证实。

综上所述，社会预测的目的就是把所要预测对象的未来状况由全然未知的"黑箱"转化为半透明的"灰箱"，直到全透明的"白箱"。要达到这一目的，一个非常有效的方法就是利用事物之间的相似性进行类比推理。而类比推理是科学认识的一种重要的逻辑思维方法。在科学史上，类比法受到为数甚多的科学家的推崇。如黑格尔认为类比是理性的本能，这种"理性的本能使人感觉到，经验得出的这个或那个规定，在该事物的内在本性或类中有

---

① 参见阎耀军、姚时荣《沙市社会转型期的犯罪发展趋势预测》，《犯罪与改造研究》1994年第6期。

以无穷多样的方式起作用,相似类比推理发展至今,已经有因果相似类比、数学相似类比、模型相似类比、对称相似类比、仿生相似类比、肯定相似类比、否定相似类比、综合相似类比等许多形式。相似类比推理方法通过与其他方法相互结合和相互渗透,形成相似类比方法群。在这个方法群中,尤其是利用仿真模型进行相似类比推理,在所有相似类比推理中居于十分突出的地位,在近代以来的社会预测中,人们自觉利用相似性进行社会预测的典型方法就是仿真模型。

"模型"一词,在西文中源出于拉丁文"modulus",意思是尺度、样本、标准。随着科学技术的蓬勃发展,模型已超越了作为客体的仿真摹写、样本这一范围,而成为对客观事物的特征和变化规律的一种科学抽象。运用模型进行预测起源于古代的兵棋和军事沙盘。19世纪初,普鲁士国王威廉三世的一个大臣叫冯·莱斯维茨,他按照1∶2373的比例制成一个立体的沙盘模型,想用这种办法代替兵棋供国王玩战争游戏,当时的普鲁士军队的总参谋长密福林观看了这场高级别的沙盘对抗游戏之后,觉得这种游戏和实战十分相似,就决定将沙盘游戏正式引入军队,作为作战前的预演预测手段之一。

沙盘实际上是对实际事物状态的一种实物仿真,是一种模仿相似环境条件的实物模型或曰物理模型。在现当代社会中,上述原始的实物仿真模型已经发展为更为抽象的理论模型和数学模型,并利用电子计算机进行仿真推演。孙子兵法中讲"兵者,国之大事,死生之地,存亡之道,不可不察也"。"察"就是预测。战争具有不可重复性和巨大的破坏性,必须慎之又慎。因此,现代各国都非常重视用建立"战争模型"的方法进行军事预测。在现代军事史上,利用作战模拟方法进行军事规划,德国曾处于领先地位,美国后来居上。第二次世界大战结束后,先进国家的军事决策部门把电子计算机及时充实到作战模拟方法之中,使现代作战模拟在计算机处理下由繁变简,由粗糙模拟向精确可靠方向发展。目前,各国采用的作战模拟方法品种繁多,技巧各异。据美国哈佛大学的 G. D. 布鲁尔等著的《战争对策》一书统计,到20世纪70年代中期,美国的军事模型大约就达到500种,其中,陆军占40%,海军和空军务占25%,其他方面占10%。在第一次海湾战争爆发前,伊拉克曾点燃了科威特的数百口油井,浓烟遮天蔽日,因而美国及其盟国在发动"沙漠风暴"之前,必须预测到点燃其余所有油井的后果。据美国《超级计算评论》杂志披露,美国五角大楼曾要求太平洋—赛拉研究公司对此进行预测。该公司在进行了一系列的仿真模拟计算后得出结论:大火会造成一场重大的环境污染,将波及波斯湾、伊朗南部、巴基斯坦和印度北部,但不会失去控制，不会造成全球性的环境恶化，不会对地球的生态和经济系统造成不可挽回的损失，这才促使美国下定决心。海湾战争最后的决战"沙漠军刀"行动，也是由美国一家仿真公司事先提供了仿真模拟系统，准确地预测了伊拉克将把主力部队用以防御对科威特的攻击，并推测出迂回到伊军西侧的盟军装甲部队的攻击具有最大成功的可能性。后来"沙漠军刀"行动结果证明，仿真模拟精确地描绘了实战，而实战又忠实地再现了仿真模拟。这种来自实验室中的战争真正实现了"运筹于帷幄之中，决胜于千里之外"。在第二次海湾战争爆发前，美军曾利用美国 RDA 公司开发的军团战斗作战模拟系统，对地面作战的战斗和指挥计划进行了模拟分析，通过这个作战模拟系统获得了俗称"4 天计划"或"100 小时战争"的作战方案。

仿真模拟方法在现代社会预测的其他领域也得到广泛运用。例如，我国葛洲坝水利工程，在"文革"期间，由于"左"的思想影响，工程设计未经科学论证，在没有进行仿真模拟实验的情况下就匆匆开工，结果导致极大的混乱，浪费了大量的人力财力，不得不停工。改革开放后，工程指挥者进行了周密的计划和部署，预先建成葛洲坝工程的仿真模型，在模型上进行放水试验，发现了工程将面临的一系列问题，如泥沙淤积和水流情况的变化等。根据仿真模型提供的这些信息，科学工作者制定了"一体两翼"的工程建设整体方案。整体方案制定之后又发现了新问题，即是否要挖掉位于长江中的葛洲坝小岛，设计者对此认识上存在较大的分歧，在争论不下的情况下，人们又进行仿真模拟实验，经实验表明，葛洲坝小岛顶冲上游主流，不能适应长江这样巨大河流的河势，按河流学原理，必须将它挖掉。这样，设计者们通过模型的反复试验对比，不断地调整和修改已有的模型，从而为葛洲坝工程建设提供了科学的依据。

总之，当今世界，应用仿真模型进行预测在各个领域中都有成功纪录，并逐渐形成现代社会预测中最重要和最有特色的方法之一。目前，仿真模拟已经发展出多种不同的类型，采用了多种不同的技术，例如有连续系统仿真、离散系统仿真、联网仿真、分布交互仿真、实物仿真、半实物仿真、数学仿真、数字仿真、模拟仿真、构造仿真、虚拟仿真、实况仿真等等。可见仿真模拟方法在现代社会预测中具有极高的应用价值和十分广阔的发展前景。

当然，任何理论和方法都会有其局限性，运用相似性理论进行社会预测，无论是传统的直观相似类比，还是现代的虚拟仿真模拟，都不可避免地会有一些缺陷或局限性。

首先，相似预测仅能得到近似的结果。因为相似性本身不是一个精确的概念，而是一个相对的、灵活的概念，它是以存在差异为前提的。"世界上没有两片相同的树叶"，类比事物之间的相似，只能是局部的相似，永远都不可能有全部的"相似"。因此运用相似性预测的结果也只能是近似的，此其一。

其二，相似预测的准确性受类比事物之间相似度的限制。因为相似预测建立在事物之间的相似性基础之上，而事物之间的相似性是有程度差异的。因而判断预测对象与用于预测的事项的相似及相似程度，是必须首先解决的问题。要进行相似度分析，确认预测结果的信度，即可靠性系数。然而事物越复杂，其进化水平越高，就越是具有个性特点，相似程度就越是下降，预测的准确程度就越低，层次就越抽象。社会现象与自然现象之间有很大的区别，社会是比自然界更为复杂的系统，随着社会演进的日益复杂化，事物越复杂，它们及其所构成的因素体系的个性就越明显，相互之间的相似程度就越低。正是这个缘故，相似预测的精确度也会受到越来越大的限制。

其三，相似预测易受表面相似的假象蒙蔽。由于人类认识能力和认识水平的限制，人们在对许多事物的本质尚未认识之前，只能根据其表面上所表现出来的现象进行认识。这些现象中，一部分现象直接表现事物的本质，特别是相似的、恒常的现象及联系；但也有许多现象并不直接表现本质，有的甚至是假象。因此，建立在经验基础之上的相似预测的确定性及准确性就不能保证。这也提醒我们在相似预测的过程中，必须比较两个对象并进行逻辑分析和特征抽取，分清两个对象在哪些属性上相似，这些相似性是本质的还是非本质的，是性质上的相似，还是因果关系和科学定律上的相似，是结构或是成分上的相似，还是行为或功能上的相似，是物理模型的相似还是在数学表达式和抽象理论上的相似。然后依据对象、系统之间的相似特征，把个别对象系统研究的结果类推到与其相似的对象、系统上去。

第十一章　社会惯性与社会预测的惯性原理

所谓社会预测的惯性原理，是指一种认为任何社会事物和物理世界中的事物一样，都具有一定的延续性即惯性的理论。该理论认为社会惯性也是物体的一种基本属性。社会领域中事物运动的惯性亦是一种普遍现象。任何社会事物在运行过程中，如果不受外力和所受外力的合力为零时，它都会具有保持原有运动状态的性质，即保持静止或匀速的线性运动。在社会事物中，这种惯性或延续性是人们认识社会事物的过去和现在，预测社会事物未来的基本前提。人们可以通过对所预测事物过去和现在的行为及状况的研究，推测其将来在某一时点上的行为及其状况。因此，我们把社会事物发展的惯性即延续性理论，作为社会预测的一条基本原理。为了更好地说明社会预测的惯性原理，我们需要对经典力学中的惯性概念，惯性在社会领域的表现形式和影响因素，以及惯性原理应用于社会预测的条件或局限性进行详细的讨论。

第一节　惯性是宇宙间的一种普遍现象

据说在举世闻名的英国剑桥大学的北门口，人们种了一株从牛顿家乡移植来的苹果树来纪念牛顿。那是因为在1666年秋天，牛顿在家乡的一棵苹果树下看到苹果下落，顿生灵感，从而悟出了万有引力定律。牛顿的万有引力定律和运动三大定律[①]把天上的星体运动与地上的运动完全统一起来，实现了天地间的统一，建立起了一个完整的理论体系，以概括万物的运动规律。惯性在人们的日常生活中本是司空见惯的常识，但它作为经典力学中的一个基本概念，却是牛顿的三大运动定律之一。作为力学概念，惯性是指物体保

---

① 牛顿第一定律为惯性定律，第二定律为质点运动定律，第三定律为作用和反作用定律。参见《中国大百科全书·物理学》"牛顿运动定律"词条。

持静止状态或匀速直线运动状态的性质。一个物体，只要不受外力作用，原来静止的就会一直静止下去，而原来运动的则会一直做匀速直线运动。依据牛顿的这个运动定律，任何物体均具有惯性。牛顿在这里所说的"任何物体"，包括天地间的万物，而万物的总称即是宇宙："四方上下曰宇，古往今来曰宙。"所以惯性是存在的特性，是存在着的时空的特性，是宇宙的特性。换句话说，存在着的宇宙有这样一种性质，它使任何物体在没有受到其他物体作用的时候总保持静止状态或匀速直线运动状态。由此可见，惯性乃是宇宙间任何物体的一种普遍现象。

在物理学世界中，无论是自然运动所产生的惯性，还是人为的机械运动所产生的惯性，总之，上至宇宙星系之运动，下至地球江河之运行，无不向人们展示出一幅幅由物理性的相互作用及其连续性构成的惯性世界图景；在社会学视野中，无论是社会结构和组织体制所产生的惯性，还是历史传统和文化习俗所产生的惯性。总之，大至国家之发展，种族之延续，小至群体组织之运演，个人性格之嬗变，亦无不向人们展示出一幅幅由社会性的相互作用及其连续性构成的惯性图景。由此可见，从宇宙的宏观来看，人类社会乃是其中的一个组成部分；从世界统一于物质的观点来看，人类的社会运动仍然受惯性定律的支配。

正是因为在社会领域也存在惯性定律，所以人们很早就形成运用惯性原理来进行社会预测的思维方式。像民间俗话所说的"三岁看到老"，就是一种典型的惯性预测思维方式，其内在逻辑是可以根据人们在儿童时期所形成的性格结构，预测其以后乃至一生中的作为；又比如中国古代讲的"以史为镜，可知兴替""鉴往知来""温故知新""前事不忘，后事之师"等，都是人们运用惯性原理预测未来的经验总结和语言结晶。在现代社会中，运用惯性原理进行社会预测已经演绎出许多成熟的方法和技术，例如我们现在常用的以时间序列外推法建立的趋势外推模型，就是以惯性原理为依据的，它假定所要预测的对象的系统特征会随着时间的推移而按照一定的惯性和一定比例向前发展，因此利用历史数据建立趋势外推模型后，就可以把趋势和变化比例作为系统特征之间的不变特性而延伸到未来。

事物的惯性和社会预测的惯性原理有深刻的哲学依据和内涵，它和唯物辩证法的量变质变原理是统一的。量变质变原理认为，任何事物都处于不断的运动和变化之中，变是绝对的，不变是相对的，而且任何变化都有一个由量变到质变的过程，量变是准备，质变是飞跃。任何事物在发生质变之前的量变，都是对于原质的延续，表现为一种既定的惯性。所以我们可以利用惯性原理进行社会预测。当然，应用惯性原理进行社会预测，应该是以事物的质的相对稳定为前提的，也就是说只有在事物尚未发生质变时才能运用这一原理进行预测。关于这一点，我们在后面还要进行讨论。

第二节　社会惯性的表现形式和影响因素

上面已经谈到，在社会领域存在诸如制度惯性、体制惯性、文化惯性、人际关系惯性等各种各样的惯性现象。我们对这些社会惯性现象加以抽象，会发现社会系统中的惯性现象不外乎如下两种表现形式。

其一，表现为社会系统内外各种联系的惯性。例如，在人际关系上，中国几千年来形成的从血缘到亲缘，以己为核心推出的"熟人"社会关系圈子，即费孝通先生所概括的"差序格局"，对于中国的人际互动来说，已经是世代相袭、潜移默化，积淀成为一种自然而然的经验知识，其所具有的取之不竭的生命力，用之不尽的丰富性和熟悉方便的可操作性，使其在中国的社会人际关系网络运行中，表现出强大的惯性力。这种强大的社会惯性力，作为一种非制度因素，已然成为我国社会资源配置中的一种重要的关系，从而影响公共政策的执行。从中国社会资源的配置来看，学者们普遍认为目前我国存在三种社会资源配置关系，即权力授予关系、市场交换关系和社会关系网络。实质上分别反映了两种形态的利益获得机制，即制度安排机制（权力授予关系、市场交换关系）和非制度安排机制（社会关系网络）；非制度因素即社会关系网络在公民利益获得方面具有独特功能。一种亲密的和特定的社会关系本身就是特殊社会资源，借助特殊的社会关系机制，作用于人的利益获得和维持上。这种作用在现阶段被中国社会成员广泛认同。虽然，制度因素（权力授予关系、市场交换关系）使利益的实现呈现"刚性"特征，但是由于制度化途径目前有待于完备，由此在社会转型期间，非制度因素（人际关系网络）仍表现出强大的社会惯性，发展出一套与制度化途径相平行的边缘机制，二者交叉作用于公共政策的执行。这就使目前制度化途径与非制度化途径交叉并存。一方面，具有官僚组织结构下的特征"照章办事"；另一方面存在与之相交叉并存的非正式结构。在进行相关研究中，一些社会学家认为，中国社会组织非正式结构主要存在两种关系类型，即一种是组织中的非正式群体，另一种类型是在正式工作关系中衍生出来的非工作关系；而两种关系的区别在于后者尚未形成群体。在社会转型的背景下，这两种关系除具备原有特征外，又具备了与之不同的新含义。第一，它的存在不仅仅是传统的血缘、地缘关系在现代社会组织结构中的自然遗迹，而是组织成员特别是群体成员有意识选择的结果。第二，它的存在是人们为了满足利益实现而"沟通感情"的目的，并转化为现实利益的工具和手段。第三，它是中国人传统的"自家人"及其圈子的行为习惯（惯性）及经验借助于现代化社会组织主体而衍化出一套独立运行的无形的利益实现行为机制——"圈子"准组织行为机制。观其性质，由于圈子成员间的基本关系是依附于血缘关系而衍化出的拟血亲关系，圈内人的行为准则是相互关照的互惠规则，虽然这一准则的背后仍然具有"报"的实质关系，但已经不是简单的、单向的运作，而转变为双向运作的交换关系。

上述分析说明，在一定时期和条件下，社会事物和因素之间的相互关系都会相对稳定不变，从而产生事物发展的惯性。这种惯性反映了同对象事务有关的各种变量在过去发展变化中的依赖关系和内在联系。而这种依赖关系和内在联系所具有的惯性，能够延续到所要预测的未来时期。

其二，表现为某些因素随时间延续、其基本特征和性质将维持下去，从而使事物的某些特征在发展过程中呈现惯性。例如，人口数量的自然变动就具有这种惯性特征。人口数量变动方向在一定时期内的惯性特征具体表现为，在一定时期内，即使是妇女生育率已降到更替水平下甚至更低（或上升到更替水平甚至更高），人口再生产的变动趋势仍然不变，人口仍将继续增长（或降低）。这种人口惯性是由人口年龄结构引起的。现有人口年龄结构是过去各年妇女生育率和分年龄死亡率长期作用的结果。当人口再生产长期处于持续增长的状况时，必然形成一个年龄结构轻的人口群体。此时，妇女生育率即使降低到更替水平，由于育龄人群比重大，出生人数仍将多于死亡人数，因此，人口必然会继续增长一个时期。反之，对一个不断减少、年龄结构老的人口群体来说，即使妇女生育率上升到更替水平以上，出生人数仍将少于死亡人数，人口将继续减少一个时期。人口惯性是人口再生产内部所具有的客观必然性，它影响人口再生产的规模和速度而不随社会生产方式的改变而改变。人们可以在认识人口惯性的基础上，采取各种办法减弱其作用。例如，通过国家制定人口政策或执行人口计划，影响妇女生育率的降低（或提高），从而达到减少（或增加）出生人数和分散生育高峰（或低谷）的目的。

上例分析说明，社会事物的惯性是由事物内部固有的因素和结构决定的，这些因素和结构的特征会随着时间的延续而维持下去，以致在某一段时期甚至相当长的时期保持基本不变,这就为利用时间序列的趋势外推法进行长期预测提供了客观依据。

在社会事物发展的过程中,影响其运行惯性的主要因素有如下两个。

其一是对象系统的规模大小。根据物理学中的力学第一定律,惯性与质量成正比。所以一个事物的规模越大,其内外的关联因素也就越多,从而该事物运行的惯性也就越大;反之,事物的规模越小,运行惯性也就越小。我们在生活中常说的"船小好调头""一个人赤条条来去无牵挂""一个人吃饱了全家不饿",在军事上有时为适应机动灵活的战术需要而实行"丢弃辎重,轻装简行"就是这个道理。例如,我们对整个国家的体制改革,显然要比对某一个部门或单位的体制改革所用的时间要长得多,就是因为国家系统要比部门和单位系统大得多,因而旧体制的惯性也要大得多。

其二是对象系统的历史长短。一个事物的历史越长,其内在结构和外部联系的稳定性就越牢固、越成熟,表现出来的运行惯性自然就大;反之,事物的惯性就小。例如,对于一个刚上任的新领导,我们很难判断它的管理套路和工作习惯,对他下一步实行什么样的政策也很难做出预测;而一个在本单位工作时间相当长的老领导,工作套路和习惯已经相当成熟,其政策运行的惯性就容易表现出来,也就比较容易预测其将要实行的政策。中国有2000多年封建社会的历史,因此形成的习惯势力很大,其制度惯性和文化惯性都很大。

第三节 利用惯性原理进行社会预测的局限性

运用惯性原理进行社会预测,可以说是古往今来使用得非常广泛的一种预测方法,但也正因为如此,这种预测方法也是最容易使人误入歧途的一种预测方法。任何预测都是对系统的预测,但并不是任何系统都是可以预测的,尤其对运用惯性原理进行预测来说,只有稳定的系统和具有历史的系统才是可以预测的。因此,当我们打算运用惯性原理进行社会预测时,应当注意到它会受到以下三个方面的限制。

其一,运用惯性原理进行社会预测必须以事物的稳定性为前提。在事物具有稳定性的情况下,未来有时是过去的简单重复,有时是过去的线性展开,有时是过去某种量的扩张,有时是现实的某种形式的放大或延伸。当然,在社会生活中绝对稳定的事物是不存在的。一般而言,当事物处于相对稳定或主要部分处于稳定状态时，也就是事物的运行尚未到达引起质变的临界区间时，运用这一原理进行预测才是有效的。而且，即使在这种条件下，事物的运行也只能是保持原来的趋势而已，在某些方面还是要发生一定程度的偏离。这就要求在应用惯性原理进行预测时，不仅要把握住事物运行的大方向，还要注意各种可能出现的偏差，并利用这些偏差对预测结果进行适当修正。反之，当事物的发展已经进入质变的临界区间或已经发生质变，就不能再使用惯性原理进行预测了。因为事物已不再是原来的事物，原有的稳定性也就不复存在了。"刻舟求剑"的典故可以很好地说明这一点：如果船在河中保持原有位置不动（保持原有的质的稳定性），那么由于惯性的作用，人们最多只需修正一下流速产生的偏差就会预测剑落在河底的位置。但是如果船移动了（破坏了原有的质的稳定性），那么就很难再预测剑的位置了。

上述分析说明，一个系统在稳态的运行演化中，其内部结构即系统内诸因素相互作用形成的结构是相对稳定的。系统的稳态运演有"惯性"，有某种必然性或必然规律贯穿其间。系统及其结构的稳态运动过程，可用某种必然性的或决定论的模式加以说明，其走向是有"定势"的，大体上能做出较准确的预测。特定系统在稳态的运演过程中，经常有微涨落或微振荡。如果系统内的抑或系统与环境之间的相互作用出现巨涨落或巨振荡，该系统就会达到"临界点"，原有的相对稳定的结构将越来越不稳定，甚至会全面解构。遇到这类情况，该系统的发展前景将面临种种难以预料的机遇和可能性。跨过临界点的系统，就不会再遵循早先的惯性或必然规律了，于是，失效的必然规律不得不让位给概率规律。经历巨涨巨落的系统，其未来走向是重新调整组合，还是趋于分化消亡？很难说清楚。这时，如果继续采用以惯性原理为基础的趋势外推预测模式，期待进行精确的预测就行不通了。

其二，运用惯性原理进行社会预测还必须是以研究对象事物的历史为前提的。其实人类还在蒙昧时期就隐约意识到这一点，在罗马神话中就有能知道过去和预知未来的两面神雅努斯就是很好的例子。现代科学使人们认识到，事物的惯性是由过去既定的因素和机制决定的。预测者不研究事物的过去就无法推测其未来。过去和未来虽然在时间向度上背道而驰，但它们在对立之中蕴含深刻的辩证统一性。过去是存在的，未来是不存在的，未来一旦存在就不再是未来而成为过去。因为按照微分的观点来理解，现在只是极为短暂的过渡点，它实际上是不存在的，因为时间不是马上成为过去就是还没有到来。为此有人极力赞同"把历史学家称为回顾的预言家"。我们认为这是独具慧眼、发人深思的。因为它通过历史紧紧把握了过去与未来的密切联系。尽管历史研究的职能是解释过去，但是人类生活乃是一个有机体，从支配事物联系的因果规律来看，现实无疑是历史的产物，历史与未来之间形成了一个环环相扣的因果链条，在久远的历史文化基因中，隐藏着理解现实与未来的密码，其中所有的成分都是互相包含、互相解释的。因此，对已经逝去的过去的新理解同时能给予我们对未来的新展望。古话讲"以史为鉴，可知兴替"，"温故而知新"等，说的都是这个道理。由此可见，我们在利用惯性原理进行社会预测时所依仗的时间序列趋势外推法，离开了历史数据是根本无法进行的。

其三，运用惯性原理进行社会预测必须充分考虑外力扰动因素。牛顿在《自然哲学和数学原理》一书中是这样来描述惯性定律的："外力是施加于某物借以改变其现状的一种作用，无论该现状是静止的或匀速直线运动的。"也就是通常所说的"物体在不受外力作用时保持其静止或匀速直线运动状态"。所以运用惯性原理进行社会预测时应充分考虑是否还存在外力作用。在自然预测中，物体的运动比较单纯，例如，星体的运动都有固定的轨道，受外力扰动的成分较少，引力场相当稳定；而社会空间中的扰动因素则相当多，引力场十分复杂。例如，我国经济运行中的政策变化扰动因素，社会运行中的突发事件和人为变化扰动因素等，这一切都会造成社会发展的非线性特征，因而会极大地妨碍惯性预测的准确性和有效性。

第十二章　社会系统与社会预测的系统性原理

系统是由两个以上因素组合而成的具有一定结构的整体。在当代社会生活中，"系统"一词已经是人们司空见惯的用语和耳熟能详的概念。所谓社会预测的系统性原理，实际上是一种将所预测的对象均看作以系统的方式存在的一种哲学观念，同时是进行社会预测时必须遵循的一种理论原则。

第一节　任何社会预测都应当是对系统的预测

我们的世界是一个系统的世界。系统是物质存在和运动的普遍方式。物质系统在联系之中运动，在运动之中联系，没有联系而运动或没有运动而联系的物质系统都是不可思议的。

存在决定意识，客观系统先于人的意识而存在，系统观是在人脑这个主观系统中得到的反映，客观系统的发展具有不以人的主观意志为转移的客观规律。既然系统是客观世界的一种普遍的存在，那么我们对任何事物的预测，实际上就都是对某种系统的预测。社会是一个系统，社会预测也是对系统的预测。所以要搞好社会预测，必须达到对社会的系统认识，根据社会系统本身所具有的整体性特点，把各种分散、零碎的社会现象看作社会总体运动的有机组成部分，在各种社会要素的有序联系中揭示社会有机体的内在组织结构，在要素、结构与环境的功能联系中把握社会有机整体，这就是社会预测中的系统性观念。

在社会预测的系统观看来，所预测的对象世界是一个系统的世界，因此任何预测都是对系统的预测，任何无视系统性的预测都是注定要失败的。在我国的历史典故中，就有许多无视对象的系统性而做出错误推断的案例，其中"盲人摸象"的故事就生动地说明了这一点。所以，系统作为一个整体，是一种层层叠叠、复杂多样、无穷嵌套的系统网络。从纵的方向看，每一系统必定归属高一层次的母系统，同时包含低一层次的子系统。高一层次的母系统之上，还有若干层更高的母系统，低一层次的子系统之下，也还有若干层更小的子系统。从横的方向看，每个层次的系统，都有若干与它并列的同一层次的系统，共同归属于高一层次的总系统。系统的运动和发展，不仅受到高一层次的母系统的制约，而且与更高层次的更大的母系统有关，对同一层次的系统也相互影响，同时，系统的运动和发展，不仅影响它低一层次的子系统，而且波及更低层次的更小的子系统。系统的运动发展，不仅受其母系统的制约，同时也反作用于其母系统；不仅影响到它的子系统，同时也要受到子系统的反作用的影响。同一层次的系统之间也存在着作用与反作用。社会预测的系统论观，就是在这种观念基础上发展起来的对社会预测的研究工作具有普适意义的社会预测理论。

第二节 系统论及其对社会预测的理论意义

系统论就是研究处理有关系统的整体联系、整体运动和整体发展的一般的科学方法的理论。系统论强调系统的整体性、层次性、有序结构性、功能优化性、环境适应性、动态发展性的原则。系统论是以系统为研究对象的具有普适意义的现代科学理论，它实际上统一了控制论和信息论等理论，对各门自然科学和某些社会科学来说，系统论处于比较高的一个层次。

系统论的创立者或者说奠基者是美籍奥地利理论生物学家路·贝塔朗菲（L. Bertalanffy）。在20世纪30年代，他在《现代发展理论》一书中提出"机体系统论"概念，接着在一次学术会议上又提出"一般系统论"概念，40年代公开发表论文《关于一般系统论》，他给系统的科学定义是相互作用着的若干元素的复合体，或处于一定的相互联系中的与环境发生关系的各组成部分的总体。60年代，他的代表作《普遍系统论的基础、发展和应用》全面总结了一般系统论的研究，把系统论从生命系统扩展到心理、社会和文化领域，达到了"系统哲学"的高度。此后，在世界各国相继出现系统研究的热潮，产生了不少关于一般系统论的理论学说。由于系统论和系统方法具有整体性、全面性、结构层次性、相关性、动态平衡性和综合与分析统一等特点，反映了现代科学整体化和综合化的趋势，是解决各种复杂问题的方法论基础，因而系统论的概念、原理和方法越来越广泛地渗透和应用于自然和社会及思维等广阔领域，并在社会、经济、军事和管理等方面取得显著成效。

系统论的原理与唯物辩证法的原理是相通的，是对唯物辩证法的丰富和发展，也是对唯物辩证法原则的具体化。因此社会预测也应当建立在系统论的理论和方法基础之上。系统论对社会预测的理论意义在于以下四个方面。

第一，系统论要求社会预测必须要有系统整体性的观念。系统是一种普遍的存在，我们对任何事物的预测，实际上都是对某种系统的预测。因此把系统论应用于社会预测是很自然的事情。根据一般系统论的四大基本原则（整体性原则、相互联系的原则、有序性的原则和动态性的原则），我们在社会预测时应当把预测的对象看作一个完整的系统，看作一个从过去发展到现在，从现在发展未来的动态整体。因此，它首先强调预测一个系统的未来，要求了解整个系统的过去和现在，了解整个系统的特征和运动规律。其次它强调组成系统整体的各子系统之间或各个要素之间的相互作用、相互影响对整个系统的未来发展所具有的意义。显然，系统性原理所强调的这两点，正是系统的整体性在预测中的应用。

第二，系统论要求社会预测要具有综合性。从系统性的综合性方面来说系统性原理主要强调对预测对象的各个方面都应当进行综合的考察和分析，甚至强调综合地考察和分析预测对象系统和其他系统的关系。系统论是一种统筹思考的方法，它的一个明显特征就是提出假设，即做出预言，因此运用它可以更好地认识整体和趋势。

第三，系统论还可以帮助人们做出最优化选择，这一点对社会预测也具有重要意义。社会预测是社会决策的前提。社会事物的前景具有各种各样的可能性，社会预测是通过对各种可能性的分析，为决策提供各种可供选择的决策方案。所以预测—决策系统总是面临着方案选优和最佳化的问题。这就需要运用系统分析的方法，以系统总体最佳为衡量标准。系统方法可以针对预测所提出的各种方案设计，进行定量的分析，求出总体最佳方案。

第四，系统分析方法和系统动力学方法是常用的社会预测方法。系统论和系统分析、系统动力学是密不可分的。在社会预测中，系统分析方法和系统动力学方法都是常用的方法和手段。系统分析方法由美国兰德公司首创，系统分析方法在社会预测中的应用，使预测的方法和技术得到了进一步的充实和完善。现在在世界范围，系统分析和系统科学已经几乎成了等价的概念。系统动力学则从动力学角度研究复杂系统的动态行为，也被广泛地运用于社会预测研究，著名未来学家梅多斯（D. L. Meadows）的《增长的极限》就运用了这种方法。

第三节　社会预测应当遵循系统论的理论原则

社会预测的系统性原理是建立在一般系统论的理论的基础之上的，它不但要求把进行预测的客观事物，看成一个系统，而且要求根据一般系统论的四大基本原则，即整体性原则、相互联系的原则、有序性的原则和动态性的原则进行社会预测活动。

从系统论的整体性原则来看，社会本身就是由多种内在要素以一定方式结合而成并具有一定功能的有机整体。但是从人类对事物的认识过程来看，往往总是首先从对象的具体细节或局部切入的，把整体分为部分，把过程划为片段，把系统归为要素。人们注意到了事件、史实，要素，片段、部分，但却往往忽视了总体、过程、系统。所以"管中窥豹""井蛙观天""盲人摸象"这些由古代流传下来的成语典故，实际上是人类早期认识能力局限性的一种生动的反映。盲人摸象的可笑之处在于他们只是各自摸到了大象的一部分就做出了推断，从而违背了系统整体性的要求。但如果他们进一步摸下去，直至摸遍大象的全身再做推断，就符合系统整体性的要求了。然而，这个看似极其简单的道理往往是人们在社会预测中常见的一个误区。只要我们对人类的社会认识史稍加回忆，这种类似笑话就屡见不鲜。

从系统论相互联系的原则来看，它强调特定预测对象和上下左右系统之间、各子系统之间或各个要素之间的相互作用、相互影响对未来发展所具有的意义。特定的社会预测对象往往是具体的，总是处在社会系统的一定层次与范围，具有一定的系统边界。也就是说，我们在具体的社会预测活动中，总是首先把特定的预测客体从无限的系统网络中分解和离析出来，否则我们就无法确定我们的预测对象。但我们千万不能忘记的是这种分解和离析仅仅只是观念上的。事实上，我们的预测对象仍然是无限系统网络中的一个实际上不可分离的组成部分。正如生物机体的各种器官、组织和细胞不能实际地脱离机体本身而独立存在一样，社会预测的对象也不能实际地脱离与社会机体的内在联系而独立存在。社会系统中的各种事物，尽管在其表面上具有自己某种相对独立的形态，但它们之成为特定的社会存在，正在于它们是社会机体中的关系性存在，它们的社会性质，是在它们的社会联系中才获得的，并且是由这种联系和关系所赋予它们的。一旦实际地脱离了这种联系，就会像黑格尔所说像被"割下来的手"一样,"失去了它的独立存在"①。所以,一方面,我们应当在更加宏观的联系中把握具体的预测对象;另一方面,还要在预测对象内部的子系统和构成要素的相互联系中把握预测对象本身。从而改变那种孤立地、单一地预测社会现象的错误做法。

从系统论的有序性原则来看,任何系统都是由组成系统的因素按一定次序构成的,具有一定结构的整体,尽管具体的排列、具体的结构是极其多样的,然而在这多样性中有同一性,即按一定次序排列,形成一定结构。就是混沌系统也具有无限嵌套自相似的几何结构,由外到内,如同一层包着一层,层层形态相似。不过,在这里我们不是指它的实际结构具有几何形状,而是指用相似轨迹描述的系统的变化。所以,系统的有序性实际上是系统规律性和系统结构稳定性的表现。而系统的规律性和稳定性正是预测的前提条件。因为从系统的角度来看,所谓"客观事物的规律",就是系统的稳定结构。如果系统没有稳定的结构,那就说明预测的客观事物不能构成一个系统。如果系统的结构不稳定,那就表明系统的发展或演变还不完善。对于这两种情况,我们都不能有效地寻找出事物的规律,或者即使我们认为找到了"规律",这样的"规律"的失真度也是很大的。所以,如果我们进行预测的客观事物符合系统的基本概念,那么我们寻求的规律,就是系统的稳定结构。正是系统结构的稳定,才使我们能对客观事物未来做出科学的预测。

从系统论的动态性的原则来看,它要求我们把预测对象看作一个从过去发展到现在,从现在发展到未来的动态整体。因此,它首先强调预测一个系统的未来,要求了解整个系统的过去和现在,了解整个系统的特征和运动规律。他认为系统和运动是不可分割的,系统在运动中依一定层次,按照一定的结构组合,发挥着一定的功能,并且与周围的环境相适应,从而发生相互的联系。物质系统在联系之中运动,在运动之中联系,没有联系而运动或没有运动而联系的物质系统都是不可思议的。系统按照对立统一、质量互变和辩证否定等基本规律运动而发展。无论是自然界或人类社会,都没有例外,社会预测活动也必须适应上述客观实在及其发展规律,才能获得正确的认识。

综上所述,社会预测的系统性原理,是进行社会预测活动的认识论依据。只有遵循社会预测的系统性原理,我们才能够进行科学的社会预测活

---

① 黑格尔:《美学》第1卷,第165页。

动。当然，社会本身具有系统性这是一回事，而能否做到按照系统性原理对社会进行预测则是另外一回事。可以说，以一种科学的系统观来进行社会预测，或者说，对社会的预测达到科学系统观的水平，这不但需要预测者主观上具有系统意识，还需要现代科学的发展才能够达到。值得欣慰的是，人类在这方面已经做出了一些卓有成效的努力。如上面我们提到的由美国兰德公司首创并使用的"系统分析方法"，现在已经逐渐推广普及到世界各国。20世纪60年代初期由美国麻省理工学院J. W. 福雷斯特教授所创的"系统动态分析方法"，是一种对预测对象进行模拟分析，以了解或预测事物的发展变化的系统模型。它可以通过动态模拟和计算机工具的利用，从事预测活动。现在这种方法已在全球问题和其他复杂大型系统的研究中广泛应用。它适用于了解预测对象总的发展变化，尤其适用于预测和了解社会经济方面的长期变化。还有现在大家都比较熟悉的社会指标体系方法，已经非常广泛地运用于社会的各个领域。这些都可以看作在社会预测或社会认识活动中，遵循社会预测的系统性原理的体现。总之，我们只有把特定的社会现象放在社会的系统性之网中进行预测，才有可能正确地揭示社会现象的未来。

第十三章 社会预测的不确定性与测不准原理

人们在盛赞自然预测不断取得的辉煌成功之后,往往会反过来对社会预测多有嘲笑和指责:或讥之其低能,或苛之其不准,更有甚者则武断社会预测之不可能。其实,社会预测与自然预测既不能等量齐观,更不可同日而语。为此本章将对社会系统的不确定性进行系统的分析,并在此基础上,试提出社会预测的测不准原理,以期使人们对社会预测的预期,以及对社会预测的性质和特征,有一个合理的和进一步的科学认识。

第一节 社会系统的不确定性

在人类发展史特别是近代发展史中,以拉普拉斯为代表的预测学派获得了巨大成功,他们对自然物体运动变化的预测达到了相当精确的程度。如天体运动方面,他们可以准确地预测太阳系中各个行星未来某个时间的位置,甚至可以预测1000年之后的日食或月食,准确度可以到秒。所以一般认为,自然预测是确定性的。然而,在社会预测领域却充斥着大量的不确定性。对此,早在20世纪60年代,人们就有了比较系统地认识,例如挪威经济学家波尔赫在《不定性经济学》(1968年英文版)一书中仅从数学和统计学角度就提出了下列七种未来不定性即不确定性。

一是严格决定性中的未来不定性。它要求具有实践中很少会碰到的严格条件,这些严格条件是:①预测过程中应该没有人的主动干预,因为这种干预总会带来某些不定性;②应该精确知道管理过程的规律;③应该保证有足够的信息进行预测。如某些天文现象,像日出日落时间、日食时间,是能满足这些要求的,不过太阳活动的周期变化,就已经不受严格决定性的支配了。

二是准决定性中的未来不定性。它是指虽然人们参与预测过程,但未来系统的状态主要决定于原来决策（如国民经济计划规定的任务以及建设大型水坝和开采大型油气田等长期措施）时的未来不定性，诸如实际完成日期、实际投资额以及社会经济或生态方面的未来影响。

三是经典型随机不定性。它是指事先已知概率分布和数学统计学规则，但选用统计方法不妥时的不定性。

四是取样率不够的随机不定性，它是指早已知道概率分布，但取样或观测次数不够时的不定性。

五是未知概率分布的随机不定性。它是指未知概率分布，但取样率很大时的不定性。

七是未知直觉概率分布和低取样率的随机不定性。

八是非随机不定性，即纯粹偶然的不定性。①

波尔赫在这里虽然是说经济预测领域的不确定性，其实这些不确定性在社会的各个领域都广泛存在，并对社会预测产生普遍的影响。

根据最近的不确定性系统科学研究成果，目前人们已经认识到的不确定性有概率型的不确定性、模糊型的不确定性、灰色型的不确定性、未确知型的不确定性和多逻辑冲突型的不确定性。概率型的不确定性作为最先得到数学描述和自然科学应用的不确定类型，以其概率论和随机过程理论为主体的研究方法论已臻于成熟和完善。这种类型的不确定性信息被称为随机信息，随机信息是由随机实验所获得。模糊型不确定性自1965年扎德（L. A. Zadeh）教授提出"模糊集合论"以来，迄今也已有50多年的研究历史，其以模糊理论为主体的研究方法已发展得颇具规模，目前已处于不断向多学科渗透的过程中。这种类型的不确定性信息被称为模糊信息，它往往是由人凭借其经验对客观事物做出的主观评价，如产品质量的好与坏等。灰色型的不确定性自1982年邓聚龙教授首次提出"灰色系统理论"而得到迅速发展和广泛应用。这种类型的不确定性信息被称为灰色信息。灰色信息是由于信道上的噪音干扰和系统接受能力（含人的辨识能力）的限制所产生的部分已知、部分未知的信息。除上述三种主要的不确定性类型之外，还有未确知型和多逻辑冲突型不确定性。未确定信息是由纯主观原因引起的。它的产生可来自似乎相同的条件下重复进行的实验，但实验的结果并非完全已知。多逻辑冲突型不确定性作为研究系统非理性行为的有力方法，受到系统科学、管理科学和经济学等方面的广泛注意，如在股票市场中，其价格波动往

---

① 参见顾镜清编著《未来学概论》，贵州人民出版社，1985，第133~134页。

往表现出一种非理性特征，出现这种非理性的主要根源在于影响价格波动的力量不是单一逻辑的，而是多逻辑共存的。

鉴于社会领域在不确定性方面与自然领域的显著区别（这一点本书在第三章的第四节"社会预测与自然预测在不确定程度上的差别"中已有详尽论述），鉴于社会领域的这些不确定性对社会预测的效度所产生的普遍而重要的影响，我们借用量子物理学中的测不准原理来概括和说明这一现象，并将不确定性对社会预测效度发生的影响称之为社会预测的测不准原理。

测不准原理（uncertainty principle），亦称"测不准关系"。测不准关系可表述为在描述微观粒子的量子力学中，一个可观测量的精确测定会产生别的可观测量的不确定。最常见的体现测不准关系的表达式是 $\Delta x \cdot \Delta px = h/4\pi$。式中，$\Delta x$ 表示在任一时刻测得的微观粒子坐标 X 不确定程度（误差），Δpx 表示动量 P 的 X 分量（同时的）不确定程度，h 是普朗克常数。测不准关系已为无数的实验所证实，其存在的原因有：一是微观粒子（如电子）的坐标只能用坐标函数描述，其何时处于何种坐标位置呈概率分布状态；二是对微观粒子所做的任何测量都会对其产生不可忽略的干扰，以使微观粒子原有运动与分布状态发生可观测到的某种改变。[1]

测不准关系是量子论中的一个核心概念，由德国物理学家海森堡（Werner Heisenberg）于1927年提出。海森堡的测不准原理，简而言之，就是测量一电子或任何别的量子粒子的位置，就会扰乱它的动量；而测量它的动量，又会扰乱它的位置。因此你绝对不可能同时得知粒子的动量和位置。换言之，一个微观粒子的某些成对的物理量不可能同时具有确定的数值。[2] 测不准原理涉及一些深奥的物理学知识，非专业人员不容易弄懂，我们这里可以不去深究。我们现在将测不准原理的概念用于社会预测学研究，旨在说明社会预测领域中由于不确定因素的普遍存在，使社会预测不可能达到精确预测的程度，从而亦呈现一定的测不准性。

第二节　社会预测为什么会有测不准性

由于社会系统的不确定性而导致的社会预测的测不准状况具有一定的普

---

[1] 王元灼：《对"测不准原理"若干问题的探讨》，《南平师专学报》（自然科学版）1996年第4期。
[2] 钱树高等：《试论海森伯不确定性原理》，《昆明理工大学学报》1996年第3期。

遍性，其原因和理由主要有下列五个方面。

一 因社会预测客体因应行为而导致测不准性

本书在第七章"社会预测的主客体关系及其博弈性原理"中已经对社会预测的客体（被预测者）在感知到社会预测的主体（预测者）的预测后，会产生"因应"行为，以及这种因应行为所造成的社会预测失准的复杂情况做了详尽地说明。我们在此不妨再做一个简要地回顾。社会预测的主客体之间的互动反射关系及其博弈性原理想表达的是这样一种情形：当社会预测的结果作为一种信息，一旦进入事物过程，便可能会作为一个重要因素使事物的未来进程产生不可忽略的改变。我们曾用"俄狄浦斯效应"、"自我实现的预言"和"自我否定的预言"等例证来说明这种改变。社会预测的主体是人，而社会预测的客体是由人所控制、参与的社会事件，而且在某些情况下，预测者甚至要预测自身的社会活动状态，这就呈现相当复杂的情形：预测可以引起预测事件的发生，这些事件本来是可能不发生的；预测可以阻止某些事件的发生，这些事件本来是应该发生的；预测可以使预测事件发生量的变化，而在没有预测的情况下，这些变化本来是不会发生的。而在自然预测中，预测通常不会影响被预测对象的实际运动。如我们在前面多次提到的哈雷对哈雷彗星的预测，这项预测对哈雷彗星的运行不会有任何影响。正因为如此，自然预测往往被人们视为可信的、客观的，而社会预测因其特有的"俄狄浦斯效应"而使可信度和客观性受到不少人的怀疑和诘难。所以，社会预测对预测对象的影响所造成的测不准关系，非常类似量子物理学中的"测不准关系"，是社会预测测不准原理得以成立的最主要原因。

二 因人类个体的主观随意性和非理性而导致测不准性

社会系统的不确定性和社会预测的测不准性，还可以归因于人类个体的主观随意性和非理性。我们在进行社会预测时一般都有一个预设，即假定人们都是理性的。否则预测便无从谈起。但事实上人们并不都是每时每刻都在按照理性行事。作为社会交往过程主体的人类个体在主观意识上具有随意性、偶然性、模糊性、情绪性和多样性。社会过程由无数人际互动过程构成，相互理解是人际互动得以正常进行的基本前提。与自然界物体的相互作用不同，个体的行为与互动受意识指引，个体意识如何，他对周围情景的界定如何，他的行动就如何。首先，人类个体意识具有极大的主观随意性和偶然性。一方面，对于外部特征相同的对象或情景，不同人对它的界定、理解、诠释可以不一致,"一千个读者就有一千个哈姆雷特";另一方面,即使同一个人在不同时间、地点、条件下对同类情景所发出的行动是可以不同的;其次,个体意识具有很大模糊性和多样性。人在理解、诠释、界定外部情景时,并非像计算机那样,简单地运用"是—非""对—错"、行—不行"等二值逻辑,而是运用多值逻辑"一定是、大概是、可能是、大概不是、一定不是"等;再次,个体意识具有高度的情绪性特点,人作为感情动物,有时会产生非理性行为。诸如此类的情况使人与人之间的互动过程即社会交往充满偶然性和不确定性;最后,与第一个问题"社会预测客体因应行为"相联系,如果预测者考虑被预测者将对预测实施的有意识的因应行为,而想有意识地提前修正预测,那么作为预测者又如何知晓被预测者的因应行为是理性的还是非理性的,是确定性的还是随意性的……这些从逻辑上讲几乎是不可能的。由此决定了社会预测的测不准性。

三 因社会预测信息的不完备性而导致测不准性

预测准确的前提是信息完备,但是一切事物的全部信息是不可能被全部知道到的。我国古代哲学家墨子在《墨子·经下》中即早有所述:"于一有知焉,有不知焉,说在存。"大意是说,客观事物是一个完整的体系,我们只知道其中一部分,还有不知道的部分。虽然不知道,但客观事物体系的完整性是存在的。列宁也曾指出:"要真正地认识事物,就必须把握住、研究清楚它的一切方面,一切联系和'中介'。我们永远也不会完全做到这一点……"① 这些话说明:人不可能是全知的精灵。

社会预测的准确性必须依靠信息的完备性。信息的完备性包括信息的完整性和真实可靠性两个方面。这一点在相对单纯的自然领域中比较容易做到,但在纷繁复杂的社会领域就很不容易做到,甚至可以说根本无法百分之百地做到。社会信息质量好,在很大程度上取决于原始信息的系统完整性和真实可靠性。事实上,由于社会系统的万分复杂,社会信息常常带有误差,Morsontvin曾发现,在美国国民收入和生产核算方面,消费支出有±10%~±15%的可能误差范围,他认为经济信息有误差是"描述不完善和不完全的一种表现",进而指出这些误差有如下七种来源:①抽样方法;②度量误差;③隐瞒资料;④设计不当的统计表;⑤数据的汇总;⑥分类和定义;⑦时间因素。在这些误差来源当中,通过提高技术手段和严格遵守规则可以使某些

---

① 《列宁全集》第40卷,人民出版社,1986,第291页。

误差的可能性减到最低程度，但对于来源③隐瞒资料和⑥分类和定义则是无法从根本上清除的。由此看来，社会信息是不完善的、不完全的、比较粗糙的。因而严格来讲，社会信息仅仅是在一定程度和一定层次上客观反映了社会活动的状况，并非社会系统完全客观的反映。

在我国，多数社会经济指标是由统计报表取得的。在统计报表中，统计信息的收集、计算、汇总和上报往往要经过许多中间环节。例如，要取得全国农业总产值数据，需经过村→乡→县→地区（市）→省（区、市）→国家各统计部门逐级汇总上报才能得到。中间环节越多，产生统计误差的可能性就越大，干扰也就越多，因而统计信息失真的程度就越大。造成统计信息失真的原因可归结为两个主要方面：一是客观型的原因，即接收信息的能力所限，引起的观察、测量、登记、计算和汇总上的差错而产生统计误差；二是主观型的原因，即人为因素干扰造成统计信息失真。如由于利益格局多元化，单位之间的利益关系复杂化，为体现地方政绩而出现的虚报、瞒报、伪造和篡改等现象严重干扰了统计数据的准确性。因此，采用定量分析得出的结论也具有不确定性。由此可见，在社会预测中，信息的不完备是一个事实，这种不完备具有必然性，其原因就在于人的认识不可能完全符合客观实际。换言之，信息的不完备性是必然的。显然，这种不可避免的信息不完备性，构成了社会预测测不准性的前提性原因。

四 因预测期限内新因素介入而导致测不准性

预测期限是指做出预测的时间与预测应验时间之间的长度。按照本书第四章第二节对预测期限的划分，可分为即期预测、短期预测、中期预测、长期预测和超长期预测等。В.В.科索拉波夫认为，预测客体在时间上离过去和现在越远，它取决于过去趋势的程度就越小。并认为这是一条规律。[①] 由此规律可得出下列要求，即一切原初社会预测的确定性均按时间轴线"滑动递减"，也就是说，原初所做出的预测，应考虑预测期限内后来实际形成的社会历史情势而不断做出修正。这是因为，原初预测是根据过去和当时的情况做出的，但是在预测期内随时可能会有新的因素介入，这势必会打乱原初预测所依据的因素体系。而新介入的因素的性质和数量是不确定的，也是无法预知的。可以肯定的只是，预测期限越长，新因素介入的机会也就越多，从而也就使得原初预测越不准确。而这种情况，在自然预测中可以说是基本

---

① 〔苏〕В.В.科索拉波夫：《社会预测方法论》，贵州人民出版社，1985，第101~102页。

上不存在的，因为事实证明人们已经成功预测了天体运行百年以上的运行状况。

社会预测不同于物理世界中的自然预测，在物理世界中，初始条件中蕴含以后一切状态的可能性，因而据此可以精确预见甚至遥远未来的结果。但是在社会领域，就不能把社会过程当作简单的力学过程，从而把动力学规律看作描述一切事物过程的普遍规律，而且忽略新因素随时介入的可能性。在社会领域具体事物过程中，即使是简单事物过程，都随时有新因素介入的可能性，而且新因素的介入完全可能改变事物的发展方向，从而使事物过程出现具有很大差别的新的可能性。即通过相互作用产生原则上新的重要因素，这些因素在初始因素体系中主体可能找不到任何先兆，因而不可能预先知道。特别是在外部因素变化无常、不可捉摸的情况下。尤其是对于社会事物未来进程的长期预测，由于所涉及的是一系列的因素体系，而规律又不是某种贯穿整个事物过程始终的铁的链条，正如马克思所说："……这样的抽象的规律是不存在的……每个历史时期都有它自己的规律。一旦生活经过了一定的发展时期，由一定阶段进入另一阶段时，它就开始受另外的规律支配。"① 所以情况会变得极为复杂。根据因果复合结构，任何事物过程都具有马尔科夫过程的性质，② 即系统（因素体系）在每一个最初的状态仅仅确定着直接由它而来的过程，而不确定以后的所有过程。系统过去的历史对决定其将来没有本质上的意义。这是因为一方面，因素或其体系与其相互作用结果之间的联系，由于存在多种相互作用方式而不是完全确定的；另一方面，虽然特定因素的相互作用与其直接结果之间的联系是比较确定的，但以后由于因素的相互作用会产生新的因素，新的可能性，因而离最初因素体系越远，联系越少确定性。也就是说，由原初因素体系到遥远的间接结果之间呈现一种相关性递减现象。后续结果与原初因素体系之间的联系的确定性，可以看作逐渐趋向于零。越远离原初因素体系，结果越难以预测，因而在社会领域，不管什么样的预测，只有对现存因素体系相互作用的直接结果来说才是较为精确的。这种预测离现存因素体系越远，就越不可靠，越测不准。后工业社会的预测者丹尼尔·贝尔也发现了这种现象，他在《后工业社会的来临：对社会预测的一项探索》中指出："预测的局限性是明显的，人们靠一套预测来推断的时间越远，误差的程度就越大，因为推测的范围扩大了。更

---

① 《马克思恩格斯选集》第 2 卷，人民出版社，1995，第 111 页。
② 参见《社会科学新词典》"马尔科夫链模型"词条，重庆出版社，1988，第 598~599 页。

为重要的是，这些趋势在关键时刻会受制于抉择（在现代社会里，这种情况日益成为权势人物的有意识的干预）和决定（加速、转向或偏斜），这种政策干预可能在一个国家或一个机构的历史上造成转折点。"① 其实，在人们的日常经验中，早已意识到这种情况，俗话所说的"夜长梦多"实际上就是对这种测不准性的生动写照。

五 因社会系统的非线性和随机性导致测不准性

兴起于20世纪60年代的系统科学和包括耗散结构理论、协同学、超循环理论、突变论、混沌学、分形学等理论在内的复杂科学的新发展告诉我们，社会系统是比自然系统更具有复杂性、动态性、非线性、随机性与不可逆性的超复杂系统，因而具有更多的不确定性。

不确定性是和事物发展的非线性和随机性相联系的。广义的随机思想认为，在对事物的作用力形成平衡力系时，任何极微小的外力推动都会成为决定事物运行方向的主导力量。原因并不是它自身度较大，而是在一系列较大的力组成一个暂时稳定的平衡力系时，事物处于"随遇而安"状态，任一方向上的微小外力都可能打破旧平衡而使事物发生"位移"。这种偶然的微小作用力究竟来自何方或取什么形式，却带有极大的随机性。只能肯定改变系统原平衡状态的力一定存在并终会起作用，而对其具体作用方向只能做出概率性估计。当事物只有一个受力面时，外力的方向是确定的。而对于一个处于动态环境中的事物，其受力面是全方位的，它的运动方向也极难做出确定的估计。从前面我们对于社会系统的复杂性分析中可以看到，社会事物要比自然事物的"受力面"要多得多，因而不确定性也要大得多。在社会运动中，虽然有些不确定因素的力量是极微小的，但社会作为一个由大量子系统组成的非线性的混沌的动态系统，在特定的情况下却会对某些微小的变量极为敏感。起初很微小的因素经过一系列中间环节而逐级放大，直至对所预测事物的变化发生决定性的影响。这就是我们在前面所谈到的"蝴蝶效应"。②与自然预测中预测星体的运行轨道不同，社会运行是一种非线性动力学过程。众所周知，非线性系统具有分叉行为，分叉的结果导致混沌，系统在混沌状态下的行为是不确定的，初始状态的微小变化将会导致截然不同的后

---

① 〔美〕丹尼尔·贝尔：《后工业社会的来临：对社会预测的一项探索》，高铦等译，商务印书馆，1984。
② 请参见本书第三章第四节论述。

果。所以，社会系统的非线性和随机性特征告诉我们，在社会系统处于混沌状态下时，即使我们拥有无限的技术手段、无限强大的计算机和绝对精确的预测模型，我们仍然不能对社会系统进行确切的预测。因为社会系统的非线性和随机性特征要求有无限精确的初始状态，而这在实际上是无法完全做到的。所以，在社会系统的非线性和随机性面前，许多事物的前进道路都不是唯一的，总是面临多种选择和多种可能性。而从预测结论的唯一性的意义上说，社会预测当然就具有测不准性。

第三节 社会预测的魅力和意义所在

经过上述的讨论，一些人可能不仅要发问：既然有那么多的理由说明社会预测具有测不准性，那么社会预测还可能吗？其实我们讨论社会预测的不确定性和测不准原理的深刻意义，正是在于进一步提醒人们注意不要混淆了社会预测和自然预测二者之间的差异性（对此本书在第三章已经用了大量篇幅予以阐述），不要对社会预测抱有不合理的预期，从而期望大家能够正确地对待社会预测。我们不能够用自然预测的确定性和精确性尺度来苛求社会预测；我们不能够对本质上属于不确定性的、非线性的、充满偶然性的社会事件硬是当作确定性的、线性的、必然性的物理事件来对待；我们不能指望社会学的预测能够向天文学的预测那样，为未来的社会发展制定出一个"万年日历"；我们更不能指望社会学的预测能够向天体物理学那样，对百年甚至千年以后某个社会事件的发生的时间预测精确到秒。如果那样，只能说明我们对社会预测的幼稚和无知。除此以外不能说明任何别的问题。

当然，进行社会预测是非常困难的。但是困难不困难是一回事，能不能预测是另一回事。如果说社会未来都是绝对严格决定性的，那预测便失去意义，因为对未来是无论如何不能施加影响并加以改变的。如果说社会未来都是完全不定性的，那么预测就根本不可能。而在未来的严格决定性和完全不定性之间，窃以为正是社会预测的魅力和意义所在。行文至此，不禁令人想起科学界一件十分发人深思而又令人难解的事情：

1927年10月，第五届索尔未（Solvay）物理学会议在比利时的布鲁塞尔召开。普朗克、康普顿、薛定谔、德布罗意、玻尔、海森堡、狄拉克、波恩、泡利及爱因斯坦等人均参加了会议。这是一次载入史册的盛会，物理学界的一级名流会聚一堂。会上以玻尔为首的"新量子论"派为一方,以爱因斯坦为另一方,双方展开了激烈的争论。这场争论被理论物理学界称之为著名的 EPR 论战,论战从 1927 年开始,时起时伏一直延续了几十年,在主角爱因斯坦和波尔谢世之后尚未罢休。1944 年 7 月爱因斯坦给波恩(M. Born)的信中,将这场战论的焦点比喻为"上帝掷不掷骰子"。爱因斯坦坚信"上帝不掷骰子",属于维护"决定论"传统的一方。毫无疑问,玻尔、波恩等人应当赞成"上帝掷骰子",属于拒斥"决定论"传统的一方。这是一场科学史上最为壮观和最为激烈的决定论与非决定论的大决战。在旷日持久的争论中,坚守"决定论"阵地的爱因斯坦,一直是少数派;高举"非决定论"旗帜,以玻尔为代表的"新量子论"者,一直是多数派。爱因斯坦在给波恩的信中写道:"……我却信仰客观存在世界中的完备的定律和秩序。"① 他执着追求要把"事件解释成必然的,完全服从(因果性)规律的"。② 他一贯主张,即使对原子世界和亚原子世界的物理事件,也应当做出严格完备的因果性决定论的解释。爱因斯坦大声疾呼"上帝不掷骰子"。其含义是,"统治"整个自然界或物理世界的不是如像"掷骰子"一类的"随机性"或"概率性",而是与"掷骰子"截然不同的"必然性"和"必然规律"。在爱因斯坦的心目中,量子力学和量子场论的奠基者玻尔与哥本哈根学派,皆主张"上帝掷骰子"。这个论断不无道理。玻尔等物理学家确实倡言,一旦进入原子或亚原子世界,因果规律和传统的决定论就不起什么作用,代替它们的是非决定论的"互补原理"(玻尔)、"测不准原理"(海森堡)和其他原理。在量子力学和量子场论中,同决定论相关的"必然性""确定性",将让位于同非决定论相关的"概率性""统计性""随机性""不确定性"。各种"因果规律"或其他"必然规律",将让位于各种"概率性规则"或"统计规则"。量子力学和量子场论告诉人们:经典力学中遍及一切并具有必然性的因果规律,以及行之有效的"决定论"模式,不适用于微观物理世界,即原子和亚原子世界。它们只能近似地描述物理世界的特殊情况,即描述宏观物理世界的情况。从宏观物理世界深入一层就涉及微观物理世界。考察这个世界必须采用非决定论模式,选择概率性、随机性等概念和统计规则,方能进行合理的解释。

对上述世界级物理学大师们的争论,我们由于缺乏相应的物理学知识,

---

① 《爱因斯坦文集》第 1 卷,许良英、范岱年译,商务印书馆,1976,第 415 页。
② 《爱因斯坦文集》第 1 卷,许良英、范岱年译,商务印书馆,1976,第 415 页。

没有发言权也无法做出任何评论。但是广义系统论告诉人们：当特定的系统及其内部结构进行平滑运动时，它具有一定的"惯性"或"定势"，在此限度内"必然性"、必然规律和"决定论"模式才起作用。当系统出现"巨震荡"，超出"临界点"，那就成了随机性、偶然性和概率性的天下。马克思主义的哲学认识论还告诉人们：人类对未来的预见，也只能是绝对真理和相对真理的统一。就人类的思维能力来说，人类完全可以认识，但又永远不能彻底地认识事物发展的客观必然性，人类的认识只能无限地接近事物发展的客观必然性但又永远不能绝对地达到它。从这个意义上说，企图精确地、绝对地预见其未来是很难做到的，社会预测和一般意义上的认识一样，只能是绝对真理和相对真理的统一。

　　社会学或者说社会科学所要追求的并不是像自然科学尤其是物理学那种精确无误的预测，因为那种预测只有在排除了被预测对象的干预行为的情形下才有可能，因此它只是自然科学所追求的目标，而社会科学的预测不仅不能排除干预行为，而且它正是要引起特定的干预行为。社会学（社会科学）预测是预测者影响未来的一种途径，它旨在为人们调整自身的社会行为提供指南。因此，社会科学预测的效果不在于它所预测的事件是否如期发生，即不在于它是被证实还是被证伪，而在于它是否能有利于人们将自己的行为调整到符合自身发展的轨道上来。被证伪的预测并不一定是毫无价值的，因为有些社会预测的目的，正是需要通过引起一定的干预行为证伪自身以实现其价值。在此意义上，"自我实现的预测"和"自我否定的预测"都有可能带来正面的效果。就这个意义上说，社会预测和自然预测的价值观是有区别的，按自然预测的见解，预测的科学性是根据被预测事件是否如期发生来判断的，被证实的预测是科学的预测；被证伪的预测是错误的预测。但是，这种价值观在社会预测中并不完全适用，因为它没有考虑到社会科学预测中被预测对象有意识的因应行为的存在，这种"俄狄浦斯效应"使我们不能简单地从它是否被证实来检验社会科学预测的科学性。所以，社会科学预测的科学性应该从它所依据的因果规律和原始条件的知识的科学性来加以认证。总之，社会科学所追求的目标不是精确无误的预测，可证实性不是社会科学预测的根本或唯一的要求，社会科学预测的目的和意义在于为人们改造社会生活提供行为依据和决策指南，它不仅可以通过"自我实现"的途径，而且可以通过"自我否定"的途径来完成这项重大的使命。

第一卷参考文献

(以写作过程中实际使用的先后为序)

〔美〕爱德华·威尔逊:《社会生物学:新的综合》,阳河清译,四川人民出版社,1985。

〔法〕米歇尔·弗伊:《社会生物学》,殷世才、孙兆通译,社会科学文献出版社,1988。

北京大学社会学系编《社会学教程》,北京大学出版社,1987。

《马克思恩格斯选集》第1~4卷,人民出版社,1995。

《中国大百科全书·社会学》,中国大百科全书出版社,1991。

《毛泽东文集》第3卷,人民出版社,1996。

吴江雄主编《毛泽东预言》,红旗出版社,2000。

〔苏〕B.B.科索拉波夫:《社会预测方法论》,顾镜清译,贵州人民出版社,1985。

王兴成、秦麟征主编《国外社会科学政策研究》,社会科学文献出版社,1993。

秦麟征主编《未来领域软科学大全》,贵州人民出版社,1988。

冯文权:《国际预测研究活动概况与预测评价》,《预测》1990年第9卷第1~2期。

孙明玺:《现代预测学》,浙江教育出版社,1998。

〔美〕艾文·托夫勒:《大未来》,黄继民等译,人民中国出版社,1993。

〔美〕约·奈斯比特:《2000年大趋势》,周学恩等译,东方出版社,1990。

阎耀军:《试论社会科学与社会预测》,《社会科学战线》1997年第6期。

陶文昭:《西方未来学思潮述评》,《江淮论坛》1994年第5期。

徐超富:《美国咨询业的发展特点及启示》,《决策与发展》2000年第4期。

1991年以来的《中国经济形势分析与预测》蓝皮书,社会科学文献出版社。

1991 年以来的《中国社会形势分析与预测》蓝皮书，社会科学文献出版社。

1985 年以来的《预测》杂志。

李明华：《论社会预测的特殊性及社会预测的复杂性》，《哲学研究》1994 年第 3 期。

张德春：《社会预测的理论前提》，《山东大学学报》1994 年第 3 期。

冯之浚：《战略研究与预测技术》，《河北学刊》1986 年第 3 期。

〔英〕卡·波普尔：《历史主义贫困论》，何林、赵平等译，中国社会科学出版社，1998。

〔美〕詹姆斯·格莱克：《混沌：开创新学科》，张淑誉译，上海译文出版社，1990。

〔美〕爱德华·威尔逊：《大自然的猎人——生物学家威尔逊自传》，上海科学技术出版社，2000。

庞元正、丁冬红主编《当代西方社会发展理论新词典》，吉林人民出版社，2001。

郑杭生：《转型中的中国社会和中国的社会转型》，首都师范大学出版社，1996。

陆学艺：《当代中国社会阶层研究报告》，社会科学文献出版社，2002。

张召忠：《谁能打赢下一场战争》，中国青年出版社，1999。

张召忠：《战争离我们有多远》，解放军出版社，1999。

陈欹耕：《点击未来战争》，解放军文艺出版社，2000。

顾镜清编《2000 年的科学技术（现状和预测）》，上海科学技术出版社，1978。

〔美〕丹尼尔·贝尔：《后工业社会》，科学普及出版社，1985。

秦麟征等：《领导与未来》，山东人民出版社，1985。

夏禹龙主编《世纪之交的社会科学》，湖北人民出版社，1992。

徐明明：《论社会科学预测的理论基础》，《宁夏社会科学》》1996 年第 2 期。

《当代著名西方哲学家评传》，山东人民出版社，1996。

韩寿根等主编《学科大全》，沈阳出版社，1989。

袁方主编《社会学百科辞典》，中国广播电视出版社，1990。

杨直、方一明：《现代社会科学研究管理思路》，安徽人民出版社，1991。

旷三平：《马克思社会预见理论面临的挑战》，《学术研究》2000 年第 4 期。

阎耀军：《社会预测学：社会学中势在必建的分支学科》，《理论与现代化》2002 年第 5 期。

〔美〕詹姆斯·格莱克：《混沌：开创新学科》，张淑誉译，上海译文出版社，1990。

〔英〕波普尔：《历史决定论的贫困》，华夏出版社，1991。

阎耀军：《试论社会预测的主客体互动反射性原理》，《预测》2003 年第 1 期。

阎耀军：《社会预测的赌博与博弈》，《理论与现代化》2004 年第 2 期。

姚庆国编著《博弈论》，南开大学出版社，2003。

潘天群：《博弈生存——社会现象的博弈论解读》，中央编译出版社，2004。

〔美〕罗伯特·K. 默顿：《社会研究与社会政策》，林聚任等译，生活·读书·新知三联书店，2001。

《马克思恩格斯全集》第 1、第 12、第 19、第 20、第 23、第 34 卷，人民出版社，1972。

〔美〕爱德华·威尔逊：《论人的天性》，林和生等译，贵州人民出版社，1987。

华岗：《规律论》，人民出版社，1982。

张嘉同、沈小峰主编《规律新论》，中共中央党校出版社，1993。

邱守娟：《社会发展规律论》，《理论探讨》1990 年第 2 期。

旷三平：《马克思社会预见理论面临的挑战》，《学术研究》2000 年第 4 期。

余哲等：《世界新学科总览》，重庆出版社，1987。

杨忠虎、魏新玲：《关于历史周期率的思考》，《理论月刊》2000 年第 3 期。

徐平华：《中国封建社会周期波动与人口关系初探》，《南昌大学学报》（社会科学版）1996 年第 3 期。

潘顺安：《地质学中的周期现象及其意义》，《广西教育学院学报》（综合版）1994 年第 4 期。

许涤新：《政治经济学辞典》，人民出版社，1981。

《中国大百科全书·经济学》，中国大百科全书出版社，1998。

《史记·货殖列传》。

〔美〕威廉·斯特劳斯、尼尔·豪：《第四次转折——世纪末的美国预言》，杨立平等译，海潮摄影艺术出版社，1998。

张光鉴：《相似论》，江苏科学技术出版社，1992。

金山：《相似论——相似·预测·决策》，江苏科学技术出版社，1994。

李玉兰：《类比推理的机制与功能》，《武汉大学学报》（哲学社会科学版）1995年第3期。

王亚同：《类比推理》，河北大学出版社，1999。

陶汉章等编著《孙子兵法概论》，解放军出版社，1985。

《中国大百科全书·物理学》Ⅱ，中国大百科全书出版社，1987。

郑立新主编《现代政策研究全书》，中国经济出版社，1991。

谢帮同：《世界经典物理学简史》，辽宁教育出版社，1988。

〔英〕牛顿：《自然哲学之数学原理》，陕西人民出版社，2001。

潘德冰：《社会场论导论——中国：困惑、问题及出路》，华中师范大学出版社，1992。

魏宏森：《系统科学方法论导论》，人民出版社，1983。

黄麟雏等：《系统思想与方法》，陕西人民出版社，1983。

朴昌根编著《系统科学论》，陕西科学技术出版社，1988。

〔奥〕L. 贝塔朗菲：《一般系统论》，秋同等译，社会科学文献出版社，1987。

〔美〕E. 拉兹洛：《用系统的观点看世界》，闵家胤译，中国社会科学出版社，1985。

〔苏〕B. Г. 阿法纳西耶夫：《系统与社会》，知识出版社，1988。

王元灼：《对"测不准原理"若干问题的探讨》，《南平师专学报》（自然科学版）1996年第4期。

钱树高等：《试论海森伯不确定性原理》，《昆明理工大学学报》1996年第3期。

王胥印：《不确定性系统科学概要》，《河北经贸大学学报》1997年第1期。

吕瑞华：《宏观经济指标的不确定性》，《统计研究》1998年第4期。

顾镜清编著《未来学概论》，贵州人民出版社，1985。

《列宁全集》第40卷，人民出版社，1986。

《爱因斯坦文集》第1卷，许良英、范岱年译，商务印书馆，1976。

第二卷
预警——关于社会预警理论与方法的探讨

卷首语　为之于未有，治之于未乱

在2500多年前，大哲学家老子对解决问题的最佳时机曾有过十分精辟的论述，他指出："其安易持，其未兆易谋，其脆易泮，其微易散。为之于未有，治之于未乱。"① 老子在这里提出的"为之于未有，治之于未乱"的思想，用现代的术语表达，就是控制论中所说的前馈控制。前馈控制和"亡羊补牢"式的被动的反馈控制不同，前馈控制是运用不断获得的最新的有关社会运行的可靠信息加以预测，将期望的社会管理目标（如我们现在所说的构建和谐社会）同预测的结果加以对照，在出现问题的临界点之前就发现问题，事先制定纠偏措施，将问题解决在萌芽状态，永远不让问题越过"警戒线"，以确保社会管理目标与预期结果相一致。对此，用本书的术语来说就是"预警与预控"；用中共十六届四中全会《关于加强党的执政能力的决议》中的话语来说，就是要"建立健全社会预警体系"。

社会预警自古有之。从某种意义上说，一部人类史就是人类依靠自身的预警能力趋利避害求生存的历史。历代开明政治家无不居安思危，利用各种预警和控制方法谋求天下太平和长治久安。人类社会预警的历史，可以说先后经历了神灵性预警、经验性预警、哲理性预警和实证性预警四个时期。神灵性预警是用占卜的方法，"视兆以知吉凶"，这种在冥冥之中揣摩和聆听"神的旨意"的预警形式自然是愚昧和荒诞的；经验性预警是利用多次重复发生的事件或现象，以简单的盲目比附推断未来，但由于不能找到事物之间必然的因果性联系，因而具有较大的偶然性和局限性；哲理性预警通过对社会发展规律的了解，用逻辑推断的方法预警未来，虽然思辨深刻但缺乏实证，失之过于笼统和抽象，不能满足当代社会切实应用的要求。所以笔者认为党中央提出的要"建立健全社会预警体系"，显然是指现代实证

---

① 参见《老子》第六十四章。大意是事物尚处于稳定状态的时候，容易掌握；事物尚未显露出变化征兆的时候，易于与谋划；事物尚处于脆弱状态的时候，易于溶解，事物尚处于细微阶段时，易于消散。所以应当未乱而先防先治。

性社会预警。

现代社会不仅是一个日趋复杂化的巨系统,而且是一个日益高风险化的系统。现代科学研究指出,一个大系统的内部子系统之间的相互作用、相互适应的作用结果,可以有两种不同类型。一种情况是,某子系统偏离原有适应状态时,与其他子系统相互作用的结果是使整个大系统进入新的稳定态(适应态),呈现为促进型。另一种情况是,某子系统偏离原有适应态后,与其他子系统相互作用的结果是,消除了对原有适应态的偏离,大系统回到原有的稳定态,呈现为抑制型。其特点是当各子系统对原有适应态偏离到一定程度后,会引起整个系统的崩溃,使其各子系统之间作用方式突变,突变后的子系统相互作用的结果是消除偏离,回到原有适应态,依靠周期性崩溃,整个系统结构呈现巨大的稳定性。现代控制论把依靠周期性崩溃来保持自身稳定的系统,称为超稳定系统。

由此看来,社会的稳定有两种类型,一种是单纯硬性控制下的高压稳定,一种是刚柔兼济弹性调控下的和谐稳定。显然,前一种稳定是表面的和脆弱的,一旦失控就会导致社会动乱,甚至崩溃,这就是前文所说的超稳定系统;后一种稳定是本质的和内在的,是长治久安的可持续稳定,也就是前文所说的和谐稳定系统。由此可见,稳定的社会未必是和谐的社会,而和谐的社会必定是稳定的社会。两者的区别还在于以下两方面。

(1) 超稳定系统是以牺牲社会发展为代价的,而和谐稳定系统是以社会发展为前提的。

(2) 超稳定系统的社会控制机制是僵硬的和被动调控的,而和谐稳定系统的社会控制机制是弹性的和自动调适的。

党中央提出了"科学发展观""构建社会主义和谐社会""加强执政能力"等一系列命题。这些命题其实都涉及一个制度安排或机制设计的科学性问题。马克思就很注意制度的科学性。他当时分析资本主义不能克服周期性经济危机的社会原因,"症结正是在于,对生产自始就不存在有意识的社会调节"①。可见能否进行有意识的社会调节,是社会制度结构中的重要问题。制度结构的科学性就在于它具有自动调节并不断适应发展的能力。

当代社会在经济快速持续发展的同时,社会结构变迁,社会转型迅速,社会分化加剧,社会公平趋弱,社会群体事件频发,社会利益矛盾深化,不满情绪增长……那么,如何使我们的制度(宏观社会调控机制)能够更加灵

---

① 《马克思恩格斯全集》第32卷,人民出版社,1974,第542页。

敏地进行"有意识的社会调节",自觉和自动地协调社会利益关系,缓和贫富两极分化,摆平各种矛盾,从而适应社会和谐发展的要求呢?

党中央提出"构建和谐社会"的命题,实际上就是把完善社会主义市场经济条件下的制度结构,使其能够对社会矛盾进行"有意识的社会调节"的问题摆在了我们面前。

笔者认为解决上述问题最重要的两个方面就是"建立健全社会预警体系"和相应的宏观社会调控机制。本书将其概括为"预警"和"预控"合二为一的问题。

第一个问题(预警)属于社会预测学研究的范畴,其研究的任务是有没有问题和问题有多大,如何发现问题并估量问题的严重程度。

第二个问题(预控)属于社会控制论研究的范畴,其研究的任务是有了问题后怎么办,如何消除问题或控制问题的发展态势。

第一个问题暂且不论。第二个问题中的"有了问题"又分为两种情况:一种情况是问题已经成为客观事实,或者说是一种显性问题;另一种情况是问题尚未成为客观事实,仅是一种主观预想中将要发生的"事实",或者说是一种隐性的或潜在的问题。前一种问题即显性问题的控制,用控制论的术语说叫作反馈控制;后一种问题即潜在问题的控制,叫作前反馈控制,即前馈控制。反馈控制具有明显的局限性,即从发现问题到采取措施解决问题,两者之间存在一个时间上的滞差。如果时滞较长,问题积累成堆成山,成了一定的"气候"以后才发现,那么问题反而难以解决了。所以还是前馈控制具有显著的优越性。但实施前馈控制即预控,必须先预警。同时预警的目的也正是预控。预警之后不实施预控,将是毫无意义的"危言耸听";想预控而不先行预警,那是异想天开和痴人说梦。由此可见,预警和预控是一个紧密相连的合二为一的问题,是一个如何建立符合现代社会要求并具有中国特色的宏观社会调控机制问题。

笔者认为,在现代社会中,预警预控是整个社会控制或者说调控机制中最有意义的组成部分。因为在数千年的传统社会中,在相对缓慢的社会运行速度下,仅依靠反馈控制就足以满足社会发展和管理的需要。但在现代快速运行和复杂多变的社会中,简单的反馈控制已很难奏效。军事上的打靶可以很好地说明这种情况,对静态目标和动态目标、慢速运动目标和快速运动目标、匀速运动目标和非匀速运动目标、线性运动目标和非线性运动目标的射击难度是不一样的。对前者,可以通过简单的瞄准和提前测量计算,对目标实施"反馈控制";而对后者,就得用装有电脑系统的射击工具对目标实施前馈控制了。对此，人们发明了预警雷达、预警飞机、响尾蛇导弹、巡航式导弹等，这些东西一旦锁定目标，就可以根据目标的变化自动调节自身的运行，始终超前掌控目标变化，直至击中目标。现代社会运行和传统社会相比，已经越来越明显地呈现动态、快速、非匀速和非线性运行的特征。所以从某种意义上说，现代社会的宏观调控机制，本质上应该是一种预警预控机制。

"为之于未有，治之于未乱"，本卷探索现代实证性社会预警的目的，正在于此。

2005年6月于天津王顶堤

第十四章　社会预警：由迷信占卜走向现代实证科学

中共十六届四中全会通过的《关于加强党的执政能力的决议》中，明确提出"建立健全社会预警体系"的要求。对于这样一个新课题，有许多开创性的工作要做，但创新往往是与历史相联系的，我们只有弄清社会预警的来龙去脉，才能做到温故知新并推陈出新。为此，本章旨在对人类社会预警活动的历史进行回顾总结，以期对我国社会预警体系的建立有所裨益。

第一节　人类社会预警历史发展的四个阶段

社会预警属于社会预测学的研究范畴，是人们在顺境状态下对逆境出现的可能性的预测。所以人类社会预警的历史，有与社会预测大致相同的发展脉络，从某种意义上说，一部人类史亦是人类依靠自身的预警能力趋利避害求生存的历史。

人类最初的预警是对自然灾害的预警，因为那时人类首先要从自然界获取生存资料。人类对社会的预警，只能是在人类社会产生之后的事情。在有了共同劳动，产生生产协作关系以后；在有了原始部落，产生社会组织以后；在有了利益纷争，产生战争冲突行为以后；在有了社会分工，产生经济贸易活动以后；在有了国家政权，产生管理与被管理的人际关系以后……总之，人类为了生存，必须运用自己特有的超前认识能力，对自己的生存环境（自然的环境和社会的环境）做出预警。但人类社会预警的能力并不能超越历史的局限，只能随着人类社会的物质生产与科学认识水平的发展而发展。人类社会预警历史先后经历了神灵性社会预警、经验性社会预警、哲理性社会预警和实证性社会预警四个时期。下面笔者就对这四个时期的社会预警情况进行概述。

一 以迷信占卜为特征的神灵性社会预警

据《汉书·艺文志》记载，汉孝文帝执政时期曾发生日食，当时汉孝文帝惊恐不安，以为是"天示之灾以戒不治"，故特下《日食求贤诏》说自己"不能治育群生，上以累三光之明，其不德大矣"，向天下人检讨自己的过失，以求改进。这就是进行神灵性社会预警的一个典型事例。神灵性预警是用占卜的方法，在冥冥之中揣摩和聆听神灵对未来旨意的一种迷信愚昧的预警形式。神灵性预警产生于原始社会初期，盛行于整个奴隶社会和封建社会时期，至今尚有其残迹。神灵性预警主要指建立在宗教迷信基础上的占卜预警。所谓"占卜"，据《辞源》解释，就是"视兆以知吉凶"。① 所谓"兆"，就是人们借以判断吉凶的各种现象。根据取象的不同方式，占卜也随之分为不同的种类。在中国最早的占卜种类是龟卜和蓍筮。我们今天所见到的甲骨文就是龟卜留下的遗迹。据推测，龟卜出现于5000年前，蓍筮稍后，出现于3500年前。龟卜的具体方法是先将龟甲或牛胛骨削磨成一定形状，然后在其背面钻一个圆窝或梭形的浅凹槽，深度不穿透骨面，然后涂上牛血，由占卜者将其背面放在火上烧烤，这样，在甲骨正面的相应部位就会出现"卜"字形裂纹。裂纹的长短、粗细、曲直、显隐乃至甲骨开裂时发出的声音，就是人们赖以预警吉凶的依据——卜兆（见图14-1）。蓍筮的方法是用一种名为蓍草的草梗，将蓍草按一定规则排列组合进行推演，得出一组数字构成卦像，据以推测未来的吉凶。② 蓍草后来还被作为《周易》起卦的工具，其占卜的方法就非常复杂了，我们这里暂不理论。需要弄明白的是，当时人们为什么偏偏选择了"龟"和"蓍"这两种东西来作为占卜工具呢？《蠡海集》云："龟之前爪五指，阳也；后爪四指，阴也，故为阴阳之大用。"《说苑》云："灵龟五色，色似玉，背阴而负阳，上隆象天，下平法地，转运应四时，蛇头龙项，左睛象阳，右睛象月，知存亡吉凶之变。"由此可见，在古人心目中，龟被尊奉为可以预警善恶祸福的神灵之物。据科学考证，在中生代三叠纪，龟就在地球上成为独立的家族，约比人类早2亿2000多万年。当原始初民们处于蒙昧状态，在强大自然力面前束手无策，尤其是生活中受到山水之阻、寒暑之变、饥饿之苦、疾病之灾，以及风雨雷电无情摧残而不能抗御时，龟却经历了一般生命难以生存的大冰川期的长期磨

---

① 《辞源》，商务印书馆，1979，第431页。
② 张敬梅：《科学思维与占卜》，济南出版社，1998，第1~8页。

难而进入生命的春天。古人看到龟的这种"历岁久远"的强大的生命力，认为这是不可思议的天生神物。因此在原始自然崇拜中，龟成了他们崇拜的图腾，认为天地之间的万事万物千变万化，无不集于龟身、存于龟胸。周王朝为提高龟卜灵应和得到龟的更大帮助，破尧舜禹汤之先例，在宫廷内设立龟官，专办龟事，使龟在朝廷中有专职的代言人，官名就称"龟人"。不仅其地位同御使相当，而且"龟人"能直接决定天子的言行，随时参与帝王的决策。至于蓍草作为占卜工具，主要也是因其品质纯良，给人以可以通灵的印象。蓍草本是一种多年生菊科草本植物，全身皆可入药，治疗风湿、毒蛇咬伤，又可作香料。据说神异的蓍草可以从一根抽出百茎，长达丈余，在其生长的地方，"兽无虎狼，草无毒螫"。相传太昊伏羲氏曾用此草"揲蓍画卦"，不少典籍中多有论述。《易·羽卦》云："昔者圣人之作易也，幽赞于神明而生蓍。"意思是说卦先说蓍，蓍是由于圣人的幽赞才变成神明的。《易·系辞》上说："是故蓍之德圆而神，卦之德方以知。"其大意是说蓍能反映事物之变化，定天下之吉凶。所以古往今来都把"蓍草"誉为"神蓍""灵物""神物"……就连自命为"真命天子"的历代帝王，也要刮目相看，每年春秋两季派大员来太昊伏羲陵祭拜时，返京也都要取回一束"蓍草"，以作信物（见图14-2）。

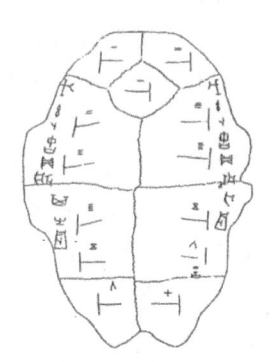

图14-1 龟甲上的卜文

除龟卜和蓍筮外，占星术在神灵性预警中具有重要地位，古人认为人类和自然界都是由某种统制宇宙的神秘力量的产物，从远古时起，人们就一直把探寻的目光投向浩瀚的星空，力图在天上发现某些人间灾变的预示，于是便有了占星术。所谓占星术，就是根据各类星象（恒行、行星、极光、月食、日食等）的异常变化来预测人类社会重大变故的一种占卜术。在占星家眼中，"月有阴晴圆缺，人有旦夕祸福"，人类社会和浩瀚星空有某种神秘的联系，是"天人感应"的，上天的点点繁星对应人世的万

图 14-2 蓍

注：别称"蓍草""锯齿草""蚰蜒草"。菊科，多年生直立草本。叶互生，长线状披针形，篦状羽裂，裂片边缘有锐锯齿。头状花序多数密集于枝顶成复伞房花丛，夏秋间开白色花。用分根或种子繁殖。全草供药用，民间用治风湿疼痛，外用治毒蛇咬伤。茎、叶含芳香油，可作调香原料（《辞海》）。

事万物，星象的各种细微变化都预示着人间将有战争、灾异、政变等事件发生，因而占星在古人尤其是统治者心目中，是关系国运兴衰的大事。占星术演绎得相当详尽和繁杂，出现了大批的占星学家，而且其中有很多都是著名的学者和科学家。如国外著名的天文学家开普勒就擅长占星术，据说他甚至可以运用占星的方法成功预测某人遭到暗杀的年份（见图14-3）。在我国，如司马迁、董仲舒、刘向、刘歆、僧一行、扬雄、谷永、京房等这些当时很有名的学问家都擅长占星术。这些人还写了大批占星学及相关著作，如《史记·天官书》《五星占》《汉书·天文志》《白虎通》《开元占经》等。占星术发展到唐代，达到鼎盛并转向衰落，到清代时已经很少有真正精通占星术的专家了，占星术逐渐成为绝学。当然，占星术也并没有完全退出历史舞台，至今还有人将算命术与占星术相结合，以此预言人的生老病死和吉凶祸福，但我们现在见到的占星术，不过是些江湖术士凭一知半解唬人的把戏而已。①

总之，古代占卜的种类非常之多，除上述之外还有占梦、占相、占八卦等，名目繁多。据东汉班固统计，当时的占卜种类已经多达190种。又据考古发现，仅在河南安阳的殷墟，就出土了约10万片甲骨，其数量之多、内容

---

① 张敬梅：《科学思维与占卜》，济南出版社，1998，第9~18页。

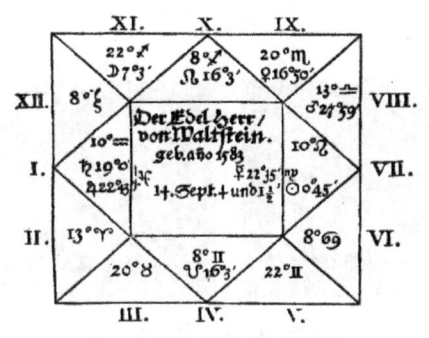

第十四章 社会预警：由迷信占卜走向现代实证科学

图 14-3 开普勒占星图

注：这是由天文学家约翰尼斯·开普勒（Johannes Kepler）在 1608 年为伯爵沃尔茨坦（Waldstein）画的一张非常著名的占星图。在这张占星图上，开普勒预言了公爵未来军事的胜利和遭到暗杀的年份。

资料来源：《世界四大预测学》，李秀莲、高文尧等编译，河北人民出版社，1994。

之丰富，足以说明当时占卜是何等之盛行。

这种以宗教占卜来进行社会预警的方式的产生和流行，完全是由于当时人类的生产力水平和认识能力都非常低下，人们对自然界的许多现象，如电闪雷鸣、山崩海啸等既惧怕又无法理解，对自然灾害更无力抵御，在饥寒、疾病与野兽威胁的无奈之中，愚昧和无知驱使人们把这些自然现象超然化、人格化、塑造出种种偶像来加以崇拜，把自己的命运交给这些主宰万物的神灵，认为神灵是自然和社会生活的最高主宰，于是上至国家大事，下至个人安危，尤其是关于祭祀和战争的事情，几乎事事都要求神问卜，征求神灵的意见，所以占卜预警已经成为当时人们不可或缺的生活内容。而统治者也往往利用这种宗教占卜预言的精神控制功能来加强和维护自己的统治地位。

二 以重复推断为特征的经验性社会预警

经验性预警是指人类通过对社会现象的长期观察，在多次重复出现的事物中获得一些经验性的知识，并据此对社会现象进行预警的形式。经验性预警来源于自发的原始直观预警，是在神灵性预警发展的同时发展着的一种唯物的预警方式。在原始社会，人们在生产和社会实践过程中逐渐形成对事态演变的直接浅近的经验性知识，从而根据这些经验对事态的发展做出预警。这在对自然现象的预警中表现尤为突出。例如，古代埃及人根据长期观察的经验，以天狼星（见图 14-4）在日出时出现预警洪水的到来就是典型的经验性预警。其实后来科学研究表明，尼罗河水的泛滥与天狼星和太阳同时出现在地平线上，纯属偶然。尼罗河水不是年年泛滥的，况且也不总是在同一天泛滥。

图14-4 天狼星

注：天狼星是夜空中最亮的一颗星。天狼星（Sirius）的名字来源于希腊语"Seirius"，意思是"灼热的"。天狼星是大犬星座中的一颗恒星，距地球大约8.6光年。在古希腊，天狼星的升起标志着夏季最热的时候。这也是短语"dog days of summer"（三伏天）的出处。

资料来源：http：//www.dayoo.com/content/2003-07/16/content_1148099.htm。

用曾经获得的直接经验和间接经验来比附未曾经历的未来事件，是经验性预测的重要特征。据《国语》记载，周幽王二年（前780），西周都城附近的泾水、渭水、洛水发生了地震，有一个叫伯阳父的人认为，这是周朝将要灭亡的征兆。伯阳父引证史实说，过去伊水、洛水干涸，夏朝灭亡。如今周朝的情景与夏、商两代末年相似，而地震又堵塞了水源，这样河流必然干涸，山岳必然倒塌。发生自然灾荒则会造成物资缺乏、饥荒频繁，社会混乱，国家危亡。因此，伯阳父预言：不过十年，周朝将亡。就在这一年，泾水、渭水、洛水干涸，岐山崩裂。过了九年，周朝果然灭亡。在我国春秋战国时期，越国被吴国打败，范蠡和文种辅佐越王经过十年的艰苦奋斗复国之后，范蠡根据历史上君王成功后往往会诛杀功臣的历史经验教训，用"飞鸟尽、良弓藏，狡兔死、走狗烹"的比喻，预先向文种警告说越王不能和臣下共富贵，劝其赶紧功成身退，以避灾祸。文种不听，果然遭杀身之祸。这些都是典型的经验性预警。由于经验性预警与唯心主义的神灵性预警划清了预警观念和方法上的界限，所以是人类社会预警思想史上的一大进步，但这种预警仍带有较大的偶然性和盲目性，其准确性也不是很高，而且如果片面夸大感性经验在认识上的作用，把局部经验夸大为普遍真理，还会犯经验主义的错误。这是因为经验性预警是建立在对重复现象单纯的观察基础之上的，它尚不能找到产生某种现象的必然原因。众所周知，无论是在自然界还是在人类社会，有许多现象同时存在并重复出现，但这些现象相伴发生并不等于它们之间就存在必然的因果性联系。事实上，即使我们有好几次看到相同的事物前后相继出现，也还是不能预测它们将来一定会继续如此。所以经验性预警还是属于带着原始直观预警痕迹的感性预警。当然，由于人类永远无法穷尽对客观世界的认识，所以即使是在现当代社会预警中，经验性预警也还是拥有特定的地位并继续发挥其应有的作用。但是，为使社会预警更有效，就必须知道引起现象的原因和现象变化的规律。而要达到这一点，光凭经验却没有理性的思考是不行的，所以经验性预警必然要向哲理性预警发展。

三 以定性思辨为特征的哲理性社会预警

哲理性预警是根据社会变化的规律而不是仅凭现象的重复来对事物的未来做出预警。哲理性预警的特点主要是依靠理性思辨，通过对社会发展规律的了解，用逻辑推断的方法预警未来。由此可见，哲理性预警是科学预警的定性形式（相对定量而言，相对实证性预警而言）。哲理性预警是随着社会生产力和科学技术的发展而产生和发展起来的。许多科学家和哲学家把研究客观世界的本质与规律作为自己的使命，与此同时，开始用科学与理性展望未来，从而使人类的预警活动突破神灵性预警的桎梏和经验性预警的局限。进步的哲学家用理性与逻辑对社会的未来进行哲理性预警。哲理性预警的发展在人类历史上呈现为两个阶段。

一是古代的朴素的哲理性预警，随着人们对社会局部领域运动的规律性的逐步认识，人们开始根据客观规律进行预警，如中国古代的《易经》中的"物极必反"，《老子》中的"祸福相依"，《孙子兵法》中的"骄兵必败"等都体现出哲理性预警思想的光辉。但这一阶段的哲理性预警还比较浅近、模糊，其力量也十分有限，只能使人们在若干局部性问题上获得较浅近的预见，如军事领域和政治斗争领域的问题；还不能完全脱离宗教占卜预警的桎梏和经验性预警的局限，而在更广阔的社会领域中发挥作用。

二是随着近代自然科学的发展，尤其是 19 世纪中叶马克思主义的诞生而产生的科学的哲理性预警。随着自然科学中不断产生的重大发现，以及马克思通过历史唯物主义和剩余价值学说对社会发展规律的揭示，尤其是对资本主义经济周期性危机的社会预警，人类的社会预警第一次划时代地上升到科学化的高度。正如毛泽东所指出的，科学预测，尤其是社会历史领域中的科学预测真正的基石是马克思主义奠定的。他说："整个人类在马克思主义产生以前对于社会的发展历来没有预见，或者没有很清楚的预见……资产阶级在自然科学方面有很多好的预见,但在社会科学方面还是盲目的。只有产生了马克思主义,才对社会发展有了预见,使人类对社会发展的认识达到了新的阶段。"① 总之,马克思主义的产生使科学预警活动真正在自然界以外的社会历史领域日益广泛地展开。马克思恩格斯对社会前景的科学预测和预警,是预警史上的空前壮举和光辉范例。它为科学预警在社会各领域中的全面运用打下了坚实的基础,为人们在社会历史领域中进行的各类预警提供了总的科学理论指导和基本依据。不仅如此,马克思主义的科学理论还揭示了整个世界(包括自然界、社会和人类思维)运动的一般规律,提出了一些经典性的未来预测和预警的思想原则和科学方法,使人们对整个世界各领域的未来预警状况大为改观。

四 以定性和定量相结合为特征的实证性社会预警

实证性预警是建立在现代科学与技术基础上的一种预警方法,它仍然以哲理性的预警理论为依据,但更显现鲜明的现代科学技术理性与科学实证相结合、定性与定量相结合的特点。因此我们也可以称实证性预警为现代科学预警。

现代科学预警和传统科学预警的显著区别之一,是定性预警和定量预警相结合。而定性和定量相结合的预警,离开现代数学方法、现代数理统计技术、现代信息处理技术、计算机科学,以及以"老三论"和"新三论"等为代表的现代科学理论是无法做到的。现代科学预警产生于20世纪中叶,当时人类各种社会活动已经达到了前所未有的规模,科学知识加速积累的趋势和整体化的要求越来越强烈,社会信息流的运行和社会变迁的进程越来越快,而比较抽象和笼统的哲理性预警已经不能满足人们指导具体的社会实践的需要,时代要求人们用现代的科学技术手段,更加系统地、高效率地、具体化地预警未来社会,于是专门预警未来的科学便应运而生了。现代预警科学以实证性预警为特征,但是实证性预警并不排斥哲理性预警,而是使预警在哲理性判断的基础上走向可计算、可试验、可操作、可模型化的实用阶段。因此,我们可以说实证预警的产生是预警科学走向现代化的重要标志。

以上我们阐述了人类进行社会预警所经历的四个阶段,现在需要特别指出的是,这四个阶段并不是泾渭分明的,而是你中有我、我中有你、相

---

① 《毛泽东文集》第3卷,人民出版社,1991,第394页。

互渗透和共存的。换句话说，我们在神灵性预警阶段，可以看到科学预警的萌芽，而在科学预警阶段，仍可以看到神灵性预警的残迹，其走向态势如图14-5所示。

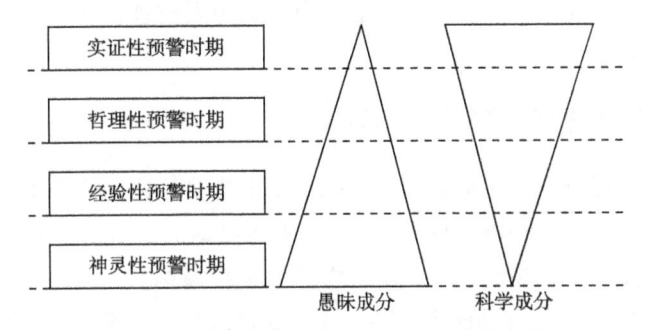

图14-5 社会预警由愚昧走向科学的态势

社会预警由愚昧走向科学的历史证明，人类对社会的认识每加深一步，科学预警的领域就会向前迈进一步，而占卜预警的范围就会随之向后退缩一步。上述四种社会预警形式，在人类社会的古代、近代和当代都曾先后占据主导地位，而且人类早期的预警形式在现当代社会预警活动中也有不同程度的反映和体现，但总的趋势是后者不断取代前者，或者说是前者不断向后者转变的过程。这个转变过程的重要特征是，社会预警中非科学的因素不断消亡，科学因素不断取得主导地位。

第二节 实证性社会预警在当代的发展

一 现代实证性社会预警的发轫

在笔者看来，现代社会预警应该是建立在现代的科学理论、方法及技术手段基础之上的，尤其是其采用的方法。如上文所说，现代社会预警和传统社会预警的显著区别是定性分析和定量分析的相结合，其重要标志是社会预警指标体系的建立。依此观点，现代实证性社会预警研究大约发轫于第二次世界大战之后的20世纪60年代至70年代，当时美国社会学家R. A. 鲍尔出版了《社会指标》一书，在世界范围内曾形成一场"社会指标运动"。正是在这场"社会指标运动"中，人们开始用构建社会预警指标体系的方法来从事社会预警研究活动。社会预警指标体系是由一系列经过理论遴选的敏感指标组成的一种测量社会危机现象及其运行过程的指标系统，它作为一种特定的测量工具和手段，具有计量性、具体性和时间性及便于使用计算机系统操作等特点。由于它具有全面系统地量化反映社会运行状况、评价社会政策、监测社会目标、预警社会发展等功能，因而成为人们进行社会预警研究的重要工具和手段。

二 由经济预警到社会预警

经济稳定是社会稳定的基础，因此，较早建立的社会预警指标体系主要集中在经济领域，如美国、日本，法国、联邦德国在世界经济危机后为了防止经济过度萧条、预警经济危机而建立的"警报指标"（或称"先行""先兆"指数，以及"景气动向指数"），是用比较敏感的指标来反映经济是否景气，以此来进行社会预警。比较有代表性的是美国20世纪60年代的哈佛"景气动向指数"和美国商务部当时计算的"先行指数"，包括失业率、原料价格、股票价格、货币发行量等。日本政府企划厅的"景气动向指数"，选择了最敏感、最及时的25个指标，包括股票价格、货币平衡余额、开业率、失业率、银行存贷款率、货币周转率等。法国于1965年制定了包括失业率、物价、生产、国际收支、投资等项目在内的预警对策信号。1986年，西方七国首脑制定了"经济指标相互监测"十项指标，即通货膨胀率、失业率、利率、汇率、国民生产总值增长率、财政赤字率、经济收支、贸易收支、货币供应量的增加、外汇储备，据此计算出综合指数，进行经济和社会预警。①

随着人们对经济发展与社会发展关系认识的深化，西方学者在更广泛的视野中对社会预警指标体系进行了探讨。1961年埃·蒂里阿基安提出了由三个方面构成的测量社会动荡发生的指标体系框架：①都市化程度的加深；②性的混乱及其扩张，以及对其进行社会限制能力的丧失；③非制度化、合法化的宗教极大增长。20世纪60年代末，F.汉厄提出一个综合反映政治、经济和社会风险的评价指标体系，即"富兰德指数"。"富兰德指数"由外汇收入、外债、外汇储备、政府融资能力、经济管理能力、政府贪污、渎职程度等指标组成。1968～1971年，德罗尔提出"系统群研究"的分析方法，确立12项内容的指标体系，鼓励将社会预警的分析与政策自觉相结合。美国纽约国际报告集团提出一个叫作"国家风险国际指南"的风险分析指标体系，其中包括领导权、法律、社会秩序与官僚、程度等13个政治指标；停止

---

① 参见朱庆芳《社会指标的应用》，中国统计出版社，1992。

偿付、融资条件、外汇管制及政府撕毁合同等5个金融指标;物价上涨、偿付外债比率、国际清偿能力等6个经济指标。美国外资政策研究所提出了"政治体系稳定指数",包括社会经济特征指数、社会冲突指数与政治过程指数,评分时各占1/3,成为美国综合性社会分析和预警的重要参照依据。美国以内布拉斯加为代表的系统学派,于1982年研究出AG-NET系统模型分析工具,在预警的基础上对美国中西部六个州的区域社会管理实施全面的优化调控和管理决策。近年来,这种方法已成为联邦政府进行社会决策体系的基本组成部分;爱茨则对社会不稳定状态进行描述,把社会不稳定指标划分为六个方面:①社会组织中的精英人物专权;②大众需求得不到满足的程度严重;③社会资源日趋贫乏;④政治动荡不安;⑤家庭结构处于崩溃状态;⑥传统文化力量处于崩溃状态。1989年兹·布热津斯基提出了由国家信念的吸引力、社会心理情绪、人民生活水平、执政党士气、宗教活动、民族主义与意识形态矛盾、经济私有化、政治反对派活动、政治多元化、人权问题十个方面的指标组成的"国家危机程度指数",并运用这套指标体系对东欧剧变和苏联解体进行了社会预警。

三 预警拓展到人与自然的关系

随着人类对社会与自然关系认识的深化,人们将社会预警的视野又拓展到人类社会与自然界的关系。20世纪80年代,英国以齐舒姆为代表的区域社会研究学派,在《区域预警》一书中总结了人口、资源、城市、经济和生态环境相互作用的经验数据,从人类社会和生态环境的关系角度进行社会预警。《增长的极限》的发表可以看作人们将社会预警从单纯的人类社会扩展到人类社会与自然界关系的标志性事件。《增长的极限》是环境保护运动的先驱组织——著名的罗马俱乐部给世界的第一个报告。在这个报告中,以罗马俱乐部为代表的未来学派,试图建立一个能够涵盖人口、能源、原料、环境、水源、卫生、食品、教育、就业、经济发展、城市条件、居住环境12个要素的综合社会预警研究模型。在这个模型中,各个要素之间形成一个相互作用的客观系统网络,与人和社会的经济、政治、心理和日常行为等因素交织,形成众多交错点和危机点。按照这个模型标绘的所有变量和"标准"趋势假定,世界系统会因为资源危机而崩溃,增长很可能在2100年停止,最迟在21世纪内一定会停止。其结论振聋发聩,给人类社会的传统发展模式敲响了第一声警钟,从而掀起了世界性的环境保护热潮。该书被译成各种文字一版再版。

四 社会预警的全球化

随着经济全球化的进程和东南亚金融危机的爆发，人们进一步认识到世界相互依存的关系和经济发展过程中的全球性风险加剧。因此，20世纪90年代，人们开始注意从全球一体化的总体联系中把握社会发展变化的趋向，关于社会预警的研究视野从而得到进一步拓展。1995年，全球性社会发展首脑会议在哥本哈根召开，讨论的主要议题是加强社会融合、减少贫困和扩大就业，表明各国对社会稳定和预警机制协调一致的关注。1996年世界经合组织（CECD）的"促进参与式发展和善治的项目评估"、1998年联合国开发署的"走可持续发展的治理、管理的发展和治理的分工"、1997年联合国教科文组织（UNESO）的"治理与联合国教科文组织"、1998年《国际社会科学杂志》第3期设立"Governance"专号、1999年《国际社会科学杂志》第2期刊登鲍勃·杰索善《治理的兴起及其失败的风险：以经济发展为例的论述》与格里·斯托克《作为理论的治理：五个论点》的文章等，都对社会风险的预警和报警进行了较深入的讨论。①

五 实证性社会预警在中国的发展

我国实证性社会预警的研究始于20世纪80年代后期。由于东欧剧变和苏联解体的政治影响，以及体制改革和社会转型过程中出现的各种矛盾和社会问题，我国学者开始重视社会预警指标体系的研究。朱庆芳于1992年在《社会指标的应用》一书中提出了"建立警报指标体系的构想"，设想了由反映经济、生活水平、社会问题、民意四个方面的40多个指标构成的"社会综合报警指标体系"。宋林飞1989年、1995年、1999年连续对社会预警指标体系进行研究，提出了若干指标体系，最后修订为由收入稳定性（城乡居民收入增长率）、贫富分化（城乡、城镇、农民、地区四种类型的收入差距指标）、失业（失业率及失业保障力度）、通货膨胀（通胀率及通胀压力）、腐败（案件人数、变动比率）、社会治安（犯罪率）、突发事件（发生频率、发生规模、涉及面）七大类40个指标构成的"社会风险监测与报警指标体系"。张春曙在1995年针对上海市的情况对大城市的社会发展预警进行了研究，提出由经济物质、收入与消费、劳动就业类、居住与市政建设、公共安全、环境污染、社会发展不平衡、社会风气与廉政建设八类18个警情指标组

---

① 鲍宗豪、李振：《社会预警与社会稳定关系的深化》，《浙江社会科学》2001年第4期。

成的社会预警指标体系，并根据历史经验比照全国的情况对上海市社会发展的18个警情指标的警限做了初步分析。2002年上海课题组仇立平等提出由17个方面指数70个指标组成的社会稳定指标体系；阎耀军于2004年提出了社会稳定的理论模型，并在此基础上通过课题组和广大专家的共同努力，构建了由六大子系统12个特征模块55个指标组成的社会稳定指标体系。此外，还有一些非社会预警专题的社会发展指标体系中也内含了社会预警的内容，如1982年戴世光、袁方提出的"社会统计指标体系"，1984年国家统计局制定的"社会发展统计指标体系"，1991年王地宁、唐均提出的"社会发展评估指标体系"，1992年朱庆芳在国家社会科学"七五"重点课题中建立的"社会发展指标体系"，1998年国家计委委托天津市计委、统计局、社科院联合研究建立的"中国大城市社会发展综合评价指标体系"等，都设置了社会预警的专项子系统或专项指标，将社会稳定、社会秩序、社会保障或社会安全作为综合指标体系框架结构中的一个有机组成部分。

总而言之，以社会预警指标体系的研究为主要内容和特征的实证性社会预警研究，无论是在国外还是在国内，都处于方兴未艾的局面。各国由于其具体国情不同，各个历史时期的时代特点不同，不可能制定出一种模式统一且一成不变的社会预警指标体系，因此社会预警指标体系的研究和构建始终处在一种动态发展和探索的过程中，而且其中存在不少不容忽视的问题。例如，在强调定量实证研究的同时反而忽视定性研究，在对所要预警的对象内机理尚缺乏深入定性分析和理论模型支持的情况下，就随意堆砌和罗列指标，从而导致测量效度和信度不高；现行统计体制滞后，数据信息开放度低，社会调查机构发育不全，相关专业社会计量机构缺位，致使社会预警指标体系缺乏得以运行的平台，已建构的社会预警指标体系根本无法操作实施，只能束之高阁。其结果是社会预警指标体系无法通过试验获得完善和提高。诸如此类，不一而足，限于本章主旨，在此恕不展开。

第十五章　现代实证性社会预警的概念及概念体系

出于趋利避害本能的需要，人类还在蒙昧时期就根据占星、龟卜、蓍筮来预警人世间的变化，把"天变示警""神谕示警"奉若圭臬。这一方面说明当时人类的愚昧和谬误，另一方面也说明了一条亘古及今的真理，即人类生存不仅需要一个安全稳定的自然环境，更需要一个安全稳定的社会环境。因此，"居安思危"、对社会的稳定性进行监测预警，历来为有远见的统治者和政治家们所高度重视。目前，我国正处于经济社会转型期，社会变迁的加快加剧、体制改革的震荡和冲击不可避免地对社会稳定造成影响，因此社会预警已经成为一种强烈的社会需求。而由于社会需求的拉动，再加上科学逻辑的驱使，"社会预警"逐渐作为一个专门的研究领域在社会科学的园地里萌芽。众所周知，任何一个专门学术领域的确立都会伴之以相应的概念体系的形成，社会预警也不会例外，必须建立起一套专门的学术概念体系。因为只有如此，才能够规范该领域研究的学术用语，并有利于社会预警的实践。为此，本章专门就社会预警的概念及社会预警的概念体系进行讨论，以期抛砖引玉，就教于大方之家。

第一节　现代实证性社会预警核心概念的界定

"社会预警"是现代实证性社会预警研究领域中的核心概念。由于这个概念关乎该领域的研究对象及其范围、实质、特征，以及与相关研究领域的关系等一系列问题，因而是首先需要辨析和廓清的。

社会预警作为一个世俗概念起于何时，我们不得而知，但作为一个严格的学术概念，据笔者所知，尚没有辞书对其进行定义。有少量文献涉及社会预警的概念，但由于其没有按照科学定义法进行专门讨论，所以给出的定义不是过于简单，就是有失精当，不能使人们对社会预警的含义有深刻而准确的了解和把握。如有学者指出，"所谓预警，就是要在警情发生之前对之进行预测预报"①。这样定义的优点是简明易懂,缺点是不够精当,尤其容易和一般的预测相混淆。还有的学者认为,社会预警是"依据对社会发展稳定状况的判断,按照社会系统整合关系的模型分析,对社会系统运行的(安全)质量和后果进行评价、预测和报警"②。这个定义比较准确,抓住了社会预警的一些本质特征,但稍显不够完善,仍感意犹未尽。笔者以为,定义社会预警这一概念的关键在于区分预警与预测的差异,如此才能使人们更准确地认识社会预警的本质特征和独立的地位与价值,以利社会预警的理论研究和社会实践。社会预警和社会预测的区别在于以下几个方面。

一 社会预警是在社会顺境状态下对社会逆境出现的可能性的预先估计

若以人们的社会期望和价值观为向度,我们可将社会运行分为良性运行、中性运行和恶性运行。社会预警作为社会预测中的一个特殊种类,其研究对象主要是社会良性运行或中性运行中不良因子的活动规律和发展动向,目的是识警防乱、化险为夷。通过提前示警,促使社会预先采取对策,超前进行必要的社会控制行为,以消除或者缓解警情,维护社会的良性运行状态。所以,虽然任何社会预警都可以纳入社会预测的范畴,但社会预测并不都是社会预警,因为只有那些对社会运行的负面趋势的预测才是社会预警。

二 社会预警是在对社会负变量的量变监测的基础上,对其接近质变临界值的程度的评估性预报

社会预警与一般社会预测的不同之处在于它关注的是社会运行中的负面信息,它在对负面信息的量变过程的跟踪监测中,适时对其向负面质变临界值发展的状况进行测度和评估(从这个意义上说,社会预警更倾向于社会评估的范畴)并适时向社会发出评估性预报。社会的良性运行在向恶性运行的演化中有一个临界值,这个临界值在社会预警曲线图上表现为一个向下转折的"拐点",③ 或

---

① 张春曙:《大城市社会发展预警研究及应用初探》,《预测》1995 年第 1 期。
② 鲍宗豪、李振:《社会预警与社会稳定关系的深化》,《社会学》2001 年第 10 期。
③ 亦称度量关系关节线,指事物由量的变化到发生质的变化的一定的点。如水在标准大气压下,冷却到 0 摄氏度时即从液体转变为固体,加热到 100 摄氏度时即从液体转变为气体,0 摄氏度和 100 摄氏度就是从量变转化为质变的一定的点,成为度量关系关节线,亦称临界点或交错点。原为德国唯心主义哲学家黑格尔用语,恩格斯在《反杜林论》中曾予引用和说明。详见《辞海》(缩印本,上海辞书出版社,1979,第 854 页)。

是一条警戒线，社会预警的任务就是在一定理论的指导下，运用一系列专门的评估与预测的手段和技术，测算出这些警戒线和"拐点"，并度量社会负变量向其运行的临界程度。

三 社会预警是对社会运行中不良事态爆发条件的评估和不确定的早期预报

从认识论角度观察，社会预警与一般社会预测都属于一种对未来事物发展前景的超前认识，但二者在对社会事物前景推断的确定性程度上是有一定差别的。诚然，凡属于超前性的认识都具有不确定性，但如果我们以预见的确定性程度为取向和坐标，那么社会预警仅处于超前认识确定性的初始阶段。在这个阶段中，社会预警者没有把握对社会危机或危险的爆发做出确定性的预测，但是为防患于未然，又必须尽早预报自己对社会负面因素发展态势的估计，因此称之为"社会预警"。完全意义上的社会预测则不同，它是在有了确定的或比较确定的把握（至少预测者自己这样认为）的情况下才发布预报的。因此，社会预测确定性的概率要大于社会预警（如果一定要以百分比给予数量表达的话，那么社会预测的确定性概率要在超过50%时才能预报，因为小于或等于50%等于没有做出预测；社会预警则不同，它在确定性概率小于50%的情况下也可以发布"早期"的预报）。虽然如此，但由于社会预警在防患于未然方面具有非常积极的意义，故它在超前认识方面具有一般社会预测不可替代的独立的地位和价值。社会预警的任务和贡献是回答社会事态发生恶性变化的条件已经具备到什么程度，至于具备了一定条件后，事物是否一定会向不利的方向转化，社会预警一般不做这样的预断。而一旦做出这样的预断，社会预警就由超前认识的初始阶段上升为成熟阶段，成为标准的社会预测。

为更好地说明预警和预测的区别，我们不妨举两个典型的实例加以说明。一是《三国演义》中所描写的赤壁之战，"万事俱备，只欠东风"对曹操方面来说就是预警，因为不管"万事"具备到什么程度，"东风"这一事不具备，火攻还是搞不成。但只要对方已经"万事俱备"，就应该预警，以防万一。二是美国兰德公司在韩鲜战争前夕做出的"中国将出兵朝鲜"的确定性预断，虽是一种警告，但由于他是在分析了大量信息后，对事态未来前景所做出的确定性推断，所以我们认为这是一种典型的预测而不是单纯的预警。

总而言之，社会预警与社会预测在对事物运行方向的关注点、超前认识的早期性、发布预报的确定性及它在日常操作上的监测性和评估性等方面，都有诸多的细微差别，而区分这些差别，不仅对确定社会预警在超前认识中的学术理论价值和特有地位非常重要，而且对社会实践中实施早期社会控制也具有重大的现实意义。

在做出上述分析之后，我们可以对社会预警归纳概括出如下定义：所谓社会预警，是在社会顺境状态下，在对社会负变量监测和评估的基础上，对社会运行接近负向质变的临界值的程度所做出的不确定性的早期预报。其实质是对社会安全运行的稳定性程度的评判，其目的和作用是识警防患、超前预控。

第二节　现代实证性社会预警的概念体系

社会预警的概念体系中有众多概念。这些概念按照其来源可分为三大部分。第一部分是在社会预警研究和实践过程中，不同的研究者以社会预警为核心，从各种相关学科中吸收或者移植过来的概念（如社会病态、社会失调、社会冲突、社会危机等社会学和政治学等学科中的概念），这类概念进入社会预警的研究框架之后可直接套用。由于这类概念在相关学科中已有成熟的解释，而且随着社会预警研究的深化和各学科之间的日益交叉，这类概念会越来越多，因而在此没有必要讨论。第二部分是相关学科的概念在向社会预警研究领域移植的过程中或移植以后，发生了一定程度变异的概念。这种情况也包括一级学科（社会学）的概念在向自己的下级学科或分支研究领域（社会预警）深化所发生的变异，对此我们只能择其大端加以讨论。第三部分概念是以社会预警概念为母体，衍生出的许多富有特色的新概念或专业术语。不仅大众对此不熟悉，而且学术界对此的认识和理解也未必一致，因此有必要对其中部分最主要的概念和术语加以介绍、辨析和梳理，以期取得社会预警研究者和实际工作者的共识，规范社会预警研究中和实际工作中的专业用语，并催化社会预警概念体系的成熟。

一　社会预警视角中的社会运行

社会运行在社会学中是指社会有机体自身的运动、变化和发展。表现为社会多种要素和多层次子系统之间的交互作用及其多方面作用的发挥。[①] 当

---

① 参见《中国大百科全书·社会学》，第350~351页。

这一概念深入具体的社会预警领域之后，便在与上级学科保持基本含义一致的基础上，更强调社会运行稳定性方面的含义。社会预警研究把社会运行看作社会系统向既定目标发展变迁的过程，并认为（一般来说）社会是一个准稳态的自组织系统，它在和外部系统交换能量和信息的过程中，倾向于维持自身结构的基本稳定。但是社会运行的过程并不总是稳定的，因为它作为一个开放的系统，在和外部系统交换能量时常常会受到各种因素的"扰动"。社会系统无疑要对扰动做出反应。如果对"扰动"处理不当，扰动就会由初始状态逐级放大，直至引起社会某些领域的混乱，导致社会系统偏离目标并失去平衡，以至危及整个社会系统的正常运行。若社会系统做出有效反应，将不良扰动消弭于萌芽状态，社会运行又会重新指向目标，趋于平衡。由于系统之间的交换行为是延绵不绝的，扰动也就不可避免地时常发生，因而上述过程也就持续不断，并使社会系统的运行呈现某种周期性特征。社会预警考察社会系统运行的状态，有两个重要的评价尺度，即稳定和发展。稳定是指社会系统抵抗扰动、保持平衡的能力，发展是指社会系统由无序向有序、由低级向高级的演变能力。我们依据稳定和发展这两个尺度，可将社会系统的运行状态大体划分为良性、恶性和中性三种类型。

（一）良性运行

社会预警研究把社会的良性运行看作一种既稳定又发展的社会运行状态，即古人所说的"太平盛世"。在良性运行的社会中，社会系统内部引起的扰动，其频率和振幅都趋于减小，社会系统诸要素相互配合、默契协调。即使出现不良扰动，特别是外部环境变化引起较大的偶发性扰动，社会系统也能及时做出反应，排除干扰，迅速恢复良好的运行状态。此时，社会系统不仅稳定性好，而且整体和各个子系统都保持不断发展。我国确定的社会安定与经济发展两大目标，就是追求社会良性运行的体现。社会良性运行体现了社会发展与社会既定目标的方向相一致。但是如果出现反方向的发展，即所谓"不良发展"，从广义上来说意味着社会警情的出现。

（二）中性运行

社会预警研究认为社会运行过程中更多出现的是良性运行和恶性运行的组合交叉状态，即所谓中性运行。中性运行的特点是社会中存在一定程度的负面因素，但尚未达到危害和破坏社会正常运行的程度。中性运行又分为稳定而不发展和发展而不稳定两种情况。当出现稳定而不发展的情况时，社会首先需要的是发展，为了发展，可以适当地从某些方面打破阻碍发展的稳定性。当面临发展而不稳定的情况时，社会首先需要的是稳定，必要时可以暂时放慢发展的步伐，通过内外调整，为发展创造稳定的环境。如果社会对中性运行调理得当，正面因素就会增长，中性运行会逐渐转变为良性运行；反之，则会使负面因素增加，中性运行会越过"临界值"而陷入恶性运行之中。

（三）恶性运行

这是一种既不稳定又不发展，甚至倒退的社会运行状态。人们常说的"乱世"即属此类。处于恶性运行中的社会，由于社会系统不能克服内部引起的扰动，社会运行发生严重障碍，社会系统诸要素相互排斥、激烈冲突，整个社会运行处于一种离轨失控、危机四伏的无序状态。在这种情况下，一旦碰到较大的外部扰动，就会内外交困，或给全社会带来巨大损失，或导致原有社会系统结构的崩溃。我国历史上的军阀混战及近代的十年"文革"可算是恶性运行的典型事例。社会预警从宏观上来讲，就是对社会恶性运行的预警。

二　社会预警中的警情、警源和警兆

（一）社会警情

社会警情是指社会运行中出现的负面扰动因素发展到一定程度时的外部形态表现。通俗地讲，就是社会运行过程中出现了对社会进步起阻碍甚至破坏作用的社会现象或问题。在社会预警研究中，警情通常用与社会负面状态相联系的社会指标来表示。对于这些指标，研究者常用各种定性与定量方法确定其静态或动态的安全变化区间，若实际数值超过特定的区间，则表明警情出现。社会警情严重时可能引发社会动乱，因此在社会预警中，明确社会警情是进行社会预警的前提。

（二）社会警源

社会警源即产生社会警情的根源，是警情的策源地。从警源的产生原因及生成机制来看，可分为内生警源和外生警源。内生警源是指内部不良扰动因素的滋生地；外生警源是指外部不良扰动因素的滋生地。主要有以下四类警源。

一是自然外生警源，如火山、地震、水灾、旱灾、资源保有储量等。过去曾有"大灾之后必有大乱"的说法，这是因为自然界所产生的负面扰动因素，往往会对社会中原有的负面因素起到放大或加剧的作用。

二是自然内生警源，如瘟疫、人类造成的环境污染等。

三是社会外生警源，如国际或地区间的政治、经济、文化关系等。恶化的政治经济关系会导致战争、经济制裁等。外来文化的冲击可能会对一些人的价值观和生活方式产生种种影响。

四是社会内生警源，如人口的总量与结构、不同群体的利益关系及本地区的政治、经济、文化活动等。

在社会预警研究中，寻找警源是预警过程的逻辑起点。

（三）社会警兆

"月晕而风，础润而雨"，自然界发生警情之前会出现一些自然征兆，凭借这些自然征兆可以预测一些自然现象的发生。同样，社会警情在发生之前也会有征兆可循。在社会预警研究中，我们称社会警情在孕育与滋生过程中先行暴露出来的现象为"警兆"。对这些警兆进行科学加工和设计，就形成社会预警中的警兆指标，也叫先行指标。由于警情在爆发之前必然有警兆，所以分析警兆及其报警区间便可预报预测警情。如果说警源是警情产生的原因，那么警兆就是警源演变成警情的外部表现。警兆可以是警源的扩散，也可以是警源扩散过程中产生的其他相关现象。在社会预警研究中，分析警兆是预警过程中的关键环节。

三 社会预警中的警限和警级

（一）社会警限

警限是警情由量变转化为质变的临界点，是由此事物过渡到彼事物的中介，是横亘于安全与危险之间的一条警戒线。在哲学上，可称之为"度"。由于从警源到产生警情是一个由量变到质变的过程，这一过程包含警情的孕育、发展、扩大、爆发等若干阶段，警限就是对这些阶段之间的"度"的主观判断，也就是我们前面所提到的"临界值"和"拐点"。确定警限通常是运用各种定性与定量方法划定其静态或动态的安全变化区间，即安全警限。若实际数值超过特定的区间，则表明警情出现。警限对具体的警情指标而言就是"警戒线"。针对不同的警情指标，有各种警戒线，如反映社会贫困群体的"最低生活保障线",反映收入差距的"基尼系数",反映通货膨胀和失业率的"痛苦指数"等。警限不是一成不变的,在不同的历史时期和不同的地区,警限往往会有所不同,需要进行科学的研究才能确定。因此,在预警研究中,各种警限的确定是难度最大的一项工作。

(二)社会警级

根据警情的警限,运用定性与定量方法分析警兆报警区间之后,为表达警情的严重程度而人为划分的预警级别就是警级。在社会预警系统中,根据警兆的变动情况,联系警兆的报警区间,参照警情的警限或警情等级,运用定性与定量方法分析警兆报警区间与警情警限的实际关系,结合历史经验,便可预报实际警情的严重程度。预报警级是预警系统的最终产出形式。警级一般分为无警、轻警、中警、重警、巨警等级别,在预警图上以绿灯区、蓝灯区、黄灯区、橙灯区、红灯区表示。

第十六章　现代实证性社会预警的基本原理

人类在不同的历史时期，由于当时生产力和科学水平的局限，产生过不同的社会预警理论，如古人就曾根据"天人感应"的理论，进行星象占卜的神秘预警活动。随着社会历史的进步和现代科学的发展，人们对社会运行规律的认识逐步加深，终于抛弃了"天变示警"等并不灵验的神秘预警理论，并以崭新的科学态度探索新的理论。人们在长期的社会预警实践中，总结出许多相关理论，这些理论有些是科学的，有些是不科学的；有些虽然是科学的，但是不具有普遍意义；有些既是科学的又具有普遍意义。我们把那些既科学又具有普遍意义的理论称为基本原理。换言之，社会预警的基本原理就是在社会预警的实践中被证明是科学的和具有普遍意义的基本理论，它以大量社会预警实践为基础，是对人类长期社会预警实践的带有根本性的或最一般性的理论的概括和总结。社会预警的基本原理是社会预警活动赖以存在的认识论基础，是认识和掌握社会预警对象的理论根据，人们据此可以推演具体的社会预警方法和建立社会预警的操作系统，从而指导社会预警的实践。

在这一思想指导下，笔者认为社会预警的基本原理至少应有以下几个方面。

第一节　建立在量变质变规律基础上的警限原理

社会由稳定状态变为不稳定（动乱）状态，即人们常说的社会问题的爆发，不是突然呈现在人们面前的，总会有一个孕育—滋生—发展—扩大—爆发，逐步成为"问题"的过程。正如古语所云，"不积跬步，无以至千里；不积小流，无以成江海""善不积，不足以成名，恶不积，不足以灭身"，都说明了量变引起质变。那么量变如何转化为质变，恩格斯1897年在《辩证法》一文中曾深刻论述了量变的"极限"思想，他指出："纯粹的量的分割是有一个极限的,到了这个极限它就转化为质的差别。"为说明这一点,恩格斯列举了大量精密科学中的例子:"每种金属都有自己的白热点和溶解点,每种液体在一定的压力下都有其特定的冰点和沸点——每一种气体都有其临界点,在这一点上相当的压力和冷却能使气体变成液体——在这些关节点上,运动的量的增加或减少会引起该物体的状态的质的变化,所以在这些关节点上,量转化为质。"恩格斯在这里讲的是无生命物体的情况,那么对于有生命的物体(包括人类社会),这个规律是否适用?恩格斯的回答是肯定的,并认为"无论在生物学中,或在人类社会历史中,这一规律在每一步上都被证实了"。① 所以,我们在社会预警研究中,根据恩格斯量变的"极限"思想提出"警限"的概念。我们在定义社会预警时说过,社会预警与社会预测的不同之处在于:社会预测是对社会现象质变的预先推断;社会预警则是对社会现象量变的监测和对量变接近质变的临界值即警限的判断。根据不同的历史时期和不同地区的具体情况,都可以规定出不同的警戒线。所有这些,都是唯物辩证法量变质变规律在社会预警中的具体体现,因而可以构成社会预警的一条基本原理。

第二节 社会运行基本矛盾关系的对立统一原理

辩证唯物主义认为,事物由量变到质变再到新的量变的发展过程,同时又是事物内部两种相互对立的趋势又统一又斗争的矛盾运动过程。对立统一规律作为事物矛盾运动的基本规律,其客观普遍性,已为科学发展史所证明。在自然界中,任何物质客体没有不存在矛盾的;在社会领域,社会问题就是这种矛盾的客观普遍性的典型表现。据此,社会预警的基本理念认为,社会逆境和社会顺境是交互作用于社会运行过程的客观现象,两者的产生和发展受到社会活动中两对基本矛盾关系的支配。第一对基本矛盾是"正变量"和"负变量"。社会作为一个开放的复杂系统,必然要与其他系统(自然系统、一个区域的社会系统与另一个区域的社会系统)发生各种各样的关系。在系统之间发生的千丝万缕的能量交换过程中,社会系统不可避免地要受到外部系统种种因素的扰动,我们按照是否有利于维持原社会系统的发展或良性运行,将这些扰动因素划分为"正变量"和"负变量"。第二对基本

---

① 《马克思恩格斯选集》第3卷,人民出版社,1972,第486、第490页。

矛盾关系是"正功能"和"负功能"。社会作为一个自组织系统，对社会本身的运行具有自我管理和调控的功能，但是由于受社会管理主体认识水平和管理方式的影响，在社会管理中会产生"正功能"和"负功能"。在社会运行中，这两对矛盾要素所发生的作用是同等重要的。然而过去的社会发展或社会管理理论，往往偏重于"正变量"和"正功能"对社会运行作用的研究，疏于对"负变量"和"负功能"对社会运行作用的研究，这种关注点和研究面上的不平衡，致使现有的社会发展和社会管理理论难以全面地和科学地解释社会运行中出现的逆境现象。现代社会稳定量度及预警应当依据社会运行基本矛盾关系的对立统一规律（原理），将社会发展中的不良扰动等"负变量"和社会管理中的失误、失控等"负功能"，作为一个相对独立的过程，采用规范性的定性和定量分析，多层次多角度地研究社会恶性运行的客观发生规律，及其与良性运行的矛盾转化关系，警示社会问题的发生，揭示社会"安全"运行的管理规律。

第三节　社会危机现象的周期性重演原理

社会危机是社会问题爆发的直接后果。人们在长期的社会实践中发现，社会的失稳或危机的出现，具有某种周期性和重演性。其实无论是自然界还是人类社会，周期现象和重演现象比比皆是。人们还进一步发现，依据这种事物运行的周期性和重演性，可以对事物发展变化的未来前景进行预测和预警。例如在自然领域，俄国化学家门捷列夫发现了化学元素周期律，并据此科学地预言和证实了一些当时尚未发现的元素的存在和它们的性质。在城市社会领域，马克思研究了资本主义经济危机的周期性，并预言社会主义制度的到来。恩格斯在《反杜林论》中把这种周期性表述为唯物辩证法的否定之否定规律，他还举了许多例子论证这一规律的客观普遍性。关于周期性问题，在马克思主义产生之前和产生之后的许多学者和智者都猜测或意识到了，如中国古代流传的"天下大势，分久必合，合久必分""五百年必有王者兴"等说法，就是对社会发展周期性的朴素认识。1945 年毛泽东与黄炎培在延安谈话，对中国历史上"兴勃亡忽"的历史现象进行哲学归纳，指出了社会历史中夺权—掌政—腐败—消亡的"历史周期律"。1985 年美国经济学家莫迪利安尼甚至还因提出"消费与储蓄生命周期假说"获得了诺贝尔经济学奖。至于西方经济学中描述经济运行周期波动的短波理论、中波理论、长波理论就更多了。与周期性相联系的是重演性,因为事物发展的周期性是通过历史现象的重演或再现来体现的。在自然领域,最早发现事物的重演现象并正式提出"重演律"的是德国进化论生物学家海克尔(Ernst Haeckel),[①]后来社会学者和历史文化学者发现重演律同样适用于解释人类社会现象和预测社会事物的发展前景。[②]值得称道的是,人类不仅认识了周期性和重演性并据此对社会现象进行预测,而且千方百计规避或"跳出"那些不利于人类社会发展的恶性周期或危害社会现象的重演。于是,以规避社会危机现象恶性周期为目的的社会预警便应运而生了。毛泽东同志认为,任何政权的覆灭都是同反民主、反人民、搞腐败分不开的。中国共产党应以百倍的警惕对待这个问题。只有让人民来监督政府,使党政领导干部不敢松懈,才能取信于民,也才能跳出"周期律"。毛泽东在当时提出的人民监督政府的思想,可以说是新中国社会预警思想的萌芽。在当代社会,人们依据周期律和重演律进一步认识到,社会危机或危害现象的重演或再现,必然表现为一个由微而著、逐渐传导和扩散的过程,而且这一传导和扩散活动的源头(警源)和征兆(警兆)均在社会管理流程和管理行为的一些环节中表现为具体的社会指标(预警指标),因此可以通过建立一套具有监测功能的社会预警指标体系,对那些周期性的、不断重演的危害社会的负变量进行监控和预报。

第四节 社会危机发展过程的相似性原理

相似性是客观世界的普遍规律。如果没有相似性,人类就不可能认识世界,也就无法生存下去。因为如果没有相似性,人类对那些不可胜数的事物中的每一个事物,就不得不当作独一无二的事物来认识,那么人类很快就会被客观环境的复杂性压倒,将不能应对客观环境的种种变异以求得生存和发展。总之,人类社会发展的历史证明了客观世界存在相似性,也证明了人类具有认识相似性,并根据相似性进行认识活动的能力。

对于客观世界各种事物的相似性,历史上有过不少论述。列宁曾经指出:"历史有惊人的相似。"莱布尼茨也说过:"自然界都是相似的。"然后又

[①] 《中国大百科全书·生物学》,第484页。
[②] 阎耀军:《沙市社会转型期犯罪发展趋势预测》,《犯罪与改造研究》1994年第6期;冯天瑜:《关于文化重演律的思考》,《人文论衡》,武汉大学出版社,1997。

说:"为什么相似,是神定的先定谐和。"针对这句话,列宁正确地指出:"具有深刻的辩证法,虽然有僧侣主义的解释。"① 从哲学上讲,世界上虽然不存在两个完全相同的事物,但任何两个事物之间都存在某种层次上的相似性,因而对任何两个事物都可以做出概括的结论。同理,社会失稳或危机的孕育、滋生、扩张和爆发的过程也具有相似性。根据这些相似性,人们就可以对社会危机进行度量和预警。中国古话讲"前事不忘,后事之师""以古为鉴,可以知兴替""前车覆而后车戒"等,其中都有社会预警的含义。古希腊历史学家希罗多德的《希波战争史》和古罗马历史学家李维的《罗马史》,开创了从历史中寻找教益、给后人有所借鉴的做法,并为后代史学家们所继承和发扬。英国历史学家傅里曼把历史当作政治事件的记录,他有一句名言:历史是过去的政治,政治是当前的历史。由此可见,"以史为鉴",通过历史上社会危机发展过程的相似性进行社会预警和预控,达到"治国安邦",是历代开明的统治者的成功之道。由此我们可以把相似性原理,作为社会预警的一条基本原理。依据这条原理,我们可以参照过去社会失稳或危机发展过程中的警源、警情、警兆、警限、警级,用相似类推(也叫历史类比)的方法、仿真建模的方法或建立指标体系的方法进行社会危机的预警活动。

第五节 建立在因果相关性基础上的警兆原理

人类在长期的社会生活实践中,会不断重复地看到某一类现象之后必然出现另一类现象,故而把这种先行出现的现象称为"征兆",并依据这些征兆预知尚未发生的事情,常常屡试不爽。如"山雨欲来风满楼""燕子低飞蛇过道,大雨眨眼要来到"等,就是人们根据"风""燕子""蛇"所表现出来的状态为征兆,预断大雨的到来。社会领域中危机的出现也会有征兆可循,如过去人们所说的"大灾之后必有大乱",现代人们所说的"通货膨胀率""基尼系数""痛苦指数"等,在达到一定程度时都可作为预示社会危机的征兆,我们称之为警兆。在古代,人们由于受生产力和科技水平的局限,无法找到"先行现象"和"后继现象"之间内在的因果关系,仅根据事物之间的外部表象来确定征兆,因而其预警功能不仅有限,还会有误。现代

---

① 张光鉴:《相似论》,江苏科学技术出版社,1992,第1页。

人们对征兆的认识，是建立在科学的因果分析基础上的。辩证唯物主义认为：世界上的事物是普遍联系的，不是互不相关的。因果相关是事物联系的表现方式。如果事物之间都互不相关，那么人们就无法从已知推测未知。依据因果相关的原理，人们只要准确把握某种事物或现象发展变化的原因，便可以从已知推测该事物或现象未来发展变化的结果。现象的因果联系是客观的和普遍的，各种事物现象的交织变化和更替运动存在于因果关系变化中。由于社会现象之间的联系是错综复杂的，因而其因果联系也是复杂多样的，形成一因多果、一果多因、多因多果等情况。而在多种原因中，又有内部原因和外部原因、主要原因和次要原因、客观原因和主观原因、直接原因和间接原因等的区别。因此，在社会预警中，"警兆"的表现形式也是多种多样的。我们可以根据因果相关分析，从复杂的因果关系中找出警兆，并对这些警兆进行科学加工和设计，形成社会预警中的警兆指标（也叫先行指标），从而科学地预报警情。这就是建立在因果相关性基础之上的警兆原理。

第十七章　现代实证性社会预警的相关理论（上）

社会预警的直接目的是监测社会运行的安全状况，在对"社会稳定"进行评估的基础上进行早期预警。然而社会稳定问题是社会的经济、政治、文化和自然的人口、资源、环境诸方面的状况在社会运行状态上的综合反映，其中每一方面的内容都涉及众多因素和变量，所以"社会稳定"不仅是一个内在关系极其庞杂的现实系统，同时必然是一个理论含量十分丰富的逻辑体系。要对这样一个极其庞杂的客观系统进行预警，除了要研究其基本原理，还需要大量相关理论的支持。本章的目的就是将各种与社会预警相关的理论加以梳理和评介，以供社会预警研究参考。

第一节　社会稳定理论

社会稳定观理论涉及社会稳定的概念问题，是进行社会预警的逻辑起点。有什么样的稳定观，就会有什么样的社会预警观。在不同的社会稳定观指导下所进行的社会预警，不仅样式不同，而且功用也会大不一样。综合历史上和学术界关于社会稳定的理论，大致有如下三种。

一　社会恒定论

社会恒定论把社会稳定视同"社会恒定"，即保持既定的社会状态恒久不变。显然这是一种静态的、形而上学的稳定观，是违反辩证法和社会发展规律的保守观念。中国古代封建社会的统治者大都持这种稳定观，结果导致了中国社会政治长达数千年的"超稳定结构"和其间发生的无数次社会动荡和政权更迭。总结历史经验教训，任何企图将旧有的社会状态"恒定"下来的努力都是徒劳的。因为社会总是要发展进步的，要想使社会"恒定"，就会窒息社会事物的生命力，出现倒退。硬欲维护落后的、低水平的

"社会稳定"，其结果不是"落后挨打"，就是"官逼民反"，造成社会更不稳定。

二 社会平衡论

社会平衡论把社会稳定视为"社会平衡"，即事物之间、事物内部各元素之间保持一种均衡态的运动。这种稳定观较前一种似有进步，即认定事物还是在运动的，不是静态的。但显然也有重大的缺陷，即认定运动只是一种既有结构不变的机械运动，这是不符合事实的。事物不仅在运动变化，而且事物之间、事物的内部元素之间的状态（结构）也在变化。由于这种结构性的变化，事物的发展总是按照旧的平衡不断打破，然后建立起新的平衡，而后新的平衡又被打破，又建立起更新的高水平的平衡这种轨迹前进的。所以，任何理想化的"社会平衡"只能是暂时的，甚至是瞬间的。

三 有序发展论

有序发展论把社会稳定视为"有序的发展"，认为社会稳定是一种耗散结构，即远离平衡态的有序运动。事物在保持其基本性质的条件下，有规则地由旧的有序性过渡到新的有序性，往复无穷。在过程与过程之间、事物与事物之间、事物内部各元素之间不断调整变化，但仍保持相对均衡的运动秩序，不造成总体格局的崩溃或失衡。

笔者赞成第三种社会稳定观，因为它是一种动态的稳定观、变异的稳定观和相对的稳定观，因而是社会进步要求的稳定观。

社会稳定的动态性，表现为社会进步进程的有序性，而不是社会停滞的同义语。稳定，绝不是封闭，绝不是停滞不前，绝不是让社会经济、政治、文化结构固定化，绝不是让社会陷于一种僵死的落后状态。发展才是稳定的最终目的。所以，社会稳定有一个稳定在什么社会发展水准上的问题。我们所理解的社会稳定一定要以社会进步为前提，失去了这个前提，"稳定"便会变成社会进步的障碍。

社会稳定的变异性，表现为社会总体有序运动中的结构变化或局部量变，而不是铁板一块的机械运动。社会稳定要成为社会进步的一种范畴，就离不开变异性，但这种变异性，必须是在结构与量变的范围之内。社会稳定，绝不能理解为没有结构变化的"惯性运动"。

社会稳定的相对性，表现为社会运行的平衡与不平衡呈现为有规则的交替，而不是绝对的无波动。这一点如前所述。

总之,"社会"作为一个特大的超复杂系统,是一个非绝对平衡的开放系统。社会稳定的动态性、变异性和相对性显然要比一般自然系统复杂得多。其主要原因是由于社会系统是以人的活动为主体的系统:一方面,系统的活力取决于人的积极性;另一方面,人又分为阶级、阶层与集团的。因而,如果对社会稳定这个范畴的理解出现偏差,就极有可能成为维护过时的旧秩序的依据。这一点是我们在进行社会预警时需要注意的。

第二节 社会转型理论和社会分层理论

一 社会转型理论

"社会转型"作为一个有特定含义的社会学术语,是指社会从传统型向现代性的转变,或者说是由传统型社会向现代型社会转变的过程。[1] 根据社会转型的理论,转型的主体是社会结构。例如,中国社会转型的标志是中国社会正在从自给、半自给的产品经济社会向社会主义市场经济社会转型,从农业社会向工业社会转型,从乡村社会向城镇社会转型,从封闭、半封闭社会向开放社会转型,从伦理社会向法理社会转型。社会转型是一种特殊的结构型变动。中国社会结构转型有三个特点。一是结构转型与体制转轨同步进行。在社会结构的转型过程中,政府和市场表现为两种不同的推动力量。二是城市化过程的双向运动:农村人口大量向城市集中,城市聚集效应明显;城市郊区化和城市群区的发展,即所谓"逆城市化"趋势。共同特点是城市的扩大和向乡村的辐射,以及乡村自身的城镇化。三是转型进程中的非平衡状态。首先是地区之间的不平衡,即存在东部、中部、西部之间的"梯度发展格局";其次是城乡之间的不平衡。总之,社会转型中的城乡分离、结构转型和体制改革同步进行,以及人口超载和人均资源相对匮乏等特点,使转型中出现的结构冲突、机制冲突、规范冲突、利益冲突、角色冲突和观念冲突更加复杂,也使转型和发展中的稳定机制和协调机制变得更加重要。

二 社会分层理论

社会分层是指根据一定的标准将其社会成员划分为高低有序的等级或层

---

[1] 郑杭生:《转型中的中国社会和中国的社会转型》,首都师范大学出版社,1996。

次的方法。围绕社会分层,社会学家们建立了各种社会分层理论。依据这些理论,可以分析社会的阶层结构,发现人与人之间、利益集团与利益集团之间的存在的不平等和矛盾。以我国为例,有学者认为改革前我国社会分为干部、工人、农民三个阶层,被称为"三分式阶层结构"或"三级式阶层结构",这种阶层结构较为封闭简单。改革开放后这种阶层内部结构开始发生分化,有学者认为,我国社会阶层结构已经分化为十大阶层。阶层的分化必然带来利益群体的分化。李强把我国各社会阶层划分为四个利益群体或利益集团,即特殊获益者群体、普通获益者群体、利益相对受损群体(如城市约有1807万名下岗失业人员,失业率为9.81%)和社会底层群体(如贫困地区的3400万名贫困人口)。利益群体的分化对社会的稳定构成很大的威胁和隐患。各阶层各利益群体之间的利益分配要体现按劳分配。根据付出劳动的多少,在分配上,该拉开档次的拉开档次,该拉大差距的拉大差距。绝对平均主义无视人们的实际贡献,不利于调动人的积极性,最终不利于社会稳定。但是,差距不合理,该高的低了,该低的高了,也不利于调动人的积极性,更不利于社会稳定。所有这些都是我们在制定社会稳定量度及预警指标体系的时候应当认真考虑的。

社会转型理论和社会分层理论对我国现实社会的预警研究是具有借鉴意义的。我国现在正处于社会转型,这个转型期始于改革开放并将持续,也就是说21世纪前30年,我国社会仍将处于转型过程中。社会转型不仅带来社会结构的变化,而且造成社会阶层的分化。因此,建立健全社会预警体系,必须充分考虑我国社会转型的过程和由此带来的社会分化的情况。

第三节 社会运行理论

社会预警的目的实际上是对社会运行的状态进行科学认识和把握,因此应当吸纳和依据社会运行理论。我国学者郑杭生等人在1993年所著的《社会运行导论》一书中认为,社会运行是指社会作为一个活的有机体的运动、变化与发展。社会运行表现为社会多种要素和多层次的子系统之间的交互作用,以及它们的多方面功能的发挥。社会运行大体上包括纵向和横向两个方面。纵向运行即社会的变迁和发展,横向运行即在社会发展的某一阶段上,社会诸要素、诸子系统的互相影响与功能发挥。社会运行的基本类型大体可分为良性运行、中性运行和恶性运行三种。

一　良性运行

良性运行是指社会处于一种既稳定又发展的社会运行状态。在良性运行的社会中，社会系统内部引起的扰动，其频率和振幅都趋于减小，社会系统诸要素相互配合、默契协调。即使出现不良扰动，特别是外部环境变化引起较大的偶发性扰动，社会系统也能及时做出反应，排除干扰，迅速恢复良好的运行状态。此时，社会系统不仅稳定性好，而且整体和各个子系统都保持不断发展。我国确定的社会安定与经济发展两大目标，就是追求社会良性运行的体现。社会的良性运行体现了社会发展与社会既定目标的方向一致。

二　恶性运行

恶性运行是指社会的一种既不稳定又不发展，甚至倒退的运行状态。处于恶性运行中的社会，由于社会系统不能克服内部引起的扰动，社会运行出现严重障碍，社会系统诸要素相互排斥、激烈冲突，整个社会运行处于一种离轨失控、危机四伏的无序状态。在这种情况下，一旦碰到较大的外部扰动，就会内外交困，或给全社会带来巨大损失，或导致原有社会系统结构的崩溃。我国历史上的军阀混战及近代的十年"文革"可算是恶性运行的典型事例。

三　中性运行

中性运行是指一种良性运行和恶性运行的组合交叉状态。中性运行的特点是社会中存在一定程度的负面因素，但尚未达到危害和破坏社会正常运行的程度。中性运行又分为稳定而不发展和发展而不稳定两种情况。当出现稳定而不发展的情况时，社会首先需要的是发展，为了发展，可以适当从某些方面打破阻碍发展的稳定性。当面临发展而不稳定的情况时，社会需要的首先是稳定，必要时可以暂时放慢发展的步伐，通过内外调整，为发展创造稳定的环境。如果社会对中性运行调理得当，正面因素就会增长，中性运行会逐渐转变为良性运行；反之，则会使负面因素增加，中性运行会越过"临界值"而陷入恶性运行。

将社会运行理论引入社会预警研究，关键在于强调社会的稳定与发展两个方面的含义。社会运行理论要求我们在社会预警体系的建构中，把社会看作社会系统向既定目标发展变迁的过程。在这个过程中，一般来说社会是一个准稳态的自组织系统，它在和外部系统交换能量和信息的过程中，倾向于维持自身结构的基本稳定。但是社会运行的过程并不总是稳定的，因为它作为一个开放的系统，在和外部系统交换能量时常常会受到各种因素的"扰动"。社会系统无疑要对扰动做出反应。如果对"扰动"处理不当，扰动就会由初始状态逐级放大，直至引起社会某些领域的混乱，导致社会系统偏离目标并失去平衡，以至危及整个社会系统的正常运行。若社会系统做出有效反应，将不良扰动消弭于萌芽状态，社会运行又会重新指向目标，趋于平衡。由于系统之间的交换行为是延绵不绝的，扰动也就不可避免的时常发生，因而上述过程也就持续不断，并使社会系统的运行呈现某种周期性特征。社会预警指标体系监测和评估社会系统运行的状态，应该有两个重要的评价尺度，即稳定和发展。稳定是指社会系统抵抗扰动、保持平衡的能力；发展是指社会系统由无序向有序、由低级向高级的演变能力。我们建构社会预警体系的时候，应当依据稳定和发展这两个尺度，不仅要测量出社会系统的运行状态的良性、恶性和中性三种类型，而且要能够量化描述出更为精确的若干有识别意义的区间。

第四节 社会控制理论

一 社会控制的含义及意义

社会控制是社会组织利用社会规范对其成员的行为实施约束的过程。广义的社会控制泛指对一切社会行为的控制；狭义的社会控制特指对偏离行为或越轨行为的控制。社会控制理论认为：社会控制是社会秩序的保障，社会的稳定不仅要依赖社会组织机制，还必须依赖社会控制机制。社会组织机制虽然能够通过把社会生活结构化和把人们的行为标准化来达到社会的秩序化，但是如果缺乏社会控制机制，不仅社会组织机制不能够发挥作用，而且已经建立起来的社会秩序也会遭到破坏。任何一个政府要想实现维护社会稳定的目标，如果离开了社会控制机制都是难以实现的。社会预警指标体系不仅是测量社会稳态的工具，而且是对社会稳态进行反馈控制的手段。因此建立社会预警体系应当依据社会控制理论。

二 社会学阶段的社会控制理论

社会控制理论的发展经历了社会学阶段和控制论阶段两个阶段。在社学阶段，社会学家们对社会控制的性质、对象、体系和手段进行了较为全面的研究。"社会控制"这个词首先由美国社会学家 E. A. 罗斯提出，他在《社会控制》一书中认为，人类在"自然秩序"已经不复存在后，需要通过社会的力量建立一种新的机制来使人们遵从社会规范，维护社会秩序，这种新机制就是社会控制机制。早期的社会学家都认为，社会控制机制是一种优于自然秩序的人工秩序，是由少数人代理执行的主要用来约束那些越轨的社会成员的一种人工管理系统，这个管理系统主要运用法律、舆论、宗教、礼仪、社会暗示、价值观、伦理法则等多种手段实施社会控制。社会控制系统会随着社会诸因素的变化而变迁。

三 控制论阶段的社会控制理论

20 世纪中叶控制论诞生之后，社会控制理论便进入控制论阶段。思想家们用控制论研究社会生活，便产生了控制论的分支学科——社会控制论。维纳是控制论的创始人，他在研究社会控制的专著《人有人的用处——控制论与社会》一书中，把控制论看作在动物和机器中控制和通信的科学，认为社会通信在社会生活中的作用和地位越来越重要，通信的范围决定社会的大小，通信的完善决定社会的稳定。"社会通讯是社会这个建筑物得以黏合在一起的混凝土"。[①] 维纳"通过消息的研究和社会通讯的设备来研究和理解社会"，认为"控制原理不仅可以应用于巴拿马运河的小闸，而且可以应用于国家、军队和个人"。[②] 由于维纳的控制论开辟了用自然科学的方法研究社会控制的新视野，此后，以控制论为指导的社会控制研究更加深化，研究范围不断拓广，控制论的触角遍及社会生活的各个领域，人们用控制论的基本理论分析和界定社会控制，特别重视对社会控制工具和社会控制模式的研究，并表现出明显的数学模型和定量化倾向。值得一提的是我国有些学者用控制论理论研究社会结构，揭示出社会各个子系统功能上的相互耦合是社会系统保持稳态的机制。他们发现有些不能被耦合进社会结构的子系统的功能会发生功能异化，如果功能异化的子系统被耦合进新的维生结构，就会产生新的组织形态，导致潜结构的形成；如果异化的子系统不能被耦合进新的维生结构，便会导致无组织力量的增长。这样，功能异化就形成社会"组织系统自我破坏和自我否定"，是系统内"永不安宁的发展动力"。这一研究对揭示社

---

① 维纳:《人有人的用处》，商务印书馆，1989，第 17 页。
② 维纳:《人有人的用处》，商务印书馆，1989，第 8 页。

会稳定的机制具有重要意义。

  早期社会控制理论和现代控制论的结合形成的社会控制理论,可以大大拓展我们研究社会预警的新视野。它使我们看到社会的不稳定实际上是社会控制系统无能的表现。因此,我们在社会预警体系的建构中,不仅应当考虑增设社会控制模块或社会控制指标,而且要充分重视和体现信息传输在社会预警系统中的巨大作用。总之,从社会控制论的角度看待社会稳定系统,对建立社会预警体系具有特别重要的意义。

第十八章 现代实证性社会预警的相关理论（下）

第五节 结构功能主义理论和社会冲突理论

一 结构功能主义理论

结构功能主义理论，得益于19世纪初期的有机类比学说和20世纪二三十年代兴起的一般系统论。有机类比学说把人类社会看作一个有机的整体。它的基础是三个假定：①把社会实体看作一个完整的系统；②社会系统的运转过程，需要按其构成要素之间的相互关系加以分析与了解；③社会系统中的每一个单独系统均有其自己的运转程序，以维持其生存与发展。结构功能主义理论在西方社会学理论领域中仍占有重要的地位。其代表性人物是美国社会学家帕森斯。

结构功能主义理论认为社会像一个有机体，其各个部分间均互相关联。具体来讲主要包括下列基本思想。①社会系统具有自我调节的作用，并且能够容易趋向稳定与平衡。②社会作为一个自我维持的系统，就像一个有机体一样，可能具有某种基本需求或是条件。如果要想维持一个社会的存在、稳定与发展，就必须要满足这些需要与条件。③社会学对带有需求与必要条件之自我系统的分析，应集中在部分为满足系统需求所具有的功能，因为这种功能能够维持社会的均衡与稳定。④系统必须具有某种结构的存在，以确保生存、稳定或均衡。

结构功能主义认为社会是由其各个部分所组成的系统。社会结构对整个社会的生存所做出的贡献，就是功能。如果结构满足了社会的需求，社会就可能存在与发展，如果不能满足需求，社会就无法维持稳定。此外，功能论还把社会看作一个均衡系统。如果某些事件的发生使一个部分或是结构发生改变，其他部分也必然会受到影响，从而使整个系统失去平衡而不能运转。

到了这种状态时，社会系统本身就会自动发生功能作用使社会自动地恢复平衡。因此在某个范围内，社会系统具有稳定及变迁的双重状况。总之，任何系统的存在必须满足其功能上的条件，这些条件基本上可以将其归结为三大类。①外在的环境。任何一个团体的生存必须有适当的技术，以解决环境所带来的问题。社会许多结构都是为满足这种功能需求而设计的。②人是生物性与社会性的统一。如果人类团体不能满足其组成分子的需要，它也就无法维持稳定。所有的社会都要提供发泄情感活动的机会，以维持一个人的心理健康。③集体生活的条件。因为生活在团体里，所有成员均必须考虑团体需求与本身需求的一致性。他们必须整合与协调行动。因此他们必须制定规则，决定职位的分配、控制偏差、规定性行为等。因此，社会的生存与稳定是社会进步的基础。

二 社会冲突理论

结构功能理论虽然是西方社会学理论中富有支配力的理论，但是也遭到相当多的批评。例如，社会冲突理论就是一种与结构功能主义理论持相反的研究导向，持这种理论观点的学者批评功能学派过分关心社会秩序和规范，忽略了社会的不一致，以及权力、对立、压迫等问题。他们认为社会是在交错的冲突中进行整合的。同一个团体中的人既有共同利益也有冲突，每一个社会行动都包含和谐与冲突，摩擦与冲突的现象是一种基本的人类特质和社会特质。冲突理论的代表人物科塞反对结构功能主义理论，认为冲突只具有破坏性的片面观点，力图把结构功能主义分析方法和社会冲突分析模式结合起来，修正和补充帕森斯的理论。他认为冲突具有正功能和负功能。在一定条件下，冲突具有保证社会连续性、减少对立两极产生的可能性、防止社会系统僵化、增强社会组织的适应性和促进社会整合等正功能。科塞还认为，社会报酬的不均衡分配及人们对此分配所表现的失望必然会引起冲突。不均是社会结构问题，失望是心理因素，社会冲突的严重程度取决于二者相互作用的程度。因而应该特别重视社会心理因素。

社会冲突理论使我们看到，任何稳定的社会都会有社会冲突。无矛盾无冲突的社会是没有的。问题是我们怎样对待冲突。首先要预测社会冲突的发生，而社会稳定亮度及预警指标体系就需要具有预测社会冲突的功能。据国外学者研究，预测社会冲突有几个参数。一是经济因素。詹姆斯·C.戴维斯在《关于革命的理论》一书中分析，当人们的期望值同实际满足水平，即所需与所得之间的差距突然拉大时，容易产生社会冲突。例如，在经济连续增长时，人们的消费水平上去了，可突然经济又萧条了，所需同所得的差距突然拉大，超过了人们的"可容忍值"时，社会冲突就会爆发。二是信仰因素。据托克维尔在《旧政权与法国革命》一书中的分析，当不同政见屡禁不止、信仰危机的民谣四起的时候，距离社会冲突爆发的时间就不远了。三是腐败因素。据斯奈德与蒂列合著的《法国革命与集体暴力》一书分析，统治集团自身素质蜕化，尤其是头面人物腐化，是导致社会冲突的最重要因素。四是组织因素。据历史学家布林顿1965年出版的《革命剖析》一书分析，居于统治地位的集团，同邻近的，或者说比较友好的集团产生了摩擦，社会冲突很快就会到来，尤其是知识分子头面人物的介入，更会加快社会激烈冲突的到来。介入人数的多寡是计算社会冲突爆发早晚的重要数据。

综上所述，无论是结构功能主义理论，还是后来对其修正和补充的社会冲突理论，多少都有不足和片面性，但其中所反映出的社会系统论思想和社会矛盾的辩证统一思想，都是对社会预警研究具有理论借鉴意义的。

第六节　耗散结构理论

耗散结构理论是研究耗散结构的性质和特征、形成和演变规律的理论。它是由比利时布鲁塞尔学派的领导人普利高津于1969年首先提出的一种理论。普利高津在研究中发现，一切事物都是与外界环境不断交换物质和能量的开放系统。这种开放系统在远离平衡态（吸收和放出的热量比差很大）的情况下，由于非线性的复杂因素而出现涨落，当发生某些特殊事物耦合，达到一定阈值时，会突然出现以新的方式组织起来的现象，产生新的质变，从原来混沌无序的状态，转变为在时空上或功能上的有序状态。由于这种在远离平衡态情况下所形成的新的稳定有序的系统结构要与外界不断交换物质和能量才能维持，所以被普利高津称为耗散结构。耗散结构理论认为，系统在发展过程中存在有序和无序两种状态。这两种状态在一定条件下可以相互转化。当一个远离平衡的开放系统，通过不断地与外界交换物质和能量，在外界条件的变化达到一定的阈值时，就有可能由原来的混乱无序的状态，转变为一种在时间、空间或功能上的有序状态。这种有序状态保持一定的稳定性，且不因外界微小的扰动而消失。它需要不断地与外界交换物质和能量才能维持。具有这种特性的系统能够自行产生的组织性和相干性，被称作"自组织现象"。这种现象和理论在解释复杂系统特征和研究大系统中是一种很有用理论工具。尽管耗散结构理论是针对非平衡统计物理学的发展而言的，但由于该理论的研究对象是开放的自组织系统，所以自该理论建立以来，出现了一种学术思潮，使耗散结构理论被广泛地推广应用于社会领域，因为社会系统也属于自组织系统，可以应用耗散结构理论进行研究和解释。

耗散结构理论认为只有不断与外界交换物质和能量的开放系统才是有生命力的系统。依据这样的观点，凡是能够随时与外界交换能量和物质的系统，就是一种"动态稳定有序结构"；而那种不能与外界交换能量和物质的系统，就是一种"稳定的平衡结构"，这种结构是没有生机的，甚至会成为"死"结构。社会系统就是一种特殊的"耗散结构"。根据耗散结构理论，只有不断与系统外交换能量与分子，形成"负熵流"，才能促进系统内部各子系统之间的协同作用（即"促协力"）。只有在这种基础上，才能形成一种远离平衡态的动态有序结构，即耗散结构。这种结构是一种具有强劲生机与活力、永远活动着的稳定有序的"活"结构。这种系统是一个全面开放的系统，而绝不是封闭的系统。我们所要建立的社会稳定系统，也应该是这样一种开放的、与外界不断交流物质与信息的、动态稳定的耗散结构。我国的历史已经证明，封闭的稳定，只能是没有活力与生机的"死"结构。例如，中国封建社会实行闭关锁国的社会政策，墨守成规，故步自封，没有创新，长期缺乏同外界的物质和能量交换，包括物质流动、信息流动和人才上的流动等，不能不断吸取别人的先进文化和科学技术以改进和优化自己的社会系统，因而就形成封闭性的"平衡稳定结构"，不仅失掉了活力，而且几乎陷入灭亡的深渊。又如我国在"文革"时期，也是闭关锁国，没有同外界联系，断绝了同外界交换物质和能量的渠道，没有耗散能量，没有增加熵，致使国民经济濒临崩溃的边缘。在党的十一届三中全会之前，由于没有同外界交换物质和能量——没有引进先进科学技术和必要物资及设备，生产水平在一定的范围内徘徊，只能围绕某个定值而涨落起伏地运动，所以不能突破临界点，只产生量变。始终无法突破经济上的临界点，所以生产力不能产生质的进步。而在党的十一届三中全会之后，实行对外开放和改革才开始质的转变。我们通过不断地加强与国外的交流合作，使我们的国家成为一种"动态稳定有序结构"，因而日益呈现勃勃生机。现在我国又加入 WTO，更加与世界经济融为一体，因此可以预言我国的经济和社会将得到更快的发展。

但是，社会经济系统同自然系统又有原则区别，即它不是由"自在"的分子所组成，而是由"人"这种"自觉"的分子所组成。人这种分子具有意识，而且由于经济地位的差异，区分为不同的集团或阶层。因而，这种有意识差别的"分子集团"之间会各自按照其本集团的利益倾向，去"有意识"地反作用于系统的"协同"和"有序"的运动，从而使系统内乃至系统之间的有序化往往受到外在和内在的扰动，从而不可能"自发地"形成耗散结构。所以，在试图以耗散结构理论来指导我们建立社会稳定指标体系时，必须要注意两个原则。一是开放与节制相结合，体现有节制的开放。否则，社会系统便可能被外来的"正熵流"冲击，使内在的正熵与外来的熵流之和不可能小于零，系统就会趋于混乱无序乃至崩溃，这是因为只有负熵流才能产生促进协同的力量。二是协同与制衡相结合，体现受制衡的协同。否则，系统内"分子"的集团倾向，很可能会造成巨大的涨落和震荡（如内战），最后才能建立起新的有序结构。但这样付出的代价太大，因此应该加以避免。

总之，依据耗散结构理论建立社会预警体系，尤其是预警指标体系，无论是对社会稳态测量，还是对社会稳定的维护，都具有十分深刻的理论意义。

第七节　全球化理论

所谓全球化，是指人类超越空间、国界、政治、经济、文化和意识形态阻隔而采取的促使物资、信息、人才和资金在全球范围内流动的状况和发展趋势。全球化理论是说明人类是一个整体，世界是一个完整的系统，强调系统中的各个单元对"整体"依赖性的一种社会发展理论。它主要阐述当今的一种客观现实和预示今后的一种发展趋势，这就是随着全球政治、经济、文化、科技的协同发展，全球呈现相互依存、共同发展的局面。这种局面的重要结果是人类在全球范围内被联系、被组织成一个有机系统，全球范围内的人类社会不再是各地区、各民族社会的集合体，而成为具有系统性、有机性整体，各地区、各民族不过是全球系统中不可分离的一个组成部分。它们的发展和稳定日益受到其他国家和地区乃至全球系统整体情况的影响。当代社会已经进入一个"全球化转型"的新时代。在这个新时代中，任何一个国家和地区的社会发展和稳定，都应当纳入世界整体来思考。

在当代，建立一个国家的社会预警体系，也必须体现全球化的思想。经典的社会学大多在民族和国家范围内讨论社会的发展和稳定问题。在当今全球化浪潮的冲击下，原有的以一个民族国家为范式、为背景研究社会发展和稳定的思路，必然会受到严峻挑战。面对全球化的浪潮的当代社会，以民族国家为基本单位的社会稳定格局将如何演变，民族国家的社会稳定在世界格局中将居于何种地位，世界格局的变化会对民族国家的社会稳定发生怎样的影响，这些都是我们在研究社会稳定指标体系中应当考虑的。我们应当看到，全球化的巨大推动力在客观上推进全球社会发展的同时，并没有消除各种矛盾，反而使各种矛盾有了新的态势和特点。例如，全球化一体化的发展要求与世界各地区之间发展不平衡的矛盾，生产力的全球性质与社会制度的矛盾，全球化、信息网络化与国家政府安全的矛盾，全球化一体化发展要求与全球范围内人类发展无政府状态的矛盾等，所有这些矛盾都随着我国加入WTO和互联网的迅速发展而日益显现，所有这些矛盾都使我国党的执政面临新的国际环境，从而也构成我们建立我国社会稳定指标体系所需要考虑的重要因素。

总之，如今我们已经不能在一个闭锁的系统里分析和研究社会预警问题，应当把我国的社会预警放在全球化的大系统中加以考虑。社会预警体系的构建，也不可能像过去那样画地为牢，拘泥于一国一地的时空范围，而必须看到社会稳定诸因素在开放条件下超越辖域空间的流动，不仅要在全球化的背景中把握社会预警体系的整个框架，而且要根据全球化的现状及发展趋势，对外部因素对社会稳定构成影响的具体指标适当加大权重。

第八节　社会燃烧理论

社会燃烧理论是我国学者牛文元于2001年提出的。这种理论主要从社会物理学的视角出发，将社会的无序、失稳及动乱，与自然界的燃烧现象进行合理类比。该理论认为，自然界中的燃烧现象，既有物理过程，也有化学过程。燃烧所必须具备的三个基本条件，即燃烧材料、助燃剂和点火温度，缺乏其中之一，燃烧都不可能发生。把自然界燃烧过程的这一原理引入社会稳定研究领域，一是可以将引起社会无序的基本动因，即随时随地发生的"人与自然"关系的不协调和"人与人"关系的不和谐，视为社会不稳定的"燃烧物质"；二是可以将一些媒体的误导、过分夸大、无中生有的挑动、谣言的传播、小道消息的流行、敌对势力的恶意攻击、非理性的推断、片面利益的刻意追逐、社会心理的随意放大等，视为社会动乱中的燃烧"助燃剂"；三是可以将具有一定规模和影响的突发性事件，视为社会动乱中的导火线或称"点火温度"。由以上三个基本条件的合理类比，可以将社会稳定状况纳入一个严格的理论体系和统计体系中，并由此研制出监测社会稳定状况的预警指标体系。

"社会燃烧理论"的基本原理认为，当"人与自然"之间的关系达到充分平衡、"人与人"之间的关系达到完全和谐时，整个社会处于"理论意义"上绝对稳定的极限状态，只要发生任何背离上述两大关系的平衡与和谐，都会给社会稳定状态以不同程度的"负贡献"（形成社会动乱的"燃烧物质"），当此类"负贡献的量与质"积累到一定程度，并在错误的舆论导向煽动下（相当于增加社会动乱的"助燃剂"），将会形成一定的人口数量密度和地理空间规模，此时，在某一"突发导火线"（出现了社会动乱的"点火温度"）的激励下，即可发生"社会失衡"（不稳）、社会失序（动乱）或社会失控（暴乱），直至"社会崩溃"。

我国在推进国家现代化的关键时期，在改革力度不断加大的过程中，在向社会主义市场经济体制整体推进的形势下，已经、正在或将要暴露出各类深层次的矛盾和问题，构成了可能危害社会稳定的直接因素或潜在因素。当这些因素的积累总量等于或大于国家有序组织可能承受的临界阈值时，在某个或某几个"导引"条件激活下，即会对国家稳定和区域稳定造成巨大危害。借鉴"社会燃烧理论"建立维护社会稳定的预警指标体系，采取复杂巨系统的分析判别和过程模拟方法，充分运用计算技术、网络技术、虚拟现实技术完成智能化、定量化和动态化的情景仿真，遵照"数据核查、连锁输入、分层自检、逐级递归"的原则，经过专家的质疑和会商，以社会稳定指标体系连续对国家和区域的社会稳定态势，进行实时监控和预警预报应当是可行的。

综上所述，我们简要地介绍了与社会预警相关的几种理论，但是需要说明的是，对社会预警研究具有理论依据意义或者说构成理论相关性的理论，远不止上述这些，如还有社会系统理论、社会流动理论、社会安全阀理论、社会保障理论、社会整合理论、社会有机体理论、社会变迁理论、社会平衡理论、可持续发展理论、社会改革理论、社会心理承受力理论等，限于篇幅我们不可能一一述及，仅择其要者而论之。

以上所述各种理论，有些是相互兼容的，有些是相互矛盾的，有些是相互补充的，但有一个共同点是，它们均从不同的角度对社会预警研究和构建社会预警体系有一定的参考和借鉴意义。所以，这里要特别指出的是，在以上述理论作为社会预警的理论依据时，必须以马克思主义的社会思想为指导，进行必要的整合。只有马克思主义的社会学理论，才能统摄各派理论。只有马克思主义关于社会生产关系一定要适应生产力发展，上层建筑一定要适应经济基础的历史唯物主义原理，才是我们建立社会预警体系的根本依据和最终指导思想。

第十九章　现代实证性社会预警与社会计量

人类之所以能够成为万物之灵，可能是因为人类具有善于计量的天赋。还在远古的时候，人类就能够通过"结绳记事"和"沙漏计时"等方法对事物进行计量，而猴子至今还弄不懂"朝三暮四"和"朝四暮三"的区别。回顾人类的历史，人类所表现出的计量智慧简直令人拍案叫绝，如曹冲（公元2世纪）用船装石头的方法称大象，阿基米德（公元3世纪）用排水量的方法量度皇冠的体积等。人们发明的计量工具可谓多矣，如用"称"来计量物体的重量，用"尺"来计量物体的长度，用"温度表"来计量空气的温度，用"时钟"来计量时间等。在科学昌明的今天，人类甚至可以做到对光速进行计量。很显然，人类对自然现象的计量智慧已经发挥到了极致。然而，人类在对社会现象的计量方面却似乎显得相对较弱。当然，社会计量比自然计量要复杂得多。真正科学意义上的社会计量的产生，还只是近代的事情。我们在现代实证性社会预警研究中，要想做到定性研究和定量研究相结合，就离不开对社会现象的计量。为此，本章将对社会计量的定义、特点和计量的难度层次，以及社会计量在现代实证性社会预警中的作用等问题展开讨论。

第一节　社会计量是以指标体系为工具的"软计量"

一　社会计量概念的界定

计量，实际上是一个人们熟视无睹的"习惯领域"，[①] 它在我们日常的生活和生产活动中几乎无处不在。我们上街购物，看病就医，上班工作，日常作息……可以说时时刻刻都离不开计量，甚至可以说离开了计量，人类将无法正常而有秩序地生活。但是，当一个人们习以为常的词语或现象进入科学

[①] "习惯领域"是管理学中的一个术语，由美籍华人游伯龙教授提出，指人们在心理上存在的一种习以为常、见惯不惊，甚至麻木保守的认知范畴，它对突破和竞取是不利的。

研究领域的时候，我们就必须给予一个科学的定义。为此，我们参照《中国大百科全书·社会学》中的"社会测量"词条和其他一些参考读物，给社会计量这个概念做出下述界定：

所谓社会计量，亦称社会测量或社会量度，是指运用一定计量工具、按照一定计量规则对各种社会现象的属性和特征进行鉴别、测算或量度并赋予一定数值的过程。

从以上定义我们可以看出社会计量由四个要素构成：

①社会计量的工具，如由指标体系组成的量表，由各种调查问卷组成的"题器"等等。

②社会计量的规则，即鉴别、测算或计量社会现象的规矩和准则。

③社会计量的对象，主要是各种社会现象的属性或特征。

④社会计量的数值，即表示社会计量结果的数字或符号。

根据以上四个要素，我们可以看出社会计量与自然科学中的计量不同，我们从两者的区别中可以看出社会计量的特点。

一是自然科学计量的对象是有形物质的自然属性，而社会计量的对象不仅涉及年龄、性别等人的自然属性和产量、产值、收入、支出、住宅、电视机等物化社会现象的特征，而且更多地涉及社会态度、社会行为、社会关系、群体结构、个性品格等非物化社会现象的特征。

二是自然科学计量的工具大都是标准化的仪器或量具，具有较强的客观性和较高的信度，计量误差也比较容易发现和计算，社会计量的工具和方法则在很大程度上取决于设计者的价值取向和认知状况，在计量过程中调查者和被调查者的主观因素对计量结果影响较大，因此，计量的信度和效度较低，计量误差也较难以发现和计算。

三是自然现象的计量工具一般是恒定的，一成不变的，如尺和秤；而社会现象测量的工具却是依据不同的时间和空间相对调整的，如指标和量表。

由于以上区别，我们有时也把自然科学中的计量形象地称为"硬度量"，而把社会科学中的计量形象地称为"软度量"。

第二节 社会计量的难点在于对"非物化"现象的计量

社会计量的层次，可以按照其数量化难易程度的顺序，划分出由低到高的三个层次。

一是对物化社会现象的计量。例如，对性别、职业、婚姻状况、所有制等按照事物性质或类别来区分的社会现象的社会计量，就属于物化社会现象的计量。其计量结果只能分类，标以各种类别名称，如男性和女性，工人和农民，已婚和未婚，全民所有制、集体所有制和个体所有制等。对这类社会现象进行计量比较容易，其计量结果只能进行频率分布，在总体中所占比例等有限的几种数量统计。这种层次的社会计量属于简单的社会计量，与一般自然计量的区别不大。

二是对简单非物化社会现象的计量。例如，古代社会用科举考试对人们文化知识水平的计量，现代社会中对经济社会发展水平的计量，社会学家们对社会结构、职业声望、社会地位的计量等，就属于对非物化社会现象的计量。对于非物化社会现象，人们往往只能感觉而不能直观，只能定性而难以定量。因此必须设计出一些指标（如满意率、期望值、承受力等），从中抽象出数量化的特征，使人们对非物化社会现象的认识达到量化的水平。对非物化社会现象的计量要比对物化社会现象的计量复杂得多，因此可以说，从对物化现象的计量到对非物化社会现象的计量，是人类计量史中一次质的变化，亦可以说是计量科学的一次飞跃。

三是对复杂非物化社会现象的计量。例如，对某一地区可持续发展的计量，对某一企业或城市竞争力的计量，对某一组织廉政建设或权力腐败的计量，对某一时期金融风险或投资风险的计量，包括本书所研究的对社会危机程度的计量等，这些都属于对复杂非物化社会现象的计量。它与对简单非物化现象度量的区别，简而言之就在于其复杂程度的不同。对这种复杂非物化社会现象的计量，人们至今还在苦苦地探索之中。

综上所述，没有计量就没有现代社会，而现代社会的计量对象，正向着更多更深和更难的层次和领域扩展，而其中本书所要探讨的现代实证性社会预警中的社会计量就是其中的难中之难。

第三节　社会计量在现代实证性社会预警的重要作用

一个人学习成绩的好坏，一项工程的经济社会效益，一个领导任期目标实现的程度，一个政府是否廉洁，一个社会是否稳定，诸如此类的软问题的计量，绝不是一把尺子、一台仪器能够计量出来的，必须依赖社会计量。社会计量从我国隋朝的科举制度开始，就逐步扩展到社会的各个领域，而其和社会预警的结合，便形成我们现在所说的现代实证性社会预警。如前所述，现代实证性社会预警与传统的哲理性预警的区别在于定性和定量的相结合，而社会计量的功能恰恰就突出地表现在定量方面。

一是社会状况的定量化评估功能。社会状况与社会预警有直接关系，对社会状况进行定量化评估是实施现代实证性预警的起码条件。例如，20世纪60年代美国学者加布里埃尔·A.阿尔蒙德和小G.宾厄姆·鲍威尔对世界各国政治文化的定量化评估；[①] 英克尔斯对现代化水平的定量化评估；[②] 我国20世纪90年代中期刘峰岩等人对政府廉政建设的评估；[③] 2000年许欣欣等人对中国职业声望的评估；[④] 2003年李培林、朱庆芳对中国小康社会的定量化评估；[⑤] 倪鹏飞等人对中国城市竞争力的定量化评估等。[⑥] 都说明社会计量在社会状况的评估方面发挥着越来越重要的作用。

二是社会人际关系定量化测量功能。社会人际关系的测量也包括阶层关系和宏观结构的测量，有助于社会预警的研究。为了定量化地测量人际关系，美国心理学家J.L.莫雷诺首创了社会计量法，并于1934年创办《社会计量学刊》推广和应用社会计量法。社会计量法有着精细的分析技术，例如社会图分析、指数分析、统计分析、矩阵解析和因素分析等。社会计量法对人际关系的定量测量有助于对群体结构、功能的分析和对群体的管理诊断等。

三是社会心理定量化测量功能。得人心者得天下，民能载舟亦能覆舟，对民心的了解历来是社会预警的重要内容。社会计量在现代定量化心理测量方面具有强大的功能，人们发展出名目繁多的定量化心理测量方法。杨宜因、张志学等翻译的美国著名社会系理学家Robinson、Shaver和Wrightsman编著的《性格与社会心理测量总览》收录和评述了西方社会心理十一大研究领域中的154个测量社会心理的量表。[⑦] 其中许多量表如信任量表、意欲控

[①] 〔美〕加布里埃尔·A.阿尔蒙德和小G.宾厄姆·鲍威尔：《比较政治学：体系、过程和政策》，曹沛霖等译，上海译文出版社，1987。
[②] 〔美〕英克尔斯：《走向现代化》，四川人民出版社，1983。
[③] 阎耀军：《社会学应用于廉政建设的一项创举》，《社会学研究》1996年第4期。
[④] 许欣欣：《迈向21世纪的中国职业声望与市民择业取向》，载《中国社会形势分析与预测2000》，社会科学文献出版社，2000。
[⑤] 李培林、朱庆芳：《中国小康社会》，社会科学文献出版社，2003。
[⑥] 倪鹏飞：《中国城市竞争力报告》，社会科学文献出版社，2003。
[⑦] Robinson等主编《性格与社会心理测量总览》，杨宜因、张志学、彭泗清等译，远流出版事业股份有限公司，1997。

制量表、法西斯主义态度量表、激进主义量表、权威-反叛量表、种族主义中心量表、权威态度量表等，都对社会预警研究具有重要的参考价值和启发意义。

四是现代社会预测功能。现代社会预测与传统社会预测的区别在于社会计量方法的使用。传统社会预测主要是定性预测，现代社会预测在方法上的主要标志是定性和定量相结合。社会现象和自然现象一样，都具有量的规定性。英国经济学家威廉·配第在《政治算术》一书中指出，任何社会现象都可以用数学、重量和尺度进行表述和比较分析。马克思说一门科学只有当能够成功地运用数学的时候，才能称得上是成熟的科学。[①] 20世纪以来，社会计量的数学方法被大量运用于社会科学领域。使用社会计量的数学方法进行定量研究被认为是一门科学具有更为完备形态的重要标志。社会预测是以分析历史和现状为前提的，只有以社会计量的结果为依据，才能真正从传统的定性研究转向定量研究，使定性研究和定量研究相结合，从而使社会预测获得更为完备的形态。

五是定量化社会预警管理功能。社会计量作为一种预警管理手段，可以使社会预警管理者做到心中有数，从而使预警管理工作逐渐从定性研究走向定性与定量相结合的研究，从而达到更真实、更准确地反映被预警对象客观情况的目的。同时，它还有利于把统计学、现代数学的知识和电子计算机等现代工具引进社会预警研究领域，从而大大促进社会预警的精确化和现代化，有力地辅助社会预警管理者监测和解决社会问题、提高决策效率和决策效益。总而言之，社会预警管理工作的科学化和现代化离不开社会计量。

---

① 杨楂、方一明：《现代社会科学研究管理思路》，安徽人民出版社，1991，第176页。

第二十章　社会预警指标体系中的理论模型建构

稳定性是系统维持存在的基本能力。社会预警实质上就是对特定社会维护稳定能力的预警。社会作为一个系统，其构成要素在特定的整合机制下，会形成特定的运行秩序，我们称之为社会稳态。社会作为一个动态开放的系统，在运行过程中一定会有来自内部和外部的扰动，有些扰动会迫使社会系统偏离稳态，我们称之为社会稳态的扰动机制。社会作为一个自组织系统，一定会有排除干扰、恢复正常秩序的自修复能力，我们称之为社会的稳定机制。社会的稳定机制与整合机制是同构的，与扰动机制是相反相成的。对此，我们可以从分析社会稳定系统的逻辑结构入手，建立起社会稳定的理论模型。

第一节　理论模型是建立社会预警指标体系的灵魂

"模型"一词，在西文中源出于拉丁文"modulus"，意思是尺度、样本、标准。但是目前随着科学技术的蓬勃发展，模型已超越作为客体的摹写、样本这一范围，而成为对客观事物的特征和变化规律的一种科学抽象。在各种研究的领域内，模型已较过去更具体、更集中、更深刻地描述客观实体，从而成为社会科学研究中的一种基本方法和重要工具。

模型分为实物模型、理论模型和数学模型。实物模型是现实事物的等比例缩小，一般用于建筑工程规划和军事上的战役指挥（如沙盘推演）；理论模型（亦称定性模型）是对非物化现象的抽象，一般用于对社会现象的定性分析和科学概括；数学模型（亦称定量模型）是对理论模型的数学表达，实际上是用数学语言来表达理论模型的数量关系。我们现在主要讨论理论模型和建立社会预警指标体系之间的关系。

时下有一种说法是不要"没有计量的理论"，也不要"没有理论的计量"。而现实的情形是不少人在重视计量时往往忽略了理论，其直接后果就是导致了众多的缺乏充分的理论支持的指标体系。笔者认为，在社会科学领域，任何一种具有科学逻辑性的计量工具（指标体系）的建立，必须先有一个具体指标所赖以附着的基本框架，这个基本框架实际上就是对应特定对象而建立的一个理论解释系统，而一个具有理论说服力的解释系统，必须依靠其内在的逻辑结构，对这种逻辑结构的高度抽象表述，就是理论模型的使命。理论模型是统帅基本框架的灵魂，基本框架是支撑指标体系的骨骼，舍此便不能将众多指标组成有机整体，从而形成真正意义上的"指标体系"。为此，笔者主张任何非物化社会现象指标体系的建构，必须首先完成理论模型的建构这个至关重要的步骤。

社会预警指标体系是对社会稳定状况进行实时监控的重要工具和手段。20世纪60和80年代以来，国外和国内的一些学者建立了各式各样的关乎社会预警的指标体系。然而，随着社会科学理论研究的进展和社会现实的变化，现在回顾和总结这些指标体系，我们不能不感到其中的重大缺憾在于理论依据或理论整合的不足。我们认为，社会预警指标体系作为社会指标体系中的一种，是从特定角度和需要出发，对客观系统的主观抽象和模拟。由于客观系统本身就是以某种逻辑体系存在，人们在长期的社会认识实践中，为了揭示客观系统的这种逻辑体系而建立了种种理论。因此，当我们在建立任何一种指标体系的时候，都必须有科学理论上的依据，并且对所依据的各种理论进行科学的甄别和整合，以此为基础和指导，才能建立科学地反映评估对象内在逻辑联系的指标体系。但现在令人忧虑的是，相当多的指标体系设计者在重视定量分析的同时似乎忽略了定性的研究，致使多数指标体系的设计处于随意架构的状况，这种严重缺乏理论支撑的所谓指标体系，其结果只能是指标的随意罗列和数量堆砌，我们称之为"乌合之众"是一点也不过分的。须知"皮之不存，毛将焉附"，指标体系理论框架及理论模型的缺乏、错误、模糊或不完善，必然使指标体系的建立缺乏必要的科学前提。如今人们对一些社会指标体系的评价和预测结果不满意或不信任，其原因多出于此。

对社会稳定的预警，实际上是对社会的经济、政治、文化和自然的人口、资源、环境诸方面的状况在社会运行状态上的综合评估和反映，其中每一方面的内容都涉及众多因素和变量，所以"社会稳定"不仅是一个内在关系极其庞杂的现实系统，也必然是一个理论含量十分丰富的逻辑体系。要对这样一个极其庞杂的客观现实系统，建立符合实际的科学指标体系，必须有充分的理论依据。因为没有理论，我们就无法对异常纷繁复杂的社会系统进行分析和概括。所以，建立理论模型的关键在于善于理论概括，要能够在错综复杂的矛盾中抓住主要矛盾，善于简化，精于提炼。要做到简化而不失真，提炼而不失本，既要使理论模型大体上反映客体的主要方面，又使模型尽可能地简化。在一定意义上说，理论模型可以比作一张地图。一张地图是表示一个复杂的地理位置的一种简单的手段。位置的许多"丰富内容"在表象中被去掉了，但保留了足以使它被认出的东西。所以理论模型的建构就要善于求本舍末，抓住最基本的因果关系。我们不能要求理论模型毫无遗漏地完全反映客体，因为它不是实物模型（其实即使是实物模型也不能做到"毫无遗漏"），只能在某种程度上，按某种客观的需要近似地去反映客体。只有在这样的原则下，我们才有可能去建立理论模型，并用理论模型更好地为制定社会预警指标体系服务。

当今世界，应用模型技术在不少领域中都有成功纪录。但是在进行社会预警中如何全面而成功地应用模型技术尚在探索之中。这主要可能是因为一方面社会预警涉及的因素多、范围广，另一方面人们对在社会科学研究中使用模型技术的可靠性，尚未树立充分的信心。因此，从根本上讲，进行社会预警研究的模型技术还处于从经验阶段向科学阶段的过渡时期。然而，从模型技术的哲学基础看，理论模型能深刻地体现物质世界统一的唯物主义原则。正因为物质世界的统一性，我们才有可能用统一的理论模型去反映、描写说明大量事实，进而还可以用模型去预测许多未认识的事实。再者，从社会预警的复杂性看，正因为其涉及大量庞杂的因素，正因为其设计的巨量的社会指标，才需要建构理论模型，去串起这一片无线之珠。这也正是我们把理论模型称为建立社会预警指标体系的灵魂的原因之所在。因此，我们应大胆地在社会预警领域中，研究与探索理论模型，使之不断发展、不断完善。

第二节　社会预警的系统动态分析模型

系统动态分析（System Dynamics）是美国麻省理工学院 J. W. 福雷斯特教授于 1961 年所创。系统动态分析主要对预测对象和研究对象进行模拟分析，以了解预测事物发展变化的系统模型。这种分析方法把研究对象和预测对象看作动态的，而不是静止的系统，通过动态模拟和计算机工具的利用，从事研究或预测活动。用系统动态分析来预测事物的发展变化过程，必须建立该事物的系统模型。系统模型分为理论模型和数学模型。物理模型根据特定事物的系统结构状况，建立模型和子模型的结构框图。框图中，本系统和外系统之间、本系统内子系统与子系统之间，用逻辑线路连接，表示系统之间的因果关系。数学模型根据物理模型中各种变量间的数量关系，通过解方程式的方法求出。近半个世纪以来，系统动态分析方法已经在全世界得到了广泛的应用，尤其适用于预测大型复杂系统总的长期发展变化。

系统动态分析是对复杂非物化社会现象进行定量化研究的基础和前提，本项研究尝试用此种方法解决社会稳定的预警问题，期望构建一个能够指导社会预警指标体系设计的理论模型。我们的具体做法是在系统动态分析的基础上，把整个社会的运行过程和影响社会稳定的各种主要因素（子系统）联结在一起，构成一个互相制约、互相影响的动态系统。系统内一个因素（子系统）的变动必然会引起其他众多因素（子系统）的连锁反应。各模块之间相互联系，互为条件，共同构成一个复杂的动态系统。

在课题组设计的这个系统动态模型中，共有六个子系统模块，它们是生存保障系统、经济支撑系统、社会分配系统、社会控制系统、社会心理系统和外部环境系统。他们共同组成了社会稳定预警的理论模型，其理论内涵的要点如下。

（一）生存保障系统

从社会生物学意义上看，人类实际上是自然界中的一个具有社会性的生存系统。根据马斯洛的需求层次理论，生存需求是人类的最基本需求。如果这个生存系统得不到有效的保障或者受到威胁，那么社会就会失去稳定性。因此，社会稳定的核心问题实际上就是人的生存保障问题。其他问题都是人类生存问题的扩展和延伸。因此我们在社会稳定指标体系的理论架构中，以"生存保障系统"为逻辑起点。

（二）经济支撑系统

人类要满足生存需要，必然要通过生产活动来取得生存消费资料，这样就形成使人类得以维持生存的"经济支撑系统"。根据马克思经济基础决定上层建筑的理论，这个系统不仅为人类生存提供物质基础，而且对社会的上层建筑有决定性的影响，因而处于整个社会稳定系统的基础地位。

（三）社会分配系统

人类在获取生存消费资料的生产劳动中，每个社会成员或群体为社会所提供的劳动是有差别的。要维护社会稳定，就必须形成一个能够体现按劳分配原则的"社会分配系统"。分配上的平均主义和不合理的过大差距，都会严重影响社会的稳定。

（四）社会控制系统

由于人类需求的无限性和生存资源的有限性，人类一切获取生存资源的行为，必然要受到一定的限制，在公众共同制定的"游戏规则"中有秩序地进行。这样就形成"社会控制系统"。社会控制系统是社会稳定的维护机制，社会控制系统如果乏力或崩溃，社会就会陷入无序状态。

（五）社会心理系统

人是有主观能动性的社会主体，人们的社会行为受主观意识的支配。包括上述在内的一切社会系统的客观存在，都会在人类的脑海中留下主观映像。在特定的主观映像影响下，人们会对自己的生存状态产生相应的心理活动，这就构成了"社会心理系统"。社会的稳定与否，实际上是在人们的主观意愿驱使下的社会行为所造成的一种社会后果。

（六）外部环境系统

社会是一个抽象的概念，实际存在的具体社会总是以一定的国度或地区为载体的。由于现代社会系统的高度开放性，每一个具体的社会系统的稳定性，不可能不受到本系统以外的其他社会系统和非社会系统的影响。由此，国际因素和自然因素便构成了社会稳定的"外部环境系统"。随着全球化的趋势和人与自然关系的日益紧张化，外部环境系统对社会稳定的扰动将越来越严重。

综上所述，我们对社会稳定系统的逻辑结构，可以用物理模型[①]表达（见图20-1）。

[①] 物理模型代表事物之间的相互关系，它属于"因果法"的分析技术，其关键是事物之间的客观关系应该抽象成怎样的关系形式，这类模型必须有一定的理论作为基础，因此亦称为理论模型。

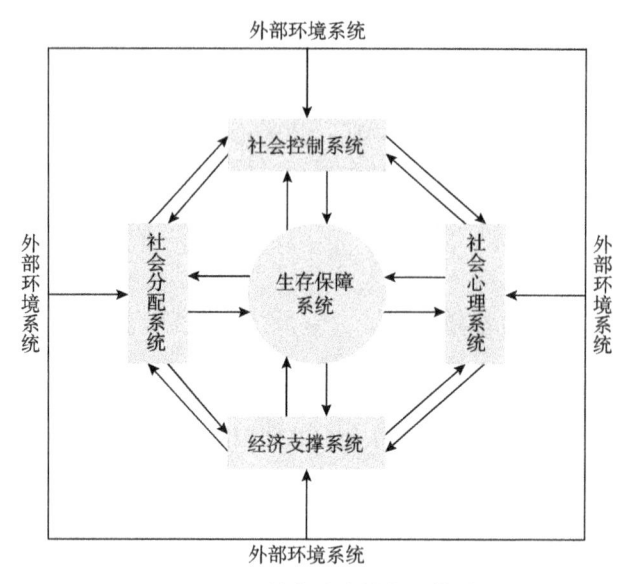

图 20-1　社会稳定的物理模型

第三节　社会预警模型中各子系统的相关关系

在图 20-1 的理论模型中，各个系统模块的功能和相关关系可以简述如下。

（一）生存保障系统的功能及其与其他系统的相关关系

生存保障系统是整个社会稳定系统的逻辑起点，它处于整个社会稳定系统的核心地位，其他诸系统都是在不同的层次和角度与生存保障系统相关联。生存保障系统一方面通过提高劳动者的素质或劳动力再生产的质量，保证社会再生产的正常进行；另一方面，它也要从经济支撑系统中汲取能量，社会分配系统和社会心理系统的影响，并且在社会控制系统的制约中运行。

（二）经济支撑系统的功能及其与其他系统的相关关系

经济支撑系统是社会稳定运行的经济基础。只有经济发展了，社会稳定才有可能真正实现。经济基础决定上层建筑。经济支撑系统为包括生存保障系统和社会控制系统的整个社会系统提供物质能量。对社会结构系统和民众意愿系统发生深刻影响。同时它也受到其他系统的制约，如社会控制系统的体制约束和生存保障系统配套状况的牵制等。

(三) 社会分配系统的功能及其与其他系统的相关关系

社会分配系统是连接经济支撑系统和生存保障系统的中间环节。经济生产决定社会分配的对象和方式。没有经济产出，就没有可供分配的对象；社会成员以什么样的社会形式参与社会产品的分配，取决于他们以什么样的社会形式参与生产。社会分配系统通过社会心理系统对经济支撑系统产生反作用：公平合理的社会分配形式，能够调动劳动者的生产积极性，激发社会心理系统的正向功能，促进经济支撑系统的健康发展；反之，不公平不合理的社会分配形式，会刺激社会心理系统产生负向功能，严重时会引发社会冲突，给社会控制系统带来很多麻烦，从而阻碍经济支撑系统的健康运行，进而影响人类的生存保障系统。

(四) 社会控制系统的功能及其与其他系统的相关关系

社会控制系统是维护社会良性运行的协调机制。它为包括经济支撑系统在内的各个系统提供组织能量和精神动力。它通过一系列调控手段，促使社会各个系统之间达到协调和均衡。但"巧妇难为无米之炊"，它需要经济系统为自身提供物质能量，并且需要和社会心理系统相契合，需要在其他系统的配合下才能发挥功能。

(五) 社会心理系统的功能及其与其他系统的相关关系

社会心理系统的状况完全是其他各个系统状况的映射。它和其他诸系统之间的关系属于存在和意识之间的作用和反作用的关系。一方面，所有系统的运行状况都会从本系统得到不同程度的反映；另一方面，已经内化为人们心理层面的东西，也会通过动机、情绪、意志等心理活动对其他系统的运行产生潜移默化的巨大影响。

(六) 外部环境系统的功能及其与其他子系统的相关关系

外部环境系统是由上述各个系统所构成的内部系统发生变化的外部扰动因素，它对社会稳定内部系统的诸变量起着放大或缩小的作用。

需要说明的是，以上相关关系的相关系数，以及极端复杂的函数关系式，即数学模型的建立，需要一个反复测量和验算的过程，恕目前暂无法企及。

第二十一章　社会预警指标体系中的现实警源依据

利用理论模型把社会现象和人类行为加以模型化来进行研究，是因为模型是现实某个方面的模拟或投影，同时是解释现实的假说或理论的概括。也就是说，理论只有成为模型，其内容才能明确。但是，模型只是对现实中存在的原型的结构和关系的近似描绘，要得到严密的保持现实结构的模型几乎是不可能的。因此，可以说使用模型方法进行预警实际上是一项科学加艺术的工作。在建立预警指标体系时，为了尽可能地缩小模型与现实之间的距离，必须加强预警研究者和实际工作者的联系与合作，以便掌握更多的现实依据，使理论模型所表达的高度抽象的逻辑结构和丰富具体的现实情况结合起来，这样对进行社会预警才具有更大的现实意义。所以，建立社会预警指标体系不仅要有理论依据，还必须有充分的现实依据，这就需要对我国现阶段影响社会稳定的主要因素，即主要警源进行分析。

从历史经验来看，我国社会运行是否能够稳定，最关键的因素是执政党的领导正确与否。改革开放以来，尤其是党的十四大以来，我国社会总体上呈现比较稳定的发展态势，社会主义现代化建设的各个领域都取得了巨大成就，归根到底是由于党的正确领导。但是我们也应当清醒地看到局部的社会不稳定事件时有发生。

引发各种社会不稳定事件的原因虽然是复杂多样的，但是从全国范围综合分析起来，则不难发现其背后有着一些深刻的、带有普遍性和共同性的因素，如权力腐败问题，农业、农村和农民问题，城镇失业、下岗和再就业问题，贫富差距和收入分配不公问题，犯罪和社会治安问题等。这些问题成为直接影响我国社会稳定发展的因素，对我国社会目前和今后的社会稳定都产生了一定的消极影响。根据中国社会科学院近年来出版的社会蓝皮书提供的权威观点和资料，现阶段影响我国社会稳定的主要因素主要有以下五个方面。

第二十一章 社会预警指标体系中的现实警源依据

第一节 权力腐败问题

腐败的实质是国家公务人员利用手中职权谋取私利，搞权钱交易。具体表现形式有贪污受贿，挪用公款，铺张奢侈，挥霍浪费，卖官鬻爵，官商官倒，请吃请喝，巧取豪夺，徇私舞弊，失职渎职，滥立名目乱收费、乱摊派、乱罚款，倒买倒卖国家专控的紧俏物资等。权力腐败问题直接影响社会控制系统的有效运行，因而是影响社会稳定的首要因素。据有关机构和部门在全国若干省市所做的民意调查和分析，腐败和官僚主义是广大人民群众最痛恨的社会公害，并被视为影响社会稳定诸因素中占首要地位的因素。①

近年来，我国查处了一大批腐败大案要案，在一定程度上增强了人们反腐的信心，但腐败仍然是困扰当今中国最突出的社会问题之一。腐败现象是侵入党和国家机关健康肌体的病毒。人民群众之所以最痛恨腐败，就是因为腐败分子表面上打着"党员""干部"的招牌和"为民办事"的旗号，暗地里却通过各种非法和不正当的渠道大肆侵吞国家、集体资产，肆意挥霍浪费老百姓的血汗。腐败分子虽然在党政领导干部中只占少数，但其行为的社会后果却十分严重。因为他们大多身居要职，凭借和滥用人民所赋予的权利疯狂为自己和家人聚敛财富，结果往往对正常的经济秩序和社会生活造成极大的破坏，在人民群众中产生极为恶劣的影响，轻则败坏长期以来党和政府在群众中树立的崇高形象，使党和政府在人民心目中的威望降低，引起党群、干群关系疏离；重则导致各种冲突和社会不稳定事件发生。古今中外因吏治腐败造成民心背反，社会动荡，乃至政权倾覆的事例数不胜数。仅以1998年5月发生的举世瞩目的印尼社会政治骚乱为例，在前后持续不到20天的时间内，印尼全国几乎所有大中城市都爆发了警民冲突和大规模的罢工、罢课、罢市，一些地方发生严重的纵火抢劫事件，致使至少1200人丧生，直接经济损失达2.3亿美元，最后迫使执政长达32年之久的苏哈托政权不得不倒台。究其根源，此次骚乱固然是多种社会矛盾和问题包括阶级矛盾、民族矛盾、亚洲金融危机、自然灾害等因素交织激化的结果，但其国内政治极度腐败，苏哈托家族的政治经济势力长期以来恶性膨胀，终于招致群情激愤、民怨沸

---

① 参见汝信、陆学艺、李培林主编《中国社会形势分析与预测2002》，社会科学文献出版社，2002，第21~22页。

腾，则是首要的原因。

尽管党中央一直高度重视反腐败问题，反复强调执政党的党风问题是关系党的生死存亡问题，各级党政机关不断加大反腐败斗争的力度，取得了一系列重大成果，振奋了党心民心，但实际生活中的腐败势头依旧没有得到遏制。在许多地方的各级党政机关，特别是在一些掌握人、财、物权力的关键岗位和部门，腐败现象仍在不断滋生蔓延。近年来，腐败现象呈现一些值得关注的新特点，如特大腐败案件从经济管理部门向行政和司法机关扩张；集体腐败案件增加，犯罪活动在一定范围内由点到面辐射，形成网络状态；县处级以上领导干部职务犯罪要案与大案、窝案、串案交叉，数罪交织，少数官员集党纪、政纪、犯罪案件于一体；部分腐败官员与黑社会组织发生联系；腐败案犯的年轻化趋势；与金融证券等部门有关的案件增加较快；在国企改制过程中出现的腐败案件增多；腐败分子为了规避司法机关的追究，越来越多的人作案后携款潜逃等等。据统计，2004年1~8月，全国检察机关共立案查处贪污贿赂等职务犯罪案件27907件，涉嫌犯罪嫌疑人32099人。其中2004年前7个月仅查处贪污贿赂大案11150件；县处级以上领导干部要案1767人，其中厅级以上干部109人；全国共起诉贪污贿赂案件被告人10945人，起诉比例上升5.8%；共判决8386名被告人有罪，有罪判决比例上升14.4%。①

邓小平说过："不惩治腐败，特别是党内的高层的腐败现象，确实有失败的危险。"党的十五大报告指出："反对腐败是关系党和国家生死存亡的严重政治斗争。我们党是任何敌人都压不倒、摧不垮的。堡垒最容易从内部攻破。绝不能自己毁掉自己。如果腐败得不到有效惩治，党就会丧失人民群众的信任和支持。在整个改革开放过程中都要反对腐败，警钟长鸣。"江泽民同志在"七一"讲话中再次重申："要深刻认识反腐败工作的长期性、艰巨性和复杂性，既要树立持久作战的思想，又要抓紧当前工作。坚持标本兼治、综合治理的方针，从思想上筑牢拒腐防变的堤防，同时通过体制创新努力铲除腐败现象滋生的土壤和条件，加大从源头上预防和解决腐败问题的力度。"总之，腐败的危害怎么估计都不会过高，可以说它如同一颗严重威胁社会稳定发展的定时炸弹，若不加以有效排除，则时刻都有可能发生爆炸，引起社会动荡。

---

① 参见汝信、陆学艺、李培林主编《中国社会形势分析与预测2005》，社会科学文献出版社，2005，第105页。

第二节 农业、农村和农民问题

我国是一个农业大国，农业是我国国民经济和社会发展的基础，对我国有着特殊重要的意义。我国人口多，耕地少，占世界7%的耕地要养活世界22%的人口。国以民为本，民以食为天，十几亿人口的吃饭问题，只能靠我们自己解决。如果农业出了问题，谁也帮不了我们。这是我们永远回避不了的基本现实。农业基础是否巩固，农村经济是否繁荣，农民生活是否富裕，不仅关系农产品的有效供应和工业品的销售市场，而且关系整个国民经济和全社会的发展。邓小平同志历来十分重视农业、农村和农民问题的重要性，多次告诫："农业是根本，不要忘记"，"农业搞不好，工业就没有希望"；"中国有百分之八十的人口住在农村，中国稳定不稳定首先要看这百分之八十稳定不稳定。城市搞得再漂亮，没有农村这一稳定的基础是不行的"；"中国经济能不能发展，首先要看农村能不能发展，农民生活是不是好起来"；"农村不稳定，整个政治局势就不稳定，农民没有摆脱贫困，就是我国没有摆脱贫困"；"如果农业出了问题，多少年缓不过来，整个经济和社会发展的全局就要受到严重影响"。江泽民同志在1993年10月中央召开的农村工作会议上指出："农业、农村和农民问题，始终是一个关系我们党和国家全局的根本性问题。"中共十六大报告明确指出："统筹城乡经济社会发展，建设现代农业，发展农村经济，增加农民收入，是全面建设小康社会的重大任务。"

"九五"以来，我国农业连续获得较好收成，主要农产品产量增长，全国城乡农产品市场供应丰富，农民生活水平有明显改善。但与此同时，也出现了许多农产品销售不畅，价格下跌，农民收入增势趋缓，乡镇企业发展速度放慢、效益下降等问题。如果这些问题得不到解决，农业就可能出现滑坡，从而严重影响整个国民经济的发展，影响改革、稳定、发展的大局。历史经验表明，农业的丰产与歉收、增长与下滑，归根到底取决于农民的积极性，而农民积极性的高低，又取决于党的农村政策。中华人民共和国成立以来，我国农业的几次大的起伏波动，除了自然灾害，都和党的政策密切相关。近几年来，中央制定的一系列农村政策，特别是稳定土地承包关系，减轻农民负担，提高粮棉定购价，按保护价敞开收购余粮的政策，以及税费制度改革等等，极大地调动和保护了农民的积极性，促进了农业和农村经济的发展，必须继续坚决贯彻执行。需要指出的是，目前在一些地方，对中央的农村政策执行不坚决、不认真、不彻底，甚至拒不执行，另搞一套的现象时有发生，而且迟迟不加以克服和纠正。如土地承包制度，中央一再强调要保持稳定，承包到期后要延长30年。但是有些地方总是违背农民意愿，想方设法变动土地承包，不按中央规定办，随意缩短承包期，引起群众强烈不满。对中央采取的按保护价敞开收购余粮和多项支农扶贫政策，在执行中也存在一些不容忽视的问题。有些地方和单位随意挪用和扣留收购资金、支农资金、扶贫资金，农民没有得到应当得到的好处。最突出的是农民负担问题，尽管中央三令五申，减轻农民负担，但许多地方农民负担过重的问题至今没有从根本上得到解决，成为当前农民反映最强烈的问题之一。有的地方和部门巧立名目向农民乱收费、乱集资、乱涨价、乱罚款和乱摊派；有的地方虚报农民收入，超限额提取村提留和乡统筹费，强迫农民以资代劳；有的乡（镇）村的基层干部作风粗暴，目无法纪，挥霍、侵吞集体和农民的资财，基层强行向农民收钱收物，变相地增加农民负担。这些都严重侵犯了农民的合法权益，挫伤了农民的生产积极性，伤害了农民对党和政府的感情，破坏了党群干群之间的关系，并时而导致一些恶性案件的发生，影响了农村地区的稳定。我国著名社会学家陆学艺先生曾对城乡关系中存在的主要问题概括为六个方面：一是农民收入连续七年增长缓慢，2004年有大幅增长，但城乡差距还是很大；二是农民没有得到与经济高速增长相应的实惠，消费份额逐年下降；三是各地出现了新一轮"圈地运动"，约有4000多万农民承包的耕地被征用，很多失地农民陷入无地、无业、无保的境况；四是乡镇干部队伍空前扩大，乡村两级负债接近万亿元，成为拖累农村发展、恶化党和政府与农民的关系、影响农村社会稳定的严重问题；五是农村社会事业发展严重滞后，既滞后于经济发展，更落后于城市社会事业发展，城乡间的社会发展差距比经济发展差距更大；六是地区差距很大，而且有进一步扩大的趋势。①

"三农问题"从近期看，要扩大内需，解决我国市场疲软的问题，关键在于提高和启动广大农民的收入和消费；从长远看，要实现我国经济和社会发展的战略目标，农业始终处于举足轻重的地位。如果有关农业、农村和农民的问题解决不好，农民缺乏足够的积极性，农业基础不稳固，不仅工业和

---

① 参见汝信、陆学艺、李培林主编《中国社会形势分析与预测2005》，社会科学文献出版社，2005。

整个经济的发展会失去可靠的支撑，而且经济和社会生活中的其他矛盾会更加突出，还可能不断引发一些新的矛盾和问题，那就会严重影响我国政权的巩固和社会的安定。

第三节　城镇失业、下岗和再就业问题

这是当前关注和议论最多的热门话题之一。在过去相当长的一个时期中，中国在理论和宣传上不承认有失业问题存在。传统计划体制下由政府一手包办劳动就业和各种限制劳动力自由流动的政策，一方面造成机关、企事业单位的大量冗员和效率低下，另一方面也掩盖了我国劳动就业方面存在的真实困难和矛盾。随着计划经济体制向市场经济体制转轨和市场竞争的加剧，失业和劳动就业问题在我国愈来愈突出。据劳动部门统计，20世纪90年代以来，我国城镇登记失业率逐年攀升：1991年为2.3%；1994年为2.8%，1997年为3.1%；2001年6月底为3.3%，618.7万人。截至2004年第三季度末，全国共有城镇登记失业人员821万人，比上年增加21万人，城镇登记失业率为4.2%。这只是登记的数字。另据有关专家学者和政府官员的调查分析，中国当前城镇实际失业率估计已达到7%~8%。与此同时，我国还有一个数量庞大的国有企业下岗职工群体。截至2001年6月底，全国共有769万名国企下岗职工。[①] 国有企业职工多年来为经济建设、改革开放和企业发展做出了重大贡献，党和国家高度重视国有企业下岗职工问题，把他们的基本生活保障和再就业工作视为关系改革、发展和稳定全局的大事。

除了失业和下岗人员，我国每年约有1500万新增劳动力需要安排就业；在广大农村地区还有多达1.2亿~2亿的农业剩余劳动力，其中每年平均有近2000万人从农村涌向城市打工。

劳动就业涉及亿万人民的切身利益，它不仅是重大的经济问题，对经济改革顺利进行和国民经济的持续健康发展具有重要影响，而且是重大的社会和政治问题，直接关系整个国家大局的稳定。在现代市场经济条件下，失业是一种正常和必然的现象，适度的失业有助于劳动力的合理流动。一定的失业风险有利于调动劳动者的积极性，促使其不断改善劳动技能，提高产品质

---

① 参见汝信、陆学艺、李培林主编《2002年：中国社会形势分析与预测》，社会科学文献出版社，2002。

量，从而降低生产成本，增加企业经济效益，增强产品的市场竞争力。但过度的失业不仅会给经济发展造成巨大损失，而且会导致犯罪增加，危害治安秩序，影响社会稳定。

失业率究竟以多少为"适度"？世界各国因具体国情条件不同而没有一个统一的标准，一般认为4%以下的失业率为适度失业，5%~9%的失业率为轻度失业，百分比超过两位数则属严重失业。我国目前公开登记的城镇失业率尽管不算高，但如果把各种形式的就业不充分者都算上，我国全社会的综合失业率将达20%以上。在国外，居高不下的失业率从来都是滋生各种犯罪的温床，我国近年来因失业造成的各种社会问题也日益增加。有关资料显示，在我国一些大城市发生的抢劫、强奸、盗窃、流氓斗殴等各类刑事案件中，60%以上系失业和无业游民所为。

中国人口多，经济发展水平远远不能满足大量劳动力充分就业的需要，这一现实决定了中国将不可避免地长期面临失业问题的严峻挑战。尽力化解这一矛盾，把失业问题带来的种种不利后果减少到最低限度，是各级政府和全社会义不容辞的责任。

第四节　贫富差距和分配不公问题[*]

改革开放以来，由于实行允许和鼓励一部分地区、一部分人通过诚实劳动和合法经营先富起来这一大政策，进而实行要素参与分配的政策，全国城乡之间、地区之间、部门行业之间在收入分配上逐渐拉开了差距。这对打破过去平均主义和"大锅饭"的分配方式，调动劳动者的积极性和创造性，提高劳动生产率，促进经济发展，增加社会财富，起到了重要和不可缺少的推动作用。但是，在这个过程中，也产生了一些值得注意的问题，其中最突出的是贫富差距过大和财富分配不公。

(一) 城乡收入差距

中国是世界上城乡收入差距最高的国家之一。据国际劳工组织1995年发表的36个国家的资料，绝大多数国家的城乡人均收入比值都小于1.6，只有

---

[*] 本节相关数据参见2002年和2005年的《中国社会形势分析与预测》蓝皮书，社会科学文献出版社。

包括中国在内的三个国家超过2，并有逐渐拉大之势。

1998年、1999年、2000年中国城镇居民人均收入分别为5458元、5888元和6316元；而农村居民人均收入分别为2162元、2210元和2253元。城镇居民收入分别是农村居民收入的2.52倍、2.66倍和2.80倍。国家统计部门的资料还显示，1997年底以来，中国农民的收入增幅连年下滑，从1996年的9%持续下降到2000年的1.9%，而同期城镇居民收入增幅一直保持在7%左右。2000年中国农村居民人均纯收入仅相当于城镇居民纯收入的35.7%，比1997年的40.5%下降了4.8个百分点。

（二）地区收入差距

先看城市方面。从1997~2000年北京、上海、山西、河南四省市城镇居民人均可支配收入增长变化情况看，上海、北京城镇居民可支配收入平均每年增长1.57%，而山西、河南同期只增长0.25%。1997年全国城镇居民人均收入最高的是上海，为8438.9元，最低的山西为4989.9元，二者相差1.69倍，2000年这一比值上升为2.48倍。

再看农村方面。以1978年农村居民家庭人均收入最高的华南地区与西北地区相比较，绝对差距为221元，相对差距比为1.68:1。到2000年，扣除物价因素，最高的华东地区与最低的西北地区绝对差距为492.8元，相对差距比为2.15:1。收入最高的上海郊区农民人均纯收入达5596.37元，是收入最低的贵州农民人均纯收入1374.16元的4.07倍。

按东部、中部、西部三大地区收入差距比较。城镇职工平均工资分别为11202元、7422元和8332元，东部比全国平均水平高19.5%，中部、西部分别比全国平均水平低20.6%和11.1%。

（三）行业收入差距

统计资料显示，与1990年相比，2000年房地产业、金融保险业和技术服务业收入增幅最高，分别达到470%、542%和466.8%，农林牧渔业和采掘业收入增幅最低，仅为236.4%和206.8%。其他行业增幅为250%~400%。1990年收入最高的三个行业是采掘业、水电煤生产供应业和地质勘探水利业；2000年变为科研和技术服务业、金融保险业和房地产业，最低的三大行业变为农林牧渔业、餐饮服务业和采掘业。1990年收入最高的行业是最低行业收入的1.72倍，而2000年变为2.63倍。

导致行业收入差距拉大的原因，除了有科技和产业结构调整等方面的因素（即收入分配向科技含量高的行业和新兴产业倾斜），不合理的垄断经营体制是一个重要原因，如电力、电信、烟草、金融、保险、民航、铁路等行业，职工平均货币收入加实物分配等，明显高于其他行业。20世纪90年代，各行业就业者收入水平都有较大的提高，但提高的程度各不相同，收入高低位次发生了明显的变化。垄断性经营行业（如金融、邮电等）随着市场经济的发展，业务量突飞猛进，获得了高额利润，并把其中一部分以不同形式分配给职工，职工收入有较大幅度的增长；而一些依靠财政补助的基础性行业（如农林牧渔业和地质水利业）和一些充分竞争型行业（如社会服务业、餐饮业和建筑业）由于补贴减少和利润下降，从业人员收入减少。同时，一些传统行业、劳动密集型行业和竞争较充分行业的收入也在相对下降，如采掘业1990年职工工资水平在各行业中排名第一，到2000年变为倒数第三；而金融保险业1990年职工工资水平在各行业中排名倒数第四，2000年则变为第一。

（四）城镇内部收入差距

1999年全国城镇居民收入分布状况见表21-1。

表21-1　1999年全国城镇居民收入分布

类　型	户人均收入	占比（％）
高收入户	10191元及以上	7.23
中高收入户	8232～10190元	8.95
中等收入户	6274～8231元	19.67
中低收入户	4316～6273元	32.36
低收入户	2357～4315元	31.79

资料来源：参见汝信、陆学艺、李培林主编《中国社会形势分析与预测（2000）》，社会科学文献出版社，2000，第148页。

在部分地区，高收入群体和低收入群体的差距问题尤为突出，北京市最富裕的20％的人口财富是最贫穷的20％人口财富的11倍，而发达国家的这一比例一般在6～7倍。

我国城镇高收入群体主要包括著名演员、歌手、模特、作家和运动员，部分个体和私营企业主，外企和国际机构小的中高级雇员，金融机构管理人员，房地产部门的开发商与经理，部分企业承包者和技术入股者，高新技术产业中的领先者，著名经济学家、律师等，这些人数量不到总人口的1％，家庭年总收入一般在20万元以上。另据国家统计局对城镇高收入户的专项抽查，目前在中国城镇高收入群体的职业中，机关企事业单位负责人的比重最大（31.01%），其次为专业技术人员（25.15%）；按收入水平看，私营企业经营者最高（2000年上半年人均月收入13445元），职业股民居次（8491元）。收入前十位的另外八种职业是社会中介服务人员、导游、股份制企业负责人、三资企业中的高级管理人员、IT行业从业人员、个体经营者、工艺美术人员、国企负责人等。高收入层的人员结构显示出转型期社会中权利、财富、技能的显要程度同时并存的状况。

我国城镇低收入群体主要包括国有企业下岗职工、失业人员、早退休和内定退休人员、停产或半停产企业职工、因疾病、年老等领取最低生活保障者。据统计，目前我国大约有1000万~1200万城镇贫困人口。虽然大多数城市都已制定了最低生活保障线和最低工资标准，但是由于多种原因而得不到完全实施。调查发现，1999年8月户人均收入和支出不到100元的城镇居民家庭仍超过6%，黑龙江、山西、内蒙古、青海、新疆等地甚至超过10%。

（五）农村内部收入差距

据调查统计，1995~2000年我国农村低、中、高收入家庭人均生活消费支出分别从794元、1166元、2329元提高到977元、1501亿元和3086元，分别增长23%、28.7%和32.5%。若以低收入组为1，1995年高收入组与低收入组的消费比为2.93:1，到2000年扩大为3.16:1。

目前，从统计数据看，农村居民的消费水平有提高，但收入水平却是下降，这里面含有生活成本增加的因素，特别是山区农民生活水平很低。中国经济社会的财富总量有了很大的增加，农民的生活水平在不同的人群中有很大的不同。在某些发达的农村，一些农民家家户户都住上了两层小楼，家用电器一应俱全。而在另一些地区，许多农民仍然住在几十年前的老旧房子里，生活条件和环境基本没有什么变化。

国际上通常用"基尼系数"来测量居民收入差距程度。基尼系数在0.3以下为平均状态，0.3~0.4为相对合理状态，超过0.4即为警戒状态，达到0.6则为高度不平等状态，极易诱发社会动乱。据测算，中国居民个人收入的基尼系数自1994年就已经超过0.4这个临界点（当年为0.434）。近年来一直呈缓慢攀升态势，1998年为0.456，1999年为0.457，2000年为0.458，每年递增0.1个百分点。我国最高收入者与最低收入者的收入差距，每年正以3.10%的增长速度扩大，个人财富正在以1.83%的年平均增长速度向少数富人集中。不少专家指出,我国社会已经出现了一个特殊的暴富群体,而且他们的财富主要是通过不正当途径,甚至是非法手段获取的。此外,在我国的个人收入分配方面还存在许多分配行为不规范和分配结构不合理现象,这也是导致贫富差距扩大和财富分配不公的原因之一。

贫富差距悬殊和财富分配不公现象会导致一系列消极的社会后果。比如会引起广大公众心理上的不平衡,进而逐渐丧失对社会的信任感和高度责任感。严重的社会心理不平衡往往会转化为对社会的不满、怨恨和对占有财富的畸形渴望,从而加剧社会道德行为的失范,促使越来越多的人铤而走险。古希腊政治思想家亚里士多德曾经说过:"在所有情况下,我们总是在不平等中找到叛乱的起因。"[①] 邓小平同志也明确指出:"社会主义不是少数人富起来,大多数人穷,不是那个样子。社会主义最大的优越性就是共同富裕,这是体现社会主义本质的一个东西。如果搞两极分化,情况就不同了,民族矛盾、区域间矛盾、阶级矛盾都会发展,相应的中央和地方的矛盾也会发展,就可能出乱子。"[②] 当今世界许多发展中国家在现代化过程中因财富和收入分配不公,贫富差距过大而引起社会动荡不稳的事例实属不少见,中国必须引以为戒。

第五节 犯罪和社会治安问题

世界上许多国家都有过在经济发展和社会转型时期,各种犯罪活动和社会治安问题日趋严重的经历。中国也不例外。改革开放以来,伴随我国经济增长、体制转变和社会流动人口的大量增加,各种犯罪活动日益猖獗,社会治安问题变得越来越严重。重大刑事案件如杀人、爆炸、绑架、持枪抢劫、拐卖妇女儿童等均比过去明显上升。吸毒贩毒、制黄贩黄、卖淫嫖娼、赌博等社会丑恶现象蔓延。特别是在一些地方,具有黑社会性质的犯罪团伙横行霸道,乡霸、市霸、路霸等一些流氓恶势力为害一方。入室盗窃、扒窃、盗窃机动车等多发性案件居高不下,各种人身伤害和财产损失案件不断发生,扰乱了社会正常的工作和生活秩序。社会治安形势的严峻程度已经引起全社会的关注。根据《中国社会形势分析与预测(2005)》的分析,目前我国的

[①] 亚里士多德:《政治学》,第205页。
[②] 《邓小平文选》第3卷,人民出版社,1993,第364页。

刑事犯罪活动具有以下几个明显特征。

一是刑事犯罪发案总量仍在高位运行，重大恶性案件时有发生。据公安部门统计，2004年1~9月，全国公安机关共立各类刑事案件327.2万起，比去年同期上升5.9%。一些严重刑事犯罪案件比较突出，类似马加爵一类杀人案等严重暴力犯罪案件时有发生。

二是侵财犯罪和经济犯罪增长迅速，危害程度日趋严重。1977年以来，公安机关所立侵财案件占全部刑事案件的比重一直保持在80%以上，侵财案件基数庞大，直接拉动了刑事案件总量的增加。2004年1~9月，全国公安机关共立侵财犯罪案件281.4万起，比去年同期上升6.4%，占刑事案件总数的86%。

三是网络犯罪日益增多，对社会治安稳定的影响日益增大。目前我国网站有60多万个，网民8000多万人，仅次于美国，成为互联网第二大国。由于互联网具有互联互通、快速即时、匿名隐身、跨地域无国界、管理复杂等特点，不可避免地带来网络安全问题，网络犯罪日益突出，给维护社会治安稳定工作带来很大压力。

四是黑社会性质犯罪危害严重，成为影响社会治安稳定和人民群众安全感的重要因素之一。进入20世纪80年代以来，我国黑社会性质组织犯罪死灰复燃，据有关专家指出，中国已经出现了真正意义上的黑社会组织，连同那些带有黑社会性质的犯罪团伙和流氓恶势力一起，成为社会治安秩序的最严重的威胁。这些黑势力为霸一方，横行乡里，造成一些地方社会治安秩序长期的混乱。2004年1~9月，全国公安机关打掉黑社会性质组织、抓获黑社会组织成员数量比去年同期上升了9.2%和12.8%。

五是毒品违法犯罪危害严重，由此引发的一系列社会问题日益突出。1998年全国登记吸毒者是59万人，2003年则达到150万人。毒品不仅给吸食者带来致命伤害，而且由吸毒引起的传染性疾病传播、各种违法犯罪等一系列并发性社会问题也日益突出。

六是犯罪的动态化、国际化趋势明显，打击难度增大。随着人财物的大流动，跨地区流窜犯罪越来越突出。犯罪分子往往"狡兔三窟"，甲地作案、乙地窝赃、丙地销赃，逃避打击的能力增强，造成侦破难、查证难、抓获难，对社会治安造成严重威胁。

七是未成年人犯罪占相当大比重，流动人口犯罪日益突出。据不完全统计，未成年人作案成员占全部作案成员的比重由1998年的12.7%增加到2003年的13.5%。2004年1~9月，这个比例达到了13.9%。未成年人犯罪不仅数量增多，而且犯罪主体日益向团伙化、低龄化方向发展，作案手段日益向暴力化、恶性化、智能化和成人化方向发展，重新犯罪增加，社会危害性加大。

对于现阶段的犯罪问题，有人计算过，中国高速公路发展很快，现在已经有200万公里的公路，但是平均每修一公里公路就有一个罪犯被抓起来，现在已经有七八个省份的交通厅厅长成了"阶下囚"，现在平均每万人刑事案件立案率已由1997年的5.5件上升为35.1件。所以，从社会学的角度看，犯罪现象不仅是破坏社会秩序和影响社会安定的最直接的因素，同时是多种社会原因综合导致的结果。当代中国犯罪问题产生的原因主要有：①市场经济中的消极因素及改革转型时期的体制不健全诱发了一系列犯罪；②社会分化加剧，特别是贫富差距的拉大，刺激了犯罪的增加；③社会流动加大，为犯罪增多提供了条件；④失业和贫困是滋生犯罪的温床；⑤价值取向陷入误区，道德观念严重偏斜，物欲横流，享乐主义、拜金主义和极端个人主义泛滥，是犯罪增加的主观原因；⑥人际关系日趋复杂多变，各种利益矛盾和纠纷增多，导致犯罪增加；⑦社会整合和控制不力，使犯罪分子有机可乘；等等。显然，要想从根本上解决当代我国的犯罪问题，扭转社会治安恶化的趋势，必须从多方面入手，坚持标本兼治和打防结合的原则，加强社会治安综合治理，做到物质文明和精神文明建设并举，注重社会全面协调发展，以铲除产生犯罪的根源。当然这是一个十分复杂的社会系统工程，其见效需要一个相当长期和艰苦的过程。

以上我们列举了影响我国社会和谐稳定发展的若干政治、经济和社会方面的因素。应当说，在不同程度上，对我国社会和谐稳定发展具有不利影响的因素远不止这些，其他如经济领域存在的金融风险、工业交通领域不断发生的严重安全事故，以及近年来"法轮功"邪教组织的活动、国际社会的影响及自然灾害等，均对我国社会的和谐稳定发展构成了潜在威胁。但是，从历史经验来看，相比较而言，本章所列举的那些因素对我国社会和谐稳定发展的危害更为直接，其表现也更为尖锐和突出，因而是在建立社会预警体系时更需要给予特殊重视的。

第二十二章 社会预警指标体系的构建

建立社会预警指标体系实际上是一个由具体到抽象，又由抽象到具体的过程。我们先是从社会的现实因素体系中抽象出特定的理论模型，这样我们获得了对社会的某种解释。之后我们要把这种认识上的价值转化为实际应用方面的价值，就必须将这些高度抽象的理论加以具体化。而建立指标体系的直接目的正在于将特定的理论具体化。所以，建立指标体系的过程，也就是根据特定的理论模型寻找指标的过程。在这个过程中，一方面，理论模型所表达的高度抽象的逻辑结构逐级降解为具体的指标，成为一些可捕捉、可计算、可操作的东西；另一方面，所遴选出的具体指标体系，使抽象干枯的理论模型成为一种丰满的、可量化的、可生动表达的东西。

第一节 基于理论模型的指标体系框架设计

根据本书第六章提出的系统动态分析模型，结合影响我国社会和谐稳定的主要因素分析，笔者将社会预警指标体系的基本框架设计如图22-1所示。

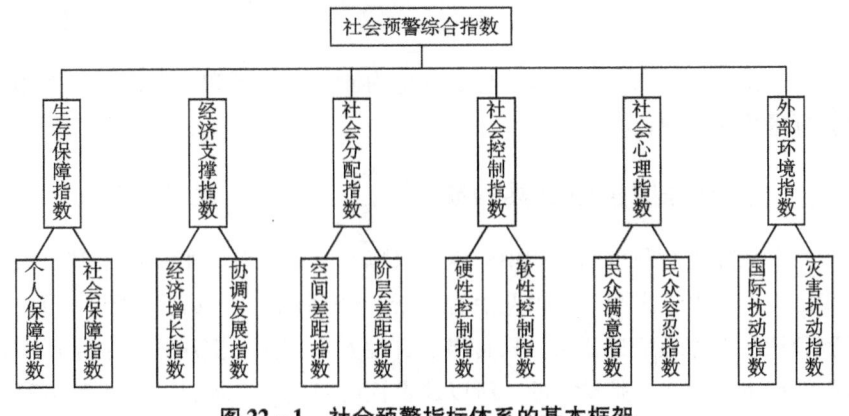

图 22-1 社会预警指标体系的基本框架

上述指标体系的框架共分为四个层次，即由四级指标构成。

第一级指标是"社会预警综合指数"，反映该指标体系监测评价的目标——社会失稳程度。在社会预警系统中，社会的稳定程度将被划分为无警、轻警、中警、重警、巨警若干区间，人们可根据社会预警综合指数所落定的区间进行社会预警。

第二级指标对应社会预警的系统动态分析模型，分别由"生存保障指数"、"经济支撑指数"、"社会分配指数"、"社会控制指数"、"社会心理指数"和"外部环境指数"构成。它们是社会稳定的六大要素集团，共同构成社会稳定的支撑系统。这六大要素集团各自作为社会稳定的子系统，都具有相对的独立性，能够反映社会稳定的一个重要方面，在监测预警时亦可以划分出若干警报区间。

第三级指标是上述六大要素集团中每一个要素集团内部构造的分解。由12个模块构成要素集团的子系统，每两个模块为一组，分别隶属于相应的要素集团。这样设计的目的，不仅是细腻地反映每个要素集团的内部构造，更主要的是便于从测评中寻求致使社会不稳定因素所在的具体部位，并增强本指标体系的分析比较功能。同样，由这12个模块构成的第三级指标，每个模块亦具有相对独立意义，在监测预警时可划分出若干警报区间。

第四级指标是具体指标，亦称为元指标或原始指标。它们的确定，需要通过专家们按照特定的方法和程序，一部分从现行统计指标中遴选，另一部分则需要重新创设。

第二节　各级指标理论内涵的阐释和论证

本节主要对第二、第三级指标的理论内涵进行阐释和论证，同时对第四级指标提出备选建议。

一　生存保障指数及其构成

生存保障指数和理论模型中的生存保障系统相对应，主要考察和反映社会稳定运行的根本方面——民众生存状况。俗话说"民以食为天"。历史的经验和社会保障理论都证明，只有当老百姓衣食无忧、安居乐业、生活有保障的情形下，社会才是安定的。所以欲求社会稳定，必须得有一个使老百姓稳定的生活保障系统。生存保障系统由微观和宏观两个方面构成。微观生存保障系统是由老百姓个体建立的，主要通过个人或家庭（包括家族）等血缘单位为主体的生活保障系统，我们称之为个体保障或家族保障。宏观生存保障系统是由国家和社会建立的，我们称之为社会保障。社会保障系统是国家和社会对社会成员的基本生活予以保障的社会安全制度，是劳动者在丧失或中断劳动能力，以及遭受各种风险而不能维持最低水平的生活等情况下，由国家和社会提供物质帮助的一整套以社会化为标志的生活安全系统。它主要由社会保险（对未来风险的预防）、社会救助（对现实贫困的救济）和社会福利（社会福利设施和社会服务）三大部分组成。社会保障系统是社会运行的稳定机制，是一项牵涉全社会的系统工程，它通过建立社会化的生活安全网，来消除市场经济竞争运行机制中产生的社会不安定因素和由此而引起的社会动荡。所以，社会保障是维护社会化大生产，促进社会生产力发展必不可少的手段，也是维护社会安定和促进市场经济良性运行的调节机制。

个体保障和社会保障在生存保障系统中都是不可或缺的两个方面，因此我们将生存保障系统划分为"个体保障指数"和"社会保障指数"两个子系统模块。

个体保障指数可参选下列八个指标构成。
（1）人均年末储蓄余额
（2）城镇居民人均可支配收入
（3）农村人口年人均收入增长率
（4）恩格尔系数
（5）中等收入者所占比重
（6）居民生活费上升超过收入增长比率
（7）最低生活保障线下人口比重
（8）失业率、平均失业时间

社会保障指数可参选下列九个指标构成。
（1）社会保障总支出占GDP比重
（2）人均民政经费支出增长率
（3）社会保障综合给付率
（4）最低工资资金到位率
（6）离退休职工平均养老金增长率
（7）养老保险覆盖率
（8）失业保险覆盖率
（9）医疗保险覆盖率

二 经济支撑指数及其构成

经济支撑指数和理论模型中的经济支撑系统相对应，主要考察和反映社会稳定在经济基础方面的运行状况。只有经济发展了，社会稳定才有可能真正实现。世界上一些落后国家内部纷争激烈、骚乱不止，军事冲突和武装政变时有发生，原因固然复杂多样，但其社会经济长期处于落后和不发达状态，是占首位的因素。邓小平曾经深刻指出："世界上一些国家发生问题，从根本上说，都是因为经济上不去，没有饭吃，没有衣穿，工资增长被通货膨胀抵消，生活水平下降，长期过紧日子。"这说明，真正的社会稳定是建立在经济发展基础上的。没有经济发展，人民生活得不到保障，社会就不可能有长期持久的稳定。"手里有粮，心中不慌"，发展是硬道理。所以，考察经济支撑系统的发展状况，是衡量社会稳定的首要的和基础性的方面。

根据经济社会协调发展的理论，经济的增长有两种不同的模式，一种是不考虑产业结构，不考虑经济与社会以及环境相协调的单纯经济增长，其特点农、轻、重比例关系失调，产业结构不合理，以消耗大量资源和破坏生态环境为代价，其结果往往是虽然经济增长了，社会问题却增多了，生活质量反而下降了，从而引发社会矛盾和社会动荡。表现在理论模型中，就是给社会控制系统及其他系统带来很多负面因素。另一种经济增长模式则恰恰相反，是协调的和可持续的经济增长。为了在指标体系中不仅体现经济系统对社会稳定的支撑性作用，同时要充分反映出不适当的经济增长方式对社会稳定的危害性，我们在经济支撑系统模块内部设立了表示单纯经济增长的"经济增长指数"和表示经济与人口、资源、环境、社会协调发展的"协调发展指数"两个子模块。

经济增长指数可参选下列五个指标构成。

(1) 国内生产总值增长率
(2) 人均国内生产总值增长率
(3) 财政收入增长率
(4) 人均财政收入增长率
(5) 全社会固定资产投资额增长率

协调发展指数可参选下列五个指标构成。

(1) GDP 增长与人口增长的比率
(2) 绿色 GDP 占传统 GDP 的比重
(3) 单位 GDP 能耗递减率

(4) 科技进步对经济增长的贡献率
(5) 通货膨胀与经济增长率之比
(6) 农业 GDP 增长率与工业 GDP 增长率比值
(7) 第三产业增加值占 GDP 比重

三 社会分配指数及其构成

社会分配指数和理论模型中的社会分配系统相对应，主要考察社会分配结构的合理性。分配问题是社会稳定运行中最为敏感最为突出的问题，亦是最为棘手的问题。从理论上讲，由于劳动者个体能力以及所处地位和环境的差别，每个人所获生存资料的份额不可能是完全均等的，多劳多得，少劳少得，不劳不得，出现贫富差距是必然的。但在社会分配系统的实际运行中并非这么简单。过去，平均主义的分配模式，实际上是一部分人对另一部分人的劳动可以无偿占有，多劳者因不能多得而感到不公平；现在，要按劳动者的贡献拉开分配档次，体现效率优先的市场经济原则，但是又面临一个广大群众对收入分配扩大的心理承受能力问题。我国是一个具有"不患寡而患不均"文化传统的国家，群众对收入差距扩大的心理承受能力本来就不高，加上社会上种种腐败现象或社会分配系统的非规范行为造成的收入差距扩大，必然造成广大群众的不公平感。不平则鸣。经验证明，贫富悬殊和财富分配不公现象会导致一系列消极的社会后果，极易诱发社会动乱。比如会引起广大群众心理上的不平衡，进而逐渐丧失对社会的信任感和高度责任感。严重的社会心理不平衡往往会转化为对社会的不满、怨恨和对占有财富的畸形渴望，从而加剧社会道德行为的失范，促使越来越多的人铤而走险。我国目前分配结构的突出问题是造成人们收入和财产方面的社会分化。当然，不同收入层的分化是社会转型的必要代价，一定的社会分化有利于社会的进步，但如果过度分化，它所引起的震荡，社会将难以承受。

我国现阶段的贫富差距和分配不公问题主要表现在城乡收入差距、地区收入差距、部门（行业）收入差距和城镇内部收入差距、农村内部收入差距五个方面。前三者表现为社会分配在空间上的不平衡，后两者表现为社会分配在特定空间中不同层次的群体中的不平衡。为了便于在指标体系框架中表达这种情况，同时增强指标体系的分析比较功能，我们将前三者概括为"空间差距指数"，将后两者概括为"阶层差距指数"，分别列于社会分配指数之下。

空间差距指数可参选下列五个指标构成。
(1) 东、中、西部地区人均收入差距变动比值

（2）城镇居民和农村居民可支配收入增长率比值
（3）城镇居民和农村居民纯收入差距比值
（4）最高收入行业与最低收入行业人均收入差距比值
（5）农村基尼系数和城镇基尼系数比值

阶层差距指数可选择能体现下列六个指标构成。
（1）10%最富有家庭收入与10%最贫困家庭收入比值
（2）10%最高收入者与10%最低收入者的收入差距
（3）最低工资群体与平均工资比值
（4）贫困线以下人口所占的比重
（5）城乡居民个人收入基尼系数
（6）中等收入群体所占比重

四 社会控制指数及其构成

社会控制指数和理论模型中的社会控制系统相对应，主要考察和反映社会稳定运行的调控机制和调控能力方面的情况。社会的稳定运行，离不开一定的秩序，而社会秩序的建立和维持，则是社会控制的结果。任何社会冲突和社会不稳定事件的发生，不仅是人们行为的失范，而且反映了社会运行的失控。社会控制就是借助由一系列上层建筑手段构成的社会控制系统，克服这种失范和失控现象。乱，说明社会控制系统无能；稳，说明社会控制系统健全有力。所以，考察一个特定社会单元是否具有一套强有力的、完整的和有效的社会控制系统，是测量该社会稳定程度的一个重要方面。

根据社会控制理论，社会的控制机制一般来说由两个部分或两个系统组成，即硬性控制系统和软性控制系统。硬性控制系统主要包括体现国家权力的军队、警察、法庭、监狱、法律、法规和各单位、组织、团体内部制定的要求其成员遵守的行政纪律、规章制度等；软性控制系统主要指社会占主导地位的思想意识、道德伦理、习俗信仰、文化传统等。两者的主要区别在于其作用机制，前者具有强制性，以某种暴力的或有形的物质手段为基础；后者则属于非强制性，主要通过教育、说服和无形的潜移默化影响来进行。在社会控制过程中，硬控制和软控制具有相互补充、相辅相成的作用。两者关系协调配合得好，就能有效地促进社会稳定发展，片面强调发挥某一方面的作用而忽视另一方面的作用则不利于社会稳定发展。

为此，我们把社会控制指数内部又分为表示国家机器系统控制能力的"硬性控制指数"和表示精神文化系统控制能力的"软性控制指数"两个子系统模块。

硬性控制指数可参选下列 22 个指标构成。

(1) 中央政府财政收入占全国财政收入比重
(2) 地方政府财政收入占当地 GDP 比重
(3) 每万人警力配备人数
(4) 每万人律师数
(5) 民众政治活动参与率
(6) 国家公务员职务犯罪率
(7) 局级以上干部贪污腐败案件立案率
(9) 重大贪污腐败案件立案率
(11) 重大贪污腐败案件破案率
(12) 行政诉讼件数和增长率
(13) 重大司法腐败案件数及增长率
(14) 重大事故发生率
(15) 重大刑事案件立案率
(17) 重大刑事案件破案率
(18) 犯罪率
(19) 劳动合同纠纷受理件数及增长率
(20) 参与群体性突发事件人次率
(21) 宗教冲突次数及参与人数
(22) 民族冲突次数及参与人数

软性控制指数可选择能体现下列八个指标构成。

(1) 离婚率
(2) 对基本政治制度的认同程度
(3) 宗教活动的活跃程度
(4) 对党政主要领导人的认同程度
(5) 对社会公共道德的评价值
(6) 每万名大学生中要求加入共产党人数
(7) 民间负面政治流言传播状况
(8) 媒体导向正负效应评价值

五 社会心理指数及其构成

社会心理指数和理论模型中的社会心理系统相对应，主要考察和反映社会稳定的社会心理层面。人民大众是社会稳定的对象。人的社会行为是由思想支配的。人是有主观意志有思想有心理活动的人。社会稳定实际上是人心的稳定。历代明智的统治者都十分注重民心的稳定。古语云："民能载舟亦能覆舟"，"得民心者得天下"，治军要稳定军心，治国要稳定民心。所以，我们考察的社会稳定是以人为中心的社会稳定，是人心的稳定。这样，对社会稳定的评估就必然要进入社会心理层面。通常人们所说的人心大快或民怨沸腾、安居乐业或人心惶惶、政通人和或者群情激愤等，都是对社会心理形势的感性评价。科学的研究方法是将社情民意、公众舆论之类的东西，统统加以指标化并从中提炼出代表性指标，而对这些代表性指标的综合计算结果，便合成了所谓的"社会心理指数"。

我国是一个区域发展不平衡的多民族的大国，根据社会心理学和文化人类学原理，不同区域和不同群体之间的社会心理差别是比较大的。为加强本指标体系在不同经济和文化区域中的分析比较功能和综合评价功能，我们设计从正反两个向度考察民意，故在社会心理指数内部又划分出表示民众对党和政府领导的信任度的"民众信心指数"和表示民众对某些社会现象和社会举措的心理承受能力的"民众容忍指数"两个子系统模块。

民众满意指数可参选下列七个指标构成。
（1）对政府主要官员的信任度
（2）对反腐败工作的满意度
（3）对政府行政效率的评价值
（4）对干群关系的满意率
（5）对经济收入的满意率
（6）对社会秩序的满意度
（7）对社会发展前景的信心值

民众容忍指数可参选下列四个指标构成。
（1）对收入差距的可容忍程度
（2）对腐败现象可容忍程度
（3）对物价上涨的可容忍程度
（4）对官僚主义作风的可容忍度

六　外部环境指数及其构成

外部环境指数的任务考察和反映外部环境系统的整个因素体系对社会内部稳定的扰动作用。这个因素体系分为国际社会和自然界两个大的部分。根据社会系统论和全球化理论，以及我国加入 WTO 以后的新形势；根据以跨国公司为主导的经济全球化和建立在高技术基础上的信息化和网络化的全球文化一体化的现实趋势，任何一个国家和民族都不再可能在独自封闭的环境中祈求社会稳定。任何对于社会稳定的分析研究亦不可能只局限于其内部的社会矛盾运动，而必须突破国家或地区的范围，在全球化的背景中考察社会稳定问题。可以预言，我国今后的社会稳定将会越来越多地受到国际社会的影响。而自然界的灾变，历来就对社会稳定起着雪上加霜的破坏作用。历史上人们所说的"大灾之后必有大乱"，正是指自然灾害的这种对社会不稳定因素的放大作用。在当代社会，虽然科技的发展使人类的防灾抗灾能力大大增强，但是工业化的后果却使人类与自然界的关系越来越紧张，人类所受到的自然界的"报复"也日益增多。因此，我们在理论模型中将社会稳定的外部环境系统，划分为表示国际社会对我国社会稳定影响的"国际扰动指数"和表示自然环境对社会稳定发生影响的"灾害干扰指数"两个子系统模块。

国际扰动指数可参选下列五个指标构成。

（1）世界经济衰退影响度
（2）经济摩擦和制裁
（3）国际性金融危机
（4）对立意识形态渗透
（5）武装干涉和恐怖主义袭击

灾害扰动指数可选择下列五个指标构成。

（1）严重灾害成灾面积占国土面积比重
（2）灾害造成的生命损失数量
（3）灾害造成的资产损失数量
（4）环境污染综合指数
（5）饮用水资源短缺量

第三节 社会预警指标的遴选原则

社会预警指标体系的指标遴选工作共分两个步骤进行：第一步是根据理论研究的结果进行社会预警指标的理论预选（参见第二节提出的各项预选指标），第二步是提出指标遴选的原则，将理论预选指标提交专家进行遴选。

其中，第二步要求诸位专家在指标遴选时除了要遵守指标遴选的一般原则（如典型性原则、可比性原则、数据可取性原则与可算性原则），尚需注意处理好各种原则之间的关系，具体有以下七个方面。

一 兼顾指标的完备性和精炼性的原则

完备性就是要求内容要全面。社会稳定是内容相当广泛的概念，其指标会涉及社会的方方面面，因此在指标选择上不应遗漏重要方面，应力求涵盖全面一些。但需要注意的是，不能单纯通过增加指标的数量来实现指标体系的完备性，因为如果指标数量过多则会加大运行成本，降低运行效率，甚至无法操作。因此还必须遵循精炼性原则。精炼性就是要求指标要少而精，尽量选择那些最具有代表性的指标。"少而精"是为了便于操作与管理，达到运作快、成本低，便于全国统一类比的目的。但是指标数量也不宜过少，过少则不便于检查问题所在，从而减弱指标体系的分析功能。

二 兼顾指标的科学性与可行性的原则

科学性就是选择的指标要能够科学地反映认识对象。社会稳定是一个十分复杂的逻辑体系，需要一系列具有科学性的指标才能揭示其性质、特点、关系和运动过程的内在规律。但是实践经验告诉我们，有些理论上科学的指标在实践中并不一定可行，具体来讲就是这些指标或无法采集，或无法计算，在实践中是难以操作的。这就是为什么还需要遵循可行性原则的原因。可行性原则要求我们在选择指标时要充分考虑资料来源以及指标的计算方法等可操作性问题。但是我们也不能片面追求可行性而损害指标体系的科学性，造成指标体系理论上的过多破绽，甚至重大残缺，那样整个指标体系的科学说服力也就会大打折扣。

三 兼顾静态性指标与动态性指标的原则

静态性指标是反映事物的现有规模和发展水平的指标，动态性指标是反映事物的发展方向、发展速度和变化趋势的指标。例如，犯罪率和贫困人口比重是静态指标，而犯罪增长率和贫困人口增长率则是动态指标。由于本指标体系的目的不仅是评估社会稳定的现状，更重要的是对社会稳定的未来状况进行预警。因此我们希望本指标体系的指标构成能够做到动静结合。

四 兼顾客观性指标和主观性指标的原则

主观性指标是与客观性指标相对而言的,它是用来反映人们主观感受,反映人们对社会现实直接体验和人们对社会关系、社会现象主观感觉的综合质量与数量的标志。因此也称为感觉性指标。它是通过对人们的心理状态、情绪、意愿、满意度等进行测量而获得。研究证明,客观性指标与主观性指标两者常发生不一致的情况:客观的肯定性指标的上升(如收入水平的提高)并不等于人们满意程度的提高。一方面,相同的客观指标往往会掩盖不同的主观态度;另一方面,不相同的客观指标也会掩盖相同的主观态度。所以,一些复杂的社会现象需要靠主观指标来说明。

五 兼顾科学研究与实际工作需要的原则

科学研究的直接目的是探索事物的内在规律性,实现其学术认识价值;实际工作的目的是要解决某种现实问题,实现其社会功利价值。本课题作为国家社科基金项目,首先是一项科学研究活动,但不能为学术而学术、为评估而评估,必须考虑这套指标体系将来在实际工作中的应用问题。所以在选择指标时,应该充分注意它们和与实际工作联系的程度,以及相关职能部门在实际工作使用上的便利性。

六 兼顾国际标准和中国国情的原则

国际标准是国际上(主要是指西方社会)通用的一些反映社会稳定的指标,如基尼系数、恩格尔系数、痛苦指数等。在当代全球一体化的大趋势下,我们在指标的选择上应当尽可能地与国际接轨。但是也要看到,我们和西方社会在政治制度、经济发展水平和文化传统诸方面都有很多不同之处。其中有些指标并不能准确说明我国的问题,或者在我国是难以计算的。因此应当根据我国的国情加以灵活变通。

七 兼顾现行统计制度和时代发展的原则

有一种观点认为,所选指标必须是在现行统计资料里能够采集到的指标,否则就是纸上谈兵。这种观点是有道理的,但是不能绝对化。因为社会指标来源于社会实践,而社会在发展变化,所以社会指标也要与时俱进。选一些虽然一时难于采集,但能够反映新的社会现象,体现出社会发展的时代特征的指标,不但可以使指标体系更具有时代性和科学性,而且能促进现行统计制度的改革和统计指标的完善。当然这类超前性的指标也不能选择过多，过多则会使指标体系的操作难度加大。

第四节　用德尔斐法遴选指标并确定权重

一　德尔斐法的特点

德尔斐（Delohi）法是第二次世界大战后发展起来的一种直观评估和预测方法。德尔斐是古希腊的一座城市，城内有座阿波罗神殿。传说阿波罗是太阳神和预言神，有很高的预卜未来的能力，众神每年到德尔斐集会以预言未来。于是，人们便以此来命名这种预测方法，以表示预测效果良好。

德尔斐方法，是美国兰德公司首先提出和使用的一种方法，它是兰德公司的一个杰作，成为全球近200种评估和预测法中使用比例最高的一种。德尔斐法的本质是利用专家的知识、经验、智慧等无法数量化的带有很大模糊性的信息，通过通信的方式进行信息交换，逐步地取得较一致的意见，达到评估或预测的目的。

本课题所进行的专家咨询严格按照德尔斐法的要求进行。

其一是匿名性。本课题将所要咨询的内容制作成调查问卷由课题组采用匿名函询的方式向专家征求意见。被邀请参加咨询的专家互不见面，姓名保密，只同课题组保持联系，通过信函调查表来回传递进行意见交换，这就是通常所说的"背靠背"方式。由于是匿名进行，专家可以参考前一轮各专家的评估结果修改自己的意见。采用匿名函询的方式可使专家打消思想顾虑，进行独立思考，不会出现专家会议的易屈服权威和大多数人的意见，以及碍于情面，不愿公开发表自己意见的情况。

其二是反馈性。在第一轮征询意见回收后，课题组以匿名的方式将各种不同意见进行综合、分类和整理，然后分发反馈给各位专家，再次征询意见。各位专家在第二轮征询意见的过程中，可以坚持自己第一次征询的意见，也可以参考其他专家的不同意见，修改补充自己原来的意见，再次寄回给课题组。如此几经反馈后，各位专家的意见趋于一致。

其三是量化性。在经过多轮的专家意见征询后，对最后一论的专家意见用统计分析加以集中整理，我们主要采用平均法求其平均数，以平均数作为评估的最后结果。

二 实施德尔斐法的程序

为确保社会稳定计量指标体系建立方法的科学性，运用德尔斐法进行专家咨询时，要遵循一定的程序。我们实施德尔斐法经历了三个阶段（程序）。

（一）问卷设计阶段

专家咨询问卷的设计是运用德尔斐法的关键。为避免专家对咨询课题出现理解上的分歧而导致提供的咨询结果杂乱纷繁、无法归纳，故在制作问卷时，课题组不仅详细地向专家们介绍了本项研究的理论框架等方面的背景资料，而且明确提出了指标遴选的原则和具体方法。每次问卷的意见征询表都留有供专家修正或补充的栏目（见本卷附录二）。

（二）选择专家阶段

选择专家也是德尔斐法成败的关键性一步，因为指标选择的最终结果来自专家。因此，所选专家应当是对社会稳定问题有比较深入的了解和研究，具有专业知识和丰富经验、思想敏锐、富有创造性和分析判断能力强的人员。我们针对每一轮调查的目的和特点，分三个批次共选择了 50 位专家和具有丰富实际工作经验的国家干部进行问卷咨询（见本卷附录三）。第一轮问卷咨询主要是征询对社会稳定计量指标体系理论框架的意见，我们只选择了 12 名专家进行了小范围的咨询论证；第二轮问卷咨询主要是对社会稳定计量的二、三级指标的权重进行判断和对四级指标进行初步遴选，除选择 50 名专家外，我们还选择了 50 名分布于全国各地的武警和公安系统的中高级指挥人员；第三轮问卷咨询由于涉及对具体指标的重要性程度进行判断，专业性很强，所以我们只选择了 20 名具备这方面专业知识的资深专家。

（三）意见征询阶段

完成上述准备工作后，即进入意见征询阶段，轮番向专家征询意见。征询的次数不同，则各步骤的具体内容有所不同。经验表明，征询的轮数越多，需要的时间较长，而结果不一定越好。课题组采用三轮问卷征询。

第一轮，将社会稳定计量指标体系的征询表和背景材料寄给专家，要求专家按调查表的内容发表自己的意见，提出个人初步预测结果的论据和进一步研究所需要的资料。按规定的期限寄回。我们将寄回的问卷进行整理、统计和分析，在此基础上制定第二轮咨询问卷。

第二轮，将第一轮咨询问卷汇总整理的结果，以及要求和补充的背景材料，再反馈各位专家进行第二轮征询意见。请他们对别人的遴选结果加以评论，对自己的遴选结果进行新的判断和修正。收到专家们寄回的意见后，我们再次进行整理、统计，求得各位专家评估结果的平均值，初步获得遴选的综合结果。

第三轮，将第二轮汇总整理的意见、补充材料、初步遴选综合结果及第三轮的函询表再次反馈给各位专家，请专家们提出最后遴选结果及其依据，并要求按期寄回。

专家意见以匿名方式经过轮番征询后（国外的经验一般进行三四轮，甚至五轮），多数人对预测问题的意见可以渐趋一致，少数人的分歧意见也明朗化。我们将轮番征询的结果用统计方法加以集中整理，最后可以得出比较切合实际的指标体系方案。

每轮征询的意见的时间间隔是 2~3 周，主要要考虑的因素是题量规模的大小、问题复杂的程度、专家人数的多少、距课题组路程远近、研究者辅助工作人数多少和业务水平、数据处理手段等。

（四）数据处理阶段

在征询意见过程中或在意见征询终结时，为归纳出有代表性的意见，评估值的典型水平可以用统计方法加以集中整理。我们主要采用均值法、期望值法、中位数法等数据处理方法。

第一，均值法。

（1）简单算术平均数：$\bar{X} = \sum_{i=1}^{n} Xi/n$

（2）加权算术平均数：$\bar{X} = \dfrac{\sum_{i=1}^{n} Xi\, fi}{\sum_{i=1}^{n} fi}$（$fi$ 为 Xi 的权数）

第二，期望值法：$EX = \sum_{i=1}^{n} Xi\, Pi$（$Pi$ 为 Xi 的概率）

第三，中位数法。中位数 m 是一列数据中居中的一个数据值，常用它代表专家预测的集中意见。

三 经德尔斐法遴选出的社会预警指标

经过数轮的专家论证和遴选，通过计算我们得到社会预警指标体系中的各项指标及其权重（见表22-1）。

表22-1 社会预警指标体系一览

序 号	指 标	指标权值
1	生存保障指数	25.00
1.1	个人保障指数	13.50
1.1.1	农村人口年人均纯收入增长率*	3.24
1.1.2	城镇实际失业率*	2.84
1.1.3	最低生活保障线下人口比重*	2.70
1.1.4	城镇居民人均可支配收入增长率*	2.57
1.1.5	中等收入阶层所占比重	2.16
1.2	社会保障指数	11.50
1.2.1	社会保障总支出占GDP比重	2.30
1.2.2	失业保险覆盖率*	2.30
1.2.3	社会保障综合给付率	1.84
1.2.4	医疗保险覆盖率	1.84
1.2.5	拖欠工资数额占工资总额比例*	1.73
1.2.6	离退休职工平均养老金与工资之比	1.50
2	经济支撑指数	18.00
2.1	经济增长指数	9.72
2.1.1	人均国内生产总值增长率*	2.33
2.1.2	国内生产总值增长率	1.94
2.1.3	人均财政收入增长率*	1.94
2.1.4	农业增加值增长率*	1.85
2.1.5	全社会固定资产投资额增长率	1.65
2.2	协调发展指数	8.28
2.2.1	第三产业增加值占GDP比重	1.99
2.2.2	居民消费品价格指数比上年增或减% *	1.90
2.2.3	全社会零售物价总指数*	1.82
2.2.4	绿色GDP占传统GDP的比重	1.57
2.2.5	银行贷款中不良资产比重*	0.99
3	社会分配指数	16.00
3.1	空间差距指数	7.68
3.1.1	东中西部地区人均收入差距变动比值	2.53

续表

序　号	指　标	指标权值
3.1.2	城镇居民可支配收入和农村居民纯收入差距比值*	2.53
3.1.3	最高收入行业与最低收入行业人均收入差距比值	2.61
3.2	阶层差距指数	8.32
3.2.1	10%最富有家庭收入与10%最贫困家庭收入比值*	3.49
3.2.2	全国居民基尼系数	3.25
3.2.3	农村贫困人口占农业总人口比重*	1.58
4	社会控制指数	15.00
4.1	硬性控制指数	8.85
4.1.1	群体性突发事件发生率*	1.24
4.1.2	每万人警力配备人数	1.24
4.1.3	政府财政收入占GDP比重	1.15
4.1.4	国家公务员职务犯罪率*	1.15
4.1.5	重大贪污腐败案件破案率	1.15
4.1.6	重大刑事案件增长率*	1.15
4.1.7	重大事故发生率*	0.89
4.1.8	偷漏税占应税比率	0.89
4.2	软性控制指数	6.15
4.2.1	对党政主要领导人的认同程度	1.60
4.2.2	对社会公共道德的评价值	1.35
4.2.3	媒体舆论导向负面效应评价值	1.23
4.2.4	民间负面政治流言传播状况*	0.98
4.2.5	政务公开率	0.98
5	社会心理指数	14.00
5.1	民众满意指数	7.65
5.1.1	对政府各级官员秉公办事的满意度	1.59
5.1.2	对干群关系的满意度*	1.51
5.1.3	对政府职能部门行政效率的评价值	1.51
5.1.4	对社会发展前景的信心值*	1.51
5.1.5	对社会秩序的满意度	1.44
5.2	民众容忍指数	6.44
5.2.1	对收入差距的可容忍程度*	1.87
5.2.2	对腐败现象的可容忍程度	1.74

续表

序　号	指　标	指标权值
5.2.3	对司法不公正的可容忍程度	1.48
5.2.4	对物价上涨的可承受程度*	1.35
6	外部环境指数	12.00
6.1	域外扰动指数	5.64
6.1.1	武装干涉和恐怖主义袭击*	1.97
6.1.2	世界经济衰退影响度	1.92
6.1.3	对立意识形态渗透	1.75
6.2	灾害扰动指数	6.36
6.2.1	严重灾害成灾面积比重	2.29
6.2.2	灾害造成的生命损失数量*	2.23
6.2.3	灾害造成的资产损失数量*	1.84

在表22-1的具体指标中，有一部分指标对社会失稳的反应比较敏感，我们称之为先兆指标，在表22-1中我们在这些指标的后面以"*"符号作为标记，这样的指标仅有27个。由于有"*"符号的指标数量较少，运行灵活且操作成本较低，故可以抽出来组成"监测预警指标体系"先期单独运行。当发现这些指标超过警戒线时再同全部指标合起来进行全面计量（因其他指标中有许多指标是起缓冲作用的指标），其合成的结果应能够充分反映社会稳定的总体水平和量化特征，同时避免经常性全面计量所耗费的高额费用。

第二十三章 社会预警指标体系的运行平台与操作要领

社会预警属于对复杂非物化社会现象的测量,其关键在于理论和操作两个层面:在理论层面,任何一种社会测量工具,都是对应特定社会现象的一种理论解释系统,因此建构理论模型,是社会计量工具建立的基础和前提;在操作层面,任何一种社会测量工具,都是研究者主观构造并外化为社会观念的一种"软尺",它不像"硬量具"那样能够直接使用,而必须依靠特定的运行载体为操作平台,才能获得测量结果。为此,本章将尝试提出一种现代实证性社会预警(包括预警指标体系)的能够实际运行的操作系统,以供有关方面参考。

第一节 现代实证性社会预警系统的结构模式

现代社会预警系统不仅完全不同于古代那些"天变示警""神谕示警"等充斥着迷信宗教色彩的唯心主义的社会预警,而且与近代那些单纯凭借定性分析和理论推导等思辨能力的社会预警方式也有很大不同。现代社会预警系统是依靠现代的科学理论、方法与技术建立起来的,能够在社会顺境状态下,通过对社会负变量的监测和评估,对社会运行接近负向质变的临界值的程度,做出早期预报的一整套社会安全评价体系。其实质是对社会安全运行的稳定性程度进行评判,其目的和功能是识警防患,超前预控。图 23-1 是我们设计的一种现代社会预警系统的结构模式。

由图 23-1 可以看到,现代社会预警系统是一个由众多因素构成的复杂系统,各要素模块之间互相影响、互相依存,彼此间有错综复杂的关系。其结构模式由三大模块群组成。

一 模块群一

第一个模块群由"指标设计维护系统""指标信息采集系统""数据电

```
[指标设计维护系统] → [警情监测]
[指标信息采集系统] → [警兆识别]
[数据电算处理系统] → [警源分析]
[预警专家分析系统] → [警级评估]
```

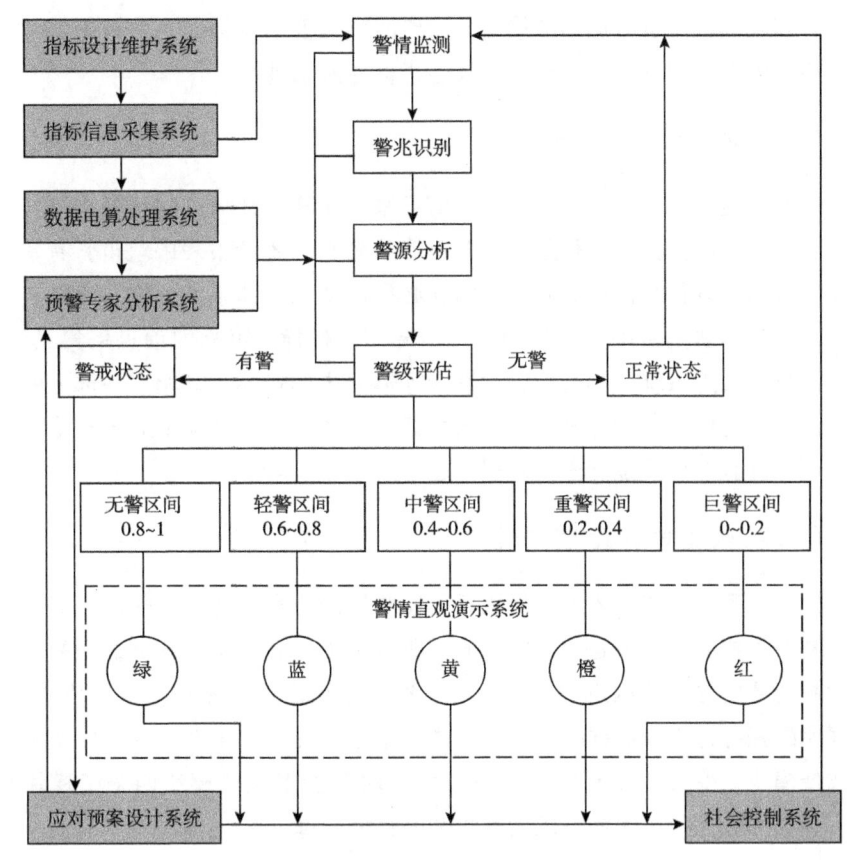

图 23-1 现代社会预警系统的结构模式

算处理系统""预警专家分析系统""应对预案制定系统""社会控制系统"六个深蓝色模块组成，形成一个由专业技术人员和政府职能机构组成的社会预警运作操控系统。

（一）指标设计维护系统

其职能有两个方面。第一，确定进入社会监测预警系统的指标体系。这套指标体系，是依据一系列科学方法，经过专家严密论证选择出来的反映社会安全运行状况的一套敏感指标。通过这套指标，可以对社会运行状况进行监测和预警，判断社会发展运行的趋势。第二，指标体系的维护。指标体系中的每一个指标及其权重都不是永久不变的，随着社会发展所处的不同阶段和当时社会形势变化，随着人们对社会稳定的认识和预警研究的深化，已经建成的指标体系也要与时俱进，进行深度开发和修正完善——对指标的数量、内容及其权重进行适当的修正，必要时甚至要对指标体系的框架结构进行调整。以上两项工作都需要通过社会指标专家来进行。

（二）指标信息采集系统

其职能也有两个方面。一是建立信息采集渠道。社会监测预警指标体系中，有相当一部分由于种种原因，并不能从公布的统计报表中获得，有些甚至还难以通过现行统计体制采集。因此必须围绕指标体系的内容，建立起能够满足特定需要的专门信息渠道，形成专用、畅通、可靠的信息采集系统。二是信息初加工系统。社会稳定预警指标体系中的指标，有相当一部分的指标是由原始指标合成的复合指标，而指标的合成工作，必须由对数据信息具有甄别和计算能力的统计专家进行。

（三）数据电算处理系统

社会监测预警指标体系必须依靠具体数据的充实才能发挥作用。但是指标体系所需要的数据量是非常庞大的，所以必须建立依靠计算机辅助的数据处理系统才能在时效内迅速完成任务。这个系统由数据库和计算模块构成，数据库的任务是完成数据的录入、分类、汇总、储存和更新；计算模块由变量选择模块、变量权重模块、变量评价模块和变量预测模块四个子模块组成，主要任务是代替人脑完成大量复杂的数据计算工作。

（四）预警专家分析系统

计算机不能完全代替人脑的工作，尤其是对各级指标警限和随机出现的各种警情的判定，都需要各个方面的专家来进行分析。因此必须建立专家库，并利用互联网定期向专家们实施德尔斐法调查。充分利用专家的主观判断，通过信息沟通和反馈，达到人—机智能化互动，使预测意见逼近实际情况。进入专家系统的人员，应当是预警指标所涉及知识领域的资深研究人员和富于实际工作经验的政府工作人员，其数量和知识结构应以能够覆盖整个预警指标体系所涉及的知识范围为原则。

（五）应对预案制定系统

这一系统是以政府专门机构为主体，并与专家分析系统相连接，为决策者提供应对社会危机预案的人—机智能互动系统。主要由两部分组成：第一部分是储存积累于电脑中的应对各种危机的常规案例库，它可以根据警情的性质和类别自动调出若干个相应对策；第二部分是应对非常规警情的专家咨询系统，它与上述专家分析系统形成接口，通过互联网即时咨询来完成。完成后的应对预案，将自动存储于电脑中的预警案例库，以备日后调用。

（六）社会控制系统

由政府各有关职能部门组成。

二 模块群二

第二个模块群是由计算机辅助的专家分析系统操控运作的，由"警情监测""警兆识别""警源分析""警级评估"等一系列浅灰色模块组成的警情分析识别系统。

（一）警情监测

警情监测是社会预警过程的逻辑起点。所谓警情，就是那些值得人们警惕的客观情况，一般用一些基本的、重要的社会预警指标来加以监测和反映。

（二）警兆识别

发现警兆是社会预警过程中的关键环节。所谓警兆，即警情在孕育与孳生过程中先行暴露的现象，所以警情在发生之前必有征兆可循。在社会预警研究中，对这些警兆进行科学加工和设计，就形成社会预警中的警兆指标，也叫先行指标。

（三）警源分析

警源是导致警情发生的根源，寻找警源，就是运用从现象到本质的科学方法，对数据资料进行反复的分析和论证，合理区分和分析不同警源的不同作用过程和作用效果，发现警源。从警源的产生原因及生成机制来看，有内生警源和外生警源。内生警源是指内部不良扰动因素的滋生地；外生警源是指外部不良扰动因素的滋生地。主要有这样四类警源：

一是自然外生警源，如火山、地震、水灾、旱灾、资源保有储量等。过去曾有"大灾之后必有大乱"的说法，这是因为自然界所产生的负面扰动因素，往往会对社会中原有的负面因素起到放大或加剧的作用。

二是自然内生警源，如瘟疫、人类造成的环境污染等。

三是社会外生警源，如国际或地区间的政治、经济、文化关系等。恶化的政治经济关系会导致战争、经济制裁等。外来文化的冲击可能会对一些人的价值观和生活方式产生种种影响。

四是社会内生警源，如人口的总量与结构、不同群体的利益关系以及本地区的政治、经济、文化活动等。

在社会预警研究中，寻找警源是制定预警预案和对策的重要依据。

（四）警级评估

警级是人们为表达警情的严重程度而人为划分的预警级别。预报警级是预警系统的最终产出形式，也是社会预警的直接目的所在。警级一般划分为无警、轻警、中警、重警、巨警等级别。警级的划分是根据人为制定的警限标准而定的。所谓警限，是警情由量变转化为质变的临界点，亦称警戒线。警情作为一个过程，包含其孕育、发展、扩大、爆发等若干阶段，警限就是对这些阶段之间的"临界值"的主观判断。确定警级通常就是运用各种定性与定量方法划定其静态或动态的警限变化区间，当实际数值超过特定的警限区间，则表明相应级别的警情出现。在预警研究中，各种警限的确定是难度最大的一项工作。因为警限不是一成不变的，在不同的历史时期和不同的地区，警限往往会有所不同，需要进行科学的研究才能确定。

三 模块群三

第三个模块群是由各色信号灯组成的警情直观演示系统。这是一种利用计算机建立的人—机智能互动的警报信号输出系统。其具体形式是通过一组类似于交通管制信号灯的标识作为预警信号，将数据管理系统的计算结果和专家系统的分析结果，直观地在电脑屏幕上反映出来。例如，"绿色"警灯表示无警，其警级区间即社会稳定度（SWD）为 $0.8\sim1$；"蓝色"表示轻警，其警级区间为 $0.6\sim0.7$；"黄色"表示中警，其警级区间为 $0.4\sim0.6$；"橙色"表示重警，其警级区间为 $0.2\sim0.4$；"红色"表示巨警，其警级区间为 $0\sim0.2$ 等。社会预警直观演示系统具有评估和预测两个功能。前者是根据对社会稳定的现实状况做出的评估，输出相应的报警信号；后者是根据专家们的预测，模拟社会未来的变化，发出不同的预测性报警信号。领导者可以据此来判断和预测社会运行的态势，做出相应决策。

第二节 现代实证性社会预警系统的操作要略

按照现代社会预警系统的结构及其运行流程，在实际操作中要把握好以下关键环节。

一 确立进入社会预警系统的指标体系

预警依赖监测，监测离不开指标。预警指标的内容就是社会运行过程的数量特征及社会运行过程之间的数量关系特征。社会预警范围内的社会过程种类繁多，关系复杂，不可能——进行观察，而且——观察造成的零乱的观察结果也不会有助于人们对总体特征的把握。所以预警指标体系只包括反映宏观社会和安全运行特征的指标。一般我们可以通过统计指标来反映社会活动的数量特征。但是，统计指标作为认识社会运动规律的基本变量，在具体测度社会运行过程中有一定的局限性。对于不同的客观主体，有些反映较全面，有些则不然。所以，只有当它形成指标体系时，才有可能反映整个社会总体的主要面貌。为实现对社会危机的预警，必须建立一套适合预警的指标体系，该指标体系是度量社会变动数量特征的神经网络，是社会危机预警的基础。预警指标体系的建立只能从现存统计指标中挑选，欲选择一套数量适合而又最大限度地刻画社会变化状态、揭示社会安全运行中的最合适的指标体系，必须遵循指标入选原则和指标体系的设计准则。入选原则包括指标社会含义的重要性、指标反映社会变动的可靠灵敏性、指标与社会变量的协调性、指标刻画社会变动的代表性、指标的超前性、指标数据收集的及时性等；指标体系设计准则包括预警指标体系的完备性、预警指标体系的最小性等。构成预警指标体系的变量应选自宏观社会活动的主要方面。根据社会危机预警的对象，在引发社会危机的相应变量的基础上，借鉴国内外研究对社会危机预警研究中所涉及的指标，根据以上原则和指标选择方法，我们构建了包括六大类12小类55项指标的指标体系。

二 选择适宜的预测方法

社会预警属于预测学的研究范畴。目前，社会预测的方法大体可分为四类。

一是专家预测法。专家预测法又称德尔斐法（Delphi），是一种广为适用的预测方法，既可用于长期预测，也可用于短期预测。其实质是利用专家的主观判断，通过信息沟通和反馈，使预测意见趋于一致，逼近实际值，但该方法不可避免地存在一些缺点。如其预测精度取决于专家的学识，心理状态和对预测对象的兴趣程度，且其在技术上不够成熟。

二是回归预测法。回归预测法是以相关原理为基础的预测方法。其基本思路是分析预测对象与有关因素的相互关系，用适当的回归预测模型表达出来，然后再根据数学模型预测其未来状况，如模型建立得当，则可得到比较精确的预测结果。回归预测也有它的缺点：对相关因素的选取往往取决于预测者的学识和经验。因为相关并不等同于因果关系，尽管有些变量间具有很强的相关关系，但实际上可能对预测变量无任何影响。

三是模型法。模型法是预测中使用最广泛的一种方法。其基本思路是从某种原理出发，列出变量之间的关系式，多个关系式组成联立方程，在将所有变量进一步分解为内生变量和外生变量的基础上，以外生变量作为自变量，内生变量作为因变量，通过解联立方程得到内生变量的预测值。然而，模型法也有其明显的局限性：一是当预测模型变量数量过大且关系复杂时，难以分清是谁在起作用；二是模型的唯一性往往无法保证；三是对外生变量的预测不可避免带有专家预测法的缺点。

四是时间序列预测法。时间序列，又称时间数列，是指观察和记录到的一组按时间顺序排列的数据。它的基本思路是分析时间序列的变化特征，选择适当的模型形式和模型参数以建立模型，利用模型进行外推预测，最后对模型预测值进行评价和修正，得到预测结果。时间序列预测法由于主要依赖惯性原理，所以一般多用于短期预测。其缺点在于对预测对象的转折点的鉴别能力较差。

从建立社会预警体系的角度考虑，我们所需要的预测方法，要能够根据各个指标的变化特征，从过去引申到将来以发现和掌握其变化特征，按现时系统的发展变化预测出将来指标所处的状态，是否已达到危机程度，而对指标转折点的鉴别要求并不是很高。因此，衡量以上各种预测方法，我们建议选择时间序列预测法中的灰色系统预测法作为社会预警体系的预测方法。灰色系统预测是指根据过去及现在已知的或非确知的信息，建立一个从过去引申到将来的预测模型，以发现和掌握系统的发展规律，对系统的未来状态做出科学的定量预测，并为规划决策提供依据。灰色系统预测，是时间序列拟合模型，它将时间序列数据经累加处理后，经过变换成为指数分布函数，具有如下特点：一是使用数据较少，收集资料容易，一般应用五年即可，只要求较短原始数据即可制作，既优于专家预测法、多元回归分析等方法，又可以减少时间序列的随机性；二是计算方便，预测精度高，十分接近预测对象的发展趋势，可为规划决策提供科学依据。因此，灰色预测模型对社会预警体系来说，不失为一种较合适的数学预测方法。由于灰色系统预测模型，较适宜于中、短期预测，相距于原始数列的预测年限越长，预测精度就越低，因此，要根据实际需要的年限，选择适当的原始资料，以保证预测结果的精确性。

三　用模糊数学方法确定综合评价值

由于影响社会安全的各种因素是相互影响的，是复杂性问题，用逐一分析每一个因素的方法是不可能的。在社会预警指标体系中，单个的指标仅能从社会活动的各个侧面来描述，而很难综合评价。因此，必须用系统化、集成化的方法，对多种相关因素作综合考虑和进行综合分析，最后做出评价。主成分分析聚类分析、判别分析等多元统计分析法都可以进行综合分析，但往往都存在这样那样的缺陷。比较而言，模糊数学是综合分析的有力工具。综合分析在模糊数学中又称综合评判。综合评判问题是多因素、多层次决策过程中所遇到的一个带有普遍意义的问题。模糊综合评判方法能通过对多因素的评判对象做出科学的数量化的总评价。其优点是数学模型简单，容易掌握，对多因素、多层次的复杂问题，评判效果比较好，是其他数学模型难以代替的方法。社会稳定不稳定，这本身就是一种模糊现象，它依赖各种因素影响而成。对其进行绝对精确化是行不通的。但我们又必须对其定量化。模糊数学，这种模糊量精确化的科学，为社会预警系统的研究提供了可行方法。在社会预警系统中，将预警指标体系视作一个评价系统，运用模糊综合评判方法进行描述分析，考虑与被评价事物（社会稳定）相关的各个因素（各个指标），根据最大隶属原则，评定社会预警警限级别的阈值区间。

四　科学地划分警限级别的阈值区间

社会预警的目标和最终结果是预报警级。因此在社会预警体系中，必须确定一个与预警指标体系相适应的合理刻度，作为社会运行状态是否稳定正常的衡量标准，并以此来判别社会运行中是否出现警情及其严重程度。这种合理刻度在社会预警中就是反映警限级别的阈值区间，亦称为警限，即反映社会运行中警情严重程度的等级界限。警限是划分有警或无警的临界值或划分不同警级的临界值，因此我们也称之为预警界限值。其中无警的警限称为安全警限，预警区间的上下限称为预警线。与自然现象的定等分级不同，社会作为一种极端复杂的系统结构，不可能直接借助仪器设备等硬件手段对其运行中将出现的警情的严重程度进行测定，并定等分级。他依靠的是人为制定的主观量表，所以他确定预警的警级要比对自然现象的定等分级困难，这种困难主要表现为确定警级的警限，即作为社会运行安全正常衡量标准的合理程度难以具体化和明确化。因为社会运行"稳定"或"不稳定"本身就是一个非常模糊的概念，确定"稳定"或"不稳定"及其程度要涉及许多复杂因素，不仅要考虑到社会本身的运行，而且要涉及各种主体的反映及人的主观评价。因此，这需要我们依据国际公认、历史经验、专家意见并结合具体国情和经济运行的实际情况综合考虑确定。在明确各类警区的警限基础上，便可观察警情指标的实际值及其变动所在的区间，监测其警情和警级的发展变化。

为具体、直观地预报警情的不同级别，现代社会预警系统采取类似交通管制信号蓝灯、绿灯、黄灯和红灯的标志来表示不同级别的警情。我们的意见将社会警情划分为五个预警区间，其中绿灯区表示无警，其警限级别的阈值区间为 0.8~1.0；蓝灯区表示轻警，其警限级别的阈值区间为 0.6~0.8；黄灯区表示中警，其警限级别的阈值区间为 0.4~0.6；橙灯区表示重警，其警限级别的阈值区间为 0.2~0.4；红灯区表示巨警，其警限级别的阈值区间为 0.0~0.2；

五 开发社会预警的计算机应用软件系统

由于社会预警系统在实际运行过程中有大量数据需要处理并要进行统计分析，有大量图形和报表需要直观显示，仅依靠人工是难以及时完成的。在日益加快的现代社会运行中，要做到及时预警就必须依靠电子计算机技术。我们认为社会预警系统应用软件应具有六种功能。

（1）数据管理：为用户提供数据输入模式，使用户可以准确方便地输入社会运行过程中各项指标原始数据值。可进行浏览、修改、增加、删除等操作。

（2）数据处理：通过模型运算来对社会波动进行分析，从而获得长期趋势、循环波动、季节波动、随机波动的数据，用以监测报警。同时可以获取扩散指数和合成指数来预测社会运行的总体变动趋势。

（3）人机交互：在系统开发和运行过程中，提供用户跟踪检验主客观认识是否一致的接口，可按需要改动指标体系的数量、内容及其权重，实现带智能化的人机互动。

（4）警情演示：通过预测提供超前的社会运行趋势，并判断社会运行总体和部分关键指标状态是处于无警、轻警、中警还是重警或巨警，并通过绿、蓝、黄、橙、红五种色域代表的警号系统，向有关部门发布多媒体警报演示。

（5）对策提取：系统中搜集积累和储存编辑大量的应对社会危机或社会问题的案例，用户可根据警情的性质、类型以及严重程度，迅速从案例库中提取到相应的对策性建议。

（6）图形管理：图形显示功能作为系统的显示方法，可以选择图形类型，如曲线图、散点图、饼形图、水平直方图、垂直直方图等，对于数据库中的所有数据集，包括原始数据、基本计算数据、各项指标数据、扩散合成指数数据、综合分析数据的分析结果，进行丰富多彩和形象直观地展现和调用，并能在图中点击鼠标获取数据值。

综上所述，社会预警管理的计算机软件系统的功能构造模式见图23-2。

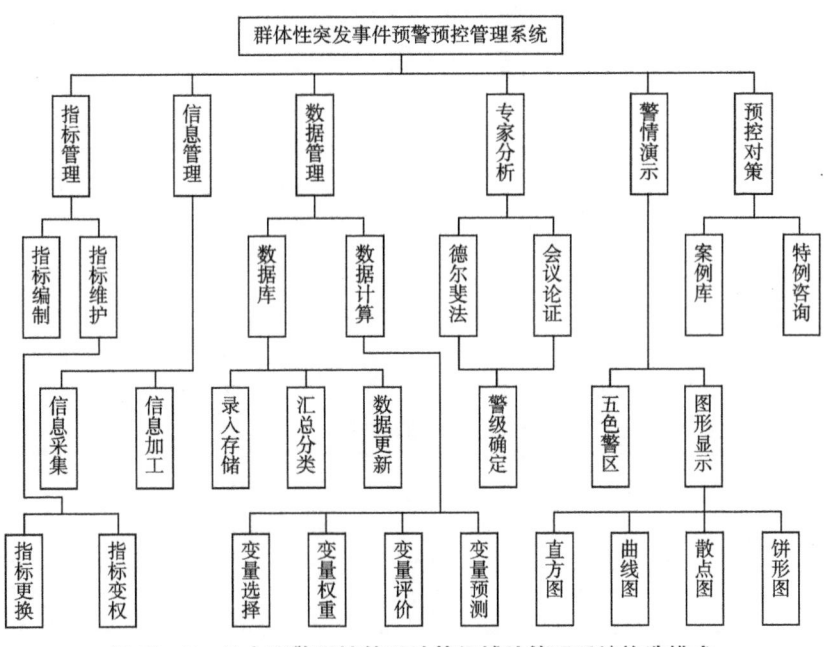

图23-2 社会预警预控管理计算机辅助管理系统构造模式

六 建立灵敏的监测反馈和应对危机的控制管理系统

一般而言，预警指标的采集依赖现行统计制度。但是在社会预警指标体系中，有相当一部分指标具有敏感性或不宜公开性，所以我们并不能从公开的统计资料中获得。因此必须围绕预警指标体系的内容，建立专门的信息采集渠道和信息反馈系统。在这个系统中，各部门要定期向预警部门提交本部门社会安全监测指标状态的信息，并确定采取的预控措施。预警部门通过监测、识别、诊断、评价警情征兆现象，确认指标处于正常、警戒、危机状态，进一步提出预控对策并实施。当指标处于正常状态时，则继续监测，不介入危机预控管理阶段；当监测指标处于基本正常或低度危机状态（即警戒状态）时，预警部门根据具体情况提出预控对策方案，提交决策层，再由决策层下达各职能部门执行，直至社会运行恢复正常，同时将对策方案输入对策库以备用。当判断为危机状态时，整个社会运行管理工作进入危机管理，成立危机管理领导小组，由预警部门提出危机对策行动方案，组织人员按照方案采取措施并将对策方案输入对策库。此时危机管理领导小组取代日常社会安全管理工作中的决策层，全面负责危机状态下的社会活动，直至危机消除、恢复正常。

第二十四章　运用社会预警指标体系进行实证性研究

一种社会预警指标体系建立起来了，是不是马上就能够进行社会预警了？是不是就能够一劳永逸了？我们认为还不能简单这么说。至少有三点理由。第一，社会预警指标体系是一种人为的主观建构，它和客观现实之间还会存在某种距离或偏差。这就需要通过实验来修正和磨合，才能发现并尽可能地缩小这种距离和修正偏差。第二，我国是一个大国，各地区发展不平衡甚至差异性极大，现在设计出的社会预警指标体系，属于一般性的"常模"，当它适用于具体的地区时，未必能够和当地的情况丝丝入扣。这就需要通过对不同类型地区的实验，设计几种对应不同类型地区的社会预警指标体系的"变式"。第三，社会是动态不居的，社会预警指标也必须与时俱进，跟上社会的发展变化。这就需要通过实验来修正过时的指标与指标权重的分布结构。为此，我们对现在这套社会预警指标体系进行了第一轮实验研究，希望能够在一定程度上验证其校度和信度。需要说明的是，由于受客观条件的限制和数据质量方面的原因，我们的这次实验带有相当程度的模拟性。因此其试验的结果，只作为验证指标体系之用，敬请读者不要随意作为某种依据使用，以免有误。

第一节　社会预警指标数据的采集和处理

一　指标数据的采集

根据指标数据形成过程的不同，我们把社会预警指标分为客观指标和主观指标两类。客观指标的数据主要来源于统计年鉴、统计年报、统计月报和经济年鉴。主观指标的原始数据来自问卷调查。通过设计一组可操作的问卷进行问卷调查，取得原始数据。有一部分在年鉴上没有统计的客观指标我们通过调查获得。

二 指标数据的处理

由于社会经济指标数据大都带有不同的量纲,在建立数学模型时会存在一定的困难和受到一定的限制,因此需要根据所建数学模型的类别,对原始数据进行变换。变换的目的主要是:

(1) 使指标数据尽可能呈正态分布;

(2) 统一变量指标间的量纲;

(3) 使两变量指标的非线性关系变换为线性关系;

(4) 用一组新的、为数较少的、相互独立的变量,代替一组有相关联系的原始变量指标。

不同的数学模型对指标变量的要求不同,大多数多元统计分析,要求变量总体服从多元正态分布,要求量纲一致,如判别分析要求变量呈正态分布;回归分析要求因变量呈正态分布,要求各自变量与因变量之间有密切的相关关系;而聚类分析则要求各变量量纲一致,变量间互相独立。因此,数据的变换一定要根据数学模型的要求,有的放矢地进行。

现简述几种常用的变换方法。

(一) 标准化变换

计算公式:

$$X'_{ij} = \frac{X_{IJ} - \overline{X}_j}{S_j}$$

式中,$i = 1, 2, \cdots, N$(样点数);$j = 1, 2, \cdots, N$(变量数)。

X'_{ij}——变换后的数据;

X_{ij}——原始数据;

$\overline{X}_j$——第 j 变量的算术平均值,即 $\overline{X}_j = \frac{\sum\limits_{i=1}^{}X_{ij}}{N}$;

S_j——变量 j 的标准差,即:$S_j = \sqrt{\frac{\sum\limits_{i=1}^{N}(X_{ij} - \overline{X}_j)^2}{N-1}}$。

变换后的各变量数据平均值为 0,方差为 1,成标准正态分布,各变量间有了统一的量纲,而两两变量在变换前后的相关程度不变,从几何意义上讲,标准化变换相当于坐标原点移至重心(平均值)位置,这种变换适用于量纲不同且数量级大小不一的连续性数据。

(二) 极差变换 (又称正规化变换或规格化变换)

计算公式:

$$X'_{ij} = \frac{X_{ij} - X_{j\min}}{X_{j\max} - X_{j\min}}$$

式中, X'_{ij} ——变换后的数据;

X_{ij} ——原始数据;

$X_{j\max}$ ——第 j 变量原始数据的最大值;

$X_{j\min}$ ——第 j 变量原始数据的最小值,

变换后的数据有了统一的量纲,其最大值为1,最小值为0,所有数据变化区间为0~1。变换前后两两变量之间的相关程度不变,其几何意义相当于把坐标原点移至最小值位置。适用于量纲不同,数量大小不一的连续型的原始数据的变换。

(三) 均值化变换

计算公式:

$$X'_{ij} = \frac{X_{ij}}{\overline{X}_J}$$

式中, X'_{ij} ——变换后的数据;

X_{ij} ——原始数据;

$\overline{X}_j$ ——第 j 变量的平均值。

变换后数据有统一的量纲,数值均大于0,且集中在1附近,其数学期望值为1,而变量与平均数之差的期望值为0。此变换适用于比例变量,如长度、体积、质量等。

(四) 初值化变换

计算公式:

$$X'_{ij} = \frac{X_{ij}}{X_{i1}}$$

式中, X'_{ij} ——变换后的数据;

X_{ij} ——原始数据;

X_{i1}——第 i 变量的初值（第一个数据）。

变换后的数据有了统一的量纲，各数值均为初值的倍数，便于分析因素之间序列的关联，因此适用于处理社会经济方面的统计数据。

（五）模块化变换

计算公式：

$$X'_{ij} = \sum_{k=1}^{j} X_{iK}$$

式中，X'_{ij}——变换后的数据：

X_{ik}——第 j 变量的第 K 个数据。

这种变换就是将时间数据列，逐年做一次累加，组成新的数据列，即生成数时间序列。原始时间序列上下摆动随机性大，无明显的规律，经一次累加生成，进行模块化变换后，成了单调增长的数据列，有了较明显的规律性，为分析应用提供了信息。这种变换可用于时间序列的预测。这是灰色系统理论建立数学模型，进行预测、动态分析等的建模机理和方法。

（六）滑动平均变换

计算公式：

$$\overline{X}_i = \frac{X_{i-1} + X_i + X_{i+1}}{3}$$

为避免数字上的循环，也可采用式（1）或式（2）计算：

$$\overline{X}_i = \frac{X_{i-1} + 2X_i + X_{i+1}}{4} \tag{1}$$

$$\overline{X}_i = \frac{X_{i-2} + X_{i-1} + X_i + X_{i+1} + X_{i+2}}{5} \tag{2}$$

这种变换可以弱化时间数据列的随机性，不同程度地消除收集的统计数据的误差，为进一步数据处理提高可靠性和准确性。

三 社会预警警级的划定

对社会警情级别的识别和判断，实际上是由对社会稳定度的评估转化而来的。所以社会预警警级的划定主要是根据社会稳定计量指标数据，计算社会稳定度（SWD），据此来判断社会稳定状况。社会稳定的程度，它是 0~1

区间的一个数，我们把社会预警警级根据社会稳定度做如下划定：

S＝0~0.2，社会稳定性很差＝巨警；
S＝0.2~0.4，社会稳定性较差＝重警；
S＝0.4~0.6，社会稳定性中等＝中警；
S＝0.6~0.8，社会稳定性较好＝轻警；
S＝0.8~1，社会稳定性很好＝无警；

四 社会稳定度的层次结构

由于社会稳定是由各个层面的诸多子系统的合力决定的，要对社会的稳定度进行评估和预警，就需要把所确定的指标按照其含义分成不同的层次，用 Delphi 法定出各指标的权数。对每一指标根据其值的大小与标准进行比较、确定出它的分数，然后算出各子系统的社会稳定度。通过各子系统的社会稳定度和权数，最后计算出社会总体的稳定度。

根据社会预警指标体系基本框架的层次划分，我们将总系统的社会稳定度作为第一层次，其下各子系统作为第二层次，即为生存保障子系统的稳定度、经济支撑子系统的稳定度、社会分配子系统的稳定度、社会控制子系统的稳定度、社会心理子系统的稳定度和外部环境子系统的稳定度。在进行各子系统的稳定度计算时，又根据已构建的指标体系框架进一步划分为第三层次：个人保障指数和社会保障指数；经济增长指数和协调发展指数；空间差距指数和阶层差距指数；硬性控制指数和软性控制指数；民众满意指数和民众容忍指数；国际扰动指数和灾害干扰指数。在第三层次基础上，进一步划分为第四层次，即各个原始指标。

五 指标权重的确定

（略，参见本书第二十二章第四节表 22－1）

六 指标分数的确定

通过对社会预警指标数据的分析，我们决定用极差变换公式对指标数据进行无量纲处理，具体分为两个步骤。

对数值越大越好的指标，取 1985~2002 年中数值最大者为 1 分，最小者为 0 分，公式为 $X'_{ij} = (X_{ij} - X_{j\min})/(X_{j\max} - X_{j\min})$。

对数值越小越好的指标，取 1985~2002 年中数值最小者为 1 分，最大者为 0 分，公式为 $X'_{ij} = (X_{ij} - X_{j\max})/(X_{j\min} - X_{j\max})$。

其中，X'_{ij}——变换后的数据；
X_{ij}——原始数据；
$X_{j\max}$——第 j 变量原始数据的最大值；
$X_{j\min}$——第 j 变量原始数据的最小值。

以全国 1989 年的数据为例所得结果（带 * 号者为越小越好）见表 24-1。

表 24-1 各指标分数及权重

变量	名 称	分 数	权 重
X1	中等收入阶层所占比重	0.38	0.16
X2	城镇居民人均可支配收入增长率	0.31	0.19
X3	农村人口年人均纯收入增长率	0.42	0.24
X4	城镇实际失业率*	0.21	0.21
X5	最低生活保障线以下人口比重*	0.26	0.20
X6	社会保障总支出占 GDP 比重	0.16	0.20
X7	失业保险覆盖率	0.37	0.20
X8	社会保障综合给付率	0.22	0.16
X9	拖欠工资数额占工资总额比例*	0.32	0.15
X10	离退休职工平均养老金与工资之比	0.12	0.13
X11	医疗保险覆盖率	0.17	0.16
X12	国内生产总值增长率	0.43	0.20
X13	人均国内生产总值增长率	0.24	0.24
X14	人均财政收入增长率	0.35	0.20
X15	农业增加值的增长率	0.27	0.19
X16	全社会固定资产投资额增长率	0.29	0.17
X17	绿色 GDP 占传统 GDP 比重	0.35	0.19
X18	居民消费价格指数比上年增或减%	0.26	0.23
X19	全社会零售物价总指数	0.25	0.22
X20	第三产业增加值占 GDP 比重	0.36	0.24
X21	银行贷款中不良资产比重*	0.17	0.12
X22	东、中、西部地区人均收入差距变动比值*	0.43	0.33
X23	城镇居民可支配收入和农村居民纯收入差距比值*	0.52	0.33
X24	最高收入行业与最低收入行业人均收入差距比值*	0.37	0.34
X25	10%最富有家庭收入与10%最贫困家庭收入比值*	0.41	0.42
X26	全国居民基尼系数*	0.31	0.39

续表

变量	名称	分数	权重
X27	农村贫困人口占农业总人口比重*	0.56	0.19
X28	政府财政收入占GDP比重	0.77	0.13
X29	偷漏税比率*	0.31	0.10
X30	每万人警力配备人数	0.56	0.14
X31	国家公务员职务犯罪率*	0.47	0.13
X32	重大贪污腐败案件破案率	0.61	0.13
X33	重大刑事案增长率*	0.48	0.13
X34	重大事故发生率*	0.52	0.10
X35	参与群体性突发事件人次率*	0.51	0.14
X36	对党政主要领导人的认同程度	0.58	0.26
X37	对社会公共道德的评价值	0.67	0.22
X38	媒体舆论导向负面效应评价值*	0.73	0.20
X39	民间负面政治流言传播状况*	0.21	0.16
X40	政务公开率	0.32	0.16
X41	对政府各级官员秉公办事的满意度	0.61	0.21
X42	对干群关系的满意度	0.58	0.20
X43	对政府职能部门行政效率的评价值	0.79	0.20
X44	对社会发展前景的信指数	0.62	0.20
X45	对社会秩序的满意度	0.21	0.19
X46	对收入差距的可容忍程度	0.42	0.29
X47	对腐败现象可容忍程度	0.51	0.27
X48	对物价上涨的可承受程度	0.63	0.21
X49	对司法不公正的可容忍程度	0.37	0.23
X50	世界经济衰退影响度*	0.52	0.34
X51	对立意识形态渗透*	0.47	0.31
X52	武装干涉和恐怖主义袭击*	0.53	0.35
X53	成灾面积占耕地面积比重*	0.42	0.36
X54	灾害造成的生命损失数量*	0.39	0.35
X55	灾害造成的资产损失数量*	0.45	0.29

第二节　对中国 1989 年社会稳定状况的回溯性评估

经过以上步骤，我们可以开始对社会的稳定性进行评估。社会稳定评估的目的是求出社会稳定度，我们以 1989 年数据为例进行社会稳定评估，计算全国 1989 年的社会稳定度：

$$\begin{aligned}
\text{令生存保障稳定度（SCBZ）} &= \text{个人保障值} \times 0.54 + \text{社会保障值} \times 0.46 \\
&= 0.3166 \times 0.54 + 0.232 \times 0.46 \\
&= 0.1710 + 0.1067 \\
&= 0.2777
\end{aligned}$$

其中，

$$\begin{aligned}
\text{个人保障值} &= 0.38 \times 0.16 + 0.31 \times 0.19 + 0.42 \times 0.24 + 0.21 \times 0.21 \\
&\quad + 0.26 \times 0.2 \\
&= 0.3166
\end{aligned}$$

$$\begin{aligned}
\text{社会保障值} &= 0.16 \times 0.2 + 0.37 \times 0.2 + 0.22 \times 0.16 + 0.32 \times 0.15 \\
&\quad + 0.12 \times 0.13 + 0.17 \times 0.16 \\
&= 0.2320
\end{aligned}$$

$$\begin{aligned}
\text{令经济支撑稳定度（JJZC）} &= \text{经济增长值} \times 0.54 + \text{协调发展值} \times 0.46 \\
&= 0.3142 \times 0.54 + 0.2881 \times 0.46 \\
&= 0.1697 + 0.1325 \\
&= 0.3022
\end{aligned}$$

其中，

$$\begin{aligned}
\text{经济增长值} &= 0.43 \times 0.20 + 0.24 \times 0.24 + 0.35 \times 0.20 + 0.27 \times 0.19 \\
&\quad + 0.29 \times 0.17 \\
&= 0.3142
\end{aligned}$$

$$\begin{aligned}
\text{协调发展值} &= 0.35 \times 0.19 + 0.26 \times 0.23 + 0.25 \times 0.22 + 0.36 \times 0.24 \\
&\quad + 0.17 \times 0.12 \\
&= 0.2881
\end{aligned}$$

$$\begin{aligned}
\text{令社会分配稳定度（SHFP）} &= \text{空间差距值} \times 0.48 + \text{阶层差距} \times 0.52 \\
&= 0.4393 \times 0.48 + 0.3995 \times 0.52 \\
&= 0.2109 + 0.2077 = 0.4186
\end{aligned}$$

其中，

$$空间差距值 = 0.77 \times 0.13 + 0.31 \times 0.10 + 0.56 \times 0.14 + 0.47 \times 0.13$$
$$+ 0.61 \times 0.13 + 0.48 \times 0.13 + 0.52 \times 0.10 + 0.51 \times 0.14$$
$$= 0.4393$$

$$阶层差距值 = 0.58 \times 0.26 + 0.67 \times 0.22 + 0.73 \times 0.20 + 0.21 \times 0.16$$
$$+ 0.32 \times 0.16$$
$$= 0.3995$$

$$令社会控制稳定度（SHKZ） = 硬性控制值 \times 0.59 + 软性控制值 \times 0.41$$
$$= 0.5357 \times 0.59 + 0.5292 \times 0.41$$
$$= 0.3161 + 0.2170$$
$$= 0.5331$$

其中，

$$硬性控制值 = 0.43 \times 0.33 + 0.52 \times 0.33 + 0.37 \times 0.34$$
$$= 0.5357$$

$$软性控制值 = 0.41 \times 0.42 + 0.31 \times 0.39 + 0.56 \times 0.19$$
$$= 0.5292$$

$$令社会心理稳定度（SHXL） = 民众满意值 \times 0.54 + 民众容忍值 \times 0.46$$
$$= 0.564 \times 0.54 + 0.4769 \times 0.46$$
$$= 0.3046 + 0.2194 = 0.5240$$

其中，

$$民众满意值 = 0.61 \times 0.21 + 0.58 \times 0.20 + 0.79 \times 0.20 + 0.62 \times 0.20$$
$$+ 0.21 \times 0.19$$
$$= 0.5640$$

$$民众容忍值 = 0.42 \times 0.29 + 0.51 \times 0.27 + 0.63 \times 0.21 + 0.37 \times 0.23$$
$$= 0.4769$$

$$令外部环境稳定度（WBHJ） = 国际扰动值 \times 0.47 + 灾害干扰值 \times 0.53$$
$$= 0.508 \times 0.47 + 0.4182 \times 0.53$$
$$= 0.2388 + 0.2216 = 0.4604$$

其中，

$$国际扰动值 = 0.52 \times 0.34 + 0.47 \times 0.31 + 0.53 \times 0.35$$
$$= 0.5080$$

$$灾害干扰值 = 0.42 \times 0.36 + 0.39 \times 0.35 + 0.45 \times 0.29$$
$$= 0.4182$$

最后，社会总体稳定度（SWD） = 生存保障稳定度（SCBZ）×0.25
　　　　　　　　　　　　　　+ 经济支撑稳定度（JJZC）×0.18
　　　　　　　　　　　　　　+ 社会分配稳定度（SHFP）×0.16
　　　　　　　　　　　　　　+ 社会控制稳定度（SHKZ）×0.15
　　　　　　　　　　　　　　+ 社会心理稳定度（SHXL）×0.14
　　　　　　　　　　　　　　+ 外部环境稳定度（WBHJ）×0.12
$$= 0.2777 \times 0.25 + 0.3022 \times 0.18$$
$$+ 0.4186 \times 0.16 + 0.5331 \times 0.15$$
$$+ 0.5240 \times 0.14 + 0.4604 \times 0.12$$
$$= 0.0694 + 0.0544 + 0.0800 + 0.0670 + 0.0734 + 0.0552$$
$$= 0.3994$$

第三节　对中国1985～2002年社会稳定的模拟预警

笔者收集了我国1985～2002年的历史数据，对我国社会和谐稳定度的历史状况，进行回溯性评估和社会预警模拟反演。

首先我们依照第二节的方法，计算1985～2002年全国生存保障子系统、经济支撑子系统、社会分配子系统、社会控制子系统、社会心理子系统、外部环境子系统的稳定度。

一　生存保障子系统稳定度的变动情况

1985～2002年我国生存保障子系统稳定度的变动态势见图24－1。

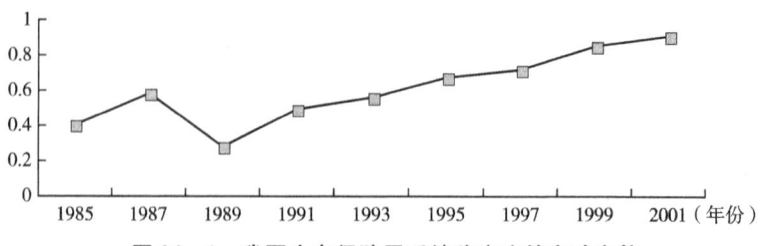

图24－1　我国生存保障子系统稳定度的变动态势

其详细年份数据及警级见表 24-1：

表 24-1　我国生存保障子系统稳定度的变动态势及预警区间

年份	SHWD 预警区间	年份	SHWD 预警区间	年份	SHWD 预警区间
1985	0.4063 = 中警	1991	0.4975 = 中警	1997	0.7215 = 轻警
1986	0.4735 = 中警	1992	0.5397 = 中警	1998	0.8106 = 无警
1987	0.5817 = 中警	1993	0.5641 = 中警	1999	0.8537 = 无警
1988	0.5309 = 中警	1994	0.5776 = 中警	2000	0.8842 = 无警
1989	0.2777 = 重警	1995	0.6792 = 轻警	2001	0.9154 = 无警
1990	0.5430 = 中警	1996	0.7437 = 轻警	2002	0.9276 = 无警

从图 24-1 和表 24-1 中的数据可知，全国生存保障系统稳定状况，1985~1994 年近十年中一直处于中警区间，其主要原因是当时社会保障制度改革滞后，与经济改革不配套。1995~1997 年处于轻警区间，说明社会保障制度改革初见成效；1998~2000 年处于无警区间并呈现上升态势，说明我国人民生活水平的进一步提高，社会保障体系在构建和谐社会中发挥着日趋重要的作用。

二　经济支撑子系统稳定度的变动情况

1985~2002 年经济支撑子系统的稳定度的变动态势见图 24-2。

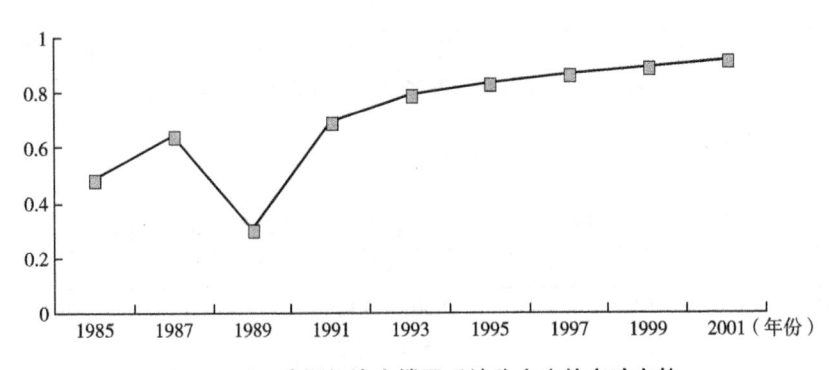

图 24-2　我国经济支撑子系统稳定度的变动态势

其详细年份数据及警级见表 24-2。

表 24-2　我国经济支撑子系统稳定度的变动态势及预警区间

年份	SHWD 预警区间	年份	SHWD 预警区间	年份	SHWD 预警区间
1985	0.4871 = 中警	1991	0.6912 = 轻警	1997	0.8642 = 无警
1986	0.5163 = 中警	1992	0.7631 = 轻警	1998	0.8853 = 无警
1987	0.6481 = 轻警	1993	0.7953 = 轻警	1999	0.8906 = 无警
1988	0.7543 = 轻警	1994	0.8160 = 无警	2000	0.9023 = 无警
1989	0.3022 = 重警	1995	0.8381 = 无警	2001	0.9151 = 无警
1990	0.7260 = 轻警	1996	0.8625 = 无警	2002	0.9237 = 无警

由图 24-2 和表 24-2 数据可知，全国经济支撑系统的稳定度除 1985 年和 1986 年处于中警区间，大部分年份处于轻警和无警区间，这说明我国的经济支撑系统对于社会的稳定起到了强有力的支撑作用，这种强力支撑作用从 20 世纪 90 年代以来表现得越来越突出。

三　社会分配子系统稳定度的变动情况

1985~2002 年社会分配子系统稳定的态势见图 24-3。

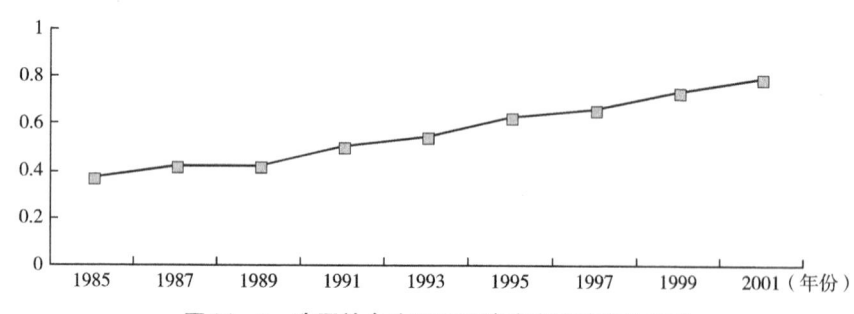

图 24-3　我国社会分配子系统稳定度的变动态势

其详细年份数据及警级见表 24-3。

表 24-3　我国社会分配子系统稳定度的变动态势及预警区间

年份	SHWD 预警区间	年份	SHWD 预警区间	年份	SHWD 预警区间
1985	0.3756 = 重警	1991	0.5032 = 中警	1997	0.6638 = 轻警
1986	0.3927 = 重警	1992	0.5128 = 中警	1998	0.7155 = 轻警
1987	0.4215 = 中警	1993	0.5451 = 中警	1999	0.7392 = 轻警
1988	0.4623 = 中警	1994	0.5929 = 中警	2000	0.7583 = 轻警
1989	0.4186 = 中警	1995	0.6317 = 轻警	2001	0.7921 = 轻警
1990	0.4652 = 中警	1996	0.6874 = 轻警	2002	0.8116 = 无警

从图24-3和表24-3来看，我国社会分配系统的稳定度，除了2002年处于无警区间的下限，其余年份皆有警情，这种警情在20世纪80年代的中后期比较严重，90年代之后逐年有所缓解。

四 社会控制子系统稳定程度的变动情况

1985~2002年社会控制子系统稳定的态势见图24-4。

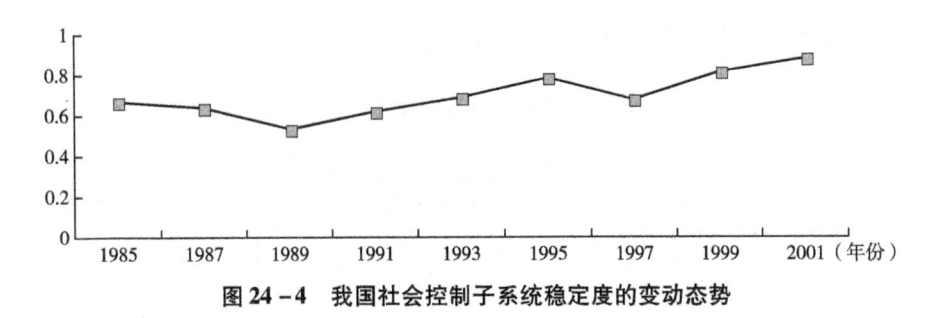

图24-4 我国社会控制子系统稳定度的变动态势

其详细年份数据及警级见表24-4。

表24-4 我国社会控制子系统稳定度的变动态势及预警区间

年份	SHWD 预警区间	年份	SHWD 预警区间	年份	SHWD 预警区间
1985	0.6731＝轻警	1991	0.6237＝轻警	1997	0.6766＝轻警
1986	0.6621＝轻警	1992	0.6423＝轻警	1998	0.7863＝轻警
1987	0.6394＝轻警	1993	0.6931＝轻警	1999	0.8154＝无警
1988	0.5921＝中警	1994	0.7542＝轻警	2000	0.8431＝无警
1989	0.5331＝中警	1995	0.7865＝轻警	2001	0.8879＝无警
1990	0.5467＝中警	1996	0.7140＝轻警	2002	0.8923＝无警

从图24-4和表24-4数据看出，我国社会控制子系统的稳定度，除了1999年以来的四个年份处于无警区间，此前所有年份皆有警情，其中1988年、1989年、1990年三个年份处于中警区间，反映了当时的社会状况。此外我们还可以明显地看出1985~1988年SHED从轻警向中警的下降趋势。

五 社会心理子系统稳定度的变动情况

1985~2002年社会心理子系统稳定的态势见图24-5。

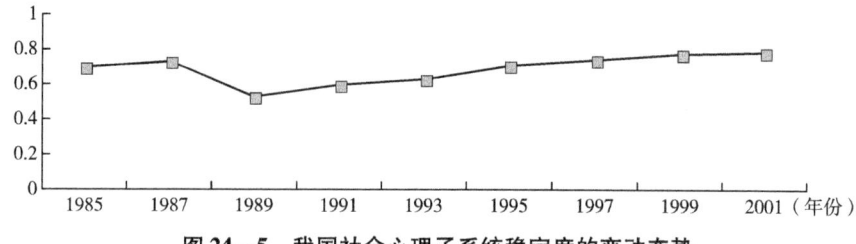

图 24-5 我国社会心理子系统稳定度的变动态势

其详细年份数据及警级见表 24-5。

表 24-5 我国社会心理子系统稳定度的变动态势及预警区间

年份	SHWD 预警区间	年份	SHWD 预警区间	年份	SHWD 预警区间
1985	0.6931＝轻警	1991	0.5979＝中警	1997	0.7032＝轻警
1986	0.7153＝轻警	1992	0.6015＝轻警	1998	0.7125＝轻警
1987	0.7419＝轻警	1993	0.6182＝轻警	1999	0.7488＝轻警
1988	0.6165＝中警	1994	0.6458＝轻警	2000	0.7524＝轻警
1989	0.5240＝中警	1995	0.6731＝轻警	2001	0.7661＝轻警
1990	0.5784＝中警	1996	0.6956＝轻警	2002	0.7993＝轻警

由图 24-5 和表 24-5 可见社会心理子系统的稳定度全部处于有警区间，其中 1988 年、1989 年、1990 年、1991 年四个年份处于中警区间，其余年份皆处于轻警区间，说明我国在社会和谐稳定的社会心理系统方面一直存在一些问题，中央现在提出构建和谐社会实乃英明之举。

六 外部环境子系统稳定度的变动情况

1985~2002 年外部环境子系统稳定的态势见图 24-6。

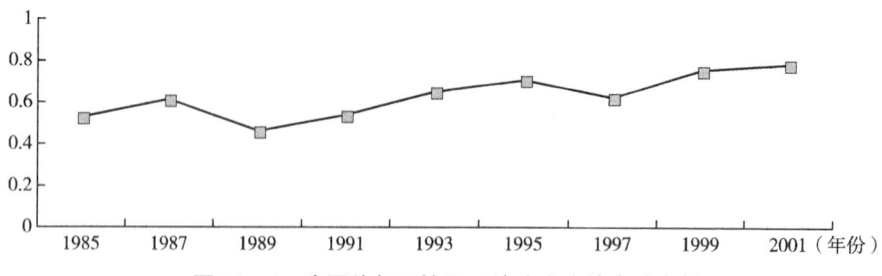

图 24-6 我国外部环境子系统稳定度的变动态势

其详细年份数据及警级见表24-6。

表24-6 我国社会心理子系统稳定度的变动态势及预警区间

年份	SHWD 预警区间	年份	SHWD 预警区间	年份	SHWD 预警区间
1985	0.5657 = 中警	1991	0.5821 = 中警	1997	0.6033 = 轻警
1986	0.5931 = 中警	1992	0.6077 = 轻警	1998	0.6654 = 轻警
1987	0.6294 = 轻警	1993	0.6725 = 轻警	1999	0.7139 = 轻警
1988	0.6428 = 轻警	1994	0.6957 = 轻警	2000	0.7465 = 轻警
1989	0.4604 = 中警	1995	0.7026 = 轻警	2001	0.7786 = 轻警
1990	0.5037 = 中警	1996	0.7152 = 轻警	2002	0.7931 = 轻警

从图24-6和表24-6看，所有年份都出现轻度或中度警情，其中1985年、1986年、1989年、1990年、1991年五个年份出现中警。这说明一方面我国具备社会稳定的外部环境，不存在严重警情，另一方面，外部的（社会的和自然的）扰动因素又始终存在。

社会的稳定与否，是社会内部各子系统合力作用的结果，拟合上述六个子系统和谐稳定度的曲线和数据，得到社会总体稳定度的数据见图24-7。

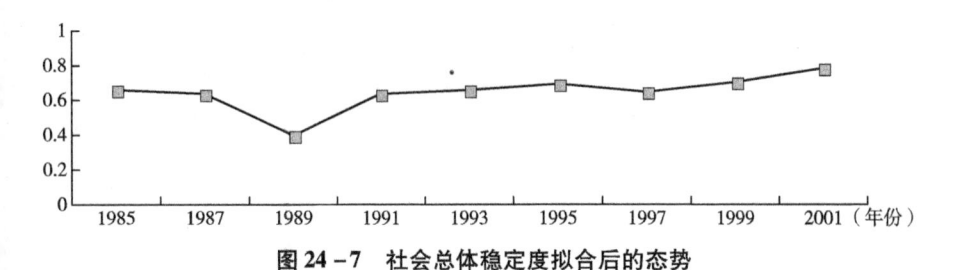

图24-7 社会总体稳定度拟合后的态势

其详细年份数据及预警区间见表24-7。

表24-7 社会总体稳定度的拟合变动态势及预警区间

年份	SHWD 预警区间	年份	SHWD 预警区间	年份	SHWD 预警区间
1985	0.6549 = 轻警	1991	0.6358 = 轻警	1997	0.6425 = 轻警
1986	0.6627 = 轻警	1992	0.6521 = 轻警	1998	0.6733 = 轻警
1987	0.6352 = 轻警	1993	0.6542 = 轻警	1999	0.7014 = 轻警
1988	0.6168 = 轻警	1994	0.6673 = 轻警	2000	0.7438 = 轻警
1989	0.3994 = 重警	1995	0.6912 = 轻警	2001	0.7856 = 轻警
1990	0.6031 = 轻警	1996	0.6975 = 轻警	2002	0.7969 = 轻警

由图 24-7 和表 24-7 可见，我国在 1985~2002 年的各个年份中都存在轻微警情，但是在 1989 年出现重警。这说明我国当时正处于社会转型和矛盾多发期，体制改革的震荡、利益格局的调整、收入差距的扩大、某些干部以权谋私的腐败行为等，极易诱发社会冲突。稍有不慎，就会导致严重警情的出现。

第二十五章　附录

附录一　建立社会预警指标体系遵循的原则和研究路线

一　本课题研究所追求的目标

本项研究的任务和目的，就是以中国社会的和谐稳定为对象，建立起一种能够适用于监测我国社会和谐稳定状况的预警指标体系。社会稳定预警指标体系作为一种用来描述社会稳定状况，监测社会运行中的矛盾和问题，评价社会稳定程度的一套测量系统，它是政府对社会的稳定发展进行评价、预测、决策和规划必不可少的科学工具和手段。我们希望通过"社会稳定预警指标体系"的建立和应用，能够从根本上提高我们对国家及各地区社会稳定状况的总体识别、定量诊断和综合评估的能力，并在防止社会动乱和检验改革措施的社会反响等方面，强化现代化的科学管理。在社会稳定判断上为中央政府以及各级地方政府提供可比、可测、可视和可控的有力手段和工具。

围绕上述研究目的，我们在科学研究中还努力追求下述具体目标的实现。

1. 追求理论上的先进性和完备性

纵观以往的同类研究，主要缺憾之一就是理论依据和理论整合方面的不足，针对这一问题，我们在本指标体系的研究过程中把增进理论的先进性和完备性作为主要目标之一，力求在理论依据阐释和理论框架中能够吸收和融会较多的现代理论内容，如社会控制理论、社会分层理论、社会转型理论、全球化理论等等，以使本项研究能够较好地体现理论含量的丰富性，从而使本指标体系建立在较坚实的理论基础之上，具有较强的理论说服力和解释力。

2. 追求逻辑结构和解释框架的创新

以往的同类研究，缺乏理论模型支持。其实任何指标体系都应该有一个内在的逻辑结构和基本的解释框架，对此，我们希望从分析社会稳定系统的逻辑结构入手，提出一个由生存保障系统、经济支撑系统、社会分配系统、社会控制系统、社会心理系统、和外部环境系统等6个模块构成的社会稳定理论模型，并在此基础上展开由6个子系统下辖的12个分系统构成的社会稳定指标体系基本框架。我们希望对社会稳定系统逻辑结构的分析和依此所建立的理论模型和指标体系框架能够弥补了以往研究的不足，能够有所创新。

3. 追求与我国国情的契合性

我国地域辽阔，各地发展不平衡，是一个国情比较复杂的国家。针对这种状况，我们在研究过程中力求注重指标体系与实际国情的契合。例如，我国是一个农业大国，农业、农村和农民问题是一个关系党和国家全局的重要问题。针对这一客观现实，我们在指标体系的各个分类板块中，除了设置能够涵盖三农问题的指标外，还特别设置了反映农业发展方面的指标（如农业GDP增长率、农业GDP增长率与工业GDP增长率比值等）和反映农民生活方面的指标（如农村居民人均纯收入增长率、农村居民人均纯收入增长率与城镇居民人均可支配收入增长率比值等），以反映这一问题对社会稳定的重要意义。

4. 追求指标体系的可行性和实用性

可行性和实用性是指标体系研究过程中非常重要的方面。如果指标体系在实践中缺乏可行性和实用性，那么它的价值和作用就不可能得到充分的发挥，整个研究的意义也会被削弱。本项研究的一个主要任务就是建立一个可以为国家各级政府提供重要参考的社会稳定预警计量指标体系。为了实现这个目标，我们进行了多方面的努力，如指标遴选和赋权时邀请各方面的专家和实际工作部门的人士加入；提出由敏感指标组成的"监测预警指标体系"先期单独运行的设想，以便降低成本，增加指标体系运行的灵活性等等。

二　本项研究所遵循的原则

1. 科学规范的原则

科学性和规范性是指标体系研究得以高质量完成的重要保证，为此，无论是课题的酝酿和前期的理论研究，还是预选指标集的建立、指标的遴选与权值的确定，我们都按照科学的原则和建立指标体系的规范程序有步骤地进行。

2. 主观指标和客观指标相结合的原则

主、客观指标均为社会指标体系中的重要组成部分，但是由于种种原因，以往的研究大多只把研究重点放在客观指标，而忽略对主观指标的纳入和操作。在本次研究当中，我们深感主观指标在社会稳定计量中的重要性，因此设计了相当数量的主观指标，希望能够实现二者之间的相互结合，以更加全面地反映社会现实。同时，在本研究的指标体系模拟反演阶段，我们还进行了主观指标的问卷调查和统计分析，从中发现了一些问题，对有关指标进行了相应的修正。

3. 时代性与开放性原则

与以往同类研究不同的是，本指标体系设置了"外部环境指数"，把国际社会和自然界两个方面的因素都纳入社会稳定的测量范围。这样设计不仅更加充分地体现了社会系统论的理论原则，而且符合全球化的大趋势和我国加入WTO以后的新形势，符合人类社会与自然界协调的可持续发展的新理念和更加开放的稳定观，彻底摈弃了封闭的社会稳定观。另外，在具体指标的选择上突破了现行统计体制的局限，与时俱进地采用了不少反映时代发展的新指标，虽然其中有的指标目前暂难易操作（如绿色GDP等指标），但从发展的观点看，有利于促进现行统计指标体系的更新。

4. 可操作性原则

可操作性问题一直是指标体系研究和运用当中的一个难点，因为它与科学性原则之间的矛盾在指标体系的研究中一直存在。科学性要求指标要完备地描述认识对象，因而指标数量较多，指标数据采集和计算难度均较大；可操作性则要求指标数量尽可能简约并且便于采集，故必然局限于现行的统计基础。这样，在现实中往往形成两个极端，一方面，科学性较完备的指标体系难以操作并且运行成本很高；另一方面，操作上简便可行的指标体系在科学上又往往不够完备，不能够全面准确地反映认识对象。为了解决这对矛盾，我们在本指标体系设计中采用了在大指标体系中套小指标体系的做法。即大指标体系按照科学完备性原则设立，但在其中套一个可操作的小指标体系，小指标体系由大指标体系中的敏感指标和部分易操作的核心指标构成。这部分指标在指标体系中用"*"符号标记，其在整个指标体系的分布结构与大指标体系基本相同。由于有"*"符号的指标数量较少，运行灵活且成本较低，故可以抽出来组成"监测预警指标体系"先期单独运行。当发现警情时再同全部指标（其中有许多缓冲指标）合起来进行全面计量，以求得准确全面的综合数据，同时避免全面计量所耗费的高额费用。

三 本课题研究的方法和路线

本课题主要采用社会指标方法、系统分析方法、理论模型方法、问卷调查方法、专家会议方法、德尔斐方法以及定性分析和定量分析相结合的各种具体数学方法和工具建立指标体系。

具体研究路线见图 25-1。

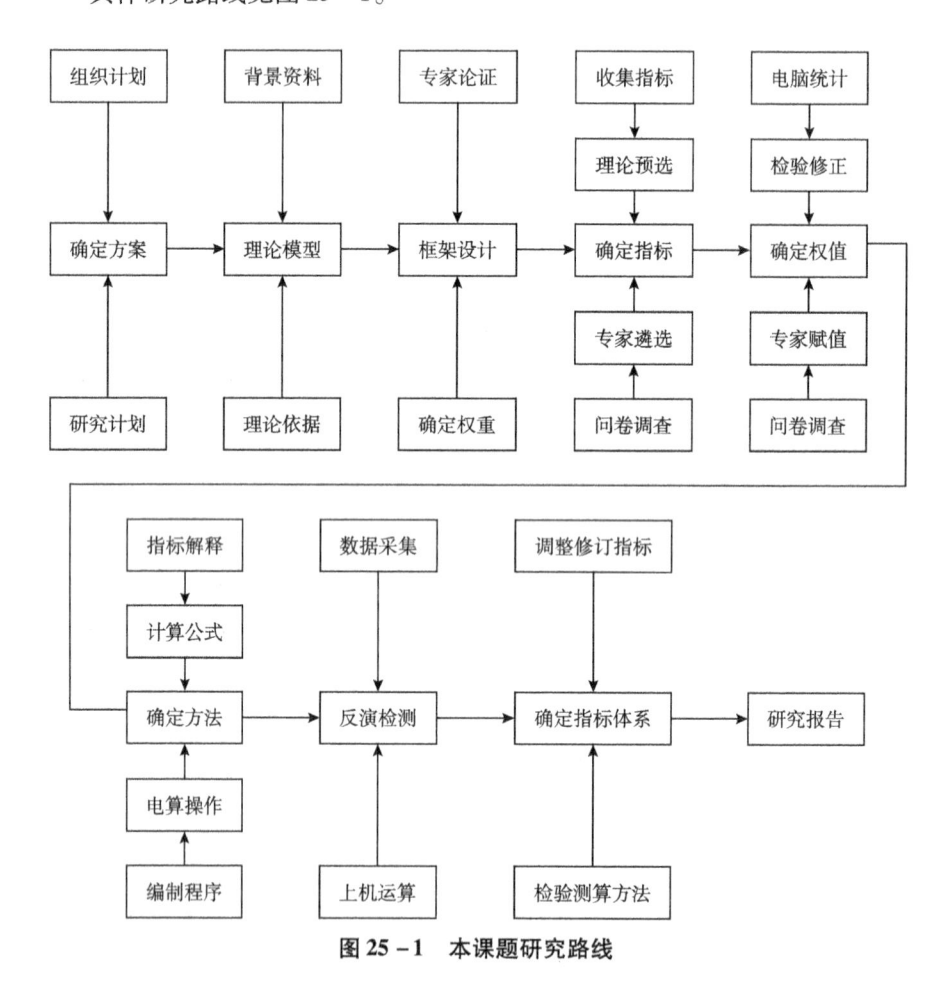

图 25-1 本课题研究路线

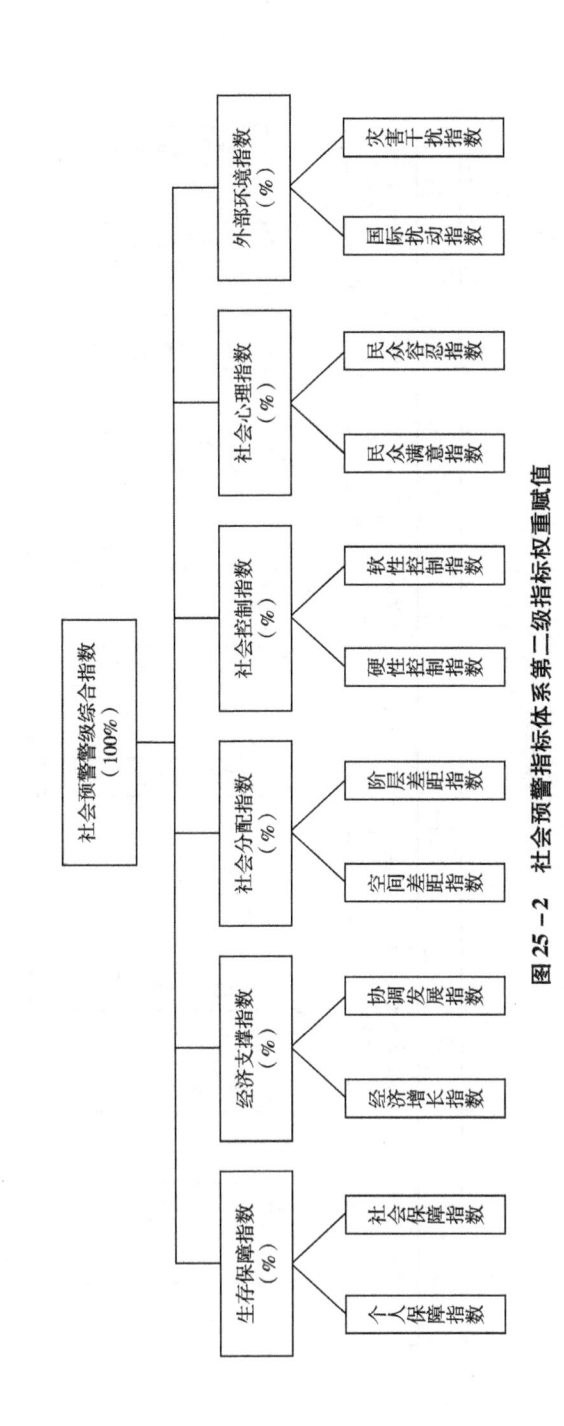

附录二 本项研究所使用的各种专家咨询调查表

社会预警综合指数（100%）
├─ 生存保障指数（%）
│   ├─ 个人保障指数
│   └─ 社会保障指数
├─ 经济支撑指数（%）
│   ├─ 经济增长指数
│   └─ 协调发展指数
├─ 社会分配指数（%）
│   ├─ 空间差距指数
│   └─ 阶层差距指数
├─ 社会控制指数（%）
│   ├─ 硬性控制指数
│   └─ 软性控制指数
├─ 社会心理指数（%）
│   ├─ 民众满意指数
│   └─ 民众容忍指数
└─ 外部环境指数（%）
    ├─ 国际扰动指数
    └─ 灾害干扰指数

图 25-2 社会预警指标体系第二级指标权重赋值

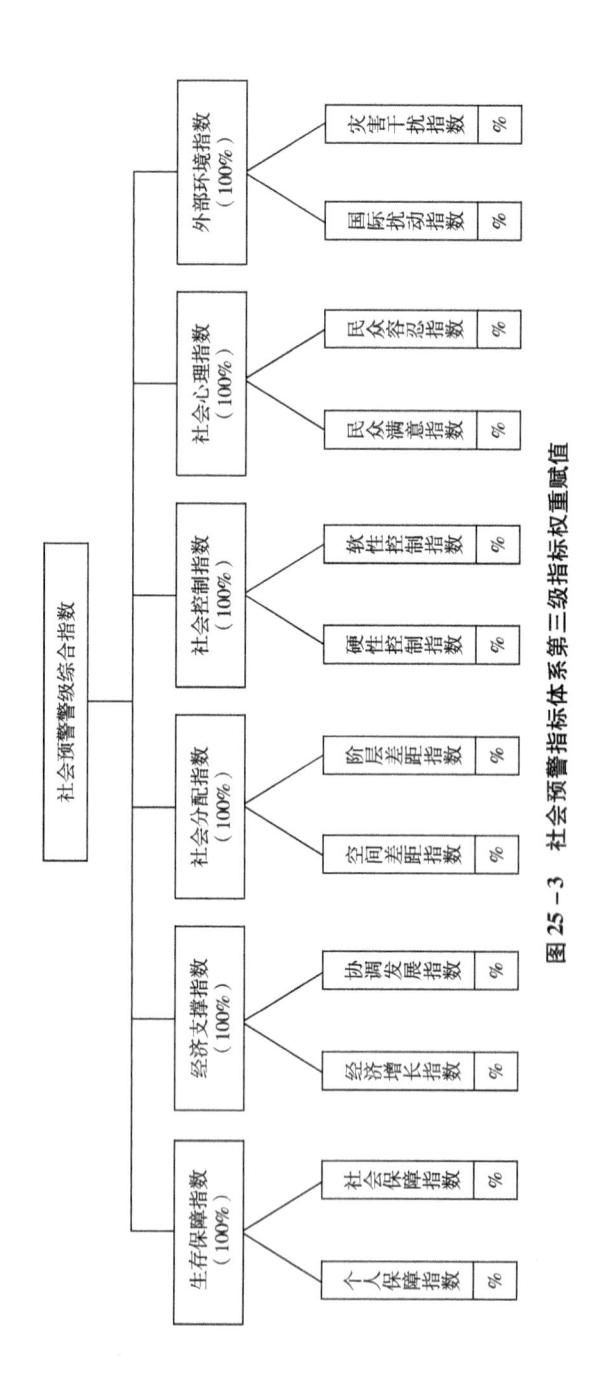

图 25-3 社会预警指标体系第三级指标权重赋值

表 25-1 社会预警指标体系第四级指标遴选表

1.1 生存保障指数中的个体保障指数

类别	序号	指标名称	意义提示	选用√ 否则×	备注
初选指标	1	中等收入阶层所占比重	中等收入人数比重越大社会越稳定		
	2	城镇居民人均可支配收入	收入水平变化与社会稳定呈正相关		
	3	农村人口年人均收入增长率	农民占全国80%,对稳定举足轻重		
	4	城镇失业率和平均失业时间	失业率越高越不利于社会稳定		
	5	最低生活保障线下人口比重	贫困人口比例越大社会越不稳定		
备选指标	6	恩格尔系数	从消费结构反映生活质量		
	7	人均年末储蓄余额	反映年人均各项消费后的剩余货币部分		
	8	实际收入下者占总人口的比重	意义同初选指标2、3		
新增指标					

1.2 生存保障指数中的社会保障指数

类别	序号	指标名称	意义提示	选用√ 否则×	备注
初选指标	1	社会保障总支出占GDP比重	社会福利投入水平越高越有利于社会稳定		
	2	失业保险覆盖率	反映现阶段社会保障的重点		
	3	社会保障综合给付率	全面反映社会保障的落实情况		
	4	最低工资资金到位率	反映社会保障政策执行的重要方面		
	5	离退休职工平均养老金增长率	反映社会保障政策执行的重要方面		
备选指标	6	养老保险覆盖率	反映养老保险的社会化程度		
	7	人均民政经费支出增长率	从增长速度角度反映社会福利投入		
	8	医疗保险覆盖率	反映医疗保险社会化程度		
新增指标					

2.1 经济支撑指数中的经济增长指数

类别	序号	指标名称	意义提示	选用√否则×	备注
初选指标	1	国内生产总值增长率	从物质财富增长速度反映社会稳定的经济基础		
	2	人均国内生产总值	从人均物质财富反映社会稳定的经济基础		
	3	财政收入增长率	从财政收入角度反映社会稳定的经济基础		
	4	农业总产值的增长率	从我国是农业大国的国情角度反映……		
	5	全社会固定资产投资额增长率	通过投入力度反映经济增长潜力和前景		
备选指标	6	能源产量增长率	反映基础工业生产能力与规模		
	7	人均财政收入	意义同初选指标3		
	8	社会总产值增长率	反映整个国民经济在一定时期内的增长速度		
新增指标					

2.2 经济支撑指数中的协调发展指数

类别	序号	指标名称	意义提示	选用√否则×	备注
初选指标	1	绿色GDP占传统GDP比重	反映去除环境成本后的实际经济增长		
	2	基本生活消费品价格指数	反映经济增长是否给人民带来实惠		
	3	全社会零售物价总指数	反映通货膨胀的严重程度		
	4	企业亏损面增长率	反映企业困境		
	5	第三产业增加值占GDP比重	从产业结构角度反映经济增长方式的转变		
备选指标	6	科研成果经济效益增长率	反映科研投入的产出效益		
	7	科技进步对经济增长的贡献率	从科技进步角度反映经济增长方式的转变		
	8	单位GDP能耗递减率	从合理利用资源角度反映经济增长方式的转变		
新增指标					

3.1 社会分配指数中的空间差距指数

类别	序号	指标名称	意义提示	选用√否则×	备注
初选指标	1	东、中、西部地区人均收入差距变动比值	反映地区差距变动趋势		
	2	城镇居民和农村居民可支配收入增长率比值	反映城乡收入差距		
	3	城镇居民和农村居民纯收入差距比值	反映城乡纯收入差距		
	4	最高收入行业与最低收入行业人均收入差距比值	反映行业之间的收入差距		
备选指标	5	东、中、西部城市人均收入差距	意义同初选指标1		
	6	农村基尼系数和城镇基尼系数	意义同初选指标3		
新增指标					

3.2 社会分配指数中的阶层差距指数

类别	序号	指标名称	意义提示	选用√否则×	备注
初选指标	1	10%最富有家庭收入与10%最贫困家庭收入比值	从家庭角度反映收入差距程度		
	2	10%最高收入者与10%最低收入者的收入差距	从个体角度反映收入差距程度		
	3	最低工资群体与平均工资比值	比值差距过大不利于社会稳定		
备选指标	4	全国居民基尼系数	反映社会财富分配的平等程度		
新增指标					

4.1 社会控制指数中的硬性控制指数

类别	序号	指标名称	意义提示	选用√否则×	备注
初选指标	1	政府财政收入占GDP比重	反映政府的财政控制能力		指标8"群体性突发事件"泛指在一定社会背景下形成的为了某种经济或政治利益的需要，在一定时间和范围内公开实施的干扰社会秩序和影响社会稳定的群体行为。其形式包括集体请愿、罢工、游行、民族冲突、宗教冲突等
	2	偷漏税比率	反映政府职能部门严格执法的能力		
	3	每万人警力配备人数	从维持治安的人力资源配备角度反映控制力		
	4	国家公务员职务犯罪率	从政治合法性角度反映政府机构的控制力		
	5	重大贪污腐败案件破案率	反映政府的执法力度和对腐败的惩治能力		
	6	重大刑事案增长率	考察政府维护社会公共安全的能力		
	7	重大事故发生率	考察政府维护社会秩序的能力		
	8	参与群体性突发事件人次率	综合考察社会矛盾激化和社会失控程度		
备选指标	9	犯罪率	综合反映国家的社会治安控制能力		
	10	国家干部犯罪人数占总犯罪人数比重	意义同初选指标4		
	11	处级以上干部违纪增加率	意义同初选指标4		
新增					

4.2 社会控制指数中的软性控制指数

类别	序号	指标名称	意义提示	选用√否则×	备注
初选指标	1	离婚率	家庭作为社会的细胞其稳定关系社会稳定		
	2	大学生要求加入共产党者比例	反映青年对社会主体价值观的认同程度		

续表

类别	序号	指标名称	意义提示	选用√否则×	备注
初选指标	3	对党政主要领导人的认同程度	反映领导威望及人格魅力对社会控制的作用		
	4	对社会公共道德的评价值	反映社会风尚和道德约束力量		
	5	媒体舆论导向负面效应评价值	反映政府对社会舆论的控制能力		
备选指标	6	民间负面政治流言传播状况	反映潜在的社会矛盾和危机		
	7	宗教活动的活跃程度	反映对主流意识形态地位的影响程度		
新增指标					

5.1 社会心理指数中的民众满意指数

类别	序号	指标名称	意义提示	选用√否则×	备注
初选指标	1	对政府各级官员秉公办事的满意度	满意度越高越有利于社会稳定，反之则相反		
	2	对党和政府反腐败工作的满意度	同上		
	3	对干群关系的满意度	同上		
	4	对政府职能部门行政效率的评价值	评价值越高越有利于社会稳定，反之则相反		
	5	对社会发展前景的信心值	同上		
备选指标	6	对社会秩序的满意度	同上		
	7	对经济收入的满意度	同上		
新增指标					

5.2 社会心理指数中的民众容忍指数

类别	序号	指标名称	意义提示	选用√ 否则×	备注
初选指标	1	对收入差距的可容忍程度	容忍度越低越不利于社会稳定，反之则相反		
	2	对腐败现象可容忍程度	同上		
	3	对物价上涨的可承受程度	同上		
备选指标	4	对官僚主义作风的可容忍程度	同上		
新增指标					

6.1 外部环境指数中的国际扰动指数

类别	序号	指标名称	意义提示	选用√ 否则×	备注
初选指标	1	世界经济衰退影响度	与外贸依存度有关，反映国际经济环境的负面影响		
	2	经济摩擦和制裁	考察国际环境对本国社会稳定的影响		
	3	对立意识形态渗透	同上		
	4	武装干涉和恐怖主义袭击	考察敌对势力对我国社会稳定的直接威胁		
备选指标	5	国际性金融危机	意义同初选指标1		
新增指标					

6.2 外部环境指数中的灾害扰动指数

类别	序号	指标名称	意义提示	选用√否用×	备注
初选指标	1	严重灾害成灾面积占国土面积比重	从空间范围角度考察灾害严重程度		灾害主要指旱涝、洪水、地震、瘟疫等方面的自然灾害，不包括环境污染、纵火等人为灾害
	2	灾害造成的生命损失数量	从人数规模角度考察灾害严重程度		
	3	灾害造成的资产损失数量	从经济角度考察灾害严重程度		
备选指标	4	饮用水资源短缺量	从生存资源短缺角度反映灾害严重程度		
新增指标					

表 25-2 社会预警指标体系主观指标调查表

（一）满意度指标调查表

您对1989年前后状况的满意度

项　　目	1 非常满意	2 比较满意	3 一般	4 不太满意	5 非常不满意
对社会公共道德水平					
对自己的经济收入					
对自己的家庭生活水平					
对政府职能部门行政效率					
对政府官员秉公办事					
对反腐败工作力度					
对社会秩序					
对干群关系					

您对1997年前后状况的满意度

项　　目	1 非常满意	2 比较满意	3 一般	4 不太满意	5 非常不满意
对社会公共道德水平					
对自己的经济收入					
对自己的家庭生活水平					

续表

项　　目	1 非常满意	2 比较满意	3 一般	4 不太满意	5 非常不满意
对政府职能部门行政效率					
对政府官员秉公办事					
对反腐败工作力度					
对社会秩序					
对干群关系					

您对现在状况的满意度

项　　目	1 非常满意	2 比较满意	3 一般	4 不太满意	5 非常不满意
对社会公共道德水平					
对自己的经济收入					
对自己的家庭生活水平					
对政府职能部门行政效率					
对政府官员秉公办事					
对反腐败工作力度					
对社会秩序					
对干群关系					

（二）容忍度指标调查表

您对 1989 年前后情况的容忍度

项　　目	1 可容忍	2 较能容忍	3 一般	4 较难容忍	5 难以容忍
对收入和财富占有的差距					
对领导干部的腐败现象					
对官僚主义作风					
对物价上涨					

您对 1997 年前后情况的容忍度

项　　目	1 可容忍	2 较能容忍	3 一般	4 较难容忍	5 难以容忍
对收入和财富占有的差距					
对领导干部的腐败现象					
对官僚主义作风					
对物价上涨					

您对目前情况的容忍度

项　　目	1 可容忍	2 较能容忍	3 一般	4 较难容忍	5 难以容忍
对收入和财富占有的差距					
对领导干部的腐败现象					
对官僚主义作风					
对物价上涨					

（三）评价值指标调查表

您对1989年前后情况的评价

项　　目	1 没有	2 基本没有	3 有，但不严重	4 较严重	5 非常严重
媒体舆论导向负面效应评价					
民间负面政治流言传播状况					
宗教活动的活跃程度					
对立意识形态渗透					
武装干涉和恐怖主义袭击					

您对1997年前后情况的评价

项　　目	1 没有	2 基本没有	3 有，但不严重	4 较严重	5 非常严重
媒体舆论导向负面效应评价					
民间负面政治流言传播状况					
宗教活动的活跃程度					
对立意识形态渗透					
武装干涉和恐怖主义袭击					

您对目前情况的评价

项　　目	1 没有	2 基本没有	3 有，但不严重	4 较严重	5 非常严重
媒体舆论导向负面效应评价					
民间负面政治流言传播状况					
宗教活动的活跃程度					
对立意识形态渗透					
武装干涉和恐怖主义袭击					

表 25-3　社会预警指标体系第四级指标权重赋值表

填写要求说明：

通过综合上一次问卷调查中各位专家的意见，我们获得了二、三级指标的权重和第四级指标遴选的初步结果，本次调查的任务是请各位专家对第四级指标的权重做出主观判断，同时对上一轮问卷中个别专家提出的新增指标予以取舍确认。

请各位专家在填答问卷时注意下列程序：

一、我们设定第四级指标的上一级指标即第三级指标为 100 分；

二、我们设定每一个第三级指标由数量不等的若干第四级指标组成；

三、请您对每一个第四级指标在其上属的第三级指标中的作用和重要性程度进行认真思考；

四、根据您的思考，同时参考我们对上次问卷指标"选择人数"的百分比统计，确定每个第四级指标在其上属指标即第三级指标的重要性程度（在 100 分中各应占多少分），并将每个第四级指标的得分填入《社会稳定指标体系第四级指标权重赋值表》的"应赋权值"栏内；

五、针对每一个第三级指标，检验它所包含的第四级指标的打分合计是否等于 100，如果不等，请您重新打分，要确保每个指数中具体指标的打分合计为 100。

六、对于上次问卷中个别专家提出的新增指标，您若同意即可对其赋值，反之则不赋值。若对某一新增指标赋值的专家超过 60%，那么这个指标将正式入选，反之则被淘汰。

七、对最后未能入选，而少数专家又赋过值的新增指标，课题组将按照特定的方法将其所赋权值按一定比例分摊给入选指标。

社会预警指标体系第四级指标权重赋值表

1.1　生存保障指数中的个体保障指数（100）

类别	序号	指标名称	选择人数（%）	应赋权值
入选指标	1	中等收入阶层所占比重	83.8	
	2	城镇居民人均可支配收入增长率	94.6	
	3	农村人口年人均纯收入增长率	100	
	4	城镇实际失业率	94.6	
	5	最低生活保障线以下人口比重	97.3	

1.2　生存保障指数中的社会保障指数（100）

类别	序号	指标名称	选择人数（%）	应赋权值
入选指标	1	社会保障总支出占 GDP 比重	91.9	
	2	失业保险覆盖率	91.9	
	3	社会保障综合给付率	89.2	
	4	拖欠工资数额占工资总额比例	73	
	5	离退休职工平均养老金与工资之比	73	
	6	医疗保险覆盖率	75.7	
新增	7	公共卫生经费占财政支出比重		
	8	残疾人福利费支出增长率		

2.1 经济支撑指数中的经济增长指数（100）

类别	序号	指标名称	选择人数（%）	应赋权值
入选指标	1	国内生产总值增长率	89.2	
	2	人均国内生产总值增长率	91.9	
	3	人均财政收入增长率	83.8	
	4	农业增加值的增长率	81.1	
	5	全社会固定资产投资额增长率	75.7	
新增	6	人均财政支出增长率		
	7	能源储量增长率		

2.2 经济支撑指数中的协调发展指数（100）

类别	序号	指标名称	选择人数（%）	应赋权值
入选指标	1	绿色GDP占传统GDP比重	86.5	
	2	居民消费价格指数比上年增或减%	97.3	
	3	全社会零售物价总指数	91.9	
	4	第三产业增加值占GDP比重	81.1	
新增	5	社会发展支出占财政支出比例		
	6	社会发展投资占固定资产投资比重		
	7	银行贷款中不良资产比重		

3.1 社会分配指数中的空间差距指数（100）

类别	序号	指标名称	选择人数（%）	应赋权值
入选指标	1	东、中、西部地区人均收入差距变动比值	86.5	
	2	城镇居民可支配收入和农村居民纯收入差距比值	89.2	
	3	最高收入行业与最低收入行业人均收入差距比值	94.6	

3.2 社会分配指数中的阶层差距指数（100）

类别	序号	指标名称	选择人数（%）	应赋权值
入选指标	1	10%最富有家庭收入与10%最贫困家庭收入比值	94.6	
	2	全国居民基尼系数	81.1	
新增	3	农村贫困人口占农业总人口比重		

4.1 社会控制指数中的硬性控制指数（100）

类　别	序号	指标名称	选择人数（%）	应赋权值
入选指标	1	政府财政收入占 GDP 比重	86.5	
	2	偷漏税比率	75.7	
	3	每万人警力配备人数	89.2	
	4	国家公务员职务犯罪率	94.6	
	5	重大贪污腐败案件破案率	81.1	
	6	重大刑事案增长率	89.2	
	7	重大事故发生率	75.7	
	8	参与群体性突发事件人次率	91.9	
新　增	9	每万人口上访率及上访匿名比重		
	10	公众安全感		

4.2 社会控制指数中的软性控制指数（100）

类　别	序号	指标名称	选择人数（%）	应赋权值
入选指标	1	对党政主要领导人的认同程度	91.1	
	2	对社会公共道德的评价值	94.6	
	3	媒体舆论导向负面效应评价值	73	
	4	民间负面政治流言传播状况	70.3	
新　增	5	政务公开率		

5.1 社会心理指数中的民众满意指数（100）

类　别	序号	指标名称	选择人数（%）	应赋权值
入选指标	1	对政府各级官员秉公办事的满意度	94.6	
	2	对干群关系的满意度	91.9	
	3	对政府职能部门行政效率的评价值	91.9	
	4	对社会发展前景的信心指数	89.2	
	5	对社会秩序的满意度	70.3	
新　增	6	对人大系统利益表达的满意度		

5.2 社会心理指数中的民众容忍指数（100）

类　别	序号	指标名称	选择人数（%）	应赋权值
入选指标	1	对收入差距的可容忍程度	100	
	2	对腐败现象可容忍程度	97.3	
	3	对物价上涨的可承受程度	94.6	
新　增	4	对司法不公正的可容忍程度		

6.1 外部环境指数中的国际扰动指数（100）

类别	序号	指标名称	选择人数（%）	应赋权值
入选指标	1	世界经济衰退影响度	86.5	
	2	对立意识形态渗透	78.4	
	3	武装干涉和恐怖主义活动	94.6	

6.2 外部环境指数中的灾害扰动指数（100）

类别	序号	指标名称	选择人数（%）	应赋权值
入选指标	1	成灾面积占耕地面积比重	98.2	
	2	灾害造成的生命损失数量	86.5	
	3	灾害造成的资产损失数量	83.8	

第二卷参考文献

（以使用参考文献先后为序排列）

张敬梅：《科学思维与占卜》，济南出版社，1998。

郑杭生等：《社会指标理论研究》，中国人民大学出版社，1989。

朱庆芳、吴寒光：《社会指标体系》，中国社会科学出版社，2001。

〔美〕兹·布热津斯基：《大失败》，军事科学院外国军事研究部译，军事科学出版社，1991。

朱庆芳：《社会指标的应用》，中国统计出版社，1992。

宋林飞：《社会风险指标与社会波动机制》，《社会学研究》1995年第6期。

张春曙：《大城市社会发展预警研究及应用初探》，《预测》1995年第1期。

鲍宗豪、李振：《社会预警与社会稳定关系的深化》，《浙江社会科学》2001年第4期。

上海社会稳定指标体系课题组：《上海社会稳定指标体系纲要》，《社会》2002年第12期。

宋林飞：《中国社会风险预警系统的设计与运行》，《东南大学学报》1999年第1期。

《马克思恩格斯选集》第3卷，人民出版社，1972。

阎耀军：《沙市社会转型期犯罪发展趋势预测》，《犯罪与改造研究》1994年第6期。

冯天瑜：《关于文化重演律的思考》，载《人文论衡》，武汉大学出版社，1997。

张光鉴：《相似论》，江苏科学技术出版社，1992。

阎耀军：《论社会预警的概念及概念体系》，《理论与现代化》2002年第5期。

阎耀军：《超越危机：社会稳定的量度与预警预控》，延边大学出版社，2003。

王地宁、唐均：《社会发展指标体系的建构和应用》，《中国社会科学》1991年第1期。

阎耀军：《城市社会预警基本原理刍议——从城市社会学视角对城市社会问题爆发的预警机理探索》，《天津社会科学》2003年第3期。

王二平等：《社会预警系统与心理学》，《心理科学进展》2003年第4期。

沈远新：《危机性认同：一个社会预警信号》，《岭南学刊》1998年第5期。

江林茜：《论国土资源管理的社会预警系统研究》，《国土资源科技管理》2001年第5期。

叶国文：《预警和救治：从"9·11"事件看政府危机管理》，《国际论坛》2002年第4卷第3期。

张力、李梅：《构建体制性的政府危机管理系统——恐怖活动猖獗对我国政府危机管理能力的预警》，《理论与改革》2003年第2期。

陈尧：《当代政府的危机管理》，《行政论坛》2002年总第52期。

张小明：《从SARS事件看公共部门危机管理机制设计》，《北京科技大学学报》（社会科学版）2003年9月第19卷第3期。

何颖：《重视和加强政府危机管理》，《青海社会科学》2003年第3期。

周亚：《未雨绸缪：危机管理》，《企业经济》2003年第6期。

任兆璋、贾肖明：《SARS向我国政府危机管理机制提出挑战》，《改革与理论》2003年第3期。

郭晓来：《对现代危机管理的几点思考》，《广东行政学院学报》2003年第5期。

孟雪梅、贾春华：《论中小企业预警式战略与危机管理系统》，《情报科学》2001年第5期。

郭学堂：《国际危机管理与决策模式分析》，《现代国际关系》2003年第8期。

袁勇：《新闻信息传播与政府危机管理的互动关系》，《新闻爱好者》2003年第10期。

杨雪冬：《从反恐怖国家回到正常国家："911"前后的美国危机管理》，《经济社会体制比较》2002年第6期。

王培暄：《贫富差距社会风险的承受力、预警及对象》，《南京大学学报》

1999 年第 4 期。

吴忠民：《社会问题预警系统研究》，《东岳论丛》1996 年第 4 期。

洪大用、刘树成：《经济周期与预警系统》，科学出版社，1990。

宋林飞：《少数人闹事与早期警报系统》，《青年学者》1989 年第 1 期。

贾俊平：《关于社会指标的几个理论问题》，《国外社会学》1990 年第 3 期。

朱庆芳：《社会保障指标体系》，社会科学出版社。1993。

赵松山、白雪梅：《用德尔斐法确定权数的改进方法》，《统计研究》1994 年第 4 期。

谢立中：《我国社会发展综合评价指标的再探讨》，《南昌大学学报》1994 年第 4 期。

孙一啸：《模糊数学在经济预警系统中的应用》，《预测》1994 年第 3 期。

袁晋华：《建立我国宏观经济预警系统的构想》，《金融研究》1994 年第 7 期。

马旗戟：《关于建立中国青年社会问题预警系统的设想》，《中国青年研究》1994 年第 4 期。

顾海滨：《中国通货膨胀预警：构架与实证》，《战略与管理》1995 年第 3 期。

阎耀军：《社会学应用于廉政建设的一项创举——评天津市"廉政建设社会评价系统"》，《社会学研究》1996 年第 4 期。

樊克勤、高铁梅、张桂莲：《我国经济预警信号系统的维护和应用》，《预测》1997 年第 5 期。

雷振扬：《论政府与公众关系预警》，《中南民族学院学报》1997 年第 4 期。

谷迎春：《关于社会指标体系的理论思考》，《社会学研究》1997 年第 5 期。

尚东涛：《基层单位干群关系预警系统探讨》，《理论与改革》1998 年第 1 期。

陈仲常：《失业风险监测预警指标考察》，《经济科学》1998 年第 4 期。

沈远新：《危机性认同：一个社会预警信号》，《岭南学刊》1998 年第 5 期。

姜淑莲：《宏观经济监测预警指标体系的改进》，《江苏统计》1998 年第

9 期。

陈仲常等：《下岗失业人员心理承受能力预警分析》，《重庆大学学报》1999 年第 3 期。

何云：《预警现代民间造神运动》，《世界宗教文化》1999 年第 3 期。

郭克莎：《超越危机——国家经济安全的监测预警》评介，《中国工业经济》1999 年第 11 期。

王培暄：《贫富差距社会风险的承受力、预警及对策》，《南京大学学报》1999 年第 4 期。

夏索琴：《我国城市居民收入分配的监测预警》，《现代管理科学》1999 年第 2 期。

蓝若莲：《失业对我国经济及社会的影响与建立失业监测预警指标体系研究》，《经济师》2000 年第 6 期。

王光：《社会治安评价指标与预警》，《人民公安》2000 年第 3 期。

牛文元：《社会物理学与中国社会稳定预警系统》，《中国科学院院刊》2001 年第 1 期。

刘明波：《为腐败预警——写在家庭财产报告制度实施之际》，《领导科学》2001 年第 9 期。

冯煜：《中国失业预警线探索》，《山西财经大学学报》2001 年第 4 期。

高玉钒、席西民：《企业文化管理与管理预警研究》，《预测》2001 年第 5 期。

张泮洲：《对敏感问题预警系统建立的研究》，《上海统计》2001 年第 10 期。

王文革：《危机的预警识别》，《思想·理论·教育》2001 年第 6 期。

秦立强、王光：《浅谈我国社会治安环境的评价与预警》，《统计研究》2002 年第 4 期。

阎耀军：《城市可持续发展评价指标体系的理论依据和基本框架》，《天津行政学院学报》2002 年第 5 期。

张新华、徐静：《浅析顾客满意风险预警指标体系》，《经济论坛》2002 年第 21 期。

顾列铭：《产业预警在中国》，《中国工商》2002 年第 5 期。

赵晓兰、乔源瑞：《企业员工关系预警管理中公关问题的成因分析》，《经济师》2002 年第 10 期。

阎耀军：《中国大城市社会发展综合评价指标体系的构建》，《天津行政学院学报》2003年第1期。

阎耀军：《社会稳定的计量与预警与控系统的构建》，《社会学研究》2004年第3期。

汝信、陆学艺、李培林主编《中国社会形势分析与预测》（2000～2005年），社会科学文献出版社。

第三卷

预控——关于前馈控制理论、方法和技术的探讨

卷首语　前馈控制——人类有史以来的梦想

前馈控制是现代控制论中的一个科学术语，意思就是超前控制。虽然古代没有前馈控制这样一个术语，但自从人猿相揖别，人类就梦想着能够对未来进行前馈控制。因此人类在 5000 年前就发明了"龟卜"，在 3000 年前发明了"蓍筮"，以及后来的"占星术""周易八卦"等名目繁多的预测术。其目的只有一个，那就是希望通过预测和预警，实现对未来的前馈控制。所以，前馈控制的梦想伴随着人类一路走来，直到今天在现代科学技术的支持下焕发更加诱人的绚丽色彩。

阎耀军同志可谓人类这一梦想中矢志不渝的追梦人。阎耀军曾将其出版的《社会预测学基本原理》和《现代实证性社会预警》两本书送给我。我写了书评给予肯定，但同时非常郑重地给他提了一个建议：希望他再向前走一步，即研究社会领域的"预控"问题。因为我觉得预测和预警的目的不是满足人们的好奇心，而是使我们的社会能够趋利避害，良性运行。如果说我们在经济领域的预测、预警和预控做得比较好，那么在社会领域则不尽如人意。所以我希望作者能够把他的研究再向前推进一步。阎耀军同志欣然接受了这个建议并付诸实施，几年时间过去，一部《社会管理的前馈控制》书稿摆在我面前，算是对我这个建议的回应。

我认为作者这部书是非常值得肯定的。首先，这部书探讨了一个具有重要理论价值和应用价值的问题。众所周知，自 20 世纪德国社会学家乌尔里希·贝克（Ulrich Beck）提出风险社会理论以来，研究风险的学者日渐增多，而研究如何控制风险的学者却鲜见。我国随着经济与科技的迅速发展，也进入了社会风险高发期，人们对单纯依靠传统反馈控制的方式来进行社会管理，已经越来越力不从心。所以加强对社会风险的预测、预警和预控，对潜在的社会风险实施前馈控制管理，是当前社会管理的重大问题。作者在他的研究中率先提出在社会管理系统中引入前馈控制机制的观点，并进行了深入系统的理论研究。作者不仅通过前馈控制和反馈控制的比较，揭示了前馈控制在当代社会管理中的优势和意义，而且系统总结了中国古代和西方近现代以来的"前馈控制"思想和方法,并提出了自己设计的一种适应于社会快速发展状态的前馈控制管理方法和技术——现代社会管理前馈控制的一般模式,以及适用于若干领域的前馈控制操作模式和计算机应用软件。

其次,我们还应当充分肯定作者理论联系实际的学风和跨学科联合攻关的科研方式。社会管理的前馈控制不仅是一个理论问题,更是一个极其复杂的实践问题,光靠我们这些搞理论研究的人是不够的,因为现在是信息社会和网络时代,要想在瞬息万变的社会运行中实现前馈控制,离开了现代科技手段是万万不行的。作者利用在天津工业大学工作的独特优势,与管理工程学科、数学和统计学科、计算机与信息学科的学者们一道,并与政府社会管理部门合作,开发了中国民族关系监测预警信息管理系统、信访问题监测预警信息管理系统、犯罪预测时空定位信息管理系统等多种前馈控制管理工具,投入实际运行得到好评,其中一些软件还获得国家知识产权局认定的软件著作权。从中我们得到的启示是:我国目前教育和科研体制上的文理分开,不应成为科研工作中文理分开的理由,而在某种意义上应成为文理互补的必须。

最后,应当充分肯定作者提出的大胆设想。作者在深入分析我国社会管理体制"重应急、轻预警"的弊端和造成这一弊端的诸多相互纠结的原因之后,指出革除弊端的根本路径在于实现预测、预警和预控的科学化。在这一认识的基础上,作者借鉴西方发达国家在经济领域研发"政策模拟器"和军事领域搞"作战模拟"的成功经验,大胆提出在社会管理领域开发"社会风险模拟器"的设想。我认为这一设想不仅具有很高的科技含量,而且体现了社会管理要跟上科技进步潮流的大趋势。更重要的是,倘若"社会风险模拟器"真能研发成功,对我国的社会管理将具有重大的应用价值。

当然,阎耀军同志的这项研究是拓荒性的,因而其研究也只是初步的,就建立完整的社会管理前馈控制体系而言,这一研究还处于初级阶段,仅是开了个头,还有很长的路要走。因此,我想借此机会呼吁大家都来重视这一方面的研究。其实我们的老祖宗历来就有重视前馈控制的思想,2500年前老子就说过要"为之于未有,治之于未乱"。而我们的社会学更不乏重视对社会进行前馈控制的思想传统。孔德(Auguste Comte)就认为社会学的理论目标是发现社会的规律,预测社会现象的发生,应用目标则是将所得到的预测现象发生的原则应用于社会,指导社会活动。[1] 这里面就蕴含着前馈控制的

---

[1] 《中国大百科全书·社会学》,中国大百科全书出版社,1991,第4页。

思想。马克思分析资本主义不能克服周期性经济危机的症结"正是在于对生产自始就不存在有意识的社会调节"①（注：着重号为作者所加），这是从社会机制上讲前馈控制。《毛泽东选集》第一篇《中国社会各阶级的分析》把应该依靠谁、团结谁、支持谁、反对谁作为革命的首要问题。这是从社会结构分层讲前馈控制。邓小平说："我们过去发生的各种错误，固然与某些领导人的思想、作风有关，但是组织制度、工作制度方面的问题更重要。这些方面的制度好可以使坏人无法任意横行，制度不好可以使好人无法充分做好事，甚至会走向反面。""不是说个人没有责任，而是说领导制度、组织制度问题更带有根本性、全局性、稳定性和长期性。这种制度问题，关系到党和国家是否改变颜色，必须引起全党的高度重视。"② 这是从制度安排角度讲前馈控制。既然都意识到前馈控制的重要性，那么就需要大家共同来做好这件事。作者在他书中对实现社会管理前馈控制的困难性进行了详细而深刻的分析，进而提出从开发"社会风险模拟器"入手来实现预测—预警—预控科学化的大胆设想。当然，这件事情非常难做。但是难做不等于不能做。国外能够把风险模拟应用于经济领域和军事领域，我们为什么不能应用于社会管理领域？！

每个学者都应该有自己的梦。每个学者的梦都应该是实现"中国梦"的一个组成部分。

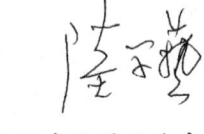

2013 年 3 月于北京

---

① 《马克思恩格斯全集》第 32 卷，第 542 页。
② 《邓小平文选》（一九七五至一九八二年），人民出版社，1983，第 292 页。

第二十六章 绪 论

第一节 问题的提出

控制论创始人维纳（Wiener）于 60 多年前提出控制论,并认为反馈控制是控制论的核心。但是反馈控制的最大缺陷是在问题出现到问题得到控制有一段时间滞差,在这个时滞中,"问题"的量和质都可能发生很大变化。所以,时滞越小,反馈控制效率越高；时滞越大,反馈控制效率越低。尤其是对"大滞后系统",反馈控制甚至很难奏效。例如,我国改革开放以来,一些地方在"无工不富"和"有水快流"思想的指导下,出现了以"小煤窑"的方式开采煤矿的做法,到现在决定采取关闭小煤窑的政策,其间的时间滞差长达 30 年之久。在这个时滞中,小煤窑发展到上万个,不仅造成资源的极大破坏和浪费,而且造成了平均每年煤难死亡人数达 5893.5 人的严重后果,这个数字不仅是改革开放前 30 年的 2.5 倍,而且居世界第一位。[①] 现在看来,这一后果的国际政治影响和巨大的经济损失不仅无法挽回,而且控制的难度更大,因为关闭小煤窑就意味着将产生巨大的失业群体,巨大的投资将血本无归,这都将直接影响社会的稳定。

中国人总爱讲"亡羊补牢,未为迟也",似乎出了事情,再想办法去应急补救便会"犹未为晚"。但是在现代社会中,我们面对大量无法挽回或难以挽回的事情,我们不能不扪心自问：现代的社会管理还能够"亡羊补牢"吗？

对于现代社会区别于传统社会的特征,有人用一个"快"字概括。他们做过一个计算：公元前 50 万年人类绕地球一圈需数亿年,公元前 2 万年需数百年,公元前 300 年需数十年,公元 500 年需数年,1900 年需几个月,1925

[①] 颜烨：《煤殇：煤矿安全的社会学研究》,社会科学文献出版社,2012,第 5 页。

年需几周，1950年需数日，1965年需几小时。如今，在当代人已经能实现"嫦娥奔月"①和"E-时代"②已经来临的情况下，就是只需几分钟甚至是几秒钟的事情了。

正如车速越快就越难控制一样，人类社会运行速度越快，其社会惯性就越大，从而控制难度亦越大。就社会控制效率而言，社会政策（控制手段）滞后于社会问题的"政策滞后"，即"马后炮现象"已经相当普遍；就社会控制方式而言，突出表现为反馈控制效率或效力的下降，而且这种下降在"大滞后系统"③中表现得尤为明显。

诚然，在运行缓慢的传统社会中，单纯靠"亡羊补牢"式的反馈控制尚可收到"犹未为晚"之效，但是在高速运行的现代社会则未必。且不要说人类造出越来越多的原子弹犹如被打开的"潘多拉魔盒"，其恶果已无法收回，但看前不久的次贷危机所造成的世界性金融海啸，是能够"亡羊补牢"的吗？是一句"犹未为晚"就能了然和释然的吗？总而言之，纵观当代社会对资源问题、环境问题、生态问题及种种社会问题的许多"亡羊补牢"式的反馈控制，往往不是感到"犹未为晚"，而是感到"悔之晚矣"，因为其中的许多问题已经积重难返，变得很难控制，甚至是不可控制了。正如著名学者吉登斯（Giddsens）慨叹，风险社会使现代世界"越来越不受我们的控制，成了一个失控的世界"。④而德国学者贝克（Beck）则认为"风险社会"已经超出了现代社会管理的能力。⑤

对此，政治家们则从政治和社会管理的高度，提出了要推进社会管理体制的改革创新，创造更加有效的社会管理体制，提高管理社会事务本领的要求。胡锦涛2005年2月在中共中央政治局第二十次集体学习时特别强调指出："必须提高管理社会事务的本领、协调利益关系的本领、处理人民内部矛盾的本领、维护社会稳定的本领。要适应社会主义市场经济发展和社会结构深刻变化的新情况，深入研究社会管理规律，更新社会管理观念，推进社会建设和管理的改革创新，尽快形成适应中国社会发展要求和人民群众愿

---

① 2007年10月24日中国自主研制并发射的首个月球探测器"嫦娥一号"（Chang'E1），以中国古代神话人物"嫦娥"命名。
② 指广泛采用E-mail传输信息的互联网时代。
③ 时滞是时间滞后的简称，是指某一行为从启动到产生结果的时间段。滞后时间τ与对象时间常数T之比τ/T大于0.5甚或超过1.0时，就称为大滞后系统。
④ 〔英〕安东尼·吉登斯：《失控的世界》，周红云译，江西人民出版社，2001。
⑤ 〔德〕乌尔里希·贝克：《风险社会》，何博闻译，译林出版社，2004。

望、更加有效的社会管理体制。"①

综上所述,一个世界性的管理学问题摆在所有管理者和管理学研究者面前:现代社会果真就如贝克们所说的"已经超出了现代社会的管理能力"了吗?我看未必尽然,因为如果我们仍然抱着传统的单纯反馈控制的社会管理方式的话,那么贝克说的肯定是对的,但是如果我们创新社会管理体制,改革社会控制方式,"风险"也许仍会在我们的掌控之中。为此,本书将有针对性地提出前馈控制的理论,并主张对现行社会管理体制和运行机制实施以"前馈控制"为内容的改革和创新。

第二节 研究的目的

以上我们提出了问题,而且试图通过建立社会管理的前馈控制模式来解决上述问题,这就是本项研究的目的。

2003年10月党的十六届三中全会通过的《中共中央关于完善社会主义市场经济体制若干问题的决定》提出,要"建立健全各种预警和应急机制,提高政府应对突发事件和风险的能力"。② 2004年9月党的十六届四中全会在《中共中央关于加强党的执政能力建设的决定》中提出"要建立健全社会预警体系,形成统一指挥、功能齐全、反应灵敏、运转高效的应急管理机制,提高保障公共安全和处理突发事件的能力"。③ 2005年10月党的十六届五中全会《中共中央关于制定国民经济和社会发展第十一个五年规划的建议》提出:"要建立健全社会预警体系和应急救援动员机制,提高处理突发事件的能力。"④ 2006年10月党的十六届六中全会《中共中央关于构建社会主义和谐社会若干重大问题的决定》指出要居安思危,再次明确提出要"建立健全社会预警体系,形成统一指挥、功能齐全、反应灵敏、运转高效的应急管理

---

① 《胡锦涛同志2005年2月21日在中共中央政治局第二十次集体学习时的讲话》,新华网,2005年02月22日,http://news.xinhuanet.com/newscenter/2005-02/22/content_2605870.htm。
② 《中共中央关于完善社会主义市场经济体制若干问题的决定》,中央政府门户网站,http://www.gov.cn/test/2008-08/13/content_1071062.htm。
③ 《中共中央关于加强党的执政能力建设的决定》,新华网,http://news.xinhuanet.com/zhengfu/2004-09/27/content_2027021.htm。
④ 《中共中央关于制定国民经济和社会发展第十一个五年规划的建议》,新华网,http://news.xinhuanet.com/ziliao/2005-10/08/content_3591815.htm。

机制，提高保障公共安全和处理突发事件的能力"。① 党中央连续四次在全会上强调"社会预警"和"应急管理"，其目的显而易见，就是试图在我们的社会管理体制中形成一种对风险具有超前预控的能力。这种超前控制，用本项研究的学术概念表达即前馈控制。所以，超越传统的社会管理反馈控制的理念，通过研究前馈控制的思想、理论、方法乃至技术，设计出一种社会管理的前馈控制模式，便是本研究的目的。

第三节 主要研究内容

本项研究将围绕社会管理的前馈控制从四个方面展开。

一 前馈控制的基本理论研究

基本理论研究包括如下内容：前馈控制概念的界定，以及由此衍生的一系列相关概念的探讨；前馈控制和反馈控制的区别与联系，二者的特点与优劣之比较；前馈控制的运行机理；在社会领域实施前馈控制的可能性空间等等。其中前馈控制的机制将是讨论的重点。前馈控制机制涉及预警和预控两个方面：预警是实现前馈控制的基础和前提，是手段；预控是前馈控制的本质和目的。前者属于社会预测学范畴，其研究的任务是有没有问题和问题有多大，以及如何提前发现问题并估量问题发展的严重程度。后者属于社会控制论范畴，其研究的任务是有了问题（包括潜在的问题）后怎么办，以及如何消除问题或控制其发展蔓延。但是我国的实际情况是预警和预控不仅在实践上存在严重脱节，而且在理论上也存在严重脱节。所以，如何从理论上解决"预警"和"预控"脱节的问题，打通两者之间的逻辑，并实现管理体制上的有效衔接，是前馈控制理论中亟待解决的问题。

另一个与此相联系的问题是"预警"和"应急"不平衡的问题。如前所述，自2003年中共十六届三中全会提出"建立健全社会预警体系及应急管理机制"的决策后并反复加以强调。但是相对我国业已建立的庞大的应急管理体系，社会预警体系的建设却显得极不平衡。那么，"预警"和"应急"两者之间究竟是什么关系？"预警"和"应急"孰轻孰重？何以形成目前这

---

① 《中共中央关于构建社会主义和谐社会若干重大问题的决定》，新华网，http://news.xinhuanet.com/politics/2006-10/08/content5218639.htm。

种"重应急""轻预警"的局面？阻碍我们通过社会预警实现前馈控制的障碍有哪些？实现社会预警科学化的瓶颈是什么？诸如此类的问题，都是我们在理论上不能不回答和不能不解决的问题。

二 历史上前馈控制的思想理论和方法研究

漫长的人类历史中蕴藏着十分丰富的管理智慧和实践，前馈控制作为一个现代学术概念于今提出，但是作为一种管理智慧或方式，应当说古已有之。例如，2500 年前老子提出的"为之于未有，治之于未乱"① 的思想，秦始皇统一六国后采取的"车同轨、书同文、统一货币、统一度量衡"及"焚书坑儒"等政治措施，都属于前馈控制范畴。在国外，20 世纪 60 年代兴起于美国随之风靡西方世界的"社会指标方法"②，罗马俱乐部提出的"世界模型"③ 等，都具有前馈控制的意义。对诸如此类具有借鉴意义的史料进行搜集和梳理，无疑也应当是本项研究的重要内容。

三 前馈控制管理机制系统的一般模式研究

如何实现前馈控制？千行万业实施前馈控制的模式必有各自的特点，不可能千篇一律。但是我们深信其中必有共同的东西，万变不离其宗。理论研究的任务就是从中抽象概括出共性的东西。所以本项研究应当提出构建前馈控制管理机制系统模式的一般原则，并在此基础上设计前馈控制管理机制系统的一般模式。

四 前馈控制管理系统模式的应用研究

结合我国国情设计科学的前馈控制的机制模式，是本项研究的核心内容，也是本研究目的能够实现的关键所在。毛泽东曾经说过一句十分形象而又精辟的话：我们的目的是过河，就得解决船和桥的问题。否则过河就是一句空话。"机制"作为一种工具，它是实现目标的通道和手段。近年来"社会预警"和"应急管理"已成社会各界的热门话题和高频词语，但是如何实现社会预警和应急管理恰恰是前馈控制的核心内容和瓶颈所在。开展前馈控制机制的研究，探索前馈控制管理的内在机理，创建新机制，对形成更加完

---

① 《道德经》，北京出版社、文津出版社，2004，第 135 页。
② 郑杭生、李强、李路路：《社会指标理论研究》，中国人民大学出版社，1989；朱庆芳、吴寒光：《社会指标体系》，中国社会科学出版社，2001。
③ D. H. 梅多斯等：《增长的极限》，四川人民出版社，1984，第 139 页。

善的社会管理模式意义重大。所以，本项研究将从前馈控制的内涵出发，以我国政府的前馈控制管理为指向，选取若干个政府部门为个案，客观分析我国政府系统现行组织结构及其职能设置，诊断其前馈控制功能不足的缺陷，从而设计出一个将前馈控制管理的各项功能（先导指标设计、前馈信息汇集、先兆分析、趋势研判、警级发布、警势预控、应急管理等）纳入其中的前馈控制机制系统模式，并在对该模式进行静态和动态、宏观和微观的详尽阐述的同时，进一步指出其运行、实施的操作步骤和要点。最后，本书还将对在社会领域实施前馈控制的可能性进行实证分析。

第四节　理论性背景

本项研究具有多层面的理论性背景。

一　风险社会理论

伴随着现代科技革命的不断深入和经济的飞速发展，社会运行的速度日益加快，经济全球化、世界一体化的潮流已不可逆转。然而就是在这种背景之下，一些学者提出"风险社会"这一概念，并做出了人类正在从工业社会向风险社会过渡的判断。他们用"风险社会"来描述正在出现的社会形态，其中尤以乌尔里希·贝克和安东尼·吉登斯为代表。他们将现代社会命名为风险社会，至少包含以下考虑。"高风险性"已成为现代社会的一种典型特征，而且现代社会除了传统类型的风险，还出现了不同于以往的新型风险，它们在时间、空间、速度、规模上都发生了很大的变化。与传统社会中的风险相比，当代社会的风险具有如下特点。一是风险的复杂性、不确定性、不可预见性和迅速扩散性都日益增强。正如贝克所言，"各类风险在各种时空范围内传递和蔓延的准确模式至今依然是一个无法解开的谜团，而且各类风险都可能有一个长期潜藏和孕育的时期"。[①]贝克将肇始于1996年的英国疯牛病危机视为对风险社会教科书式的范例和诠释，如它的跨国界蔓延和迅速产生的全球性影响。二是具有较强的人为性或社会性。当代社会的风险不同于工业化时期以前人类所遭遇的各种自然灾害，因为那些自然灾害是外在因

[①]〔德〕乌尔利希·贝克：《从工业社会到风险社会》（上），载王武龙编译《马克思主义与现实》2003年第3期。

素而非人为因素导致的,而"风险社会"中的风险在很大程度上是人类的认识和决断导致的,如生态风险、核风险、化学风险、基因风险等。这些风险在很大程度上是社会进步所带来和引发的副作用与负面效应,特别是科学技术迅猛发展带来的副作用和负面效应,并且它又将不断地产生新的风险。三是风险的全球化。在全球化时代的背景和条件下,社会风险能够跨越时空的限制。一些局部危机或突发性事件往往会以前所未有的速度和规模向外扩张,从而酿成全社会甚至全球性的灾难。如果说"风险社会"一词在以前还只是学术界的一个晦涩概念,那么当"9·11"恐怖袭击事件和 SARS 流行,特别是世界性金融危机为社会大众所切实感受之后,这个词正日益成为一种大众话语并引起人们深刻的反思。本书前馈控制模式的提出,正是因应这一背景。

二 社会建设与社会管理概念的提出

党的十六大以来,我们党在理论方面不断探索创新,提出了科学发展观、构建社会主义和谐社会等重大战略思想,提出了"以人为本""社会建设"等一系列概念和理论,使中国特色社会主义理论体系不断发展和完善。2004 年党的十六届四中全会有两个重大的理论贡献。其一是提出了构建社会主义和谐社会这个非常重要的战略思想;其二就是提出了社会建设这个很重要的概念,使中国社会主义建设的总体布局由原来的经济建设、政治建设、文化建设的"三位一体",变为包括社会建设在内的"四位一体"的格局。党的十七大报告则明确把"社会建设"单辟一节,与经济建设、政治建设、文化建设并列为"四位一体"。十七大还把"四位一体"的布局写进党章。这体现了我们党对执政规律、社会主义建设规律、人类社会发展规律认识的深化。

所谓社会建设,是社会主体根据社会需要,有目的、有计划、有组织地进行推进社会进步的社会行为与过程。社会建设的内涵很广,主要有两大方面:一是实体建设,诸如社区建设、社会组织建设、社会事业建设、社会环境建设等;二是制度建设,诸如社会结构的调整与构建、社会流动机制建设、社会利益关系协调机制建设、社会保障体制建设、社会安全体制建设、社会管理体制与机制建设等。其中后者与本书研究的前馈控制密切相关。因为社会建设的重要手段是社会管理,而前馈控制模式正是为了改善我们的安全体制建设,通过社会管理体制和运行机制的创新,推动我国社会运行方面的科学管理,更加有效地规避和应对社会风险,保证社会良性运行。

三 前馈控制方法在自然领域的广泛运用

其实，前馈控制方法在自然领域尤其是工程技术领域已经得到了比较广泛的研究和应用，如1981年苍永泉的《前馈控制在导弹控制回路设计中的应用》、1996年杨世锡等人的《数控三角轴磨床前馈控制研究》、1998年张铁等人的《柔性机械臂前馈控制的实验研究》、2002年贾晶等人的《用频域幅相调整前馈控制的非圆车削实验》、2004年陈东华等人的《电流型控制半桥逆变器研究——直流电容电压偏差前馈控制技术》、魏世隆等人的《具有运动部件的预警卫星姿态前馈复合控制》、2005年魏彤等人的《磁悬浮控制力矩陀螺的动框架效应及其角速率前馈控制方法研究》、2007年吴素虹的《眼科临床护理安全管理中的前馈控制》、2008年喻桂兰等人的《基于虚拟仪器的前馈-反馈控制系统的开发》等。总之，在自然科学领域，1981～2011年，相关研究成果在中国期刊网共载有410篇，若加上未入网者则数以千计，其增长趋势如图26-1所示。

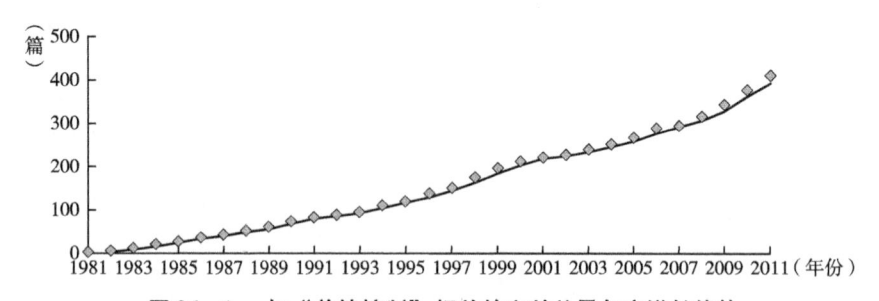

图26-1 与"前馈控制"相关的文献总量年度增长趋势

上述文献的共同特点是，通过观察那些作用于系统的各种可测输入量和主要扰动量，分析它们对系统输出的影响关系，并预测输出结果与预期结果之间的偏差。在这些可测量的输入量和主要扰动量的不利影响产生之前，通过及时采取纠正措施，来消除它们的不利影响。由于前馈控制以系统的输入或主要扰动信息为馈入信息，在系统的输出结果受到影响之前就纠正偏差，从而可以克服反馈控制时滞所带来的缺陷，大大改善控制系统的性能。

鉴于自然领域前馈控制研究进展的鼓舞和启发，本书大胆提出在社会领域实施前馈控制的设想，将前馈控制理论和方法引入社会管理体制和运行机制的构建，试图创建一种对改革和完善我国社会管理体制和运行机制有所裨益的"前馈控制模式"。

第五节 研究的方法

在社会管理领域实现前馈控制,不仅是一个理论问题,更是一个实践问题。因此,本项研究必须跳出传统研究模式的窠臼,以问题为中心,在大尺度跨学科研究的基础上,采取多学科联合攻关的方法来解决问题,使研究成果不仅"好看",而且"好用"。

本项研究将采取的具体方法,除传统的文献分析法和社会学及管理学研究方法外,还将采用系统动力学方法、仿真建模方法、模拟推演方法、德尔斐调查方法、时间序列分析等预测方法、地理信息技术方法、信号分析法及计算机辅助技术等研究方法。力图将多种方法整合在一起,实现"理论—方法—技术"三位一体高度结合,最后以计算机软件为平台集成,使科研产品成为总成式的能够使用(操作)的"成品",而不是零部件式的"半成品"。

第二十七章　前馈控制的基础理论研究

第一节　前馈控制的基本概念

所谓前馈控制，简而言之，就是事先分析和评估即将输入系统的扰动因素对输出结果的影响，并将期望的管理目标同预测结果加以对照，在出现问题之前就发现问题，事先制定纠偏措施，预控不利扰动因素，将问题解决在萌芽或未萌状态。由此可见，前馈控制是与反馈控制相对而言的。反馈控制是面对结果的控制，意在亡羊补牢。前馈控制是面向未来的控制，意在防患于未然。其实，前馈控制也是通过信息反馈来实施控制，但这种信息反馈是在投入一端，在投入未受影响前就加以纠正，因而具有较好的及时性。就好比人们骑自行车爬坡，为保证上坡时速度不致慢下来，在看到坡以后还未开始上坡之前，人们就会提前加速，使上坡过程顺利。

前馈控制采用的普遍方式，是利用所能得到的最新信息，进行认真、反复的预测，把计划所要达到的目标同预测结果相比较，并采取措施修改计划，以使预测与计划目标相吻合。目前在工程技术领域比较先进的前馈控制技术之一是计划评审法，或称网络分析法。它可以预先知道哪些工序的延时会影响整个工期，在何时会出现何种资源需求高峰，从而采取有效的预防措施与行之有效的管理办法。在企业管理控制活动中，前馈控制的内容包括对人力资源、原材料、资金等的前馈控制。比如，人力资源必须适应任务要求，数量和素质方面有能力完成指派的任务，并避免出现机构臃肿、人浮于事的现象；利用统计抽样来控制原材料质量，根据抽样不合格率决定接受或退货，根据库存理论控制库存储备量等。在社会管理领域，笔者认为可以运用风险评估方法、社会指标方法、德尔斐法等预测方法。

第二节 前馈控制与反馈控制之优劣比较

对系统的控制，按时间顺序可分为前馈控制、同步控制（也称过程控制）、反馈控制。在此我们为了强调前馈控制的特点和优势，以期获得对前馈控制价值的更深刻认识，不妨将其与反馈控制进行进一步的比较。

控制论奠基人维纳认为反馈控制是控制论的核心，他指出，一切类型的控制系统，都是用揭露目标实现过程中的错误和采取纠正措施的信息反馈来控制自己的。换言之，各种系统都是用自身的某些能量在成效和标准之间进行反馈，从而比较所得的信息。反馈控制就是根据最终结果产生的偏差来指导将来的行动。反馈控制在管理系统中具有极其重要的地位。但是，仅有反馈控制还远远不够。在管理工作中，时间延迟是常见的，我们称之为时间滞差，简称"时滞"。控制时滞的存在会使反馈控制常常会失去宝贵的时机，导致控制失效。要改变这种局面，就要使用另一种控制方法——前馈控制。

为了更清楚地比较反馈控制和前馈控制两者的优劣，我们来观察一下反馈控制与前馈控制的物理模型，如图 27-1 所示。

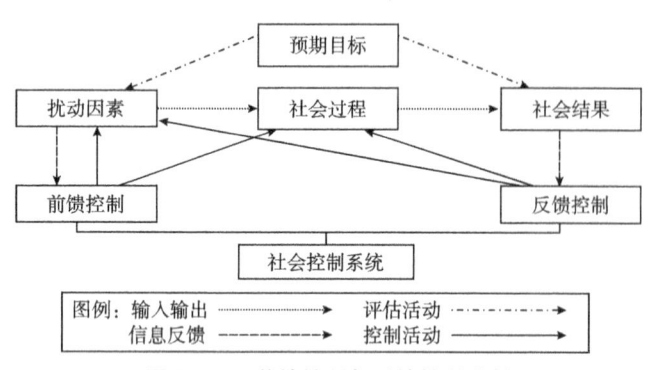

图 27-1 前馈控制与反馈控制比较

从模型中我们可以看到，以社会过程的两端（起点和终点）为分野，社会控制活动被分为前馈控制和反馈控制两种类型。

反馈控制在社会过程的末端，对社会过程所输出的社会结果与社会目标相比较所产生的偏差进行控制，因此是一种"事后控制"，其特点是根据最终结果产生的偏差来指导将来（下一次社会过程）的行动。反馈控制的基本过程为：以预期目标为标准→衡量实际结果→将实际结果与预期目标相比较→确定偏差→分析造成偏差的原因→确定纠正方案→贯彻纠正措施。

前馈控制在社会过程的前端,对尚未输入社会过程的扰动因素与社会目标相比较所可能产生的偏差进行控制,因此是一种"事前控制",其特点是对输入社会系统的扰动因素进行控制。前馈控制的基本过程为:以预期目标为标准→分析输入变量→预测输入变量中的扰动因素对输出结果的影响→对可能产生的影响与预期目标进行比较→确定偏差→控制变量的输入。

将反馈控制与前馈控制相比较,我们可以看到反馈控制的特点是"亡羊补牢",其优点是具有确定性和实在性,缺点是具有被动性和"时间滞差性",尤其是对"大滞后系统"的迟滞效应是无能为力的。在社会管理工作中,时间滞差效应是常见的。如前所述,各地乱搞小煤窑所发生的种种社会问题,就是20世纪80年代中后期的"扰动因素"(包括相应的经济社会政策)输入社会过程所致,而当我们收到反馈信息后,要分析偏差的原因,选择矫正方案,再贯彻矫正措施,又要经历较长的延迟,即所谓"时滞"。在这个近30年的"时滞"中,全国已经出现了9887处小煤窑,仅2004年矿难死亡人数就达到6000多人,约占当时世界矿难死亡人数的80%。要改变这种木已成舟的状况非常困难,不仅成本非常之高,而且对资源、环境及人的生命造成的损失无论如何也无法补救。所以,单纯依靠反馈控制常常会失去宝贵的时机,使控制失效。要改变这种状况,就必须使用另一种控制方法——前馈控制。

前馈控制的特点是"曲突徙薪",优点是能够防患于未然,掌握主动权,缺点是具有不确定性和虚拟性。前馈控制运用不断获得的最新信息加以预测,并将期望的社会管理目标同预测结果加以对照,在出现问题之前就发现问题,事先制定纠偏措施,将问题解决在萌芽状态。因此,前馈控制的优势在于可以避免反馈控制的"时滞"缺陷。但是由于人类的认识是有盲区和局限性的,不能对未来实现完全的前馈控制,所以在前馈控制力不能及的地方,仍要依靠反馈控制。重要的是我们应当看到,就控制方式本身所具有的功能来说,前馈控制还是具有反馈控制不可比拟的优越性。

总之,前馈控制并不排斥反馈控制,它只是以自己独特的优点弥补反馈控制的缺陷。

第三节　前馈控制对现代社会管理的意义

反馈控制和前馈控制孰优孰劣,是以不同的社会时空条件为转移的。在传统社会中，由于社会结构相对简单，社会运行速度非常缓慢，社会管理者仅依靠"烽火狼烟"式的反馈控制就足以应对一切。到了现代社会，社会变迁、变化、变革速度越来越快、越来越复杂。有人将现代社会的特征高度概括为"E-时代"。在E-时代，各种新生事物借助互联网，往往"忽如一夜春风来，千树万树梨花开"。在这种情形下，社会管理者如果仅依靠反馈控制，就难免捉襟见肘，应接不暇。这种情况，可以从传统兵器和现代兵器的对比中得到更加鲜明的认识。在冷兵器时代，武林高手在听到箭响之后，可以迅速用盾牌或别的什么兵器挡住射来之矢，更有甚者可以用手抓住射来之箭。但是在火器时代，特别是电子兵器时代，任你有再高的武功，仅靠反馈能力也难以抵挡超音速甚至等光速武器的攻击。所以必须依靠前馈控制，如人们发明的预警雷达、预警飞机、爱国者导弹、巡航式导弹及反导弹防御系统等这些装有"前馈控制器"的电子武器。

从社会管理的目标来看，追求社会稳定是历来统治者的社会管理目标。但是两种不同的社会控制方式（反馈和前馈）往往会导致两种不同的社会稳定。现代科学研究认为，社会作为一个大系统，其内部子系统之间的相互作用、相互适应的结果，可以有两种不同类型：一种情况是，某子系统偏离原有适应状态时，与其他子系统相互作用的结果是使整个大系统进入新的稳定态（适应态），呈现为调整促进型；另一种情况是，某子系统偏离原有适应态后，与其他子系统相互作用的结果是消除了对原有适应态的偏离，大系统回到原有的稳定态，呈现为压制还原型。它的特点是当各子系统对原有适应态偏离到一定程度后，会引起整个系统的动乱或崩溃，使其各子系统之间作用方式突变，突变后子系统相互作用的后果是消除偏离，回到原有适应态，使整个系统结构呈现稳定性。现代控制论把这种依靠消除偏离、压制周期性动乱来保持自身稳定的系统称为超稳定系统。由此可以认为存在两种类型的社会稳定，一种是硬性控制下的高压稳定，另一种是柔性调控下的和谐稳定。显然，前一种稳定是表面的和脆弱的，一旦失控就会导致社会动乱甚至崩溃，这就是前文所说的超稳定系统；后一种稳定是本质的和内在的，是长治久安的可持续稳定，我们称之为和谐稳定系统。由此可见，稳定的社会未必是和谐的社会，而和谐的社会必定是稳定的社会。两者的区别还在于以下两个方面。其一，超稳定系统是以牺牲社会发展为代价的，而和谐稳定系统是以社会发展为前提的；其二，超稳定系统的社会控制机制是僵硬的和被动调控的，而和谐稳定系统的社会控制机制是弹性的和自动调适的。

党在十六届六中全会提出"构建社会主义和谐社会"命题，这个命题其实涉及一个社会管理体制的科学性和完善性问题。马克思就很注意制度的科学性。他分析资本主义不能克服周期性经济危机的"症结正是在于，对生产自始就不存在有意识的社会调节"。① 可见，能否进行有意识的社会调节，是社会制度结构或管理体制中的重要问题。制度结构的科学性就在于它是否有自动调节并不断适应发展的能力，很显然，仅依靠具有反馈控制功能的社会管理体制是无法奏效的，因为其具有明显的"时间滞差"局限性，如果时滞较长，致使问题积累成山，成了一定的"气候"以后才发现，那么问题反而难以解决了。正所谓明者先机而作、智者握机而行、愚者失机而悔。

所以，在当今快速多变的社会运行中，被动式的反馈控制对维护社会和谐稳定的作用有较大的局限性。那么，如何使我们的社会管理体制能够更加灵敏地进行"有意识的社会调节"，自觉和自动地协调社会利益关系，及时消除各种矛盾，从而适应社会发展的要求呢？结论是我们必须研究如何将前馈控制的思想和操作架构渗透或复合于现代社会管理体系之中，对现行社会管理体制进行改革和创新，使之更加完善，形成党中央所期望的能够"适应社会主义市场经济发展和社会结构深刻变化"和"适应中国社会发展要求和人民群众愿望、更加有效的社会管理体制"。②

综上所述，在现代社会中，前馈控制是整个社会控制或调控机制中最有意义的组成部分。在我国现阶段的社会建设和管理的改革创新中，将前馈控制机制注入社会管理体系，提高社会管理部门的前馈控制能力，是提高管理绩效的关键环节之一。从某种意义上说，越是现代的社会管理体系，本质上应该是一种越具有前馈控制能力的社会管理体系。

---

① 《马克思恩格斯全集》第32卷，人民出版社，第542页。
② 参见胡锦涛同志2005年2月21日在中共中央政治局第二十次集体学习时的讲话。

第二十八章　中国古代先哲的前馈控制思想*

前馈控制作为一个现代学术概念于今提出，但是作为一种管理智慧或思想，应当说古已有之。在人类漫长的历史发展过程中，随着阶级和国家的出现，以及对国家和各种社会事务管理活动的开展，前馈控制的思想和管理就在有意无意之间产生了。对前馈控制的探寻和研究从此开始并且始终不曾间断。无论是东方还是西方，人们对前馈控制问题都进行了大量深入而有成效的探究，总结出许多有关前馈控制的经验和教训。然而，由于时代的局限，这些探索只能停留在经验或者想象的层面，表现为一种零散的、不成系统和体系的思想或观点，为此，本章拟对能够收集到的古代相关资料进行初步梳理，以期对基于前馈控制的社会管理创新有所裨益。

第一节　逢事必占，庙算在先

前馈控制必须以预测为前提，因而古人对预测极为重视，早在5000年前和3500年前就发明了"龟卜"和"蓍筮"①的预测方法。从殷墟出土的大量甲骨来看，当时人们无论是生老病死还是出行打仗，几乎逢事必占。《礼记·中庸》中甚至把预测的重要性推崇到极致——凡事预则立，不预则废。负责占卜（预测）的人地位是很高的，周王朝就开始在宫内设立龟官，专司预测之职，其地位不仅与御史相当，而且可以直接影响天子的言行，随时参与帝王的决策。由此可见古时预测和预测者地位之高，前馈控制意识之强。虽然古人当时的"神灵性预测"方法②是愚昧的，但其努力预知吉凶、趋利避害的前馈控制意识是值得肯定的。

---

* 本章内容主要根据笔者在《国家行政学院学报》2011年第3期已发表的论文《我国古代前馈控制思想对现代社会管理的启示》一文编写。
① 阎耀军：《社会预测学基本原理》，社会科学文献出版社，2005，第19~23页。
② 阎耀军：《社会预测学基本原理》，社会科学文献出版社，2005，第19~25页。

随着社会文化的进步,古人逐渐摒弃愚昧的神灵性预测方法,经由经验性预测向趋于科学的哲理性预测发展。在这一过程中以《孙子兵法》为代表的"庙算在先"的思想,对前馈控制特别具有启迪意义。《孙子兵法·计篇》指出:"夫未战而庙算胜者,得算多也;未战而庙算不胜者,得算少也。多算胜,少算不胜,而况于无算乎!"① 什么是"庙算"?曹操在《十一家注孙子》中说"庙算"就是"选将、量敌、度地、料卒、远近、险易,计于庙堂也"。孙子还认为:"兵者,国之大事也。死生之地,存亡之道,不可不察也。"② "察"什么,也就是"计于庙堂"的内容是什么,这是决定战争胜负的基本因素,用今天的话语来讲就是"察"前馈控制的主要因素。孙子将这些因素概括为"五事七计"。"五事"即一曰道,二曰天,三曰地,四曰将,五曰法;"七计"即主孰有道,将孰有能,天地孰得,法令孰行,兵众孰强,士卒孰练,赏罚孰明。孙子在2000多年前就能对战争胜负的基本因素提出这样系统的前馈控制,不能不令今人感佩和汗颜。孙子这种谨察慎战,预算胜负,通过庙算实施前馈控制的做法和思想精髓,应该是我们今天进行社会管理必须认真领悟的。

第二节 采诗考政,体察民意

言为心声,行由心动。古人很早就意识到了解民众的想法,随时掌握民意,控制民众的行为,对治理国家而言是一件极为重要的事情。所以,早在3000年前的西周,统治者们为了解民意,观察时政得失,以便更好地维护自己的统治地位,就设有一种被称为"采诗"的民意调查制度,其具体做法就是在朝廷中设立一种叫"采诗官"的职务,并派这些人常年巡游各地,专门在民间采集歌谣民谚,汇编成集并层层上报。③ 我国古代第一部诗歌总集——《诗经》中的《国风》,实际上就是由此而来的。例如其中脍炙人口的《魏风·硕鼠》,④ 现在的人们把它当成先秦文学作品,而在当时,却是被

---

① 施芝华:《孙子兵法新解》,上海学林出版社,2000,第2页。
② 施芝华:《孙子兵法新解》,上海学林出版社,2000,第1页。
③ 《食货志》曰:"孟春之月,群居者将散,行人振木铎徇于路以采诗,献之大师,比其音律,以闻于天子。"《春秋公羊传》曰:"乡移于邑,邑移于国,国以闻天子。"
④ 见于《诗经·国风·魏风》,是魏国的民歌,人民用硕鼠讽刺当政者,表达了奴隶的反抗和对理想国度的向往:"硕鼠硕鼠,无食我黍!三岁贯女,莫我肯顾。逝将去女,适彼乐土。乐土乐土,爰得我所?"

当作一条反映当地民意的信息来收集的。正如《汉书·艺文志》所说："哀乐之心感而歌咏之声发，诵其言谓之诗，咏其声谓之歌。故古有采诗之官，王者所以观风俗，知得失，自考正也。"这里已经很清楚地说明，古代王朝"采诗"的主要目的并不是繁荣文学创作，而是了解民意，以观政治之厚薄，为统治者的政治决策服务。

采诗，谓采取怨刺之诗也。当时周王朝设置的这种采诗制度，可以说是现代民意调查制度和当代舆情调查制度的渊源所在。这种制度在前馈控制中所发挥的作用，在著名诗人白居易的诗作《采诗官》中得到很好的佐证：

> 采诗听歌导人言。
> 言者无罪闻者诫，
> 下流上通上下泰。
> 周灭秦兴至隋氏，
> 十代采诗官不置。
> 郊庙登歌赞君美，
> 乐府艳词悦君意。
> 若求兴谕规刺言，
> 万句千章无一字。
> 不是章句无规刺，
> 渐及朝廷绝讽议。
> 诤臣杜口为冗员，
> 谏鼓高悬作虚器。
> 一人负扆常端默，
> 百辟入门两自媚。
> 夕郎所贺皆德音，
> 春官每奏唯祥瑞。
> 君之堂兮千里远，
> 君之门兮九重闭。
> 君耳唯闻堂上言，
> 君眼不见门前事。
> 贪吏害民无所忌，
> 奸臣蔽君无所畏。
> 君不见厉王胡亥之末年，

群臣有利君无利。
君兮君兮愿听此，
欲开壅蔽达人情，
先向歌诗求讽刺。

以上情况充分说明，作为一种制度化的前馈控制措施和办法，我国周代的"采诗"制度具有开先河的意义。

第三节　见几而作，不俟终日

古人主张一旦发现事情的微动之几，便应立即采取相应的行动，不要待到事情已经发展到无可救药时才手忙脚乱被动应对；同时认为如果能够在管理活动之初就注意研究并把握各种哪怕是十分微小的扰动因素，便能掌控事物运行全过程的主动权，从而获得管理的成功。这一思想主要体现在《易经》和《韩非子》等典籍中。

《周易·系辞下》说："君子见几而作，不俟终日。"[①] 所谓"几"，就是事物运行过程之初刚刚显露的端倪、征兆。用现代的话来说就是即将或有可能输入系统的扰动因素。而这些扰动因素又往往只是一种细微的变动，即微动之几，不仅不易为人所察觉，而且或吉或凶之后果也蕴含其中。因此要想把握这些微动之几，就必须注重"研几"，即对那些将输入系统的微小变量进行分析研究。《周易·系辞上》说："夫《易》，圣人之所以极深而研几也。惟深也，故能通天下之志；惟几也，故能成天下之务。"[②] 这就是说，凡是成功的管理者都是注重"研几"的，只有把握了微动之几，才能实施前馈控制，才能"成天下之务"。

这种"见几而作，不俟终日"的前馈控制思想在韩非子那里有更为生动的体现：

扁鹊见蔡桓公，立有间，扁鹊曰："君有疾在腠理，不治将恐深。"桓侯曰："寡人无疾。"扁鹊出，桓侯曰："医之好治不病以为功。"居十日，扁鹊复见，曰："君之病在肌肤，不治将益深。"桓侯不应。扁鹊

---

① 高亨：《周易大传今注·系辞下》，齐鲁书社，1979，第575页。
② 高亨：《周易大传今注·系辞》，齐鲁书社，1979，第534页。

出，桓侯又不悦。居十日，扁鹊复见，曰："君之病在肠胃，不治将益深。"桓侯又不应。扁鹊出，桓侯又不悦。居十日，扁鹊望桓侯而还走。桓侯故使人问之，扁鹊曰："疾在腠理，汤熨之所及也；在肌肤，针石之所及也；在肠胃，火齐之所及也；在骨髓，司命之所属，无奈何也。今在骨髓，臣是以无请也。"居五日，桓侯体痛，使人索扁鹊，已逃秦矣。桓侯遂死。①

这个故事说明，任何败局的形成都有一个由量变到质变、由隐匿向显著发展的过程，而败局的形成往往有多次实施前馈控制的机会。桓侯之病由腠理而至肌肤，由肌肤而至肠胃，由肠胃而至骨髓，终于陷入了无可挽回的绝境。正是因为他没有"见几而作"，听从扁鹊实施"前馈控制"的建议（病在表皮，用药物热敷可治；病在肌肉，用针灸可治；病在肠胃，用火剂可治），以致病入膏肓。

第四节　未乱先治，图难于易

为什么要"见几而作"？2500 多年前的大哲学家老子深刻指出："其安易持，其未兆易谋，其脆易泮，其微易散。"② 意思是说，当事物尚处于稳定状态的时候，容易掌握；当事物尚未显露出变化征兆的时候，易于谋划；当事物尚处于脆弱状态的时候，易于融解；当事物尚处于细微阶段时，易于消散。老子在这里深刻地表达了"图难于其易""为大于其细"的辩证思想，为我们指出了一条以极小的管理成本取得成功的思路，这就是"为之于未有，治之于未乱"。③ 老子这种主张未乱而先防先治的思想，其实就是对现代前馈控制理论的精彩诠释。

老子这种"未乱先治，图难于易"的前馈控制思想，在古代中医学中亦有极其精彩的反映。中医认为，病在几微之际难知而易治，一旦昭著则易知而难治。所以，《素问·阴阳应象大论》说："邪内之至也，疾如风雨，故善治者治皮毛，其次治肌肤，其次治筋脉，其次治六腑，其次治五脏。治五脏

---

① 商鞅、韩非：《商君书 韩非子·喻老》卷二十一，张觉点校，岳麓书社，1990，第 136 页。

② 《道德经》，北京出版社、文津出版社，2004，第 135 页。

③ 同上。

者,半死半生也。"① 意思是说,病在皮毛,症候不明显,非精细观察不可能得知,如果及时治疗,病变初起即除,自然不会深入扩散。否则,入于肌肤,转而筋脉,而六腑,直至侵入五脏,使人处于半死半生之危地,即使得以存活,元气已经大受损伤了。《素问·四气调神大论》说:"是故圣人不治已病治未病,不治已乱治未乱,此之谓也。夫病已成而后药之,乱已成而后治之,譬犹渴而穿井,斗而铸锥,不亦晚乎!"② 这里以"渴而穿井"为喻,来表现凡事不能谋划在先、临时抱佛脚的窘态。而西方现代医学也证明,人类很多疾病其实都不是严格意义上的病,只是缺水而已,所以不要等到口渴才去饮水。二者虽不在同一层次,却也可相互印证。张介宾说:"祸始于微,危因于易,能预此者,谓之治未病,不能预此者,谓之治已病,知命者,其谨于微而已矣。"③ 微者,动之几也,病未形而及时治之,用力少而成功多。

第五节 令人知事,明其法禁

在各种社会控制方法中,法律无疑是最强有力的控制手段。古代法家思想对社会控制做出过卓越贡献。法家起源于春秋时期齐国的管仲与郑国的子产,发展于战国时的李悝、商鞅、申不害、慎到,集大成于战国末期的韩非。发掘法家的预控管理思想,应当对探索和改善现代社会管理具有深刻的现实意义。

长期以来,在法律实践领域中,法的功能囿于或偏重于惩罚,强调治患于已然,而忽视防患于未然,其结果不免导致治标而不治本的单一功能主义。其实从法哲学的角度看,法律具有双重的功能,既能对已然之事做出评判和处断,又可对未然之事进行预防与防范,即本书所说的预控。孟德斯鸠曾经说过:"一个良好的立法者关心预防犯罪,多于惩罚犯罪,注意激励良好的风俗,多于施用刑罚。"④ 其实我国古代法家早已注意并且强调了法的预控作用。《管子》说,"法者所以兴功惧暴也,律者所以定分止争也,令者所以令人知事也,法律政令者,吏民规矩绳墨也"。⑤ 这句话实际上涉及了法律的规范和预控作用。可以这样理解:法律是通过发挥其"令人知事"和"规

---

① 《素问》,《四库全书》影印本。
② 同上。
③ 《类经》,《四库全书》影印本。
④ 〔法〕孟德斯鸠:《论法的精神》(上),张雁深译,商务印书馆,1959,第98页。
⑤ 《管子》,中华书局,2009。

矩绳墨"等规范作用来实现其"兴功惧暴"和"定分止争"的社会目的。《韩非子》把"明其法禁,察其谋计"①作为预控的方法之一。意思是审明法律政令,审察谋划计策,让民众都了解清楚,这样官吏就不敢不依法办事,百姓也就乐于为官府所用。韩非还用一个故事来说明使人们"明其法禁"对预控犯罪的重要性。这个故事说:"董阏于为赵上地守。行石邑山中,见深涧,峭如墙,深百仞。因问其旁乡左右曰:'人尝有入此者乎?'对曰:'无有。'曰:'婴儿盲聋狂悖之人,尝有入此者乎?'对曰:'无有。''牛马犬彘,尝有入此者乎?'对曰:'无有。'董阏于喟然太息曰:'吾能治矣。使吾法之无赦,犹入涧之必死也,则人莫之敢犯也,何为不治?'"②商鞅指出:"民信其赏,则事功成;信其罚,则奸无端。"③可见古人很早就注重法律的教育功能对预控管理的重要意义。以上法家人物所言,其实就是我们今天所说的"普法"工作。可见法律的预防作用主要是通过法律的明示作用,即"明其法禁"和执法的效力,以及对违法行为进行惩治力度的大小来实现的。"明其法禁"可以使人们知晓法律而明辨是非,即在人们的日常行为中,什么是可以做的,什么是绝对禁止的,触犯了法律应受到的法律制裁是什么,从而预先规范自身的行为。

邓小平同志对包括法律(法制)在内的制度的预控作用有更加深刻的认识,他指出:"我们过去发生的各种错误,固然与某些领导人的思想、作风有关,但是组织制度、工作制度方面的问题更重要。这些方面的制度好可以使坏人无法任意横行,制度不好可以使好人无法充分做好事,甚至会走向反面。""不是说个人没有责任,而是说领导制度、组织制度问题更带有根本性、全局性、稳定性和长期性。这种制度问题,关系到党和国家是否改变颜色,必须引起全党的高度重视。"④

第六节 曲突徙薪,预控为重

危机的发生有偶然性,也有必然性。偶然性往往寓于必然性之中。因此,古人主张在管理活动中要大胆假设可能出现的问题,并事先采取措施以

---

① 王先慎、锺哲:《韩非子集解》,中华书局,1998。
② 同上。
③ 石磊评注《商君书》,中华书局,2009。
④ 《邓小平文选》第2卷,人民出版社,1983,第333页。

防不测,而且更为深刻的是,古人认为这种事先的预防与预控要比事后的应急补救更为重要。这一思想在《汉书·霍光传》所记载的"曲突徙薪"故事中有生动而深刻的体现:

> 客有过主人者,见其灶直突,傍有积薪。客谓主人:"更为曲突,远徙其薪;不者,且有火患。"主人嘿然不应。俄而,家果失火,邻里共救之,幸而得息。于是杀牛置酒,谢其邻人,灼烂者在于上行,余各以功次坐,而不录言曲突者。人谓主人曰:"乡使听客之言,不费牛酒,终亡火患。今论功而请宾,曲突徙薪亡恩泽,焦头烂额为上客耶?"主人乃寤而请之。①

这个故事讲的是一个更加典型的前馈控制的案例,而且把前馈控制和反馈控制的优劣和重要性做了鲜明的比较:把烟囱改弯不使火星窜出,使柴草远离烟囱不使接触火源,是防止火灾发生的前馈控制;发生火灾,再去救火,是反馈控制。结论是评论功劳,首先应当奖励提出"曲突徙薪"建议的人,而不是救火被烧伤的人。唐末诗人周昙曾就此事大发感慨:"曲突徙薪不谓贤,焦头烂额飨盘筵。时人多是轻先见,不独田家国亦然。"② 联想我们现在的社会管理,我们奖励了多少"救火英雄""抗洪英雄""抗震英雄"等,但至今我们还没听说过奖励名目中有"防火英雄""防洪英雄""防震英雄"。中央从十六届三中全会以来,连续四次全会反复强调要建立健全社会预警体系和应急管理机制。可是我们似乎并没有奖励过那些在"预警"方面做出过贡献的人,而是把"应急"放在了十分突出的位置。在我们的管理文化中,大多数情形是当危机处置成功后,参与处理危机者往往得到奖掖;而危机出现前的预见者,常常是不受欢迎的人。这种"重应急、轻预警""曲突徙薪亡恩泽,焦头烂额为上客"的思维和行为定式,造成一种很不好的管理文化氛围。"若嘉徙薪客,祸乱何由生"。曲突徙薪的故事的确很值得我们深刻反思。

第七节 先戒为宝,宁可虚防

反馈控制的最大缺陷是在问题出现到问题得到控制之间有一段时间滞

---

① 《汉书》卷六十八,《霍光金日磾传第三十八》,岳麓书社,1993,第1262页。
② 《全唐诗》卷728~102。

差，在这个时滞中，"问题"的量和质都可能发生很大变化。所以，尤其是对"大滞后系统"①，反馈控制甚至很难奏效。但是反馈控制也有很大的优点，就是它的"实在性"或"确定性"。相反，前馈控制虽能防患于未然，但是有一个很大的缺点，就是"虚拟性"和"不确定性"。也就是说，事先防备的事件并不一定实际会发生，或者说即便会发生，概率也是比较低的。这样就带来一个前馈控制的投入成本值不值的问题，对官员来说就是投入后如何产生"政绩"的问题。因此较短的治政周期（一般是五年换届，最长不得连任两届）和较长的危机发生周期（一般是十年、几十年甚至上百年）就形成一种博弈。其结果是多数管理者采取短期行为，将管理资源主要投入见效快的所谓"政绩工程"，而对那些带有很大不确定性的危机的出现心存侥幸。对此《吴子》、《心书》和《兵经》等古籍中的观点应引以为戒。

《吴子》曰："夫安国家之道，先戒为宝。今君已戒，祸其远矣。"② 三国时期，诸葛亮集政治家与军事家智慧于一身，著《心书》警示人们："国之大务，莫先于戒备。"③《左传》讲："居安思危，思则有备，有备无患。"④《盐铁论·卷八》讲："事不预辨，不可以应卒。内无备，不可以御敌。"宋代许洞《虎钤经·三才随用》讲："善用兵者，防乱于未乱，备急于未急"。⑤《兵经》认为，古人指挥部队作战，历经千险，平安无患，并不一定都有超群出奇的智谋，不过能预先有所准备罢了。如果做了预案而敌人并未来犯，也不必遗憾，"宁使我有虚防，无使彼得实尝"。⑥ 古人这些对前馈控制和反馈控制的利弊权衡，应该值得我们当今的社会管理者效仿。

第八节　不战而胜，先发制人

反馈控制作为一种事后控制方式，其最大问题是控前损失无法挽回；前

---

① 当被控对象滞后时间 τ 与对象时间常数 T 之比 τ/T 大于 0.5 甚或超过 1.0 时，就称为大滞后系统。
② 吴起、李硕之解《吴子浅说》，《图国第一》，解放军出版社，1986，第 9 页。
③ 诸葛亮、索宝祥译《心书译析》，民族出版社，2000，第 56 页。
④ 沈玉成：《左传译文·襄公十一年》，中华书局，1981，第 279 页。
⑤ 《四库全书》影印本。
⑥ 李炳彦、兵经译评上卷《智部·拙》，解放军出版社，1987，第 48 页。

馈控制作为一种事先控制，其最大优点在于可以不战而胜。《孙子兵法》中"不战而屈人之兵"的战略思想，不仅在世界军事史上是公认的具有独创性的思想，而且将其引申到社会管理中来，亦同样具有深邃的启发和创意。战而屈人之兵是反馈控制，不战而屈人之兵是前馈控制。"百战百胜，非善之善者也；不战而屈人之兵，善之善者也。"① 以此审视我们的社会管理工作，我们年复一年何止要处理成百上千起突发事件，可是按照孙子的观点，对这众多突发事件的成功处置，并非"善之善者"；而能够预先采取措施，不使这些突发事件发生，才称得上是"善之善者"。

不战而胜的命题中包含先发制人的意蕴，或者说欲求不战而胜必须先发制人。《兵经》将先发制人归纳为"四先"："兵有先天，有先机，有先手，有先声。师之所动而使敌谋沮抑，能先声也；居人己之所并争，而每早占一筹，能先手也；不倚薄击决利，而预布其胜谋，能先机也；予无争止争，以不战弭战，当未然而浸消之，是云先天。先为最，先天之用尤为最，能用先者，能运全经矣。"② 《兵经》这里所说的以无争止争、以不战弭战的思想，不仅与孙子不战而屈人之兵的思想高度契合，而且进一步认为要做到这一点就必须掌握先天之机。扪心反思，我们在社会管理中又该如何把握这些先机呢？

第九节　仿真模拟，推演结局

在古代前馈控制的思想和实践中，真正使前馈控制的方法向实证方向推进的是墨子。《墨子·公输》篇记载的墨子止楚攻宋的故事就具有典型意义。

公元前440年，公输盘为楚国造了云梯等各种攻城器械，造成后，将用它攻打宋国。墨子听说了，就从齐国起身，行走了十天十夜才到楚国国都郢，会见公输盘。公输盘说："您将对我有什么吩咐呢？"墨子说："北方有一个欺侮我的人，愿借助你杀了他。"公输盘不高兴。墨子说："我愿意献给你十镒黄金。"公输盘说："我奉行义，决不杀人。"墨子站起来，再一次对公输盘行了拜礼，说："请让我向你说说这义。我在北方听说你造云梯，将用它攻打宋国。宋国有什么罪呢？楚国有多余的土地，人口却不足。现在牺

---

① 施芝华：《孙子兵法新解》，上海学林出版社，2000，第88～89页。
② 李炳彦、兵经译评上卷《智部·先》，解放军出版社，1987，第6页。

牲不足的人口，掠夺有余的土地，不能认为是智慧。宋国没有罪却攻打它，不能说是仁。知道这些，不去争辩，不能称作忠。争辩却没有结果，不能算是强。你奉行义，不去杀那一个人，却去杀害众多的百姓，不可说是明智之辈。"公输盘服了他的话。墨子又问他："那么，为什么不取消进攻宋国这个计划呢？"公输盘说："不能。我已经对楚王说了。"墨子说："为什么不向楚王引见我呢？"公输盘说："行。"

墨子见了楚王，说："现在这里有一个人，舍弃他的华丽的丝织品，邻居有一件粗布的短衣，却打算去偷；舍弃他的美食佳肴，邻居只有糟糠，却打算去偷。这是怎么样的一个人呢？"楚王回答说："这人一定患了偷窃病。"墨子说："楚国方圆五千里，而宋国方圆五百里，这就像彩车与破车相比。楚国有云楚大泽，犀、兕、麋鹿充满其中，长江、汉水中的鱼、鳖、鼋、鼍富甲天下，宋国却连野鸡、兔子、狐狸都没有，这就像美食佳肴与糟糠相比。楚国有巨松、梓树、楠、樟等名贵木材。宋国连棵大树都没有，这就像华丽的丝织品与粗布短衣相比。从这三个方面的事情看，我认为楚国进攻宋国，与有偷窃病的人同一种类型。我认为大王您如果这样做，一定会伤害道义，却不能据有宋国。"楚王说："好啊！虽然这么说，但公输盘已经给我造了云梯，我一定要攻取宋国。"

于是又叫来公输盘见面。墨子解下腰带，围作一座城的样子，用小木片作为守备的器械。公输盘九次陈设攻城用的机巧多变的器械，墨子九次抵拒了他的进攻。公输盘攻战用的器械用尽了，墨子的守御战术还有余。公输盘受挫了，却说："我知道用什么办法对付你了，但我不说。"楚王问原因，墨子回答说："公输盘的意思，不过是杀了我。杀了我，宋国没有人能防守了，就可以进攻。但是，我的弟子禽滑厘等二百人，已经手持我守御用的器械，在宋国的都城上等待楚国侵略军呢。即使杀了我，守御的人却是杀不尽的。"楚王说："好啊！我不攻打宋国了。"

以上这个故事，从我们研究前馈控制的角度来看，其精要之处就在于墨子采取了仿真模拟，预先推演出战争结局的方法，"解带为城，以牒为械，公输盘九设攻城之机变，子墨子九距之。① 公输盘之攻械尽，子墨子之守圉有余，公输盘诎"，最后迫使楚王曰："善哉！吾请无攻宋矣。"这个发生在中国 2400 多年前的故事，可以看作建立在现代高端科技基础上的前馈控制技

---

① 总数是九种方法，但记录下来的就只有三种：一个用云梯攻城，一个就用火箭烧云梯；一个用撞车撞城门，一个就用滚木礌石砸撞车；一个用地道，一个用烟熏。

术——兵棋推演和政策模拟方法的源头。

诚然，古代社会与当代社会有巨大的差别，古人的管理智慧无疑有其历史局限性，尤其是其管理思想往往局限于某一具体领域，但是如果我们细细揣摩这些穿越数千年历史的管理思想精髓，不难发现其早已具有从某一具体的管理领域扩展到其他更广泛领域的意义，而且尤其对当今的社会管理创新来说，更具有极其睿智的光辉。

第十节　锦囊妙计，依次而行

《三国演义》虽说是罗贯中的演义之作，其中有些故事要作为史实来考量可能不足为凭，但是作为一种思想则完全可以借鉴和传承。《三国演义》中的预控思想反映最为传奇和最为精彩的当属诸葛亮的"锦囊妙计，依次而行"，这对我们现今的突发事件应急预案管理具有极大启发。

所谓锦囊妙计，就是领导者根据对事态发展进程的预测，将事先谋划好的应对策略密封于织锦的口袋里，让执行者在执行任务过程中遇到紧急情况即可打开查看相应对策的一种"应急预案"。在《三国演义》中诸葛亮使用计策无数，但锦囊妙计只用过三次。第一次是对周瑜；第二次是对司马懿；第三次是对魏延。[①] 其中以第一次最为精彩。当时刘备、诸葛亮趁周、曹厮杀之际，占领东吴属地荆州，引起东吴不满。为向刘备讨还荆州，东吴大都督周瑜向孙权献美人计：趁刘备丧偶，以孙权之妹为诱饵，以招亲之名引刘备到南徐，将其囚禁以索讨荆州。诸葛亮将计就计，让刘备娶亲并给护驾的赵云三个锦囊，教赵云"依次而行"。第一个锦囊到南徐后打开看，其对策是大肆宣扬婚讯搞得满城风雨，并借孙权之母、周瑜丈人之力，迫使对手骑虎难下，弄假成真；第二个锦囊待刘备迷恋新婚生活时打开看，其对策是谎称曹操攻打荆州，骗泡在温柔乡里的刘备赶紧回去处理突发危机事件；第三个锦囊在遇到东吴追兵阻拦时打开看，其对策是让刘备向自己的新婚妻子（孙权的妹妹）讲明真相，利用孙夫人的威慑力摆平东吴追兵。结果，使东吴"赔了夫人又折兵"。

诸葛亮这种"下棋看三步"的连环性预控对策，应该引起当下各个部门和单位的反思。

[①] 参见《三国演义》第五十四回、第五十五回、第九十九回、第一百零四回。

抚今追昔，细细揣摩这些穿越数千年历史的预控思想精髓，不难发现其对当今社会管理创新的启迪意义。诚然，古代社会与当代社会差别巨大，其预控思想难免有其历史局限性，但是其强烈的超前控制意识及其睿智哲思，却不得不令今人感佩之至。

第二十九章　现当代国内外对前馈控制科学方法的探索

前馈控制的思想和做法虽说古已有之，但是采用现代科学方法进行前馈控制的探索，却是近几十年的事。这些科学方法主要有社会指标方法、情景分析方法、计算机仿真方法、风险评估方法、政策模拟方法和网格化管理方法等。由于篇幅和笔者知识的局限，不可能在本章中一一详述，仅择其要者予以介绍。

第一节　社会指标方法

社会指标（social indicators）是指反映社会现象的数量、质量、类别、状态、等级、程度等特性的项目。例如，国民生产总值、人口自然增长率、人均地方财政收入、每百户拥有电视机数、工业废水处理率、每万人口犯罪人数、职业满意度、社会安全感等。社会指标是用来"判断社会在准则、价值和目标等方面表现"的依据，是"作为具有普遍社会意义的社会状况的指数"，是对经济指标的"补充"和"扩大"，是"在那些通常不易于定量测量或不属于经济学专业范围的领域内，为我们提供有关社会状况的信息"。[①]

所谓社会指标方法，简言之就是根据所要研究的对象，选取一系列有内在联系的指标并一一赋予权值，组成特定的"测量体系"，来衡量、监测社会经济发展数量关系，研究社会经济发展各要素的现状、相互关系和发展趋势的方法。

一般认为，社会指标方法具有如下六种功能。

一是描述功能。它是社会指标最基本的功能。社会指标对社会现象的反映总是以一定研究假设为指导的，而且有较强的选择性和浓缩性，即选择那

---

① 朱庆芳、吴寒光：《社会指标体系》，中国社会科学出版社，2001，第3页。

些最重要、最有代表性的侧面来反映社会现象，力求把复杂的社会现象浓缩在有限的社会指标内。

二是监测功能。它是反映功能的延伸，是动态的反映功能。监测功能有两类：一类是对社会运行情况的监测；另一类是对社会政策、社会计划执行情况的监测。

三是比较功能。当用社会来衡量两个或两个以上认识对象的时候就具有了比较功能。比较功能可分为两类：一类是横向比较；另一类是纵向比较，即对不同时期同一认识对象的比较。

四是评价功能。它是反映功能、监测功能、比较功能的深化和发展。反映功能、监测功能、比较功能只是社会指标的基础功能，只有评价功能才是社会指标的核心功能。

五是预测功能。它是在评价的基础上，对社会现象未来发展趋势的预先测算。预测功能包括两个方面：一是社会发展预测，即对推动社会发展的社会现象的预测；二是社会问题预测，即对阻碍社会发展现象的预测。

六是计划功能。它是预测功能的延伸。计划功能可分为两类：一是发展的计划；二是防止或克服社会问题的计划。

由于社会指标方法对社会生活现状具有描述、监测、比较、评价、预测和计划的功能，这种方法一经出现，很快就被人们应用于对社会管理的前馈控制。

关于在社会管理中运用社会指标的方法进行前馈控制的探索，在国外大体发轫于第二次世界大战之后的20世纪60年代中期，当时美国社会学家R. A. 鲍尔（Raymond Bauer）出版了《社会指标》一书，人们开始结合控制论的思想理论，用构建社会预警指标体系的方法来从事社会管理方面的前馈控制活动。其中1961年埃·蒂里阿基安（Edward A. Tiryakian）提出了由都市化程度的增长、性的混乱及其扩张，以及对其进行社会限制能力的丧失，非制度化、合法化的宗教数量极大增长等三个方面构成的测量社会动荡发生的指标体系框架。20世纪60年代末至70年代，F. 汉厄（F. T. Haner）提出了一个由外汇收入、外债、外汇储备、政府融资能力、经济管理能力、政府贪污、渎职程度等指标组成的综合反映政治、经济和社会风险的评价指标体系，即"富兰德指数"。德罗尔（Doro）提出"系统群研究"的分析方法，确立12项内容的指标体系，鼓励将社会预警的分析与前馈控制自觉结合。美国纽约国际报告集团提出由24个指标构成的"国家风险国际指南"风险分析指标体系。爱茨（Richard J. Estes）对社会不稳定状态进行描述，把社会不稳定指标划分为社会组织中的精英人物专权、大众需求得不到满足的程度严重、社会资源日趋贫乏、政治动荡不安、家庭结构处于崩溃状态、传统文化力量处于崩溃状态等六个方面。以罗马俱乐部为代表的未来学派建立了一个涵盖人口、能源、原料、环境、水源、卫生、食品、教育、就业、经济发展、城市条件、居住环境 12 个要素的综合社会预警模型,对 100 年后的世界进行了超前预警。20 世纪 80 年代,布热津斯基(Zbigniew Brzezinski)提出由 10 个指标组成的"国家危机程度指数"对东欧剧变进行了预警。美国外资政策研究所提出的"政治体系稳定指数",成为美国重要的前馈控制工具。美国以内布拉斯加(Nebraska)为代表的系统学派,研究出 AG – NET 系统模型分析工具,对美国中西部 6 个州的区域社会管理实施全面的前馈控制。近年来,这种前馈控制的方法已成为联邦政府社会管理体系的基本组成部分。法国政府的"景气政策信号制度"规定,在"经济警告指标"(包括失业率、通货膨胀率、外贸入超率)三个指标中任何一个指标出现连续三个月上升 1 个百分点以上,政府必须自动在一定范围内采取相应的预控措施。目前诸如此类与预警相联结的前馈控制机制,在一些发达国家中已经比较成熟了。①

为使读者进一步了解社会指标方法在前馈控制中的作用,我们在上述运用社会指标方法进行具有前馈控制性质探索的案例中,选取布热津斯基的"国家危机程度指数"做一个较为详细的介绍。

1989 年我国军事科学院外军研究部翻译了美国前国务卿布热津斯基《大失败:二十世纪共产主义的兴亡》一书,书中披露了布氏在东欧剧变的前两年对一些国家的社会危机预测(见图 29 – 1)。不知道当时这些国家的领导人是否看到了这本书或者是否相信其中的预测。如果当时能够采取前馈控制措施,相信能够不同程度地避免危机。

图 29 – 1 中横贯全图的黑长线为预警线,也就是社会动乱和社会稳定之间的临界线。危机指数超过 10 表示有严重危机。图 29 – 1 中布氏所用的指标是:①社会主义已经丧失对人民群众的吸引力;②社会上对发展前景存在悲观情绪;③生活水平不断降低;④共产党士气低落;⑤宗教活动日趋活跃;⑥民族主义与意识形态发生抵触;⑦经济私有化势头很猛;⑧政治反对派在社会上积极活动;⑨自下而上地公开要求政治多元化;⑩在人权问题上政府才采取守势。各项指标赋予的分值:"很对"为 3 分,"对"为 2 分,"基本对"为 1 分,"不对"为 0 分。

---

① 阎耀军:《现代实证性社会预警的探索》,《社会》2005 年第 242 期,第 157~159 页。

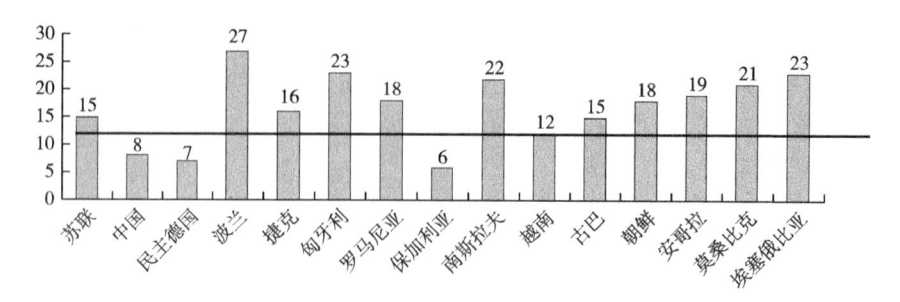

图 29-1　布热津斯基用国家危机指数测量的结果
资料来源：根据《大失败：二十世纪共产主义的兴亡》（Zbigniew Brzezinski 著，军事科学院外军研究部译，军事科学出版社，1989）一书提供的数据整理绘制。

我国运用社会指标方法进行前馈控制的研究始于20世纪80年代后期。当时由于东欧剧变的政治影响，以及体制改革和社会转型过程各种矛盾和社会问题的凸显，我国学者开始重视运用社会预警指标体系进行前馈控制研究。朱庆芳于1992年提出"建立警报指标体系的构想"，设想了由四个方面40多个指标构成的"社会综合报警指标体系"。宋林飞于1989~1999年连续对社会预警指标体系进行研究，最后提出由七大类40个指标构成的"社会风险监测与报警指标体系"。张春曙于1995年针对上海市的情况对大城市的社会发展预警进行了研究，提出了由八大类18个警情指标组成的社会预警指标体系。仇立平等于2002年提出由17个方面指数70个指标组成的社会稳定指标体系。阎耀军于2003年提出了由55个指标组成的社会稳定指标体系，并提出建立社会稳定预警预控管理系统的构想。

总之，运用社会指标方法不仅已经成为现代社会科学研究的重要趋势之一，而且是人们在管理活动中实施前馈控制的一种重要工具和手段。但是综观数以百计的各类指标体系，除少数指标体系外，大多数指标体系的测量信度和效度都不尽如人意，有些指标体系甚至很难实施，这就导致其对实施前馈控制的效用大打折扣。究其原因，除了社会系统自身的高度复杂性和不确定性，主要还有以下几个方面。

其一，社会指标体系的构建缺乏可靠的理论前提。通常的情形是，不少指标体系的构建者，往往在对所要计量的社会现象缺乏深入定性分析的情况下，任意肢解和组合指标体系，致使所谓定量研究有机整体性的丧失。这种在利用社会指标方法进行社会计量研究时忽略理论分析的做法，直接导致了众多缺乏充分理论支持的社会指标体系的出现。笔者认为社会指标体系绝不是指标的随意堆砌或简单罗列，任何一种科学的指标体系的建立，必须先有一个具体计量指标所赖以附着的基本框架，这个基本框架实际上就是针对特定对象而建立的一个理论解释系统，而一个具有理论说服力的解释系统，必须依靠其内在的逻辑结构，对这种逻辑结构的高度抽象表述即理论模型。理论模型是统率指标体系基本框架的灵魂，基本框架是支撑指标体系的骨骼，舍此便不能将众多指标组成有机整体，从而形成真正意义上的"指标体系"。为此，笔者主张任何社会现象指标体系的建立，必须首先完成理论模型的建构和依据理论模型的指标体系框架设计两个至关重要的步骤。①

其二，计量社会现象的操作系统不健全，致使社会指标体系缺乏得以运行的平台。如现行统计体制滞后，研究者通过精心研究设计的指标，在我们的统计部门中无法得到相应数据；加之数据信息开放度低，常常使依赖指标数据才能进行研究的项目陷入"无米之炊"的窘状；还有社会调查机构发育不全、相关专业社会计量机构缺位等。总之，由于诸如此类的原因，社会指标体系这种测量工具，往往难以真正有用武之地。

其三，"预警"和"预控"脱节。如果我们把前馈控制划分为"预警"和"预控"两个阶段的话，那么就我国而言，我们的社会指标体系研究基本上还停留在预警阶段。在经济方面我们预警之后的预控做得还比较好，但是在社会方面，预警之后的预控却存在很大的问题。学者们认为他们运用社会指标体系研究的任务是发现和指出风险问题，而如何对这些风险进行控制，那是政府官员们的事情，因此多疏于超前控制的研究。从实践上看，政府官员们对学者们的那些"耸人听闻"的风险预警，也只是姑妄听之。由于缺乏一种约束机制，尤其是具有刚性的制度约束，他们对一些风险评估往往敬而远之，认为是自己任期内解决不了或无须解决的问题。我们认为，这种社会指标研究和运用中预警和预控之间衔接上的缺失，是一种必须予以解决的机制性障碍。

第二节　情景分析方法*

一　情景分析方法的定义和特点

"情景"通常指有情节的动态的事件，比如电影场景、小说描述的情景

---

① 阎耀军：《社会稳定的计量与预警预控系统的构建》，《社会学研究》2004年第3期。
* 本节内容主要根据本人指导的研究生侯静怡的硕士论文编写。

等，它一般被理解为人的大脑对某个时间段内的某个场面的想象或回忆。"scenario"（情景）一词最早出现于1967年Hermen Kahn和维纳（Wiener）合著的《2000年》一书中。他们认为未来是多种多样的，对可能出现的未来以及实现这种未来的途径的描述便构成了一个情景。[1] 德国卡塞尔（Kassel）大学环境系统研究中心J. Alcamo和T. Henrichs起草的《环境情景分析草纲》讨论稿中，提到了近十种关于"情景"的定义：情景是为了强调因果过程和决策点而构造的一系列假设事件；情景是指一系列将会出现的各种事实，或者是指一些行动、事件的计划过程；情景是关于未来可能结果的一系列自圆其说的假设或观点，它不是一种预测，而是一种未来可能出现的结果；"一种对可选择未来环境的理解，在这个关于未来的环境里，某一种决策可能被实施的过程"；"一组适当的、似是而非的，但结构不同的未来"；情景是关于对未来不同设想的原汁原味的描述，这些设想可以是根据内心所能够反映的，关于过去、现在及未来发展的不同观点的模型及其构造；情景是具有关于可能出现的未来、合乎逻辑的情节以及描述的故事，包括未来的想象以及导致这些未来情形的一系列事实描述；情景是对可能出现的未来实现过程的描述，反映出关于现有趋势将要如何发展，主要的不确定性因素会如何产生影响，以及新的因素如何开始产生影响的不同假设。[2]

从以上对"情景"的各种定义中我们不难看出，其实"情景"就是指在对未来的研究中，对事物所有可能的未来发展态势的描述，这里描述的内容既包括对各种态势基本特征所进行的定性和定量描述，也包括对各种态势发生可能性以及导致这种可能性出现的途径所进行的描述。通过这些描述，勾画未来发展的情景。

由此可见，"情景分析方法"（Scenario Analysis）就是一种对可能出现的未来图景进行分析的方法。情景分析方法最早是由赫尔曼·凯恩于20世纪50年代在兰德（RAND）公司引入的一项工作计划之中提出的。[3] 情景分析方法又称脚本法，原是电影创作中的一个专用术语，它的原意是指根据一系列假想的情景编写而成的一个自圆其说的故事。情景分析方法是继1973年能源危机后兴起的一种有效预测和控制未来的方法，它主要通过确定情景主

---

[1] 张向龙、王俊、杨新军、孙晶：《情景分析及其在生态系统研究中的应用》，《生态学杂志》2008年第27期。
[2] 宗蓓华：《战略预测中的情景分析法》，《预测》1994年第2期。
[3] 于红霞、汪波、钱荣：《情景分析在企业发展战略中的应用研究》，《科技管理研究》2006年第11期。

题、识别关键影响因素、构建多维情景框架、情景检测和评价等主要步骤来预测各种态势的产生，并比较分析可能产生影响的整个过程。一般认为情景分析方法有如下特点。

①情景分析作为一种面向未来研究的思维方法，承认未来的发展是多样化的，有多种可能的发展趋势，其预测结果也将是多维度的；

②情景分析方法承认人在未来发展中的"能动作用"，把分析未来发展中决策者的愿望和意志作为情景分析的一个重要方面；

③情景分析过程中还特别注重对系统发展起重要作用的关键影响因素以及协调一致性关系的分析；

④情景分析在定量分析中嵌入了大量的定性分析，以指导定量分析的准确进行，所以是一种融定性与定量分析为一体的预测方法；

⑤情景分析是一种对未来研究的系统思维方法，其所使用的技术、方法和手段大都来源于其他相关学科。情景分析方法的分析重点在于如何有效获取和处理专家的经验知识，这使其具有心理学、未来学和统计学等学科的综合特征。

由于情景分析具有以上特征，其不仅能够解决研究中未来发展的不确定性问题，而且能够充分考虑人的主观能动性在事物发展过程中所发挥的作用，对未来实施前馈控制。

运用情景分析方法对未来实施前馈控制，最早始于20世纪60年代美国军事部门。1964年，美国国防部在罗伯特·麦克纳马拉的领导下，对未来潜在的政治和军事冲突，以及与之相联系的军事力量规模进行了研究，通过假想的几种潜在的政治和军事冲突形势进行应急战争计划分析，测算出了对相应军事力量规模的要求，并就各种可能性编写出规划脚本，这可以说是早期的情景分析。

20世纪70年代初期，一些大公司，如兰德、荷兰皇家壳牌等公司在制定企业的战略规划时，就使用了情景分析方法。他们运用情景分析方法对公司可能的未来情景进行分析和研究，从而成功避免了20世纪70年代和80年代的两次石油危机冲击。壳牌公司对情景分析方法的成功使用，使该方法的应用范围明显扩大，20世纪80年代开始，很多大企业和大财团在面临竞争者行为的不确定性时，都用情景分析方法来研究产业结构和公司的布局。调查显示，20世纪80年代中期，欧洲和美国的大公司大约有一半已经使用情景分析方法来支持公司的长远战略规划。到了20世纪90年代，一些非营利组织和政府代理机构等，都出现了应用情景分析方法来规划其未来发展从而实施前馈控制的案例。①

进入20世纪70年代后,受石油危机的强烈冲击,西方国家急剧通货膨胀和高失业率等各种社会、经济动荡,使企业的生存环境变得更加不确定,未来的前景也显得更加扑朔迷离。在这种情形下,人们越来越清楚地认识到,传统的趋势外推预测方法以及在此基础上制定的各种长远规划,由于缺乏对各种突发事件的应对能力以及对这种动荡环境的灵活适应性,已经远远不能满足企业的长期战略规划需要。所以,在70年代末期,著名的巴特尔研究所设计了一套较为系统的七步情景分析技术方法。它通过对情景主题的确定、影响区域的分析和构造、通往未来的路径、阐述环境情景以及对未来各种突发事件的应急能力进行灵敏度分析等步骤,为帮助决策者制定灵活的战略规划提供了一种有效的手段。1979年,经济合作与发展组织出版了一本名为《未来之间》的研究报告。该报告运用情景分析方法,研究了利益原则相互冲突的四种不同角色在不确定环境下的博弈行为。可以说,《未来之间》给出了一个运用情景分析方法进行前馈控制分析的良好案例。

20世纪80年代以后,情景分析方法无论是在企业还是在政府的战略研究中都得到了更广泛的应用。人们不仅运用情景分析方法进行企业的战略分析,而且在各类非营利组织中,也在探索各种竞争格局下如何制定发展战略。情景分析方法在其不断的发展和应用过程中,与其他各种定性和定量方法相融合,特别是与计算机技术的结合,已经使其成为一种有效进行战略分析和实施前馈控制的工具。

总之,鉴于情景分析方法在对未来事物前馈控制方面的作用,这种方法日益被广泛采用。美国佐治亚理工学院工业与系统工程系的一项调研表明,发达国家在1980~1984年有43%的研究应用了情景分析方法,1990~1994年上升到63%;发展中国家1980~1984年情景分析方法的使用率为40%,1985~1989年增至69%,1990~1994年增至86%。广泛的应用同时促进了情景分析方法自身的发展,提出了所谓美国模式、法国模式、CEO模式和欧洲共同体模式等。一些文章相继发表在 *Future*、*Management Science* 和 *Technongy Forcasting and Social Change* 等杂志上。

---

① 张向龙、王俊、杨新军、孙晶:《情景分析及其在生态系统研究中的应用》,《生态学杂志》2008年第27期。

二 情景分析方法的优势和局限性

(一) 优势

1. 能够多渠道收集见解,超越机械模型的束缚,将无法量化表示的不确定性合并在一起

及时预见未来危机发展过程中的瓶颈和问题,帮助决策者在形式上构想各种各样可能性,使决策者及早预见危机的未来发展。对未来可能出现突发事件的影响做出迅速而且灵活的反应,并能及时采取有效的前馈控制行动消除或减轻其影响[①]。

2. 考虑了多种合理的可能情景,覆盖了大范围可能的不确定性和外界输入

通过情景分析报告,可以简要提供对该危机的总体评价,并指出情景发生的各种可能性。可以帮助决策者预先制定相应的战略对策,调整部署,控制不利因素的产生,促使有利机会的出现,从而做出比较合理的战略规划。帮助决策者尽早发现机会,抓住可能会错过的未来机遇,预先制订应变计划,对未来形势发展和可能产生的突发事件,做出灵活快速并且适当的反应。

3. 能极其灵敏地观察外部环境变化,加深对周围环境和作用机制的理解

情景分析能够使领导者清醒地意识到制定决策的风险程度,对未来做好多种准备,抓住机会或回避风险。另外,更易使领导者的固有思维和心智模式发生改变,使组织应对变革的能力明显提高。

4. 情景分析方法适用于相对比较长期的战略规划

它能够将分析和预测结果与组织外部环境因素综合考虑,制定出比较合理的、适于组织长期发展的战略规划。

(二) 局限性

尽管情景分析方法有很多优点,尤其是在描述未来发展情景时具有其他方法所不能比拟的优越性,但是它并不是对任何组织都有效,其应用也存在一定的局限性。

---

① 参见徐钰华、许军《情景规划方法在选择项目方案时的应用研究》,《经营方略》2009年第9期。

1. 没有逻辑上的一致性以及难以进行严格的检验，情景只是想象中的假设

例如，占主要地位的个人想法和组织集团思想会限制思考的范围；设想的情景可能反映的是连续的事件，而不是未来事物发展的可能性；许多输入和输出结果是无法定量衡量的。

2. 过程复杂

目前，许多企业组织都不再将情景分析方法作为长期战略预测的工具，壳牌公司几乎是唯一运用情景分析方法取得巨大成功并保留这一技术的企业。造成这种状况的主要原因是，情景分析方法过程本身过于复杂烦琐。情景分析在一定程度上依赖组织管理者的直觉而非程序化模式，操作起来比较困难，而且外部环境中一些极其重要的变化往往会随时间逐渐演变，不易察觉。

3. 近期效果不显著

情景分析方法作为组织长期战略预测的工具，短期内效果不明显。运用情景分析进行预测，一般需要组织高层管理者投入大量宝贵的时间，比如壳牌公司的计划部至少占用一半的工作时间来制定公司未来情景，常常用几年的时间才能对情景分析方法建立深入的理解和信任，这也是曾经使用情景分析方法的企业组织最终放弃这一方法的原因。

4. 受到组织传统模式的制约

某些组织的高层管理者，相信自己或外部专家来指导所有问题的答案。他们往往根据组织自身的过去经历来判断将要面对的未来，他们认为未来与过去之间是连续的，而不是跳跃式的发展。组织的计划部门习惯于使用传统的程序化模式进行预测，在这样的组织中，情景分析方法很难获得成功使用。①

三　改进策略

第一，还需要从理论角度，对情景分析方法的逻辑思维、路径情景、相关突发事件等做进一步的深入研究。

第二，对情景分析方法的方法体系做出系统规范化的界定，包括情景分析所使用的技术方法、模型的评价等。特别指出的是，可以将情景分析方法和电子计算机技术相结合。以定性为主的情景分析方法将趋向定性与定量相

---

① 孙知明：《情景分析的战略贡献》，《战略研究》2002年第3期。

结合，这是情景分析另一个重要发展趋势。对于某一特定的重大战略问题，由于存在大量的可能事件和未来发展趋势，要想获得满意的分析结果，往往需要进行大量的工作。通过人机交互式的计算机模拟来进行不同程度的情景分析，不仅加快了情景分析过程，而且由于每一种情景分析都是基于先前的情景分析和决策，这样就拓展了情景分析的广度和深度，最终使决策结果能够建立在更为坚实和可靠的分析基础之上。

第三，对情景分析方法的定量模型做进一步改进。目前涉及的技术模型主要有专家知识获取模型、交叉影响分析模型、情景缩减组合模型等，其中重点是交叉影响模型。情景分析与定量模型相结合，其目的是更有效地指导未来决策制定，以提升系统应对风险和突发事件的能力，使情景分析成为应对复杂战略问题强有力的工具。

第四，将情景分析方法和传统预测技术方法相结合。这样情景分析方法就可以应用于各个专业领域的实际问题研究。

第五，形态日益多样化。情景分析作为一种新型的正在发展过程中的软系统方法，一方面，随着现代经济、技术和社会环境的动态变革，以及在各种不同领域的战略规划和战略分析中的应用，其形态日益多样化，正日趋成为一种以概念模型为基础的软系统方法；另一方面，随着其与复杂的系统分析技术和电子计算机技术的相互融合，情景分析已发展成为一种以计算机技术为主要手段的定量分析技术。

第三节　城市网格化管理方法[*]

城市网格化依托统一的城市管理以及数字化的平台，将城市管理辖区按照一定的标准划分成为单元网格。通过加强对单元网格的部件和事件巡查，建立一种监督和处置互相分离的形式。对政府来说的主要优势是政府能够主动发现、及时处理，加强政府对城市的管理能力，加快处理速度，将问题解决在居民投诉之前。

城市网格化管理是在现代控制论基础上，综合利用移动通信和网络地图等高科技手段进行城市管理的新型管理模式，主要方法是对应城市实体空间

---

[*] 本节根据笔者在《城市问题》2006 年第 2 期已发表的论文《城市网格化管理的特点及其启示》编写。

建立网格化电子地图，在网格化的电子地图上，把城区划分成细密的网格（每个网格对应万余平方米），然后按照一定的管理幅度再划定若干控制性单元作为管理区。区内的城市公共部件和事件均按其地理位置编码标定在电子网格地图上。每个管理区都专设监督员轮班巡查，对区内所辖各网格的城市设施、市容卫生、治安状况进行全时段监控，一旦发现问题，立即用"城管通"拍照传往指挥中心，指挥中心核实后再发往相关职能部门并限时解决。城市网格化管理与服务系统是对城市实行数字化管理模式的一种新探索，是我国数字城市技术应用领域的重大突破，在国际上也处于领先地位，被微软创始人比尔·盖茨公开盛赞为城市管理新模式的"世界级案例"。

城市网格化管理作为一种新兴的现代化城市管理模式，由北京市东城区首创。他们运用电子网格地图技术，以万米单元网格作为最基本的城市管理单元，根据属地管理、地理布局、现状管理、方便管理等原则，将北京东城区 25.38 平方千米划分成 1652 个网格状的单元，然后再按照功能区划，将六大类 56 种城市部件和七大类 33 种城市事件问题都赋予代码，将这些代码标注在相应的万米单元网格图中。这样发生在每个管理区居民生活中的各种部件和事件问题，如井盖丢失、公共设施损坏、垃圾渣土堆集、占道经营、无照游商、小广告等问题，就会通过移动通信技术由流动巡查员迅速反馈，立即显示在城管指挥中心的电子大屏幕上，而指挥中心则根据编订的程序分类处理，下达相应的职能部门限时解决。这种利用现代高科技手段对辖区实施分层、分级、全区域、全时段的管理，取得了极大的成功。近年来，这种网格化管理模式已经在社区管理、党建管理等诸多涉及社会管理的领域广泛应用。其实，城市网格化管理作为一种能够在第一时间快速反馈的方法，从防微杜渐的角度讲是具有前馈控制意义的。完全可以预见，今后这种城市网格化管理方式将有望在社会管理领域大有作为。为此，本节在调查研究北京和武汉等地试行和探索这种新型管理模式的基础上，将其特点概述如下，以期对社会管理的前馈控制有所启示。

一　城市网格化管理可以容纳丰富的管理信息并具有信息共享性，是现代城市应对日益庞杂的对象系统、整合管理资源的有效手段

城市的日趋庞杂是现代城市管理必须面对的难题。城市网格化管理可以说为解决这个难题提供了一种"简化技术"。城市网格化管理作为一项系统工程，涉及城管、治安、社保、环保、绿化、环卫、工商、社区建设等诸多

方面，网格化的管理与服务系统可以围绕上述职能部门的各种管理问题构筑全方位、立体化的电子地图管理空间。发生在这些网格内的各类问题，诸如公共设施受损、违章建筑、占道经营、小广告、油烟扰民、社会救助、低保投诉、卫生投诉、劳动纠纷、污水漫溢、无证行医、突发事件等，均有各自特定的数字代码标注在相应的电子单元网格中，只需监督员报告或用手机拍摄现场图片，发送给监督中心"立案"，并转指挥中心"网格"查找，即能在中心大屏幕上找到事情的名称、现状、位置及处理归属等信息，从而保证这些问题在极短的时间内迅速得到协调和处理。所以从理论上讲，一方面，城市管理可能遇到的所有事件都将能够纳入网格化管理的范畴，具有极大的延展性和动态包容性；另一方面，所有相关的城管职能部门，均能从网上获得归属自己管理的信息，具有一网多用和资源共享的优点。例如，北京市东城区由于城市管理监督员对万米单元格进行不间断巡视，这就相应减少了各专业部门的巡查人员，使人力资源成本下降了10%左右；由于问题定位精确、任务派遣准确，从而克服了多头处理、重复处理等弊端，各专业部门的人工成本和事件处理成本也大大降低。初步测算结果表明，新模式的运行可以使东城区每年节约城市管理资金4400万元左右。

二 城市网格化管理具有强大的监控、反馈和督办功能，对提高现代城市应对快速多变的局面、提高管理效率具有极高的应用价值

现代城市社会运行的特点是快速多变，一些问题若得不到及时处理很快就会引起连锁反应，以至难以收拾。在网格化的管理与服务模式中，巡查监督员遇到情况可以随时用专用手机（"城管通"，类似带摄像头和基站定位功能的手机）拍照，手机上的电子地图定位系统把信息发送给监督中心，经查证，指挥中心指派相关部门人员限时到达现场，并要求其限时处理完毕，中心地图上同时亮起一个督办进度的警示灯。例如，武汉市江汉区招聘150名城市管理监督员，每人配备一部"城管通"。监督员分班在责任区不间断巡查。相关职能部门和街道则派人值守在电脑旁，随时等候指挥中心的指令。监督员一旦发现违章搭建、暴露垃圾、占道经营等各种异常现象，当即拍摄现场图片，发送到监督中心，监督中心"立案"后，迅速传递到区级指挥中心，指挥中心输入涉案部位、事件代码，根据系统程序中的预先规定，通知相关责任部门前往处理，这些以前至少需要2~3天才能完成的流程，现在只需要几分钟就可解决。如果超期仍未解决，大屏幕电子地图上的定位点所

在处就会亮黄灯直至红灯警告，各部门处理问题的情况都是高度透明和被监督的。北京市东城区政府自2004年10月启用网格化管理模式以来，城市管理问题的发现率达到90%以上（过去仅有30%左右），任务派遣准确率达到98%，处理率为90.09%，结案率为89.78%；城管问题的平均处理时间由原来的1周左右缩短到12.1个小时，平均每周处理问题360件左右，现在每周的城管问题处理量相当于原来的半年处理量。

三　城市网格化管理具有全时空和细密型的特点，可以最大限度地避免城市管理中的"死角"和"盲点"，做到全方位全时段操控

由于城市规模的日趋庞杂和运行的日趋速变，人们不仅难以掌握所有的问题，而且来不及对业已发现的问题进行精确判断，所以以往的城市管理往往是凭经验和直觉进行的"模糊管理"。这种粗放型管理的结果便是形成许多城市管理的"死角"和"盲点"，以至许多问题多人管，许多问题没人管，发现问题快慢没人管，处理问题是否及时没人管，问题处理到什么程度没人管。我们常说"细节决定成败"，网格化管理就是从细节做起，实现精细化管理。网格化的管理与服务系统可以就城管、公安、环保、水务等多项管理内容实施全方位、立体化的管理空间布局，进行全时段、全空间的监控管理，犹如一张疏而不漏的大网，可将城市中需要管理的问题通过电子网格"一网打尽"。例如，武汉市江汉区辖区33.43平方千米，以13条街道和114个社区为基本框架，被划分为1003个网格状的单元，形成一张全新的电子网格地图。网格内的各种公共设施，小到一个窨井盖、一盏路灯，都有自己的"身份"代码。目前，江汉区网格化管理系统共收纳了约10万个部件，分别按其地理坐标定位在电子网格地图上。同时，各类城市管理中可能遇到的所有事件，如污水漫溢、无证行医举报、社区居民求助等，则按照社区建设的有关内容，被划分为四大类28小类134个事件，并预先明确处理该事项的责任部门、处理流程和处理时限，编成代码输入系统程序。有关职能部门只要键入代码就可随时发现自己分管的问题所在及其处理状况。

四　城市网格化管理具有从单纯反馈性管理趋向前馈性管理的特色，可以使城市管理由事后问责式管理变为事前预警性管理

现代城市社会运行的快速多变使缓慢的反馈控制已不能满足现代城市管理的需要。现代城市问题的"突发性"常使我们的一些城管部门顾此失彼、

应接不暇,甚至疲于奔命。他们往往被称为"救火队",哪里发生了严重的事情就赶到哪里去救急。"城市问题越来越难以控制"成了大家的共识和慨叹。那么,如何掌控现代和未来的城市,城市网格化管理模式中所具有的前馈控制性给我们以深刻启示。在社会控制理论中,前馈控制和"亡羊补牢"式的反馈控制不同,前馈控制是运用不断获得的最新的有关社会运行的可靠信息加以预测,并将期望的社会管理目标(如我们现在所说的城市管理问题)同预测的结果加以对照,在出现问题的临界点之前就发现问题,事先制定纠偏措施,将问题解决在萌芽状态,不使问题越过"警戒线",不使问题堆成山而积重难返,以确保管理目标与预期结果相一致。城市网格化管理就是一种趋于前馈性的快速控制机制,它可以在事情处于萌芽状态时就及时发现,因而具有预警功能。经验告诉我们:凡是能够及时发现的问题,都比较易于解决;凡是等到"闹大了"的问题,往往是不易解决的"老大难"问题。城市网格化管理对问题的发现贵在及时。例如,据新华网湖北频道10月24日报道:"汉口前进一路与民意街交会处有暴露垃圾。"城管监督员将这一信息传至武汉市江汉区城市管理监督中心,接到指令2分钟后,环卫工人到达现场即将垃圾清走,整个过程仅用了27分钟。由于网格化管理系统设置了专门程序,向各责任部门"施压"。每一个处理单下发后,电子地图上的定位点所在处就会亮绿灯,离规定办理时限不到24小时会转为黄灯警示,超期仍未完成的会亮红灯警示,严重超期的变成黑色。试想如果没有实施网格化管理,许多小事就会逐级放大为大事,如井盖丢失→翻车→围观→交通堵塞→被延误的种种人和事;垃圾堆放过多和时间过长,不仅清理困难,而且会产生其他的危害和连锁反应。

五 城市网格化管理集成多种现代科技手段,为城市管理提供了一种崭新的长效机制,是城市管理改革与管理现代化的一个方向

我们的城市发展日新月异,我们的城市管理也应当与时俱进,否则滞后的城市管理必然会制约城市的进一步发展。在以往的城市管理中,从某种程度上可以说带有相当多的"运动式"或"突击式"的传统管理成分,即便有一些"长效的"制度性措施,但由于缺乏监管和落实的力度,也不免流于形式。所以依靠"××大检查""创建××城区""迎接××"等方式或手段来推动某一方面的工作,也就成了某些职能部门或领导推进工作的惯用管理手法。但是这种手法具有明显的间歇性,不仅不能持之以

恒，而且事后往往会故态复萌，需要再次"××"。这不仅不利于形成管理城市所需要建立的长效机制，而且会给政府形象带来诸多负面影响。而网格化管理和服务系统就是利用现代控制理论和诸多高科技手段建立的一种长效机制。这种机制可以把管理部门及其工作人员的职责和责任牢牢地绑定在"电子化网格"中，只要电子网格一开通，各部门处理问题的效率就会在电子大屏幕地图上一目了然，所有问题及其责任都会十分清晰，任何渎职和怠工行为都会无处遁形。这种管理模式，不仅为政务公开和群众监督开辟了有效的新渠道，而且对服务型政府的建设更具长远意义。

六　城市网格化管理有利于实现市民与政府的快速互动，为居民群众参与城市管理提供了便捷渠道，有利于实现城市管理的社会化

现有城市管理的主体主要限于政府职能部门，群众参与极少，而且效果甚微。在这种情形下，政府纵有千只手，也难理城中万端事。因此，不仅政府部门总有"四处救火，疲于奔命"的苦衷，而且老百姓也有一串串"投诉没门路，解决无期限"的烦恼。而城市网格化管理与服务系统开通后，社区、居民反映身边问题，不再受信息渠道不畅的阻碍；政府职能部门也能够随时查出问题，免去了信息不畅导致管理服务缺位的困扰。各地试行城市网格化管理的实践表明，城市网格化管理新模式有利于实现市民与政府的良性互动，实现政府与居民"零距离"互动，形成老百姓与政府共同管理城市的新局面。这被认为是一项实实在在的惠民举措和开明举措，极大地提升了政府在老百姓心目中的形象和老百姓参与城市管理的积极性。

综上所述，鉴于城市管理和社会管理具有极大的兼容性和交叉性，运用以前馈控制为导向的网格化管理方法，不仅是城市管理的创新，而且对社会管理创新也具有极大的启发和借鉴意义。

第四节　网络舆情监测方法

一　网络舆情监测方法

网络舆情监测方法其实与我国古代的以"采诗"的方法进行民意调查是一脉相承的。该方法是在互联网时代运用网络技术对民意调查的新发展。

从社会学理论上讲，舆情本身是民意理论中的一个概念，它是民意的一种综合反映。"舆"的基本字义有三个：①车中装载东西的部分，后泛指车；②古代奴隶中的一个等级，泛指地位低微的人，亦用以指众人；③疆域。综合这三种意思，"舆情"就是指生活在特定地域中的民众（群众、老百姓）对自己的生活状况以及与此相关的对施政当局的看法和意见。舆情这个概念与民意很相近，简言之，舆情就是群众对当局的看法和意见。但是，从现代舆情理论的严格意义上讲，舆情本身并不是对民意规律的简单概括，而是对"民意及其作用于执政者及其政治取向规律"的一种描述。一些专门研究舆情理论的学者认为舆情是舆情因变事项发生、发展和变化过程中，民众所持有的社会政治态度。这里特别强调的是，舆情定义中的"民众社会政治态度"，是指民众对执政者及其所持有的政治取向的看法、意见和态度。民众的这种社会政治态度说到底是对自身利益需求的一种诉求和表达，它不仅包括民众对国家政治的看法、意见和态度，对社会政治的看法、意见和态度，还包括民众对社会事物的看法、意见和态度。一句话，"民众社会政治态度"是民众要求执政者不断改善民情状况的一种诉求和意愿的集合。①

在进入互联网时代的当代社会中，无论是民意还是舆情的传播和形成，都带来了巨大的革命性变化——出现了"网络舆情"。

所谓网络舆情，就是通过互联网传播的人们对当局的看法和意见（包括认知、态度、情感和行为倾向的集合）。网络舆情是社会舆情在互联网空间的映射，是社会舆情的直接反映。② 网络舆情主要通过电子邮件、新闻评论、BBS、博客和维客等途径传播，以互联网为依托，在依赖网络的开放性、虚拟性、互动性的同时，借鉴传统媒体传递信息的模式，形成自己的特点。

（一）直接性和便捷性

与传统媒体相比，在网络上发表言论具有无费用、及时、多快好省的优点。通过BBS、新闻点评、博客网站和即时通信软件等途径特别是手机短信，网民看完帖子后就可以立即发表意见，下情直接上达，民意表达更加畅通，这是任何一个传统媒体都无法比拟的。

（二）突发性和可隐蔽

由于借助论坛、博客等网络平台传播信息简单、直接且身份隐蔽，网民

---

① 王来华：《舆情研究概论》，天津社会科学院出版社，2003。
② 刘毅：《略论网络舆情的概念、特点、表达与传播》，《理论界》2007年第1期。

能够快速、大胆地,甚至是不负责任地发表意见,呼唤声援,在短时间内形成一种力量,以期引起社会和政府的重视。因此,网络舆情的形成往往非常迅速,事先没有征兆。当前民众对网络运用的热情较之部分领导干部的懒于应对,也助长了部分网民对官方"不作为"的负面情绪。一个热点事件的存在加上一种情绪化的意见就能形成星火燎原之势。

(三) 多变性和随意性

网络传播由于其开放性和虚拟性,信息交流容易呈现非理性化、情绪化倾向,降低了自身的准确性和客观性。于是同一事件就会出现多种版本的报道,或真或假,使受众舆论呈现多样性。随着事件报道的进一步深入,受众的舆论方向不可避免地会发生改变,从而导致网络舆情的不稳定性与多变性。

(四) 个体性和偏差性

互联网打破了时空、行业的限制,赋予每个人自由发表言论的权利,使网民在任何时间、任何地点都可以自由发表自己的言论,而不必担心会因为言论不当而受到威胁。言论的自由和个人意愿的充分表达为各种社会思潮提供了滋生的土壤,一些偏激或错误的信息也就不可避免地通过网络出现在人们面前。网络舆情从本质上而言仍旧属于虚拟舆情,这就使网络民意很容易被人操纵,大大降低了其真实性。

综上所述,网络媒体与报纸、无线广播和电视等传统的传播媒体相比,具有进入门槛低、信息超大规模、信息发布与传播迅速、参与群体庞大、实时交互性强等综合性特点。由于网络信息的发布成本极低,信息的提供者、传播者和阅读者之间已经没有明显的界线,人们之间的话语权趋于均等化。信息网络已成为一个"虚拟社会",具有非常明显的社会群体特征。与此同时,"虚拟社会"与真实社会之间的互动日益显著。总之,随着互联网的快速发展,网络媒体作为一种新的信息传播形式,已深入人们的日常生活。网友言论活跃已达到前所未有的程度,无论是国内还是国际重大事件,都能马上形成网上舆论,通过这种网络来表达观点、传播思想,进而产生巨大的舆论压力,达到任何部门、机构都无法忽视的地步。可以说,互联网已成为思想文化信息的集散地和社会舆论的放大器。所有这些,对执政者掌控社会舆情提出了严峻挑战。据不完全统计,中国目前仅境内网站便达323万个,约80%的网站提供了BBS服务。据抽样统计,每天人们通过论坛、新闻评论、博客等渠道发表的言论达 300 多万条，超过 66% 的中国网民经常在网上发表言论。面对每天海量的网络信息发布，传统的人工化舆情获取方式已无法满足当前政府及时掌握社会舆情的需要。所以，同样运用网络技术对舆情进行实时监测的"网络舆情监测系统"也就应运而生了。

二 网络舆情监测系统

所谓"网络舆情监测系统"，是针对在一定的社会空间内，围绕中介性社会事件的发生、发展和变化，民众对社会管理者产生和持有的社会政治态度于网络上表达出来意愿集合而进行的计算机监测的系统统称。网络舆情监测系统利用搜索引擎技术和网络信息挖掘技术，通过网页内容的自动采集处理、敏感词过滤、智能聚类分类、主题检测、专题聚焦、统计分析，实现各单位对自己相关网络舆情监督管理的需要，最终形成舆情简报、舆情专报、分析报告、移动快报，为决策层全面掌握舆情动态，做出正确舆论引导，提供分析依据。舆情监测系统通过对热点问题和重点领域比较集中的网站信息，如网页、论坛、BBS 等，进行 24 小时监控，随时下载最新的消息和意见，下载后完成对数据格式的转换及元数据的标引。对下载至本地的信息，进行初步过滤和预处理。对热点问题和重要领域实施监测，前提是必须通过人机交互建立舆情监测的知识库，用来指导智能分析的过程。对热点问题的智能分析，首先基于传统、基于向量空间的特征分析技术，对抓取的内容做分类、聚类和摘要分析，对信息完成初步再组织。然后在监测知识库的指导下进行基于舆情的语义分析，使管理者看到的民情民意更有效，更符合现实。最后将监测的结果分别推送到不同的职能部门，供制定对策使用。

1. 主要功能

网络舆情监控系统涉及互联网信息采集、互联网智能信息处理等技术，目前国内主要的软件供应商有北大方正、TRS、网智天元、线点科技、深圳乐思、谷尼等公司。其中北大方正、TRS、网智天元是最早做网络舆情监测系统的公司，具有技术较为先进和成熟的产品。但是近年来这类监测系统软件的后起之秀不断涌现，据不完全统计共有 68 种之多。这些软件的主要功能如下。

（1）热点识别功能

可以根据转载量、评论数量、回复量、危机程度等参数，识别出给定时间段内的热门话题。

（2）倾向性分析与统计功能

对信息的阐述的观点、主旨进行倾向性分析，以提供参考分析依据。分析的依据可根据信息的转载量、评论的回言信息时间密集度来判别信息的发展倾向。

（3）主题跟踪功能

主题跟踪主要是指针对热点话题进行信息跟踪，并对其进行倾向性与趋势分析。跟踪的具体内容包括信息来源、转载量、转载地址、地域分布、信息发布者等相关信息元素。其建立在倾向性与趋势分析的基础上。

（4）信息自动摘要功能

能够根据文档内容自动抽取文档摘要信息，这些摘要能够准确代表文章内容主题和中心思想。用户无须查看全部文章内容，通过该智能摘要即可快速了解文章大意与核心内容，提高用户信息利用效率。而且该智能摘要可以根据用户需求调整不同长度，满足不同的需求。主要包括文本信息摘要与网页信息摘要两个方面。

（5）趋势分析功能

通过图表展示监控词语和时间的分布关系以及趋势分析，以提供阶段性的分析。

（6）突发事件分析功能

突发事件不外乎以下几种：自然灾害、社会灾难、战争、动乱和偶发事件等。互联网信息监控分析系统主要是针对互联网信息进行突发事件监听与分析，以及对热点信息的倾向分析与趋势分析，以监听信息的突发性。

（7）警情预报功能

主要是针对舆情分析引擎系统的热点信息与突发事件进行监听分析，然后根据信息的语料库与报警监控信息库进行分析，适时发出警报，以确保信息的舆论健康发展。

（8）统计报告功能

根据舆情分析引擎处理后的结果库生成报告，用户可通过浏览器浏览，提供信息检索功能，根据指定条件对热点话题、倾向性进行查询，并浏览信息的具体内容，提供决策支持。

2. 存在问题

上述智能化的网络舆情监测系统，无疑对实施前馈控制模式的社会管理给予了莫大的帮助，但是从政府层面来看，我们不无遗憾地看到，整个网络舆情监测工作还是存在不少问题，主要有如下三个方面。

（1）网络舆情研判缺乏标准体系

在政府网络舆情治理方面，不少学者研究了网络舆情信息汇集、分析、预警机制，但尚未就这些机制所依据的具体标准做进一步阐述，没有全面规范的分析指标作为量化依据；在系统应用方面，大多舆情监测系统的软件厂商也仅给出利用软件得出的分析结果，而信息采集及分析指标含混不清，没有具体参数的说明。从理论和实践的现状看，网络舆情研判仍缺乏标准体系的建立，无法实现舆情网络特性的量化表征，从而影响舆情预警和演化规律分析这两项关键性工作的实施。

（2）忽视网络舆情监测技术

"工欲善其事，必先利其器。"当前政府网络舆情管理思路不对，工作大多集中于舆情管理机制层面，主要是制定网管策略、网络舆情应对机制等，倾向于从宏观管理制度及舆情发生后的应对策略上做文章，忽视了舆情的网络特征及统计数据的价值挖掘技术，从而导致研判工作的本末倒置，即在没有科学的方法及技术手段作为支撑，对舆情事件数据进行准确收集、统计、分析、研究的前提下，任何管理制度和策略实施的效果都只能停留于理论层面，无法实现日常网络舆情的监测和危机舆情的预警，从而在危机舆情爆发时，事前无预兆、事后无头绪，找不到应对的切入点，错误地判断舆情发展态势，从而在突发危机网络舆情的处置中处于被动地位。

（3）网络舆情监测预警手段落后

目前大多数地方政府，面对每天海量的网络信息发布，仍然是用传统的人工化监测手段来获取舆情，这显然已无法满足网络时代舆情监测的时效性。另外，网络舆情的特性决定了舆情监测和分析的复杂性，必须应用智能化信息分析处理技术，提高政府网络舆情研判能力。再者，在智能化系统的应用范围上，目前仅限于国家安全部门、公安部门和宣传部门，远远不能满足政府网络舆情应对工作的需要。凡涉及对公服务的政府部门都有必要在原有电子政务系统中引入网络舆情智能化研判系统，应对日益增强的网络舆论场。

第五节　政策模拟方法

政策模拟是指针对经济社会政策问题进行数学建模、模拟计算和基于计算机技术的政策虚拟试验。由于政策模拟具有通过仿真推演预先揭示风险和矫正对策的功能，所以对实现经济社会安全领域的前馈控制具有极其重要的作用。

政策模拟是信息时代的新兴学科，是政策科学在分析技术上的发展。面对各种社会经济问题，通过对相应政策的模拟计算，分析其对社会诸多方面的影响，评估政策效果，可以提高政策制定的科学性。在政策模拟学科发展的同时，发达国家基于基础理论的研究建立自己的政策模拟系统——政策模拟器（Policy Simulator，PS），用于指导自己的国际贸易政策、国内经济政策，在国际贸易中争取主动。一些企业也开发了自己的政策模拟器。政策模拟器的一般定义是"一个为政府服务的决策支持系统（DSS），它的目标是寻求适当的政策去响应未来和发现社会经济面临冲击的政策对策"。[1] 政策模拟器被认为是用于探索各种政策情景的大型软件，通常它是以特定模型核心的配备地理信息系统（GIS）的决策支持系统（DSS）。美国在1986年建设了国家宏观经济政策模拟器后，1997年改造为AMIGA（美国和世界动态经济一般均衡模型），可用来分析国家经济政策与贸易政策对美国200个部门的经济影响；1989年加拿大由国家统计局与大学联合建立了政策模拟实验室，1991年开发出政策模拟器；1993年澳大利亚研发的The MONASH Model包含113个部门、56个地区、282种职业，用于分析财政、税收、环境等方面的经济政策，预测劳动力市场和收入分配。截至2000年，世界上一些有代表性的政策模拟器如表29-1所示。[2]

表29-1 世界上一些有代表性的政策模拟器（截至2000年）

名称	AMIGA	Murphy Model	SPSD/M	Fair-model	MSG2	Storm
建立国家	美国	澳大利亚	加拿大	美国	美、日、德、澳	印度
模拟尺度	一国	一国	一国	一国	多国	一国
模拟焦点	国家宏观经济政策的冲击中短程响应和短期经济预报，环境经济政策	国家宏观经济政策和中期、短期经济预报	国家与地方政府财政、社会福利和	国家宏观经济政策和中期、短期经济预报	国家间宏观经济相互作用，政策分析，单国经济预报	国家宏观经济政策、产业政策
时间单位	不详	季	不详	季	年	年

---

[1] 王铮、刘涛、朱艳鑫、吴静、杨念：《国家经济安全政策模拟器的开发问题》，《科技与社会》2007年第1期。

[2] 王铮、刘涛、朱艳鑫、吴静、杨念：《国家经济安全政策模拟器的开发问题》，《科技与社会》2007年第1期。

续表

名称	AMIGA	Murphy Model	SPSD/M	Fair-model	MSG2	Storm
规模	200个方程，265个变量	100个方程，165个变量	不详	129个方程，251个变量	260个方程，328个变量	146个方程，168变量
分析功能	进出口、投资、消费、能源、就业、环境	汇率、利率、就业、住房、技术变化	税收、财政、人口政策和社会福利	不详	进出口、投资、消费、能源、就业、技术变化	进出口、国家财政、投资、就业、农业政策

政策模拟是一门正在发展中的科学，已经广泛应用在各种经济领域，其中关于国家经济安全或多国经济博弈的政策模拟成为重点。因此有一种看法认为，政策模拟器是和平时期的"原子弹"。经过多年发展，多种方法被用于政策模拟领域，这些方法大致可以归类为：①计量经济学方法；②运筹学方法；③基于机理的数值解方法；④基于自主体模拟的动力学方法及其他非数值方法；⑤系统工程方法；⑥最优控制方法。在这些方法中，CGE方法是一种重要的基于机理的数值解技术。目前在方法学上，政策模拟正在与实验经济学密切结合。实验经济学可以为政策模拟模型获取参数，并且代替某些涉及人的行为特征的模型。政策模拟可以延伸实验经济学的结果，给出具体的政策。事实上，许多大学的政策模拟实验室兼有实验经济学实验室的功能。

政策模拟器有三个主要功能：①产生和评估政策情景方案；②模拟某个政策行为并进行推演预测；③管理数据。

在最近几年，政策模拟器在研究领域出现三种趋势。其一是集中研究能源与气候保护问题。其二是集中研究宏观经济危机引发的社会危机问题，这个问题在东亚金融危机后受到重视。危机问题的难点在于需要动态分析，所以动态分析引发了许多研究。其三是向社会管理领域渗透。如美国康奈尔大学开发的CORSIM于2002年推出4.1版，是基于个人电脑的人口模拟模型，模拟内容包括个人及其家庭基本的人口统计学特征，如出生、死亡、结婚和离婚，迁移，教育水平，工作和收入水平，以及资产和债务量。此外，还用于社会保障计划等社会科学研究和政策分析。目前被美国国家社会保障局购买，也为加拿大、瑞士所应用。第三种趋势说明，政策模拟器将会在社会管理的前馈控制方面大有作为。

一 主要内容

中国科学院王铮研究员认为中国政策模拟器应该包括下列内容。

(一) 基于数据挖掘的社会经济风险识别预警技术

国家安全分析的首要问题是风险识别。为此需要结合国家社会经济安全问题,发展相应的数据挖掘技术和复杂性分析技术,提出国家社会经济安全风险识别、风险防范和预警分析的经济计算体系。开展多元化信息形式下的国家经济安全问题起因研究和多主体的国家经济安全内在机理研究,开展"国家经济风险"序列模式发现技术及应对策略的时滞模型和"国家经济风险"在线监测、评价与分析挖掘原型系统框架设计及应用研究。

(二) 国家宏观经济安全性政策模拟的 CGE 体系

结合我国经济增长中的宏观经济政策问题,面向国家宏观经济主要政策问题分析的 CGE 系统,可将重点放在国际价格冲击、税收、财政、就业和汇率等方面,并根据国际经济一体化的特征,发展针对开放性宏观经济政策分析的经济计算体系,建立应对跨国经济冲击的政策对策模拟器。根据我国的条件,CGE 模型将包括 43 个产业部门,方程数为 700 多个。

(三) 国家资源环境经济安全政策模拟体系

资源环境经济安全模拟系统是为了对国家环境保护提供决策支持。如在气候保护方面应采取什么样措施,既能保证经济发展又可保护大气环境。结合我国经济增长中的能源和气候保护问题,建立国家环境经济安全分析和气候保护模式政策模拟器,结合我国经济增长中的能源、土地资源、水资源和城市化问题,建立国家环境资源供应安全分析、平衡增长与经济增长的资源强度最优增长政策控制,发展针对国家环境经济政策与国家战略分析的经济计算体系。该模型体系应考虑国际大国的相互博弈对策和技术进步的作用。

(四) 区域社会经济政策与风险防范模拟体系

当前中国区域经济的差距和协调发展是一个现实问题,如何制定最优的区域间经济政策以促进区域经济的协调发展,多区域社会经济政策与风险模拟系统可提供分析支持。为开发这样的系统，需要对我国区域的税收政策、财政政策、国家投资以及财政转移支付政策和我国区域差异变化分析等展开可计算模型研究，提出促进我国区域协调的经济政策体系和风险分析模式，开发区域宏观经济政策模拟系统。该模型系统，计划将全国划分为八大区域，初步估计方程数为 1800 个。

（五）社会分配和福利风险防范评估体系

社会分配与福利问题往往是引起社会冲突的根本原因。因此，需要针对社会发展中的人口问题、分配问题，研究国内收入分配、福利和社会保险的风险性和和谐模型，提出促进社会和谐的经济政策分析可计算模型、阈值识别和危机可减缓性模型。这里需要特别强调的是，这种风险评估体系是建立在政策模拟基础上的而不是人为经验基础上的指标评估体系。

二 存在问题

政策模拟器的应用虽然具有极为广阔和美好的愿景，但是我们必须看到政策模拟器既然被人们称为和平时期的"原子弹"，那么它就是实现社会管理前馈控制的尖端技术。社会管理政策模拟器的建设中还有许多基础科学问题没有得到很好的解决。据王铮等人分析，至少有如下问题。

（一） CGE 计算的动态化

利用 CGE 系统分析的经济系统，本身是动态的，而且需要预测。但 CGE 计算以经济系统的投入产出表关系为基础，这个投入产出表涉及技术消耗系数，该系数与技术进步相关，这个系数表怎样外推涉及模型问题和技术进步机制问题需要研究。另外，经济系统的动态变化方程也需要研究，特别是非稳定态的动态方程涉及非线性环节、动态校正问题、动态参数敏感性问题和多代等。目前国际上发表干预政策模拟器的成熟模型，几乎都是静态的。美国有关大学宣称他们建立的 CGE 基础的政策模拟系统是动态的，但未见相关技术细节的报道。

（二） 针对非线性系统的算法问题

目前流行的 CGE 求解技术几乎都是线性分析的，把所有方程线性化，这样只能分析小的干扰问题。当有大的政策变动或外来冲击时，如国际市场的油价上涨幅度很大时，线性化系统的求解往往得不到满意的结果，因而需要发展针对 CGE 问题的非线性方程求解方法。

（三）CGE 模型问题

CGE 模型体系尚未包括人力资本投入，更没有把人力资本分析纳入社会核算，这样的模型体系显然落后于增长理论的发展，再加上动态困难，CGE 系统对分析经济增长问题显然不完全适合，使 CGE 系统的价值降低。与人力资本问题类似，经济学的一些新发现也需要纳入模型系统或者改变旧的认识。例如，可持续发展问题的提出告诉我们，资源供应的有限性使经济活动不仅有后效性，而且具有前瞻性，资源价格是资源剩余量的函数，更为复杂的是技术进步一次次打破这种限制，一个分析长期经济政策的 CGE 系统必须考虑资源的有效性和技术进步。目前国内外学者用 CGE 系统分析气候保护，基本上没有考虑这两个问题，因此分析提出的政策往往失之偏颇。总之，CGE 模型需要做经济学修改与补充。

（四）多区域 CGE 模型问题

这个问题也是一个经济学问题，不过它比模型系统的补充和更新更为重要。传统的经济学理论往往考虑一个经济体，这个经济体充其量有个外围，是一个开放系统。现实的世界是多区域的（国家也是一种区域），这些区域相互作用，而且最终构成一个封闭系统，封闭性带来资源的有限性。多区域模型承认区域间相互作用，这就使常用的 CGE 分析的小国建设失效，从而提出新的计算方法问题。近年来，区域 CGE 模型研究逐渐兴起，中国国土辽阔，区域经济差距大，多区域模型特别适合分析中国问题，这需要我们更多地关注多区域的理论研究。

（五）CGE 问题求解的 web 计算问题

这里不仅有一般意义的计算，而且也涉及形成一个网络环境接收数据以适应更多部门的运用。为解决这些问题，需要发展适合 CGE 计算的网格技术并获得决策支持系统理论的进一步支持。近年来 Watson 等发展了在网络计算基础上的 PSE（Problem Solving Environment，问题解决环境）的概念，用支持多用户多功能需求的政策模拟分析。由于政策模拟具有数据多源性、政策多样性以及不同级别的保密性，因而提出了关于网络计算的一系列问题。政策模拟的其他基础科学问题，如有关的空间运筹问题、经济弛管制问题和多国合作问题，需要从基础科学角度加以研究。在模拟技术方面，近几年 MAS（多自主体系统）技术得到充分重视，这就产生了 MAS 的一系列理论问题。

总之，政策模拟器是通过科学手段规避风险、优化政策的科学工具，是信息时代寻求安全发展的新"核武器"。建立面向社会管理的政策模拟器，将是实现社会和谐稳定的有力武器。

第三十章　我国社会管理中前馈控制的问题*

现代社会越来越复杂化，其作为一个系统也就越来越脆弱。尤其是随着科技迅速发展和经济全球化，各种风险日益呈现爆发概率提高、蔓延速度加快、空间范围增大的特征，以致现代社会被冠以"风险社会"之名。我国情况更加特殊，不仅正处于发展环境最好的"战略机遇期"，而且处于"社会转型"的关键时期，在国际经验的社会发展序列谱上恰好对应"非稳定状态"的频发阶段。故而在"改革、发展、稳定"的关系中，社会稳定是维系国家系统有序运行的根本保证。因此，在我国未来的发展进程中，科学、定量、实时地监测和研判社会稳定风险在各个领域的变化，通过加强社会预警，对潜在的社会风险进行前馈控制，是降低社会管理成本，有效维护社会稳定的必然选择。为此，党中央早在2003年的十六届三中全会就做出"建立健全社会预警体系和应急管理机制"的英明决策，并在后来的十六届四中、五中、六中全会中加以反复强调。然而令人喜忧参半的是，在"预警"和"应急"两者之间，我国的"社会预警体系"，与从中央到地方庞大的"应急管理体系"相比，却显得极不平衡。我国社会预警体系，似乎与中央的要求相差甚远。那么，"预警"和"应急"两者之间究竟是什么关系？"预警"和"应急"孰轻孰重？何以造成"重应急、轻预警"的局面？是什么在阻碍着社会预警和前馈控制工作的切实展开？提高社会预警的信度和效度的关键是什么？如何像建立纵到底、横到边的"应急管理体系"一样，建立起覆盖全社会、全领域、全行业的社会预警及前馈控制管理体系？诸多问题纠结在一起的关键是什么？如何才能破解？这些就是本章将要探讨的问题。

---

* 本章根据笔者在《国家行政学院学报》2012年第4期已发表论文《我国社会预警体系建设的纠结及其破解》编写。

第一节 "预警"和"应急"两者之间究竟是什么关系？

预警是前馈控制的基础和前提，应急是在预警失效或无预警情况下对突发事件的处置。就控制理论来看，前者属于前馈控制，后者属于反馈控制。那么预警和应急孰轻孰重，二者之间究竟是什么关系，在展开讨论之前，我们不妨先回顾一下中央对此问题的提法和表述。

2003年十六届三中全会："建立健全各种预警和应急机制，提高政府应对突发事件和风险的能力。"①

2004年十六届四中全会："要建立健全社会预警体系，形成统一指挥、功能齐全、反应灵敏、运转高效的应急管理机制，提高保障公共安全和处理突发事件的能力。"②

2005年十六届五中全会："建立健全社会预警体系和应急救援、社会动员机制，提高处置突发性事件能力。"③

2006年十六届六中全会："按照预防与应急并重、常态与非常态结合的原则，建立……实现社会预警、社会动员、快速反应、应急处置的整体联动。"④

显然，在中央的上述提法和表述中，"预警"和"应急"在逻辑上的并列关系和先后次序是毋庸置疑的。但匪夷所思的是，2003年以来，我国政府建立了从中央到地方相当庞大的"应急管理体系"，但是"社会预警体系"与中央反复强调的"建立健全"要求相差甚远。至今我们还没有看到一个出自政府部门的正式的社会预警职能机构。或许我们不能排除那些"维稳办""信访办"，尤其是"应急办"等机构中有部分社会预警功能，但这些机构并不是专司社会预警的职能机构。因为"预警"是一种专业性、科学性、技术性非常强、非常复杂、非常困难的工作，不是随便什么机构或个人想搞就能搞得了的。

在理论和实践中，都有人企图把"预警"包含在"应急管理"之中，其

---

① 《中共中央关于完善社会主义市场经济体制若干问题的决定》，新华网，2003年10月14日。
② 《中共中央关于加强党的执政能力建设的决定》，新华网，2004年9月19日。
③ 《中共中央关于制定国民经济和社会发展第十一个五年规划的建议》，新华网。
④ 《中共中央关于构建社会主义和谐社会若干重大问题的决定》，新华网。

实这是不妥的。从危机管理理论看,"预警"和"应急"处于危机管理过程的两端——输入端和输出端;从控制理论看,"预警"和"应急"属于两种不同的控制形式——前馈控制和反馈控制;从语义学理论来看,"预警"和"应急"属于两个完全不同的词——前者在自然语言的语义中用来指称对未发生事物的预断,后者用来指称对已发生事物的应对;从学科领域来看,"预警"和"应急"分属于两个不同的领域——前者属于认识论领域,具有虚拟性,而后者属于行政管理领域,具有很强的实务性。

当然,"预警"和"应急"之间具有极其密切的联系,这也是毋庸置疑的。同时这也是不少人企图把"预警"纳入应急管理之中的重要原因。因为如果没有预警,很难有效"应急"。但是工作上的需要并不能成为在学理上"应急管理"应该包含"预警管理"的理由。反过来想一下,如果我们早已料到的危机事件发生了,这时我们对这一危机事件处置,准确地说那叫从容应对,而不是应急。再者,如果我们将所有的危机都预警到了,难道还有"急"可应吗?所以,只有当没有预警或预警失误情形下的危机管理活动才能称为"应急管理"。

其实,"预警"和"应急"这两个词的悖论关系也恰恰是一种互补关系。一方面,天有不测风云,人的认识能力是有限的,不可能料事如神,事事尽在预料之中,所以需要对未曾料到的突发事件进行"应急管理";另一方面,客观世界是无限的,如果完全没有预警,事事都要临机应对,岂不顾此失彼,疲于奔命?很显然,"预警"和"应急"两者都不可能做到百分之百。所以,"预警"和"应急"在公共危机管理中犹如鸟之双翼、车之两轮,互为依托,缺一不可。

那么"预警"和"应急"孰轻孰重呢?"预警"和"应急"的畸轻畸重,有史以来就是一种十分矛盾的状况。最初人们可能出于对客观世界的无知和敬畏,对预警是非常重视的,如古人"视兆以知吉凶"①。据推测,早在5000年前就出现了"龟卜",3500年前出现"蓍筮",周代的宫廷里设立专司预警的"龟官",其地位之高与御史相当。②《礼记·中庸》中甚至把预警的重要性推崇到极致——凡事预则立,不预则废。但是不知从何时起,一些人认为只有"沧海横流方显英雄本色",而虚拟化的"预警"几近偏废。这种情景在前述"曲突徙薪"的典故中有生动而深刻的体现。其实这个典故讨

---

① 《辞源》,商务印书馆,1979,第431页。
② 阎耀军:《社会预测学基本原理》,社会科学文献出版社,2005,第20~24页。

论的就是一个"预警"和"应急"孰轻孰重的问题：把烟囱改弯不使火星窜出，使柴草远离烟囱不使接触火源，这是对火灾的预警管理；发生火灾，再去救火，是应急管理。结论是评论功劳，首先应当奖励提出"曲突徙薪"建议的人，而不是救火被烧伤的人。唐末诗人周昙曾就此事大发感慨："曲突徙薪不谓贤，焦头烂额飨盘筵。时人多是轻先见，不独田家国亦然。"① 联想我们现在的社会管理，我们奖励了多少"救火英雄""抗洪英雄""抗震英雄"，但至今我们还没听说过奖励名目中有"防火英雄""防洪英雄""防震英雄"。中央在十六届三中全会以来的连续四次全会中反复强调要建立健全社会预警体系和应急管理机制。可是在近年来，我们似乎并没有奖励过那些在"预警"方面做出过贡献的人，而是把"应急"放在了十分突出的位置。在我们的管理文化中，大多数情形是当危机处置成功后，参与处理危机者往往得到奖掖，而危机出现前的预见者，常常是不受重视，甚至是不受欢迎的人。这种"重应急、轻预警""曲突徙薪亡恩泽，焦头烂额为上客"的思维和行为定式，造成一种管理文化氛围上"重应急、轻预警"的不平衡，反映在社会管理上的失衡就是有大量"突发性事件"发生（据有关研究人士估算，我国平均每天发生250起、每年10万起以上突发性事件，外媒报道则远远高于这个数字），而我们的"应急办"们在无预警（或弱预警）应急管理模式下，难免仓促上阵、捉襟见肘、越应越急，日益陷入力不从心的窘境。"若嘉徙薪客，祸乱何由生。""预警"和"应急"孰轻孰重，"曲突徙薪"的故事的确很值得我们深刻反思。

　　此外，现代社会运行速度越来越快，从现代控制理论来看，我们应该给社会预警以更多的重视。因为从属于反馈控制的应急管理的最大缺陷是在问题出现到问题得到控制之间有一段时间滞差，在这个"时滞"中，"问题"的量和质都可能发生很大变化，所以"大滞后系统"所产生的"时间滞差效应"，往往又会导致"潘多拉魔盒效应"，使危机后果不可挽回。因此，以预防为主的前馈控制应当是现代危机管理的重中之重和难中之难，而前馈控制的基础和前提便是社会预警。

　　总之，在"风险社会"的大趋势下，在"矛盾多发期"的社会转型中，我们现在很难看到哪里能够做到"从容应急"，更不敢奢望做到"无急可应"。原因是我们对中央有关"预警"与"应急"的有关精神和要求，只落实了"半壁江山"。"一手软、一手硬""一条腿长、一条腿短"的危机管理

---

① 《全唐诗》卷 728～102。

模式害莫大焉。

第二节　阻碍前馈控制的四重障碍

"预警"和"应急",自古至今,其道理已经讲得明明白白。但为什么还是会形成"重应急、轻预警"这种"明知故犯"的现象和局面呢?其中原因深刻而复杂,有科学技术方面的,有管理体制方面的,还有思想观念方面的。方方面面的原因交织在一起,构成阻碍社会预警真正进入公共危机管理体制和机制的四重障碍,如图30-1所示。

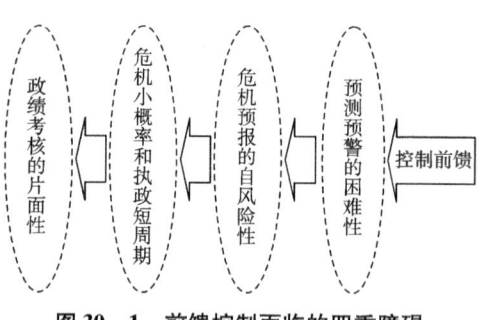

政绩考核的片面性 ← 危机小概率和执政短周期 ← 危机预报的自风险性 ← 预测预警的困难性 ← 控制前馈

图 30-1　前馈控制面临的四重障碍

一　第一重障碍：社会预测和预警的困难性

在科学认识中有描述、解释和预测三个层次,后者最难,所以很少有人愿意做这种任务艰巨、成本高而产出又少又慢的事情。[①] 在政界更是如此,沧海横流方显英雄本色,能摆平危机者很容易立功受奖晋升,所以我们出了很多抗险救灾的功臣和英雄。但是预警就不同了,它不仅很难,而且有不确定性和虚拟性,很难出政绩,历史上鲜有因预警而立功者,前述"曲突徙薪"的典故已经深刻说明了这一点。

二　第二重障碍：危机预报的自风险性

以2003年欧美大停电为例,停电给美国造成的经济损失每天就高达300亿美元。如果预报一个城市在一个月之内将发生地震,结果地震并未发生而

---

① 阎耀军:《试论社会科学与社会预测》,《社会科学战线》,1997年第6期,第254页。

造成的停产搬迁等经济损失可能比停电的损失还要大。政治上的骂名更要命。所以谁也不愿冒这种风险。"报喜不报忧"的俗话,从某种意义上看也有其合理一面。

三 第三重障碍:危机事件的长周期性和为官执政的短期性

百年不遇的大洪水和几十年一遇的大地震谁都怕,但谁都有侥幸心理。为官一任是五年,连任两届也就十年。博弈的结果是谁都不愿意把有限的时间、精力和人力、财力、物力更多地投入很难见效、很难出政绩的预警。执政短期行为这个官场痼疾不除,预警是永远难以真正搞好的。

四 第四重障碍:政绩考核制度不完善

这里不仅有政绩考核中的 GDP 本位问题,还有 GDP 计算中只算加法不算减法,不减"带血的 GDP"[①] 的问题。国家安监总局披露:我国每年自然灾害、事故灾害和社会安全事件造成上百万人伤亡,经济损失 6500 亿元左右,占我国 GDP 的 6%。

诸如此类状况,这些年来不能说没有改变,但极其有限,根本不足以促使"预警"和"应急"之间达到应有的平衡。所以,尽管我们国家社科基金曾经设立过有关课题(如 2006 年的重大招标项目就有"建立健全社会预警体系及应急管理机制"课题),但是我们认为还是有必要把"预警"问题单独提出来重新研究。因为以往把两个问题放在一起来研究,由于上述种种原因,往往是"应急"掩盖"预警",甚至有些人"揣着明白装糊涂",企图用"应急管理"包含或代替"预警管理",把应急管理中所包含的预警管理中的一小部分说成预警管理的全部。换言之,就是想把全部的预警管理工作完全装进应急管理中,这是极为荒谬和有害的。近年来我们的公共安全管理状况,客观上说明了这一点。

第三节 预警工具科学化中相互纠结的三个瓶颈

"预警"和"应急"不平衡的直接后果是预警与预控的脱节,除了外部原因,其实更多是预警自身的原因,即我们预警的效度和信度不高,说白了

[①] 《谋发展须安全至上,不要带血 GDP》,《人民日报》2011 年 7 月 28 日。

就是大家认为这个预警工具不好使,没多大用。"工欲善其事,必先利其器",所以研发出管用的科学化的预警工具,就成了中央所期望的"建立健全社会预警体系"的关键。然而话又说回来,真正管用的预警工具的出现,还得依赖诸多外部条件。我们现在面临三个相互依赖又相互制约的方面,如图30-2所示。

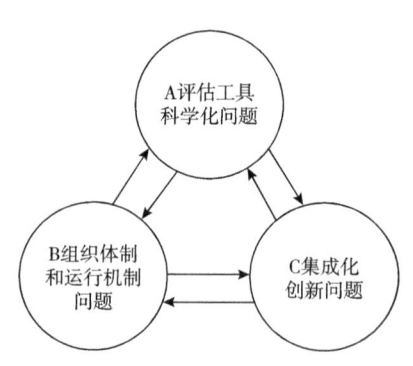

图30-2 预警工具科学化的三个瓶颈

上述模型表达了三者之间互为瓶颈的关系。

首先,A遇到来自B和C两个方面的瓶颈。B瓶颈最为明显,我们现行的组织体制和运行机制不支持预警工具的科学化。稍有专业常识的人就会知道,社会预警的主要工具之一是评估指标体系,而这种主观构建的复杂非物化现象的计量标尺,是需要通过在客观实践中不断验证和校正才能够逐步接近科学的(包括用来构建指标体系框架的理论模型、每一个指标的权值、各指标之间的相关关系等),而且每一次的验证和校正都不是一劳永逸的,因为社会在发展变化,预警指标体系必须如影随形、与时俱进。可是我们的现行体制基本上不能够给社会预警指标的科学验证提供机会,业内经常遇到的就是系统高质量的数据供给问题和社会预警指标的制度化运行平台问题。国内曾经提出过的社会预警指标体系少说有数十种,至今几乎没有任何一种得到连续运行和公认的科学化验证。从C来看,社会预警工具的科学化应包括理论、方法和技术诸方面,从使用和实用的角度看,任何一个方面的单独科学化都是一种片面的科学化。这就犹如零部件和整车的关系,你零部件再好,不能集成整车,还是没有实际意义。例如,现代意义上完整的社会预警系统,应当由指标系统、运行机制系统和信息管理系统三个子系统组成。在前两个子系统完成的情况下,如果没有后者,整个系统还是无法顺利运行。因为在现代高速运行且瞬息万变的社会中,采用人工方式来采集和处理海量数据已几乎不可能。即便勉强为之,其难度和高昂的成本也是任何实际工作部门所难以长期承受的。退一万步说,即便能够承受,其时效性也要大打折扣,因为不能进行实时监控的社会预警系统几乎是没有意义的。所以,光有理论和方法的科学化,而没有技术的加盟集成,就不能实现社会预警的自动化进而推进科学化。我们现在搞理论的、搞方法的和搞技术的多数是各自为政,无法形成集成化创新。

其次,B 也遇到 A 和 C 两个方面的瓶颈。从 A 来看,自身科学化的问题远没有解决,这样 B 对其要求的组织体制和运行机制的设计也就缺乏相应设计安排的积极性;从 C 来看,不能实现集成化创新,B 也就难以做出整体性和系统性的制度安排和运行机制设计。

再次,C 也遇到 A 和 B 两个方面的瓶颈。从 A 来看,理论、方法、技术诸方面的单一科学化问题都还没完全解决好,显然难以进行有效集成;从 B 来看,现行科技管理体制还缺乏大尺度跨学科交叉研究的机制,传统上文、理、工分割的组织格局基本还是"画地为牢",这也使需要多学科集成创新的现代社会预警遇到很大困难。

第三十一章 破解前馈控制诸多纠结的设想和设计

由前文可知，社会预警体系的建立健全面临诸多问题的困扰，而且牵涉面甚为广泛，很难一一理清并开方对应。那么，究竟有没有可以牵一发而动全身的破解之策呢？答案是肯定的。我们认为，上述纠结之根在于社会预警的科学化问题。解决了社会预警的科学化问题，就找到了破解纠结的钥匙。可以断言，社会预警自身的科学化问题不解决，其他问题终将陷入"剪不断，理还乱"的境地。换言之，只要社会预警科学化的问题解决了，一切矛盾都将迎刃而解。对此，现代发达国家建立"政策模拟器"的做法，对我们社会预警科学化的思路很具有启迪意义。

第一节 开发"社会风险模拟器"的设想

政策模拟器（Policy Simulator，PS）的一般定义是"一个为政府服务的决策支持系统（DSS），它的目标是寻求适当的政策去响应未来和发现社会经济面临冲击的政策对策"。[①] 政策模拟器是在政策模拟学科发展的同时，发达国家基于基础理论的研究，利用数学和计算机方法，建立的一种政策模拟系统。政策模拟器作为一种用于探索各种政策情景的大型软件，由于具有通过仿真推演预先揭示风险和矫正对策的功能，所以被称为保障国家安全的新"核武器"，并且在经济和军事领域得到广泛运用。在经济领域，现在世界上一些著名的政策模拟器有美国的 AMIGA 和 Fair – Model，澳大利亚 Murphy Model，加拿大的 SPSD/M，美、日、德、澳联合开发的 MSG2，以及印度的 Storm 等。在军事领域，则有美国最好的大型作战模拟系统，已经能够把数

---

① 王铮等：《国家经济安全政策模拟器的开发问题》，《中国科学院院刊》2007 年第 1 期，第 49~56 页。

十个战区连在一起进行模拟,如美国国防高级技术研究项目局支持的国防仿真交互系统(DSI)已经能把从韩国到欧洲的65个作战模拟站连在一起进行作战模拟。[1] 而且这种模拟在实战中得到了很好的检验。以海湾战争为例,美军通过作战模拟获得了俗称"100小时战争"的作战方案,在后来的实战中完全应验,可谓模拟精确地描绘了实战,实战又忠实地体现了模拟,真正实现了"运筹于帷幄之中,决胜于千里之外"。

其实如果剥去现代科技的外衣,仅从模拟风险和应对预演方法的本质层面来看,政策模拟古已有之。如前所述的"墨子救宋"的典故就是典型案例,只不过墨子当时的"政策模拟器"不是计算机而是一根腰带和几块木片。现代意义上的政策模拟器不仅是随着现代科技的发展而产生的,更是随着现代社会的高度复杂性、脆弱性,尤其是在20世纪德国社会学家乌尔里希·贝克(Ulrich Beck)所揭示的"风险社会"的来临而催生的一种规避风险的工具。所以,从这个意义上说,也许将政策模拟器称为"风险模拟器"更为贴切。

目前世界各国政策模拟器开发和应用的主要领域基本局限在经济和军事领域,而对社会领域的政策模拟研究鲜有涉及。政策模拟在20世纪80年代传入我国后很快获得发展,但目前亦主要还是在宏观经济政策、企业经济政策、资源环境政策和工程项目领域中徘徊,只有极少数人进行过局部的社会政策模拟研究。[2] 所以社会领域的政策模拟,尤其是针对社会稳定风险的政策模拟器(以下简称"社会风险模拟器")的研发工作势在必行。

社会风险模拟器是一个为政府避免社会危机、维护社会稳定服务的决策支持系统。社会风险模拟器的主要任务应该包括两个层面:其一是对社会风险的识别,其二是有针对性的政策推演。为此需要结合社会风险问题进行建模和仿真,通过多种信息形式下的社会风险问题起因研究,以及多主体的社会安全内在机理研究,提出具有正确性和可信度的理论分析模型;需要发展相应的数据挖掘技术和复杂性分析技术,提出社会风险识别、风险防范和预警分析的计算体系;需要根据社会风险序列模式发现技术及应对策略,利用仿真交互网络系统对社会稳定风险实施在线监测、评估和风险对策模拟研究。总之,由于社会风险模拟器的开发本身就是一种集成创新,而随着社

---

[1] 王小非:《海军作战模拟理论与实践》,国防工业出版社,2010,第365~366页。
[2] 张世伟、万相昱、曲洋:《公共政策的行为微观模拟模型及其应用》,《数量经济技术经济研究》2009年第8期;孙翎、王铮:《中国多区域社会保障均衡的政策模拟》,《数量经济技术经济研究》2010年第4期。

风险模拟器这一科学化的社会预警方式的实现和逐步完善,必然带来相应的组织管理创新和运行流程的再造,所以前述的"四重障碍"和"三个瓶颈"的纠结都将迎刃而解,我国以社会预警体系的建立健全为基础的前馈控制管理模式的建立亦将指日可待。

最后需要说明的是,由于本书主旨和篇幅所限,关于如何研发社会风险模拟器的问题,需要另外著文,特别是希望相关领域的专家学者展开全面而深入的研讨。笔者在此只是对问题的关键部分抛砖引玉。

第二节　社会管理前馈控制机制系统模式设计[*]

前馈控制管理机制系统模式(以下简称前馈控制模式)的设计,对应社会管理系统中的各行各业和不同层次应有所不同,不会有固定的统一模式,所以本节仅就前馈控制模式设计的共同原则和一般模式(常模)提出建议。

一　前馈控制管理机制模式设计的原则

前馈控制模式的设计务必遵循三条原则,即以监测预警和风险评估为前提的原则,也可称为超前预测原则;预警预报和预案启动制度化链接原则,也可称为未萌先动原则;依赖可操作性的技术支撑体系的原则,也可称为操作务实原则。以下我们对这三条原则分别予以阐述。

(一)以监测预警和风险评估为前提的原则(超前预测原则)

前馈控制的目的和反馈控制等控制方式的目的是一样的,都是达到对事物的控制,所不同的只是控制时点和控制方式的差别。由于前馈控制时点的前置,其控制目的的实现就必然要以监测预警和风险评估为前提。因为没有监测预警和风险评估,就无法做到"前馈",而没有"前馈"便没有所谓的"前馈控制"。

在前馈控制模式设计中坚持以监测预警和风险评估为前提的原则,主要考虑的是这一模式首先要具备社会影响评估和预警的机制和功能,主要是为重大工程、重大项目、重大政策和重大问题提供社会尺度,从源头上杜绝社

---

[*] 本节内容根据笔者在《中国应急管理》2010年第9期已发表论文《应急管理的前馈控制模式研究》编写。

会问题。通过对其社会影响评估来及时了解某一行业或地区或整个国家社会发展的可能趋势，并对其可能对某一行业、地区乃至整个国家社会发展产生的影响进行预警，及时提出对策和建议，采取预控措施。所以，在前馈控制模式的设计中必须要建立一个强有力的预警社会风险的模块，通过它来监测和评估那些突发性事件的风险源、征兆、危机征兆与危机发生之间的关系；根据评估结果确定突发性事件监测的内容和指标，并确定突发性事件预警的临界点，从而实现真正意义上的前馈控制。另外，有关社会影响评估和预警的方法设计，也应当体现在模式的构架当中。其中，建立综合评估和监测的预警指标体系和决策分析模型是实现评估预警的关键所在，对此我们在后面将有详细阐述，在此暂不赘述。

（二）预警预报和预案启动制度化链接原则（未萌先动原则）

预警的目的是预控。预警是虚（具有虚拟性），预控是实（具有务实性）。离开了务实的预控，预警便成了子虚乌有的海市蜃楼，没有任何实际意义。所以，在前馈控制模式设计中必须体现预警和预控紧密结合的原则。目前在我国，预警和预控脱节的问题相当严重，无论是在研究层面还是在实践层面都存在严重的脱节。从研究上看，基本上停留在单纯预警阶段，预警之后的预控存在很大的问题。这也是我们有不少问题越闹越大，始终得不到有效解决的原因。若深究起来，我们的预警也有问题，那就是前馈性差（预警研究中叫早期性差），总是当问题闹大了才来预警，这就增加了解决问题的难度。总之，学者们更倾向于只关心预警研究，至于如何预控，他们认为那是政府的事情。学者们认为他们的任务是发现和指出问题，而解决问题是政府官员们的事情，因此多疏于预控研究。从实践上看，政府官员们对学者们的"耸人听闻"的预警，只是姑妄听之并抱有侥幸心理。由于缺乏一种约束机制，尤其是具有刚性的制度约束，他们对一些预警研究往往敬而远之，认为是自己任期内解决不了或无须解决的问题。相反，他们倒是比较重视应急管理，企望能够遇险而应急。殊不知，若没有事先预警，安能从容"应急"？所以预警预控本来是密不可分的，只有预警和预控紧密结合，才能构成真正的前馈控制机制。机制是和制度相联系的，预警和预控的密切结合是以相应的制度安排为保证的，而不是靠人为随意临机结合的。据说国外有些国家的预警和预控就连锁得很好，如法国在"景气政策信号制度"中就规定，在"经济警告指标"（包括失业率、通货膨胀率、外贸入超率）三个指标中，任何一个指标出现连续三个月上升（比上月）1个百分点以上，政府必须自动在一定范围内采取相应的预控措施，不需要经过任何会议讨论和烦琐的决策程序。显然，有这样的制度化的连锁机制，就可以事先及时控制不利因素向社会系统的渗透或扩展。由此可见，前馈控制模式的设计中应当体现出这种预警和预控连锁的机制性通道和运行流程。

（三）依赖可操作性的技术支撑体系的原则（操作务实原则）

理论观念是行动的先导，但是它还不能在具体的实务中运行操作，所以必须有一套可以操作的技术体系加以支撑。广义的前馈控制技术包括政治技术在内的组织制度设计、法律法规和政策制定；狭义的前馈控制技术包括指标监测技术、风险评估技术、仿真推演技术、矛盾简化技术、冲突缓解技术以及依靠计算机网络的网格化管理技术等。总而言之，前馈控制的方法和技术是一个随着实践不断发展和丰富化的体系，前馈控制要通过一系列技术手段加以操作，在一整套技术体系的支撑下实际运行。

二 前馈控制机制系统的一般模式

任何目标的达成与否，最终取决于能否建立起实现该目标的有效机制。任何机制都是一个系统。在机制系统中，我们把系统的构成要素和要素间的组合秩序称为系统的静态结构，把系统要素间相互作用的方式称为系统的动态结构。前馈控制机制，就是一种以特定的规则规范系统内各要素的组成方式和各要素间的联系方式，以实现前馈控制管理功能的模式。

根据上述设计前馈控制机制系统的三个原则，我们设计前馈控制机制系统的一般模式如图 31－1 所示。

图 31－1 中，虚线框Ⅰ构成扰动因素预警模块，这个模块按照超前预测的原则，设置了风险评估和预警的主要技术方法和运行流程，其功能是对可能将要输入社会过程的扰动因素进行排查过滤，识别风险并进行报警；虚线框Ⅱ主要表达将预警和预控连锁起来的要件和主要通道，其功能是完成由预警向预控的转换；虚线框Ⅲ主要表达在扰动因素输入社会过程之前，对不良扰动因素可以采取的各种控制方法和措施。三个虚线框模块被圈定在大实线框之内，以组织保障、制度保障、技术保障和资金保障为基础，整个模型置于社会过程模块之前，通过其内在结构体现其超前预测、未萌先动和操作务实三大原则。

第三十一章 破解前馈控制诸多纠结的设想和设计

Ⅰ 扰动因素预警模块
- 先兆指标设置
- 警情信息采集
- 数据电算处理
- 扰动因素分析
- 警情监测
- 警兆识别
- 警源分析
- 风险评估
- 巨警 / 重警 / 中警 / 轻警

Ⅱ 预警预控连锁模块
- 制度化连锁机制
- 体制设计安排
- 组织机构设置
- 法律法规制定
- 操作流程标准

Ⅲ 扰动因素预控模块
- 超前预控措施
- 风险规避
- 矛盾转移
- 补救抑制
- 缓和冲突
- 分散风险
- 应急预案
- ……

→ 社会过程

保障：组织保障　制度保障　技术保障　资金保障

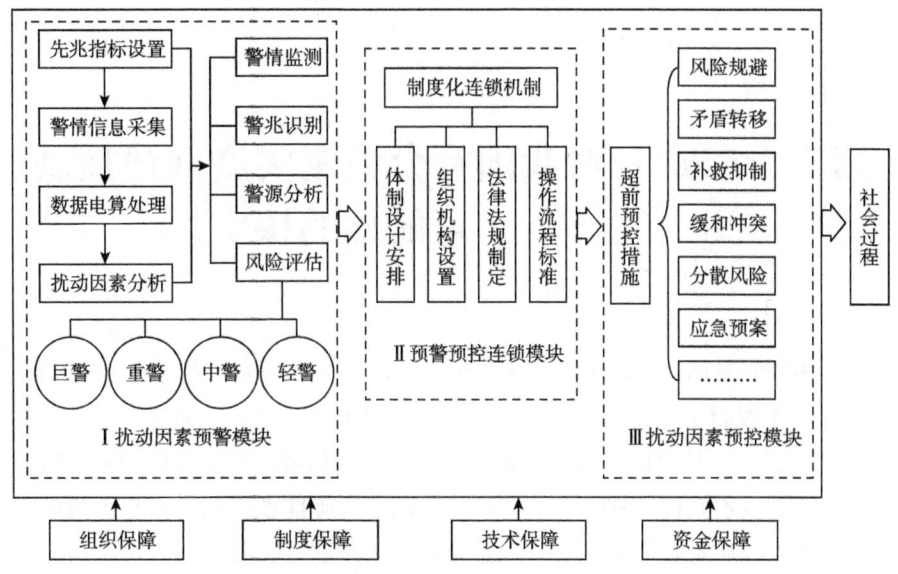

图　前馈控制机制系统的一般模式

第三十二章 对我国社会稳定实施前馈控制可能性的探索[*]

前馈控制是面对原因的"事前控制",是一种"不使事情发生"的思路,是一种"不战而屈人之兵"的境界。其优点很多,一是可以避免反馈控制的"控前损失",二是可以避免反馈控制的"时滞"缺陷,三是控制起来比较容易,且控制成本较低。那么,如何对社会稳定实施前馈控制?根据大量的国内外经验,利用预警指标体系对社会稳定的状况进行实时监测并对社会失稳进行早期预报,实施前馈控制才能成为可能。因此,我们借鉴社会学的社会指标理论和方法,尝试建立了一套对社会稳定进行监测评估的预警指标体系。根据这一指标体系,我们采集了大量历史数据,对我国1985~2002年的社会稳定状况进行了时间序列分析和模拟预警,以此来印证我们曾经经历的社会过程和本指标体系的效度和信度,以期能够为维护社会稳定提供一种前馈控制工具。研究发现,如果我们当年能够进行科学的社会预警,并及时进行早期政策调控,是完全有可能避免社会危机发生的。

下面,本章将对这项研究的方法和步骤进行详细阐述。

第一节 用来解释社会稳定机理的理论模型和指标体系框架

社会作为一个超复杂巨系统,其运行依赖内部各子系统在一定结构中的相互作用,各子系统互动无非造成社会运行的三种情况:良性运行、恶性运行和介于两者之间的中性运行。社会稳定是社会良性运行的一种状态,其实质是社会各子系统之间的有序互动。所以,我们要对社会稳定程度进行测评

---

[*] 本章内容主要根据笔者在《学术研究》2006年第9期已发表论文《对社会稳定施行前馈控制可能性的探索》编写。

并进而达到预警的目的,就必须先有一种能够从内在逻辑上解释清楚这种评估对象的理论模型。

图32-1就是我们针对测评社会稳定的需要所构建的理论模型。

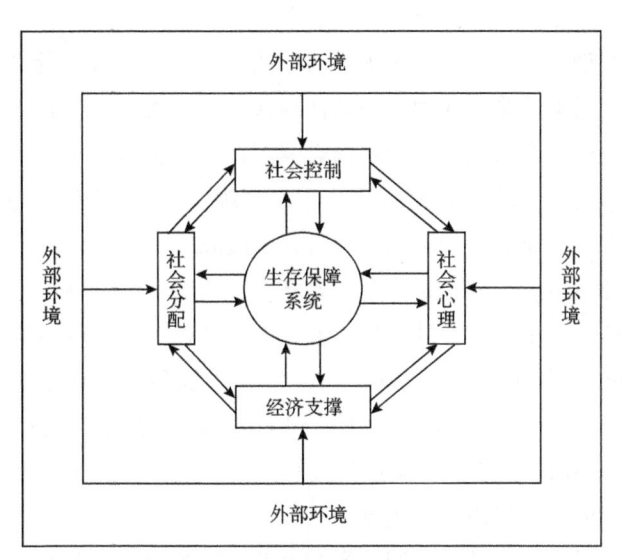

图32-1 社会稳定风险监测及政策调控模型

社会稳定风险监测及政策调控模型有六个要点。

①生存保障系统。从社会生物学意义上看,人类实际上是自然界中的一个具有社会性的生存系统。如果这个生存系统得不到有效的保障或者受到威胁,那么社会就会从根本上丧失和谐稳定。社会稳定的核心问题实际上就是人的生存保障问题。其他问题都是由此衍生而来。因此,我们在社会稳定指标体系的理论架构中,以"生存保障系统"作为逻辑起点。

②经济支撑系统。人类要满足生存需要,必然要通过生产活动来取得生存资料,这样就形成使人类得以维持生存的"经济支撑系统"。根据马克思的"经济基础决定上层建筑"的理论,这个系统不仅为人类生存提供物质基础,而且对社会的上层建筑产生着决定性的影响,因而处于整个社会稳定系统的基础地位。

③社会分配系统。人类在获取生存资料的生产劳动中,每个社会成员或群体为社会所提供的劳动是有差别的。要构建和谐稳定的社会,就必须形成一个能够体现按劳分配原则的"社会分配系统"。分配上的平均主义和不合理的过大差距,都会严重影响社会的和谐稳定。

④社会控制系统。由于人类需求的无限性和生存资源的有限性,人类获

取生存资源的行为必然受到一定的限制,在特定的"游戏规则"中有秩序地进行。这样就会形成执行和维持特定秩序的"社会控制系统"。社会控制系统是社会稳定的维护机制,社会控制系统如果乏力或崩溃,社会就会陷入无序状态。

⑤社会心理系统。人是有主观能动性的社会主体,人的社会行为受主观意识支配。包括上述系统在内的一切社会系统的客观存在,都会在人的脑海中留下主观映像。在特定的主观映像影响下,人们会对自己的生存状态产生相应的心理活动,这就构成了"社会心理系统"。社会的和谐稳定与否,实际上是在人们主观意愿驱使下的社会行为所造成的一种社会后果。

⑥外部环境系统。社会是一个抽象概念,实际存在的具体社会总是以一定地域为载体的。由于现代社会的高度开放性,每一个具体社会实体的和谐稳定,不可能不受到本区域以外的其他社会系统和非社会系统的影响。由此,域外社会因素和自然因素便构成了特定区域社会稳定的"外部环境系统"。随着全球化的趋势和人与自然关系的日益紧张化,外部环境系统对社会稳定的扰动因素必将越来越重要。

社会稳定风险监测及政策调控模型中各子系统的功能和它们之间的相关关系呈现异常复杂的情景,由于本书主旨和篇幅所限,恕不展开描述。①

根据上述理论模型,衍生测评社会稳定前馈控制指标体系框架见图32-2。

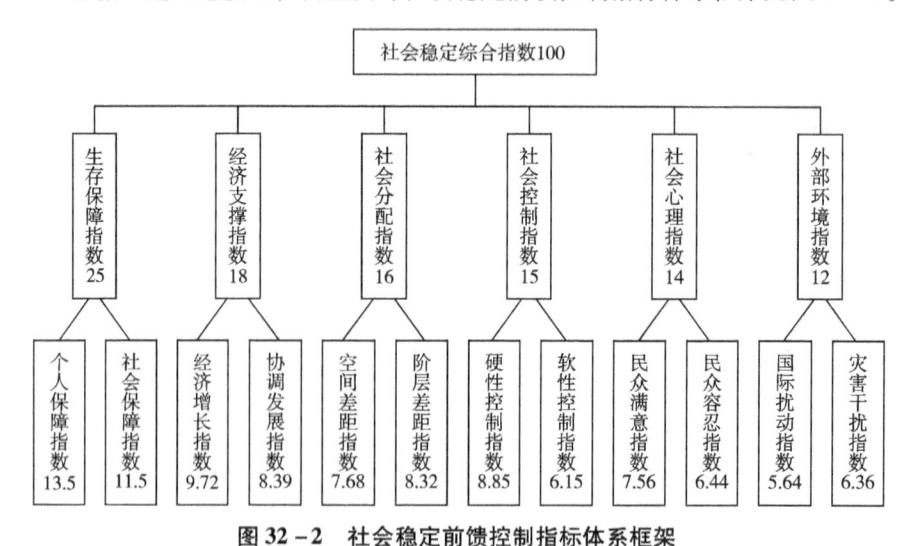

图32-2 社会稳定前馈控制指标体系框架

① 参见阎耀军《社会稳定的计量及预警预控管理系统的构建》,《社会学研究》2004年第3期。

上述框架共分为三个层次的指数指标。第一级指数指标是"社会稳定综合指数",反映该指标体系监测评价的目标——社会稳定程度。第二级指数指标由"生存保障指数""经济支撑指数""社会分配指数""社会控制指数""社会心理指数"和"外部环境指数"构成社会稳定的一级子系统,反映社会稳定的不同侧面。第三级指数指标是第二级指数指标内部构造的分解,由12个模块构成二级子系统,每两个模块为一组,分别隶属于相应的二级指标。这样设计不仅是为了细腻地反映每个二级指标的内部构造,更主要的是为了便于在计量检测中寻找致使社会不稳定因素所在的具体部位,明晰工作中的薄弱环节并增强指标体系的分析比较功能。

第二节 用来测评社会稳定程度的具体指标

用来评估社会稳定程度的具体指标(即原始指标)共55个。它们的确定,主要是运用德尔斐法,由具有一定资格的专家,按照课题组提供的指标体系框架,在预选指标中限量遴选。

第三节 社会稳定的时间序列数据分析和模拟预警

一 运行社会稳定前馈控制指标体系的操作流程

社会稳定指标体系是一种人为构造的"软的"的计量工具,是存在于人们头脑中的观念的外化。这种"软尺"的使用,不像"硬量具"那样简单方便,它需要一个运行载体为操作平台,才能够发挥作用。因此,我们建立了对社会稳定指标体系实施运行的操作平台,即社会稳定的监测预警管理系统如(见图32-3)。

上述操作系统是根据现代社会预警的理论和方法研制,并且在计算机系统软件支持下实现的一种对社会稳定运行的质量进行监测、评估、识别、报警和对策选择的一整套人机智能化的高效能现代管理系统。这套管理系统,不仅可以通过指标体系的运行对社会稳定程度(SHWD)进行有效监测、识别和预警,还可以随着开发的深入给出参考性对策建议,为决策者提供正确决策的依据,是政府进行社会安全管理的重要手段,可以极大地提高社会安

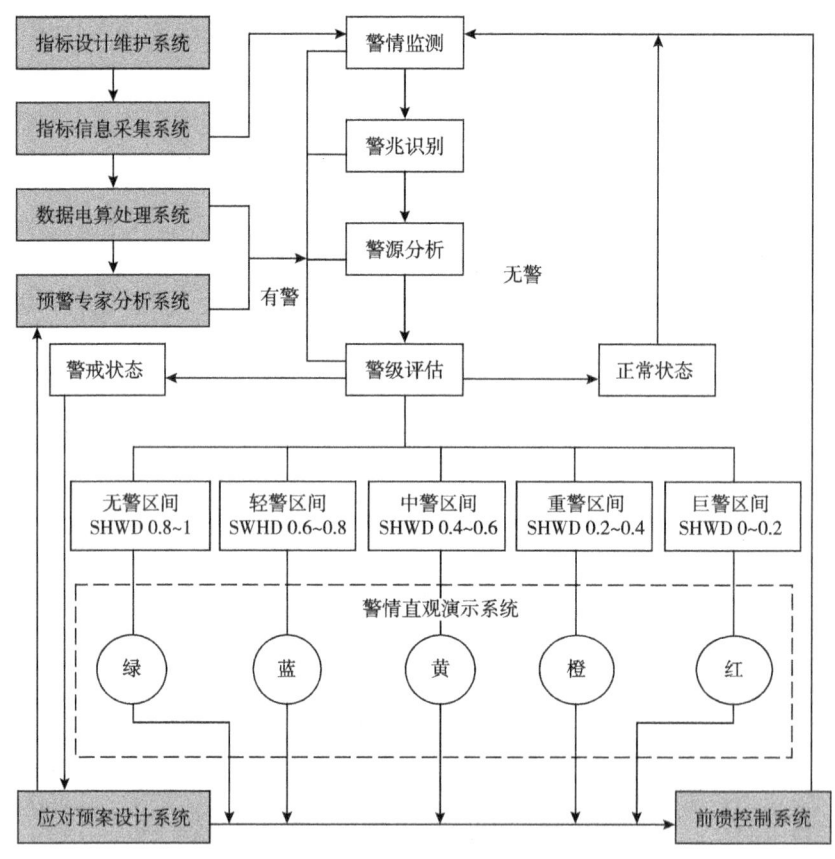

```
┌─────────────────┐         ┌─────────────┐
│ 指标设计维护系统 │────┐    │  警情监测   │◄────────────┐
└─────────────────┘    │    └─────────────┘             │
         │             │           │                     │
         ▼             │           ▼                     │
┌─────────────────┐    │    ┌─────────────┐             │
│ 指标信息采集系统 │────┘    │  警兆识别   │             │
└─────────────────┘         └─────────────┘             │
         │                         │                     │
         ▼                         ▼                     │
┌─────────────────┐         ┌─────────────┐             │
│ 数据电算处理系统 │         │  警源分析   │   无警      │
└─────────────────┘         └─────────────┘             │
         │                         │                     │
         ▼              有警       ▼                     ▼
┌─────────────────┐────────►┌─────────────┐         ┌─────────┐
│ 预警专家分析系统 │         │  警级评估   │────────►│正常状态 │
└─────────────────┘         └─────────────┘         └─────────┘
         │                         │
         ▼                         ▼
┌─────────┐       ┌───────┬───────┬───────┬───────┐
│警戒状态 │◄──────│       │       │       │       │
└─────────┘       ▼       ▼       ▼       ▼       ▼
            ┌────────┬────────┬────────┬────────┬────────┐
            │无警区间│轻警区间│中警区间│重警区间│巨警区间│
            │SHWD    │SHWD    │SHWD    │SHWD    │SHWD    │
            │0.8~1   │0.6~0.8 │0.4~0.6 │0.2~0.4 │0~0.2   │
            └────────┴────────┴────────┴────────┴────────┘
                          警情直观演示系统
              ( 绿 )  ( 蓝 )  ( 黄 )  ( 橙 )  ( 红 )

┌─────────────────┐                           ┌─────────────┐
│ 应对预案设计系统 │                           │ 前馈控制系统│
└─────────────────┘                           └─────────────┘
```

图 32-3　社会稳定前馈控制指标体系的操作流程

全管理的效率和科学性。上述操作系统由指标设计维护系统、指标信息采集系统、数据电算处理系统、预警专家分析系统（含警级评估系统和警情演示系统）、应对预案设计系统和前馈控制系统等若干子系统构成的，限于本文主旨和篇幅我们对此亦不一一展开。[1]

二　对我国 1985~2002 年社会稳定程度的时间序列数据分析

在社会科学领域，时间序列数据分析是一种常用的方法，在社会趋势、经济趋势和周期研究中经常用到。我们对社会稳定的时序分析，旨在通过比较不同年份社会指标时间序列数据的变化，监测和预警社会稳定中的问题和变化趋势，验证我们设计的这套指标体系与我们所经历的历史过程的吻合程

---

[1]　阎耀军：《现代实证性社会预警》，社会科学文献出版社，2005。

度，从而证明这套指标体系的效度和信度。

社会稳定程度在定量化评估看来，它是 0 到 1 之间的一个数，我们把社会稳定不同程度的阈值区间做出如下界定：

SHWD = 0.80~1.0 属于无警区间，在警情演示系统中用绿色灯表示
SHWD = 0.6~0.8 属于轻警区间，在警情演示系统中用蓝色灯表示
SHWD = 0.4~0.6 属于中警区间，在警情演示系统中用黄色灯表示
SHWD = 0.2~0.4 属于重警区间，在警情演示系统中用橙色灯表示
SHWD = 0.0~0.2 属于巨警区间，在警情演示系统中用红色灯表示

依照本节提出的社会稳定指标体系，对我国 1985~2002 年全国生存保障子系统、经济支撑子系统、社会分配子系统、社会控制子系统、社会心理子系统、外部环境子系统六个子系统和谐稳定度变动态势的时间序列分析见图 32-4。

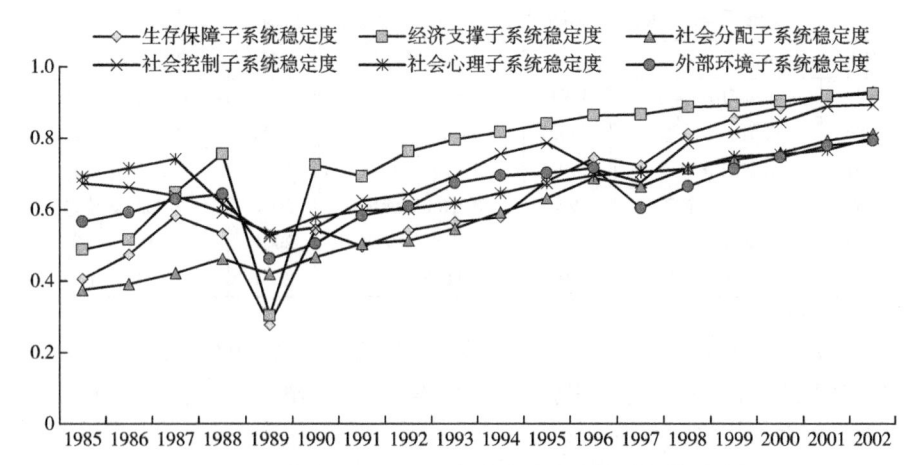

图 32-4 我国 1985~2002 年社会稳定度的时间数列分析

其中各子系统的详细年度数据①及警级分析（见表 32-1 至 32-6）。

从表 32-1 的数据可知，全国生存保障系统稳定状况，1985~1994 年近十年中一直处于中警区间，其主要原因是当时社会保障制度改革滞后，与经济改革不配套。1995~1997 年处于轻警区间，说明社会保障制度改革初见成效；1998~2002 年处于无警区间并呈现上升态势，说明我国人民生活水平进一步提高，社会保障体系在构建和谐社会中发挥着日益重要的作用。

---

① 本节所使用的数据均根据《中国统计年鉴》提供的有关数据计算和问卷调查。下同。

表 32-1　生存保障子系统稳定度详细年份数据及警级分析

年份	SHWD 预警区间	年份	SHWD 预警区间	年份	SHWD 预警区间
1985	0.4063 = 中警	1991	0.4975 = 中警	1997	0.7215 = 轻警
1986	0.4735 = 中警	1992	0.5397 = 中警	1998	0.8106 = 无警
1987	0.5817 = 中警	1993	0.5641 = 中警	1999	0.8537 = 无警
1988	0.5309 = 中警	1994	0.5776 = 中警	2000	0.8842 = 无警
1989	0.2777 = 重警	1995	0.6792 = 轻警	2001	0.9154 = 无警
1990	0.5430 = 中警	1996	0.7437 = 轻警	2002	0.9276 = 无警

由表 32-2 中数据可知，全国经济支撑系统的稳定度除 1985 年和 1986 年处于中警区间，以及大部分年份均处于轻警和无警区间，这说明我国的经济支撑系统对于社会的稳定起到了强有力的支撑作用，这种强力支撑作用从 20 世纪 90 年代以来表现得越来越突出。

表 32-2　经济支撑子系统稳定度详细年份数据及警级分析

年份	SHED 预警区间	年份	SHED 预警区间	年份	SHED 预警区间
1985	0.4871 = 中警	1991	0.6912 = 轻警	1997	0.8642 = 无警
1986	0.5163 = 中警	1992	0.7631 = 轻警	1998	0.8853 = 无警
1987	0.6481 = 轻警	1993	0.7953 = 轻警	1999	0.8906 = 无警
1988	0.7543 = 轻警	1994	0.8160 = 无警	2000	0.9023 = 无警
1989	0.3022 = 重警	1995	0.8381 = 无警	2001	0.9151 = 无警
1990	0.7260 = 轻警	1996	0.8625 = 无警	2002	0.9237 = 无警

从表 32-3 来看，我国社会分配系统的稳定度，除 2002 年处于无警区间的下限以外，其余年份皆有警情，这种警情在 20 世纪 80 年代的中后期比较严重，90 年代之后逐年有所缓解。

表 32-3　社会分配子系统稳定度详细年份数据及警级分析

年份	SHED 预警区间	年份	SHED 预警区间	年份	SHED 预警区间
1985	0.3756 = 重警	1991	0.5032 = 中警	1997	0.6638 = 轻警
1986	0.3927 = 重警	1992	0.5128 = 中警	1998	0.7155 = 轻警
1987	0.4215 = 中警	1993	0.5451 = 中警	1999	0.7392 = 轻警
1988	0.4623 = 中警	1994	0.5929 = 中警	2000	0.7583 = 轻警
1989	0.4186 = 中警	1995	0.6317 = 轻警	2001	0.7921 = 轻警
1990	0.4652 = 中警	1996	0.6874 = 轻警	2002	0.8116 = 无警

从表 32-4 数据看出，我国社会控制子系统的稳定度，除 1999 年及以后的四个年份处于无警区间外，此前所有年份皆有警情，其中 1988 年、1989

年、1990年三个年份处于中警区间,反映了当时的社会状况。此外我们还可以明显地看出1985~1988年SHED从轻警向中警的下降趋势。

表32-4 社会控制子系统稳定度详细年份数据及警级分析

年份	SHED预警区间	年份	SHED预警区间	年份	SHED预警区间
1985	0.6731=轻警	1991	0.6237=轻警	1997	0.6766=轻警
1986	0.6621=轻警	1992	0.6423=轻警	1998	0.7863=轻警
1987	0.6394=轻警	1993	0.6931=轻警	1999	0.8154=无警
1988	0.5921=中警	1994	0.7542=轻警	2000	0.8431=无警
1989	0.5331=中警	1995	0.7865=轻警	2001	0.8879=无警
1990	0.5467=中警	1996	0.7140=轻警	2002	0.8923=无警

由表32-5可见社会心理子系统的稳定度全部处于有警区间,其中1988年、1989年、1990年、1991年四个年份处于中警区间,反映了当时社会心理形势;其余年份皆处于轻警区间,说明我国在社会稳定的社会心理系统方面一直存在一些问题,中央提出构建和谐社会实乃英明之举。

表32-5 社会心理子系统稳定度详细年份数据及警级分析

年份	SHED预警区间	年份	SHED预警区间	年份	SHED预警区间
1985	0.6931=轻警	1991	0.5979=中警	1997	0.7032=轻警
1986	0.7153=轻警	1992	0.6015=中警	1998	0.7125=轻警
1987	0.7419=轻警	1993	0.6182=中警	1999	0.7488=轻警
1988	0.6165=中警	1994	0.6458=轻警	2000	0.7524=轻警
1989	0.5240=中警	1995	0.6731=轻警	2001	0.7661=轻警
1990	0.5784=中警	1996	0.6956=轻警	2002	0.7993=轻警

从表32-6看,所有年份都出现轻度或中度警情,其中1985年、1986年两个年份,1989年、1990年、1991年三个年份出现中警。这说明一方面我国具备社会稳定的外部环境,不存在严重警情,另一方面外部的(社会的和自然的)扰动因素又始终存在。

表32-6 外部环境子系统稳定度详细年份数据及警级分析

年份	SHED预警区间	年份	SHED预警区间	年份	SHED预警区间
1985	0.5657=中警	1991	0.5821=中警	1997	0.6033=轻警
1986	0.5931=中警	1992	0.6077=轻警	1998	0.6654=轻警
1987	0.6294=轻警	1993	0.6725=轻警	1999	0.7139=轻警

续表

年份	SHED 预警区间	年份	SHED 预警区间	年份	SHED 预警区间
1988	0.6428 = 轻警	1994	0.6957 = 轻警	2000	0.7465 = 轻警
1989	0.4604 = 中警	1995	0.7026 = 轻警	2001	0.7786 = 轻警
1990	0.5037 = 中警	1996	0.7152 = 轻警	2002	0.7931 = 轻警

社会的和谐稳定与否，是社会内部各子系统合力作用的结果，拟合上述六个子系统稳定度的曲线和数据，我们可以得到社会总体稳定度走势（见图 32–5 和表 32–7）。

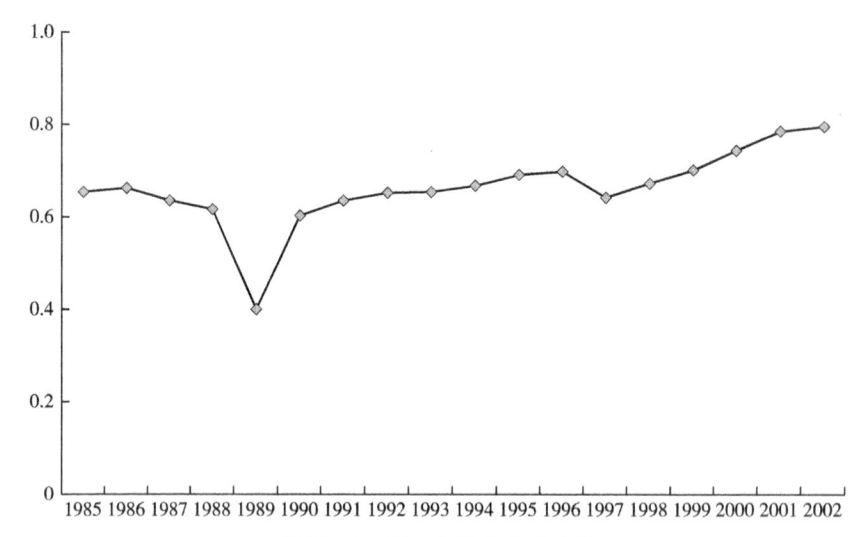

图 32–5　社会总体稳定度走势

表 32–7　社会总体稳定度走势数据

年份	SHED 预警区间	年份	SHED 预警区间	年份	SHED 预警区间
1985	0.6549 = 轻警	1991	0.6358 = 轻警	1997	0.6425 = 轻警
1986	0.6627 = 轻警	1992	0.6521 = 轻警	1998	0.6733 = 轻警
1987	0.6352 = 轻警	1993	0.6542 = 轻警	1999	0.7014 = 轻警
1988	0.6168 = 轻警	1994	0.6673 = 轻警	2000	0.7438 = 轻警
1989	0.3994 = 重警	1995	0.6912 = 轻警	2001	0.7856 = 轻警
1990	0.6031 = 轻警	1996	0.6975 = 轻警	2002	0.7969 = 轻警

由此可见，我国在 1985～2002 年的各个年份中都存在轻微警情，但是在 1989 年出现重警。这说明我国正处于社会转型和矛盾多发期，体制改革的震荡、利益格局的调整、收入差距的扩大、某些干部以权谋私的腐败行为，极易诱发社会冲突。稍有不慎，就会导致严重警情的出现。

第三十三章　前馈控制在我国信访工作中的应用研究*

前馈控制在我国信访工作中的应用研究主要体现在对信访问题的监测预警方面。

信访问题，主要不是群众在信访中所反映的具体问题，而是信访活动所引发的问题。根据《国务院信访条例》第二条规定，信访被认为是"公民、法人或者其他组织采用书信、电子邮件、传真、电话、走访等形式，向各级人民政府、县级以上人民政府工作部门反映情况，提出建议、意见或者投诉请求，依法由有关行政机关处理的活动"；再联系我国历史上历代政府对待信访或者说准信访活动的治政方式来看，应当说通过信访反映民意，提出意见、建议和投诉本身应该是一个很正常的社会现象，是"不成问题的"。所以本章所指的"信访问题"，要联系我国进入社会转型期以来出现的"信访洪峰"来理解。据有关部门统计，自1993年以来，我国信访总量呈持续上升趋势，[①] 在这期间出现过若干次被称为"信访洪峰"的信访高峰。总之，"信访洪峰"的总体特征是信访量较大，群众要求"上访"的表达形式具有激烈化倾向，而信访部门和相关政府部门对其诉求一时难以解决，从而对社会稳定构成威胁。这就是我们所说的"信访问题"。[②] 所以，我们可以把信访问题定义为有悖于正常信访秩序并影响社会稳定的异常信访行为或信访形式。信访问题的具体表现形式主要是超大规模的集体访和越级集体访，尤其是那些带有对抗冲突性的集体访和越级集体访。

所谓对信访问题进行前馈控制，就是运用现代实证性社会预警方法，[③]

---

* 本章根据笔者和宋协娜、张美莲共同发表的论文《信访问题预警的理论模型及指标体系》（国家行政学院学报2010年第3期）和《我国信访问题预警机制的全面整合与系统构建》（《天津大学学报》2010年第4期）编写。

[①] 于晓明：《社会转型期山东信访形势分析与对策研究》，山东人民出版社，2006，第13页。
[②] 宋协娜、周念群：《略论信访问题预警系统建设》，《理论学刊》2007年第2期。
[③] 阎耀军：《现代实证性社会预警》，社会科学文献出版社，2005。

在对信访及信访过程中所反映的一系列问题进行系统监测、评估和研判的基础上，提前发现并预报可能引发的信访问题的过程。其目的是早发现、早调处、早解决，从而避免信访问题的发生。信访问题前馈控制系统是我国整个社会管理体系中的一个子系统，但是由于信访问题的产生具有深层的综合性原因，而信访制度又是一种覆盖全社会各个领域和层次的政治制度，所以信访作为反映中国社会问题的一面镜子，它要比其他子系统（如生产安全子系统、公共卫生安全子系统等）具有更强的综合性和覆盖性，因而信访问题的前馈控制在整个社会管理体系中具有十分特殊的重要地位。"为之于未有，治之于未乱"①，开展信访问题的前馈控制，不仅可以提高我们对信访问题的预见性，从而使信访工作由被动的反馈控制向主动的前馈控制转变，② 而且对实现和谐信访、维护社会稳定具有极为重要的意义。

第一节　信访问题实施前馈控制的理论模型及指标体系

无论是受控对象，还是施控主体，都必然有内在的逻辑结构，而揭示这种内在逻辑联系的架构或解释系统，就是理论模型。笔者对信访问题前馈控制的理论模型及其衍生出的预警预控指标体系设计见图33-1。

该模型由两部分组成，上方实线框图是物理模型，表达信访问题形成的多向度、多因果的逻辑架构；下方虚线框图是评价模型，表达信访问题预警的多方面、多层次的操作架构；中间连接两个框图的虚线箭头表示评价模型脱胎于物理模型的依赖关系。物理模型来源于对错综复杂的信访活动的深入分析，其任务是化繁为简，抽象出信访问题形成的因果逻辑；评价模型承继物理模型的逻辑体系，其任务是展开预警指标体系的骨干支架，以便使一系列导致信访问题发生的具体指标有所附着。

现将上述模型中各个模块的理论内涵及其衍生的指标阐释如下。

一　信访问题模块

如前文所述，"信访问题"从字面上可以有两种理解。一是信访所反映的问题，如对某问题的建议、检举、诉求、求决等。二是由信访处置过程中

---

① 《老子》第六十四章。
② 阎耀军：《加强社会管理的前馈控制研究》，《国家行政学院学报》2006年第4期。

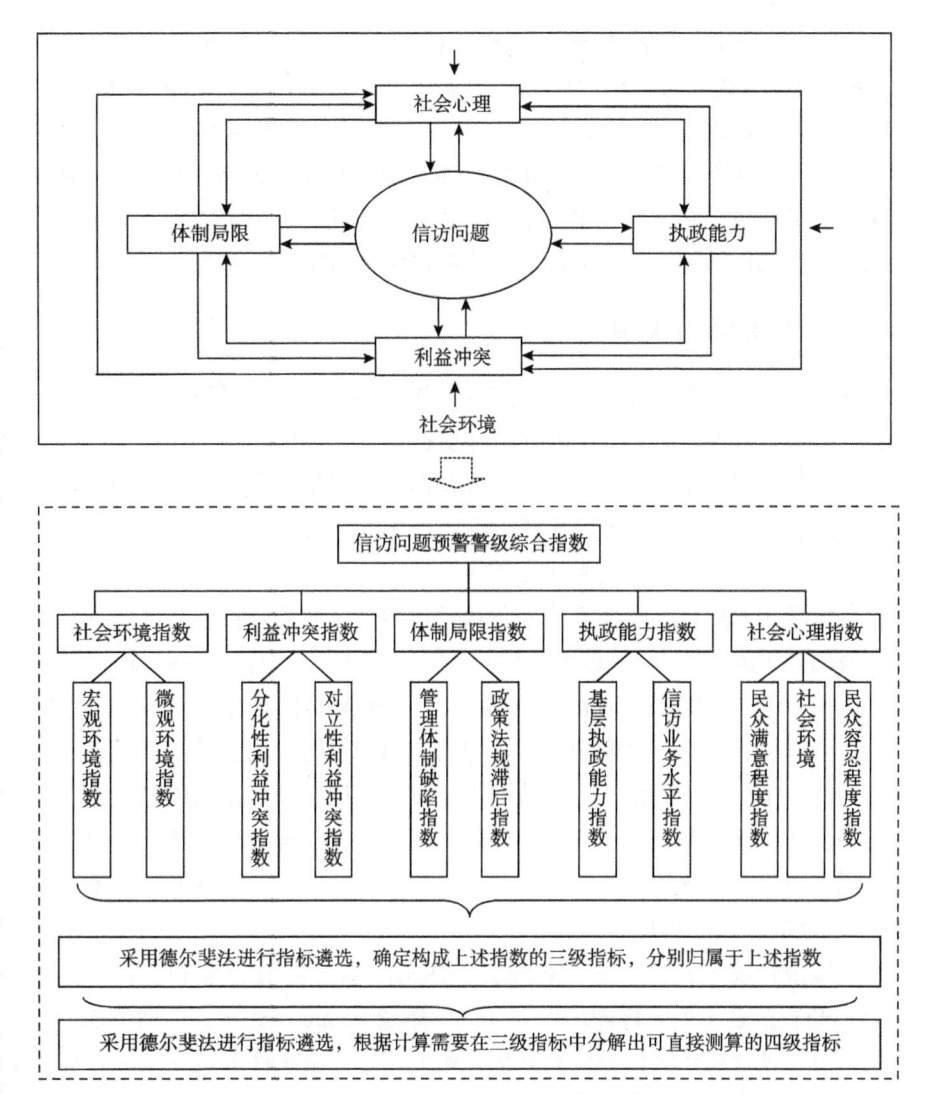

图 33-1　信访问题前馈控制理论模型

产生的问题，如重信重访、集体访、越级访，以及由信访引起的群体性突发事件等。本模型中"信访问题"模块作为信访问题的集合，主要指后者，但也包含前者，因为后者与前者有极为密切的联系。两者的区别在于，前者是因问题而信访，后者是因信访而产生问题。但是由于信访问题预警必须通过监测引起信访的具体问题及其原因，才能达到预警信访过程中产生的"信访问题"的目的。因此，本模型把"信访问题"模块定义为以后者为目标指向，前者与后者相关联的集合。

"信访问题"模块是本模型的核心目标模块，即警情模块；其余模块（社会环境、利益冲突、执政能力、体制局限、社会心理）均为警源模块，即产生信访问题的因素模块。它们各自从不同的角度揭示和反映"信访问题"之所以产生的原因，并相互依赖、相互制约和相互影响，发生多向度的和全方位的联系；它们可以单独滋生或诱发信访问题，也会在相互影响中共同滋生或诱发信访问题。因素模块和目标模块之间构成因果关系。

二 社会环境模块

在本模型中，社会环境是指与产生信访问题的政治、经济、文化等所有相关的社会因素的总和。如前所述，信访已有上千年的沿革，新中国的信访制度也有半个多世纪的历史。经验告诉我们，其间信访内容和数量波动的曲线，实际上是社会生活流变的反映，信访问题的形成尤其是"信访洪峰"的出现，与其所处的社会环境密切相关。

我国现阶段的社会环境可从宏观和微观两个层面来观察。从宏观环境来看，我国处于人均GDP为1000~3000美元的风险高发期。根据国际发展经验，人均GDP为1000~3000美元通常是一个国家从传统社会向现代社会转变的重要阶段，在这个阶段中，产业结构、城乡结构、就业结构都会发生迅速转型。由于产业、城乡、就业结构迅速转型，社会利益格局剧烈变化，往往容易引起经济失调、社会失序、心理失衡、社会伦理混乱，致使各种社会矛盾层出不穷，各种社会风险爆发概率增高。由此可见，社会发展的宏观环境，是形成信访问题的"大气候"。

从微观环境来看，首先，我国各地区的微观环境有所差别。较先进入1000~3000美金发展阶段的地区，社会矛盾较其他地区突出，因而信访问题产生的可能性要高于其他地区。其次，处于社会转型事件节点（如城市化过程中的征地、拆迁；经济结构调整中的企业改制、改组，工人下岗二次就业等等）的地区或单位，社会矛盾较其他地区或单位突出，因而信访问题产生的可能性要高于其他地区或单位。再次，社会变动敏感期（如党政机构换届选举、高端外事活动、重大节日纪念日等）易使社会矛盾外显，诱发信访问题的可能性要高于其他时期。为此，我们从宏观环境和微观环境两个方面来设置信访预警测量指标。

1. 宏观环境指数

经济发展阶段：以进入1000~3000美元发展阶段为阈值区间，分接近、达到、超过三种情况取值。

城市化速度：由征地、拆迁以及农民工进城数量等若干表征城市化发展速度的具体指标的综合值构成（理由提示：随着城市化进程的加快和城市建设的飞速发展，必然涉及大量征地和拆迁问题及农民工的社会保障问题）。

所有制结构变化：由反映企业改制改组、劳动就业方面的若干指标的综合值构成（理由提示：随着大批企业进行改制改组和破产倒闭，劳资双方的利益矛盾开始显性化，因劳资纠纷引发的群体性信访必然大幅度上升）。

2. 微观环境指数

民生问题指数：特指当地所有与政策相关的 N 个涉及民生问题的具体指标的综合值（理由提示：不同地区或不同时期的民生问题是动态变化的。为使这一指标具有普适性，其指数中的具体指标应该是因时因地制宜的，不可强求一律和一成不变）。

政治敏感期指数：指容易引发或被信访人利用的换届选举期间、重大外事活动期间、政治性纪念日等。

三 利益冲突模块

利益冲突模块在本模型中表达与社会环境相联系并由其决定的各种利益冲突之总和。社会环境中经济基础和社会结构的变化，导致形成新的利益群体和利益格局，社会利益格局的剧烈变化，使社会开始出现较大范围的利益不和谐现象。由利益矛盾引发的群众信访带有很强的物质利益性。民以食为天，物质利益矛盾反映的是分配上的不公平。不平则鸣、不和则访是现阶段群众信访量激增的主要原因，亦是我们进行信访问题预警的主要警源。

利益冲突的产生有两种情形。一是利益群体分化所产生的不同利益群体的分化性利益冲突，即当改革触及体制硬核，利益分化割裂了改革共识，强势集团利用掌控的公共资源优势，在公共政策的制定和执行过程中恣意侵吞社会资源，使制度变迁中出现"改革效益强势化"和"改革成本弱势化"的趋向，各种利益差距扩大，致使社会出现大范围的不和谐现象进而导致利益冲突。二是个人私欲膨胀所产生的与公共利益对立的分化性利益冲突。掌握公共资源的人一旦私欲膨胀，便形成侵占公共利益的贪官污吏。从古至今，只要有贪官污吏侵吞公共利益，就有为维护公共利益奋起反腐倡廉的正义之士。由此，在揭露腐败和掩盖腐败、伸张正义和打击迫害之间便形成尖锐的对立性利益冲突。因此，本模块拟从分化性利益冲突和对立性利益冲突两个层面测量信访问题的形成。

1. 分化性利益冲突指数

（1）收入差距指数：由城乡收入差距和阶层收入差距的综合值构成。

（2）涉农利益冲突指数：现阶段以失地农民补偿安置到位率、进城务工农民社会保障覆盖率、农民工工资拖欠率等指标综合构成。

（3）涉工利益冲突指数：由调查失业率、下岗职工低保覆盖率、劳资纠纷信访率等指标构成。

（4）特殊利益群体指数：由存在的和潜在的利益受损群体所占的比例综合构成。如环境污染与生态破坏致使利益受损者的比例、复退伤残军人和困难企业军转干部待遇受损者比例、征地拆迁利益受损者比例等。

2. 对立性利益冲突指数

（1）公款消费占财政总支出比例上升率。

（2）公务人员经济犯罪率。

（3）反腐败举报上升率。

四 体制局限模块

体制局限模块在本模型中，是指在信访处置过程中，由于新旧体制冲突和政策滞后而导致的对某些问题暂时不能妥善解决（或从根本上解决）的信访现象。大量信访事实说明，与新形势新情况不相适应的旧的管理体制和政策法规，以及面对新形势新情况而显现的体制缺失和政策空白，是许多信访诉求久拖难决，从而造成越级上访、重复上访和对抗性上访的重要原因之一。

体制局限可以从两个方面看。一是管理体制缺陷。现行信访制度在职能定位和制度设计上，并不具有行政职能，处理信访事项的权力有限，不可以也不可能去解决本应由负有一定职责的国家机关办理的社会事务，面临着法治的挑战。因此，现行信访体制中存在的一些不足被认为是制约化解信访矛盾的瓶颈。二是政策法规滞后。在社会转型过程中，处理信访诉求的难易程度之所以发生了很大变化，就是因为现在有许多问题尚缺乏从根本上进行处理的政治条件和法律条件。比如国有企业破产可以按照《企业破产法》进行，但集体企业破产则无法可依；城市房屋拆迁可以按照有关条例办理，而农村房屋拆迁补偿则无章可循，补偿标准过低；还有困难企业军转干部问题以及进城农民工的社会保障问题等均属此类。

为了在信访预警中客观地反映上述情形，我们分管理体制缺陷和政策法规滞后两个方面进行测量。

1. 管理体制缺陷指数

（1）信访有序化程度（从信访标准的建立和实行方面定性考察）。

（2）大信访机制整合程度（从信访整合机制的建立和实行方面定性考察）。

2. 政策法规滞后指数
（1）无法可依的信访案件占总信访量的比重。
（2）新旧政策冲突信访案件占总信访量比重。

五　执政能力模块

信访活动作为一种社会现象，其动态从来就与执政者的执政能力高度相关。我国所处的社会转型期既是发展的黄金期，又是矛盾凸显期、利益格局调整期和矛盾纠纷多发期，由此而带来的信访量增多，从某种意义上讲也是一种正常现象。解决的办法不是消除信访，也不可能消除信访，而是如何实现信访正常化。信访正常化包括信访总量和上访规模的正常化、处理信访案件程序和效率的正常化、信访人心态和期望值的正常化等。从某种意义上讲，这对政府执政能力是一个考验。经验告诉我们，越级群访大都事出有因，或因一项政策或法令出台失当，或因政府一项行政行为谬误。由此可见，低劣的执政能力和复杂的社会矛盾所形成的反差，是信访问题产生的一个十分重要的警源。

我国是一个大国，如果所有的信访案件都集中到中央，势必造成秩序的混乱，从而影响社会稳定。国家信访局认为，当前进京群众信访反映的问题中，有80%是可以通过各级党委和政府的努力在基层得到解决的。地方政府没有提供应有的帮助是导致来京上访人数增多的重要原因。所以，要实现处理信访案件程序和效率的正常化，杜绝信访问题，加强基层的执政能力是关键。

基层的执政能力也包括基层信访部门的业务能力。信访部门业务水平是执政能力在信访工作中的具体体现。目前居高不下的信访量以及上访秩序的混乱虽然主要不是由信访部门的工作质量引起的，但现时期信访部门作为调节人民内部矛盾的重要部门之一，具有利益表达、矛盾疏导、问题督察等重要功能，其业务水平的高低无疑也会对信访问题产生某种影响。因此，对其质量的测量，也应该是信访预警的重要方面之一。为此，我们在本模块中设置基层执政能力指数和信访部门业务水平指数两个指数指标。

1. 基层执政能力指数
（1）施政不当引发信访案件占总信访量比重。
（2）信访首次性结服率。
（3）重信重访率。
（4）越级集体访次数。

2. 信访部门业务水平指数
（1）信访工作前置程度：由领导下访次数等反映信访关口前移的具体指

标组成。

（2）信访工作规范程度：县、乡、村实行信访工作标准化比率。

（3）信访问题预测能力：由反映开展问题排查、舆情分析、风险评估、预警预控工作情况的指标组成。

（4）安全情报沟通能力：由反映信访工作信息化的软硬件水平及其与安全、公安等部门情报信息互动的指标组成。

六　社会心理模块

信访行为是信访者带着激烈情感活动的行为，所以信访预警实际上是对信访人"人心"的测量。众多人心的聚合，形成反映民众心态的社会心理。社会心理因不易直观而往往被忽视，但是社会心理一旦对信访问题产生强化作用，就会让人对信访形势的变化感到突然，从而丧失在形势变化面前的主动权。在实践中，我们对信访形势的分析无论多么符合"理性"、多么"科学"，但往往由于忽视了群众的思想情绪和社会心理的变化而出现判断失误。所以，信访预警不能见物不见人、见人不见人心。因此，我们在信访问题预警模型中设置"社会心理模块"，用以测度社会心理形势变化对信访问题产生的影响。

实践经验表明，在许多群体性事件中，会有不少非直接利益群体参与其中，这说明不满情绪的蓄积会形成潜在的社会心理形势，从而使人们的行为趋向发生变化。这种变化在信访过程中是以相对平和的方式出现还是以突发震荡的方式出现，取决于社会心理问题的蓄积能否适时有效地予以缓解。当然，也不是所有社会心理现象都是信访问题的构成因素，需要注意的只是对信访问题可能会发生作用的若干社会心理现象，这些社会心理现象不是固定不变的，但在一个时期里又具有相对固定性。因此，我们选择民众满意程度指数和民众容忍程度指数，从正负两个方面来测度社会心理形势对信访问题的影响。这两个指数的具体指标构成如下。

1. **民众满意程度指数**

（1）对政府官员秉公办事的满意度。

（2）对干群关系的满意度。

（3）对政府执政能力的满意度。

2. **民众容忍程度指数**

（1）对司法不公的可容忍程度。

（2）对行政不作为的容忍程度。

（3）对收入差距的可容忍程度。

信访问题预警指标体系见表33-1。

表33-1 信访问题预警指标体系

一级指标	二级指标	三级指标	四级指标
信访问题预警警级总指数	社会环境指数	经济发展阶段	以进入1000~3000美元发展阶段为阈值区间，分接近、达到、超过三种情况取值
	宏观环境指数	城市化速度	由征地、拆迁以及农民工进城数量等若干表征城市化发展速度的具体指标的综合值构成
		所有制结构变化	由反映企业改制改组、劳动就业方面的若干指标的综合值构成
	微观环境指数	民生问题指数	根据当地当时的情况由N个涉及民生的具体问题的综合值构成
		政治敏感期指数	领导班子换届选举期、重大外事活动期、政治性纪念日
	利益冲突指数	收入差距指数	城乡收入差距、城乡阶层收入差距（按五等分法）及其他
	分化性利益冲突指数	涉农利益冲突指数	失地农民补偿安置到位率、进城务工农民社会保障覆盖率、农民工工资拖欠率及其他
		涉工利益冲突指数	调查失业率、下岗职工低保覆盖率、劳资纠纷信访率及其他
		特殊利益群体指数	由存在的和潜在的各个利益受损群体所占的比例综合构成
	对立性利益冲突指数	公款消费占财政总支出比例上升率	（已是具体统计指标，不再分解）
		公务人员经济犯罪率	（已是具体统计指标，不再分解）
		反腐败举报上升率	（已是具体统计指标，不再分解）
	体制局限指数	管理体制缺陷指数	信访有序化程度	主要领导接访比率、接访场所达标率、接访档案规范程度、由信访转为来访比率

续表

一级指标	二级指标	三级指标	四级指标
信访问题预警警级总指数	体制局限指数	管理体制缺陷指数	信访机制整合程度	成立"接访中心"比例；信访联席工作会议；相关信息和情报共享程度；接访听证制度……
		政策法规滞后指数	无法可依信访案占总量比重	（已是具体统计指标，不再分解）
			新旧政策冲突信访案占总量比重	（已是具体统计指标，不再分解）
	执政能力指数	基层执政能力指数	信访首次结服率	（已是具体统计指标，不再分解）
			重信重访率	（已是具体统计指标，不再分解）
			越级集体访次数	（已是具体统计指标，不再分解）
		信访部门业务水平指数	信访工作前置程度	由领导下访次数等反映信访关口前移，把信访接待场所设到最基层的具体指标组成
			信访工作规范程度	县、乡、村实行信访工作标准化比例
			信访问题预测能力	由反映开展问题排查、舆情分析、风险评估、预警预控工作情况的指标组成
			安全情报沟通能力	信息化软硬件水平、相关部门信息沟通
	社会心理指数	民众满意程度指数	对官员秉公办事的满意度	问卷调查
			对干群关系的满意度	问卷调查
			对政府执政能力满意度	问卷调查
		民众容忍程度指数	对司法不公正的容忍度	问卷调查
			对行政不作为的容忍度	问卷调查
			对收入差距的容忍度	问卷调查

总结上述指标体系框架，共分为五个层次四级指标。第一个层次是目标层（信访问题预警警级总指数），第二个层次以下都是因素层，第三层次是第二层次内部构造的分解，第四层次是第三层次内部构造的分解，从而形成既层层向下深入分解，又层层向上递归综合的金字塔结构式的预警指标体系。各级指标中每个指标的权重，均系运用德尔斐法和 AHP 法确定。需要特别说明的是，本章所设权重值，为特定区域和特定时期的调查值，仅供实际用户参考。具体用户在使用本指标体系时，尤其是第四级指标，其权值乃至指标设置，完全可以根据当时当地的具体情况适当调整。

第二节 信访问题前馈控制系统的整合和运行机制

信访问题前馈控制机制是指信访系统为发挥其前馈控制功能，以一定的规则规范系统内各组成要素间的联系的内在协调方式。信访问题前馈控制机制由信访预警系统的组织机构、职责分工、运行流程、监督执行以及保障系统构成。根据前馈控制机制的功能链条，信访问题管理活动可分为信息汇集、信息分析、警情研判、警级发布、警势预控、应急管理等环节。只有当上述要素环节全面整合，并一一贯穿信访以及信访相关系统的各个职能部门并协同运转，信访问题前馈控制机制的系统构建才能真正达成。

一 全面整合我国信访问题前馈控制机制的必要性

全面整合信访问题前馈控制机制，是指在高层领导者的统一领导和参与下，通过法律的、制度的、政策的作用，在包括预警专业技术在内的各种资源支持系统的支持下，通过整合组织和社会协作，通过全程的前馈控制管理，提升政府对信访问题管理的能力，以期有效预防、回应、化解和消弭各种信访问题，从而保障社会的稳定，实现社会的正常运转。

全面整合信访问题前馈控制机制，不仅指整合信访部门内部现有的各种资源，还包括与信访相关机构的组织和协作，因为只有建立起内外结合、上下联动、主辅交叉的预警网络，信访前馈控制机制才具有普适性和全面性，才能保证其运行的规范、协调和高效。

全面整合信访问题前馈控制机制，对于提升对潜在信访问题的预警能力，应对近年来不断攀升的信访总量和频频发生的大规模越级上访，尤其是带有冲突性的信访行为，具有重要意义和迫切性。当前，我国正处于社会转型的关键时期，由于产业结构、城乡结构、就业结构迅速转型，社会利益格局剧烈变化，往往引起经济失调、社会失序、心理失衡、社会伦理混乱，致使各种社会矛盾层出不穷，各种社会风险爆发概率增高。信访是反映中国社会问题的一面镜子，自1993年以来我国信访总量呈持续上升的趋势和数次"信访洪峰"，鲜明地印证了这种情况。因此，中央在十六届三中全会以来的历次全会上反复强调要建立健全社会预警体系。信访作为一种反映社会稳定的晴雨表，不仅是全社会预警体系的有机组成部分，而且是一个具有相对独立性的重要的预警子系统。这个子系统是否能够形成中央在《关于加强党的执政能力建设的决定》中提出的"统一指挥、功能齐全、反应灵敏、运转高效"的管理机制，对我们超前化解和应对信访问题，维护社会稳定影响甚大。然而不容乐观的是，尽管我们在信访工作的局部地区、局部环节或个别单位中建立了一些诸如"信访风险评估""信访问题排查"等具有信访问题预警意义的制度和做法，但就整体而言，仍为一鳞半爪，不仅不成体系，也不符合预警规范。尤其是在组织机构方面，信访机构庞杂繁多，归口不一，不仅信息难以共享，而且政策掌握不一，工作范式各异。所以我们可以认为，具有全面整合意义的系统的信访问题预警机制尚没有形成。毋庸讳言，信访问题预警机制的不完备直接削弱了我们对"潜在信访问题"的超前预知能力，进而对"信访洪峰"到来的应对感到乏力。

因此，我们必须按照中央建立畅通、有序、务实、高效的信访工作新秩序，实现新时期"统一领导、部门协调，统筹兼顾、标本兼治，各负其责、齐抓共管的信访工作新格局"①的要求，对信访问题前馈控制体系和机制进行全面整合。

二 全面整合我国信访问题预警机制的基本原则

全面整合我国信访问题前馈控制机制是一项复杂的系统工程，涉及方方面面的工作。但择其要者，不外乎预警所依附的载体——预警组织结构的整合、预警所依赖的方法——预警工具系统的整合、预警所指向的目标——预警和预控的整合。为了实现这三个方面的整合，我们必须提出信访问题前馈控制机制系统构建的基本原则。

（一）科学规范的原则

预警活动自古有之，人类历史上曾先后出现过神灵性预警、经验性预

---

① 《中共中央、国务院关于进一步加强新时期信访工作的意见》。

警、哲理性预警和实证性预警四种形式，逐步走向科学。可以说现代预警作为一种基于超前认识的管理活动，已经发展成为一种比较完备的科学体系。构建信访问题预警体系要遵循科学规范原则，表明信访问题预警机制系统的构建要以科学化为追求目标。预警机制系统是否具有科学性，是决定该机制系统在实践工作中是否能够发挥作用的关键和前提。信访问题预警机制构建的科学性主要体现在理论模型的科学性，预警指标的可靠性、动态性、可操作性，预警过程的规范性、严谨性，预警组织设置的合理性和运行程序的有效性等方面。例如，现代实证性预警理论认为，实施预警的主要工具是由一系列先兆指标组成的预警指标体系。如果没有指标体系，就无法实现定性和定量结合的科学预警。但是我们在调查中发现，一些地方自称已经建立了信访预警机制或开展了信访预警工作，但并没有建立起一套预警指标体系，所以这种预警是不符合科学规范的。围绕预警指标体系这个核心工具，还有德尔斐专家调查法、舆情或民意调查法、风险评估法等一系列预警工具，这些都需要在科学规范的原则下予以整合。总之，构建信访问题预警机制是一项系统工程，必须在符合科学规范的条件下才能真正建立。

（二）尊重实践首创原则

构建信访预警机制不能闭门造车，不能单靠逻辑演绎，更不能简单照搬西方的理论和做法。信访制度是一项中国特色的政治制度，必须从中国的国情出发，必须从中国信访工作的实践出发，将广大信访工作者的相关做法和创造加以总结提炼并使之与现代预警理论相结合，进而形成适用于中国国情的信访问题预警体系。事实上，在多年的信访工作实践中已经存在不少有信访问题预警意义的相关做法，如"信访工作关口前移机制""领导干部下访机制""潜在信访问题排查机制""信访风险评估预测机制""信访代理机制""舆情分析机制"，以及具有会诊和协调性质的"信访工作联席会议机制"等。这些做法和经验都是十分宝贵的，只是犹如一片散落的无线之珠，需要我们以现代预警理论之线加以串联编织，形成科学的信访问题预警体系。这也是我们所倡导的"全面整合"的题中应有之义。

（三）预警与预控相结合原则

在预警机制的构建中，预警和预控应该是不可分割的两个方面，因为预警的目的在于实现预控。离开预控，预警也就没有任何意义。但是从学理上分析，预警和预控确有区别。

从"预警"来讲,有两种情况:一种情况是预警成功后人们可以通过事先纠偏等调控措施,掌控事态的变化和进程,使警情不致出现,这就无所谓"应急管理";另一种情况是预警虽然成功,但人们无法掌控事态的发展变化,所以事先准备应对预案以防不时之需,这种早有防备的应对是从容的应对,而不属于严格意义上的"应急管理"。

从"预控"来讲,也有两种情况:一种情况是有预警但预警失效(这是难免的),始料未及的事件突然发生了,这就必须有对"突发事件"的应急管理;另一种情况是根本无法预警(因为有些事情是不能预警或者很难预警的,即天有不测风云),人们只是根据过去的经验提出种种假设:如果某种事情一旦发生了应该怎么办?所以,事先制定种种相应的预案以防不测,这就必须有对"可能事件"的应急管理。

上述分析说明,预警的目的在于实现预控,而要预控就必须做好预警和在预警失效情况下的预案,社会预警的实质在于实现社会控制。社会控制分为反馈控制(事后控制)和前馈控制(事前控制)。"预警"属于前馈控制,"应急"属于反馈控制,两者是辩证统一的,也是不能脱离和不能偏废的。中央对社会预警的提法,从原来单纯提"建立健全社会预警体系"到进一步提出"建立健全社会预警机制和应急管理体系"的改变,其重要的用意之一,我们理解就是要把预警和预控更好地结合起来。但是现在的问题是预警和预控的脱离仍为预警机制建设中的通病。学者们只关心预警研究,至于如何预控,他们认为那是政府的事情。学者们认为他们的任务是发现和指出问题,而解决问题是政府官员们的事情,因此多疏于预控研究。从实践上看,政府官员们对学者们的那些似乎"耸人听闻"的预警只是姑妄听之。由于缺乏一种约束机制,尤其是具有刚性的制度约束,他们对一些预警研究往往敬而远之,认为是自己任期内解决不了或心存侥幸不会遇到的问题。鉴于此,在信访问题预警机制全面整合的系统构建中,必须把预警与预控的结合作为一个重要原则并给予高度重视。

第三节 信访问题前馈控制机制的全面整合模式暨系统构建

任何机制都是一个系统。在机制系统中,我们把系统的构成要素和要素间的组合秩序称为系统的静态结构,把系统要素间相互作用的方式称为系统的动态结构。系统的静态结构是系统的"硬件",它决定该系统是此系统而非彼系统,是系统具有其特定功能的基础;系统的动态结构是系统的"软件",它决定系统要素间动态作用的方式,调整系统要素功能发挥的方向与强度,以达到系统整体功能最大化的目的,规定系统要素和系统整体运行所依据的基本准则。在大信访格局的概念下建立信访问题预警机制的模式系统,不仅需要对信访和涉及信访系统的静态结构进行一定程度的要素调整,更重要的是需要对信访和涉及信访系统的动态结构进行创新和重塑。鉴于此,我们对信访问题预警机制模式系统的设计拟从静态结构和动态结构两个层面展开。

一 系统的静态结构——信访问题预警机制组织结构模式的设计

全面整合理论中的一个重要概念是组织整合(又叫组织化),是指通过组元之间的制度和组织结构的设计以实现各部分之间较为稳定的关联过程与状态。组织机构犹如机制的骨骼,它不仅构成机制运行的载体,也反映机制的宏观架构。要想从建立信访问题预警机制的角度对原有的信访组织体系进行整合,必须在分析信访系统现行组织机构结构的基础上,按照建立信访问题预警机制的要求进行必要的调整和重塑。我们设计的信访问题预警机制模式的静态模型见图33-2。

该模型显示,要想使庞杂的信访系统全面整合为"统一领导、部门协调、统筹兼顾、标本兼治、各负其责、齐抓共管的信访工作新格局",必须依靠信访联席会议制度。实践证明,信访联席会议制度是一种对庞杂林立的信访机构的有效整合方式。这种制度是根据胡锦涛对2003年"信访洪峰"的批示于2004年建立的,全称为"集中处理信访突出问题及群体性事件联席会议",其主要职责是了解、掌握信访突出问题及群体性事件的情况和动态,针对信访突出问题及群体性事件提出对策建议,组织协调有关方面处理跨部门、跨行业、跨地区的信访突出问题及群体性事件,督促检查有关部门和地方处理信访突出问题及群体性事件各项措施的落实。其实这些职责中已经隐含了对信访问题预警的职能,我们在模型中添加A、B两个要素群,意在对其进一步突出强调并系统化和规范化。

从预警的角度看,信访联席会议不仅具有舆情汇集和信息共享的功能,而且具有沟通警情和集体研判的功能。因此,模型要求各省、市、县以及乡镇政府均应以信访联席会议的形式,对信访预警机构进行整合。信访联席会下设联席会议办公室,作为信访问题预警的常设机构,行使信访问题预警中心的职能。信访联席会议办公室主任应由高于同级各部委办局的领导担任，或由"低职高配"的信访办（局）主任兼任，以确保信访组织整合的权威性效果。

图33-2所示模型还显示，在信访联席会议及其办公室下面，根据突出的信访问题设立若干专业工作组，如征地拆迁问题、国有企业改制问题、涉法涉诉问题、企业军转干部问题等，每个小组模块有两条线连接所有的"综合信访部门"和"职能信访部门"，表明他们有权就专门领域的信访预警，进行多维交叉的跨部门整合。

图33-2中左右两侧的输入模块，左侧的模块表示预警工具系统的输入：在模型的各个层次中，均须运用以预警指标体系为核心工具的一系列规范的预警方法和技术手段，通过专用的政务网络平台，形成信息共享和制度化的沟通和交叉连锁机制；右侧的模块表示预警运行机制系统的输入：在模型的各个层次中，均须与信访问题预警运行机制的动态模型（操作流程模型见图33-3）相链接并切实贯穿各自的工作。在每个层面内部形成相对独立的信访问题预警体系的同时，保持对外部的开放性和有效的链接与协同。

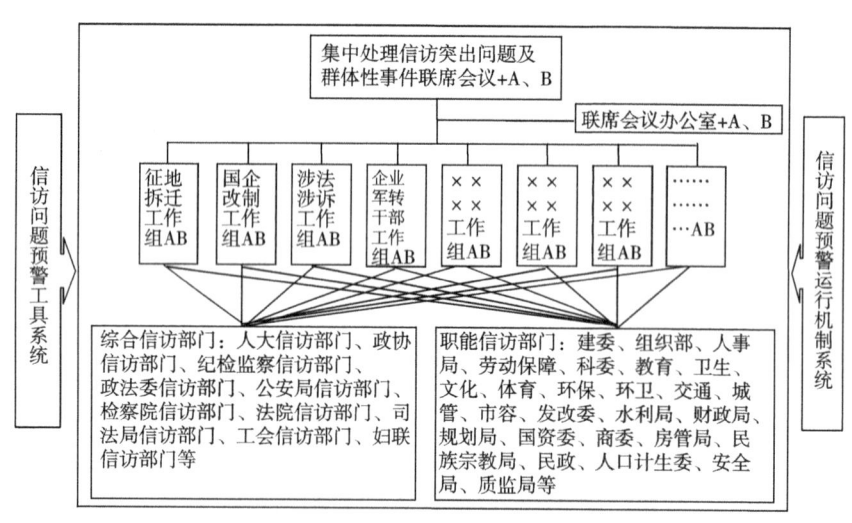

图33-2 信访问题预警机制模式的静态模型

注：A＝左侧输入模块——信访问题预警工具系统；
B＝右侧输入模块——信访问题预警运行机制系统；
××＝根据本地突出信访问题自主设置的专项工作组；
……＝根据未来可能出现的突出信访稳定设置的专项工作组。

二 系统的动态结构——信访问题预警运行机制模式的设计

信访问题预警运行机制模型由A、B、C、D和Ⅰ、Ⅱ、Ⅲ、Ⅳ的多维矩阵组成。从纵向排列来看，信访预警运行机制模式主要由以细虚线分割的A、B、C、D自上而下的四大模块构成（见图33-3）。

A——指标体系构建和维护模块。该模块位于整个运行机制的最上方虚线框内，这意味着指标体系是预警工作的依据和前提。指标体系的形成主要依靠专家机构和信访部门的工作人员共同研发设立，并在实践中不断修正和完善。指标的多少、权重都是随着信访问题的变化而不断变化和调整的。

B——预警运行流程模块。该模块位于整个运行机制的中间部位，表明其为预警运行系统的核心流程。从预警活动的一般管理过程来看，信访问题预警主要包括信访信息处理、信访问题警情研判、信访问题警情预报、信访问题警情预控四个主要任务。

信访信息处理指信息汇集和分析。信访问题预警运行机制系统内的各个部门要严格按照既定指标体系的范围采集，将能够反映信访问题发展趋势的重要信息进行分类、汇总、存储以生成新的信息库。然后，从信息库中提取有用信息，进行数据的简单整理和加工，初步诊断信访问题的态势。

信访问题警情研判指警情研究和判断警级。根据信息处理部门汇报的预警状态数据值来识别警情。寻找警源并最终对警级进行评估，在警情演示系统中用五种不同颜色分别表示"无警""轻警""中警""重警""巨警"。

信访问题警情预报。警级评估判定后一方面要按规定程序向有关部门及时呈报，另一方面可根据需要借助媒体力量发布警级，并公布相应的预控对策；同时要密切跟踪报道警情的发展状况，使各方面都及时参与预控管理过程。

信访问题警情预控指在发现危机或得到危机警报后，对危机发展态势进行及时、有效的预先控制行为。通过警势预控可以用较小的代价迅速化解危机，避免危机的扩大和升级，掌握危机应对的主动权。做法是从已有的案例库中提取类似问题的预控对策加以适当改进形成新的预控对策并进行最佳选择，最终落实。

C——信访预警领导、监督保障模块。该模块位于运行机制模型下部，这表明强有力的领导机制和监督机制是整个系统运行的基础性条件。信访预警工作的开展离不开强有力的领导机制和卓有成效的监督机制。做好信访工作，搞好信访问题预警必须加大领导力度。事实证明，只有领导高度重视，工作才能开展得好。此外，预警的整个过程还应当接受监督，可以通过岗位责任制、问责制、评估、奖惩等形式实现。

D——其他资源支持保障系统模块。位于整个大虚线框下方，是该机制运行和发挥作用不可或缺的重要基础，具体包括组织保障、制度保障、技术保障和资金保障等等。

| 预测·预警·预控

本模型从横向排列来看，信访预警运行机制模式主要由以粗虚线分割的从左至右Ⅰ、Ⅱ、Ⅲ、Ⅳ四部分，即预警活动、预警机制群，相应具体制度群，具体任务以及台账、库等构成。

Ⅰ——预警流程模块。依次是信息处理—警情研判—警情预报—警情预控。此外还包括领导、监督两个关键任务。统一领导、严格监督是预警活动有效的保证。监督是针对整个过程而言的，采取的形式和机制多种多样。

Ⅱ——机制保障模块。对应Ⅰ中的预警流程依次建立保障机制、信访信息和情报汇集分析机制、潜在信访问题风险分析评估机制、信访问题警情预报机制、信访警情预控机制。

Ⅲ——机制构成模块。对应Ⅱ中的机制，汇集整合各种相关制度、措施或子机制。从实践来看，全国各地已经产生了众多带有机制性的做法和举措，图14中仅为列举。

Ⅳ——功能输出模块。表示前述模块Ⅰ、Ⅱ、Ⅲ运行后生成的具体功能。这些功能如图33-3所示有调整后的指标体系、各种信息资料库，如案例库、预案库等。

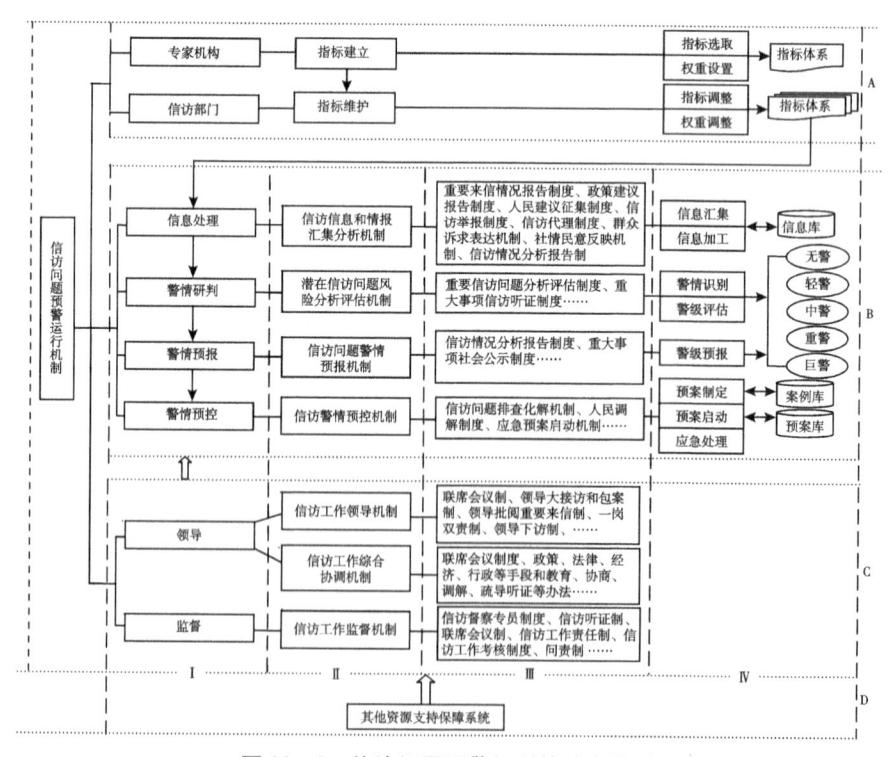

图33-3 信访问题预警机制的动态模型

第四节　基于 MIS 的信访预警预控管理信息系统构建设想

通过对信访预警理论模型较为全面、系统的分析，构建一套综合、系统地判别信访工作是否处于危机状态的指标体系，并建立较为完善的信访预警机制。然而，如果在使用过程中，采用人工来利用该指标和机制完成信访预警工作，由于专家数量和数据量较多，其难度很大并且成本极高。同时，预警管理的核心在于危机及相关指标的实时跟踪、监测和反馈，大量的重复计算是任何信访部门都难以承担的。因而，有必要实现评估模型的软件化，开发出相应的可操作的电脑软件，于是我们提出构建信访预警管理信息系统。

信访预警管理信息系统，是指在信访监测—评估—预警—预控理论基础上，利用国家信访工作计算机管理系统平台和互联网信息技术，通过建立统一的、法定的规范、数据标准、数据交换格式的软件系统，制定相应的制度和管理办法，实现各级信访管理部门之间，以及信访管理部门内部各职能部门之间的信息共享，使相关部门做出及时准确的预警，并启动应急机制消除危机的一套软件系统。①

目前，随着危机管理研究领域的扩大和研究深度的加强，危机管理中的信息问题日益突出，国内外专家学者越来越注意信息技术在危机管理中的应用，但关于信访多见于信访信息管理系统的构建，专门针对信访预警管理的信息系统研究尚属首创。但全局性的危机信息管理、公共卫生、企业预警等方面的研究已经有很大的进步，对我们研究信访预警管理信息系统的建设起到了很好的范例作用。2009 年 12 月 12～13 日，"第四届国际应急管理论坛暨中国（双法）应急管理专业委员会第五届年会"（International Symposium on Emergency Management 2009）在北京召开，会议主题覆盖涉及企业危机管理（包括危机的预测与响应）、城市发展中的公共安全与危机管理、灾难管理的地理信息系统、行业危机管理、事故管理等领域，大会就用户需求、监控与处理、地理信息系统、系统与软件开发、人机交互、训练与仿真及其他相关内容进行探讨。预警管理与系统软件开发的联系日益密切，其理论研究

---

① 王慧、阎耀军：《信息技术在民族危机关系预警管理中的应用》，《延边大学学报》2009 年第 5 期。

及实际操作都呈现前所未有的盛况，对信访预警管理信息系统的开发研究都有着重大的帮助和启发。

一 信访信息化基础建设基础上的信访预警管理信息系统构建

自1999年1月1日起，中共中央办公厅国务院办公厅信访局"信访工作计算机管理系统"正式运行。自2005年5月1日起施行的《国务院信访条例》第十一条明确提出，国家信访工作机构充分利用现有政务信息网络资源，建立全国信访信息系统，为信访人在当地提出信访事项、查询信访事项办理情况提供便利。县级以上地方人民政府应当充分利用现有政务信息网络资源，建立或者确定本行政区域的信访信息系统，并与上级人民政府、政府有关部门、下级人民政府的信访信息系统实现互联互通。《国务院信访条例》从法律的角度明确了信访信息化建设的地位。2006年8月5日，胡锦涛总书记在听取关于信访工作汇报时指出："改进和做好信访工作要充分利用信息化工具和手段，要建立和完善信访信息系统，可以先建从中央到省这一级，然后逐步推进到市（地）、县。从最初接受信访、建立信访档案，到具体经办人以及办结时间和结果等都要纳入这个系统。这样，信访部门既可以通过信访信息系统这个平台向信访人员反馈办案情况，也可以使信访人员和有关领导通过这个系统直接了解有关问题解决的进度和程度。减少人员往返，节省人财物力，提高信访工作效率，提高信访管理水平。"

由此可见，信访信息化建设基础条件已经成熟。一是以全国政府专网为基础，实现了国家信访局与国务院办公厅、部分省信访局、部分地市信访工作机构的互联互通；同时，各级信访工作机构经过近十年的努力，计算机等信息化建设基础设施已经具备。二是各级信访干部具备了与信息化相关的基础知识。三是随着信息技术的飞速发展，支持信访信息化建设的技术手段已经完备。信访信息化基础条件的完备为信访预警管理信息系统的运行提供了不可或缺的平台。[1] 借助这个平台，可以使相关部门同步得到原始信息、获得更多的信息评价、进行多渠道的信息对比，从而集中精力分析处理那些对信访问题有重大或潜在重大影响的信息，获得危机的先兆信息为准确的危机决策或为决策咨询提供保证，估计危机发生的概率及危害程度，然后决定每一种危机预警范围和预警对象，对可能出现的危机进行实时监控并迅速做出反应，从而达到准确、及时、事半功倍的效果。

---

[1] 朴顺玉：《管理信息系统》，中国人民大学出版社，1994。

二 MIS 下的信访预警管理信息系统基本功能

信息技术引入管理后所形成的管理信息系统（Management Information System，MIS）经历了电子数据处理（EDF）阶段、狭义管理信息系统阶段、决策支持系统（DSS）阶段、广义管理信息系统阶段。特别是广义管理信息系统可定义为一个以人为主导，利用计算机硬件、软件、网络通信设备以及其他办公设备，进行信息的收集、传输、加工、储存、更新和维护，以企业战略竞优、提高效益和效率为目的，支持企业的高层决策、中层控制、基层运作的集成化的人机系统。[①]在此定义基础上，信访预警管理信息系统具有如下基本功能。

（一）信息的收集

任何信息系统，如果没有实际的信息，那么它理论上的功能再强，也是没有任何实用价值的。根据数据和信息的来源不同，可以把信息收集工作分为原始信息收集和二次信息收集两种。原始信息收集是指在信息或数据发生的当时当地，从信息或数据所描述的实体上直接把信息或数据取出，并用某种技术手段在某种介质上记录下来，它要求时间性强、校验功能强、系统稳定可靠；二次信息收集则是指收集已记录在某种介质上，与所描述的实体在时间与空间上已分离开的信息或数据。[②] 其关键在于有目的地选取或抽取所需信息和正确地解释所得到的信息，具体来讲就是由于时间和空间的分离而在不同的信息系统之间在指标含义、统一口径等方面的统一认识。在信访预警实际工作中，例如，某一地区的某些信访指标是由各县的数据加工而得的，可以视从地区收集信息为原始收集，但是从另一方面来看，所谓地区这一实体是虚的，其属性值的计算是依据其下属单位所提供的数据加工而得的。因此，省信访部门和地区信访部门之间的关系同样需要注意指标解释、口径统一等二次信息收集中所应考虑的问题。

（二）信息的存储

信息系统必须具有某种存储信息的功能，否则它就无法突破时间与空间的限制，发挥提供信息、支持决策的作用。即使以信息传递为主要功能的通信系统，也要有一定的记忆装置，否则就无法管理复杂的通信线路。无论是

[①] http：//baike.baidu.com/view/2670.htm．
[②] G. 戴维斯：《管理信息系统》，新疆人民出版社，1988。

哪一种信息系统，在涉及信息的存储问题时，都要考虑存储量、信息格式、存储方式、使用方式、存储时间、安全保密等问题。简单地说，信息系统的存储功能就是保证已得到的信息能够不丢失、不走样、不外泄，整理得当、随时可用。① 为满足这些要求，人们在逻辑组织与技术手段上都做了大量的工作，取得了显著的成效。

（三）信息的加工

除极少数最简单的信息系统，如简单的小型查询系统外，一般来说，系统总需要对已经收集到的信息进行某些处理，以便得到某些更加符合需要或更加反映本质的信息，或者使信息更适于用户使用，这就是信息的加工，并可以分为数值运算和非数值数据处理两大类。数值运算包括简单的算术与代数运算、数理统计中的各种统计量的计算及各种检验、运筹学中的各种最优化算法以及模拟预测方法等。非数值数据处理包括排序、归并、分类以及平常归入字处理（Word Processing）的各项工作。关于信息的加工，一般认为，信息经过加工后，更加集中、更加精练、更加反映本质。这在许多情况下是正确的。但是必须看到，信息加工过程是人们按照自己已有的认识去粗取精的过程，必然舍弃了某些自己认为"粗"的、带偶然性的内容。这一取舍是否得当，往往是需要事后验证的，应持比较谨慎的态度。②

（四）信息的传递

信息的传递并不只是一个简单的传递问题。信息系统的管理者与计划者必须充分考虑所需要传递的信息种类、数量、频率、可靠性要求等因素。在实际工作中，信息传递问题与信息的存储常常是联系在一起的。当信息分散存储在若干地点时，信息的传送量可以减少，但由于分散存储带来的存储管理上的一系列问题，如安全性、一致性等，就会变得难以解决。③ 如果信息集中存储在同一个地点，存储问题就比较容易解决，但信息传递的负担将大大加重。实际工作中常常面临这二者的权衡和合理选择。

（五）信息的提供

信息系统的服务对象是管理者，因此，它必须具备向管理者提供信息的

---

① 朴顺玉：《管理信息系统》，中国人民大学出版社，1994。
② 陈禹编：《信息系统的分析与设计》，电子工业出版社，1986。
③ P. Coad. *Object Oriented Analysis*. Jorden. 1990.

手段或机制，否则它就不能实现其自身的价值。提供信息的手段是信息系统与管理者的接口或界面，它的情况应视双方的情况来定，即需要向使用者提供的信息情况以及使用者自身的情况。

以上列举了信息系统的五项基本功能。在具体的信息系统中，它们的实现机制是极不相同的，在设计中考虑的优先次序也是因系统而异的。但是，任何一个信息系统，都必须设置必要的部分去完成这些功能，任何一个环节上的疏漏都将使整个信息系统失调。

三 信访预警预控管理信息系统的具体功能

根据信访预警实际工作要求，把现在应用的业务处理系统（电子数据处理系统）、管理信息系统、决策支持系统及办公信息系统置于统筹规划，全面安排、控制与管理之下，将信息作为资源来看并予以处理，以实现信访预警管理目标。该系统可主要设置以下功能子模块。

（一）模块一：用户权限管理子模块

系统依据相关工作管理部门人员的工作范围、职责等原则，设置、分配不同的访问权限和操作权限。用户权限的具体划分要适应平台的设计，满足必需的系统访问及操作权限，从而实现根据用户权限限制用户访问和操作的功能。通过本模块可以查看、设置用户的角色、权限以及系统使用记录等。

（二）模块二：系统管理配置子模块

关联系统配置接口，通过该模块用户可以完成以下操作。

（1）根据实际情况和需要，管理、配置系统各功能模块的运行参数，如设定采集策略、设定告警规则等；

（2）监视、查看系统模块的运行状态；

（3）可设置并管理用户组、用户（包括专家用户和政府用户）权限等资源，用户管理子模块则执行角色权限分配等操作；

（4）查看并管理系统日志、各功能模块的运行日志。

（三）模块三：专家基本信息子模块

专家基本信息子模块主要实现信访预警管理信息系统中相关专家包括该领域专家重点研究领域、最新相关研究成果等的初始化数据收集、录入、存档功能，形成专家库，同时与上述用户权限管理子模块结合自动生成专家用户权限。

（四）模块四：预警指标子模块

该子模块的功能除了配合信息监测收集子模块实现其信息收集功能，还承担着预警指标维护的功能。首先，该指标体系是信访预警监测指标体系及其监测等级研究的成果，由三级共 27 个指标构成。指标体系的时效性要求决定了我们要随着信访预警的发展来不断更新该指标体系，使其构成与时俱进并发挥最大的效用。

该子模块的指标维护功能实现可设定为德尔斐法与 APH 法的合体，由德尔斐法进行具体指标的收集，而后通过 AHP 法对指标权重进行修改，从而全面完成指标体系修改。德尔斐法通过设置在线调查问卷的形式对相关人员进行调查，可进行四轮征询调查。运用 AHP 法进行系统分析分为四个步骤，首先要把问题层次化，即根据问题的性质和达到的总目标，将问题分解为不同的组成因素，并按照因素间的相互关联影响以及隶属关系，将因素按不同层次聚集组合，形成一个多层次的分析结构模型（见图 33 – 4）。

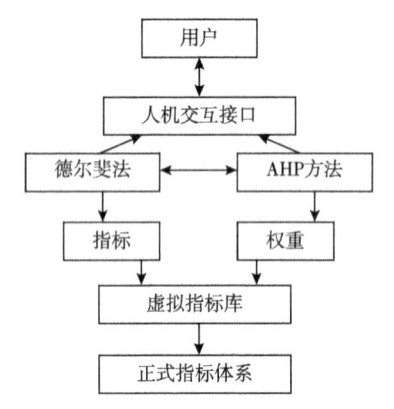

图 33 – 4 信访预警指标子模块

（五）模块五：信息监测收集子模块

对所构建社会稳定监测预警信息管理系统来说，关于社会稳定的信息是维持它正常运作的前提和基础。没有及时可靠的信息的支持，整个系统就如巧妇难为无米之炊，没有存在的价值。由此可见，此子模块的主要功能就是在信访预警监测指标体系的基础上监测数量众多的信息渠道和收集各种相关信息。

信息监测收集子模块是对有可能引发不稳定现象的分散蕴含在不同时空域的有关信息的采集和积聚系统。准确及时、先进可靠的信息采集，是该管理工作的基础，对整个信息系统活动的成败将产生决定性的影响。长期以来，我国信息采集局限于单一的正规组织上行信息流。这种方式存在难以克服的弊端——信息的迟滞和真实性的缺乏。信息因为某些组织结构、技术、人为等因素，在一级级向上传递过程中被损耗殆尽，使领导层或有关机构无法及时了解并正确应对社会稳定问题的爆发。该子模块可以在一定程度上大大减少有效信息的遗失，可以实现信访预警监测指标体系基础上的多元化危机信息收集、传递，并形成相应的基本数据库（见图33-5）。

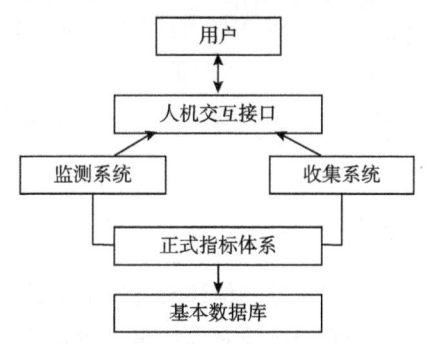

图33-5 信访信息监测收集子模块

（六）模块六：数据处理子模块

该子模块主要实现对"信访预警监测指标体系"中具体指标原始数据的处理和数据计算的功能，即处理基本数据库中的数据生成处理后数据库（见图33-6）。

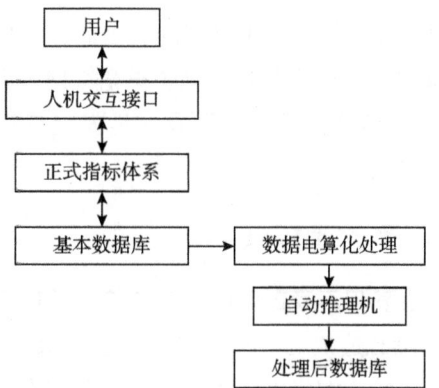

图33-6 信访数据处理子模块

根据指标的不同，可分为定性指标和定量指标，不同类型的定量指标又可运用不同的量纲化数学模型。若指标为定性指标，无法量化，则可使用专家评分法在权重范围内设定定性等级打出 X_i 的分数即可,即直接赋值,系统提供五点量表。学者 Berdie 根据研究经验,综合提出以下看法:①大多数情况下,五点量表是最可靠的,选项超过五点,一般人难有足够的辨别力。②三点量表限制了温和意见的表达。五点量表正好可以表示温和意见与强烈意见之间的区别。③由于人口变量的异质性关系,对没有足够辨别力的人而言,使用七点量表法会导致信度的丧失;对具有足够辨别力的人而言,使用五点量表又令人有受限的不适感。④量表的点数越多,选答分布就越广,选答很广的分布又缺乏信度。综合考虑,为便于数据处理,课题选用五点量表。对于压力承受度,分别是"重""较重""一般""较轻""轻"。对于不满意度,分别是"不满意""比较不满意""一般(说不清)""比较满意""满意"。①

(七)模块七:预警子模块

信访问题管理的最理想状态是将信访事件造成的社会不稳定消灭在潜伏时期或萌芽时期。这有赖于政府部门对信访事件发生程度、趋势和结果的预测、预报能力。该子模块的功能就是通过数值计算来判断各种指标和因素是否突破了警戒线,根据判断结果决定是否发出警报、发出何种程度的警报以及用什么方式发出警报。一般来说,在对信访事件应对过程中如果能在最短的时间里通过分析手头拥有的信息及时发现不稳定前兆,进而采取一些必要的防控措施,就有可能把其造成的损害减至最小。但在另一方面,也必须清楚地认识到预警功能并不是万能的,面对当前瞬息万变的国内外环境,要想绝对避免不稳定事件的发生是绝对不可能的。因此,此功能的最终目的绝不是将所有的不稳定事件都消弭于无形之中(毕竟有许多因素是政府自身所无法左右的),而是尽早地发现前兆,进而及时地发出警报,以保证政府有更充裕的反应时间以减少损失。

(八)模块八:预控子模块

所谓预控,是指在发现不稳定事件征兆和信号并进行确认后,或者在事件已经开始来临但还没有造成巨大损失时,迅速采取措施,对其进行及时、有效的控制,尽可能用较小的代价迅速化解,避免扩大和升级,造成大规模的人员伤亡和财产损失。实施预控一方面是对警情、警源和警兆等信息的回

---

① 彭学君:《大学生群体危机生成演化机理与控制研究》,北京理工大学,2006。

复性、反馈性行为，另一方面也是对所预报警级的准确性进行检验与评价的行为。因此，该子模块的主要功能是在有警状态下完成对不稳定事件的预控，而后启动相应的预案库、案例库和专家库（见图33-7）。

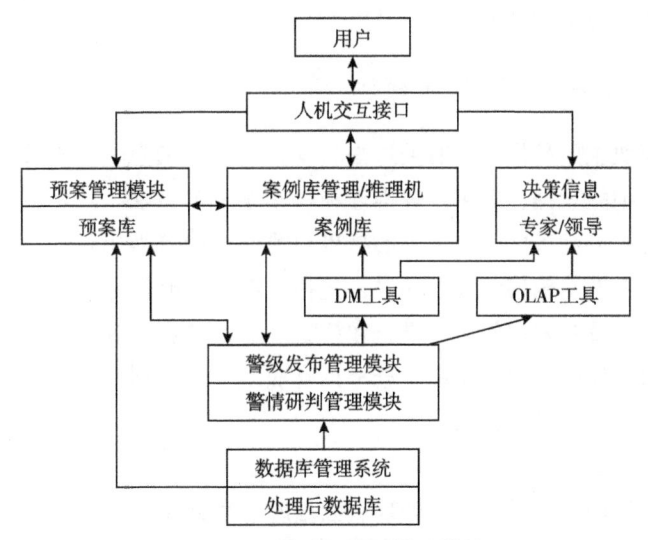

图33-7 信访问题预控子模块

对相应数据库、案例库、预案库的说明如下。

(1) 处理后数据库

此处数据库为经过数据处理后的指标数据。包括各个评估指标通过不同的量化数学模型得到社会稳定监测定量指标数据，以及管理人员、专家学者依据相关知识和经验定性的各种有关社会稳定的定性数据。

(2) 预案库

预案库是处理方提供的关于社会不稳定问题预案，以特定的结构存储的相关联的预案模型的集合。人们可以根据预案的性质、用途等属性的不同对其进行分类和维护并提供使用。

(3) 案例库

案例库是事件时间、地点、起因、经过及处理方法的收集和积累，用于支持不同信访事件引发情境下决策活动，具有智能作用的人机系统。案例库会聚了历史上针对不同的社会不稳定问题的成功处理经验，通过人工智能系统实现危机管理的科学决策，避免因管理中非程序化决策可能造成的失误。

（九）模块九：应急处理子模块

一般来说，在信访事件的应对过程中如果能在最短的时间里通过分析手头拥有的信息及时发现前兆,进而采取一些必要的防控措施,就有可能把损害减至最小。但在另一方面,也必须清楚地认识到预警功能并不是万能的,因此建立相应的事后应急处理信息管理模块也十分有必要,是信访预警管理信息系统的有效组成部分。

(十)模块十:预测子模块

该子模块主要是指根据有关过去和现在的相关信息、情报等数据,即处理后数据库中的数据,运用逻辑推理和科学预测的方法、技术,对某些信访现象出现的约束性条件、未来发展趋势和演变规律等做出估计与判断,并向社会和管理者发出确切的警示信号,使相关部门能够提前了解社会稳定发展的状态,以便及时采取相应的措施和策略,防止或消除不利后果。

该模块主要由读取数据库、选择拟合曲线、得到回归方程、得到预测信息及信息发送五个过程构成。

(1)读取数据库

预测子模块定时远程访问处理后数据库,并读取量化后的数据。

(2)选择拟合曲线

读取历史数据以后,要依据所观察时序列建立预测模型,然后用趋势外推法对将来可能发生的攻击行为进行预测。在给定一个实际观察时序列 y_t($t=0$,1,2,…,n)的条件下,能建立的预测模型可以不同,但预测模型选择的正确与否直接关系到预测的准确程度。

(3)得到回归方程

我们将通过以上方法所选取的曲线进行回归曲线拟合,需要从数据库中取出,对应过去每一时间粒度内攻击 X_i 所发生的频度值 Y_i,这对应一组数据(X_i,Y_i),然后根据该组数据值选择所要拟合的曲线方程,根据最小二乘法使得其误差的平方和最小。

利用计算机在本模块中进行回归分析的基本方法,可选的曲线模型有以下五种。

①线性模型,是曲线模型中最简单的一种,数学公式为 $y = a + bx$。

②指数模型,也叫复比增长模型,数学公式为 $y = k + ab^x$。

③修正指数曲线模型,数学公式为 $y = k + ax^b$。

④Logistic 曲线模型,呈 S 形,是生长曲线的一种,又称皮尔曲线模型,数学公式为 $y = \dfrac{1}{(k + ab^x)}$。

⑤非线性模型,是多项式回归模型中最常用的一种,数学公式为 $y = a + bx + cx^2 + dx^3 + \cdots$

(4) 得到预测信息

前三步我们已经得到了在过去对应每一种攻击频度的拟合函数,通过这个函数,我们选取适合的 x 值,对信访事件延伸影响情况进行预测。[①]

针对每一种拟合函数,我们计算出未来一段时间将要发生社会不稳定事件的可能,得到将来一段时间最有可能发生的预测信息。

此外,还应特别注意信访预警管理信息系统相关的数据标准至少应包括数据元标准、信息交换标准和业务流程标准三项内容。

数据元标准。对信访问题预警指标领域的基本数据对象进行规定和属性描述。尤其是对于公用的信息单元,赋予一致的定义。如公款消费占财政支出比例上升率、信访工作前置程度等。数据元标准使相关语境下的基本信息对象有一个唯一的、准确的描述,避免产生歧义。数据元标准是其他规范的基础,使得相关系统有"共同语言"。

信息交换标准。信息交换标准描述不同信息系统间需要交换信息时所遵循的技术方式和内容格式,它是系统间协同作用的基础,尤其是与国家信访工作计算机管理系统的对接。有了这些信息结构规范,相关的信息系统就做好了信息交换的准备,消除"信息孤岛",实现业务协同和数字化的真正"联动"。

业务流程标准。信访预警管理信息系统的成功运行离不开好的预案体系和优化的流程。突发公共事件虽然有突发性,但如果没有平时对各种信访危机事件预案(国家、地方、部门)的科学整合,对相关业务流程的反复推敲、演练,再好的信息系统在实战中也难以充分发挥作用。所以,业务流程标准的建立为实际的信访预警管理信息系统操作起到了很好的规范作用。

(5) 信息发送(略)[②]

四 信访预警管理信息系统运行弊病

信访预警管理信息系统的具体功能设计日趋成熟,但在具体运行过程中可能存在如下弊病。

---

① 陈磊、任若恩:《时间序列判别分析技术和指数加权移动平均控制图模型在公司财务危机预警中的应用》,《系统管理学报》2009 年第六期。
② 赵豪迈:《电子政务中政府模型与建设方法研究》,博士学位论文,同济大学,2006。

(一) 信息收集得不完整，或盲目地重复收集

管理工作所需要的信息没有及时、准确、完整地记载下来，也就无法有根据、有把握地做出是否上马的决策。然而，现在普遍存在的是无计划地重复收集信息。这种情况不仅造成各级工作人员重复的、无效的劳动，而且必然造成信息的不一致，即同一指标多个数值。显然，这种情况对管理者来说，不仅没有好处，而且造成假象，导致错误的决策，带来巨大损失。

(二) 信息的传输速度太慢或严重失真，以致失去了信息支持决策的作用

由于技术条件与体制问题，在我们许多单位中，信息的传递速度慢到令人难以容忍的程度，给工作造成许多损失。而信息的失真则可能是无意造成的或有意造成的。手工输入信息时难免发生错误，如果不采取及时有效的措施，这种无意中发生的错误就会累加起来，使信息歪曲到无法使用的程度。在我国这种情况更加突出。不能否认，在目前情况下，有意歪曲信息的现象还是相当普遍地存在，从信息处理的角度来看，这也是必须解决的。

(三) 信息系统只能满足例行的信息需求，而不能满足随机的信息需求

目前在机关和科室工作的人员，基本上都在从事信息服务工作。但是他们所做的工作主要是完成日报、月报、年报之类的例行信息处理工作，他们对领导或上级主要是提供例行的信息服务。但是，随着体制的改革，各级领导与管理人员越来越多地提出了许多临时性和随机的信息需求，恰恰是这些信息需求在他们的管理工作与决策中起着决定性的作用。[①]

以上各种弊病在各级各类信息系统中是普遍存在着的，造成问题的原因也是多方面的，如许多问题的产生来源于管理体制的不合理。另外，技术手段的落后也是产生这些问题的重要原因。这些问题的产生还来源于人们的信息意识不强。所谓信息意识是指对信息的重要性、对自身的信息需求、对自己所承担的信息责任等问题的认识程度与自觉程度，首先是各级领导干部的信息意识。如果担负决策任务的各级领导干部对信息的重要性认识不足，对自己

---

① 朴顺玉编《管理信息系统》，中国人民大学出版社，1994。

所需要的信息不清楚，就不可能对信息系统提出确切的要求，更不可能对信息系统进行有效的组织与管理。这样，种种弊病的出现也就不可避免了。①

五 信访预警管理信息系统构建支持

针对信访预警管理信息系统运行弊病可提供以下支持来解决问题。

（一）信访预警预控管理法律、制度保障

虽然在构建突发公共事件应急法律体系方面我们已经取得一些成绩，但目前关于信访预警的立法体系还有待于建设，其中存在一些问题：一是现行法律没有确立统一的信访预警处理制度；二是现有相关制度不够完善；三是突发信访事件应急体制和机制还不够健全。我国在公共危机信息管理制度建设方面已经形成具有中国特色的体系结构与规范，但是专业的信访预警相关法律、制度还需要创新。相关制度创新、体制创新和机制创新是今后信访预警管理理论研究和实践探索的一项长期而艰巨的任务，国外及国内其他行业的一些先进经验值得借鉴和参考。

（二）信访预警预控信息保障资源配置系统

根据决策参谋咨询人员所在的机构，可以把危机管理中发挥"外脑"功能的智囊组织机构分为三类：第一类是行政性的决策信息、咨询机构，它们在党政机关序列中，隶属于各级党委和政府及其下属部门从事信息收集、政策研究的机关；第二类是半官方的政策研究、咨询机构，它们介于官方和民间，是客观分析政策的研究机构；第三类则是民间的政策研究、咨询机构，包括一些学（协）会的研究组织、公司、大学的研究所等。② 在危机的各个阶段，这批智囊人员要加强对信访预警的深度研究，建立健全各种数据库和模型，预测危机发生的领域、可能性、频率和强度，帮助信访部门制定反危机的战略规划和应急预案，使信访预警决策和管理建立在科学的基础之上。

（三）提高信访预警管理信息系统应急联动和整体应急反应能力

信访预警预控管理信息体系整体能力的提高可以反映在信访预警管理制

---

① 朴顺玉编《管理信息系统》，中国人民大学出版社，1994。
② 李晓翔、谢阳群：《危机信息系统研究》，《情报理论与实践》2007年第3期。

度和技术两个层面。一方面，需要加强协调组织建设，明确信访联动部门职责，打破条块分割的管理模式，建立信访各部门之间、不同社会机构之间集中、统一、高效的横向信息沟通渠道和信息沟通机制；另一方面，需要技术上的支持和保障，应用先进的现代化通信技术和计算机网络技术，构成一个跨学科、跨专业的综合系统工程。① 因此，具有较高的信访事件处理能力和专业技术水平，是提高信访预警信息管理体系联动和整体应急反应能力的重要保证。

（四）加强信访预警信息管理人员的教育与培训并纳入现行信访工作体制

信息无处不在，但在进行人为的处理和分析以前并不具有任何价值。虽然建立健全了完善的信息收集和沟通的渠道，但不经过处理就等于没有收集到信息，因此需要信息处理、分析方面的专门人才。可先通过信访预警信息管理实践和培训，培养和提高相关管理人员的预警意识，使其具有发现信息、收集信息、研究信息并善于运用先进信息手段传递信息和沟通信息的能力。另外信访部门还应配备人力资源信息系统，建立信访预警信息管理人力资源库，提供人力支持。再次，将信访预警纳入日常信访工作，并将信访预警管理信息系统的使用作为考察相关工作人员工作绩效的一个标准，推动该系统的使用及推广。

---

① 王伟：《公共危机信息体系构建与运行机制研究》，博士学位论文，吉林大学，2007。

第三十四章　前馈控制在我国民族关系管理中的应用研究

民族关系是民族之间各种联系的总和，是复杂社会关系的特殊表现形式，其存在形态主要表现为民族间、民族地区与中央之间关系的团结、和睦、协调及矛盾、冲突、对立两种形式。我国作为一个多民族国家，民族关系是社会关系中至关重要的层面，良好的民族关系是构建社会主义和谐社会的重要条件。胡锦涛在2005年5月召开的中央民族工作会议的讲话中，将社会主义和谐社会的民族关系特征表述为"平等、团结、互助、和谐"①。这是我们党深刻总结处理民族问题经验的科学结论，是民族工作必须把握的根本原则。我国现阶段的生产力发展水平和社会发展程度决定了我国现阶段民族关系的特点是民族平等的不完全性、民族团结的相对性、民族间互助合作的有限性和互助与竞争的共生性，以及共同繁荣的初步性。② 从这个意义上讲，目前我国的民族关系还有进一步巩固与发展的巨大空间，我们还面临着处理好民族关系问题的艰巨任务。那么，如何科学地认知这个巨大空间的尺度，如何准确地识别民族关系的问题所在，建立定性和定量相结合的民族关系监测—评估—预警指标体系，对民族关系实施前馈控制管理就成为必然选择。

第一节　民族关系预警预控系统的理论模型及指标体系*

一　系统分析模型逻辑架构的设计和阐释

我们根据我党深刻总结处理民族问题经验的科学结论，以"平等、团

---

① 胡锦涛：《在中央民族工作会议暨国务院第四次全国民族团结进步表彰大会上的讲话》，《人民日报》2005年5月28日。
② 金炳镐、严庆：《论民族关系发展与和谐社会构建的切合》，《青海民族研究》2007年第1期。
* 本节内容根据笔者已发表论文《民族关系和谐的逻辑结构和系统分析模型——兼及测度民族关系和谐状况的指标体系设置》，《中南民族大学学报》2008年第3期。

结、互助、和谐"作为民族关系的核心结构,设计和谐民族关系的系统分析模型如图34-1所示。

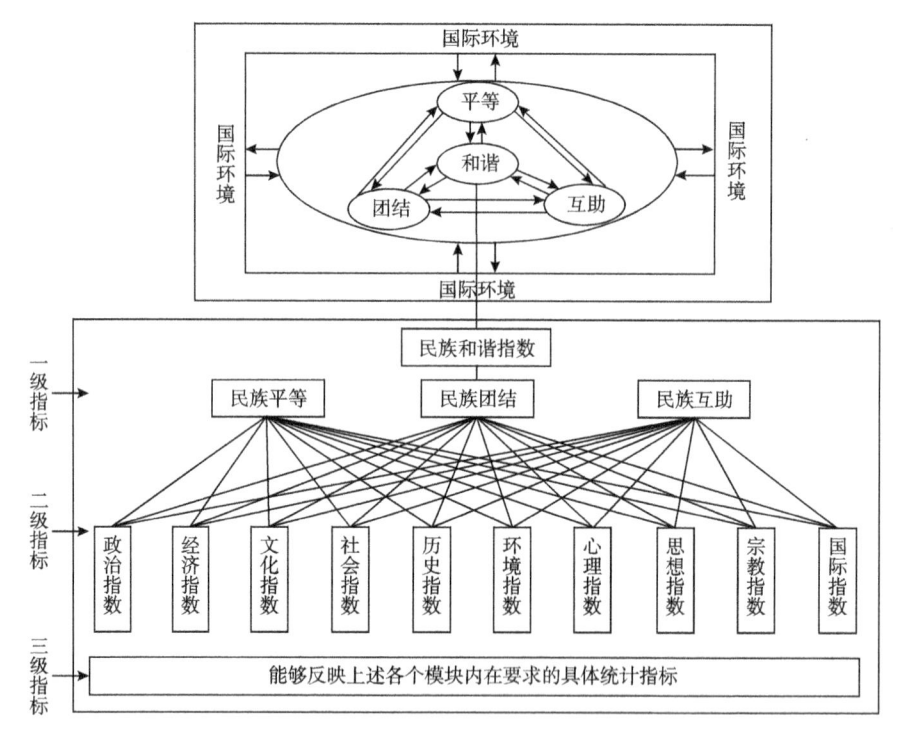

图34-1　民族关系系统分析模型

民族关系系统分析模型由两部分组成。上方框图是物理模型,下方框图是评价模型,中间的连接线表示评价模型来源于物理模型的依赖关系。物理模型表达和谐民族关系的逻辑架构,评价模型表达民族关系的操作架构;物理模型来源于民族关系的客观现实,其任务是抽象出民族和谐的逻辑关系;评价模型脱胎于物理模型的逻辑体系,其任务是将抽象的民族和谐概念具体化。在物理模型中,"平等""团结""互助"三个相互联系的模块共同构成民族关系"和谐"的内在要求,而"国际环境"则构成在全球化背景下民族关系和谐的外部条件。在评价模型中,民族关系的和谐体现在民族关系的政治、经济、文化等十个"领域模块"中,而所有的民族关系"领域模块"都要遵守和体现平等、团结、互助的原则,并按照这三个原则衍生出具体指标。现将上述物理模型中各个模块的理论内涵及其相互关系解析如下。

（一）和谐

和谐是社会主义民族关系的本质①。和谐，既是中国共产党对新时期民族关系及其发展趋势的新概括，也是我们做好民族工作、处理民族关系的重要原则和基本目标。因此，在民族关系系统分析模型中，和谐模块表征民族关系价值取向的核心指向，反映和谐的民族关系既是各民族共同繁荣发展的根本保证，又是民族社会发展的终极性目的之一。和谐模块与其他模块的关系是统领与从属的关系，处于该模型的核心地位。

（二）平等

坚持民族平等，反对民族歧视和压迫，这是中国共产党民族政策的基石和马克思主义民族理论的重要原则，也是民族关系和谐的基本前提，其直接指向是各民族的社会地位问题。民族平等从内容来说，是指各个民族在社会生活的一切领域平等。在政治生活、经济生活、文化生活及其他社会生活领域，所有方面都和各民族的平等权利相联系。因此，民族平等模块在整个模型的结构体系中占有极为重要的地位，整个模型中所有模块中所包含的内容，比如民族团结、民族互助，以及民族关系中的政治指数、经济指数、文化指数等，都与民族平等模块发生千丝万缕的联系，无不关乎平等原则。

（三）团结

民族团结是社会和谐发展的必要前提，也是民族关系和谐的基本特征和核心内容之一。社会主义社会各民族之间的团结，是以中国共产党的领导为核心的，是以社会主义制度和祖国统一为基础的。民族团结作为中国民族政策体系的重要组成部分，它包括：①反对民族压迫和民族歧视。②维护促进民族之间和民族内部的团结。③各族人民和睦相处、和衷共济，共同促进祖国的发展繁荣。④反对民族分裂，维护祖国统一。民族团结的原则要求各族人民热爱祖国、维护祖国统一，反对一切破坏团结、分裂祖国的活动。因此，在整个理论模型的因果结构中，民族团结这个模块实际上是其他所有模块的产出结果，与其他模块是一种相辅相成的关系。

---

① 胡锦涛：《在中央民族工作会议暨国务院第四次全国民族团结进步表彰大会上的讲话》，《人民日报》2005年5月28日。

（四）互助

民族互助是中国共产党处理民族问题的一个基本原则，也是表征和谐民族关系的基本内涵之一。然而，在现实的民族关系中，由于历史的原因，各民族社会形态的起点很不相同，各个民族经济社会发展上存在很大的差异，并因此造成事实上的发展差距。所以，发展较快的民族应尽义务帮助后发展民族，通过"互助"来缩小各民族事实上的发展差距，对那些发展相对落后的民族给予特殊优惠和照顾，采取特殊的政策、灵活的措施、优惠的办法帮助其发展经济和社会事业，以缩小民族间的发展差距。在理论模型中，互助模块在整个理论模型的互动结构中起着途径和手段的作用，是其他各个模块实现自身的必经之途。

（五）国际环境

在全球化浪潮的今天，研究一个国家内部的民族关系，已不可能忽视境外政治、经济、文化、宗教因素对该国民族关系的影响。应当拓展眼界，努力从世界各国互动关系的视角来看待每个国家内部的族群关系。① 从世界各国和我国近年的民族关系状况来看，民族关系正越来越多地受到国际环境的影响，而且这种影响与宗教问题交织在一起，呈现愈演愈烈的趋势。因此，我们在模型中设置了表达这种客观实际的"国际环境"模块。这个模块和其他模块的关系是外因和内因的关系。

总之，和谐是模型结构中的"目标模块"，是统领整个模型的内核；平等、团结、互助既是民族和谐的基础，又是民族和谐的主要特征，这三个"特征模块"在模型中是互相依赖、互相制约、互为因果的逻辑关系，共同构成民族和谐之鼎立三足，缺一不可。与此同时，这三个特征模块又脱胎于理论模型渗入评价模型，并与评价模型中的政治因素、经济因素、文化因素、社会因素（狭义的）、历史因素、环境因素、心理因素、思想因素、宗教因素和国际因素十个具体的"领域模块"构成了一种全方位的双向辐射关系，即评价模型中的每一个"领域模块"，均要在所内含的指标中渗透或体现平等、团结、互助三个特征模块的内在要求。换言之，在所有具体的民族关系领域中，都必须从各自的角度或侧面体现平等、团结、互助的原则。

---

① 马戎:《全球化与民族关系研究》，《西北民族研究》2007年第4期。

二 评价模型中各领域模块设置的理由及指标构成

评价模型,即指标体系的框架结构主要由"民族和谐指数"和在"平等、团结、互助"三项原则指导下的十个"领域模块",以及分别隶属于各个领域模块的、由具体统计指标组成的"指标群模块"构成。十个领域模块基本上囊括了民族关系的主要方面,它们对上以平等、团结、互助为评价尺度并受其统领;对下各自衍生出本领域表征平等、团结、互助的具体指标,并组成其内部的逻辑结构;而其相互之间,则构成相互依存、相互依赖和相互作用的动态关系,其中任何一个领域模块发生明显的变化,都会引起其他几个领域模块的相应反应。最后,由属于十个领域模块下的众多原始统计指标,按照一定的分类构成本模型的"指标群模块"。下面,将各"领域模块"(二级指标)设置的理由及可以包含的具体指标加以阐释,同时给出各个指标的建议权值[①](见表34-1)。

(一) 政治和谐指数 (权重: 14)

政治和谐指数是由若干反映民族政治和谐状况的具体指标构成的复合性指标。所谓民族政治和谐主要是指各族人民对政治共同体认同的性质。一般表现为民族社会的可控和有序状态,即政治共同体在根本制度性质不变前提下的动态平衡。具体包括各个民族之间政治权力和地位及其尊严、少数民族地区的自治权利等。在民族关系中,政治和谐居于核心的地位,是其他几个方面(模块)实现和谐的基础和前提,尤其是在我国社会转型和世界全球化过程中,政治和谐往往决定民族社会能够良性运行和协调发展。

(二) 经济和谐指数 (权重: 13)

经济和谐指数是由若干反映民族经济和谐状况的具体指标构成的复合性指标。民族经济和谐是指各民族地区在经济发展水平以及民生状况上的均衡性。一般表现为各民族地区经济发展的差异性以及结构的合理性,归根结底是反映民族地区民生状况的均衡性。在民族社会中,经济和谐居于基础地位,民以食为天,经济的发展是民生的前提。经济权利在很大程度上会制约

---

① 由于我国是一个多民族国家,每一指标在不同民族之间的重要性系数(即权重)是有差异的,因此,在测量不同民族的和谐状况时,某些指标的权值应当根据具体情况进行特殊性调整,即变权处理。我们这里给出的权值仅是根据总体情况的一般性建议。

甚至决定其他权利的获得与实现。经济上落后的民族，不可能与经济上发达的民族实现真正意义上的平等。当今是经济高度发达的时代，也是人们更加重视和关注经济权利的时代。因此，经济模块是其他几个方面（模块）实现和谐的重要基础，它会从经济基础的角度对其他方面的和谐产生重要的乃至根本性的影响。

（三）文化和谐指数（权重：9）

文化和谐指数是由若干反映民族文化和谐状况的具体指标构成的复合性指标。民族文化和谐是指民族之间在文化上的相互尊重和认同。文化是一个民族存在的根基，每一个民族之所以作为民族而存在，一个重要的标志就在于它有自己独特的文化。每个少数民族的文化都是中华民族文化不可分割的重要组成部分，要构建和谐的民族关系，就必须了解和尊重每个少数民族的文化。特别是保护和利用好少数民族传统文化，繁荣发展少数民族文化，促使各族人民的文化生活更加丰富，也是全面落实科学发展观、构建社会主义和谐社会的内在要求。文化和谐是民族和谐的重要基础，是社会和谐的重要保障。加强各民族的大团结，增强中华民族的凝聚力，最根本的条件之一就是要实现各民族文化的普遍繁荣与和谐共处。

（四）社会（狭义）和谐指数（权重：10）

社会和谐指数是由若干反映民族社会发展和谐状况的具体指标构成的复合性指标。社会和谐在本指标体系中主要指"社会事业"层面的狭义的社会发展，用以反映民族之间在科、教、文、卫、体等社会事业领域发展的均衡状况，以及由此造成的民族和谐或不和谐状态。这个指标的设置，无论是从经济与社会协调发展及科学发展观的意义上讲，还是从目前我国少数民族在社会事业发展方面的实际状况来看，对我国全面建设小康社会、实现民族关系的和谐，无疑都是十分重要的。

（五）历史和谐指数（权重：9）

历史和谐指数是由若干反映民族历史上和谐状况的具体指标构成的复合性指标。这个指标主要用以反映历史上所形成的民族关系对当代民族关系的影响。民族是一个历史的范畴，民族的产生、发展、消亡均是一个漫长的历史过程。许多民族关系现象，无论是友好往来还是敌对，往往有深刻的历史渊源。历史总是与现实存在纠葛，历史的创伤不仅需要一个艰难的愈合过程，而且裂痕往往会成为引发新的民族矛盾的诱因。因此，历史不仅是解读民族关系和谐与否的重要因素，同时也是评估民族关系和谐与否的重要变量。换言之，构建和谐的民族关系，必须充分重视民族关系的历史因素。

（六）环境和谐指数（权重：8）

环境和谐指数是由若干反映民族地区自然生态环境和谐状况的具体指标构成的复合性指标。本指标体系中环境和谐指数的设立有双重含义。其一，和谐社会构建的基本核心理念是建设环境友好型社会，实现人与自然和谐发展。其二，当前我国少数民族地区尤其是西部地区的环境生态问题，已经成为影响民族团结、民族生存、民族发展，甚至严重制约友好型社会建设的一个事关民族和谐的重大社会问题。众所周知，我国少数民族地区拥具有丰富的自然资源，这是少数民族赖以生存的物质基础。但是，由于特殊的历史、地理、经济和文化等方面的原因，民族地区的生态环境呈现严重恶化的趋势，尤其是在工业化过程中，我国资源环境保护存在奉献区和受益区的区域错位现象，造成区域之间的利益冲突，受益区的繁荣有时以奉献区的被损害为代价。发达地区享用着民族地区供给的廉价资源，保证其经济快速发展，而民族地区付出的环境生态代价却得不到任何补偿，为了生存只有牺牲生态资源，最终必然导致生态环境的不断恶化。这种状况如不改变，不仅影响民族地区人民的生存，而且影响民族地区的稳定和边疆安全。总之，历史经验表明，民族地区的生态环境问题如果严重到一定程度，势必转变为相应的社会风险。

（七）心理和谐指数（权重：9）

心理和谐指数是由若干反映民族心理和谐状况的具体指标构成的复合性指标。心理和谐在本指标体系中特指各民族之间的心理认同，尤其是少数民族对党和国家民族政策执行效果的心理认同状况。随着我国社会的日益开放和市场经济的深化，我国各民族之间出现了历史上从未有过的全方位接触，民族之间的友好交往和密切联系超过了历史上任何一个时期。与此同时，一些不利于民族和谐的消极心理因素依然存在，如狭隘的民族意识、盲目的民族优越感或自卑感、民族恐惧心理或戒备心理、民族认知偏见或歧视等。应当说，我们党和国家在促进民族平等、团结、互助方面做出了很大努力，但是，由于民族心理和谐是各民族在参与各种经济、政治、文化生活时没有障碍和心理压力的自我感觉，这种抽象的精神性的感觉是要由各少数民族自己体会的。因此，本指标体系设置心理和谐指数，从少数民族自我心理感觉的角度来测量民族和谐状况。

（八）思想和谐指数（权重：10）

思想和谐指数是由若干反映民族思想观念和谐状况的具体指标构成的复合性指标。思想是行为的先导，思想与心理具有极为密切的联系，但是也有重要区别。从社会心理学角度讲，社会心理只是一种低水平的意识活动，而思想则是一种高水平的意识活动。在民族关系中，民族心理作为一种低水平的社会意识活动，它是对民族存在的直接的原始反应，它处于自发的、朦胧无序的状态，而民族思想（如各种类型的民族主义思想）则是经过思想理论的加工提炼，形成某种观念并上升为自觉的社会意识。这种"自觉的社会意识"作为一种社会意识形态，在民族关系中拥有巨大的精神力量。而当代国际社会流行的一些民族分裂主义思潮，则是破坏民族团结的祸根。

（九）宗教和谐指数（权重：9）

宗教和谐指数是由若干反映民族宗教和谐状况的具体指标构成的复合性指标。在我国，宗教与民族有着十分密切的关系，宗教会引发推进民族团结、社会和谐发展的强大动能，也会在一定条件下爆发出破坏民族团结、社会安宁的强大动能。① 从历史和现实来看，宗教、民族、国家之间既有人类文明向前推进的健康互动，也有与之相伴的矛盾冲突。从当今世界来看，民族问题和宗教问题往往纠缠在一起，成为国际地区冲突、一些国家局势动荡不安的主要诱因。一个和谐的社会也应是一个宗教和睦的社会。各民族应当正确处理好本民族信仰和他民族信仰的关系，使宗教发挥向善、宽容，和追求美好、平等及诚信的精神，为各民族和谐共存提供理念支持。

（十）国际环境和谐指数（权重：9）

国际环境和谐指数是由若干反映民族关系国际环境和谐状况的具体指标构成的复合性指标。国际民族关系环境和谐，在本指标体系中主要特指国外敌对势力对我国民族关系的干扰。设置这一指数有两方面原因：其一，随着经济全球化进程的不断加快和信息技术的飞速发展，社会越来越开放，不同

---

① 牟钟鉴：《民族宗教与社会和谐》，《中国宗教》2005年第4期。

国家和民族之间的交往不断增多，联系日益紧密，民族方面的各种思潮和活动更加活跃，这些因素对国内民族关系的影响越来越大；其二，我国不仅是世界上邻国最多的国家之一，也是周边民族成分最复杂的国家之一，民族主义思潮和活动相当活跃。我国少数民族大多居住在边疆地区，而边疆地区历来是各种文化思潮和民族主义思潮交融、碰撞的敏感地区，是境外文化渗透的前沿地带，尤其西方敌对势力加紧利用各种形式进行文化渗透，企图把我国民族地区作为"西化""分化"的突破口，这对我国的民族关系和谐和边境稳定构成了威胁。①

总之，评价模型（即指标体系框架）共分为四个层次三级指标。第一个层次是目标层，设一级指标"民族关系和谐综合指数"。第二个层次是准则层，设置指标遴选的三项原则。第三个层次是分目标层，即领域层，设十个二级指标，反映民族关系和谐的不同方面或侧面。第四个层次设三级指标，主要是对第二级指标（指数）内部构造的分解，由对应于十个二级指标的十组统计指标构成，共有 39 个。各级指标中每个指标的权重，系运用德尔斐法和 AHP 法确定。

表 34-1　民族关系监测评估指标体系

一级指标	二级指标	参考权值	三级指标	参考权值
民族关系和谐综合指数权值（100）	政治和谐指数	14	少数民族公民在人民代表中的比例	2.5
			少数民族公民在政协委员中的比例	2.5
			少数民族区域自治条例颁布实施率	2.5
			少数民族干部的培养使用率	2.5
			具有政治性的民族冲突事件指数（负）	4
	经济和谐指数	13	民族自治地方农村人均收入与全国平均水平比	2.5
			民族自治地方城镇人均可支配收入与全国平均比	2.5
			少数民族地区恩格尔系数与全国平均比	2
			国家对少数民族地区财政转移支付力度	2
			发达地区对少数民族地区对口支援力度	2
			民族地区经济技术协作项目资金增长率	2
	文化和谐指数	9	少数民族语言广电覆盖率与全国平均水平比	3
			千人少数民族文字书刊印数与全国平均比	3
			少数民族文化遗产保护与全国平均水平比	3

① 国家民委民族问题研究中心：《周边国家民族主义思潮研究》，民族出版社，2006。

续表

一级指标	二级指标	参考权值	三级指标	参考权值
民族关系和谐综合指数权值（100）	社会和谐指数	10	少数民族地区人均受教育年限与全国平均比	2
			少数民族地区大学生就业率与全国平均比	2
			少数民族地方病、传染病发病率与全国平均比	2
			少数民族每千人医生数与全国平均水平比	2
			少数民族每千人病床数与全国平均水平比	2
	历史和谐指数	9	历史上民族矛盾的延续程度（负）	3
			历史上民族歧视和民族压迫的影响程度（负）	3
			历史遗留的民族间事实上不平等的状况（负）	3
	环境和谐指数	8	少数民族地区生态退化程度（负）	2
			少数民族地区环境质量指数与全国平均比	2
			少数民族地区资源开发补偿力度	2
			少数民族地区基本建设投资增长率与全国平均比	2
	心理和谐指数	9	对民族区域自治政策执行效果的满意度	3
			对民族经济发展状况的满意度	3
			对民族关系实际状况的满意度	3
	思想和谐指数	10	大民族主义思想（负）	2.5
			狭隘的民族主义思想（负）	2.5
			对中华民族的认同	2.5
			对国家的认同	2.5
	宗教和谐指数	9	少数民族宗教信仰自由满意度	3
			非法宗教活跃程度（负）	3
			反动宗教集团势力影响程度（负）	3
	国际环境和谐指数	9	国外宗教极端主义势力干扰程度（负）	3
			国外民族分裂主义势力干扰程度（负）	3
			国外恐怖主义活动干扰程度（负）	3

第二节　民族关系预警预控系统的运行机制

民族关系预警预控机制由民族关系预警预控的组织机构、职责分工、运行流程、监督执行以及保障系统构成。根据预警机制的功能链条，预警管理活动可分为信息汇集、信息分析、警情研判、警级发布、警势预控、应急管理等环节。只有当这些环节——贯穿民委组织系统的各个职能部门并协同运转，民族关系预警机制才能形成。

任何目标的达成与否，最终取决于能否建立起实现目标的有效机制。民族关系预警机制，是民族关系预警系统为发挥其预警功能，以一定的规则规范系统内各组成要素间的联系的内在协调方式。

任何机制都是一个系统。在机制系统中，我们把系统的构成要素和要素间的组合秩序称为系统的静态结构，把系统要素间相互作用的方式称为系统的动态结构。系统的静态结构是系统的"硬件"，它决定该系统是此系统而非彼系统，是系统具有其特定功能的基础；系统的动态结构是系统的"软件"，它决定着系统要素间动态作用的方式，调整系统要素功能发挥的方向与强度，以达到系统整体功能最大化的目的，规定系统要素和系统整体运行所依据的基本准则。所以，在国家民委系统中建立民族关系预警机制，不仅需要对民委系统的静态结构进行一定程度的要素调整，而且是需要对民委系统的动态结构进行创新和改革。

一 民族关系预警预控机制的宏观结构

组织机构犹如机制的骨骼，它不仅构成机制运行的载体，也反映机制的宏观架构。要想把民族关系预警机制纳入原有的组织框架，换言之，要想使今后的民委组织系统能够具有较强的民族关系预警功能，必须在分析民委系统现行组织机构结构的基础上，按照建立民族关系预警机制系统的要求，对其进行必要的调整。

（一）国家民委系统的现行组织机构架构

国家民族事务委员会（以下简称国家民委）是国务院主管国家民族事务的职能部门。国家民委下设办公厅、政策法规司、经济发展司、文化宣传司、教育科技司、国际交流司、财务司、人事司八个职能司（厅）。此外，还有机关党委、信息中心、离退休干部局、民研中心、古籍研究室、监督检查司、机关服务局等。这些机构共同承担着执行党和国家的民族政策，努力促进少数民族和民族地区经济、政治、教育、文化、科技等事业的发展，保障少数民族的合法权益，维护平等、团结、互助的社会主义民族关系的健康发展，实现各民族共同繁荣的重要任务。[①] 在国家民委领导之下，还有各省、

---

① 吴必康主编《美英现代社会调控机制》，人民出版社，2002。

自治区、直辖市民委（宗教局），民委内部根据实际需要又设置若干个职能处室，一般设办公室、政策法规处、经济发展处、文教宣传处、人事处、离退休人员工作室、纪检监察室、机关党委等，有的自治区民委根据本地方情况还设有宗教处、外事与参观接待处、民族语言文字处等。除上述两级民委外，还有各少数民族自治州民族事务委员会，及各自治县（旗）民族事务委员会等。① 我国已建立 155 个民族区域自治地方，其中，自治区 5 个，自治州 30 个，自治县（旗）120 个。与此同时，对散杂居少数民族的权利也制定和采取了保障措施。在全国范围内建立了 1173 个民族乡。②

国家民委系统现行组织机构的静态结构如图 34 - 2 所示。

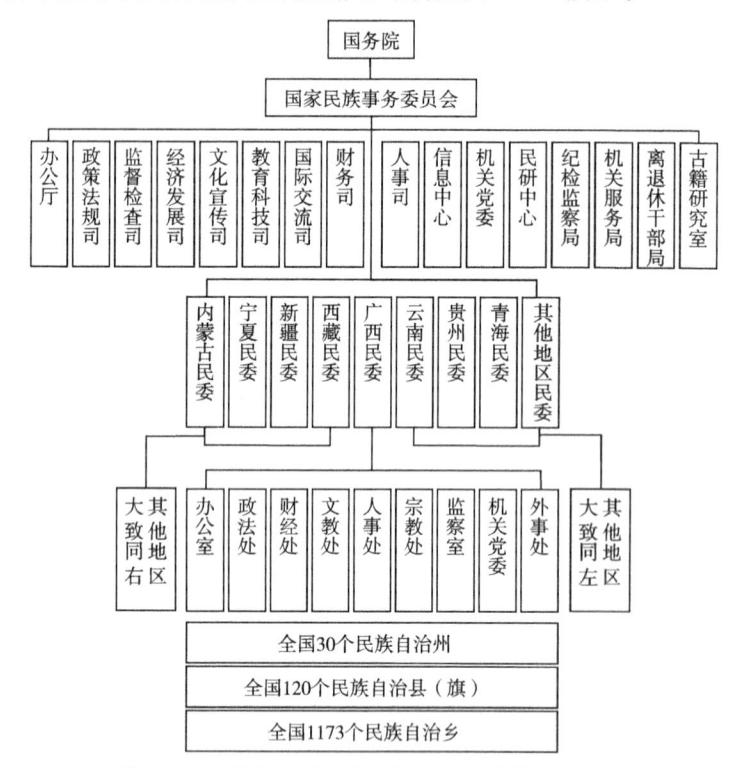

图 34 - 2　国家民委系统现行组织机构的静态结构

从中我们可以看出，国家民委隶属国务院领导，其下又直接领导各省、自治区、直辖市民委，各省、自治区、直辖市民委又领导该区域内若干个少

---

① 王晓林：《社会发展机制优化论》，中央民族大学出版社，2007。
② 国家民委党组在《求是》杂志发表文章，http://www.seac.gov.cn/gjmw/xwxz/2007 - 08 - 17/11872590622922693.htm。

数民族自治州、自治县（旗）等。从对这两级民委系统内设机构的职责①的研究来看，应当说各职能部门都不同程度地具有维护民族关系的职能，但是民族关系预警管理活动的职责并不明确，甚至可以说在现有职能中是没有的。显然，这与中央"建立健全社会预警体系"及国家民委"十一五"规划"建立民族关系预警体系"②的要求是不相符或者是有差距的。因此，要建立民族关系预警机制，就必须首先将民族关系预警管理的各项职能明确化、规范化、制度化，并将其纳入各职能部门的日常工作，成为重要的一部分。这就必然涉及机构职能要素的重组和机构间互动方式的调整。

（二）预警系统的运行流程与民族关系预警机制的动态结构

从系统的动态结构来看，一般预警系统运行流程的典型结构如图34-3所示。③

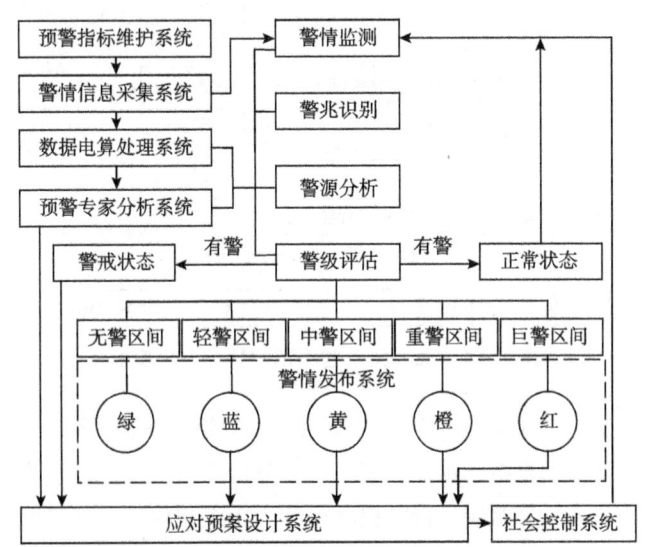

图34-3 一般预警系统运行流程的典型结构

显然，要建立民族关系预警机制，就必须结合民族工作的特点，将预警流程的一般性框架结构，创造性地复合于民委系统的组织架构中。为此，我们设计民族关系预警机制系统模式如图34-4所示。

---

① 各级民委内设机构的职责可登录国家民委网站查阅，此处因篇幅有限，此处不赘。
② 《国务院办公厅关于印发少数民族事业"十一五"规划的通知》，中央政府网站，2007年3月8日，http://www.gov.cn/zwgk/2007-03/08/content-545955.htm。
③ 阎耀军：《社会稳定的计量与预警预控系统的构建》，《社会学研究》2004年第3期。

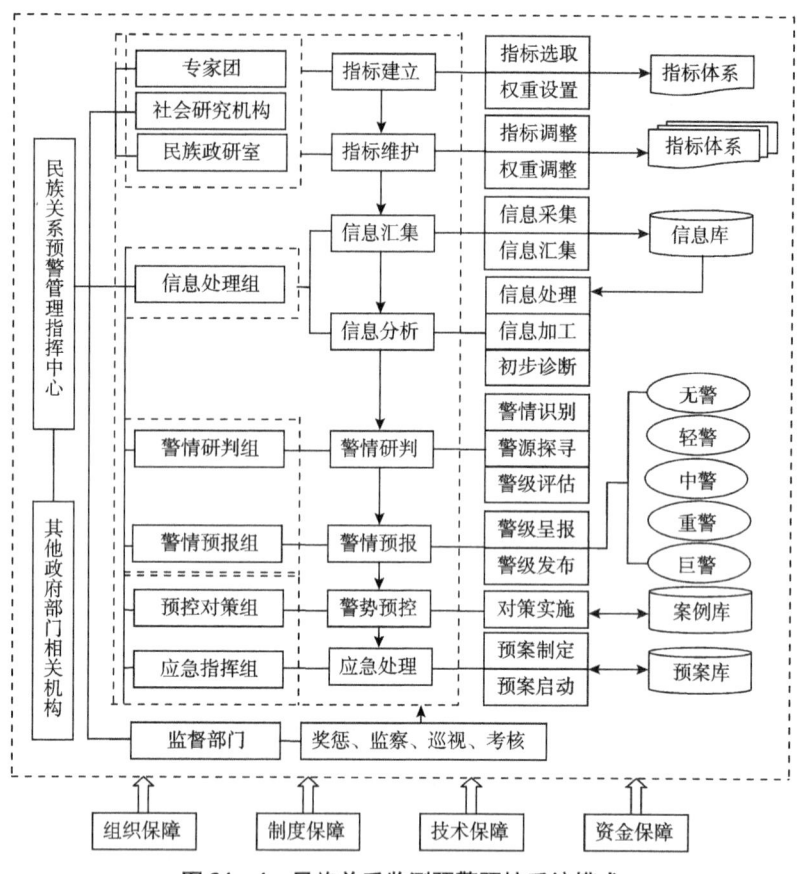

图 34-4 民族关系监测预警预控系统模式

图 34-4 中大虚线框内的部分是预警系统的组织机构序列（信息处理组、警情研判组、警情预报组、预控对策组、应急指挥组）及其运行流程。大虚线框下面是民族关系预警机制运行的保障机制，由组织保障、制度保障、技术保障和资金保障四部分构成。中虚线框内是民族关系预警系统中的各组织机构的职责分工。中虚线框下面由监督部门通过各种监督手段构成民族关系预警的监督执行机制，实施对整个预警机制系统的所有组织机构及其履责情况的全程监控；四个小虚线框构成民族关系预警体系的四个功能模块，即预警智囊模块、警情信息模块、警级判别模块、警势应对模块。这些模块作为预警的微观管理系统，在图中从左至右各自依次输出具体功能，以及这些功能系统运行后生成的各种信息资料库，如调整后的指标体系、案例库、预案库等。

图 34-4 表明民族关系预警机制由民族关系预警系统的组织机构、职责分工、运行流程、监督执行以及保障系统构成，且该机制的组织系统受民族

关系预警管理指挥中心的领导，同时需要政府其他相关职能部门的有力支持和配合。

民族关系预警管理指挥中心通过民委内部的民族问题研究中心与外部智力资源联系构成一个智囊团子系统，主要负责预警指标的建立和维护。外部资源主要是指分散于全国各地的各学科的专家、各民族院校的教授以及社会研究机构等。预警指标的遴选及其权重的设置都是专业性强的工作，必须要由足够专业的智囊团系统来承担该工作。指标不是固定不变的，不同民族地区具体情况不同，指标权重也要及时调整，每一阶段的预警工作结束后都应当对指标体系进行调整和维护，并形成新的指标体系，以适应不同时期和不同民族地区民族关系预警的特殊性。

信息处理组主要负责信息汇集和信息分析的工作。该信息处理中心在民委系统内部的组织实体主要是下设各职能部门，他们要严格按照指标体系的范围采集能够反映民族关系发展趋势的重要信息并进行分类、汇总、存储，以生成新的信息库。信息分析组从信息库中提取有用信息，进行数据的简单整理和加工，初步判断出民族关系预警状态。

警情研判组主要负责警情研究和判断警级的工作。根据信息处理组汇报的预警状态高低值来识别警情。寻找警源最终对警级进行评估，并在警情演示系统中用五种不同颜色分别表示"无警"、"轻警"、"中警"、"重警"和"巨警"。

警情预报组主要负责警情预报的工作。警级评估判定后，一方面向上要按规定的程序向有关部门及时呈报，另一方面向下更要善于借助媒体力量（民族地区社会公众）发布该警级，并公布相应的预控对策；同时要密切跟踪报道警情的发展状况，使公众及时参与到预控管理过程中来。

预控对策组主要负责预控实施的整个过程。从已有的案例库中提取类似问题的预控对策，并加以适当修改建立若干新的预控对策，进行最佳选择，并予以最终落实。

应急指挥组主要是负责应急处置的所有工作。预控对策失败后就要立即启动应急预案，预案可以从已有的预案库中提取，但是应当注意可用性，在预案启动完成后也要将新的预案存储于预案库中，以备日后使用。

（三）根据建立预警预控机制的要求对民委系统结构调整的建议

根据预警机制框架结构的要求，预警管理活动可分为预警信息汇集、信息分析、警情研判、警级发布、警势预控和应急管理等环节。只有当这些环节——贯穿民委组织系统的各个职能部门，形成一个有序的运行链条，民族关系预警机制才可能建立。图34-5是我们设计的一个将预警活动纳入民委组织系统所形成的一个宏观框架。

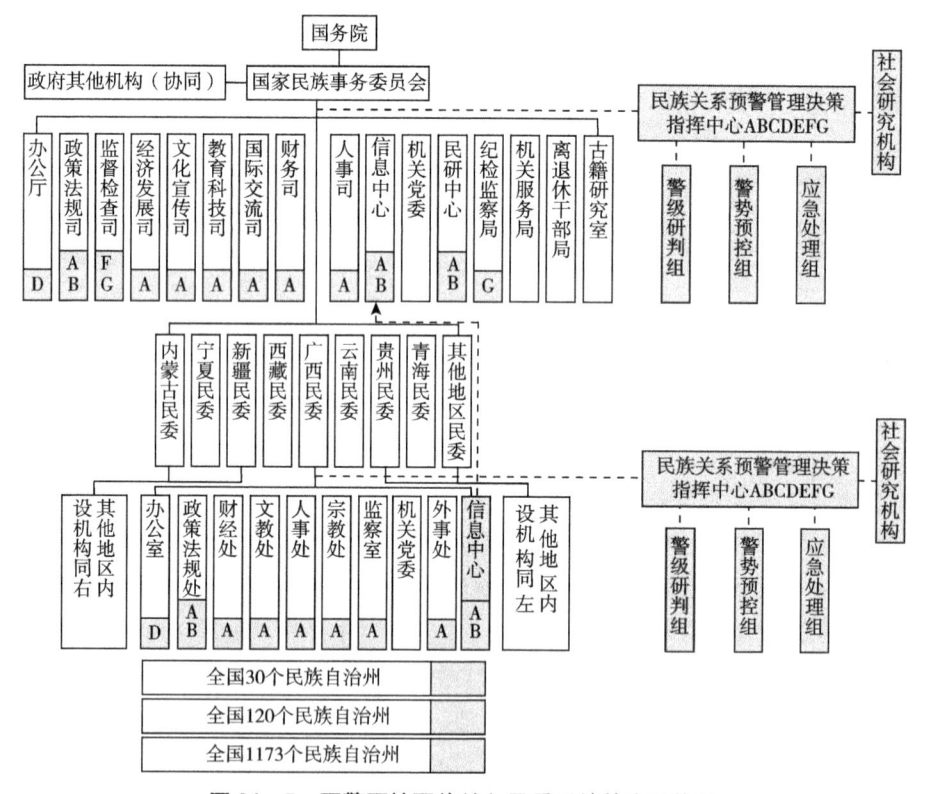

图34-5 预警预控职能纳入民委系统的宏观构架

注：A信息汇集，B信息分析，C警情研判，D警级发布，E警势预控，F应急管理，G监督执行，▭ 代表与预警机制有关的机构及职能，---- 代表机构之间在预警中的相互关系。

可见，民委组织系统进行调整后，其运行机制发生如下变化。

民委系统与国家其他有关机构（维护稳定办公室、安全部、公安部等），按照一定规则构成民族关系预警的协同关系；民委之下，各职能部门之上增加了一个专司民族关系预警管理的决策指挥中心，可由民委分管领导负责，协调、指挥各职能部门预警工作的展开。该中心全面负责预警工作，是民族关系预警的综合管理机构。其最突出的职能是警情研判、警势预控和应急管理，故内设三个专业研究组。

警级研判组。其职责是对信息中心所反映的信息进行综合判定并确定警报级别。人员构成主要是本级民委的高层领导和一些具有专业知识和丰富经验的资深专家,这些专家主要来自全国各民族院校及社会研究机构等。

警势预控组。其职责是针对警情研判组的警报,采取预控措施来予以消除或缓解警势。该组主要由民委分管领导及其所属职能机构的主要负责人员组成。

应急处理组。其职责是在预控措施失效后采取快速反应的应急处置。该组由各民委分管领导及其所属职能机构的主要负责人员组成。

民族关系预警管理决策指挥中心与社会研究机构相联结,形成一个民族关系预警管理的开放的智力支持系统。

各级民委的内设机构按照分工,大都赋予了民族关系预警信息的采集和汇集职能(用符号 A 表示),他们将按照民族关系评估指标体系的指标分类,分别负责本部门分管指标数据的采集和初步汇集,之后将结果向本级信息中心汇集。政策法规司、信息中心、民族问题研究中心的预警职能更加突出,除了预警信息的采集和汇集,还具有预警信息的分析职能(用符号 B 表示)。此外,监督检查司和纪检监察局可负责对预警机制运行的监督检查职能(用符号 G 表示),其中的监督检查司还具有应急管理职能(用符号 F 表示),办公厅负责警级发布(用符号 D 表示)。地方民委内设机构中增设信息中心,行使预警信息汇集和呈报职责。地方民委信息中心在遇有重大警情信息时可在向本级民委呈报的同时越级向上级民委的信息中心直接呈报。

二 民族关系预警机制系统的微观结构

以上我们从民族关系预警机制的载体,即组织机构的角度阐述了宏观架构的设计,下面我们将从民族关系预警机制功能链条的角度,对该机制的各个功能环节展开微观分析。

按照整个预警机制系统各种功能传递的先后顺序,我们认为民族关系预警机制系统内部应当由以下七个功能子系统(子机制)构成。

(一)预警信息汇集机制

在民族关系预警管理的整个过程中,信息发挥着十分重要的作用,它是整个预警机制系统的起点和基础,所有决策、组织、应急机制、行动协调,都建立在真实、迅捷、可靠、严密的信息基础之上。及时收集、传递和共享信息,可以保证政府及时和准确决策,协调应对危机的行动。因此,预警信息的有效汇集和监测是十分重要的。

预警信息汇集工作应当由民委系统内各职能部门按照一定分工分别负

责。各职能部门应当设专人，按照特定的监测预警指标，对该级政府辖区内面临和可能面临的不利于民族关系和谐发展的状况进行实时监测，密切跟踪。由于各职能部门收集到的信息处于分散状态，所以必须要有一个综合部门——信息中心，专门负责预警信息的汇集等管理工作。该中心不仅直接受本级民委领导，同时要接受上级民委信息中心的领导并上报预警信息。

预警信息的传递过程也是预警信息在政府各部门之间的沟通过程，通过预警信息的传递，各有关的职能部门和人员被紧密联系起来，围绕着预警信息，危机应对系统开始发挥作用。但是由于在预警信息传递过程中各个传递环节的过滤往往存在不同程度的信息失真和衰减，因此建立一个有效的预警信息传递渠道并保持其畅通，是预警信息汇集的关键。预警信息汇报应注意时效性，为此要进一步明确和细化预警信息报告的内容、标准、程度、时限、渠道、协作等要求。

预警信息汇集机制模式示意如图 34-6 所示。

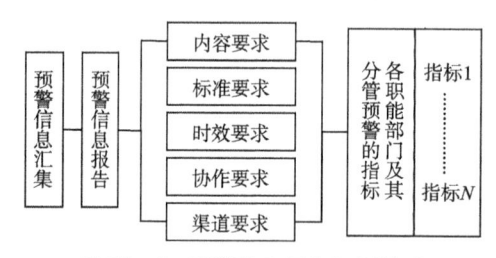

图 34-6 预警信息汇集机制模式

（二）预警信息分析机制

民委各职能部门的信息汇集到信息中心后，就需要对信息进行初步分析。预警信息分析是指根据所收集到的所有民族关系评估指标的实时监测数据进行分类研究，并结合历史数据，将这些数据转化为相应的指标值，同时将这些指标值与预先设定的指标"阈值"进行比较，来决定是否有出现影响民族关系和谐发展的危机因素，并找出警源。

信息分析工作技术含量较高，因此应有专业部门（预警信息分析机构）来承担该职能，组织方式上主要以专职研究机构为主，辅以社会研究力量。预警信息分析机构可就近设置在各级民委内部，由某个分管领导牵头负责。民委各职能部门要把对预警信息的汇集和分析与日常工作结合起来，同时信息分析机构还应当肩负起指导各职能部门信息收集点的工作和维护信息传递渠道的任务。

信息分析的方法主要有定性分析方法和定量分析方法。其内容包括监测、识别和诊断三个步骤,其中监测是预警系统正常运转的前提,识别是关键环节,诊断是技术性的分析过程,它们之间是前后有序、信息共享的因果关系。

监测。对民族关系进行监测要选择恰当的信息监测范围,避免出现误警和漏警的情况,要紧密跟踪影响民族关系良性发展的危机苗头,实时监控危机的演变历程,如实记录危机的外部表征,通过对大量监测信息的整理、分类、存储、传递,建立信息共享的信息档案,并将监测信息及时准确地输入下一个预警环节。

识别。运用评价指标体系对各种监测信息进行分析判断,以识别出征兆,针对各种征兆分析主要诱因。识别的任务之一就是判断当前各个领域内的评估指标的状态已经或者正在变异,另一个任务就是判断该指标已发生的变化可能导致的连锁反应,即动态发展趋势。

诊断。对处于警戒状态的评估指标进行诊断,对其征兆状态和程度进行评价,对其现实的致因进行综合分析,以明确哪个是主要的危险源。"无风不起浪",只有找到危机主要的诱发根源,才有可能把握危机的来龙去脉,才可能继续开展下一步的预警管理活动。

预警信息分析机制模式示意见图34-7。

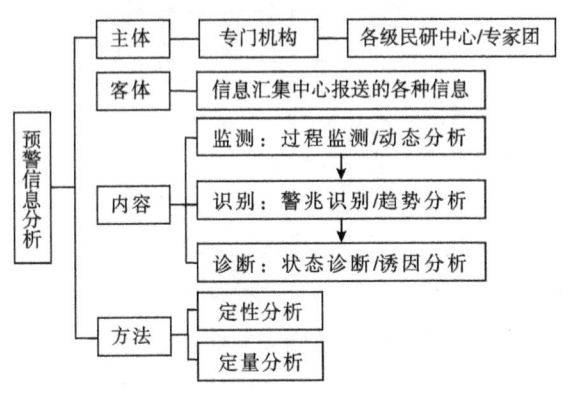

图34-7 预警信息分析机制模式

(三) 警情研判机制

警情研判不仅要结合对信息的监测、识别和诊断找出警源,而且更重要的是判断警情的严重程度

警级。警级是根据警情的警限区间,为表达警情的严重程度而人为划分的预警级别。在民族关系预警系统中,根据警情的发展演变,参照警情的警

限或警情等级，运用定性与定量的方法，结合历史经验，便可判定警情的严重程度。判断警级是预警活动的目标之一，警级判断出后，就可以为决策部门提供支持。

警情研判难度很大，一般应由民委分管领导主持进行，由民委政策研究机构联合民族院校的专家学者以及社会研究机构一同完成。主要采用定性和定量相结合的方法，共同来确定警级。定性分析是指在建立专家系统的基础上，根据预警指标系统的各影响因素建立阶梯层次结构和判断矩阵，由专家依据相关知识和经验，定性地评估警报等级。定量分析指根据获取的各种监测数据，运用预警的数学模型，定量地计算出警报等级。

警级作为衡量预警对象风险大小程度的尺度，一般划分为无警、轻警、中警、重警、巨警等级别，在预警图上用绿灯区、蓝灯区、黄灯区、橙灯区、红灯区表示。

警情研判机制模式示意如图 34-8 所示。

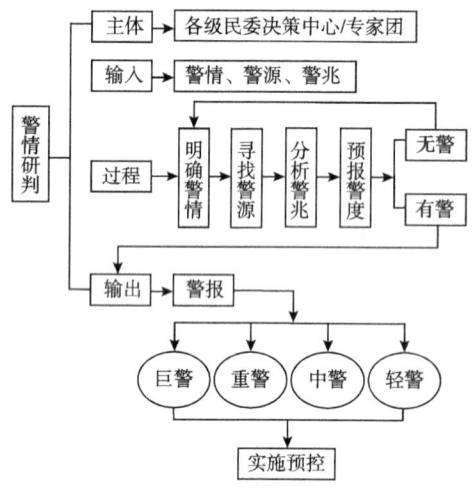

图 34-8 警情研判机制模式

（四）警报发布机制

警级判定后，应立即向上级和有关部门发出警报。必要时还应及时向社会发布公开警报。俗话说"纸包不住火"，当今社会，信息传播的渠道已经多种多样，特别是借助互联网这个平台，信息实现了高速、实时传播。因此，各级政府或有关部门若想隐瞒、封锁信息已不再可能。再者，从政务公开的角度讲，及时发布危机警报和相关信息，切实做到政府信息公开和保障公民的知情权已经成为各级政府的必然选择。

警级发布要遵循权威、准确、及时的原则，还要具有连续性，使上级有关部门、媒体及公众随时了解警情事态的发展变化，以便主动参与政府预警处理的过程。因此，各级各地政府或民委机构需要建立一个统一的警报发布中心，直接隶属该层级地方政府来管理，方可避免各职能部门出于自身利益考虑延缓警报发布。统一的警报发布机构有利于保证发布警报的权威性、准确性和及时性。具体做法就是要完善新闻发言人制度，新闻发言人制度是建立在公民知情权基础上的一种制度，是政府信息公开化的重要形式。

警报发布机制模式示意如图34-9所示。

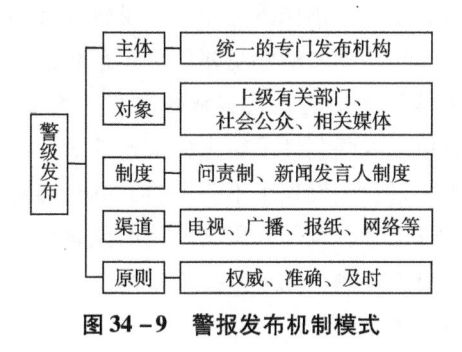

警级发布		
	主体	统一的专门发布机构
	对象	上级有关部门、社会公众、相关媒体
	制度	问责制、新闻发言人制度
	渠道	电视、广播、报纸、网络等
	原则	权威、准确、及时

图34-9　警报发布机制模式

（五）警势预控机制

警势预控是指在发现危机或得到危机警报后，对危机发展态势进行及时、有效的预先控制行为。通过警势预控可以用较小的代价迅速化解危机，避免危机的扩大和升级，掌握危机应对的主动权。警势预控的前提是预警，预警是预控的基础，预控是预警的目的，是对预警的理性反应，是预警的必然延续。预控对预警有很大的依赖性，没有预警提供及时准确的信息，预控就不可能实施，更谈不上效果。相反，没有预控，预警的意义也就不能彰显。

对民族关系进行预警的目的就是实现对影响民族关系各种因素的早期预防和预控。实施预控的主体应是各级民委的警势预控中心。考虑到预控措施的实施可能需要协调和调动各种资源和力量，警势预控工作应由民委主要领导负责，统一指挥和调度，以充分利用各方资源和力量，增强预控的效果。

警势预控要事先准备好在不同警情和警级下的预控对策，一旦警报发出，则根据预警信号的类型、性质、警级而采取相应的预控措施。这些预控措施包括组织准备、常态预控，非常态预控等环节。

实施警势预控首先需要进行组织上的准备，也就是开展预警分析和对策行动的组织保障活动，它包括整个预警系统活动的制度、标准、规章的制定，目的是为预警活动提供有保障的组织环境。组织准备的任务之一就是规定微观的预警管理系统的组织结构（机构、职能设定）和运行方式，其二就是在系统发出警报的时候提供对策。其次还要制订常态危机日常对策和非常态危机紧急应对计划。

由于既面临可能发生的风险，也存在业已产生的危机，因此，实施预控应"具体问题具体分析"。就可能发生的风险而言，预控措施具有一定的主动性，因而主要采取回避风险、转移风险、分散风险、中和风险等方法；而对业已存在的危机现象来说，预控措施相对来说较为被动，主要采取的则是补救、抑制的策略。预控活动的功效主要取决于预防措施的针对性、社会群体的协调性、预警主体的能动性以及实施行为本身的规范化等因素。当然，在特殊情形下还应辅以一些强制性手段来保证预控活动的顺利进行。与此同时，如果在实施预控的过程中发现了不明风险，就有必要立即开始进行监测警情、寻找警源等工作流程，重新开展又一轮的预警活动。如果预控的效果好，那么警势将得到有效遏制，如果预控失败则要立即启动应急预案，从而进入危机管理活动的下一个环节。

警势预控机制模式示意如图 34-10 所示。

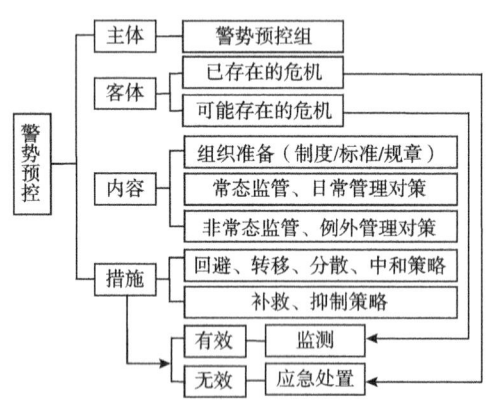

图 34-10 警势预控机制模式

（六）应急处置机制

天有不测风云，预警和预控的可能性空间都是有限的。当遇到难以预料的危机或预控失效的情况，就应当立即启动应急处置机制。应急处置机制是民族地区出现民族关系危机之后的应对,是一种建立在应急预案基础上的各部门协同配合的应急响应。因此从这个意义上讲,应急处置仍然属于预警管理的范畴。

应急处置的首要前提是应急预案的制定。应急预案是政府组织管理、指挥协调相关应急资源和应急行动的整体计划和程序规范。其中包含完善的应急组织管理指挥系统,强有力的应急救援保障体系,综合协调、应对自如的相互支持系统,充分备灾的保障供应体系,体现综合救援的应急队伍等。制定好应急预案是科学、有效地处置危机事件的前提和重要基础。

在应急处置机制中,各部门的协同配合具有突出的地位。建立协调一致、有序、高效的指挥系统,是有效应对突发公共危机的重要基础和关键。当代社会瞬息万变,各种情况错综复杂,危机事件往往突如其来,猝不及防,使任何一个部门,有时甚至是一级政府,即使水平再高、能力再强,也难以单独应对。为此有必要建立一种"统分结合"的机制,即平时各部门各司其职,危机来临时则必须形成资源统一配置、部门统一协调、力量统一指挥的协同应对机制。反观目前我国危机指挥体系和应对机制的现状,各系统、各部门各自为政的力量较强,而政府统一指挥协调的机制相对较弱。关键是缺少一个协同应对危机的机制。为此,有必要在各民族地区率先建立危机应急指挥中心,同时逐步尝试建立跨行政区域的协同体系,便于统一配置资源,协调各种关系,提高应对效率。

应急处置的顺利进行在很大程度上取决于资金、物资和人员的及时投入。为此各级政府和民委还应建立健全应急保障制度。应急处置机制模式示意如图34-11所示。

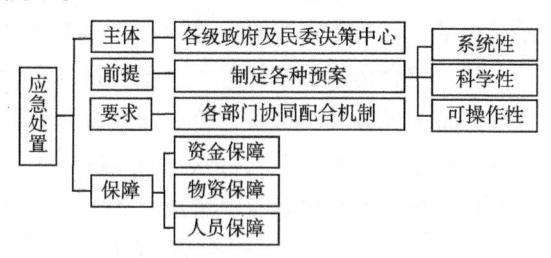

图34-11 应急处置机制模式

(七) 监督执行机制

民族关系预警监督执行机制,是指建立在民族关系预警指标体系及其运行规则基础上的一整套目标管理体系。这套机制应能对民族关系预警系统的运行质量实行纵向到底、横向到边的全方位、立体化的监督，确保民族关系预警系统所包含的工作内容在各民族地区以及各民族地区的各层次（省、地、县、乡、街道）中得到切实执行。民族关系预警监督执行机制主要由监督执行机构、监督执行的内容、监督执行的方式等部分构成。监督执行机构由国家民委分管领导，由监督检查司和纪检监察局对民委各相关职能部门的工作进行全面系统的监督。其内容包括：①针对信息汇集中的指标维护，监督有关部门及时进行指标及权重的修订及调整，以适应各种不断变化的情况；②在信息上报之后通过各种方式检查信息是否有瞒报、谎报及漏报等情况，规范信息上报的程序，提高信息利用效率；③针对信息分析加工后建立的数据库，定期或不定期地进行优化升级，更新数据，提高其参考价值；④对案例库、预案库的更新情况、丰富程度及质量情况进行定期检查，促进库中资源不断充实和完善及调用的方便；⑤在警级呈报的环节中，监督有关部门按照呈报规定准确呈报警级，检查相关的保密工作；⑥在警级发布环节中，保证发布机构的工作遵循有关规定和原则；⑦在警情研判过程中，防止少数干部不经调查研究"拍脑门"做出判断，或独断专行导致判断失误，检查并督促相关领导按照科学决策程序，积极吸纳专业社科机构和专家学者的研判意见；⑧监督各部门有关民族关系预警系统运行中的资金使用情况。

监督的主要方式有奖惩、考核、巡视、审计、问责等几个方面。①奖惩：监督执行机构有权要求各部门真实客观地报告民族关系中出现的各种预警信息，依法对积极工作的机构和个人进行奖励，对隐瞒危机信息者、渎职的机构或个人进行严惩。另外，在监管机构内部也进行检查，对于督导不力的部门或个人要给予惩处。②考核：按照预警的责任分工范围，对相关部门及其领导进行政绩考核，综合运用民主推荐、民主测评、民意调查、实绩分析、个别谈话和综合评价等具体方法考核评价。③巡视：派督察员到有关民族关系预警的各责任部门进行调查，深入群众了解情况，将督察、巡视的具体情况向派出单位组织汇报，发现问题及时解决。④审计：审计财政拨付用于民族关系预警管理资金的使用情况，保证专款专用，杜绝浪费。⑤问责：确保负有民族关系预警职责的责任单位和责任人始终处于一种负责任状态。对失职行为进行质询和问责。

监督执行机制模式如图34-12所示。

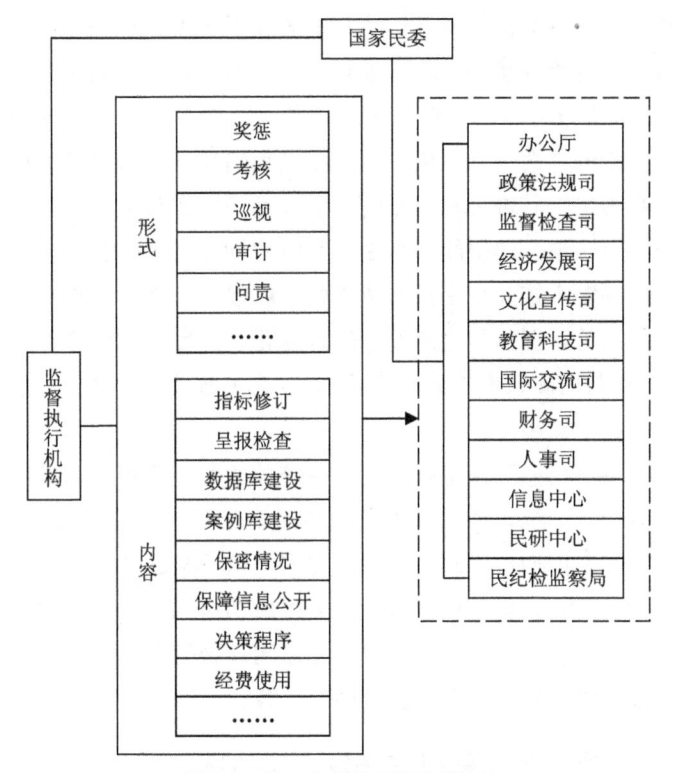

图 34-12　监督执行机制模式

第三节　民族关系预警预控管理信息系统的构建*

民族关系评估与监测预警管理信息系统，是在民族关系和社会预警有关理论基础上开发的计算机应用软件系统。它利用国家民族工作计算机管理系统平台和互联网信息技术，通过建立统一的法定规范、数据标准、数据交换格式，制定相应的制度和管理办法，在实现各级民族工作管理部门之间信息共享的基础上，对民族关系状况进行实时监测和预警。运用这一系统，可以为民族关系的评估与监测预警工作插上现代科技的翅膀，不仅能够提高工作效率，而且能够提高信度和效度。测试结果表明，本系统不仅能够很好地实现所设计的各项功能需求，而且还有进一步扩展的可能性。

---

* 本节根据笔者和吴中元、朱吉宁合作发表的论文《民族关系评估与监测 预警管理信息系统的构建》(《中南民族大学学报》2011年第3期) 编写。

现代意义上完整的民族关系评估与监测预警系统，应当由指标系统、运行机制系统和信息管理系统三个子系统组成。对前两个子系统，我们已经完成设计。① 但如果没有后者，整个系统还是无法顺利运行。因为在现代高速运行且瞬息万变的社会中，采用人工方式来采集和处理海量数据已几乎不可能。即便勉强为之，其难度和高昂的成本也是任何实际工作部门所难以长期承受的。退一万步说，即便能够承受，其时效性也要大打折扣。因为不能进行实时监控的预警系统几乎是没有意义的。所以，有必要依靠现代电子信息技术，实现民族关系评估与监测预警的自动化，开发出可操作的计算机软件"民族关系评估与监测预警信息管理系统"，为民族关系的评估与监测预警工作插上现代科技的翅膀。

民族关系评估与监测预警管理信息系统构建的主要流程是系统规划、系统功能需求分析、系统设计、系统实施和系统维护。② 其中，系统规划阶段的主要工作已经在前期理论研究过程中完成，接下来的功能需求分析与系统设计工作完成的好坏，将直接关系系统能否成功应用及后期维护的成本。因此，本节重点研究和阐述民族关系评估与监测预警管理信息系统的功能需求分析、系统设计以及系统功能试验方面的内容。

一 系统功能需求分析与开发方法的选择

系统功能需求分析是系统开发的先导阶段，也是系统开发成功与否的关键，其主要目标是确定将要开发的系统所应具备的功能和特性。本节所研究的民族关系评估与监测预警管理信息系统在国内尚属首例，无经验可循。因此在功能的分析上必须摸着石头过河。为此，我们首先确定了获取需求的基本思路，即对当前民委系统针对民族关系评估与监测预警的工作进行调研，同时考虑信息系统的特点，对现有工作模式进行改进，然后分析信息系统应该具备的功能与特性。

系统开发有许多理论方法，最为常用的有结构化方法、原型法、面向对象方法。在用户需求不明确的情况下，通常使用原型法进行开发。原型法的基本思路是开发人员对用户提出的问题进行总结，就系统的主要需求取得一致意见后，快速开发一个原型系统。该原型系统是由开发人员与用户合作，在较短时间内开发的一个实验性的、简单易用的小型系统。原型系统应该是

---

① 见本章第一、第二节。
② 邝孔武、王晓敏：《信息系统分析与设计》，清华大学出版社，2007，第53～55页。

可以运行的，并且要便于修改。

通过运行原型系统，用户提出更多的修改意见，开发人员进行补充和修改后再交给用户运行。如此反复对原型进行修改，使之逐步完善，直到用户对系统完全满意为止。[①] 然而，应用原型法进行开发也有弊端，我们认为这种方法不适用于民族关系评估与监测预警管理信息系统功能需求分析之后各个阶段的工作。针对该系统的开发规模和应用范围，我们更倾向于采用成熟的结构化方法来进行系统设计和系统实施（见表34-2）。

结构化方法的基本思路是在系统建立之前信息就能被充分理解。它要求严格划分开发阶段，用规范的方法与图表工具有步骤地来完成各阶段的工作，每个阶段都以规范的文档资料作为其成果，最终得到满足用户需要的系统。[②]

表 34-2　原型法和结构化方法的比较

开发方法	结构化方法	原型法
优点	逻辑设计与物理设计分开；开发过程中形成一套规范化的文档，便于后期的修改和维护；开发流程清晰，每一阶段都有相应的成果	需求表示清楚，用户满意度较高；降低开始风险和开发成本；开发速度快
缺点	开发周期长；系统难以适应环境的变化；开发过程复杂烦琐	不适用于开发大型的信息系统；系统难以维护；若用户合作不好，盲目纠错，会拖延进程
适用条件	适用于一些组织相对稳定、业务处理过程规范、需求明确且在一定时期内不会发生大的变化的大型复杂系统的开发	适用于处理过程简单、涉及面窄的小型系统或联机处理系统；或者适用于需求或系统目标不明确的系统开发

为了既能充分获取用户需求，又能保证系统开发的质量，也为了降低后期维护工作的难度，我们对以上两种方法进行组合，形成一套新的开发路线。首先通过与国家民委领导讨论，确定系统的基本目标，然后采用原型法快速开发出一套用于演示并具有一定实际功能的原型系统（简称演示版）。我们用演示版为国家民委领导汇报演示，并获取更深层次的功能需求意见。根据新获得的需求对系统进行补充开发与完善，将完善后的系统作为进一步

[①]　黄梯云：《管理信息系统》，高等教育出版社，2009，第101~102页。
[②]　黄梯云：《管理信息系统》，高等教育出版社，2009，第102~103页。

交流的媒介，与国家民委领导再度探讨。如此往复数次，双方认为相关需求可以确定之后，再进行"实战版"开发，即采用结构化的开发方法进行系统分析以及后续阶段的工作。

通过以上方法，我们分析得到系统主要的功能需求和用户角色。

（一）系统功能分析

根据系统构建的目标，系统必须具备民族关系评估及监测 - 预警这两大核心功能。为支持这两个核心功能的顺利实现，衍生出指标体系管理、民族地区管理以及知识库管理这三个辅助功能。考虑到本系统所涉及的是较为敏感的民族关系问题，为保证整个系统数据的安全性，系统需要具备系统权限及安全管理的功能（见图34 - 13）。

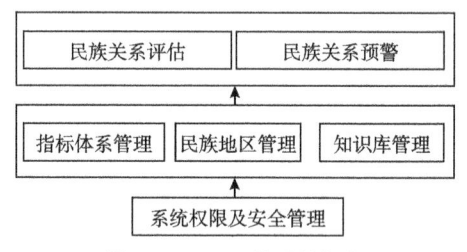

图 34 - 13 系统功能框架

1. 系统权限及安全管理

本系统的用户涉及不同级别和不同岗位的人，数据的安全性至关重要，因此系统要有严格的安全管理功能，以确保用户只能在自己的权利范围内查看和修改数据。我们的方案是根据系统的功能模块和实际的用户设计不同的角色，每种角色对应一定的系统使用权限。每个系统用户都将包括在某种角色之中，从而获得其所属角色所具有的权限。系统的用户角色分配要合理，从管理制度上保证系统的安全性。系统用户所进行的操作都要进行详细的记录。系统要具备核查功能，有效防止篡改评估结果等重要数据。对数据库中的关键信息进行加密处理。数据库要进行定期备份，关键数据要进行异地备份。

2. 指标体系管理

指标体系是本系统最为核心的数据。指标体系管理功能主要包括新建、编辑、删除（暂停使用）指标体系。

（1）新建指标体系

本系统要适应不同特点的民族地区，不能一套指标包打天下，因此系统要提供新建指标体系的功能。建立一个新的指标体系时，要指定类型，暂时分为临时型指标体系（用于进行实时数据的采集上报）以及评估型指标体系。随后要设定指标体系的层次结构，处在最后一层的指标是在评估过程中需要收集的原始数据。每一层指标要有从下级指标进行汇总而来的计算公式。

（2）编辑指标体系

修改指标体系内具体指标的名称、权重，添加或删除某个指标，指标体系的层次结构不得改变。为保证指标体系的完整性以及历史数据的可访问性，在删除某个指标之前，要先将涉及该指标的公式进行相应的修改，在指标相互影响矩阵中删除该指标的行和列，撤销与该指标关联的数据，并及时发出系统公告。

（3）删除（停止使用）指标体系

删除时要先检查是否有民族地区正在使用当前要删除的指标体系，如果有则要先通知国家民委为民族地区指定新的指标体系。为能够浏览历史数据，删除指标体系只是为指标体系做一个标记，使之不可使用。仅当指标体系没有被使用的情况下，才将其真正删除。此外，研究中我们发现，社会的复杂性和媒体网络的异常发达，使不同指标所反映的看似独立的领域之间会产生千丝万缕的联系，不同指标之间的抵消或共振放大效应不可忽视。因此，我们建立了指标之间相互影响的系数矩阵，以便更加科学地评估和预测民族关系情况。

3. 民族地区管理

在民族干部工作会议上，我们充分听取了一些专家的意见，将系统的应用范围定位为国内所有具有行政级别的民族地区。此举可以借助网络的优势快速收集国内各个角落的民族关系相关数据，保证系统的全面性与灵敏性。

在系统中，民族地区根据实际的建制设置为树型结构。对民族地区的管理功能主要包括民族地区的添加、编辑、删除与查询。添加民族地区时，要指定其所属的上级民族地区，然后提供民族地区的名称与简介，同时为民族地区指定至少一个用于评估的指标体系。建立新的民族地区之后，系统要能够自动为该地区创建管理员，该地区的其他用户将由管理员来进行管理，同时管理员还要管理本地区评估的相关事宜。

删除民族地区时，只是将其停用，确定没有与该民族地区的任何关联数据（例如属于该民族地区的下级民族地区或者针对该地区的评估记录）之后，才可将其真正删除。

4. 知识库管理

本系统知识库是针对民族关系领域问题求解的需要，采用若干知识表示方式在计算机存储、组织、管理和使用中互相联系的知识片集合。由于本系统具备一定的决策支持系统的特性，知识库的设计与建立将直接影响对决策支持的效果。

建立知识库管理系统，能够将国家民委根据积累下来的民族问题研究成果，如民族关系问题有关的案例、预案等纳入本系统。此外，在民族关系领域的专家学者，以及他们发表的成果也是知识库的重要组成部分。知识库中的资料与指标体系中的某些指标及某些民族地区可以进行关联。向专家库添加专家时，系统要自动为专家开设登录系统的账号。

由于民族关系领域问题的处置方法灵活多变，无规律可循，因此我们提出预案生成的概念，即当有民族关系不良事件发生时，系统能够根据事件的各方面因素和当前整体的民族关系状态进行智能分析，给出处理问题的基本思路或具体步骤。

5. 民族关系评估

民族关系评估是本系统最为核心的功能，其宗旨是简化民族关系评估工作，提高评估准确度和时效性，达到"民族关系评估智能化"的目标。但由于此项工作本身的特殊性，在系统内部，该功能的子功能项最多，流程也最为复杂。地方民委信息中心接到指派的评估工作任务之后，将数据的收集和录入工作安排给本地区的业务人员。待数据录入完毕之后，系统要能够自动根据指标的计算公式计算出指标值。

由于地方收集的民族关系相关数据在反映真实情况的过程中存在着一定的失真以及信息的不对称，我们提出了秘密情报修正这一构想。具体方法是为有能力获取民族关系方面秘密情报的领导赋予一定的权力来对指标值进行修正，当系统根据收集的原始数据计算出指标值后，提醒有此项特权的领导依据情报对计算结果进行修正，并进行记录。

依情报修正完成后，系统要根据各个指标之间相互影响的修正系数矩阵对指标进行第二次修正，同样要进行记录。所有修正完成之后，系统能够根据结果和知识库的相关资料生成一份评估报告，所有有权查阅该报告的用户可以针对该报告在线进行讨论、评价评估结果。

6. 民族关系监测预警

监测预警是本系统的另一大核心功能。它发挥指标体系全面性和科学性的特点，在指标评估的基础上，对对象系统发生质变的临界点或临界区间进行监测，并用现代预测技术对其未来趋势进行预测，从而分析民族关系未来的走势，避免经验型预警的局限性。

民族关系监测预警的流程与评估过程相似，系统根据指标的历史数据和选择的预测模型对指标进行未来一定时段的预测，并提醒具有依据情报对指标进行修正权力的领导对预测结果进行修正，系统要根据各个指标之间相互影响的修正系数矩阵对预测得到的指标值进行第二次修正。最后，系统要能够找到存在隐患的指标，并查询相关的案例与预案，以及有关专家的列表，生成一份民族关系预警报告。所有有权查阅该报告的用户可以针对该报告在线进行讨论、评价预测结果。

（二）系统用户角色分析

如系统权限及安全管理功能分析中所述，本系统的安全管理采用"用户—角色—权限"的架构，根据系统主要功能需求，我们总结出以下七种用户角色。

国家民委授权研究机构。这是由国家民委授权，专门从事民族关系评估与预警指标体系研究的机构。主要任务是管理系统所用到的所有指标体系，具有查看民族关系评估报告和预警报告的权力。

国家民委信息中心。指国家民委信息中心专门负责管理本系统的人员。主要任务是管理系统所应用的地区以及地区所适用的指标体系，并可以对各地区下达对民族关系进行评估或预警的任务；管理知识库中的案例、预案以及专家列表；管理国家民委层面的用户，以及国家民委分管领导对于指标值依情报进行修正的权力等。

国家民委分管领导。指国家民委专门负责评估和监测民族关系状态的有关领导。本角色内的用户有权查阅全国范围的民族关系评估报告和预警报告，并可以进行在线评价、讨论；依据情报对民族关系评估或预警的指标值在权力范围内进行修正。

各地区民委信息中心。指各地区民委信息中心专门负责管理本系统的人员。主要任务是管理本地区的系统用户，以及本地区领导对本地区进行的民族关系评估或预警指标值依情报进行修正的权利，管理本地区的民族关系评估报告和预警工作。

各地区民委分管领导。指各地区民委专门负责评估和监测民族关系状态的有关领导。他们有权查阅本地区的民族关系评估报告和预警报告，并可以进行在线评价、讨论；依据情报对本地区的民族关系评估或预警指标值在权力范围内进行修正。

国家民委授权专家。指由国家民委指定并授权的民族问题研究专家。他们能够登录本系统，查阅全国范围的民族关系评估报告和预警报告，进行在线评价、讨论，上传自己关于民族关系方面的文献、意见和建议。

数据录入人员。指专门从事基本数据收集和录入工作的业务人员。他们是由各级民委指定的专门业务人员，专门负责民族关系评估过程中基础数据的采集和录入工作。

二 系统设计

系统设计是研究系统分析所得到的目标如何实现的过程。为满足系统分析阶段所得到的系统功能需求，系统设计阶段要对系统开发与实施的技术路线进行全面的设计描述。

（一）数据库设计

数据库设计是指根据用户的需求，在某一具体的数据库管理系统上，设计数据库的结构和建立数据库的过程。[①] 数据是信息的载体，任何软件系统都离不开数据的支持，我们所采取的系统开发方法也是基于数据驱动的，而数据库是数据存储和获取的地方，因此数据库设计是本系统设计过程中的首要任务。

数据库设计包括三个阶段，即概念设计、逻辑设计、物理设计。使用合适的 CASE（计算机辅助软件工程）工具，可以大幅提高设计效率，因此本系统选取了 Power Designer 这个 CASE 工具来辅助数据库的设计工作。

数据库的概念设计中最重要的内容就是为现实系统建立实体联系模型（E - R 模型），根据系统分析阶段得到的数据需求，识别出系统所涉及的实体，对每个实体的属性和标识进行描述，找出实体之间的各种联系（一对一、一对多、多对多）。概念设计完毕之后，根据实际需求补充设计数据库存储过程、触发器以及主键自增标识、索引等特性，Power Designer 便可直接生成数据库的逻辑模型和物理模型。

（二）系统框架设计

有了数据的支撑，系统的框架成为系统开发成功与否的第二道关卡。系

---

① 施柏乐、丁宝康、汪卫：《数据库系统教程》，高等教育出版社，2008，第 149 ~151 页。

统框架设计是根据所采用的技术对系统结构进行整体布局，这涉及系统未来运行的效率以及稳定性、安全性等。考虑到本系统的应用范围，我们采用可扩展的 B/S 架构，该架构能够为系统提供很好的伸缩性，以应对未来可能增加的吞吐量和性能需求。我们针对领导依情报对指标进行修正的功能设计独立的 C/S 架构的客户端。由于本系统所采用的微软 ASP. NET 技术已经提供了丰富的应用接口，我们在系统设计阶段充分利用了 ASP. NET 的特性来进行系统框架设计。

（三）系统文件结构设计

页面文件是 B/S 结构系统最主要的用户接口文件，它位于应用程序服务器。根据系统分析阶段得到的功能需求，我们设计出了实现所有功能所需要的页面，并对每个页面的具体功能进行了详细的定义。在 ASP. NET 所提供的安全审核功能中，文件夹是进行安全控制的最小单元。因此根据需求设计若干文件夹，每个文件夹可被一个或多个角色访问，并将所有的页面文件根据访问权限归入文件夹。

（四）数据存取及处理过程设计

页面的功能确定之后，需要考虑其所需要的数据如何从数据库服务器中获得、处理、存入数据库，因此要对数据的存取及处理过程进行统一的设计。为方便在应用程序中对数据进行存取，当前主流的方法是采取实体关系映射模型，其出发点在于面向对象的程序语言中对类和对象的操作更加直接简便。而实体关系映射可以将数据库中的关系表映射为程序语言中的类，将数据库中的记录映射为应用程序中的对象，因此在很大程度上简化了数据存取操作及数据库存储过程的调用。对于复杂的数据处理，我们将其放在数据库服务器中，定义为数据库存储过程，在应用程序中以函数的形式进行调用即可，这种方法能够提高数据处理的效率和安全性。微软 ASP. NET 技术框架中的实体关系映射模型有多个版本，其中 ADO. NET 技术是最早也是最为成熟的实体关系映射模型，在其基础上，微软又开发了 LINQ 技术来进一步简化数据与实体的衔接。本系统采用 LINQ 技术来完成了实体关系映射，以及对数据库存储过程的调用。

（五）页面布局设计

页面是系统进行输入输出的媒介，合理的页面布局能够增加系统界面的信息量，便于信息的输出，符合用户使用习惯的页面布局，也能够方便用户的输入，提高输入准确率。考虑到本系统数据的特点，以及 ASP. NET 技术所提供的控件，在页面中数据的显示与录入主要采取以下三种布局方式。

1. **树型结构图**

树型结构图是利用 ASP. NET 技术所提供的树型结构控件来展现具有树型结构的数据，如指标体系、民族地区等。非叶子节点能够收缩、展开其下级的节点。鼠标单击节点时，系统能够进行响应，如显示节点的详细信息，增加、删除节点等操作。

2. **列表及详细信息**

系统中有许多能够枚举的数据类型，如评估记录、专家信息等，它们是众多具有相同结构数据记录的集合，每一条数据记录都包含丰富的信息。对于这类信息，我们用 ASP. NET 技术提供的列表控件来显示 8～10 条数据记录的概要信息，并可进行翻页控制，每条数据记录都可以进行选择。选择之后，列表下方或右方会有控件来选择所选择数据记录的详细信息，并可在此对数据记录进行增加、修改、删除的操作。

3. **图表报告**

为更好地展示民族关系评估与监测预警的结果，我们在数据的输出方式上采用集成化报告的方式，在报告中使用表格来进行数据值的展示，使用标尺来进行警度的展示，使用图形来展示维度上的数据，如历史变化趋势、指标值横向比较等。

三　系统功能试验

系统开发完毕后，我们通过录入收集到的历史及试验数据来进行系统功能试验，观察系统输出的结果，并提出了对系统功能进一步扩展的一些构想。

（一）指标体系管理功能

首先，指标体系是人们主观构建的用于度量社会现象的"软尺"，需要根据情况的变化适时调整（权值变化和指标替换）；其次，单一种类的指标体系不能"包打天下"，硬套于各类情况不同的民族地区；再次，不同民族地区的评估结果，还要能够实现横向比较。这对本系统的指标管理功能提出了较高的要求。实验结果表明，本系统基本实现了指标管理的如下功能需求：①指标的变权、增删、替换；②不同种类指标体系（跨境地区民族关系指标体系、城市民族关系指标体系、散杂居地区民族关系指标体系、西北地区民族关系指标体系、西南地区民族关系指标体系、汉藏民族关系指标体系、汉维民族关系指标体系等)的置换;③利用"常模",即国家民族关系指标体系的评估结果实现横向比较。

(二) 知识库管理功能

知识库是一个需要不断升级和更新的功能模块。经测试,目前的知识库可以实现如下三种功能。

(1) 案例积累和提取功能

目前的案例库已经整理和录入了近百个民族关系方面的案例,这些案例不但能够与相关的指标进行关联,而且能够通过系统所设置的相似度检验进行自动提取。

(2) 涉密情报对评估结果的修正功能

指标体系自身的局限性和情报工作的秘密性,往往会影响到评估机构评估结果的准确性。本系统通过设置知情者修正系数,可以避免信息不对称所导致的评估误差,实现对评估结果的修正功能。

(3) 专家咨询功能

本系统设置的专家库已经录入大量专家的信息,并模拟专家身份登录系统,上传有关文献和建议,针对有关问题展开讨论,实现在线咨询功能。[①] 在案例库极大丰富的基础上,本系统还可以开发一种快速预案生成系统,把以前发生的紧急事件和解决方案生成预案。一旦新的事件发生,首先从案例库和预案库中进行相似性检索和特征匹配,如果匹配成功,则输出相应预案,并根据情境进行有效性判断;如果没有检索到预案或者检索到的预案匹配度很低,再对紧急事件进行规则推理,同时充分利用决策者对事件的高度认知,使预案在决策者的干预下反复学习,最终产生全面有效的情境整合信息和决策信息。

(三) 民族关系评估与监测功能

我们选定了某一民族地区以及它所适用的指标体系,收集和虚拟了十年的历史数据,将其录入系统进行运算,并模拟民委分管领导的身份登录系统对部分指标的运算结果根据虚拟情报进行修正,最后生成该地区的民

[①] 施柏乐、丁宝康、汪卫:《数据库系统教程》,高等教育出版社,2008,第149~151页。

族关系评估报告。报告中包括修正前的运算结果、修正后的运算结果、各个指标当前的状态、历史状态的时间序列分析、与其他同级别民族地区的横向比较等各类分析结果。试验结果表明本系统具有良好的评估与监测功能。

（四）民族关系预测与预警功能

我们虚拟了十年相关历史数据录入本系统试验，结果表明本系统可以通过时间序列分析预测模型对每一级指标进行历时态分析并自动生成其变化曲线；通过简单趋势外推预测模型可以预测未来五年的民族关系走势并生成预警报告。报告中有对所有指标根据给定的警级阈值进行的状态分析，对进入危险区域的指标，报告给出了相关案例、调控预案以及该指标领域研究专家的资料和联系方式等相关信息，以辅助领导采取相关措施消除隐患。此外，在本系统数据库数据积累的基础上，还可以开发并实现政策调控超前模拟推演功能，即把指标体系视为反映整个民族关系环境的系统方程，指标则是反映民族关系环境各个方面的变量，每一种政策调控措施都将影响若干指标的值，而后根据总结出的指标间关联系数来进行模拟和推演，观察整个指标体系的变化情况，从而预测政策调控措施的效果。

通过上述功能试验，课题组初步证明本系统具备了上线运行的功能性需求，在实现民族关系评估与监测预警智能化的目标过程中迈出了可喜的一步。课题组将进一步整理更多的历史数据来测试这套系统，并将系统进行推广、实验运行，不断升级完善，更大程度地为促进民族关系和谐发展提供决策支持。

第四节 《民族关系监测评估预警信息管理系统》的操作说明

本节主要针对课题组承担的国家民委 GM - 2010 - 001 号项目"民族关系监测预警系统软件开发及应用研究"所研制的系统软件"民族关系监测评估预警信息管理系统"[①]（又称"民族关系和谐指数监测与评估系统"）的操作使用方法进行阐述。

---

① 本系统软件开发由课题组阎耀军、吴中元、朱吉宁等完成。

一 系统概述

（一）引言

根据国家民委《少数民族事业"十一五"规划》建设民族事务管理网络系统，建立反映少数民族和民族自治地方经济社会发展状况和民族关系的指标体系，建立以信息资源集成为基础的统计、分析、评价、监测、预警和决策咨询系统等一系列要求，课题组完成了民族关系监测预警指标体系和民族关系预警机制的设计，并对运用信息技术对民族关系监测预警管理的计算机软件系统进行了框架性开发。但是所有这些工作仅是初步的，换言之，这仅是一个良好的开端，仅是一种理念形态的东西和带有演示性的"概念化"的样品，它距离"实际""实用""实战"的要求还有相当大的差距。需要探究的问题还有好多，如所设指标是不是科学合理、便于采集，采集完毕后是不是能够量化计算，计算公式或模型是不是正确、是不是简捷、是不是便于操作，系统的构架是不是合理，系统是不是能够通畅运行，以及是否存在破绽和漏洞。此外，还有许多细节尚需深化研发，在实际操作的过程肯定会有一些未曾预料的难题需要克服，因此还会有大量艰巨的工作要做。样品只有经过实践应用才能得到改进并定型，课题组业已取得的成果只有通过实验才能得到完善和确认。而只有得到了确认后的定型产品，才能够说这项成果具有实际意义，即它作为一种辅助决策的工具，具有及时了解民族关系状况，量化描述民族关系动态，并揭示其发展变化的趋势和规律的功能；它对于提高民族关系预警管理的效率和效益，以最快的速度和最高的效率对民族关系方面的突发事件做出反应，妥善处理民族关系危机事件，促进各民族和睦相处、和衷共济、和谐发展，不仅具有重要的理论和方法上的意义，更具有重要的实际应用价值。

因此，我们在民族关系监测与预警系统的基础上重新整理需求，构建了民族关系和谐指数监测与评估系统。本系统是通过实验运行之前开发的民族关系监测与预警系统，发现其设计和编码中的漏洞或破绽，随之进行修补、调整和完善，并根据实践中提出的"实战性"新要求对系统进行补充设计甚至重新设计，即进行二次开发。与此同时，对系统框架中所要求的内容进行研究、编写、录入和填充（如专家库、预案库、案例库等），使原有的空架子变得较为充实和丰富，尤其是数据库的规模要尽可能地扩大。

（二）系统用户角色

根据分析得到的系统功能需求，将系统所涉及的用户分为以下七种角色。

一是天津工业大学公共危机管理研究所系统管理员（简称天津工大管理员）。管理系统所用到的所有指标体系，具有查看民族关系和谐指数评估报告和预测报告的权力。

二是国家民族事务委员会系统管理员（简称国家民委管理员）。管理系统所应用的地区及地区所适用的指标体系，并可以向各地区下达对民族关系和谐指数进行评估或预测的任务；管理知识库中的案例、预案以及专家列表；管理国家民委级别的用户，以及具有国家民委领导对于评估和预测记录依情报进行修正的权力。

三是国家民族事务委员会专家领导（简称国家民委领导）。可查阅全国范围的民族关系和谐指数评估报告和预测报告，并可以进行在线评价、讨论；依据情报对民族关系和谐指数评估报告或预测报告在权力范围内进行修正。

四是各地区民族事务委员会系统管理员（简称地区民委管理员）。可管理本地区的用户，以及具有本地区领导对本地区进行的评估和预测记录依情报进行修正的权力；管理本地区的民族关系和谐指数评估报告和预测的相关工作。

五是各地区民族事务委员会专家领导（简称地区民委领导）。可查阅本地区的民族关系和谐指数评估报告和预测报告，并可以进行在线评价、讨论；依据情报对本地区的民族关系和谐指数评估报告或预测报告在权力范围内进行修正。

六是从事民族关系领域研究的专家学者（简称专家）。可查阅全国范围的民族关系和谐指数评估报告和预测报告，并可以进行在线评价、讨论；上传自己关于民族关系方面的文献。

七是从事基本数据收集和录入工作的业务人员（简称数据采集员）。负责民族关系和谐指数评估过程中基础数据的采集和录入工作。

（三）系统功能结构

根据系统构建的目标，系统必须具备民族关系和谐指数评估及预测这两大核心功能。为支持这两个核心功能的顺利实现，衍生出指标体系管理、民族地区管理及知识库管理这三个辅助功能。考虑到本系统所涉及的是较为敏感的民族关系问题，为保证整个系统数据的安全性，系统需要具备可靠的系统权限及安全管理功能。每个功能作为系统的一个子系统，其下又包括许多具体的功能单元。

（四）术语及缩略语定义

登录：每次进入系统时，须输入操作员账号、密码，只有系统检查通过，才允许操作者进入系统，并跳转至指定页面。

单击：移动鼠标光标到目标上后，按下鼠标左键再松开的过程。

控件：具有显示、添加、修改、删除数据等功能的区域。

功能页面：由控件组成的、能够完成特定任务的网页。

记录：数据库中属于某个实体的信息的集合。

链接：以文字形式显示，通过单击能够跳转到另一个功能页面，或者使当前页面发生改变，鼠标移动到上面后会变成手形。

二 系统通用操作说明

（一）系统配置

1. 数据库服务器配置

数据库服务器需安装 SQL Server 2005 或以上版本，使用具有数据库管理最高权限的用户登录数据库，附加数据库的源文件。启动数据库的代理服务，设定数据库的备份计划。

2. 应用程序服务器配置

应用程序服务器采用 IIS5.1 或以上版本，需要安装 Microsoft NET Framework 4.0，并安装报表服务程序。在 IIS 中新建虚拟目录，指向程序所在目录。在系统发布之前要将程序中的 web.config 文件中数据库连接字符串进行编辑，使其能够顺利连接到数据库服务器。

3. 客户端配置

客户端需要安装 Internet Explorer 浏览器，建议使用微软 IE6 及以上版本。客户端要处在能够连接至应用程序服务器的局域网或广域网上，并保证至少 1 兆的带宽。

（二）系统登录

输入用户名密码后，系统会提示是否记住用户名与密码，可根据实际需求进行选择。如果操作的计算机为某一用户单独使用，可以勾选保持登录状态，从而更加方便地访问系统的各个功能页面（见图34-14）。

图 34-14 系统登录界面

（三）更改密码

用户登录系统后，单击左侧"更改密码"的链接，便可进入更改密码的页面，如图34-15所示，新密码至少由六个字符构成。

图 34-15 更改密码界面

（四）系统导航

系统左侧的导航树型控件会根据登录的用户角色显示其所具有的功能，为链接模式。单击功能链接之后，右侧的主要功能区就会进入相应的页面，导航控件中当前所在页面会加粗显示。

三 指标体系管理子系统

（一）指标体系管理子系统简介

指标体系是本系统最为核心的子系统。指标体系管理功能主要包括新建、编辑、删除（暂停使用）指标体系。

1. 新建指标体系

建立一个新的指标体系时，要指定指标体系的层次结构，最后一层便为需要收集的原始数据。还要提供原始数据指标向上一级汇总时的计算公式。指标之间相互影响的矩阵，以及指标体系的类型，暂时分为临时型指标体系（用于进行实时数据的采集上报）和常规型和谐指数指标体系。

2. 编辑指标体系

修改指标的名称、权重，添加或删除某个指标，但指标体系的层次结构不得改变。删除某个指标之前，要先将涉及该指标的公式进行相应的修改，撤销与该指标关联的数据，并及时发出系统公告。

3. 删除（停止使用）指标体系

删除时要先检查是否有民族地区正在使用当前要删除的指标体系，如果有，则要先通知国家民委为使用该指标体系的民族地区指定新的指标体系。同时，为了浏览历史数据，删除指标体系只是为指标体系做一个标记，使之不可使用。仅对没有任何使用记录的指标体系，才将其真正删除。

（二）指标体系管理

以天津工业大学公共危机管理研究所角色的用户登录，单击左侧导航控件中的"指标体系管理"，便可进入指标体系管理的功能页面。页面由两个控件构成。上方是指标体系的列表，显示指标体系的概要信息，包括名称、状态、建立日期、指标类型、层次结构，每个指标体系有两个链接，分别为指标体系的详细指标内容和指标体系内指标之间相互影响的系数矩阵，单击便可进入相应的功能页面。当单击指标体系清单左侧的"选择"链接后，该条指标体系便会被选中，下方的控件会显示所选中的指标体系的详细信息，并可在此对指标体系进行增加、修改、删除的操作。增加和修改操作时，编号是由系统自动生成的，因此只需填写或选择其他字段的信息即可（见图34－16）。

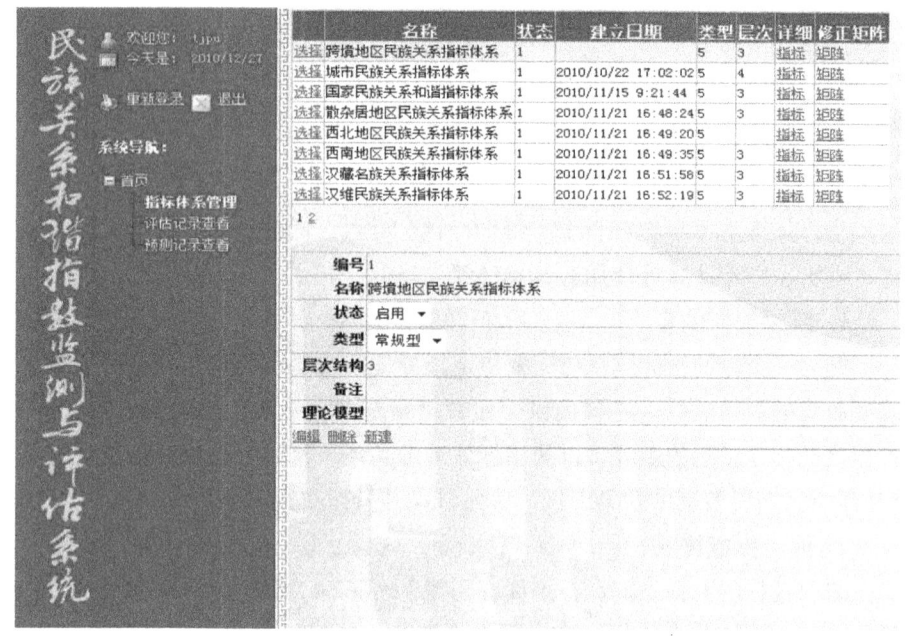

图 34－16　指标体系管理界面

（三）指标体系详细指标管理

在指标体系管理的功能页面中，单击指标体系的详细指标内容的链接后便可进入指标体系详细指标管理的功能页面，如图 34－17 所示。该页面由三个控件构成。左侧是指标体系的树型结构图，单击指标左侧的加号可以展开属于该指标的下级指标，单击减号可以收缩，其中最后一级的指标即为要录入的原始数据，所有指标均为链接的形式。当单击指标本身时，右上方的"指标详细信息"控件就会显示指标的详细信息，并可以在此对指标进行修改、删除（停用）及新建属于所选中指标的下级指标的操作。当单击的指标为倒数第二级的指标时，右下方的"指标计算公式"控件会显示当前点选的指标根据原始数据指标值的量化计算公式信息，可以对公式进行编辑。公式的规则是用中括号将指标编号标注，再用标准的符号表达式和小括号来描述公式，例如当前的指标值由 31 号指标值和 32 号指标值之和再乘以 40 号指标值，则表示为（［31］＋［32］）×［40］。如果该指标计算过程中需要进行无量纲化处理，则勾选无量纲后的选择控件。指标计算公式控件只能用于更新，不可添加、删除。

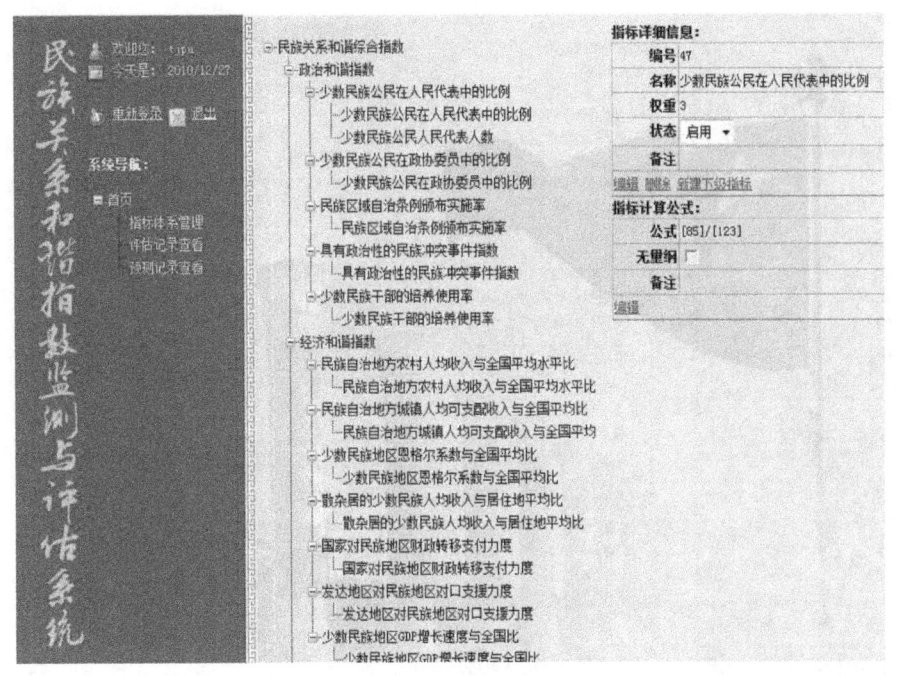

图34-17 指标体系详细管理界面

（四）指标间的修正系数矩阵管理

在指标体系管理的功能页面中，单击指标体系内指标之间相互影响的系数矩阵的链接后便可进入指标体系内指标之间相互影响的系数矩阵管理的功能页面，如图34-18所示。该页面由两个控件构成。左侧是已经过滤掉原始数据指标的指标体系树型结构图，单击末级指标，该指标就会以加粗的形式显示，右侧的列表控件会列出所有的同级指标，以及它们对选中的指标的影响系数。单击列表控件的"编辑"链接按钮，就可以更改右侧选择的指标对左侧选中的指标的影响系数，正数为积极影响，负数为消极影响，0为无影响。系统默认值为0，指标对自身的影响系数为1。

四 地区管理子系统

（一）地区管理子系统简介

为使各个行政级别的民族地区都能使用本系统，民族地区将根据实际的建制设置为树型结构，树型结构中的每个节点地区都可以使用本系统。本功能包括对民族地区的添加、编辑、删除与查询。添加民族地区时，首先指定

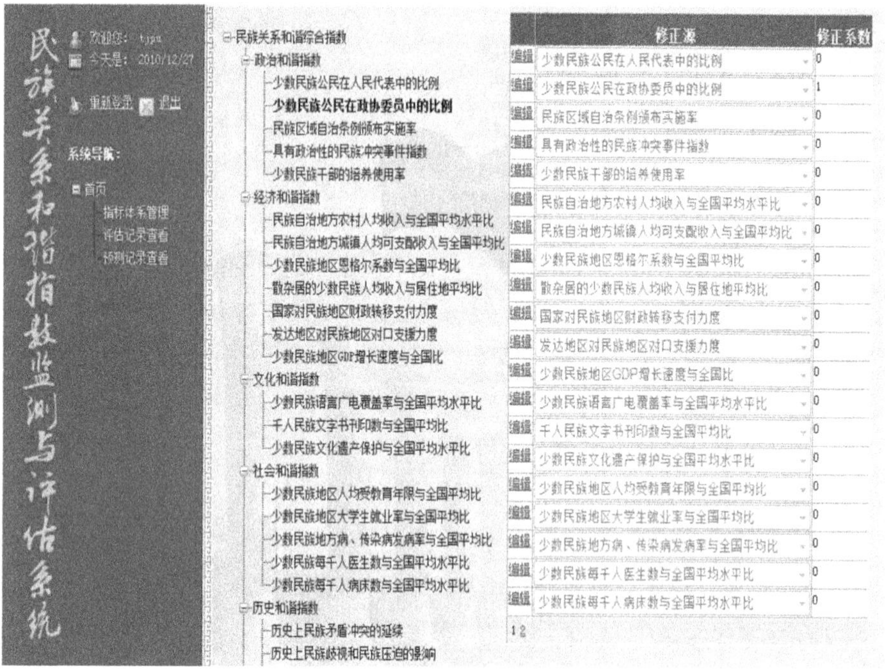

图 34 – 18　指标体系指标相互影响系数矩阵管理界面

其所属的上级民族地区，然后提供民族地区的名称与简介，同时要为民族地区指定至少一个用于和谐指数评估的指标体系。建立新的民族地区之后，系统将自动为该地区创建管理员，该地区的其他使用者将由管理员来进行管理，同时管理员还要管理与和谐指数评估的相关事宜。删除民族地区时，只是将其停用，确定没有与该民族地区的任何关联资料（如属于该民族地区的下级民族地区或者针对该地区的和谐指数评估记录）之后，才可将其真正删除。

（二）地区管理

以国家民委管理员角色的用户登录，单击左侧导航控件中的"地区管理"，便可进入地区管理的功能页面，如图 34 – 19 所示。页面由三个控件构成。左侧是所有可应用该系统的地区树型结构图，所有地区均为链接的形式。当单击具体地区时，右上方的"地区详细信息"控件就会显示该地区的详细信息，并可以在此对地区进行修改、删除（停用）及新建下级地区的操作。新建地区时，系统会自动为该地区建立管理员，命名规则为"××地区管理员"，初始密码为 123456。同时右下方的控件会显示当前地区适用的指标体系，可以对其进行添加、删除（停用）的操作。

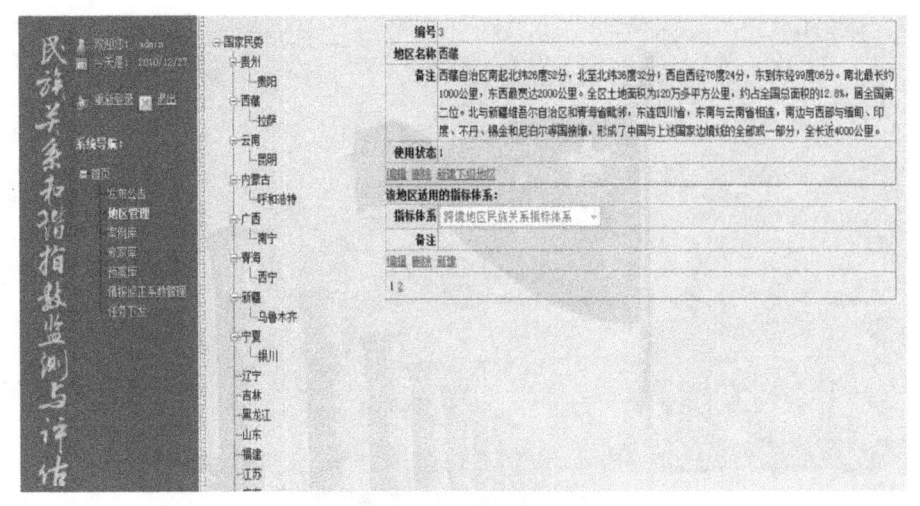

图 34-19　地区管理界面

（三）地区用户管理

以地区民委管理员角色的用户登录，单击左侧导航控件中的"用户管理"，便可进入本地区用户管理的功能页面，如图 34-20 所示。页面由三个控件构成。左上方是本地区民委领导的列表，右上方是本地区数据采集员的列表。在下方可以添加本地用户，输入登录名和用户名，登录名是登录系统时的代号，用户名为该用户的真实姓名。单击"添加到领导"按钮，则将刚输入的用户添加为本地区民委领导的角色；单击"添加到数据采集员"按钮，则将刚输入的用户添加为本地区数据采集员的角色。用户的初始密码均为 123456。

（四）任务分配模板管理

任务分配模板管理，是为当前地区所适用的指标体系提供一个基础数据采集的任务分配的方案，以便进行和谐指数评估时更快地安排数据采集和录入工作。以地区民委管理员角色的用户登录，单击左侧导航控件中的"用户管理"，便可进入本地区用户管理的功能页面，如图 34-21 所示。页面由两个控件构成。上方是任务分配模板的列表，显示任务分配模板的概要信息，每个任务模板有一个浏览详细内容的链接，单击便可进入详细内容管理的功能页面。当单击任务模板列表左侧的"选择"后，下方的控件就会显示选中的任务模板的详细信息，并可对任务模板进行增加、修改、删除的操作，增加和修改操作时，编号是由系统自动生成的，因此只需填写或选择其他字段的信息即可。

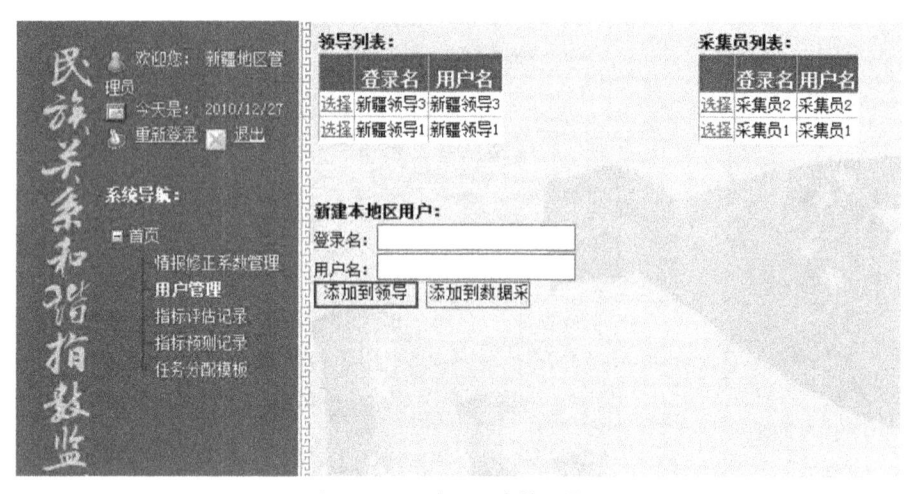

图 34－20　地区用户管理界面

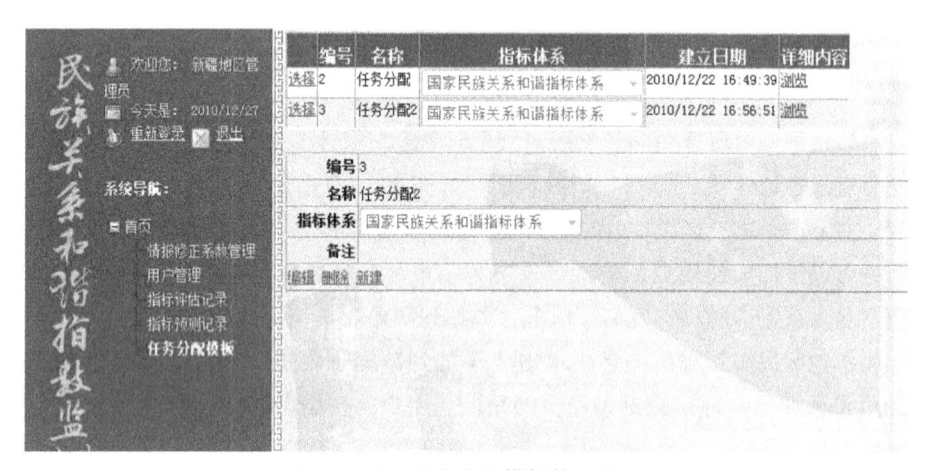

图 34－21　任务分配模板管理界面

（五）任务分配模板详细内容管理

单击任务分配模板管理页面中浏览详细内容的链接，便可进入任务模板详细内容管理的功能页面，如图 34－22 所示。本页面有两个控件，左侧为所编辑的任务模板的指标体系树型结构图，点选最后一级的指标，即原始资料指标，右侧就会显示当前指标所指派给的数据采集员，系统会默认给每个原始数据指标指派一个数据采集员。管理员可以根据实际工作要求选择其他的数据采集员，然后单击"更新"，便可完成当前指标的任务指派。

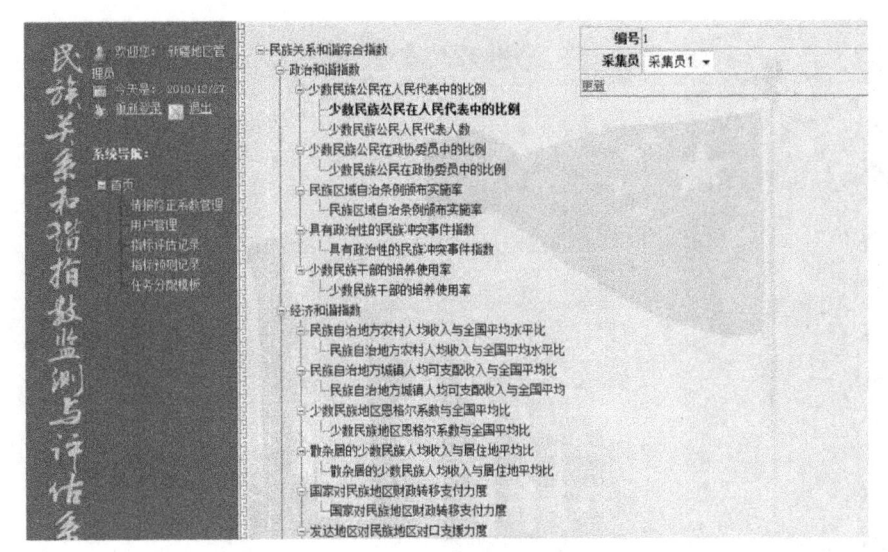

第三十四章 前馈控制在我国民族关系管理中的应用研究

图 34-22 任务分配模板详细内容管理界面

（六）领导情报修正权管理

以地区民委管理员角色的用户登录，单击左侧导航控件中的"情报修正系数管理"，便可进入本地区民委领导依情报对指标修正系数管理的功能页面，如图 34-23 所示。页面由四个控件构成。左上方是本地区适用的指标体系列表，单击"选择"后，左下方会显示选中的指标体系的树型结构图，该树型结构图已经过滤掉最后一级原始数据指标。单击指标体系后，指标就处于被选择状态，选中的指标会加粗显示。右上方是本地区民委领导的列表，单击"选择"，可以选中相应的领导。右下方就会出现当前选中的领导对选中的指标的修正系数。单击"修正权"，即可初始化修正系数，默认为"0"。对于已经存在的修正权可以进行更新，修正权以小数表示，如"0.3"即代表该领导可以对选中的指标在指标权值的 30% 范围内进行修正。国家民委管理员也可以为国家民委的领导针对特定地区的特定指标设定情报修正系数。

五 知识库子系统

（一）知识库子系统简介

国家民委管理员根据对民族问题的研究所积累的成果来管理民族关系问题有关的案例、预案，以及在此领域的专家学者列表，同时可将相关的数据与指标体系中的某些指标及某些民族地区进行关联。向专家库添加专家时，

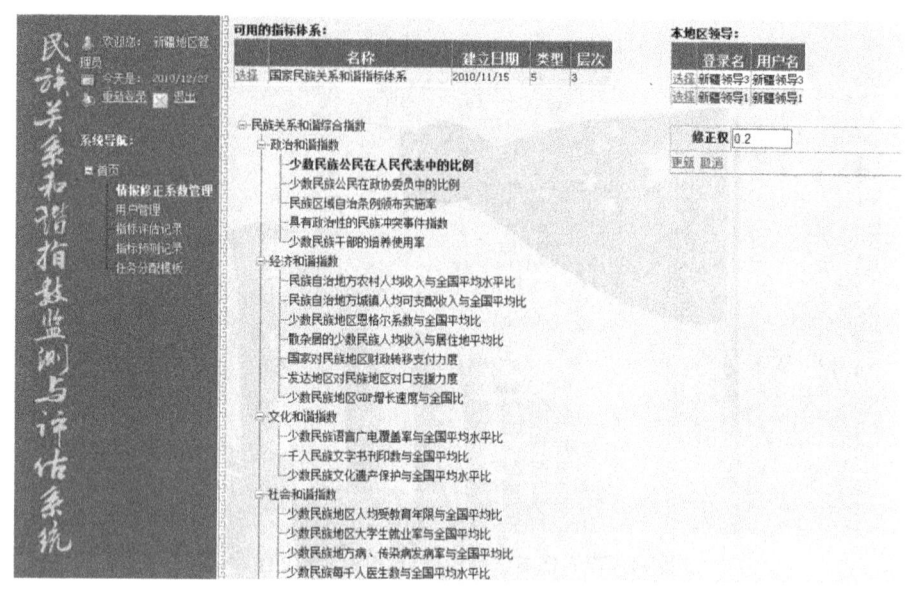

图 34 – 23　领导依情报对指标进行修正的权力管理界面

系统会自动为专家开设登录系统的账号。

(二) 案例库管理

以国家民委管理员角色的用户登录系统，单击左侧导航控件中的"案例库"，即可进入案例库管理的功能页面，如图 34 – 24 所示。该页面由四个显示控件和一个按钮组成。左上方是民族关系问题案例的列表，显示案例的概要信息。单击左侧的"选择"，左下方的控件就会显示该案例的详细信息，在此可以对案例进行添加、修改、删除操作。右上方是系统可用的所有指标体系的列表，单击"选择"，右下方会显示出该指标体系过滤掉最后一级原始数据指标的树形结构图，单击具体指标即可选中相应指标，指标选中后会以加粗字体显示。此时单击页面最下方的添加联系按钮，即可在所选中的案例与所选中的指标之间建立联系，以便评估或预测过程中，该指标发生问题时，系统自动搜寻相关案例。

(三) 预案库管理

以国家民委管理员角色的用户登录系统，单击左侧导航控件中的"预案库"，即可进入预案库管理的功能页面，如图 34 – 25 所示。该页面的结构与案例库管理的功能页面相同，由四个显示控件和一个按钮组成。左上方是民族关系问题预案的列表，显示预案的概要信息。单击左侧的"选择"，左下方的控件就会显示该预案的详细信息，在此可以对预案进行添加、修改、删除操作。右上方是系统可用的所有指标体系的列表，单击"选择"，右下方会显示出该指标体系过滤掉最后一级原始数据指标的树形结构图，单击具体指标即可选中相应指标，指标选中后会以加粗字体显示。此时单击页面最下方的"添加联系"按钮，即可在所选中的预案与所选中的指标之间建立联系，以便评估或预测过程中该指标发生问题时，系统自动搜寻相关预案。

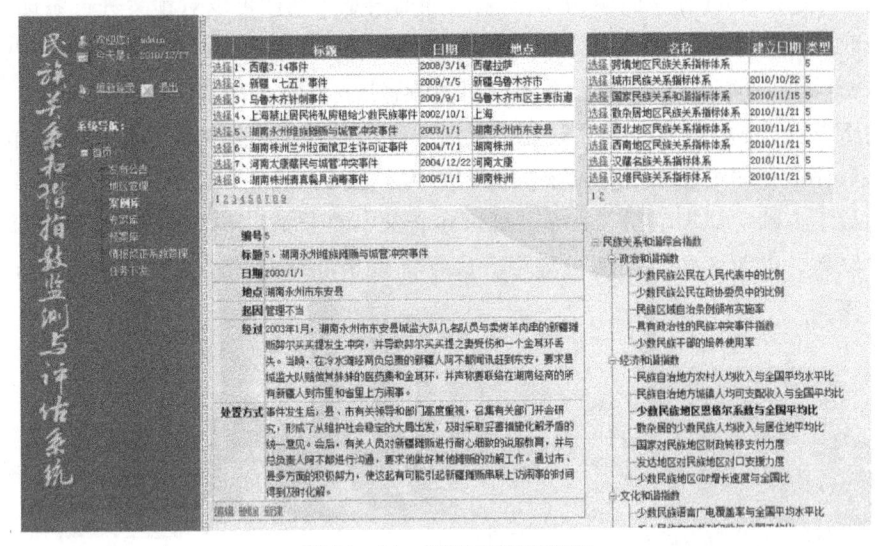

图 34-24 案例库管理界面

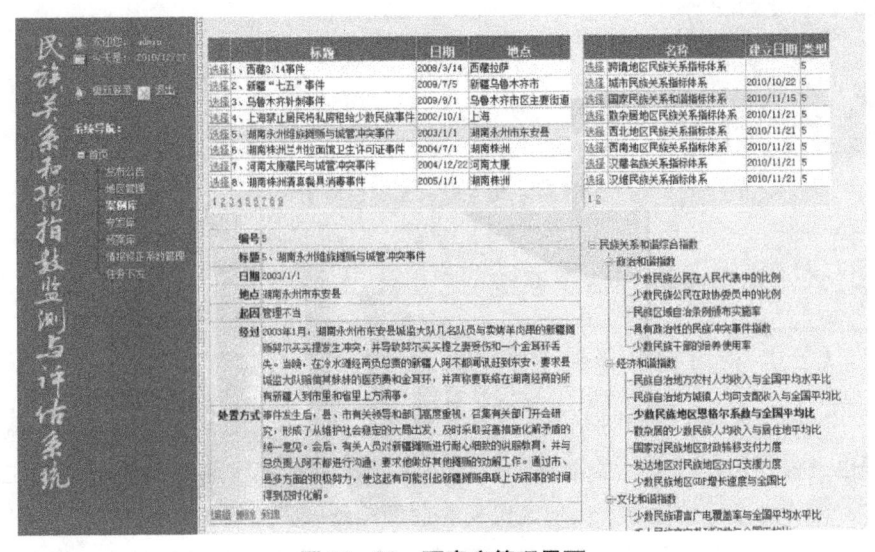

图 34-25 预案库管理界面

(四) 专家库管理

以国家民委管理员角色的用户登录系统,单击左侧导航控件中的"专家库",即可进入专家库管理的功能页面,如图 34-26 所示。该页面的结构同案例库管理功能页面的机构相同,由四个显示控件和一个按钮组成。左上方是民族关系领域专家学者的列表,显示专家的概要信息。单击左侧的"选择",左下方的控件就会显示该专家的详细信息,在此可以对预案进行添加、修改、删除操作,添加专家后,系统会自动为专家建立登录系统的账号,默认密码为 123456。右上方是系统可用的所有指标体系的列表,单击"选择",右下方会显示出该指标体系过滤掉最后一级原始数据指标的树形结构图,单击具体指标即可选中相应指标,指标选中后会以加粗字体显示。此时单击页面最下方的"添加联系"按钮,即可在所选中的专家与所选中的指标之间建立联系,以便评估或预测过程中,该指标发生问题时,系统自动搜寻相关专家。

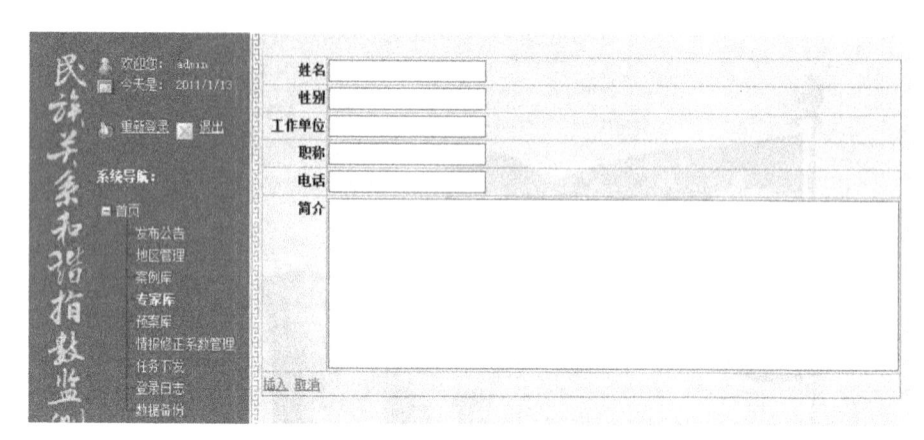

图 34-26 专家库管理界面

六 和谐指数评估子系统

(一) 和谐指数评估子系统简介

民族关系和谐指数评估是本系统最为核心的功能,其功能子项最多,流程也最为复杂。国家民委领导和地区民委领导都可以发起和谐指数评估工作,视为一条评估记录。由地区民委管理员接到国家民委指派的评估工作任务之后进行各项具体的操作。地区民委管理员根据要收集的原始指标数据,将收集和录入工作安排给本地区的数据采集员。待原始数据采集录入完毕之后，系统自动根据指标的量化计算公式计算出指标值并合计到上级指标，提醒对指标具有依据情报进行修正权力的领导对计算结果进行修正，并进行记录。领导修正之后，系统根据各个指标之间相互影响的矩阵对指标进行第二次修正，并进行记录。所有修正完成之后，系统根据设定的阈值自动找到存在隐患的指标，并查询相关的案例与专家，以及有关专家的列表，生成一份和谐指数评估报告。所有有权查阅该报告的用户可以针对该报告在线进行讨论、评价。

（二）发布评估任务

以国家民委管理员角色的用户登录系统，单击左侧导航控件中的"任务下发"，便可进入对各地区下发任务的功能页面，如图 34-27 所示。页面由三个控件构成。左侧是所有可应用该系统的地区树形结构图，所有地区均为链接的形式。当单击具体地区时，右上方的列表控件会显示该地区所有任务的概要信息，点击"选择"，右下方的控件就会显示该任务的详细内容，并可进行添加、修改、删除的操作。

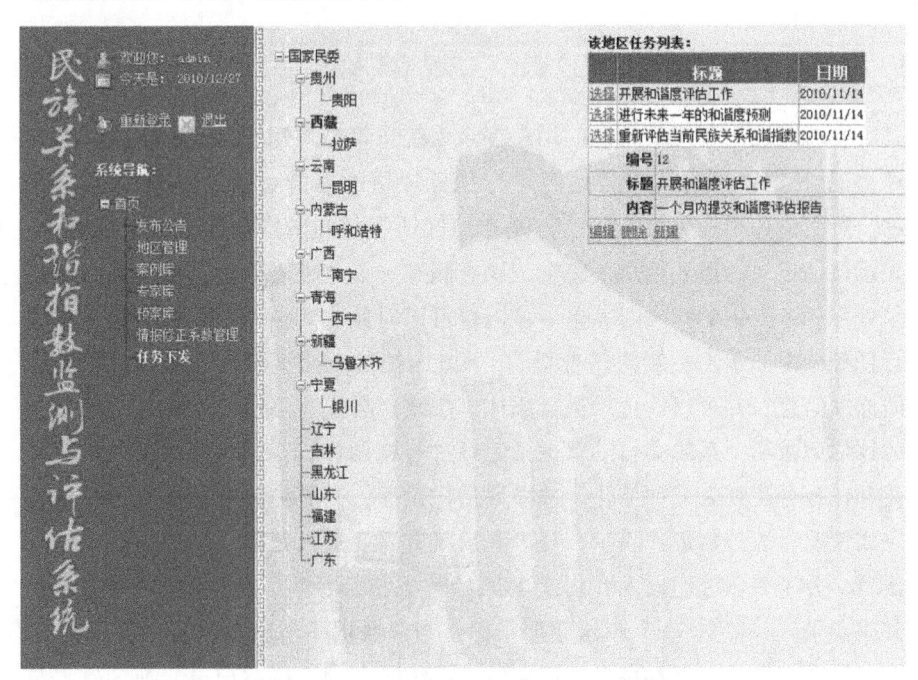

图 34-27 评估及预测任务下发管理界面

各地区的管理员登录系统之后，主页上的"系统通知"标题下就会显示出国家民委分配给本地区的所有任务的列表，列表按照时间排序，新任务在上，旧任务在下，任务名称为链接，单击便可查看任务的详细内容，如图34－28所示。

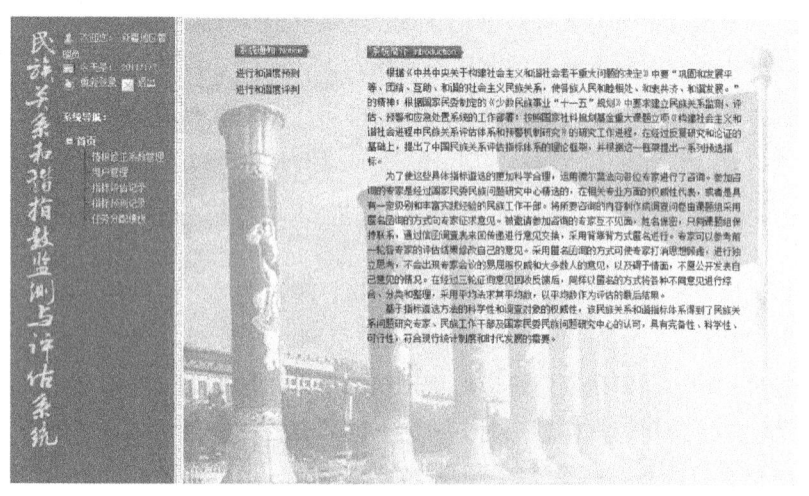

图34－28　地区民委管理员登录主页

（三）评估记录管理

以地区民委管理员角色的用户登录系统，单击左侧导航控件中的"指标评估记录"，便可进入对各地区进行指标评估的功能页面，如图34－29所示。页面由四个控件构成。上方是本地区所有的和谐指数评估记录的列表，显示评估记录的概要信息。每个记录右侧有一个"任务管理"的链接，当记录处在任务分配的状态时，单击该链接可以对此次评估原始数据采集工作进行任务分配。单击左侧的"选择"，下方的控件就会显示出选择的评估记录的详细信息，并可以对记录进行添加、修改、删除（停用）的操作。添加新的评估记录后，系统会自动对该条记录进行初始化工作，包括指标值的初始化和任务分配列表的初始化。选择评估记录后，列表控件下会显示填报进度完成情况，以分数形式表示，分母表示所有需要录入并提交的原始数据指标数目，分子表示已经录入并提交的原始数据指标数目，如"23/39"表示总共需要录入并提交39个原始数据指标，当前数据采集员已经录入并提交23个。待全部原始数据都录入并提交后，系统会自动将评估记录切换到领导依情报进行修正的状态，待领导修正完毕之后，系统会自动根据指标之间的相互影响系数对指标进行第二次修正。然后管理员可以点击"提交"按钮来结束此次评估工作。

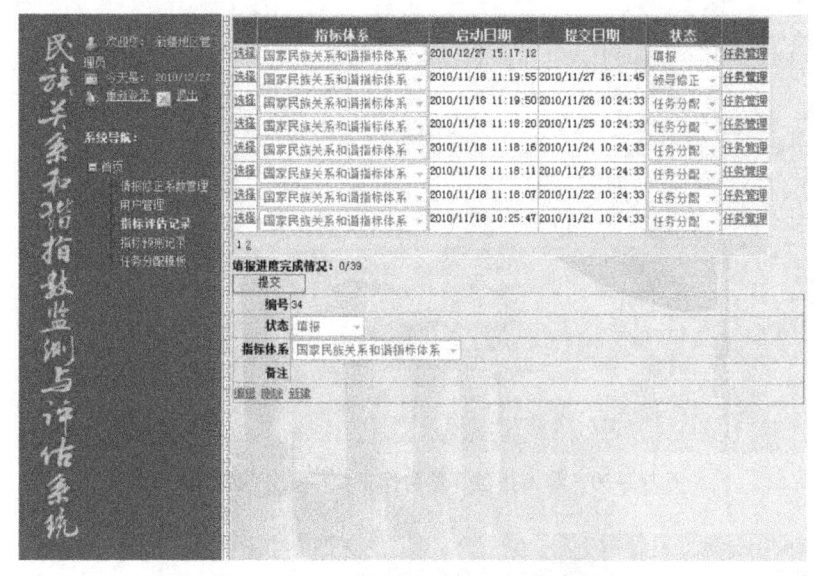

图34-29 和谐指数评估记录管理界面

(四) 任务分配

单击和谐指数评估记录列表中处于任务分配状态的记录右侧任务管理的链接，便可进入该功能页面，如图34-30所示。该页面由两个显示控件和两个按钮组成。左侧是评估记录所使用的指标体系树形结构图，单击最后一级的原始数据指标时，右侧便会显示当前指标的任务分配状况，新建评估记录时，系统会默认为每个原始数据指标分配一个默认的数据采集员，管理员可以重新进行指派，单击"更新"进行保存。单击"加载任务分配"按钮，系统就会按照民族地区管理子系统中所维护的任务分配模板对此次评估的数据采集任务进行配置。当所有任务分配完成后，单击"任务分配完成"按钮，即完成评估记录采集任务分配的工作，进入填报状态。

(五) 数据采集录入

各地区的数据采集员登录系统后，主页上就会显示出当前需要采集原始数据的和谐指数评估记录列表，如图34-31所示，单击列表后的"填报"链接，即可进入原始数据指标录入的功能页面，如图34-32所示。

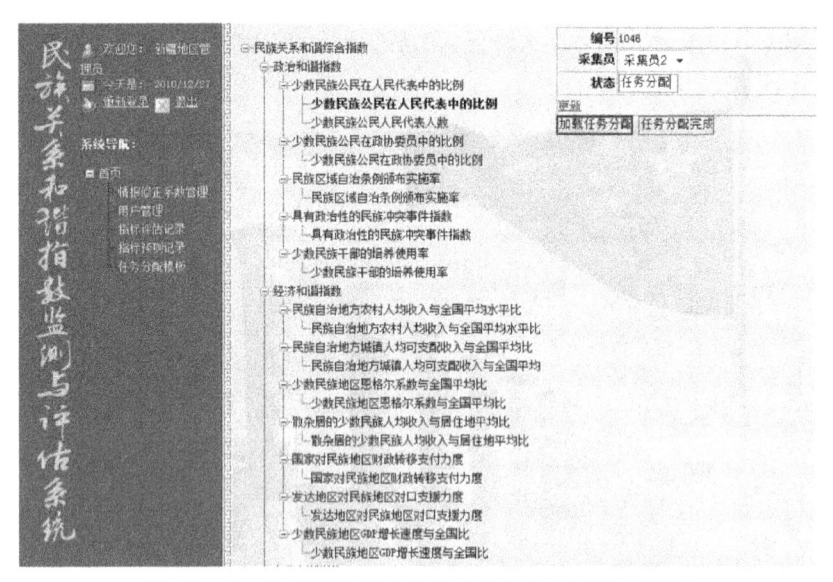

图 34-30 和谐指数评估数据采集任务分配管理界面

图 34-31 数据采集员登录主页

进入原始数据指标录入的功能页面后，上方是所有要收集的指标的列表，单击左侧的"选择"，下方控件会显示出该指标的数据值，每个原始数据指标的默认值为"0"，数据采集员根据实际收集的数据进行编辑，单击"更新"进行保存。当所有的数据录入完毕后，单击"提交全部数据"按钮进行提交。所有的数据采集员将全部数据录入完毕并提交后，系统会自动根据指标的量化计算公式进行计算与合计，并将评估记录的状态切换至领导修正。

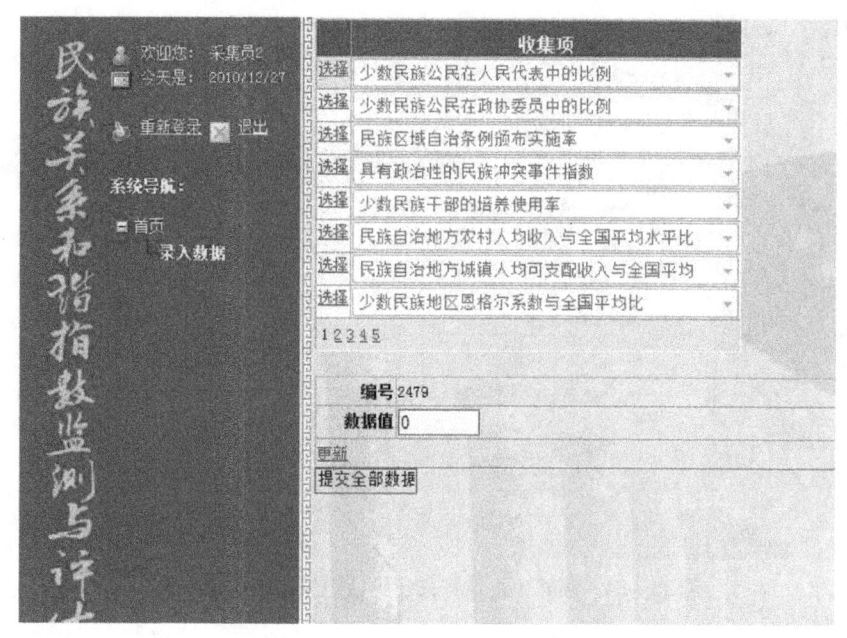

图 34-32　数据采集员录入数据界面

（六）领导情报修正

地区民委领导或国家民委领导登录系统后，单击左侧导航空间中的"根据情报修正评估记录"，即可进入领导依情报对指标进行修正的功能页面，如图 34-33 所示。页面会显示当前可修正的评估记录列表，单击左侧"选择"，会显示评估记录的详细信息。单击右侧的"修正"链接，即可进入对指标进行修正的详细功能页面，如图 34-34 所示。

图 34-33　领导依据情报修正评估记录页面

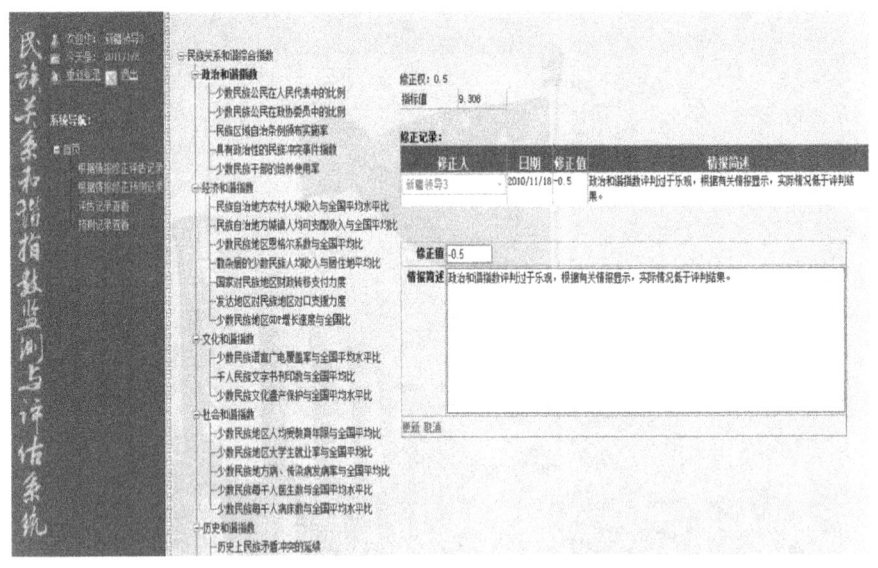

图 34-34　领导依据情报修正评估记录详细内容界面

对指标进行修正的详细内容功能页面由四个控件构成，左侧是过滤掉最后一级原始数据指标的指标体系树形结构图，单击具体指标后，右上方会显示出该指标值以及当前登录的领导对该指标的修正权，右侧中部是对该指标所进行的修正记录。右下方是对该指标进行修正的控件，需要提供修正值和情报简述。修正值以正负数来表示，如"0.4"代表将该指标值增加0.4，"-0.3"代表将该指标值减少0.3。如果该领导对该指标无修正权，用于修正的控件将不会显示。

（七）评估记录分析报告

以国家民委领导角色的用户登录系统后，系统主页上会显示出当前全国各地区的民族关系和谐指数情况，可以进行宏观的横向比较，如图34-35所示。

以地区民委领导角色的用户登录系统，单击导航控件中的"评估记录查看"，系统就会在主要功能页面中列出所有的评估记录列表，按照提交时间倒序排列，如图34-36所示。单击左侧的"选择"，下方的控件就会显示所选择的评估记录的详细信息。单击右侧"查看报告"的链接，就可以进入评估报告查看的功能页面，如图34-37所示。

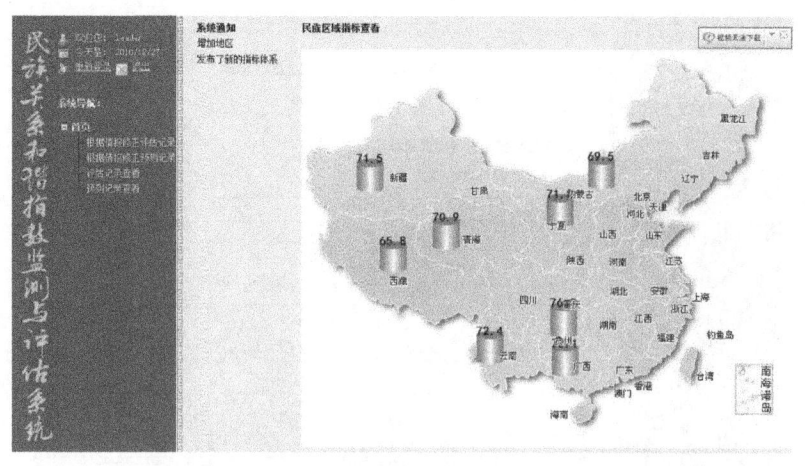

第三十四章　前馈控制在我国民族关系管理中的应用研究

图 34–35　国家民委领导登录系统主页

图 34–36　和谐指数评估记录查看页面

和谐指数评估报告是本系统最重要的一份报告，有权查看该报告的用户角色包括天津工业大学公共危机管理研究所管理员、民族关系领域的专家学者、各地区民委领导、国家民委领导。该报告目前由四部分组成，日后可根据实际需要再进行完善。第一部分是根据原始数据计算得到的指标值情况。第一行显示的是和谐综合指数，右侧有一个指标显示标尺，由五个颜色区间构成，黑色游标显示当前指标值所处在的位置。标尺左侧是指标值的数据右侧是指标的权值。下方的表格显示相应的二级和三级指标的情况。本报表控

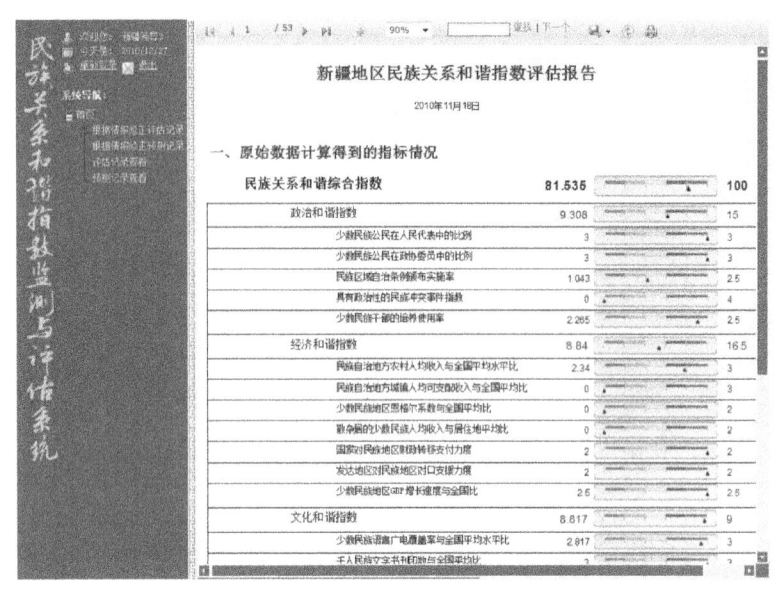

图 34-37 和谐指数评估报告（第一部分）

件上方有工具栏，可以进行页码跳转、缩放、查找等操作，可以将报表导出为 pdf、excel、word 等格式，也可以用 A4 规格的纸张进行输出打印。

第二部分是领导依据情报对指标值进行修正的情况，报表会显示情报的来源、修正的指标、修正的幅度以及情报简述，如图 34-38 所示。

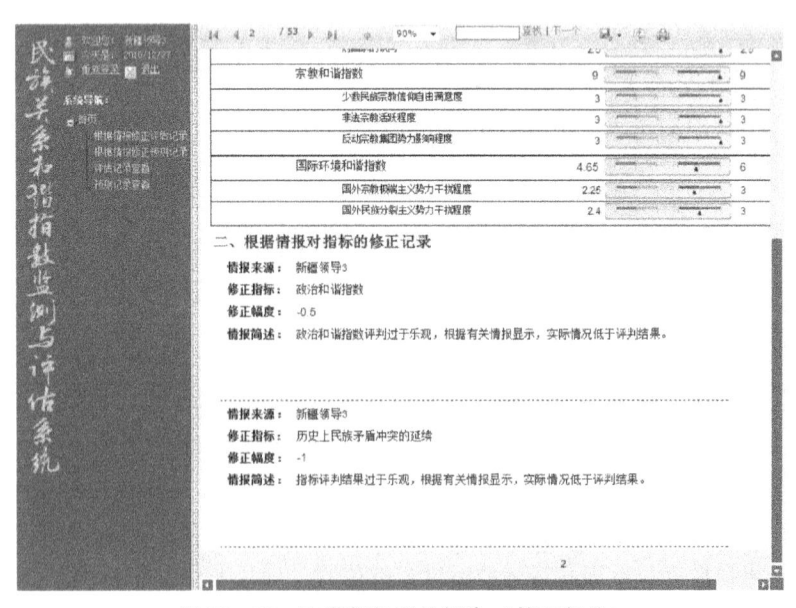

图 34-38 和谐指数评估报告（第二部分）

第三部分是系统根据领导对指标的修正情况对指标进行修正后的情况,使得评估结果得出的各种指数更加真实地反映实际情况。其结构和显示方式与第一部分相同,如图 34-39 所示。

该报告下面是评论功能模块,有权查看该报告的用户可以在此进行评论,所有的评论会以列表形式呈现,单击"选择",即可查看评论的详细信息。专家学者也可以通过此功能展开对该报告的在线讨论。

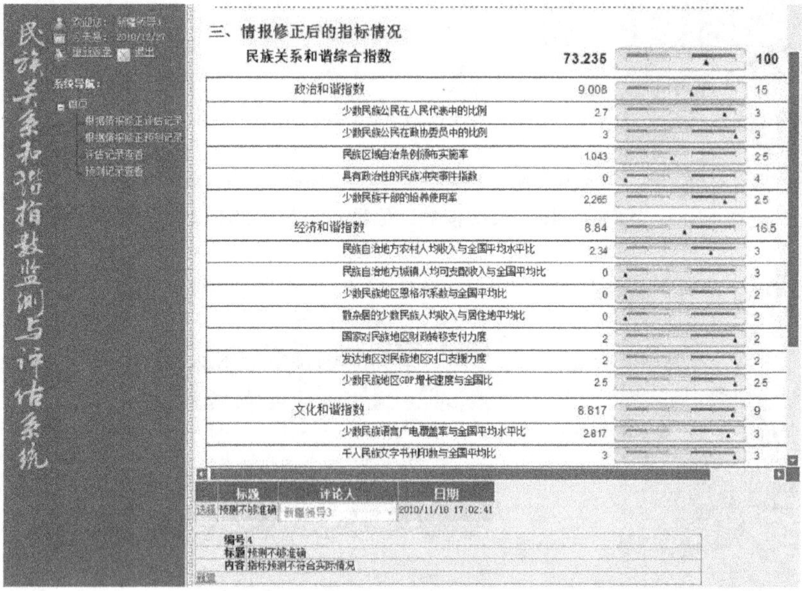

图 34-39　和谐指数评估报告(第三部分)

第四部分是指标的详细情况,包括指标名称、指标简介、当前值、权值以及指标值标尺显示的和谐度情况,如图 34-40 所示。

指标的详细情况还包括指标值的历史变化情况,即纵向比较;指标值的未来预测,即趋势预测;同级的所有地区的该指标值情况,即横向比较。如图 34-41 所示。

七　和谐指数预测子系统

(一) 和谐指数预测子系统简介

民族关系和谐指数预测的功能结构和操作流程与评估子系统有相似的部分。国家民委领导和地区民委领导都可以发起和谐指数预测工作,视为一条预测记录。由地区民委管理员接到指派的预测工作任务之后进行各项具体的

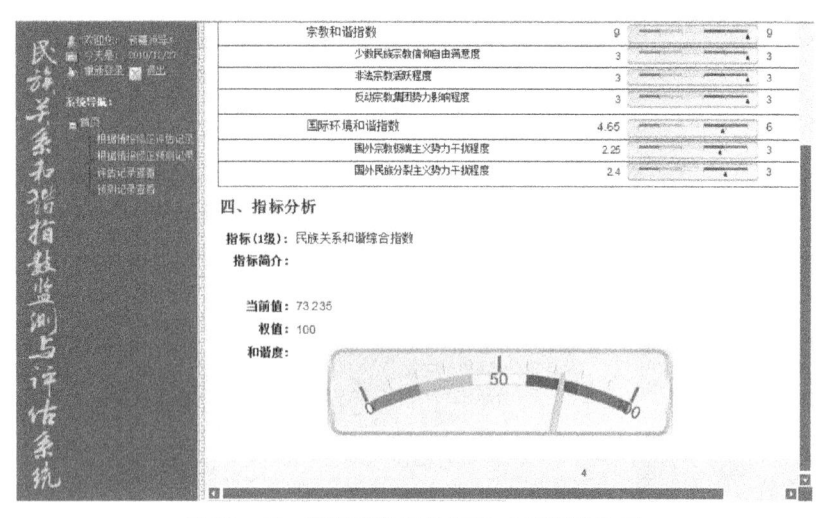

图34-40 和谐指数评估报告（第四部分1）

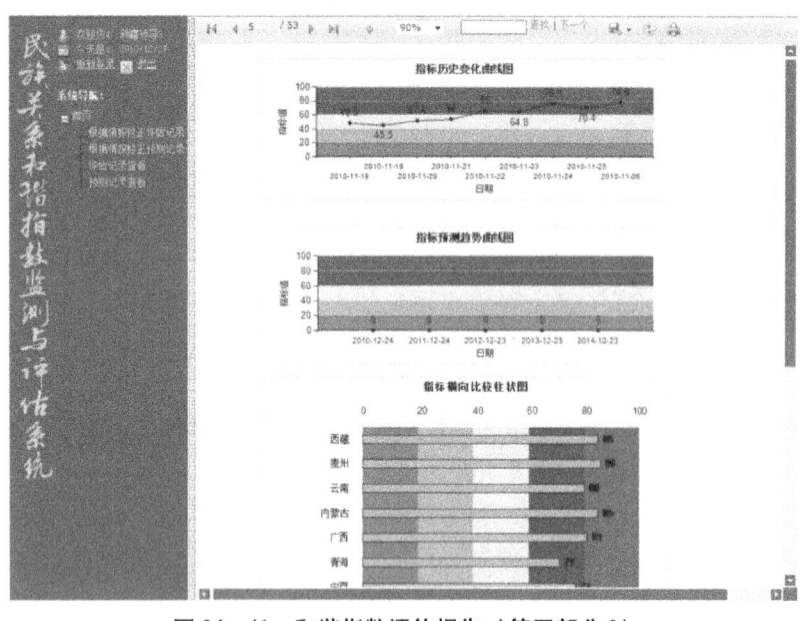

图34-41 和谐指数评估报告（第四部分2）

操作。系统根据指标的历史数据和选择的预测模型对指标进行未来一定时间段的预测，并提示具有依据情报对指标进行修正权力的领导对预测结果进行修正，并进行记录。领导修正之后，系统要根据各个指标之间相互影响的矩阵对预测得到的指标值进行第二次修正，同样进行记录。所有修正完成之后，系统能够自动找到存在隐患的指标，并查询相关的案例与专家，以及有关专家的列表,生成一份和谐指数预测报告。所有有权查阅该报告的用户可以针对该报告在线进行讨论、评价。

(二) 发布预测任务

发布预测任务与发布评估任务的流程和操作方式完全一致,由国家民委管理员登录系统,单击导航控件中的"任务下发",在地区的树形结构图中单击"具体地区",在右侧添加预测任务即可。

(三) 预测记录管理

各民族地区管理员登录系统后,主页上会显示当前的预测任务。单击导航控件的"指标预测记录",进入预测记录管理的功能页面,如图34-42所示。该页面由两个控件构成。上方是所有和谐指数预测记录的列表,单击左侧的"选择",下面的控件就会显示出该条预测记录的详细信息,并可在此新建预测记录。新建预测记录时需要在本地区所适用的指标体系中进行选择,并且要指定预测模型。确认添加后,系统会自动根据所选择的预测模型利用历史数据对未来的指标情况进行预测。

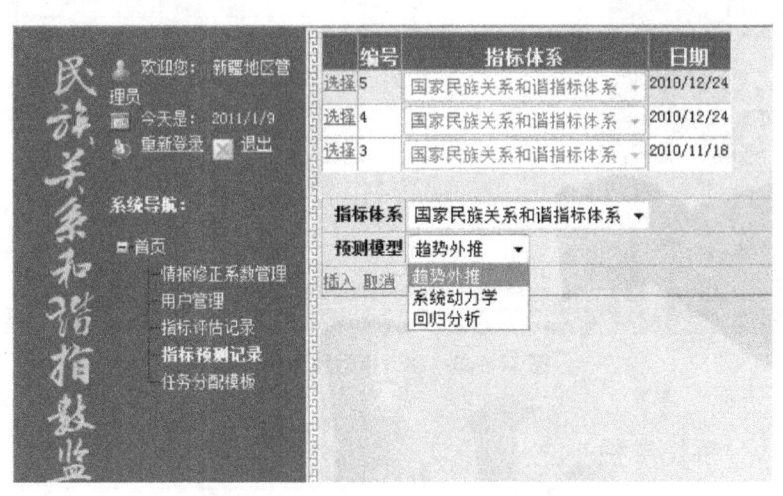

图 34-42 和谐指数预测记录管理页面

(四) 领导情报修正

领导依据情报对和谐指数预测值进行修正的流程和操作方式与评估记录基本一致。地区民委领导登录系统后,单击导航控件中的"根据情报修正预测记录"。系统会列出可以修正的预测记录,在所要修正的预测记录左侧单击"选择",下方会列出此次预测记录所包含的预测期列表,选择所要修正的日期的预测,系统会列出此次预测的指标体系树形结构图,再单击所要修正并且有修正权的指标,便可以对预测值进行修正。

(五) 预测记录分析报告

地区民委领导登录系统后,单击导航控件中的"预测记录查看",然后单击预测记录列表左侧的"选择",在列出的预测期列表中单击右侧的"查看报告"链接,即可查看预测报告,如图 34 - 43 所示。该报告的形式结构与评估报告相似,但省略了第四部分指标分析的内容。

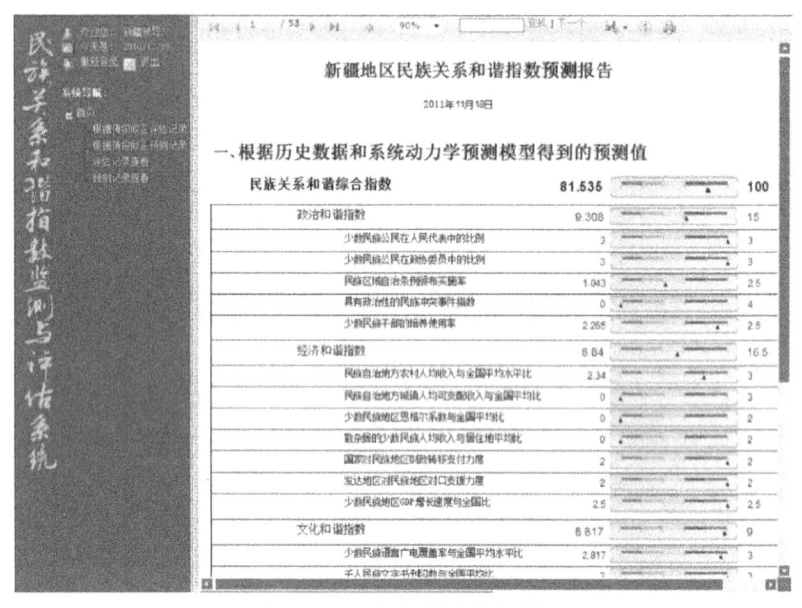

图 34 - 43 和谐指数预测界面

八 系统维护

(一) 下拉列表参数维护

以天津工业大学公共危机管理研究所角色的用户登录系统,单击导航控件中的"下拉参数维护",便可进入此功能页面,如图 34 - 44 所示。首先选择"下拉类型",下方的"下拉项"列表就会显示属于该下拉类型的下拉项。在最下方的"新建下拉项"控件中可以添加新的下拉项,需要手动输入下拉类型，单击"插入"完成新建操作。

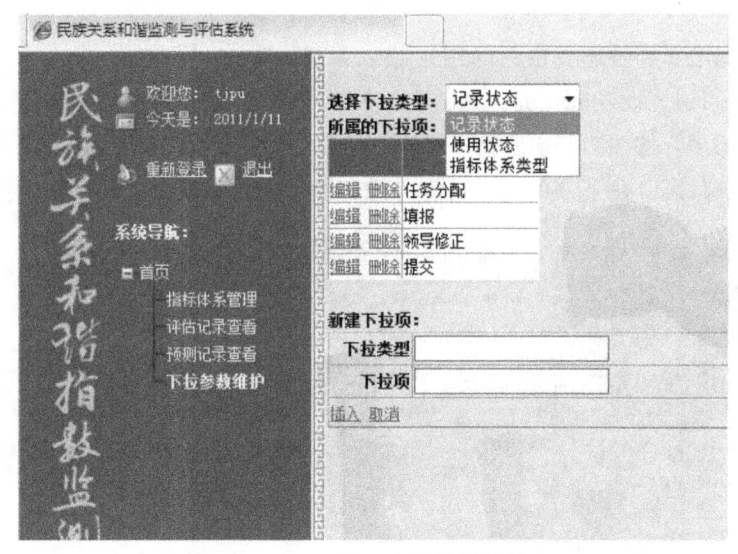

图 34-44　下拉列表参数维护界面

（二）系统登录日志

以国家民委管理员角色的用户登录系统，单击导航控件中的"登录日志"，便可进入此功能页面查看登录系统的用户及其登录时间，如图 34-45 所示。

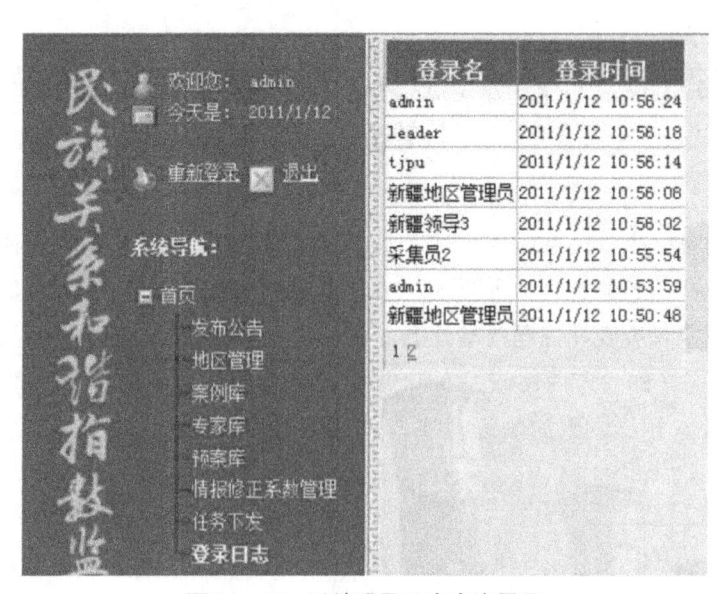

图 34-45　系统登录日志查询界面

(三) 系统数据备份及还原

以国家民委管理员角色的用户登录系统，单击导航控件中的"数据备份"，便可进入此功能页面，如图 34-46 所示。列表控件显示的是所有的数据备份记录，按照时间顺序倒序排列，单击右侧"还原"即可还原至备份时间的系统状态。在下方单击"备份"按钮即可备份当前的系统数据内容。

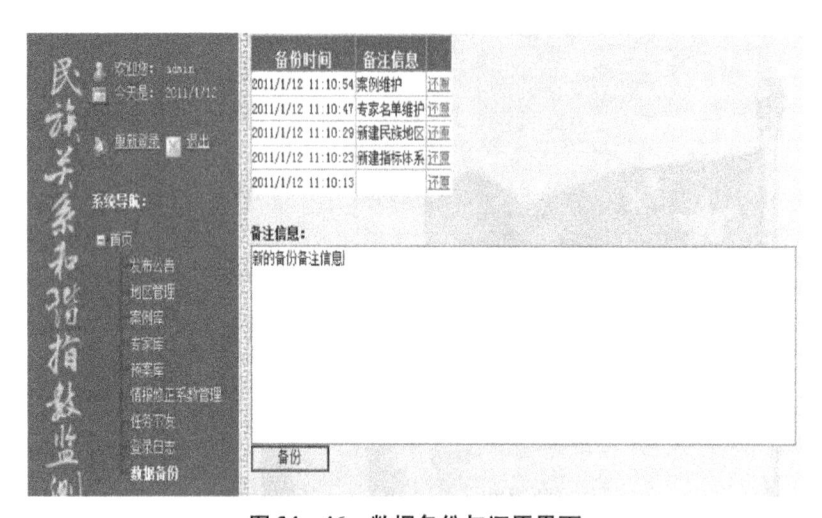

图 34-46 数据备份与还原界面

第五节 广西版民族关系监测预警及处置系统简介及使用说明

我国是一个多民族国家，各个民族地区差异极大。为适应这种情况，必须开发出因地制宜的地方版本。2011 年课题组和广西壮族自治区民委合作，在国家民委委托课题的基础上，开发了"广西民族关系监测评估及处置系统"（又称"广西民族关系和谐指数监测与评估系统"）。[1] 这一版本与国家版本相比，更加贴近现实，并且更具可操作性。本节即对此进行介绍。

---

[1] "广西民族关系监测评估及处置系统"由天津工业大学阎耀军、刘俊峰、高迎春、苏良鹏与广西民委覃永红等合作。

一 登录

(一) 系统登录

系统登录页面如图 34-47 所示，用户输入自己的用户名和密码，然后单击登录就可以进入系统主界面。

图 34-47 系统登录界面

(二) 系统首页

登录完毕，系统自动切换到系统首页界面，如图 34-48 所示。系统首页主要功能就是展示最近一段时间某地区民族关系和谐综合指数得分和各级指标的得分，起到警示作用，如图 34-49 所示。

首页显示指标预警等级，预警等级分为五个级别，有警情指示灯提示不同级别的指标警情：红色代表重要警情、橙色代表一般警情、黄色代表轻度警情、蓝色代表安全、绿色代表非常安全。同时，显示各级指标的得分和权重，并以进度条的形式来显示指标的警情级别；在页面右下方展示各级指标的历史曲线图，通过该图可以查看特定指标在特定地区特定时间内走势。

在系统首页，点击不同指标，可以立刻知道该指标的预警级别、指标得分及指标历史走势；同时，在警情发生时，可以分析哪些指标影响民族关系和谐度，进而根据各级指标影响程度的不同，采取不同的应对措施。

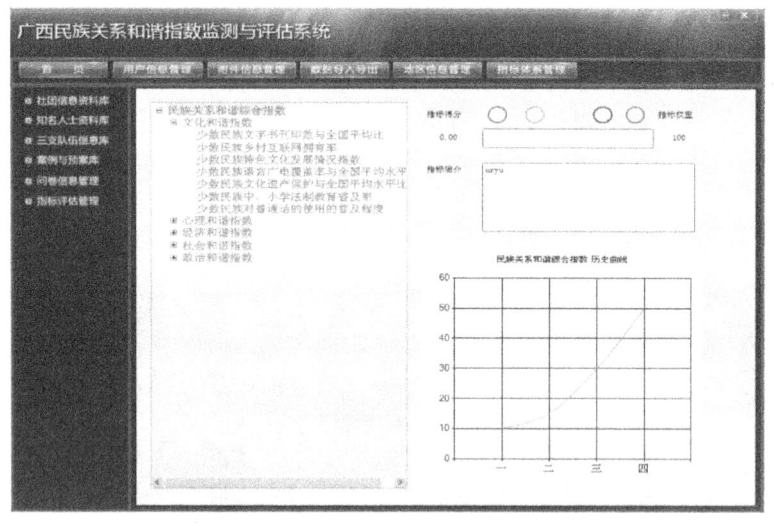

图 34-48　系统首页界面

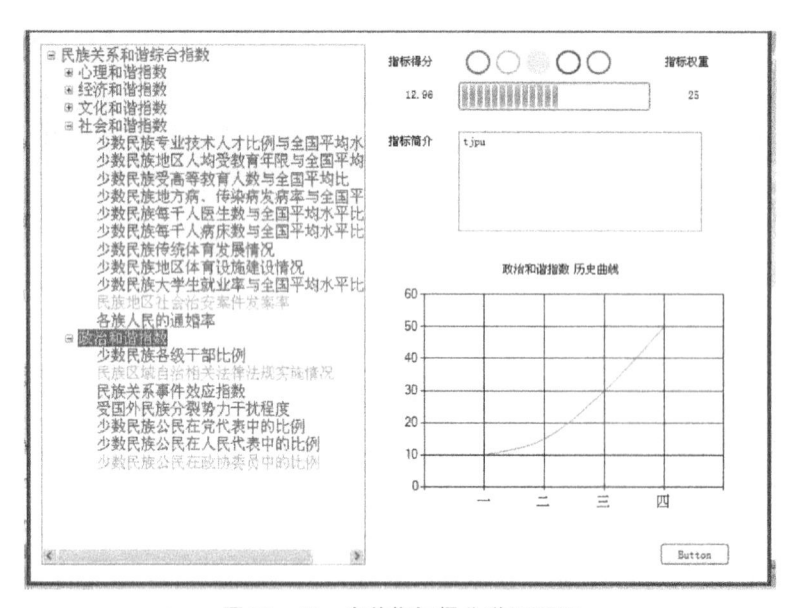

图 34-49　当前指标得分详细页面

二　基础信息管理

基础信息库包括四个部分，即社团信息资料库、知名人士资料库、三支队伍信息库和案例与预案库。基础信息库建立的主要操作包括新增、删除、修改和查询，通过这四个最基本的操作，我们可以对基础信息进行有效的管理。其中，知名人士资料库的党政干部信息与三支队伍信息库的信息员队伍一致，知名人士资料库的专家学者信息与三支队伍信息库的专家顾问队伍的信息一致，民族关系协调员队伍信息与信息员队伍的信息一致。案例库包括以往发生的民族纠纷事件，预案库可以为即时发生的民族事件提供处理相似事件解决方案，二者都可以与相关评价指标联系，以便在评估或预测过程中指标发生问题时，系统自动搜寻相关案例。

（一）社团信息资料库

用户登录进入系统后，单击左边树形结构中"社团信息资料库"按钮，在树形结构右边会弹出图34-50所示社团信息资料页面，用户可以在此页面上进行增、删、改、查等基本数据操作。

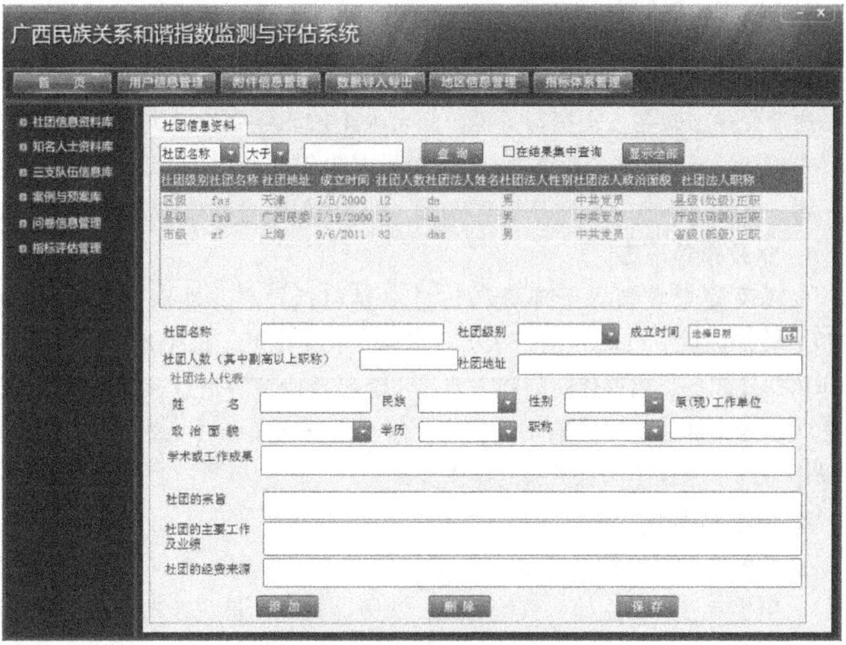

图34-50 社团信息资料界面

新增：增加新的社团信息资料。首先，单击页面下方"添加"按钮，在页面上方列表框中自动添加一行空记录；然后，在列表下方可以填写社团名称、社团级别、成立时间、社团人数、社团法人代表、社团的宗旨、社团主要的工作及业绩等信息；最后，单击"保存"按钮，系统自动将新增社团信息保存到数据库。

删除：删除某条社团信息记录。首先，在页面上方列表框中选中要删除的社团信息记录；然后，单击"删除"按钮，在列表框中该行信息就被删除了；最后，单击"保存"按钮，系统更新数据库，该条社团信息记录在数据库中就被删除了。

修改：修改某条社团信息记录。首先，在页面列表框中选中该条记录；然后，在列表框下方，修改相关的社团信息；最后，单击"保存"按钮，系统将修改的信息更新到数据库中。

查询：查询社团信息资料。首先，在页面第一行下拉列表中选择查询条件，社团查询提供四个查询条件，即社团名称、社团级别、社团人数及社团年龄；然后，在下拉列表后面输入查询范围；最后，单击"查询"按钮，查询结果立刻显示在下面的列表框中。

（二）知名人士资料库

用户登录系统后，单击左侧树形结构"知名人士资料库"按钮，在树形结构右边渐变弹出知名人士资料页面，知名人士按职业分为四类：党政领导干部、专家和学者、知名企业负责人和乡镇村屯知名人士。用户可以在页面上进行新增、删除、修改、查询等基本功能。具体资料信息和操作流程如下。

1. 党政领导干部

少数民族党政领导干部资料信息主要包括姓名、性别、民族、市县（区）、政治面貌、行政级别、学历、职称、联系电话、出生地、出生年月、工作单位及职务、离退休时间和主要工作经历及业绩等信息。可以对少数民族党政领导干部信息进行新增、删除、修改、查询操作（见图34-51），具体操作可以参考社团信息资料的操作步骤。

2. 专家和学者

专家和学者资料信息主要包括专家跟学者的姓名、性别、民族、市县（区）、出生年月、出生地、政治面貌、学历、职称、联系方式、工作单位及职务、主要工作经历及业绩等信息。在学术专家和学者页面中可以对上述信息进行新增、删除、修改和查询操作（见图34-52）。具体操作方法可以参考社团信息的操作流程和方法步骤。

3. 知名企业负责人

知名企业负责人资料信息主要包括企业负责人的姓名、性别、民族、市县（区）、政治面貌、学历、出生地、出生年月、工作单位及职务、联系方式、企业规模及资产、企业经营范围和主要工作经历及业绩等信息。对于知

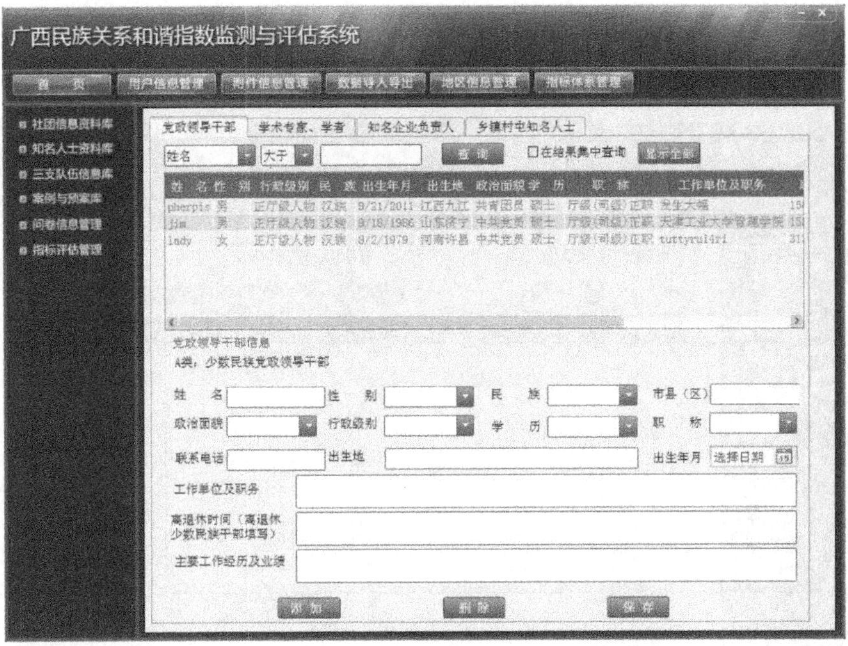

图 34-51　知名人士资料库——党政领导干部

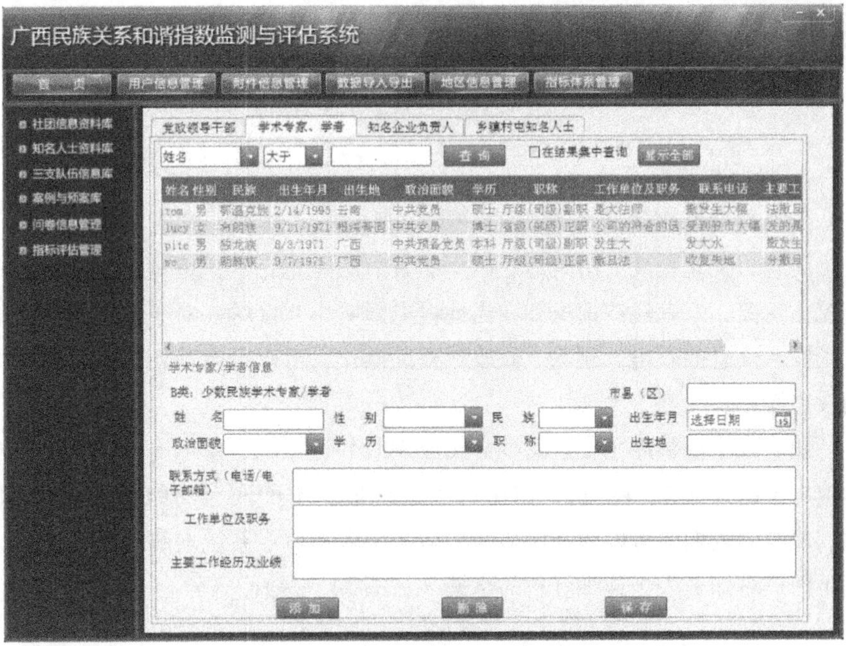

图 34-52　知名人士资料库——专家和学者

名企业负责人资料的新增、删除、修改、查询操作同样与社团信息资料的操作相似（见图34-53），操作方式可以参考社团信息的操作步骤。

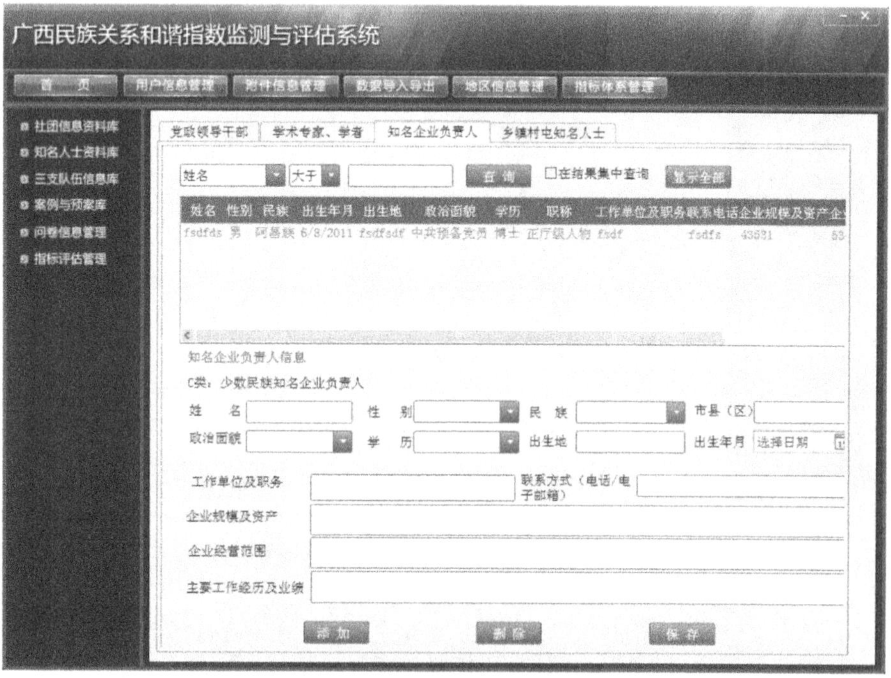

图34-53 知名人士资料库——知名企业负责人

4. 乡镇村屯知名人士

乡镇村屯知名人士资料信息主要包括姓名、性别、民族、市县（区）、政治面貌、文化程度、出生地、出生年月、联系电话、家庭地址、家庭人口及就业情况、家庭经济情况和在当地村屯影响力程度等。对于乡镇村屯知名人士资料信息的新增、删除、修改和查询操作，可以参考社团信息资料的增删改查操作。

知名人士资料库主要就是少数民族党政领导干部、学术专家、企业家和乡镇人士的详细资料信息，使用信息系统最基本的四大功能——新增、删除、修改、查询就可以建立完善的知名人士资料库；系统增删改查功能可以满足用户对知名人士详细资料的掌握（见图34-54）。

（三）三支队伍信息库

用户在登录系统后，在系统主页面左边树形结构单击"三支队伍信息

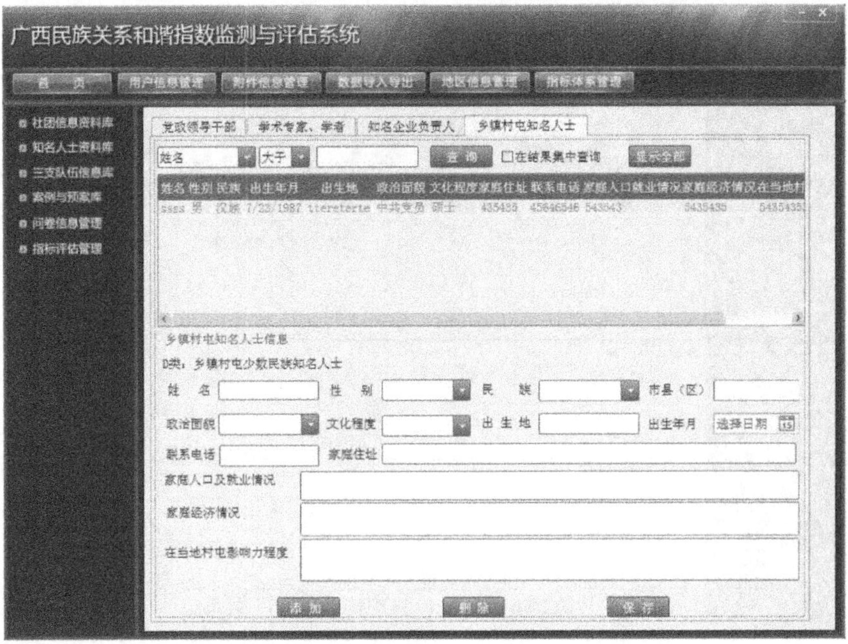

图 34-54　知名人士资料库——乡镇村屯知名人士

库",在树形结构右边界面可以看到三支队伍信息资料显示窗口,在最上方依次显示信息员队伍、专家顾问队伍和民族关系协调员队伍,对于三支队伍信息库的建立也仅是进行简单的增删改查操作,操作方法与社团信息资料库和知名人士资料库操作方法一致,可以参考社团信息的增删改查操作。具体信息内容介绍如下。

1. 信息员队伍

信息员队伍的建立是整个系统工作的重要组成部分之一,它为系统收集相关的问卷信息和案例,同时是系统案例与预案库的建立者。信息员队伍信息主要包括姓名、性别、行政级别、民族、出生年月、政治面貌、学历、职称、出生地、联系电话和工作单位及职务等(见图 34-55)。系统用户可以通过信息员队伍的信息进行增删改查操作,其操作方法与社团信息库的建立方法相似,可以参考。

2. 专家顾问队伍

专家顾问队伍信息资料主要包括专家的姓名、性别、民族、市县(区)、政治面貌、学历、职称、出生地、出生年月、联系方式及工作单位及职务等(见图 34-56)。系统用户可以对专家顾问队伍的信息进行增删改查操作,其操作方法与社团信息库的建立操作类似,可以参考。

图 34-55 三支队伍信息库——信息员队伍

图 34-56 三支队伍信息库——专家顾问队伍

3. 民族关系协调员队伍

三支队伍中民族关系协调员与信息员队伍是一致的，二者信息与知名人士资料库中的党政干部信息也保持一致，三者信息的建立与维护方法完全相同，可以相互参考（见图34-57）。

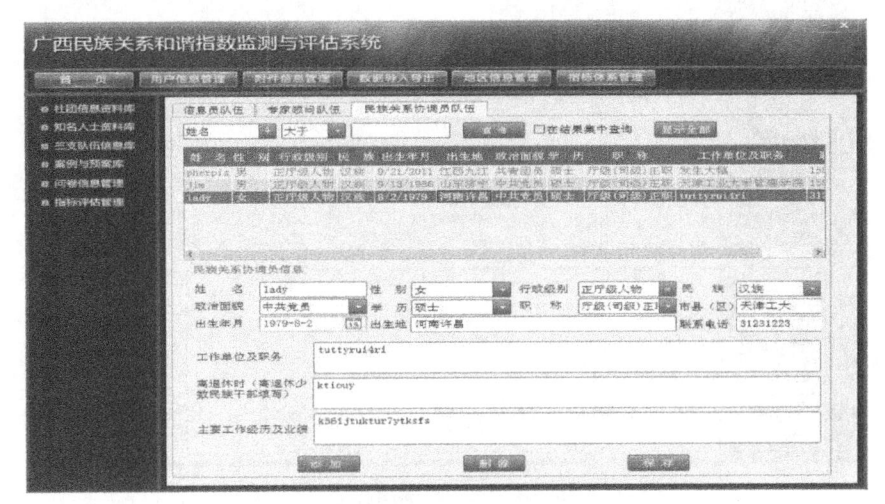

图34-57 三支队伍信息库——民族关系协调员队伍

（四）案例库与预案库

1. 案例库

案例库记载的是以往发生的民族关系不和谐事件，详细描述了事件发生的日期、地点、起因、经过和对事件的处置方式，案例库给民族关系和谐指数的监测和评估提供了历史经验，这样当事件发生时可以找到相似的事件作为参考，为处理事件提供宝贵的经验。

用户登录进入系统后，单击左边树形结构"案例与预案库"按钮，进入案例库页面，可以对案例进行增加、删除、修改和查询操作，操作方式与前面的信息库操作方式相似，可以参考。同时提供案例与指标关联起来的接口，每一个案例都可以与某一个评价指标联系（见图34-58）。

2. 预案库

预案就是根据评估分析或经验，针对潜在的或可能发生的民族关系突发事件的类别和影响程度而事先制定的应急处置方案，将各种潜在的或可能发生的民族关系突发事件以案例的形式存储在系统中，对各种突发事件事先做好准备，这就是预案库的作用。预案库的增删改查操作与社团信息基本操作相似，可以借鉴参考（见图34-59）。

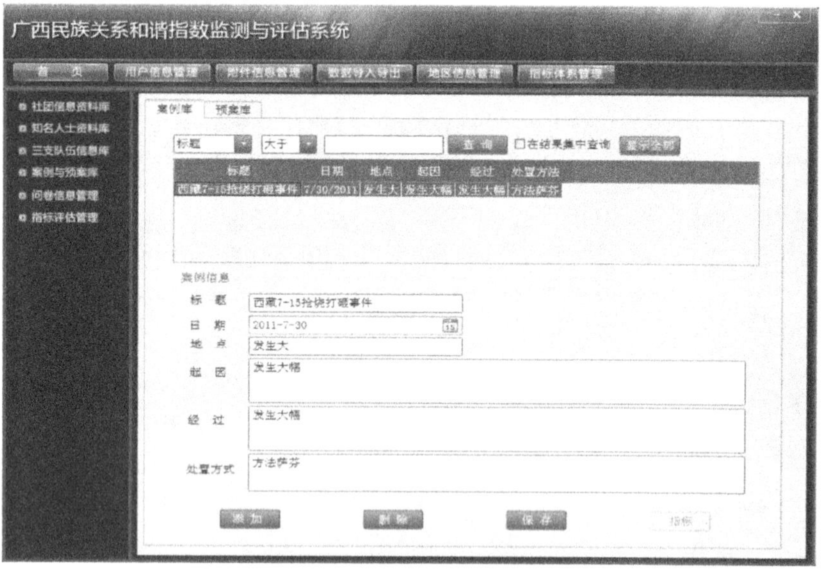

图 34-58　案例库界面

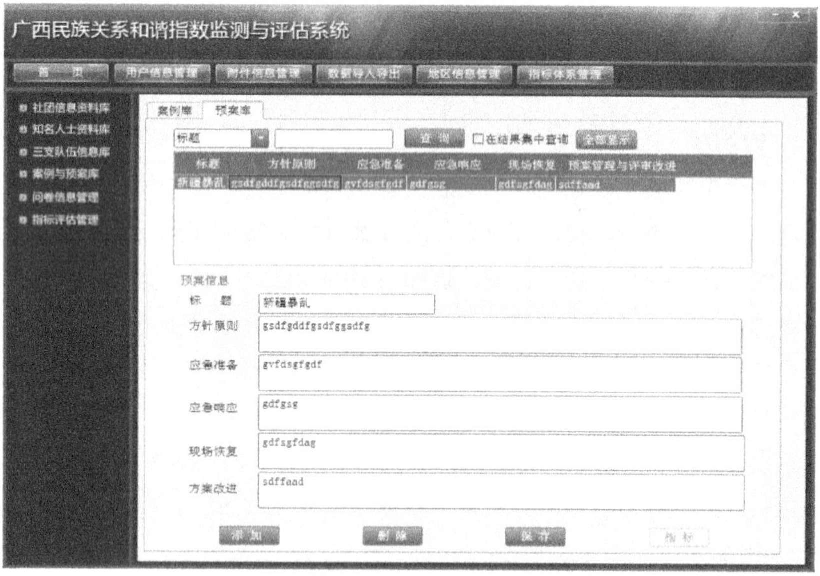

图 34-59　预案库界面

三　指标体系管理

指标体系是民族关系监测与预警系统的核心，同时是监测和评价民族关系的主要内容，建立一套完整的民族关系监测与预警指标体系是充分发挥广西民族关系监测与预警系统功能的关键环节,下面详细介绍指标体系建立的步骤。

用户登录系统后,进入系统主界面,单击页面左边树形结构中"指标体系管理"按钮,系统自动弹出指标体系管理页面,如图 34-60 所示。

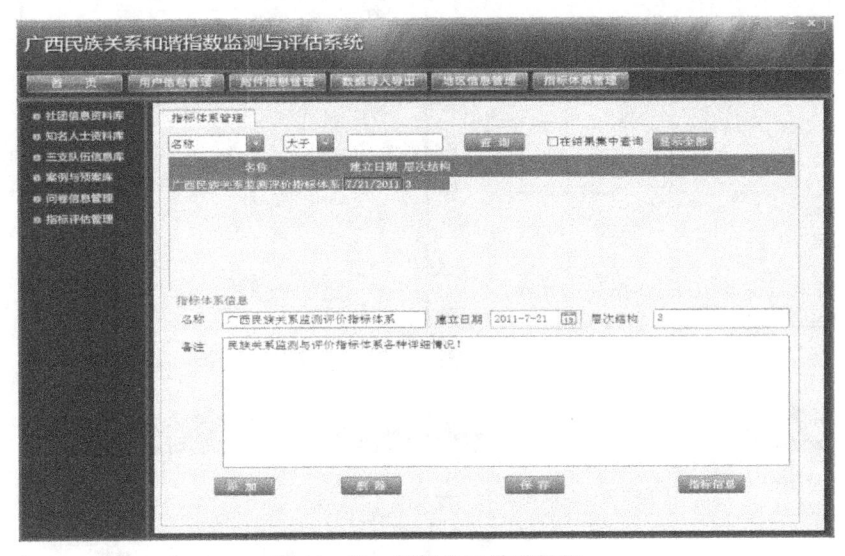

图 34-60 指标体系管理界面

需要新增指标体系时,首先,点击页面下方"添加"按钮,在页面上方指标体系列表栏中会增加一条指标体系;然后,在页面下方指标体系详细信息栏中填写指标体系的详细信息,包括指标体系名称、创建日期、层次结构和备注;最后,点击"保存"按钮,指标体系增加完毕。

指标体系是衡量民族关系的重要依据,指标信息的设计是指标体系的核心,一般指标体系包含三个层次:一级指标、二级指标和三级指标。三级指标的下级指标是基础指标,基础指标主要用来统计基础数据,然后三级指标根据公式汇总基础指标统计的基础数据,一级一级汇总,最后得出整个指标体系的汇总数据,根据数据可以评价民族关系的和谐度,进而对民族关系起到监测和评估作用。下面详细介绍三个等级指标的建立过程。

首先在指标体系列表栏中选中刚刚新建的指标体系,然后点击"指标信息"按钮,系统会自动弹出指标详细信息页面,如图 34-61 所示。

图 34-61 左边区域显示为一级指标,右边显示为指标详细信息。在指标详细信息区域可以定义指标在数据库中的编号、指标名称、指标层级、指标权值以及指标备注。选中该级指标,右键弹出添加下级指标选项,如图 34-62 所示。

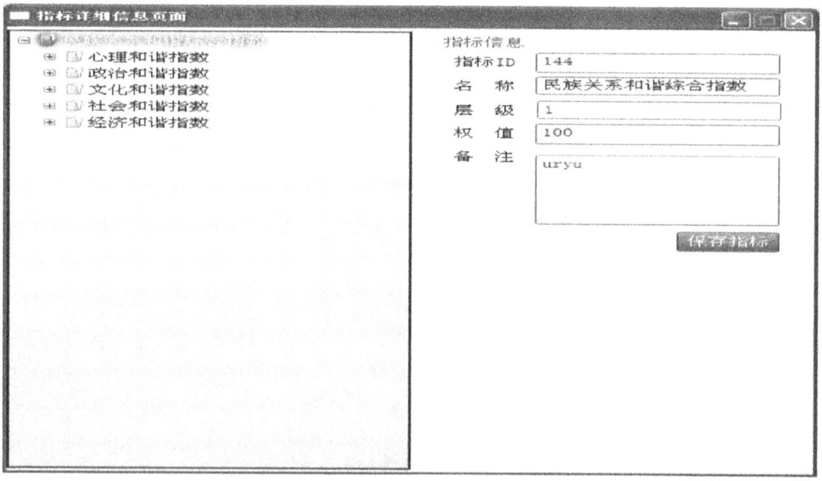

图 34-61　指标详细信息界面

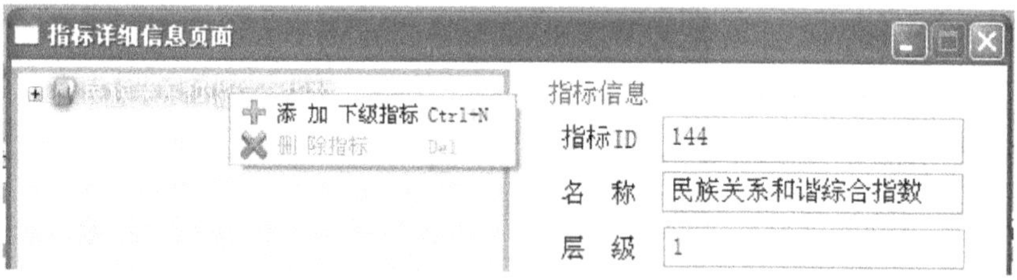

图 34-62　添加下级指标

选择"添加下级指标",系统会自动添加其下级指标,在指标信息区域为该级指标填写其详细信息,指标 ID 系统自动分配,只需定义指标名称、层级、权值和备注等信息,如图 34-63 所示。

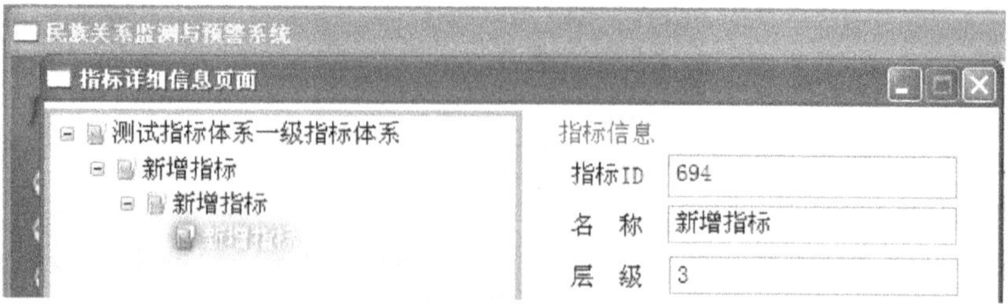

图 34-63　新增下级指标

在每次添加下级指标时其上级指标的层级和权值不能为空,否则,系统会阻止添加下级指标。

根据用户需求,课题组定义民族关系监测与预警系统的指标体系为三个层次的指标体系，三级指标的下级指标为基础数据指标，基础数据指标用来收集具体指标数据，然后用三级指标的计算公式来汇总基础数据指标的数据，如图34-64所示。

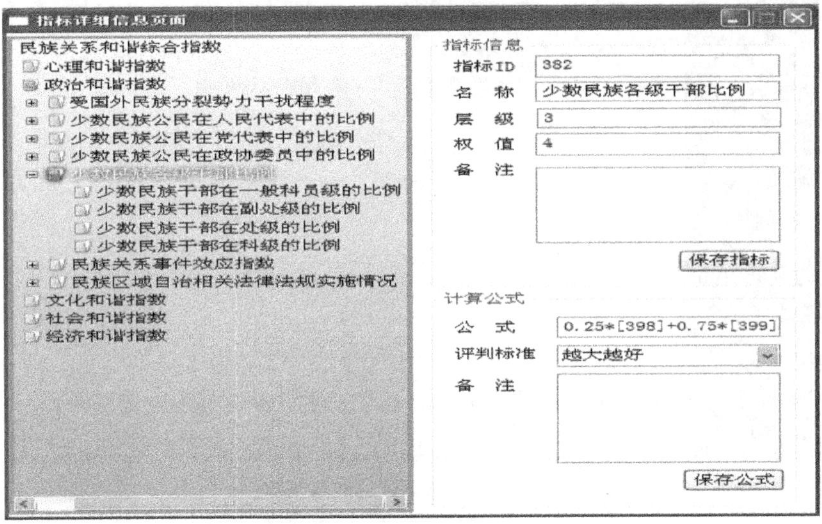

图 34-64 三级指标计算公式界面

在为三级指标定义完计算公式后，然后添加相应的基础数据指标，这样一个完整的指标体系就建立完成。

四 指标评估管理

指标评估管理是民族关系监测与预警系统的重心，同时也是监测和评价民族关系的主要内容，下面详细介绍指标评估的步骤。

（一）指标评估记录基本操作

用户成功登录该系统后，进入系统主界面，单击左边的树形结构中"指标评估管理"选项，系统自动弹出指标评估管理界面，如图34-65所示。

新增评估记录：在指标评估管理界面中，单击"添加"按钮，在评估记录列表中自动增加一条空白记录。该记录呈现蓝色，就是选中状态。在下面的"评估记录信息"中可以添加、修改相应的信息。在"指标体系"列表中选中要评估的指标体系，"状态"列表中选中"填报"选项，"地区"列表中选中评估的地区，"备注"中可以输入相应的备注信息，输入完毕后，单击"更新"按钮，该评估记录保存到数据库中，其基本信息显示在上面评估

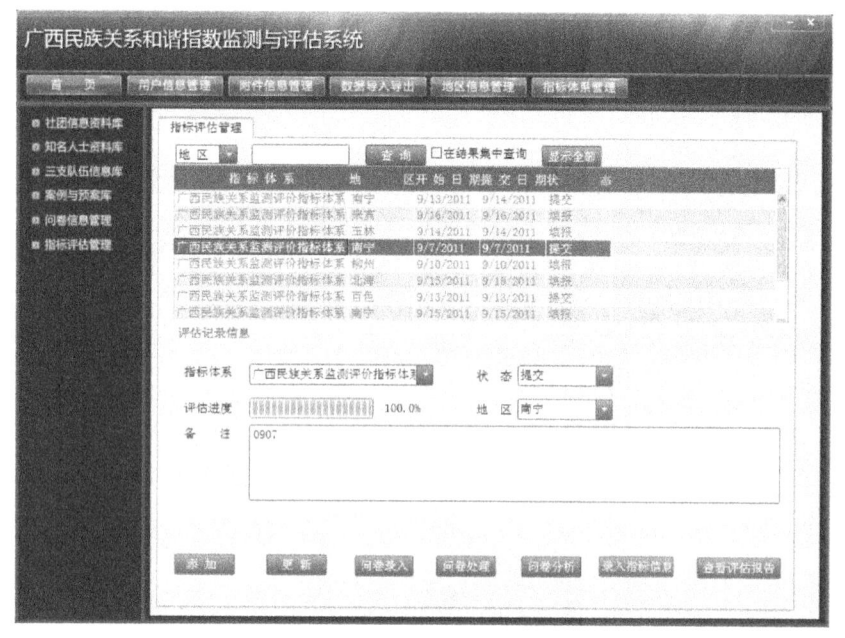

图 34－65　指标评估管理界面

记录列表中。

查询评估记录：在指标评估管理界面中，"查询"按钮左边的列表中选中查询方式，选择"地区"，后面输入"南宁"，单击"查询"，下面列表中则显示评估地区为南宁的评估记录。如果需要从这些记录中查询状态为"提交"的记录，这时选择查询方式为"状态"，后面输入"提交"，选中"在结果集中查询"，单击"查询"，下面列表中则显示评估地区是南宁的已经提交的评估记录。单击"显示全部"，列表中则显示所有的评估记录。

（二）调查问卷

调查问卷的信息处理：选中要录入数据的评估记录，单击"问卷录入"，系统弹出问卷调查管理界面，如图 34－66 所示。

在问卷调查管理界面，把问卷调查的全部信息全部输入，具体操作如下。

添加问卷：单击"添加"，上面列表中添加一条空白信息。该信息呈现蓝色，就是选中状态，在答卷信息中选择或输入相应的基本信息，录入完毕后，单击"保存"，系统弹出"是否确定保存？"的提示框，单击"是"，该基本信息保存到数据库中。

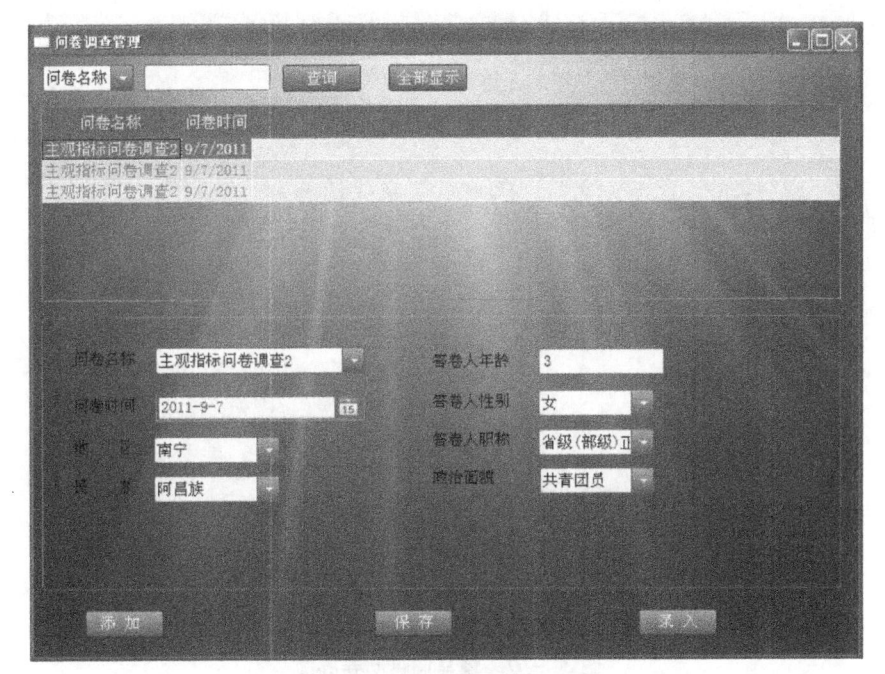

图 34-66　问卷调查管理界面

录入试卷答案：在问卷列表中单击刚刚添加的问卷记录，该记录呈现蓝色，就是选中状态，单击"录入"，系统弹出填写调查问卷界面，如图 34-67 所示。

在图 34-67 中，左侧显示的是该问卷所有的题目，选择题目，右侧显示该题目的信息，在右侧"选项"中输入该题目的答案和需要备注的题目，可以在右侧"备注信息"中输入相应的信息。为所有题目录入答案后，单击"保存"，系统弹出"是否确定保存？"提示框，单击"是"，该份问卷则保存到数据库中，关闭填写调查问卷界面。

查询调查问卷：在问卷调查管理界面，上面选择查询方式，后面输入查询条件，单击"查询"，下面列表显示符合条件的信息。单击"全部显示"，下面列表中显示全部信息。

所有调查问卷录入完毕后，关闭该问卷调查管理界面，退出到指标评估管理界面。单击"问卷处理"，系统弹出提示框"问卷处理完毕！"，单击"确定"。

问卷分析：在问卷调查管理界面，选中评估记录，单击"问卷分析"，系统弹出问卷分析界面，如图 34-68 所示。

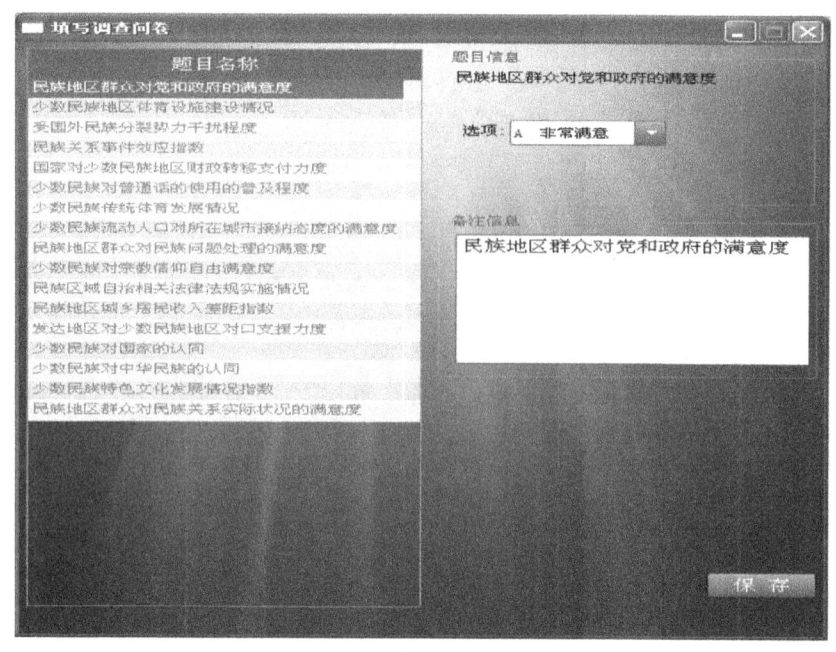

图 34-67 填写调查问卷界面

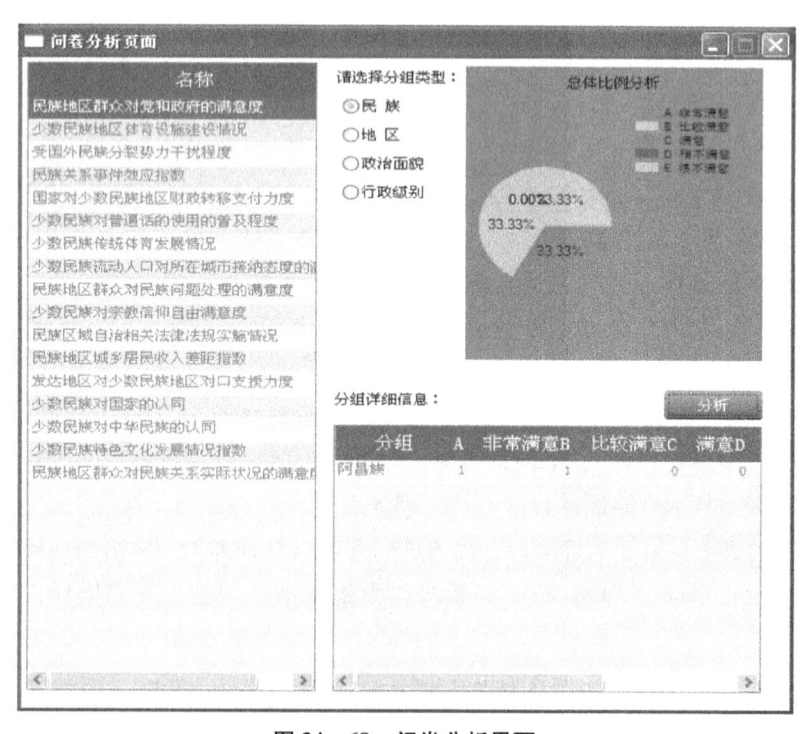

图 34-68 问卷分析界面

在该界面中，选中一道问题，再选中一个分组类型，单击"分析"，则系统就对该次评估的所有问卷进行分析，分组详细信息里面则按照分组类型显示该评估中所选问题的调查结果。如果该评估的调查问卷中对所选题目都没有回答，系统提示"不存在答案记录"。

（三）指标评估

调查问卷是对该指标体系中主观指标进行的调查，问卷处理完毕后，处理结果直接保存到主观指标的"专家评分法"中，下面只需要输入客观指标的基础数据。在指标评估管理界面中，单击"录入指标信息"，系统弹出指标评估界面，如图 34-69 所示。

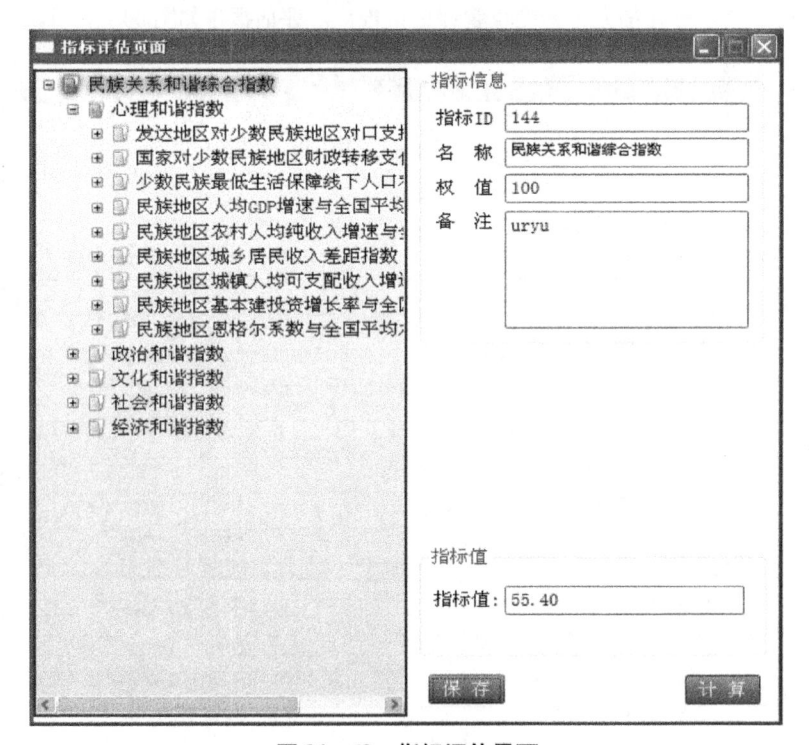

图 34-69　指标评估界面

在指标评估界面中，单击左侧的小三角，展开整个指标树形图，单击每一个基层指标，右侧显示该指标的详细信息，单击"输入数据"，在数值框中输入相应数据，单击"保存"，也可以全部录入后，单击"保存"。全部录入后，单击"计算"，系统计算整个指标体系的评估值。关闭该界面，重新进入，单击每一个指标，右侧下方显示指标值。其中，只有客观基层指标可以录入数据；名称为"专家评分法"的指标在问卷处理后系统自动填写，这里无法手动输入；如果基层指标没有输入完毕，无法"计算"，单击"计算"后，系统提示"请继续答题！"。

指标体系计算完毕后，关闭指标评估界面，退出到指标评估管理界面，刷新该界面，选中刚刚计算过的评估记录，评估进度条显示进度为100%（评估进度条左端是已经评估的指标个数，右端是所有需要评估的指标个数），在评估记录详细信息中，把"状态"修改为"提交"，单击"更新"，提交该评估记录。

查看评估报告：选中已经提交的评估记录，单击"查看评估报告"，系统弹出该评估记录的评估报告。如果进度条不是100%，单击查看评估报告后，体统提示"没有评估完，不能查看评估报告！"。评估报告如图34-70所示。

图 34-70 评估报告界面

五 问卷信息管理

调查问卷主要是用来收集民族关系和谐指数的主观指标信息，问卷根据民族关系监测与预警指标体系来设计，从指标体系中提取主观指标组成问卷试题，同时，系统还提供了打印主观指标问卷的功能，完成试卷信息的录入，可以预览问卷。

用户进入系统后，单击"问卷信息管理"按钮，在页面右边可以看到问卷信息管理主界面，如图34-71所示，对于主观指标调查问卷，系统提供了新增、删除和打印功能，现在主要介绍主观指标调查问卷的新增和打印功能。

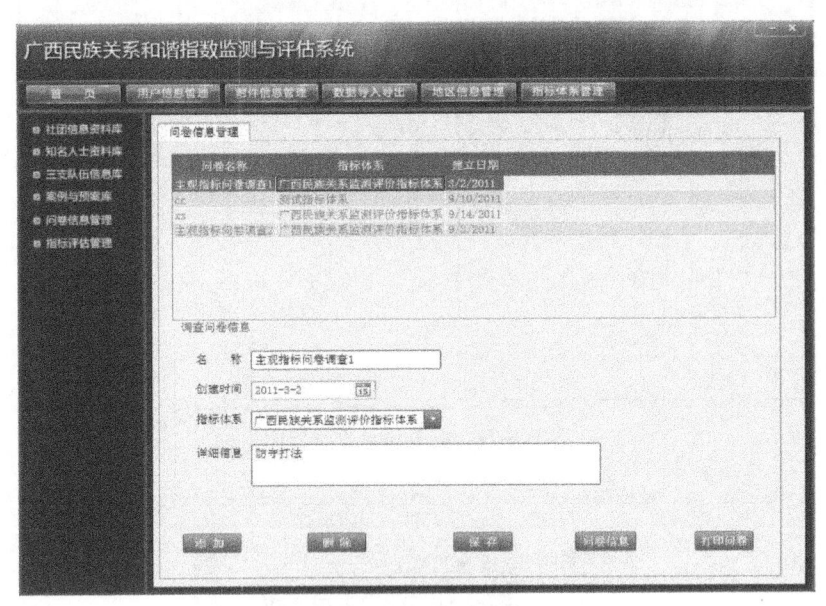

图34-71 问卷信息管理主界面

新增。首先，单击"添加"按钮，系统添加一条新的问卷记录，在列表下方填写问卷的名称、创建时间、采用的指标体系以及问卷的详细信息；然后，单击"问卷信息"按钮，系统弹出问卷设计管理界面（见图34-72），在主观指标问卷页面中可以选择主观指标问卷的试题。

问卷设计主要操作就是把民族关系和谐指数中主观指标选择出来作为调查问卷的试题，操作如下：首先，点击问卷设计页面，左边区域将民族关系和谐指数展开，一直展开至三级指标；其次，选择主观指标，单击"添加"按钮，主观指标就添加到右边题目列表；最后，为每一道主观题目选择答案类型，系统主要提供如下答案类型，如图34-73所示。选择答案类型，注名备注，单击"保存"按钮，问卷的试题添加完毕，问卷试题设计诸如此操作，根据问卷需要选择问卷试题，完成问卷设计。

打印。完成问卷试题设计，可以预览调查问卷，单击"打印问卷"按钮，可以预览调查问卷，如图34-74所示。

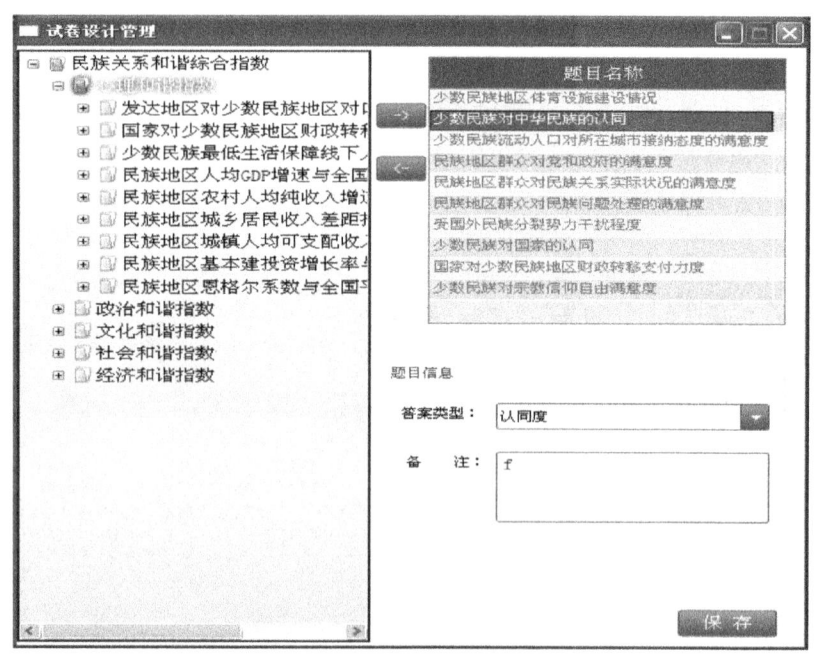

图 34 – 72　问卷设计管理界面

图 34 – 73　系统提供的答案类型

调查问卷设计如图 34 – 74 所示，若电脑主机有打印机连接，可以直接打印调查问卷。

六　附件信息管理

附件信息管理功能模块提供了一种重要信息在不同地方之间进行共享的方式，重要信息可以以文本、图片、音频和视频等格式存储到数据库里，同时也可以将重要信息导出存储。以这种方式可以保证各个地方的信息相互交流。附件信息管理页面如图 34 – 75 所示。

系统用户登录系统后，单击"附件信息管理"按钮，右边弹出附件信息

图 34-74 调查问卷界面

图 34-75 附件信息管理界面

管理页面，对附件信息可以进行增删改查操作。

添加。首先，单击"浏览"按钮，弹出图 34-76 所示对话框。

图 34-76 附件信息添加对话框

在附件信息添加对话框中选择需要导入本机系统里的文件,单击需要导入的文件,然后单击"打开"按钮,在附件信息管理界面中"浏览"按钮后面的文本框显示出导入文件的存储路径,如图 34-77 所示。

图 34-77 附件信息管理界面

如图 34-77 所示，即将导入的附件信息文件路径为"D：\gxProject\bin\Debug\MyControls.dll"；然后，单击单击"添加"按钮，在附件信息列表框中增加一条新的附件信息；最后，将附件信息的地点、分类和保密级别等信息完善，单击"保存"按钮，新增加的附件信息就保存到本地数据库中。

删除、查询和修改操作与社团信息操作方法一致，可以参考社团信息的删除、修改和查询操作步骤。

导出。首先，在附件信息管理界面上部分信息汇总列表框中选择所要导出的附件，然后，单击"导出"按钮，系统会弹出附件导出的存储路径，如图 34-78 所示。

图 34-78 附件导出

单击"确定"按钮，附件资料就成功地导出到指定的文件夹中，然后转移到安全的可移动硬盘中。

七 其他功能模块

（一）用户信息管理

用户信息管理模块为系统分配使用人员，包括为系统用户分配用户名（登录账号）和登录密码，同时，系统用户可以在用户信息管理界面初始化自己的账号信息。例如，修改用户名及密码、设置用户的使用地区、填写用户信息等。在此功能页面可以对用户信息进行增删改查操作，这给用户充分的使用权限，有助于系统信息的保密性。信息的增删改查操作可以参照前面基础信息库的操作方式。

（二）地区信息管理

地区信息管理界面主要是将广西壮族自治区所辖的地级市全部添加到系统中，为各个地方各个时期评价民族关系和谐指数提供具体地区信息。地区信息管理界面也涉及地区信息的增删改查等操作，其具体操作详情可以参照

图34-79 用户信息管理界面

社团信息资料的增删改查操作。

图34-80 地区信息管理界面

(三) 数据导入导出

数据导入导出功能给用户提供了一种便利的数据交换方式,用户可以把社团信息、地区信息、知名人士信息、案例库与预案库信息、指标体系和评估记录及指标值等信息从系统中导出到移动存储硬盘,或者将以上信息上传到系统中,操作比较简单。

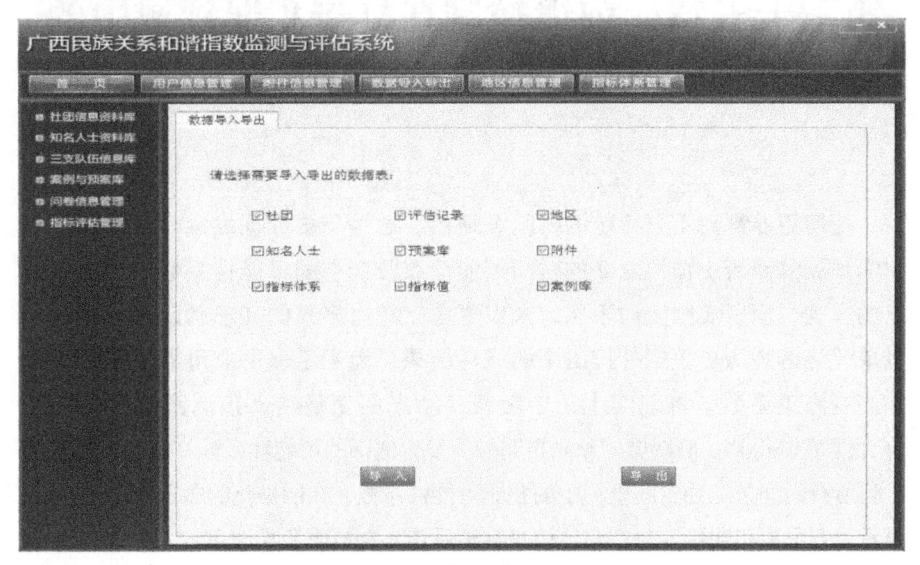

图34-81　数据导入导出界面

第三十五章 前馈控制在打击犯罪领域中的应用研究[*]

任何犯罪都离不开特定的时间和地点。通过历史数据发掘，可以获得对犯罪预测具有历史惯性意义的时间可能性系数和空间可能性系数。历史是既定的客观，而现实则变动不居，未来更是充满诸多新的和不确定的变量，所以单凭纯客观历史数据外推出来的线性结果，尚不足以形成可靠的预测。设立主观修正系数，将现实生活中随机、动态的变量纳入预测系统并与之拟合，便可以得到我们期望的预测犯罪行为发生概率的可能性系数。通过计算机技术将所有时间节点和空间坐标中的犯罪可能性系数，在网格化的电子地图中一一显示，便形成犯罪预测时空定位信息管理系统，在打击犯罪过程中发挥前馈控制作用。

第一节 犯罪预测时空定位信息管理系统的构建

2011年末，美国警方在媒体宣称建立了一种被称为"Blue CRUSH"（译为"蓝色风暴"或"蓝色粉碎"）的预测犯罪软件，据说这种软件可以通过分析已发生犯罪的时间地点的历史数据，预测未来犯罪发生的时间和地点。一些城市使用这一软件使犯罪率减少了30%。鉴于其可观的应用前景，许多著名的软件公司如IBM、SAS软件研究所、SPSS软件公司及享有国际声誉的兰德公司（RAND）都纷纷和警方联手合作，不惜重金深化开发和应用这种犯罪预测分析技术。毋庸讳言，课题组的"犯罪预测时空定位信息管理系统V1.0"（以下简称FZYC-V1.0）受美国Blue CRUSH的启发，但由于并没有获得其详细技术资料，加之国情不同，所以FZYC-V.1完全是在自主创新

---

[*] 本章根据阎耀军、张明发表在《中国人民公安大学学报》上的国家社科基金重点项目（项目编号：13ASH003）阶段性成果《犯罪预测时空定位信息管理系统的构建》编写。

的情况下研发的。更重要的是,FZYC-V.1与美国侧重个案犯罪预测的Blue CRUSH不同,FZYC-V.1是针对各类主要犯罪的整体分析与预测。所以课题组研发的FZYC-V.1是一项完全拥有自主知识产权的软件。该款软件所具有的犯罪历史数据的时空展示功能、犯罪结构及趋势的时空分析功能、未来犯罪概率的时空预报功能和警力投量投向的时空引导功能是与Blue CRUSH不同的,因而亦是其所不具备的。目前FZYC-V1.0已经得到中华人民共和国国家版权局认定的计算机软件著作权(软著登字0542880号);与此同时,北京市公安局也组织专门调研班子对这一研发成果的科学性和推广应用的可行性进行了全面调研论证,认为该软件具有可以对犯罪行为进行时空定位分析和概率预测的功能。使用这一软件,不仅可以解决警力投量和投向的合理部署问题,而且可以对犯罪行为实施大尺度超前预控,从而提升警务工作效能,是保障高效合理使用有限警力资源,准确打击犯罪的科学工具。并决定在全市若干区域进一步试验、完善后全面推广应用。

为配合FZYC-V.1的选点实验和有利于FZYC-V.1的修订完善,本节从系统软件构建的基本原理和方法、系统软件的主要功能和操作界面、系统软件运行的初步效果和进一步拓展系统软件的设想四个部分对FZYC-V.1进行阐述。

一 系统软件构建的基本原理和方法

任何犯罪都不可能脱离时间和空间。任何犯罪都会在特定的时间和空间留下痕迹。预测以规律为前提。分析犯罪时空的历史记录,可以寻找犯罪的规律。

任何犯罪都不可能没有原因。如果把致使犯罪的各种原因提炼出来,建立一个系统动态分析模型,就能够预测犯罪现象的发生。

将犯罪预测的概率值落实到特定的时间节点和空间坐标之上,就构成对犯罪预测的时空定位。因此,完全可以利用数学和计算机技术,构建一个针对犯罪预测的时空定位信息管理系统。

犯罪预测时空定位信息管理系统的构建,首先依赖大量的、完整并且真实可靠的历史数据。利用SPSS分析技术,可以从犯罪历史数据的分析中找到不同犯罪与时间和空间的各种相关关系,通过时间序列预测模型、回归分析预测模型、灰色系统预测模型和最优组合预测模型等一系列数学方法,可以计算出犯罪的时间可能性系数、空间可能性系数和主观修正系数。

(一) 犯罪时间可能性系数

犯罪时间可能性系数是对犯罪行为将在特定时间发生概率的数量化表达。它代表某一时间发生某种类型犯罪的可能性大小，其功能是预测犯罪行为将可能在什么时间发生。

犯罪时间可能性系数分为日、周、月、季、半年、年等不同时间段的系数，以及自定义时间段的系数。利用数学方法和计算机技术，可以使每一种犯罪行为发生的时间可能性系数，在上述任一时间节点中得到反映。

犯罪时间可能性系数通过对犯罪历史数据的统计分析获得。例如，在统计分析中我们发现，犯罪行为在不同时间节点（日、月、年）的分布是有一定规律的，如图35-1所示。

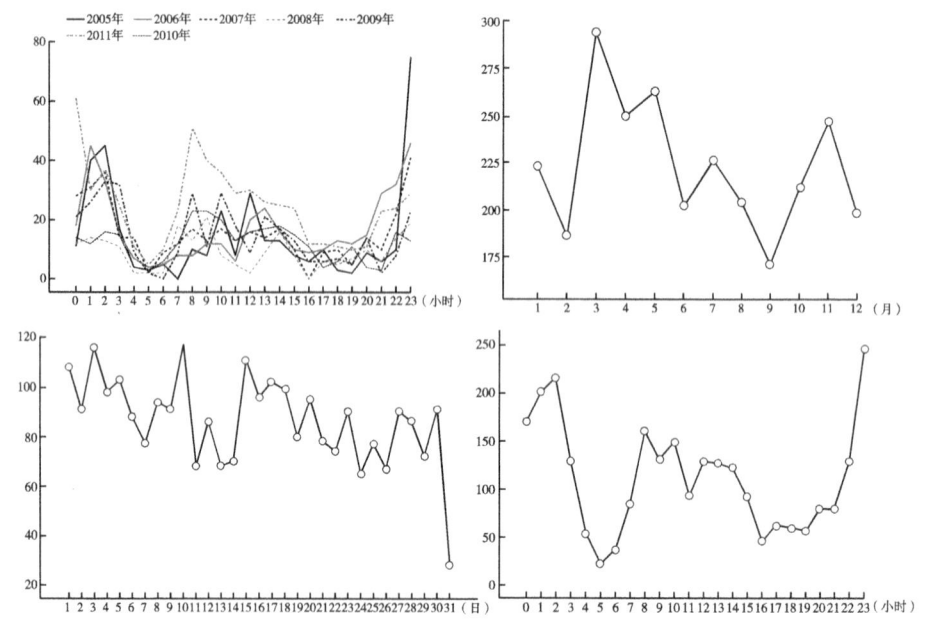

图35-1 不同时间节点（年、月、日、小时）犯罪数量趋势（以入室盗窃案为例）

从图35-1可以看出，不同时间节点犯罪案件的分布是不均衡的，本文引入时间可能性系数这一指标来衡量不同时间节点犯罪案件数量分布的不均衡特点，并通过如下计算公式获得犯罪时间可能性系数。

$$S = \frac{\sum_{i=1}^{m} y_i / m}{\sum_{i=1}^{n} x_i / n} \tag{1}$$

式（1）中，S代表犯罪时间可能性系数，x_i（$i=1$，2，…，n）为历年月、季、半年、年等值，y_i（$i=1$，2，…，m）为历年同月、季、半年、年等的值。

（二）犯罪空间可能性系数

犯罪空间可能性系数是对犯罪行为在特定空间发生概率的数量化表达。它代表某一地区发生某种类型犯罪的可能性大小，其功能是预测犯罪行为将可能在什么地方发生。

犯罪空间可能性系数可以按照特定的区域划分方法来划分空间，如行政区、警务区、功能区（商务、旅游、住宅）等，也可干脆以地理网格来划分空间。总之，空间的划分可以根据警务工作的需要任意切割甚至交叉使用。每一种犯罪行为发生的空间可能性系数，都可以利用数学方法和GIS技术在上述任一空间划分中得到反映。犯罪空间可能性系数的获得有如下两种方式。

第一种方式是将犯罪分为促使犯罪发生的"犯罪诱因指数"和阻滞犯罪发生的"犯罪成本指数"两组相对应的统计指标。犯罪诱因指数由犯罪目标的价值因素构成，如某小区居民的富裕程度，某公共场所的混乱程度，某区域实施犯罪的便利条件，包括某段时间实施犯罪行为成功的概率等；犯罪成本指数由形成犯罪成本的因素构成，如某小区人防、物防、技防的状况，某区域法制系统的效率（如破案率、警察出巡可见度等）。这两组指数可以用制定细分指标打分评定的方法，也可以由有经验的警务人员主观估计的方法确定相应等级。犯罪诱因指数和犯罪成本指数是此消彼长的关系，两者的拟合即为犯罪空间可能性系数。其数学表达式为：

$$K_{ij} = f(Y_{ij}, C_{ij}) \tag{2}$$

$$Y_{ij} = g(V_{ij}, R_{ij}, F_{ij}) \tag{3}$$

$$C_{ij} = h(D_{ij}, P_{ij}\cdots) \tag{4}$$

K代表犯罪时间可能性系数，其中，K_{ij}表示第i种犯罪在第j个区域内发生的空间可能性系数，Y_{ij}和C_{ij}分别表示第i种犯罪在第j个区域内存在的犯罪诱因指数和犯罪成本指数；其中Y_{ij}是V_{ij}，R_{ij}，F_{ij}等因素的函数，分别代表第i种犯罪在第j个区域内存在的犯罪目标的价值因素、区域混乱程度及区域实施犯罪的便利条件；而C_{ij}是D_{ij}、P_{ij}等因素的函数，分别代表第i种犯罪在第j个区域内存在的防御状况和警察工作效率等因素。

以上方法适用于连续性历史数据较少而管理工作比较细腻的新区。

第二种方式是依据历史数据获得。由于不同空间中人口、财富、交通、建筑等要素结构具有一定的稳定性和功能惯性，从而其对犯罪的诱发有所不同，其结果就是某些地区的犯罪率较低而有些地区的犯罪率偏高。所以我们可以通过建立数学模型对犯罪历史数据进行处理，从中得到不同区域历史上的犯罪空间可能性系数，其数学模型如下：

$$K_{ij}^l = \frac{x_{ij}^l}{\frac{1}{m}\sum_{j=1}^{m} x_{ij}^l} \quad (5)$$

K 代表犯罪时间可能性系数，K_{ij}^l 即为第 l 期在第 j 个区域内第 i 种犯罪类型的发案可能性系数。x_{ij}^l 代表第 l 期在第 j 个区域内第 i 种犯罪类型的发案数量，其中 $x_{ij}^l \geq 0$，$i = 1, 2, \cdots, n$，代表犯罪类型；$j = 1, 2, \cdots, m$，代表区域编号；$l = 1, 2, \cdots, l$，代表时间周期。

K_{ij}^l 属于一个时间序列数据，一般情况下由于犯罪惯性的存在，在犯罪空间可能性系数的预测中，距离现在越近的时刻对下期的预测值影响也会越大。为此我们引入指数移动平均方法（Ewma）对犯罪空间可能性系数进行预测。Ewma 模型主要是对时间序列中的数据依据时间先后赋予不同的权重，距离现在越近，赋予的权重越大，历史越远，赋予的权重越小；同时，为计算简便化，引入参数 λ 决定权重的分配，λ 为衰减因子，取值范围在 0 ~ 1 之间。所以对于下一期犯罪空间可能性系数的预测，可以使用公式（6）得到未来时间段的犯罪空间可能性系数。

$$K_{ij}^{l+1} = \sum_{n=1}^{l} (K_{ij}^{l-n+1} \cdot \lambda^{n-1} / \sum_{n=1}^{l} \lambda^{n-1}) \quad (6)$$

以上方法适用于连续性犯罪历史数据比较完备，但管理工作不甚细腻的地区。

（三）主观修正系数

任何用于预测的数学模型都不可能穷尽和囊括所有变量。大量事实和实践经验表明，在进行犯罪预测时，经验丰富的刑侦人员凭借其经验甚至是直觉对犯罪发生的判断是不容忽视的。犯罪预测从属于社会预测，因而具有一定程度的非线性和不确定性特征。鉴于时间可能性系数和空间可能性系数均属于根据纯客观数据而形成的线性测算结果，未能考虑人们的主观判断因素和一些突发的随机变量以及其他不确定因素，为避免受机械计算结果的误导，我们特别设定主观修正系数。

主观修正系数是指研判人员在时空预测系数的基础上，再根据情报、经验、突发情况等随机变量，对系统输出的依据客观数据所产生的预测值，依据一定规则进行主观调整时所使用的参数。例如，怀柔是风景旅游区，当得知某大型旅游活动将致使怀柔区的某一时空中的流动人口剧增时，就可以根据历年流动人口与犯罪相关系数对未来犯罪的可能性概率进行合理修正。同理，当情报部门得知某黑社会团伙进入怀柔区后，亦可以根据这一情报对犯罪可能性概率进行修正。其余类推。

主观修正系数可以由专家集体使用德尔斐法获得，亦可以由警务组织直接赋予特定的个人。主观修正系数的使用是有权限和规则的。其权限的大小由警务组织根据有关人员掌握信息情报的多寡、资历的深浅、警衔的高低以及职务相关程度尤其是刑侦能力的大小来评定划分。拥有不同修正权限的人对客观预测值的修正程度亦是有差别的。修正权限的拥有及其修正权的大小也不是固定不变的，它会根据修正者使用修正权后的应验率进行与时俱进的调整。也就是说修正权可以随着修正者修正应验率的提高而得到相应提高，反之则相反，直至完全丧失修正权。

主观修正系数（Z）的计算方法如公式（7）所示：

$$Z = \frac{1}{D}\sum_{d=1}^{D}\{[(1+\rho_d)\exp^{\frac{1}{u_d}} - 1]\cdot f(Q_d, E_d, T_d)\} \tag{7}$$

其中，d 代表修正者的编号（$d = 1, 2, 3, \cdots, D$），D 为修正者总数量；ρ_d 为一个参数（$0 \leq \rho_d \leq 1$），其数值大小与修正者 d 历史上对犯罪预测进行修正的应验率有关，且应验率越高，该数值也会越大；u_d 代表修正者在犯罪预测修正中赋予的级别（$u_d = 1, 2, 3, 4, 5$）；Q_d、E_d 和 T_d 分别代表第 d 个修正者通过对情报、经验及突发情况进行判断得到的修正函数；$f(Q_d, E_d, T_d)$ 为综合情报、经验及突发情况得到的主观修正系数，如表 35-1 所示。

表35-1 情报、经验以及突发情况对主观修正系数的影响

级别	情报对犯罪概率的影响	根据经验对犯罪概率的调整	突发因素对犯罪概率的影响
五级	有重大影响	需大幅调整	有重大影响
四级	有较大影响	需较大调整	有较大影响
三级	有中等影响	需适中调整	有中等影响

续表

级别	情报对犯罪概率的影响	根据经验对犯罪概率的调整	突发因素对犯罪概率的影响
二级	有轻微影响	需轻微调整	有轻微影响
一级	无影响	不需要调整	无影响

将上述时间可能性系数、空间可能性系数和主观修正系数进行拟合，可以得到犯罪可能性系数（$FZYC$），其计算公式为：

$$FZYC = f(S,K,Z) \tag{8}$$

所有时间节点和空间坐标中的犯罪可能性系数，将通过计算机软件在网格化的电子地图中一一显示。

二 系统软件的主要功能和操作界面

"犯罪预测时空定位信息管理系统 V1.0"主要有犯罪历史数据的时空展示、犯罪结构及趋势的时空分析、未来犯罪概率的时空预报和警力投量投向的时空引导等四大功能。

（一）犯罪历史数据的时空展示功能

点击相应菜单按钮，系统可以对全部犯罪及其指定分类，以彩色斑点的形式对各级区划进行分层分类显示。每点击一级行政区，便可打开其所辖的下一级行政区，依次层层打开直至最小单元；每勾选一种犯罪类别，也可在所打开的空间层面上查看其时空分布状况（见图 35 - 2 至 35 - 5）。

图 35 - 2 2005 年至 2013 年 4 月 18 日怀柔区全部案件分布

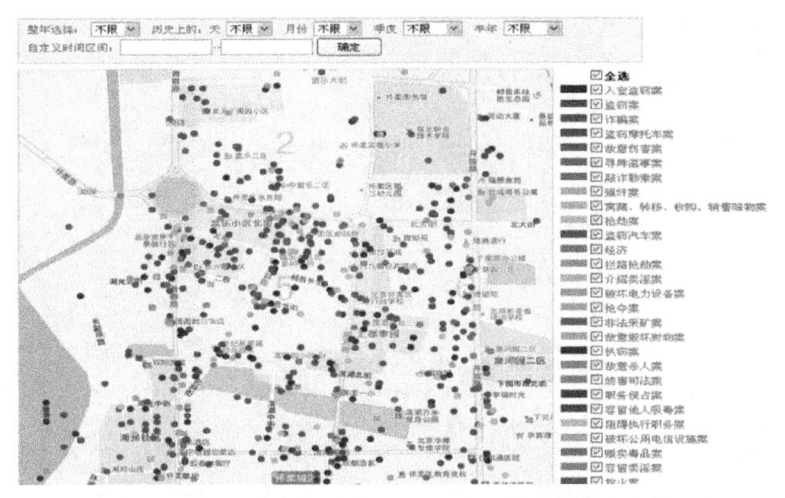

图 35–3　2005 年至 2013 年 4 月 18 日怀柔某街区全部案件分布

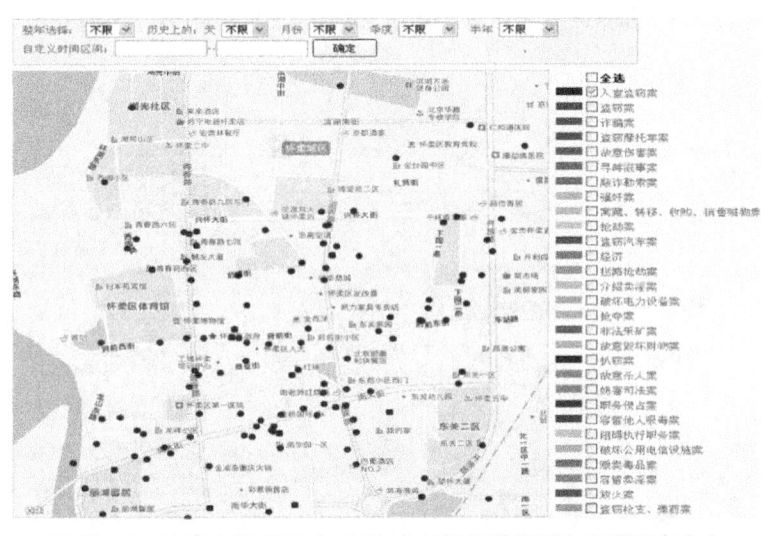

图 35–4　2005 年至 2013 年 4 月 18 日怀柔某街区入室盗窃案分布

（二）犯罪结构及趋势的时空分析功能

点击犯罪空间分布图中的相应网格和点位，系统将以分布在地图上大小不同的饼图来显示各个空间点位上的犯罪数量的大小及其犯罪类型的构成；点击相应饼图，系统将清晰地显示犯罪的结构数据和历史趋势数据；点击相应地点坐标，即可查看相应的犯罪记录，内容包括该地点犯罪数量的统计，以及每一条犯罪的时间、地点、经过（见图 35–6 至 35–10）。

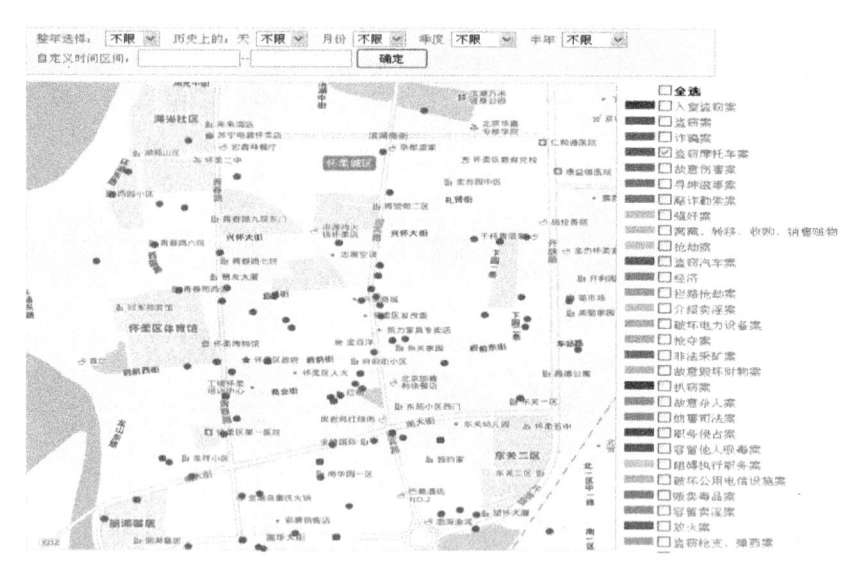

图 35-5　2005 年至 2013 年 4 月 18 日怀柔某街区盗窃摩托车案件分布

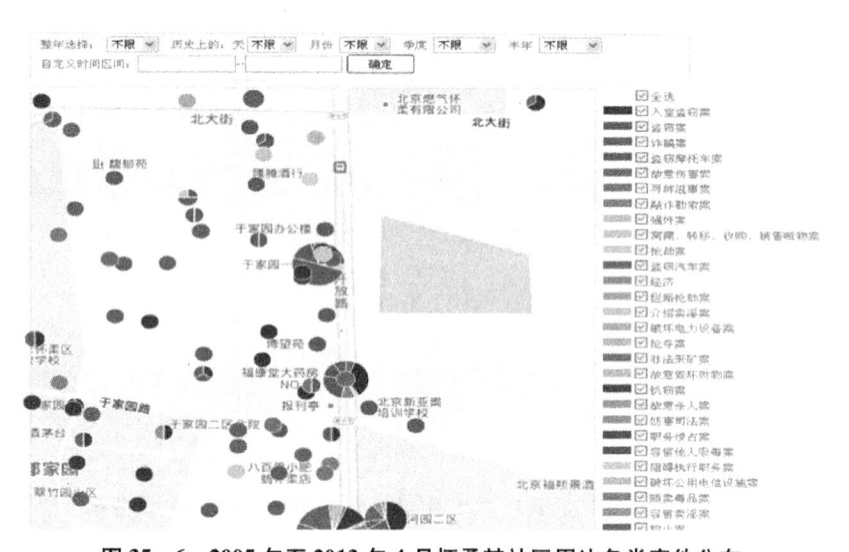

图 35-6　2005 年至 2013 年 4 月怀柔某社区周边各类案件分布

（三）未来犯罪趋势时空预报功能

FZYC-V.1 实施犯罪预测由后台的预测模块自动运行，直接由时间来触发，如每天的零点对当天的主要犯罪类型进行预测；每周日的零点，对本周的主要犯罪类型进行预测。也可以用手动方式启动预测，以保证数据源的完整性（见图 35-11）。

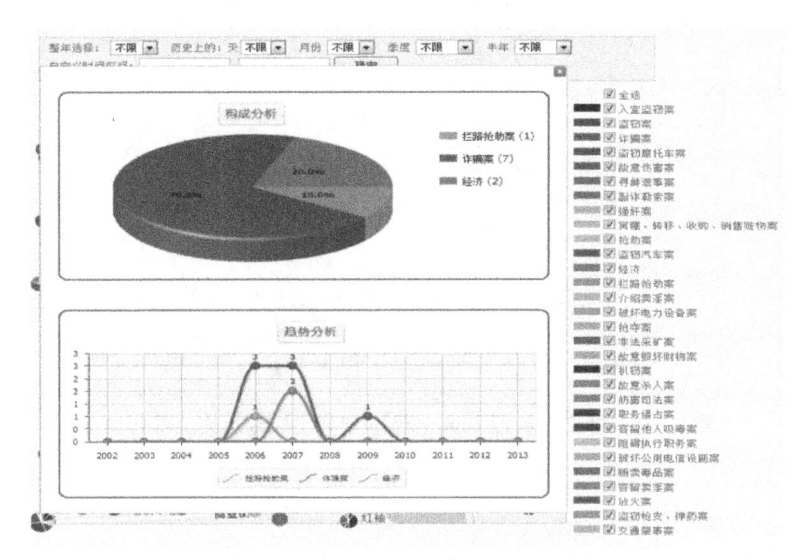

图 35 – 7　怀柔某社区各类案件比例及分布曲线

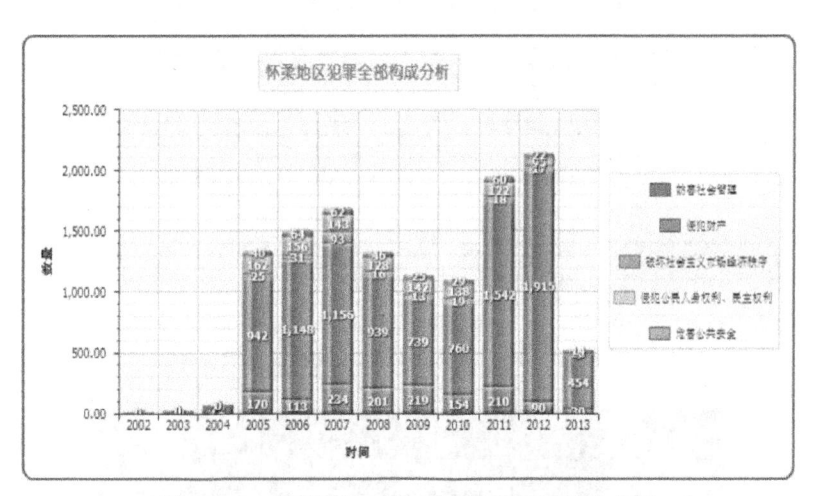

图 35 – 8　怀柔地区 2002～2013 年犯罪构成分析

犯罪时间预测根据相应的公式和公式所需要的原始数据，对指定的时间节点（日、周、月、季、半年、年及任意时间节点）进行预测，并随着原始数据的更新而滚动更新未来特定时间节点的预测值。犯罪空间预测是犯罪时间预测的分区域显示。本软件通过罩在地图上的网格以及网格中填充的警级颜色和数值，来显示特定犯罪类型在特定空间的预测结果。

全区被平局划分为 16 个大网格，每个大网格又被平均分割为 9 个小网格（课题组称之为"九宫格"），每个小网格的颜色根据预测结果分为红、橙、黄、

| 预测·预警·预控

图 35-9　怀柔某街区 2002~2013 年各类犯罪历史趋势分析

图 35-10　某街区历史发案详细记录

图 35-11　预测模块后台自动运行状态监测

蓝、绿五种颜色代表不同的警级,同时显示犯罪的空间可能性系数(概率)。点击网格片区上的系数可以弹出"主观修正"的对话框,可对预测结果按照一定规则从情报、经验、突变因素三个方面对预测结果进行不同程度的主观修正(见图 35 – 12 至 35 – 14)。

图 35 – 12　系统预测的某街道 2013 年 5 月各网格犯罪可能性系数

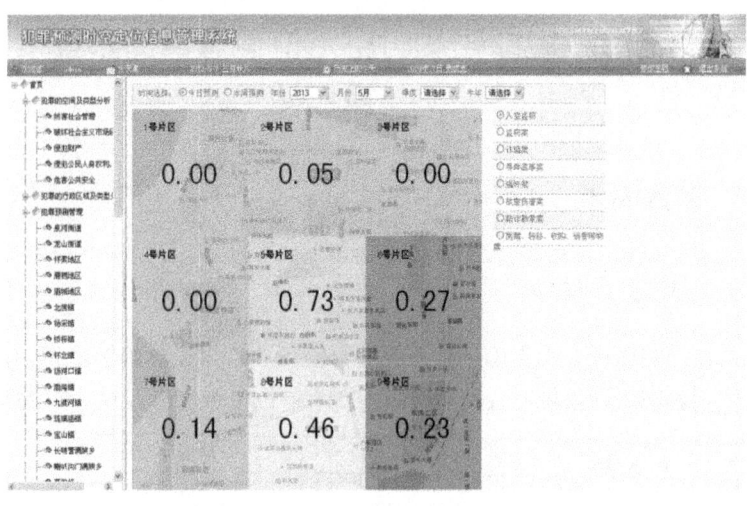

图 35 – 13　主观修正后犯罪可能性系数在 6 号片区发生变化

(四)警力投量投向的时空引导功能

资料表明,我国警力较为不足。世界各国警察与人口数量平均比例是每

图 35-14　主观修正系数选择项

万人 35 名，而我国是每万人 12 名。如果按照我国犯罪率 36‰的数字计算，可以说是"十个坛子三个盖"。那么我们的三个盖子如何去盖十个坛子？从理论上讲，任何罪犯都可能被擒获。但是在司法实践中却是全世界司法界都不可能完成的任务。因为这里面有一个社会成本问题。有很多案件破不了，不是因为不可能，而是因为公安机关无力支付庞大的破案成本。破案力度的大小与经济发展和社会科技发展是相关联的。破案成本不外乎人财物。总之，我国是发展中国家财力有限，以外延方式增强警力是有限的，以内涵方式增强警力是无限的。使用 FZYC – V.1 系统，可以使警务指挥部门根据系统预报的犯罪时空可能性概率，有目标有重点的出警，同时引导相关部门有针对性地加强高发案区的防控工作，从而避免耗费大量警力搞事倍功半的"拉大网"式巡逻，以及为制造某种气氛而频繁盲目出警导致劳民伤财的无效劳动。

第二节　犯罪预测时空定位信息管理系统操作使用

一　基本操作

（一）登录系统

输入用户名密码，点击确认，系统进行验证，若错误会给予提示，正确则进入系统主界面。点击重置按钮可以清空文本框以供重新输入（见图 35 – 15）。

（二）主界面

系统主界面划分为三个区域，顶部是状态栏，显示登录用户的名字、日历提示、历史上的今天以及登陆的操作。左下侧树形控件为系统的功能导航。右下侧为系统的主功能界面，点击左侧树形控件中的具体功能，右侧会显示相应的功能页面（见图 35 – 16）。

图 35–15　登录系统界面

图 35–16　主界面

日历提示会显示当日的公历日期、农历日期、节气节日信息、明日的节气节日信息。"历史上的今天"按照今日的月份与日期搜索历年今日所发生的重大事件，循环滚动将标题显示在系统主界面的状态栏，点击标题后可以进入所点击的重大事件详细查看页面，查看事件的详细内容。

二　犯罪历史数据分析模块

（一）犯罪记录空间及类型全区概要查看

此功能是对全部犯罪或指定的犯罪大类（如妨害社会管理、侵犯财产、破坏社会主义市场经济秩序、侵犯公民人身权利、民主权利、危害公共安全等）从全区 16 个行政区域和 3 个景区的范围进行犯罪数量的统计。若不指定犯罪大类，则为全部犯罪，以电子地图和柱状图的形式展示每个行政区犯罪数量的多少，从而清晰地展示全部犯罪或指定大类的犯罪数量在全区 16 个行政区域和 3 个景区的分布状态。点击行政区域或景区的形状可以链接跳转至该行政区域或景区犯罪记录空间及类型行政区域地图查看（见图 35 - 17）。

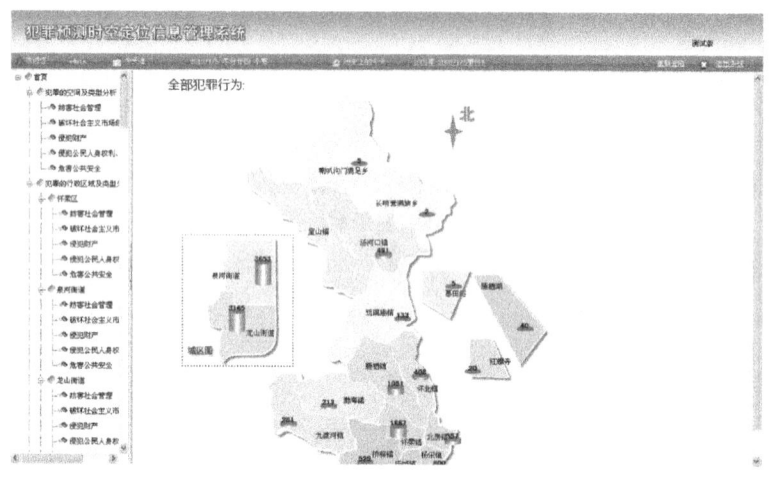

图 35 - 17　全区概要查看

（二）犯罪记录空间及类型行政区域地图查看

此功能是对全部犯罪或指定的犯罪大类下的犯罪类型从指定的行政区域或景区的范围进行犯罪地理分布特征的分析和查看。若不指定犯罪大类，则显示犯罪总数排在前 30 位的犯罪种类，以地图和分布在地图上不同颜色的圆点来展示犯罪发生的地点，每一个小圆点代表一起犯罪案件，从而清晰地展示全部犯罪或指定大类的犯罪在该行政区域或景区的分布状态。该功能具备时间范围选择和犯罪类型选择的接口，时间范围默认为全部历史犯罪记录数据，选择范围包括整年选择、历年的今天、历年的明天、历年的某一月份、历年的某一季度、历年的上半年或下半年，以及自定义时间区段的选择，以满足用户的各种时间范围需求。确定时间范围后，地图上的圆点则代表该时间范围内发生的犯罪记录分布情况。犯罪类型选择的接口同时也是地图上圆点颜色所代表犯罪类型的图例，每个图例应带有一个复选框，复选框处于勾选状态时，则地图上显示该类犯罪的分布状态，复选框处于未勾选状态时，则地图上不显示该类犯罪的分布状态，同时应提供全选和清除全部勾选的功能。地图分为九个片区，鼠标浮动在片区上时会显示片区的编号，点击具体的片区可以链接跳转至该片区犯罪记录空间及类型详细地图查看界面（见图35-18）。

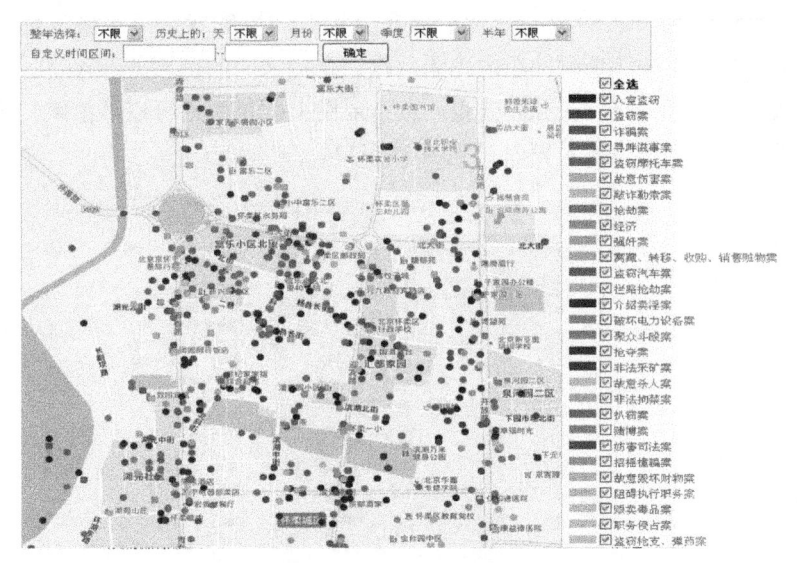

图35-18 犯罪类型查看

（三）犯罪记录空间及类型详细地图查看

此功能是对全部犯罪或指定的犯罪大类下的犯罪类型从指定的行政区域或景区的指定片区（9个片区中的一个）进行犯罪地理分布及构成的分析和查看（见图35-19）。若不指定犯罪大类，则显示数量排在前30位的犯罪种类，以片区的详细地图和分布在地图上不同大小的饼图来展示犯罪发生的地点及该地点犯罪数量的多少和犯罪类型的构成，从而清晰地展示全部犯罪或指定大类的犯罪在该片区的数量、分布、构成特征。该功能具备时间范围选择和犯罪类型选择的接口，时间范围默认为全部历史犯罪记录数据，选择范围包括整年选择、历年的今天、历年的明天、历年的某一月份、历年的某一季度、历年的上半年或下半年，以及自定义时间区段的选择，以满足用户的各种时间范围需求。确定时间范围后，地图上的饼图则代表该时间范围内发生的犯罪记录的数量、分布、构成情况。犯罪类型选择的接口同时也是地图上饼图中颜色所代表犯罪类型的图例，每个图例应带有一个复选框，复选框处于勾选状态时，则地图上显示该类犯罪的数量、构成、分布状态，复选框处于未勾选状态时，则地图上不显示该类犯罪的各类状态，同时应提供全选和清除全部勾选的功能。当鼠标浮于饼图上时，会弹出该地点犯罪构成的清晰版饼图，同时还有该地点犯罪记录的趋势图，默认时间范围状态下横坐标为年份，纵坐标为某一年全年的犯罪数量；整年选择的状态下，横坐标为月份，纵坐标为某一月的犯罪数量；选择历年时间段的状态下，横坐标为年份，纵坐标为某一年该时间段内犯罪数量；自定义时间范围的状态下，横坐标为天，纵坐标为某一天犯罪数量。点击地图上的饼图则可以链接跳转至该地点的犯罪记录报告查看界面（见图35-20）。

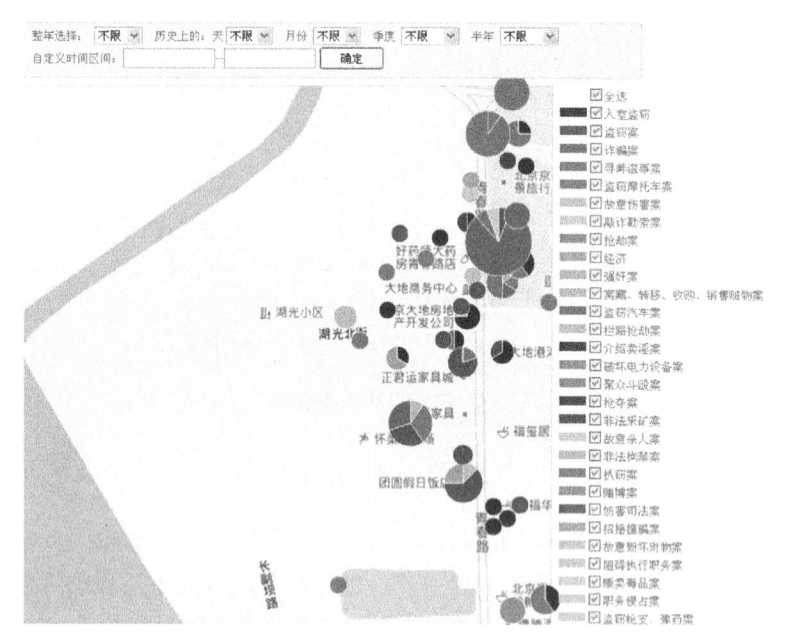

图 35-19　犯罪记录地理分布查看

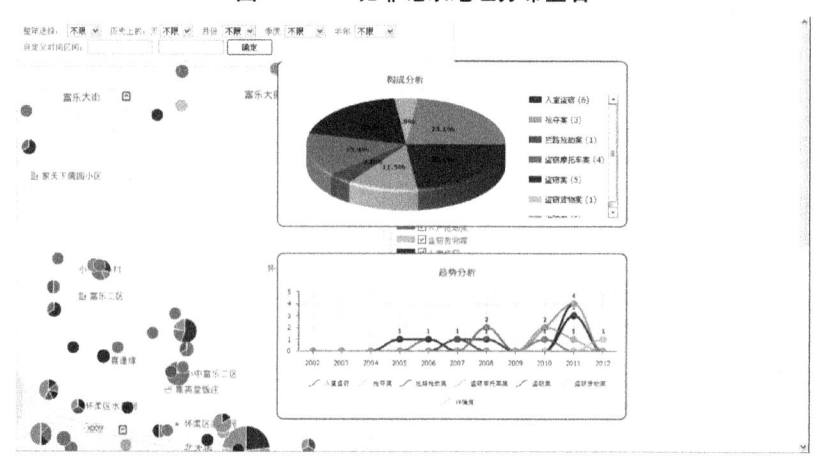

图 35-20　犯罪构成及发展趋势

（四）犯罪记录报告查看

此功能是对指定地点坐标的犯罪记录进行查看，内容包括该地点犯罪记录数量的统计，各类犯罪的数量，以及每一条犯罪记录的时间、地点、经过。报告内容可以直接通过打印机打印，也可导出为 PDF 或 Word 格式的文件（见图 35-21）。

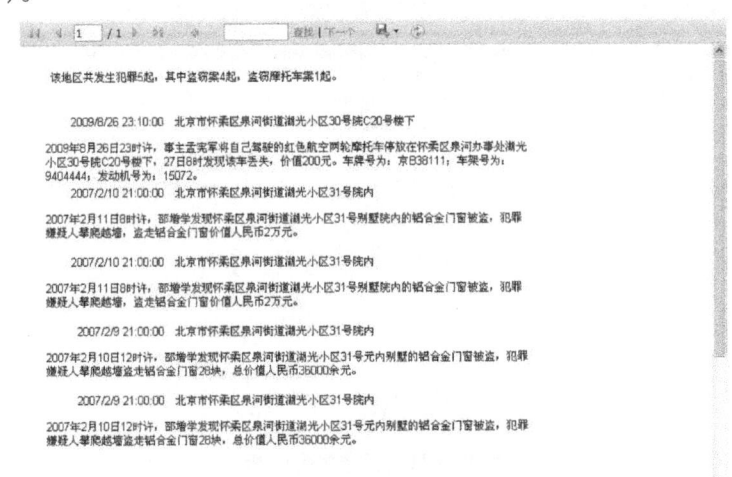

图 35-21 犯罪记录报告查看

（五）犯罪记录行政区域及类型图表分析

此功能是对犯罪大类或大类下的犯罪类型从整个怀柔区以及全区 16 个行政区域和 3 个景区的范围进行犯罪数量、构成、趋势分析。若不指定犯罪大类，则分析对象为犯罪类型按照大类的汇总数据。分析内容包括犯罪数量趋势分析、构成分析、月度/年度构成分析，形式分别为多系列曲线图、饼图、多系列柱状图。分析需要时间范围选择的交互操作，默认状态下为全部历史犯罪记录。犯罪数量趋势分析的多系列曲线图在默认时间范围状态下横坐标为年份，纵坐标为某一年全年的犯罪数量；整年选择的状态下，横坐标为月份，纵坐标为某一月的犯罪数量；选择历年时间段的状态下，横坐标为年份，纵坐标为某一年该时间段内犯罪数量；自定义时间范围的状态下，横坐标为天，纵坐标为某一天犯罪数量，图中不同颜色的曲线代表不同类型的犯罪数量趋势。犯罪数量构成分析的饼图中不同颜色的扇形代表不同类型的犯罪，其面积代表该类犯罪的数量在所有犯罪数量中所占比例。犯罪数量趋势分析的多系列曲线图在默认时间范围状态下横坐标为年份，纵坐标为某一年全年的犯罪数量；整年选择的状态下，横坐标为月份，纵坐标为某一月的犯罪数量；选择历年时间段的状态下，横坐标为年份，纵坐标为某一年该时间段内犯罪数量；自定义时间范围的状态下，横坐标为天，纵坐标为某一天犯罪数量，图中不同颜色的柱状方块代表不同类型的犯罪在某年、某月或某年的某个时间段内数量，以及该犯罪类型在该年、该月或该年该时间段内的数量所占比例（见图 35-22、图 35-23）。

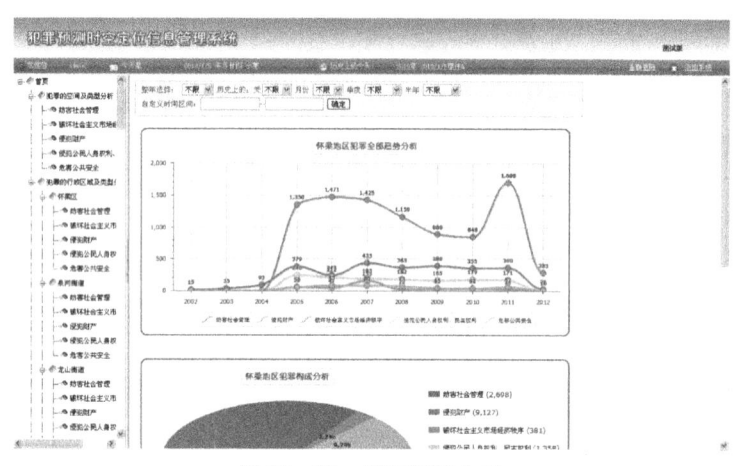

图 35-22 犯罪类型分析

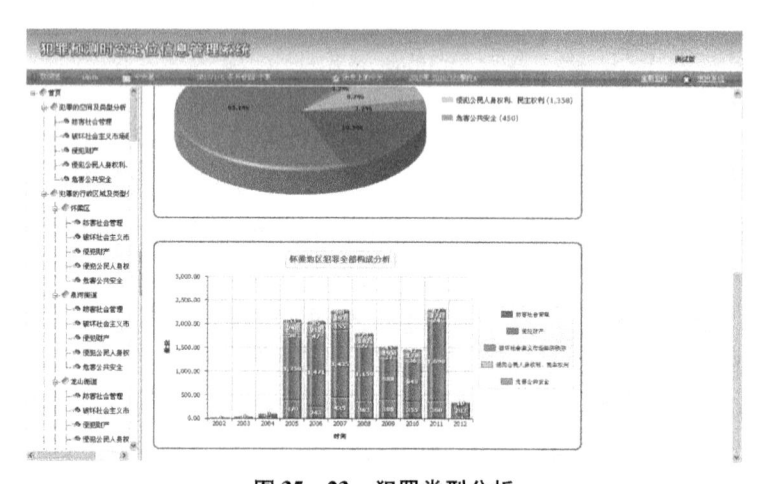

图 35-23 犯罪类型分析

三 犯罪预测模块

（一）犯罪预测模型管理

本系统的预测部分使用的方法包括两类：灰色系统和回归分析构成的最

优组合模型预测和时间序列预测。时间序列预测主要是对各地区各类犯罪的天、周时间段的预测，预测方法可固化在系统代码中。

最优组合模型预测法则需要针对不同地区、不同犯罪类型、不同时间段设计不同的公式，公式的组成包括公式中系数的值以及公式所涉及的变量，变量通常为时间变量、各地区的社会指标值。因此对预测模型的管理主要包括对公式的增加、删除、修改，以及对公式中系数、变量的管理。

对于有时间特征的犯罪记录预测，应设置事件系数，用于修正预测结果，使其更符合时间特征，如对入室盗窃行为5月的预测结果应在基础预测值上进行1.2倍的调整，不同地区不同类型犯罪的时间系数不同。

（二）犯罪预测

犯罪预测是不需要用户直接操作的功能模块，天、周类型的预测由时间来触发，每天的0点整对今天的重点类型犯罪类型进行预测，每周日的0点整，对本周的重点类型犯罪进行预测。预测前需要检查是否有足够的原始数据，即每日犯罪数据，若录入的每日犯罪数据不完整，则会导致预测无法进行。

对月、季度、半年时间段类型的预测，则根据相应的公式和公式所需要的原始数据，即各地区的基础指标，在指定时间点进行预测，滚动更新过往的预测值。预测前同样要检查原始数据是否完整并且有时效性，即公式所需要的变量，若变量不完整或过期，则会导致预测无法进行。

（三）重点犯罪类型片区预测结果查看

此功能是对重点犯罪类型从指定的行政区域或景区的范围查看犯罪预测结果及其地理分布特征。以地图和遮罩在地图上不同颜色的面板和数字来显示预测结果。地图被分割为九个区域，每个区域的面板可能为红、橙、黄、蓝、绿五种颜色，分别代表五种程度的警情，同时应有数字显示出该区域的犯罪指数：红色代表重警，指数区间为 $0.8\sim1$；橙色代表轻度重警，指数区间为 $0.6\sim0.8$；黄色代表中警，指数区间为 $0.4\sim0.6$；蓝色代表轻警，指数区间为 $0.2\sim0.4$；绿色代表无警，指数区间为 $0\sim0.2$。该功能具备时间范围选择和犯罪类型选择的接口，时间段选择可为今日预测、本周预测，指定月份的预测，指定季度的预测，指定半年的预测。确定时间范围后，地图上的片区颜色及指数则代表该时间段的预测结果。犯罪类型选择的可切换查看重点犯罪类型的预测结果。点击片区上的指数可以弹出主观修正的对话框，可对预测结果从情报对预测结果的影响、经验对预测结果的影响、突变因素对预测结果的影响三个方面对预测结果进行不同程度的主观修正,确定后即可看到修正后的预测结果(见图 35 – 24、图 35 – 25)。

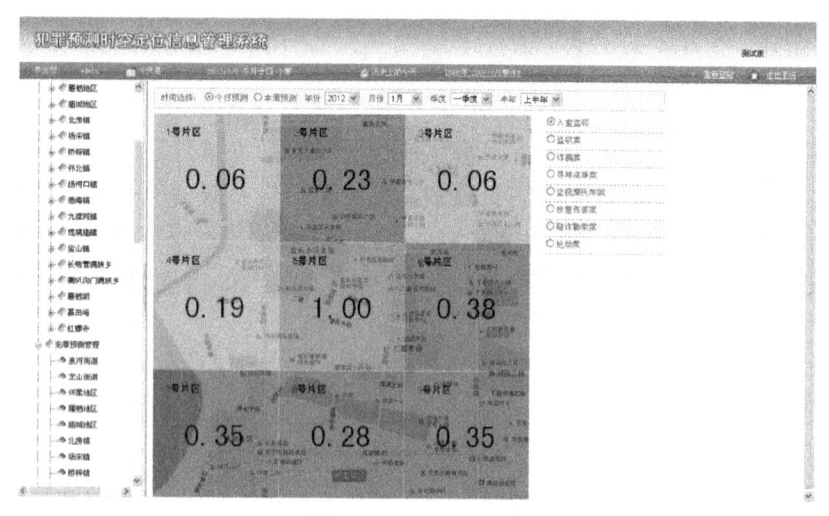

图 35 – 24　预测结果

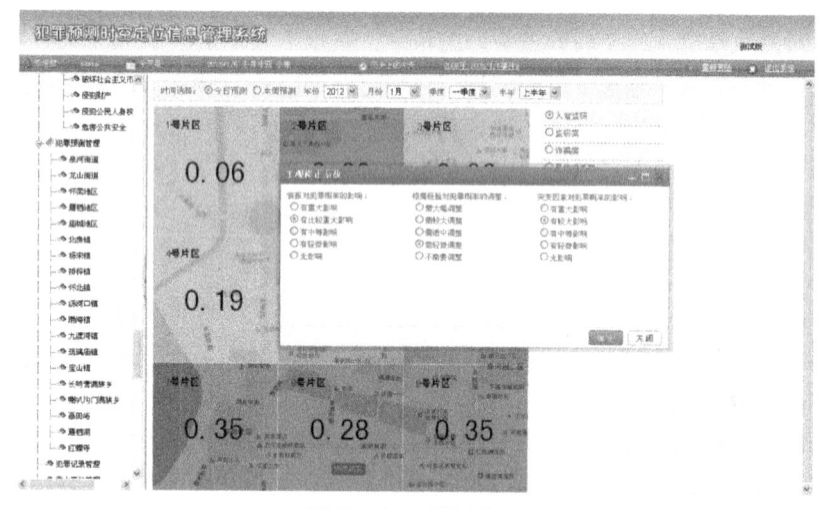

图 35 – 25　预测修正

四　基础数据管理模块

(一)犯罪记录管理

犯罪记录是系统最重要的原始数据,对其管理的功能界面主要包括两部分:Excel 文件上传、犯罪记录的添加修改删除。犯罪记录的构成,即 Excel

文件中的数据字段应包括序号、案件编号、案件类型、案件状态、案件类别、发案时间、派出所管辖、发案详细地址、受理时间、立案时间、立案单位、受理部门、接报单位、受理方式、归属街道、实施手段、地区标识、选择处所、选择部位、损失总价值、天气、录入人、录入时间、简要案情、嫌疑人特征描述、是否出租房、受害人性别、受害人年龄、被侵害人身份、人员编号、作案人姓名、人员性别、出生日期、文化程度、身份、作案手段、国籍、人员户籍地、人员户籍地详址、现住地详址、居住地所属派出所、作案工具、是否吸毒、作案特点、作案原因、案犯类型、民族、单位名称、单位性质。记录中不明确的字段可以置空（见图35–26）。

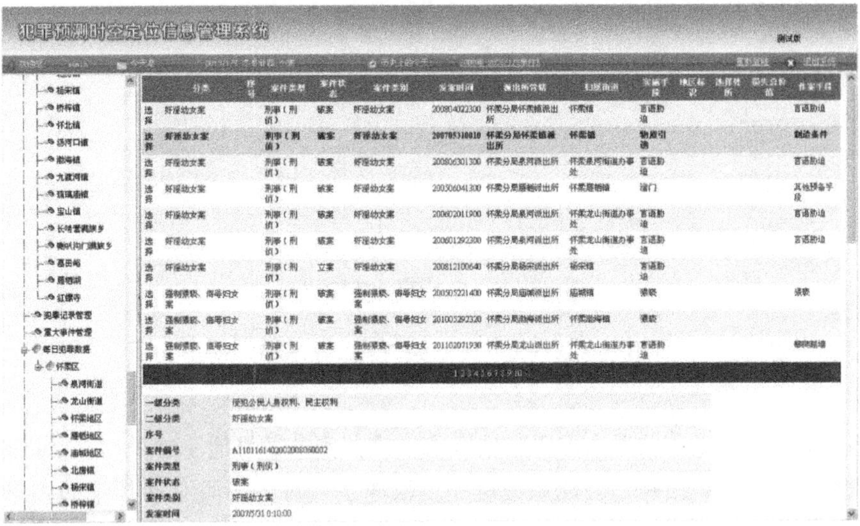

图35–26 犯罪记录管理界面

添加犯罪记录或上传 Excel 文件后，系统会定期启动处理程序根据其发案详细地址搜寻该地址的经纬度坐标并进行记录，以实现犯罪记录地理位置时的快速定位。因考虑到发案详细地址在地址坐标数据库中可能会不存在严格匹配的地址，因此匹配坐标时应以最大匹配原则进行匹配。

（二）重大事件管理

本功能提供对公安局内部或国家公安系统发生的重大事迹进行管理的接口，如换届选举、体制变革、颁布新法律等等。内容包括日期、标题、内容，操作主要包括添加修改删除及按照日期或标题内容的关键字查询。本功能所管理的内容为历年今日重大事件提醒提供了基础数据。

该功能分为上下两部分，上方为重大历史事件的概要列表，点击左侧选择按钮，下方会显示所选择的重大事件的详细内容，以及进行编辑、删除、新建的操作接口（见图35－27）。

图35－27　重大事件管理界面

（三）每日犯罪数据管理

由于犯罪记录的录入需要整理后录入或上传，很可能不够及时，从而延误犯罪的天、周预测，因此系统应提供快速录入每天各类犯罪数量的接口。此功能应允许点选行政区域或景区，点选犯罪类型，录入日期（默认为今天）和当天所选地区和犯罪类型的犯罪数量，即使当天该地区没有发生该类型的犯罪，也应录入数字"0"，否则系统将视为数据空缺。也可以对过往录入的数据进行更新（见图35－28）。

（四）基础指标数据维护

基础指标是指犯罪预测所需要的各行政区域或景区的基础社会指标，如流动人口、GDP、少数民族人数等，犯罪预测时所需要的指标有数据且具有时效性才可以进行计算，因此要及时录入或更新指标的数据，对于每个指标都有一个有效期，不同的指标有效期不同。

点击具体的行政区域后，右侧会出现可编辑的指标，点击对应指标左侧的编辑按钮，右侧标签变为可编辑状态，点击"更新"，完成编辑（见图35－29）。

图 35-28　每日犯罪数据管理

图 35-29　基础指标数据维护

(五) 犯罪类型管理

犯罪类型是犯罪记录的分类数据，包括具体的犯罪类型和其所属的犯罪大类，目前的犯罪大类有妨害社会管理、侵犯财产、破坏社会主义市场经济秩序、侵犯公民人身权利、民主权利、危害公共安全五类，每一大类下又分具体的犯罪行为，如妨害社会管理大类下有传播淫秽物品案、妨害作证案、倒卖文物案、容留卖淫案、盗伐林木案等具体犯罪行为。

备注：该功能暂时未提供操作界面，需要时可联系系统管理员进行更新，后续将会完善操作界面。

（六）行政区域信息管理

行政区域是犯罪记录统计分析的地理范围界限，包括记录行政区域或景区的地图存储位置、地图所对应的坐标范围（左上角的经纬度和右下角的经纬度），以及每个行政区域或景区细分为九个片区后每个片区的地图存储位置极其坐标范围。

备注：该功能暂时未提供操作界面，需要时可联系系统管理员进行更新，后续将会完善操作界面。

（七）地址坐标管理

此功能用于管理怀柔区内犯罪记录所收集到的案发地址所对应的经纬度坐标，从而可以统计犯罪的地理分布特征，每个地址有对应的经度坐标和纬度坐标，地址可按照详细程度分为多级，如北京市怀柔区北房镇韦里村东、北京市怀柔区北房镇韦里村东潮白河、北京市怀柔区北房镇韦里村东潮白河西侧，当犯罪记录的地址为"北京市怀柔区北房镇韦里村东潮白河东侧"且系统中没有"北京市怀柔区北房镇韦里村东潮白河东侧"这一地址对应的坐标时，系统则按照最长匹配原则将"北京市怀柔区北房镇韦里村东潮白河"的坐标作为"北京市怀柔区北房镇韦里村东潮白河东侧"的坐标存储。

备注：该功能暂时未提供操作界面，需要时可联系系统管理员进行更新，后续将会完善操作界面。

第三节 犯罪预测时空定位信息管理系统运行效果及应用前景

一 运行效果

"犯罪预测时空定位信息管理系统"（以下简称 FZYC – V1.0）的运行效果分试运行和正式运行两个阶段。试运行阶段课题组直接观察效果；正式运行阶段课题组仅从媒体搜集有关报道。试运行阶段为 2013 年 4 ~ 6 月只有两个多月，仅从这两个多月的个案来看效果还是比较明显的。例如，2013 年 4 月 18 日预测龙山地区后横街、府前街周边、泉河地区北斜街周边入室盗窃和一般盗窃案情可能高发。最终实际情况是 2013 年 4 月 18 日凌晨，怀柔区富乐二区×号楼×单元×××家中被入室盗,损失总价值约200000元,该案发生地靠近泉河地区北斜街。又如,2013年4月19日预测龙山派出所辖区府前街、商业街和南大街,泉河派出所辖区潘家园、北斜街和富乐小区,怀柔镇派出所辖区大中富乐村,庙城派出所辖区石厂环岛附近、杨宋派出所辖区影视城附近,北房派出所辖区京密路沿线,雁栖派出所辖区京加路沿线,渤海派出所辖区渤海镇政府附近,以上地区入室盗窃案件和一般盗窃类案件可能高发。最终实际情况是当日全区案件高发,共接报刑事案件13起,其中泉河富乐北里小区发生入室盗警情(近北斜街)、怀柔镇×××公司门口发生自行车被盗警情(大中富乐村)、庙城十字街发生车内5万元现金被盗案件(近石场环岛)。诸如此类的例证不胜枚举,至于犯罪预测应验率方面效果,我们从周预测中可以略见一斑。

图35-30显示,2013年4~6月三个月,每周的实际发案数与预测发案数虽然稍有偏差,但实际发案数曲线始终围绕预测发案数曲线上下波动,两条曲线大体上是吻合的。

从正式运行的效果来看,由于警方又对软件进行了一定程度的升级改造,效果更加明显。据北京电视台报道,2014年这款软件在北京怀柔地区运行后使当年的刑事案件发案率下降了10.7%,其中入室盗窃发案率下降了55%,110报警数量下降了27.9%。

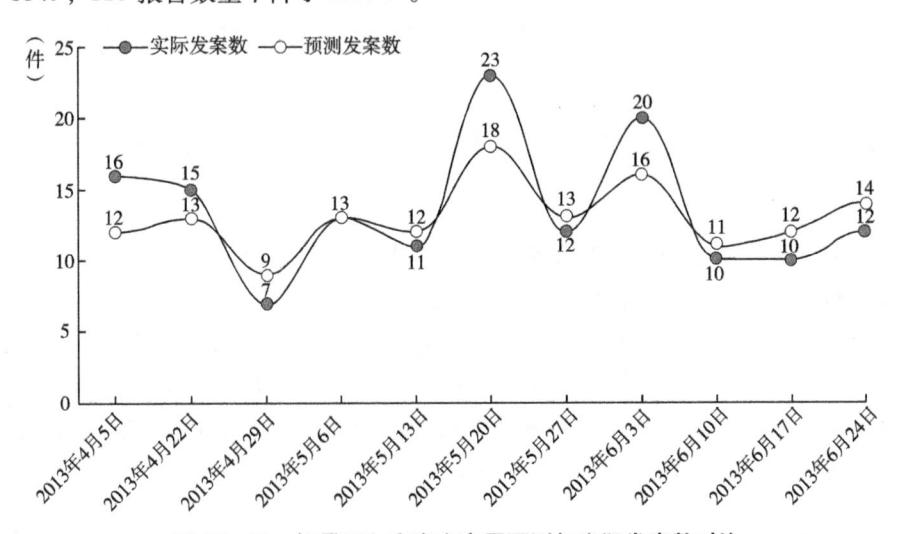

图35-30 怀柔区入室盗窃案周预测与实际发案数对比

FZYC-V1.0的实施效果还体现在其分析预测功能向警务指挥功能的转化和警力部署后的效果。

(一) 明确引导打防管控目标，解决基层警务工作的盲目性和被动性问题

我国社会进入转型期以来社会治安形势日趋复杂，对犯罪的规律性把握愈加困难，打击防范工作普遍处于被动状态，而传统的感觉主导警务、经验主导警务管理模式已经远远不能适应。情报导侦、情报促防的及时性、准确性亟待提高。依托 FZYC – V1.0，基层单位能够看到本辖区未来可能发生的案件种类及发案区位，从而避免漫无边际的盲目出警和撒胡椒面式的街面巡逻和社区布防，不仅为聚焦出警目标和准确蹲守抓捕等警务工作提供了方向性指引，而且也为在非高峰期和非重点区位缩减警力和安排训练休整创造了条件。

(二) 海量数据得以发掘利用，解决警务工作"库中有数"而"心中无数"的问题

长期的警务工作必然积累了海量数据，但是由于各类违法犯罪数据越来越庞大，犯罪诱因、犯罪主体、犯罪手段和社会环境之间的因果关系错综复杂，人工分析海量数据存在困难，大量数据长期沉睡于"海底"难以发挥作用，制约了业务部门和派出所对本地治安情况的深层掌握。利用 FZYC – V1.0 系统的智能化分析功能，可以瞬间完成对海量数据的各种分析和可视化显示，并自动生成发案情况分析报告，解决了大量基础数据沉睡海底，库中有数而心中无数的问题。

(三) 突破了情报分析瓶颈，以科学预测方法提高情报预警能力

施行情报主导警务机制以来，警务情报的专业性和及时性得到显著提高，指挥牵动全局、情报主导警务效果显著，但是由于受到人员、设备和分析研判手段的制约，一些深层次情报仍不能被掌握，一些规律性犯罪仍不能被预见，情报信息离实战需求仍有差距。依托 FZYC – V1.0 中的各种数学预测模型，可以迅速而科学地预测可能发生的犯罪类型、犯罪地点和犯罪事件，有效突破了情报分析能力不足的瓶颈。

(四) 提高了破案率，降低了发案率

通过预测，从而支持警务指挥系统，合理部署警力；从而加强对犯罪的精确打击，提高破案率；从而震慑犯罪，使发案率下降。这既是 FZYC –

V1.0实施效果的逻辑发展，又是FZYC–V1.0实施目的的终极体现。当然，这种效果需要经过较长时间的观察来确定，但是从仅两个多月的实施情况中，已经初见端倪（见图35–31）。

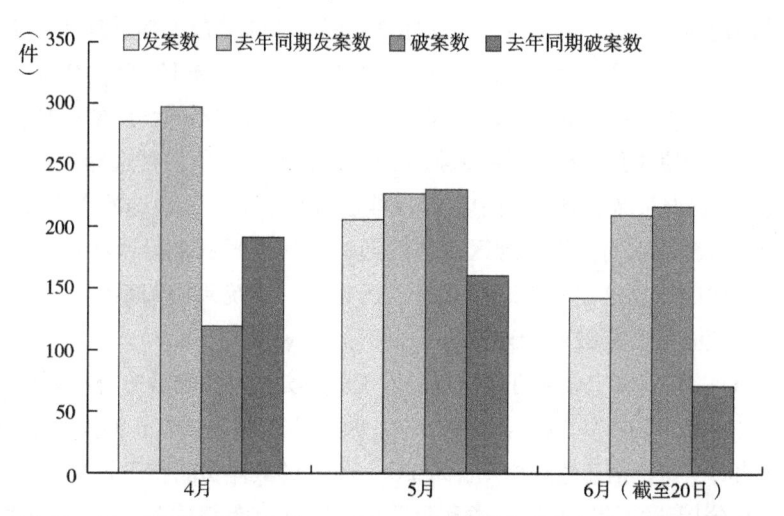

图35–31 怀柔区今年4月至6月20日发案数与破案数与去年同期相比

二 关于推广应用和拓展FZYC–V1.0的设想

FZYC–V1.0是我国公共安全领域中具有极大推广应用价值和广阔发展前景的新生事物，有关部门已经决定对此进行推广应用。因此课题组觉得有必要提出以下观点和建议。

（一）肇始于北京怀柔的软件即FZYC–V1.0不能简单照搬照套于其他地区

犯罪预测的核心是"预测"，而预测所使用的预测模型（数学模型）的构建，来自于特定地区的经济结构、社会结构、人口结构、地理结构以及人文特征所产生的原始数据。"十里不同风，百里不同俗"，怀柔的预测模型未必能对其他地区做到丝丝入扣，弄不好还可能会产生大相径庭的预测结果。况且"橘逾淮北而为枳"，根据行为地理学原理，同一罪犯在不同地区的犯罪行为特征也会有诸多不同。所以要在北京市其他区县及北京地区以外的地区推广使用FZYC–V1.0，绝不是一个简单复制的问题，而是一个如何在怀柔模式这一骨架的基础上如何"换血换肉"，并对FZYC–V1.0进行二次开发的问题。

（二）量大到一定程度就会带来质的变化，FZYC－V1.0需要适应这种变化

从体量规模上看，怀柔区无论从地理空间和犯罪数量上都只是北京全市很小的一部分。完全可以设想，在北京各区县均建立并实施FZYC－V1.0的情况下，必然会使罪犯活动受到来自不同区位、不同时段和不同程度的挤压，而这种挤压必然会使罪犯在利益诱惑和犯罪成本的权衡中面临两种选择：一是在北京市境内各区县发展的不平衡中，选择能够继续从事犯罪活动的空间和时间；二是干脆放弃北京而向周边地区以致更远的其他地区从事犯罪活动。如果属于第一种情况，这就需要市局在战略层面建立一个统筹协调系统——北京市犯罪时空预测跨区县战略管理系统（以下简称FZYC－V2.0）。

FZYC－V2.0可定位为打击犯罪的宏观战略分析与预测性的警务管理平台，这个平台即FZYC－V2.0将与FZYC－V1.0相互支撑，构成北京市两级嵌套的犯罪预测时空定位信息管理格局。FZYC－V2.0的具体功能和任务如下。

一是分析预测特定犯罪种类和犯罪群体在北京市境内各区县的活动规律和动向趋势；

二是汇总各区县情况，监督、指导及平衡各区县警力配置；

三是调整和部署全市打击犯罪的工作方略，在各区县打击犯罪活动中实施战略机动；

四是量化评估各区县打击犯罪的工作绩效。

（三）FZYC－V1.0自身还存在诸多需要完善和升级的问题

首先，FZYC－V1.0的构建尚处在初级阶段，其用于预测的变量受制于统计资料尚显不足，难免影响预测精度；其采用的预测技术方法还不够丰富，尚有许多更有效率的预测技术方法未能纳入系统；系统的兼容性还不够强，与现有其他警务信息管理平台的接口和集成问题还有待解决；用于检验预测效果的和预测偏差矫正的系统模块还没有建立等。其次，FZYC－V1.0的运用也才刚刚开始，待运行到一定时间后肯定会暴露一些问题，而这些问题也将是需要完善的空间。总之FZYC－V1.0尚有很大的完善空间，课题组的二期开发方案正在酝酿之中，未来的FZYC－V1.1版本和FZYC－V1.2版本的出现也是该软件升级的势所必然。

第三十六章 复杂系统脆性视角下的公共危机预控研究*

公共危机事件的发生往往具有不确定性,发展途径和演变具有不规律性,即使是细小的事件如果无法得到有效的化解则很可能进行演化、衍生一系列新的事件,以致对整个社会的发展、社会稳定造成巨大的影响。因此,如何有效控制公共危机事件的影响范围,是降低损失的重要途径,也是应急管理研究中非常重要的课题之一。本章以系统论为基础,从复杂系统的脆性特性出发,探讨公共危机事件发生以后起演变过程造成的与其他子系统事件的崩溃机理,并在此基础上提出利用三维元胞自动机进行模拟和仿真,最后提出预测和预警方法,从而为有效控制危机事件的不良影响扩散提供了参考和借鉴。

第一节 复杂系统崩溃机理

人类社会实际上是一个复杂巨系统,而且随着社会体系的完善和经济的不断增长,我们的社会系统正变得越来越复杂。社会经济系统具有一般复杂系统的开放、多层等特征,更具有明显的复杂性特征,因此在分析复杂系统的时候可以将其视为一系列子系统的有机组合。复杂系统如果收到强大的外力干扰很可能会发生崩溃,而这种崩溃的发生要以子系统发生崩溃为前提,因此对于复杂系统进行分析要着重探讨子系统发生崩溃的机理,同时理清子系统之间崩溃的传导机制。复杂系统的脆性理论提出为解决公共危机预警研究给出了新的解决思路①。其基本思想有三个:①假设有一个完整的系统,

---

* 本章根据李祥飞、阎耀军发表在《天津大学学报》上的国家社科基金重点项目(项目编号:13ASH003)阶段性成果《复杂系统脆性视角下的公共危机预控研究》编写。

① 韦琦:《复杂系统崩溃的脆性致因研究》,《系统工程》2003年第4期,第1~5页。

何进行量化和确定,这就需要对复杂系统的脆性风险结构进行剖析①。首先复杂系统可以分为两个主要的组成部分,即内部机制和外部机制,其中内部机制也可以称为复杂系统内部构成即子系统构成整个系统的结构,这是构成脆性的内因。外部机制也可以成为影响复杂系统子系统的一系列事件和因子的组合②。值得注意的是复杂系统各个层次之间,即子系统、脆性事件、脆性因子之间均存在着相互作用和相互关系的可能。系统风险的脆性模型见图36-4。

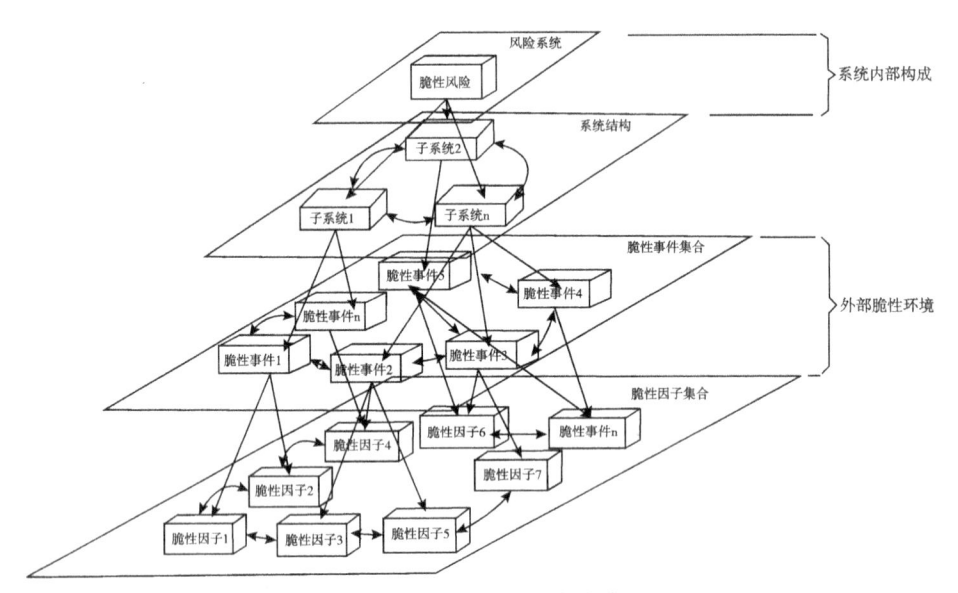

图36-4 系统风险的脆性模型

如图36-4所示,完整的系统可以由若干个子系统组成,子系统之间的崩溃可能导致整个系统的崩溃。每一个子系统往下可以划分为若干个可能导致子系统发生崩溃的脆性事件的集合。因为脆性事件具有潜在性、隐匿性、突发性、复杂性等特点,在实际操作中很难对某一脆性事件进行定量的分析,因此直接利用脆性事件对系统的风险进行预测或预警几乎不可能。为此,一般的做法是对脆性事件继续分析,将导致其具有脆性特征的基本脆性

---

① Yi Liu, Yefeng Ma, Qing Deng, Yi Liu, Hui Zhang. "Public Opinion Analysis and Crisis Response in Mass Incidents: a Case Study of a Flight Delay Event in China," *Web - Age Information Managemtn*, 2014 (01): 77 - 86.

② 金鸿章、李琦、吴红梅:《基于脆性因子的复杂系统脆性分析》,《哈尔滨工程大学学报》2005年第12期,第739~743页。

因子分离出来。一个脆性事件可能会有若干个脆性因子，脆性因子是导致脆性事件构成威胁的基本要素，不同脆性因子的组合可能会构成不同的脆性事件，相对于脆性事件本身而言，脆性因子特征相对稳定。因为不同因子所起到的作用也不同，所以在对脆性因子进行定性时要根据其作用的大小界定主次，在定量分析时应赋予不同权重。

根据图36-4对复杂系统的划定方式，整个系统脆性程度可以由其子系统或者进而由脆性事件及脆性因子决定，对于具体的脆性因子，可以对其脆性级别进行分类，但是对系统的整体脆性环境应该怎样进行描述？利用有效的方法对各个脆性因子的脆弱性进行统一划分，用以描述出整个复杂系统的脆性环境是亟待解决的重要问题。通常来说可以利用神经网络对历史数据进行训练处理，从而得到系统整体脆性环境与各个脆性因子脆性之间的函数关系，从而利用脆性因子的脆性的得分来预测整个系统的脆性环境。但是神经网络对于数据量要求较大且精度较低，因此本研究采用基于数据挖掘技术的支持向量机作为分类预测的方法进行分析和研究。

第四节 基于支持向量机的脆性熵预测

一 支持向量机的基本原理

基于复杂系统的脆性理论可以有效地分析复杂系统如何发生崩溃，一个系统的脆性度越强，其崩溃的可能性越大，如果对其脆性进行有效的预测和监控则有效估计当公共危机事件产生时造成的影响，进而对其进行控制。本文引入支持向量机（Support Vector Machine）的方法对复杂系统的脆性度进行预测。支持向量机算法是由Cortes和Vapnik于1995年在统计学理论基础上提出的一种新学习方法[1]，可以有效实现对基于小样本的高维度非线性系统的精确拟合，并且采用结构风险最小化原则，具有较好的泛化能力。支持向量机预测的基本思想是通过非线性映射φ将数据X_i映射到高纬度特征空间F中去，在此基础上进行线性回归。回归函数可以表示为公式（2）：

---

[1] V. Vapnik, *The nature of statistical learning theory* (New York: Springer-verlag, 1999).

$$f(X) = (w, \varphi(X)) + b \tag{2}$$

其中，$\varphi(X)$ 为 R^m 空间到 F 空间的非线性映射，$X \in R^m$，w 为权向量，b 为偏置水平。传统的预测方法即在集合 F 中寻找 $f \in F$，使得结构风险值达到最小。结构风险可以表示为公式（3）：

$$R_{reg} = \lambda \|w\|^2 + R_{emp}[f] = \sum_{i=1}^{S} C(e_i) + \lambda \|w\|^2 \tag{3}$$

其中，$\|w\|^2$ 为置信风险，$R_{emp}[f]$ 为经验风险，λ 为常数用来平衡函数复杂度与损失误差，$C(e_i)$ 为模型经验损失，e_i 为样本的误差值，S 为样本的容量。$\|w\|^2$ 反映了模型的复杂程度，其值越小则置信风险越小①。这样对于既定的损失函数，该类问题即可转化为二次规划最优解的问题，根据 Vapnik 的 ε 不敏感损失函数，定义为公式（4）：

$$|y - f(x)|_\varepsilon = \begin{cases} |y - f(x)| - \varepsilon, & if |y - f(x)| \geq \varepsilon \\ 0, & if |y - f(x)| \leq \varepsilon \end{cases} \tag{4}$$

其中，ε 控制回归的误差范围，其值越小精度越高，但是泛化能力减弱。基于该类损失函数则经验风险②可以定义为公式（5）：

$$R_{emp}^\varepsilon[f] = \frac{1}{S} \sum_{i=1}^{S} |y - f(x)|_\varepsilon \tag{5}$$

结合式（3）至（5），则原问题可以表示为公式（6）的最小化的线性风险泛函的问题：

$$\min \eta = \frac{1}{2} w^T w + C \sum_{i=1}^{S} (\zeta_i + \zeta_i^*)$$
$$s.t. \begin{cases} y_i - (w, \varphi(X_i)) - b \leq \varepsilon + \zeta_i \\ (w, \varphi(X_i)) + b - y_i \leq \varepsilon + \zeta_i^* \\ \zeta_i, \zeta_i^* \geq 0 \end{cases} \tag{6}$$

其中 $C = 1/\lambda$，ε 为估计的精度；ζ_i，ζ_i^* 为松弛变量。为便于求解将该类问题转化为对偶问题，见公式（7）：

---

① 张水波、康飞、李祥飞：《基于支持向量机的建设工程项目经理胜任力评价》，《中国软科学》2013 年第 11 期。
② 李祥飞、张再生：《基于误差同步预测的 SVM 金融事件序列方法》，《天津大学学报》（自然科学与工程技术版）2014 年第 1 期。

第三十六章 复杂系统脆性视角下的公共危机预控研究

$$\max\mu = -\frac{1}{2}\sum_{i,j=1}^{s}(\alpha_i - \alpha_i^*)(\alpha_j^* - \alpha_j)(\varphi(X_i),\varphi(X_j)) +$$

$$\sum_{i=1}^{s}\alpha_i^*(Y_i + \varepsilon) - \sum_{i=1}^{s}\alpha_i(Y_i + \varepsilon)$$

$$s.t. \begin{cases} \sum_{i=1}^{s}\alpha_i^* = \sum_{i=1}^{s}\alpha_i \\ 0 \leq \alpha_i \leq C \\ 0 \leq \alpha_i^* \leq C \end{cases} \tag{7}$$

对（7）式求解可以得到权向量 w 和偏置水平 b，将其带入（2）式便得到非线性函数 $f(X)$：

$$f(X) = \sum_{i=1}^{s}(\alpha_i - \alpha_i^*)(\varphi(X_i),\varphi(X)) + b \tag{8}$$

定义高维空间内积运算核函数表示为 $K(X_i, X_j) = \varphi(X_i)\varphi(X_j)$，本研究采用径向基核函数 $Krbf(X_i, X_j) = \exp(-\gamma\|X_i - X_j\|^2)$ 进行运算。

二 脆性因子的分类等级

脆性因子对系统的作用主要体现在具有使系统突然崩溃的能力上，影响脆性因子的作用能力的因素主要有脆性敏感度和恢复力。系统对脆性因子的作用体现在以上两个方面，系统之间的脆性敏感度划分为五级，其中，1级为微度脆弱，2级为轻度脆弱，3级为中度脆弱，4级为深度脆弱，5级为极度脆弱。因某一脆性事件的发生具有复杂性和隐匿性，因此想要通过直接对其脆性进行计算并不可能，比较恰当的做法是先利用德尔斐法对其进行等级分类。基本做法是利用匿名的方式获得专家的意见，将意见统一汇总后取收敛值。[①]

为验证方法的有效性，本研究选取12个交通道路危机作为研究样本，每个危机大致划分为4个脆性事件，取前10个样本作为训练样本输入支持向量机，获得分类器后对后两组样本进行预测验证。各个危机事件的脆性熵指标数据和测评等级情况如表1所示，限于篇幅，本书只给出部分的数据情况。

---

① 田军：《基于德尔斐法的专家集成模型研究》，《系统工程理论与实践》2004年第1期，第62~69页。

表 36-1 脆性熵的指标数据与测评等级

样本	序号	脆性等级							危机等级
		脆性事件 1			···	脆性事件 4			
		Y11	Y12	Y13	···	Y41	Y42	Y43	1
训练样本	危机 1	1	2	4	···	1	4	2	2
	危机 2	5	2	1	···	3	5	3	4
	危机 3	4	3	1	···	2	2	1	2
	危机 4	3	3	2	···	3	4	4	1
	危机 5	2	3	4	···	2	1	4	4
	···	···	···	···	···	3	4	3	5
测试样本	危机 c1	1	2	4	···	5	1	3	1
	危机 c2	2	3	4	···	5	1	1	3
数学分布情况		对数正态	对数正态	对数正态	···	泊松分布	对数正态	对数正态	—

注：1 级为微度脆弱，2 级为轻度脆弱，3 级为中度脆弱，4 级为深度脆弱，5 级为极度脆弱。

本章运用 Matlab7.0 语言编程事件支持向量机的训练与预测算法。首先运用少量样本作为学习进行训练，参数选择和最终的预测结果如图 36-5 所示。

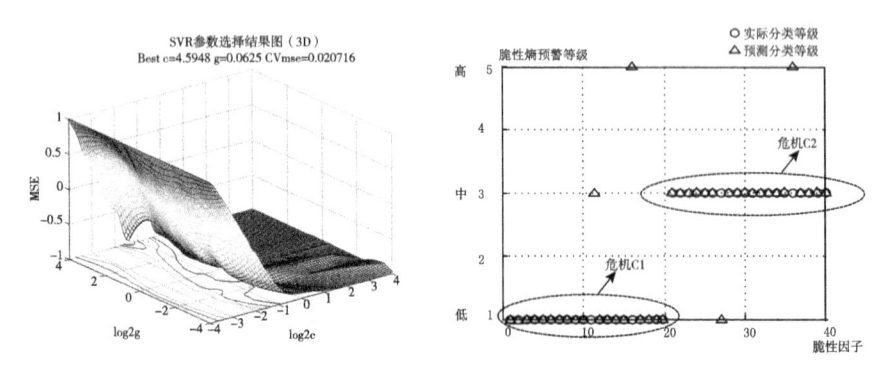

图 36-5 参数选择和预测结果

从图中可以看出，当支持向量机达到参数最优时，通过对前十个危机事件的训练得到支持向量机的分类器，用于对后两个测试样本进行测试可以发现，支持向量机的预测模型可以完全正确地预测测试样本的危机等级，这表明支持向量机能够有效利用于社会安全预警中。

三 小结

本章研究基于复杂系统视角,探讨公共事件的冲击对于社会稳定系统可能造成的冲击,对复杂系统之间的崩溃模式进行机理说明并在此基础上运用元胞自动机进行了仿真模拟。在以上研究基础上,提出了运用数据挖掘的方法——支持向量机对公共危机事件可能发生崩溃的脆性等级进行了预警,通过实验发现本研究提出的方法能够有效地对危机事件进行预警。

值得注意的是,造成复杂系统发生崩溃的"熵"还是一个物理的概念,本研究认为社会稳定系统发生崩溃机理与物理学中"熵"导致的崩溃机理是一致的,不同的是在社会系统之间的"熵"包含的内容要复杂得多,究竟是什么样的内容和作用共同构成了"熵",如何利用"熵"理论对危机事件造成的社会稳定系统崩溃进行控制是笔者下一步进行研究的重要方向。

第三十七章 对"后发危机"的预控研究*

重大灾害事件能否得到妥善治理，直接决定着其是否会导致连锁效应，是否会诱发社会领域内的"后发危机"。如果治理者仅仅关注事件本身，而不考虑"后发危机"在整个突发事件演化中的作用，很可能导致衍生事件的危害超过原有事件。本章梳理"后发危机"生成的逻辑框架和路径走向，并以吉林"11·13"爆炸事件和天津"8·12"爆炸事件为典型案例进行对比分析，从中提出预防"后发危机"的应对策略。

第一节 什么是后发危机

所谓"后发危机"，是指重大灾害事件发生后，由于治理者防控不当所可能诱发的社会领域内的一系列连锁性危机事件。与次生灾害不同，"后发危机"涉及范围主要是社会领域，参与者多为社会民众，容易形成大规模的群体性事件，且矛头经常指向政府。

近十年来，因为化学事故灾害①可能导致"后发危机"的事件日益增多，如2005年吉林石化"11·13"爆炸事件所导致的供水紧张、物资哄抢风潮、松花江水污染等危机；2006年江苏盐城"7·28"爆炸事件所导致的空气污染问题；2013年中石化"11·22"爆炸事件所导致的供水问题、胶州湾局部污染等危机；2015年天津"8·12"大爆炸事件是否会导致社会领域内的危机；等等。对于这些事件，大体可将其划分为两种类型：一种是破坏型"后发危机"，即社会领域内的危机已经触发，公众对化学灾害事件的爆发及其治理相当不满，而制度内的协商、投诉等效果有限，转而导致了集体对抗的

---

* 本章根据张春颜、阎耀军发表在《上海行政学院学报》上的国家社科基金重点项目（项目编号：13ASH003）阶段性成果《重大灾害引发"后发危机"的生成机理和防控策略研究》编写。
① 是指具有易燃、易爆、腐蚀、毒害和放射性等危险特性的化学危险品在存储、运输过程中所导致的事故。

群体性冲突、社会恐慌等问题的出现；另一种是风险型"后发危机"，即社会领域的危机尚未发生，仅处于可能诱发的边界。现实表明，在诸多潜在风险中，"后发危机"爆发的风险系数与日俱增，迫切需要各级治理者和相关研究领域的学者深入思考，重大灾害发生后，究竟在什么条件下会引发社会领域内的"后发危机"？如 1987～2014 年发生的"非典"（SRAS）、"吉林石化爆炸"、"暴雪灾害"、"四川什邡冲突"等事件为何不同程度地引发了物价暴涨、社会恐慌、供给问题、群体性冲突等诸多社会危机，而 2015 年发生的天津"8·12"爆炸事件亦导致大批官员下马的所谓"政治地震"。所以"后发危机"问题是各级危机管理者及相关研究领域的学者迫切需要探知的问题，需要"以史为鉴"，通过对以往灾害事件生成、扩散机制的认识和凝练，采取必要措施降低那些尚在演化过程中的灾害事件引发社会危机的可能性。否则，如果仅关注事件源本身，忽视了引发"后发危机"的各种条件性因素，那么很可能导致衍生事件的危害超过原有事件。

从目前国内外对公共危机的相关研究来看，尚没有对"后发危机"问题予以足够重视。国内近年来对重大灾害防控的研究主要集中在三个方面：一是对各种具体灾害的研究，如佘廉的《水运灾害预警管理》、肖唐镖主编的《群体性事件研究》等；二是对次生灾害的研究，广泛关注重大灾害所诱发的自然领域内的危机较多，聚焦社会领域的危机研究较少，如魏一鸣的《洪水灾害研究的复杂性理论》从灾害影响的角度介绍了次生灾害对整个社会的影响、叶泰来的《化工企业地震次生灾害及对策》、黄轶昕的《洪涝灾害后长江下游洲滩钉螺消长和扩散趋势纵向观察》对灾后疫情等次生灾害进行了研究；三是在研究方法上，魏一鸣的《基于 SWARM 的洪水灾害演化模拟研究》提出运用复杂性理论研究洪水灾害、裘江南等的《基于贝叶斯网络的突发事件预测模型》提出运用贝叶斯网络建模方法进行突发事件的预测和应对、荣莉莉的《基于离散 Hopfield 网络的突发事件连锁反应路径推演模型》则运用 Hopfield 网络推演方法构建突发事件连锁反应路径，等等。

国外近年来对重大灾害问题的研究，大多集中于灾害的生成机理、演化模型构建及其对治理者决策的支持，具体来看：①在灾害的生成机理方面，Heiko 等基于概率论方法对灾害发生、发展过程中的不确定性现象进行了研究，David 利用系统动力学方法对加拿大 Novascotia 地区的矿难进行研究，系统分析了引起矿难的原因；②在灾害演化方面，Mileti 等人早在 1975 年就提出了反应、恢复、准备、减灾四阶段灾害生命周期，Park 依此对切尔诺贝利核电站事故发展过程进行了研究，Turner 提出的灾害前阶段模型、Ibrahim -

Razi's 模型、Toft 和 Reynolds 的系统失误和文化重新调整模型等;③在灾害的决策管理方面,Noel Pauwel 等人运用效用分析和敏感性分析方法对核泄漏事件发生后的撤退决策进行了分析,Hiroyuki Tamura 等人运用决策树分析方法对灾害风险进行了分析。

总而言之,国内外已有研究更多侧重对重大灾害的防控,对由其诱发的一系列危机的研究也广泛涉及政治、经济、社会等诸多领域,但是还没有专门对其所导致的社会领域内的危机做深入性的研究的成果出现,没有对导致"后发危机"的条件进行分析,而这正是本章的切入点和试图探讨的问题。

第二节 后发危机生成的逻辑框架与路径模拟

一 逻辑框架

"后发危机"作为重大化学灾害事件的可能性后果之一,其生成的基本逻辑是什么?通过整理、分析上述典型事件,发现这些事件当中都涉及一个直接作用力和两个助推作用力。"后发危机"就是在灾害事件直接作用力的冲击下,加之受众的救援需求与政府防控供给不匹配的条件下,诱发公众不满情绪积聚所可能导致的结果。

因此,受众的救援需求与政府的防控供给匹配是研究"后发危机"的重要视角,二者匹配错位所诱发的公众不满情绪积聚,进而导致公众对政府评价的价值逆转(从正到负),才是"后发危机"的生成基点(见图37-1)。

基于这一分析,"后发危机"的生成逻辑更深层次上涉及的是受众需求与政府供给的匹配,以及受众对其供给情况的预期、认知和评价。

一是当灾害事件发生后,受众对政府灾害防控供给情况的预期。人们这种对未来发展的预期与未来发展的实际状况之间所出现的差距会直接影响其对政府的认知和评价,当实际情况超出预期时,将会形成正向预期反差,而当实际情况低于预期时,则会形成负向预期反差[①]。

二是受众的预期直接影响其对政府防控供给情况的认知,即政府应该干什么,不应该干什么,应该先干什么,以及在多短的时间内达到何种结果等。预期在人们的认知过程中扮演着重要角色,它影响人们对信息的选择、

---

① 常健:《预期反差的社会效应与管理》,《学海》2013 年第 2 期,第 110 页。

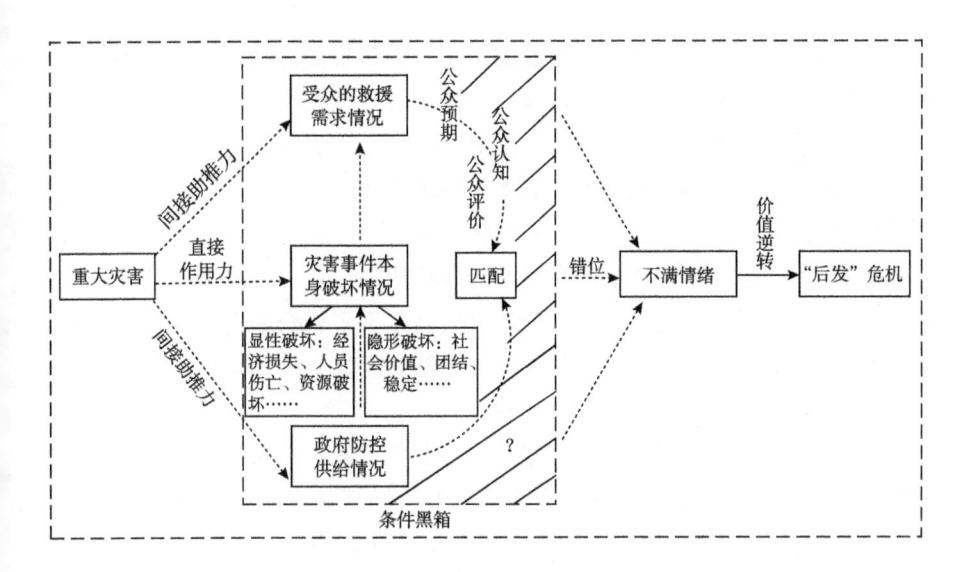

图 37-1　"后发危机"生成机制的逻辑框架

编码、存贮、重建等整个认知过程，进而决定受众对政府防控供给情况的评价。

三是基于预期与认知的影响，受众对政府防控供给情况的评价形成，而且这种情感评价还会对人们的情绪和行为产生影响，① 即当人们感到其他人的行为超出自己的期望时，就很可能出现正面的情绪和互惠行为；相反，则容易出现负面情绪和报复行为（见表37-1）。

表 37-1　期望违背模型

分类	超出预期	未达预期
情绪	正面情绪	负面情绪
行为	互惠行为	报复行为

---

① 参见 J. K. Burgoon, "Nonverbal Violations of Expectations," in J. M. Wiemann and R. P. Harrision, eds., Nonverbal Inter-action, pp. 77-111, Beverly Hills, CA: Sage, 1983; J. K. Burgoon and J. L. Hale, "Nonverbal Expectancy Violations: Model Elaboration and Application to Immediacy Behaviors," Communication Monographs, 1988 (55), pp. 58-79; J. K. Burgoon, "Interpersonal Expectations Expectancy Violations, and Emotional Communication," Journal of Language and SocialPsychology, 1993 (12), pp. 30-48; J. K. Burgoon, L. A. Stern and L. Dillman, Interpersonal Adaptation: Dyadic Interaction Patterns, New York: Cambridge University Press, 1995. M. J. Levitt, "Attachment and Close Relationships: A Life SpanPerspective," in J. L. Gerwitz and W. F. Kurtines, eds., Intersections with Attachment, pp. 183-206。

评价和情绪之间是一对相辅相成的关系，如果负面评价形成，不满情绪滋生，公众一旦寻找不到合适的发泄口，则容易导致冲突能量积聚，使其从初期的语言发泄上升至肢体上的行为发泄。同样，不满情绪的滋生也会导致公众对政府正向评价的逆转，增加诱发"后发危机"的可能性。具体来看，公众不满情绪的滋生主要有三方面的作用机制。

一是对特定事件处理效果的自身不满情绪积聚超过一定域限。某事件发生后，政府防控供给情况与实际的处理效果满足不了公众的需求，使其不满情绪滋生并不断累积，达到一定的限度后，使其对政府供给的价值评价逆转（从正向转到负向），可能诱发后续危机。

二是原本就存在的不满情绪恰好在特定事件上发泄出来。公众由于之前对其他事件处理上的不满，使其遗留下来的不满情绪累积到某特定事件爆发，这时的价值评价受之前负向的影响，也容易出现逆转。

三是外来特殊事件煽风点火的刺激作用。在特定事件处理过程中，由于谣言或特殊事件的出现，公众舆论偏向一方，增加了价值逆转出现的可能性。

由此可见，政府防控供给情况和公众救援需求不匹配只是产生"后发"危机的一个条件，决定其是否会真的爆发的关键性要素在于公众不满情绪的积聚情况，以及由此所带来的"价值逆转"。也就是说，公众对政府防控供给不足所持的是什么态度，是理解、原谅还是愤怒、不满，这才是直接诱发后续危机的生成基点。

二　路径模拟

据中国化学品安全协会公布的消息："仅 2011～2013 年，我国就发生了 569 起危险化学品事故，累计造成 638 人死亡，其中的 58% 死于危险品爆炸。"①

以化学灾害事件中的危险品爆炸为例，在危险品爆炸后，事件自身的破坏情况成为直接的作用力，会产生诸如房屋损毁、人员伤亡、基础设施破坏、空气污染等一系列问题。在这一紧急情况下，受众的救援需求可能包括人员紧急救治、交通通信、道路等基础设施的恢复、空气的净化以及后期受损房屋的修葺回购等。基于事件的背景以及救援的需求，政府的防控供给可能包括空气的防扩散及净化、人员疏散与救治、基础通信、交通的恢复、房

---

① 刘佩锋：《天津"8·12"火灾爆炸事故的警示》，《江苏警官学院学报》2015 年第 5 期。

屋的修葺和回购方案等。

如果政府的防控供给不能与受众的救援需求有效对接，就可能引发一系列"后发危机"，如人员救治能力不足，在情绪紧张的影响下可能导致医患冲突；防污染和扩散能力不足或者让公众的知晓和信任度低，可能引发社会恐慌问题；基础设施和交通恢复缓慢，危机氛围浓郁可能导致群体性冲突事件；房屋修葺和回购方案等善后措施不被大众接受可能引发后续危机；等等，这些不确定因素都可能成为社会稳定的安全隐患（见图37-2）。

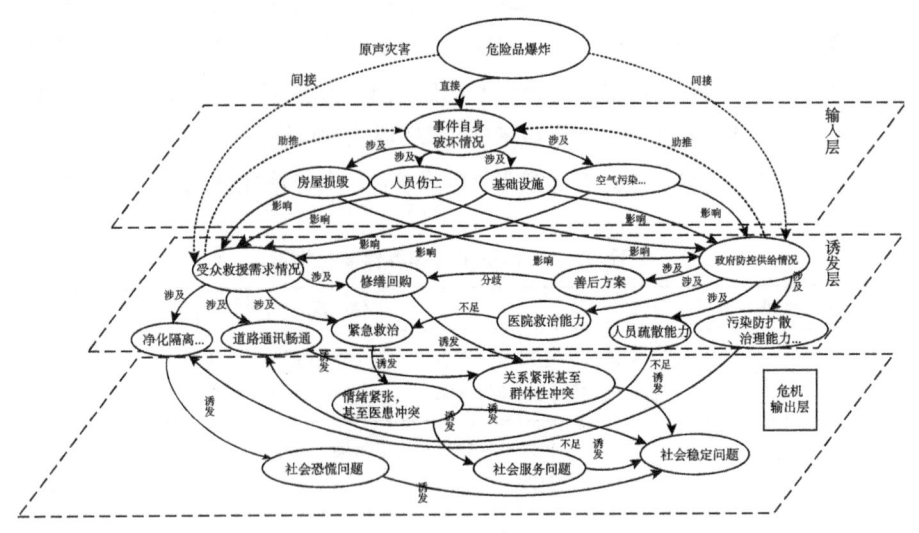

图37-2 重大灾害引发"后发危机"演化关系假设

第三节 基于案例的对比分析

对于政府的防控供给与受众的救援需求对接情况如何对"后发危机"的产生发挥作用，笔者通过天津瑞海"8·12"爆炸事件和吉林石化"11·13"爆炸事件两个典型案例的比较做出进一步分析。

选择这两个案例进行对比的原因有以下三个方面：一是二者都属于危险品爆炸的典型事件，当时都影响巨大；二是时间相隔十年，方便对比十年前后政府的防控策略有何区别；三是吉林石化事件诱发了系列危机，是典型破坏型"后发危机"事件，而天津瑞海事件处于诱发危机的边缘，属于风险型"后发危机"，前车之鉴正好可以引为自省。

一 2005年吉林石化"11·13"爆炸事件

(一) 案例简述

这是一起由"双苯厂"爆炸所引发地震谣言、供水危机、松花江水污染等系列"后发危机"的灾害事件。

2005年11月13日下午1时45分,位于吉林市龙潭区遵义东路的中石油吉林石化公司双苯厂发生爆炸,之后2个小时内又接连发生5次爆炸,据当时媒体报道共造成5人死亡、1人失踪、70多人受伤。爆炸发生后,附近居民楼的玻璃都被震碎,空气中弥漫着刺鼻的气味,政府紧急展开火灾救援,该公司多次召开新闻发布会,但是该事件仍旧引发了地震谣言、供水危机、松花江水污染、物资哄抢风潮、客运紧张等危机事件,具体演化情况见表37-2。

表37-2 吉林石化爆炸事件演化情况

时间	情况
2005年11月13日	双苯厂发生爆炸,随后接连发生5次爆炸,工厂停产,房屋损坏,空气中弥漫刺鼻的气味
2005年11月13日	由于担心再次发生爆炸和化工污染,处于工厂下风头的数万人已被警方紧急疏散
2005年11月13日16时30分	吉林省发现苯类污染物流入松花江,启动《吉林省突发环境事件应急预案》,进行水质监测
2005年11月13日深夜	吉林石化公司召开了新闻发布会,告知爆炸原因
2005年11月14日10时	环境检测发现入江口水样主要污染物指标均超标,松花江九站断面检测出以苯、硝基苯为主的污染物,吉林市停水一天
2005年11月14日	中石油吉林石化公司相关负责人召开新闻法发布会称爆炸没有造成大气污染,对松花江可能被苯污染一事,只字未提
2005年11月15~17日	吉林市恢复供水,松原市部分地区停水
2005年11月18~19日	吉林省办公厅将水污染信息通报了黑龙江省办公厅和环保局,污染团进入省界缓冲区苯超标2.5倍,硝基苯超标103.6倍
2005年11月20日	社会和网络中出现地震传言并被大众广泛传播,波及大庆、肇东、肇州、肇源、安达、绥化、青冈等多个地区,一度出现市民采购食物储藏、带帐篷户外过夜等情况
2005年11月21日中午	黑龙江省地震局才出来辟谣,呼吁广大市民不必恐慌

续表

时间	情况
2005年11月21日	哈尔滨市政府下发停水公告，称对市区市政供水管网设施进行全面检修并临时停止供水，使哈尔滨市陷入了前所未有的恐慌，饮用水、水容器、啤酒、牛奶、饮料等统统遭抢购，甚至八宝粥、罐头、速冻水饺等快餐食品和擦手的湿纸巾也未能幸免。
2005年11月22日	哈尔滨市政府发布第二次公告，认为停水与2005年11月13日中石油吉林石化公司双苯厂爆炸事故有关，两次公告的停水原因差距甚大。
2005年11月22日	黑龙江省紧急调运260吨饮用水，启动紧急调水方案
2005年11月23日	吉林省环保局表示截至2005年11月22日18时松花江吉林境内的水是安全的，但对于2005年11月13～22日的松花江水质情况只字未提
2005年11月23日下午	松原市恢复供水，黑龙江省发布《关于应对突发化学污染（苯中毒）医疗救治工作方案》
2005年11月23日15时	黑龙江省首次召开新闻发布会，向媒体通报松花江污染情况
2005年11月24～25日	污染团进入哈尔滨市区江段，并向下游移动，各省政府召开会议，出台治理方案，25日环保总局通报，松花江污染团正在流过哈尔滨，苯浓度25日零时达到高峰，随后开始下降
2005年12月6日	国务院在北京正式成立了中石油吉林石化分公司双苯厂"11·13"爆炸事故及重大水污染事件联合调查组，该事件正式进入调查程序
2006年1月8日	环保总局发布消息，松花江水污染防治"十一五"规划的编制工作已经基本完成，松花江将和"三河三湖"一样，列为我国流域水污染治理的重点

资料来源：参见苏培科《吉化爆炸引发多米诺骨牌危机》，《中国经济时报》2006年1月25日；《吉林石化爆炸事故之后的十二天》，《中国经济周刊》2005年第46期，第18页。

（二）案例分析

灾害发生后，从受众救援需求情况和政府防控供给情况分析该事件，可以发现，受众的救援需求包括火源的紧急扑灭、人员的救治与疏散、交通的恢复以及空气污染和水污染的实际情况，特别是空气和水污染情况直接关系其生存的环境，受众迫切需要知晓，其预期是能够在第一时间了解真实的污染情况，但是政府的策略供给在最初是缺位的，并未及时公布这一信息，而涉事的石化公司则宣称并未造成空气污染，表示"苯在燃烧前有较强的毒性，但在燃烧、爆炸后就在瞬间分解成二氧化碳和水，对人体没有毒副作用"。而且对松花江可能被苯污染一事并未涉及。由于政府未及时通过正式平台和渠道向受众公布污染情况,在官方信息不足的情况下,导致谣言丛生,关于水、空气污染程度的谣言广泛传播开来,还伴有爆炸可能导致后续地震的诸多谣言(见图37-3)。

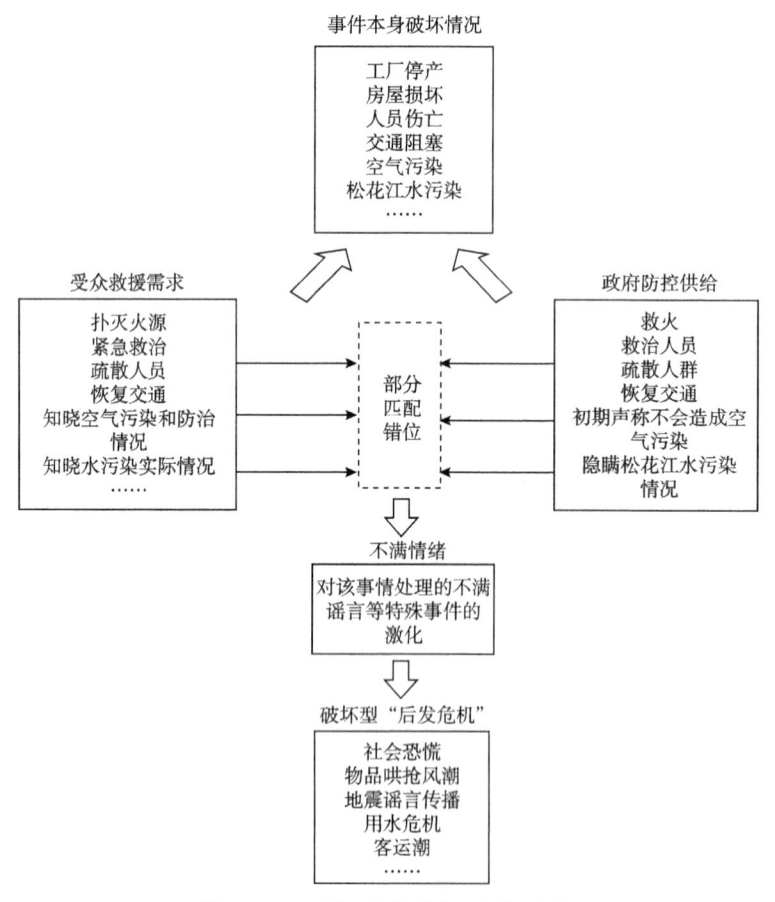

```
                    事件本身破坏情况
                    ┌─────────────┐
                    │   工厂停产    │
                    │   房屋损坏    │
                    │   人员伤亡    │
                    │   交通阻塞    │
                    │   空气污染    │
                    │  松花江水污染  │
                    │    ……       │
                    └─────────────┘
                         ↑ ↑
  受众救援需求                         政府防控供给
┌─────────────┐   ┌──────┐   ┌─────────────┐
│   扑灭火源    │   │      │   │    救火      │
│   紧急救治    │   │ 部分 │   │  救治人员    │
│   疏散人员    │→  │ 匹配 │ ← │  疏散人群    │
│   恢复交通    │   │ 错位 │   │  恢复交通    │
│ 知晓空气污染  │   │      │   │ 初期声称不会 │
│   和防治情况  │   └──────┘   │ 造成空气污染 │
│ 知晓水污染    │              │ 隐瞒松花江水 │
│   实际情况    │              │   污染情况   │
│    ……       │              │             │
└─────────────┘              └─────────────┘
                        ↓
                    不满情绪
                ┌─────────────┐
                │ 对该事情处理 │
                │   的不满     │
                │ 谣言等特殊   │
                │ 事件的激化   │
                └─────────────┘
                        ↓
                破坏型"后发危机"
                ┌─────────────┐
                │   社会恐慌   │
                │ 物品哄抢风潮 │
                │ 地震谣言传播 │
                │   用水危机   │
                │   客运潮     │
                │    ……       │
                └─────────────┘
```

图 37-3 破坏型"后发危机"演化

政府防控供给策略的实际情况与受众的预期存在反差,导致其对政府的信任度降低,这也是后期受众开始选择相信"小道"消息的原因之一,这种预期反差和选择性认知大大影响了其对政府防控能力的情感评价,从而使负面、不满情绪滋生和一系列非理性行为出现,如紧张情绪下的社会恐慌问题,缺乏信任度导致的物品哄抢,甚至出现部分居民"逃离"东三省形成的高峰客运潮等,一起企业危险品爆炸事件最终诱发一系列社会领域内的破坏型"后发危机"。

二 天津瑞海"8·12"大爆炸事件

(一) 案例简述

2015年8月12日23时30分许,位于天津滨海新区塘沽开发区的天津东疆保税港区瑞海国际物流有限公司所属危险品仓库发生爆炸,近震震级ML约2.3级,相当于3吨TNT;第二次爆炸在30秒后,近震震级ML约2.9级,相当于21吨TNT。事故共造成173人死亡(公安消防人员24人,天津港消防人员80人,民警11人,其他人员58人),904人住院治疗,直接经济损失约730亿元[①]。该事件发展情况具体见表37-3。

表37-3 天津爆炸事件演化情况

时 间	情 况
2015年8月12日	危险品仓库发生爆炸,货场内存有大量危险化学品
2015年8月12日	消防官兵到场救火,但由于不清楚化学品的种类和性质,伤亡惨重,各项紧急救援工作开展,成立五个工作组施救
2015年8月13日	习近平、李克强、刘延东等中央领导人高度关注,做出指示和安排慰问工作
2015年8月13日	政府召开第一次新闻发布会,通报伤亡人数,当晚安置群众6000人
2015年8月14日	据悉仓库存有700吨剧毒氰化钠,是否会污染生存环境,瑞海公司的安评、环评是如何通过的等诸多质疑,民众情绪紧张
2015年8月14日	第二、第三次新闻发布会,对上述民众关心的问题未有答复
2015年8月15日	瑞海总经理有背景传言,造成公众多种猜测,第四次新闻发布会辟谣
2015年8月15~16日	第五、第六次新闻发布会,公布约700吨氰化物集中在核心区,但是对其是否会外泄和污染环境未有明确回答
2015年8月17日	一则媒体报道,现场检出"神经性毒气",指标达到了最高值,甚至认为爆炸区内的多种危化品都可能产生这类物质,造成极大社会恐慌,后来澄清属于误判
2015年8月17日	第七次新闻发布会,核心区污染物已围堰处理,警戒区外水、空气污染物未超标
2015年8月18~19日	第八、第九、第十次新闻发布会,安置群众和受损房屋修缮,瑞海公司归责,首次降雨后,及时澄清遇水无污染

---

① 王红茹、吴文征:《天津港"8·12"爆炸直接经济损失或达700亿》,《中国经济周刊》2015年第34期,第42~44页。

续表

时 间	情 况
2015年8月20日	附近海里出现死鱼，第十一、第十二次新闻发布会，调查公布死鱼是缺氧所致，消除公众疑虑，回应善后中的滨海新区发展、受灾区孩子上学、附近化学品排查、污染物清理预案、房屋回购等现实问题
2015年8月22~23日	第十三、第十四次新闻发布会，公布遇难人数，伤员救治成效，环境监测结果等
2016年2月	天津港"8·12"事故调查报告公布

资料来源：根据天津市政府十四次新闻发布会内容整理。

（二）案例分析

灾害发生后，从受众救援需求情况和政府防控供给情况分析该事件，可以发现，相较十年前吉林石化事件的处理，本次危险品爆炸事件发生后，在防控策略供给上有了相对的进步。

受众的救援需求依据时间的推移可以分为应急和善后两部分，在应急时期其需求包括火源的紧急扑灭、人员的救治与疏散、交通的恢复以及空气、水污染的实际情况知晓；善后时期关注的是瑞海公司的归责、附近土壤和水质的污染、受灾区的经济发展、孩子上学、受损房屋的修缮和回购政策、受伤人员的医疗费用报销等现实问题。

而污染情况的判断需要分析受灾区化学品的种类和性质，这在最初是受众迫切需要了解的，但是前三次的政府新闻发布会基本上没有给出危险品种类，而且发布会直播的记者提问环节中断，公众只能从互联网、手机视频文字、实录记者手记等渠道获知部分信息。反观在火灾救援、人员救治等方面却有了比较大的进步，一开始就成立了伤员救治、现场处置、群众工作、慰问保障和事故调查五个工作组负责事故的处理，环保部门启动应急监测，实时播报检测结果。可以说，在初期公众的预期与政府策略实际供给之间是有反差的，政府发布的信息在一定程度上并未能满足受众的需求。据统计，"天津市政府召开的前十次新闻发布会平均时长为35分钟，最短为12分55秒。记者共提了92个问题，其中33个问题无法得到政府官员回答，包括化学品危险性（问17次，未回答10次）、伤亡失联人数（问7次，未回答7次）瑞海背景资质和安评（问12次，未回答5次）、事故原因追责（问5次，未回答4次）。出席新闻发布会的官员所给予的回复中，出现了11个"不知道"，8个"日后答复"，1个

"不说为好",1个"不能回答"①(见表37-4)。

表37-4 十四次新闻发布会内容总结

次数	时间	已知内容	未知内容
第一次新闻发布会	8月13日 16时30分	a. 通报事故情况：事故已致50人死亡，住院治疗701人 b. 滨海区长表示，已经成立伤员救治、现场处置、群众工作、慰问保障和事故调查五个工作组 c. 选择周边10所学校作为临时安置所，预计到晚上安置6000人 d. 饮用水、食品等生活必需品发放到位 e. 组织医学专家组成专家组指导治疗 f. 环保部门启动应急监测，表示空气质量未受明显影响，入海排水口关闭，水质未受到影响	a. 危险品情况正在调查，仓库化学品种类未知 b. 现场所提三分之二问题没有答案，直播中断，公众只能从互联网、手机视频文字、实录记者手记获知部分信息
第二次新闻发布会	8月14日 10时	a. 消防部门救出32人，各医院收治701人	a. 对民众提出的瑞海公司的安评、环评是否违规没有给出明确的答案 b. 据悉仓库存在700吨剧毒氰化氢，遇水是否会危害生存环境，也未给出明确的解决办法 c. 发布会记者提问环节中断
第三次新闻发布会	8月14日 18时	a. 继续搜救出12人，明火已灭 b. 区委表示做好群众安置、医疗救治、受损房屋鉴定、安全隐患排查、交通运行等方面工作	a. 所提8个问题，有5个被直接回答"不知道""下一场回答"等 b 危险品种类尚未明确
第四次新闻发布会	8月15日 10时	a. 发布了危险品具体情况 b. 公布空气、水等24小时监测结果	a. 瑞海总经理身份背景辟谣 b. 关于存在700吨氰化物的提问未有明确答案 c. 布会现场遭到失联人员家属冲击而中断 d. 关于安评工作、抗氰物抵京等提问没有回答

---

① 《天津爆炸事故新闻发布会大数据》，搜狐网，2015年8月19日，http://news.sohu.com/s2015/fabuhui/index.shtml。

续表

次数	时间	已知内容	未知内容
第五次新闻发布会	8月15日17时	a. 继续救援和治疗工作 b. 设置心理咨询点，启动卫生防疫 c. 天津爆炸现场消防专家确已经找到700吨氰化钠下落	a. 爆炸企业不具备爆炸物危险品营运资格 b. 海关与企业危化品数据不一致，瑞海公司或涉嫌走私
第六次新闻发布会	8月16日10时	a. 公布失踪人数，消防员情况 b. 核心区13日有超标，16日空气水、空气检测未见超标 c. 约700吨氰化物集中在核心区0.1平方公里；核心区外围方圆3公里已基本没有散落的氰化钠	a. 消防员重大伤亡原因仍旧未解 b. 氰类剧毒物质会对空气、水源造成污染吗？现场采取的措施能否确保污染不外泄等未有明确回答
第七次新闻发布会	8月17日11时	a. 核心区污染物已围堰处理 b. 救援力量增加，累计77人出院 c. 新增27个水检测点位，未发现警戒线外氰化物超标 d. 警戒区外空气质量处于一级优到三级轻度污染水平 e. 滨海新区政府向爆炸区受灾住户发放一个季度6000元资金补贴（《新京报》） f. 第一次完整直播了记者提问环节	a. 对瑞海背景的诸多猜测 b. 安评报告各界迫切要求公开，尚未答复
第八次新闻发布会	8月18日11时	a. 确认失联人数和身份，安置群众锐减至496人 b. 受损房屋修缮792户 c. 继续监测环境，陆续发布数据 d. 瑞海国际被警方控制10人名单曝光，事件已被最高层关注（财经杂志）；安监局长杨栋梁被调查（凤凰资讯）；国务院成立事故爆炸调查组	a. 瑞海公司归谁负责，未有明确答案
第九次新闻发布会	8月19日11时	a. 开通绿色通道救治伤员 b. 做好灾后心理干预 c. 恢复港口生产 d. 降雨后的泡沫雨水监测，未出现异常，环境空气监测污染物未超标 d. 氰化物超标点存水进行达标处理	a. 瑞海国际的违规行为如何处理未有明确答案

续表

次数	时间	已知内容	未知内容
第十次新闻发布会	8月19日 16时	a. 天津市领导出席，汇报灾后基本情况，向公众致歉 b. 核心区危险品如何处理有了较明确的办法 c. 瑞海的归责问题有了较详细的说明，安评承诺尽快公开 d. 毒气质疑再次回应和澄清 e. 给出消防员抚恤标准 f. 善后房屋回购、物品赔偿问题给了初步办法 g. 政府表态居民受伤住院的报销问题，政府表示承担到底	后期能回答出大部分记者问题，未知较少
第十一次新闻发布会	8月20日 15时	a. 公布有害气体全分析，核心区环境污染总体状况 b. 公布环境空气质量 c. 回应死鱼质疑，周边土壤和水质的污染问题	后期能回答出大部分记者问题，未知较少
第十二次新闻发布会	8月21日 16时30分	a. 公布遇难116人，失联60人 b. 通告遇险人员搜救、核心区排查、污水处理、环境监测等多方面工作进展情况 c. 澄清死鱼是缺氧所致，鱼体未检测出氰化物 d. 公布8月13日以来的空气、水、突然等环境检测结果 d. 受灾区的孩子上学、房屋回购、污染物处理、自来水污染等问题均做出回应	整体回应较好
第十三次新闻发布会	8月22日 15时	a. 151人已康复出院，还需要照顾的与基层医疗机构对接继续治疗 b. 制定爆炸坑污水处理方案，16个土样检出氰化物，但不超标 c. 卫生防疫和心理干预同步进行 d. 遇难者身份确认完成 e. 继续公布环境监测结果	整体回应较好
第十四次新闻发布会	8月23日 15时	公布遇难者人数和伤员救治情况	整体回应较好

资料来源：根据天津市政府十四次新闻发布会内容整理。

政府以一天1~2次的新闻发布会频率实时公布相关信息,如在首次降雨后及时公布了雨水检测结果,显示污染物并不超标;在出现死鱼事件之后,及时组织专家组调查死因,及时向社会公布是缺氧所致,与氰化物无关,这种及时辟谣避免了群众紧张情绪的增长,也在一定程度上遏制了"小道"消息传播的可能。特别是后几次的新闻发布会基本上政府代表已经可以较为详细地回应记者问题,并且有了较为成型的解决方案,如政府发布了受损房屋的修缮回购方案;出院需要继续治疗的和基层医疗机构对接,政府负责到底;瑞海公司深入追责,继续调查;实时公布环境监测结果;等等。

如图37-4所示,灾害发生后,受众的救援需求和政府的防控供给部分匹配合理,虽然供给与需求的时间上稍有错位,但是后期的防控策略基本上满足了受众的大多数需求,而且初期供给信息不足所导致的不满情绪在后期有所缓解,并未达到一定域限,谣言等问题及时得到澄清,打消了公众疑虑。

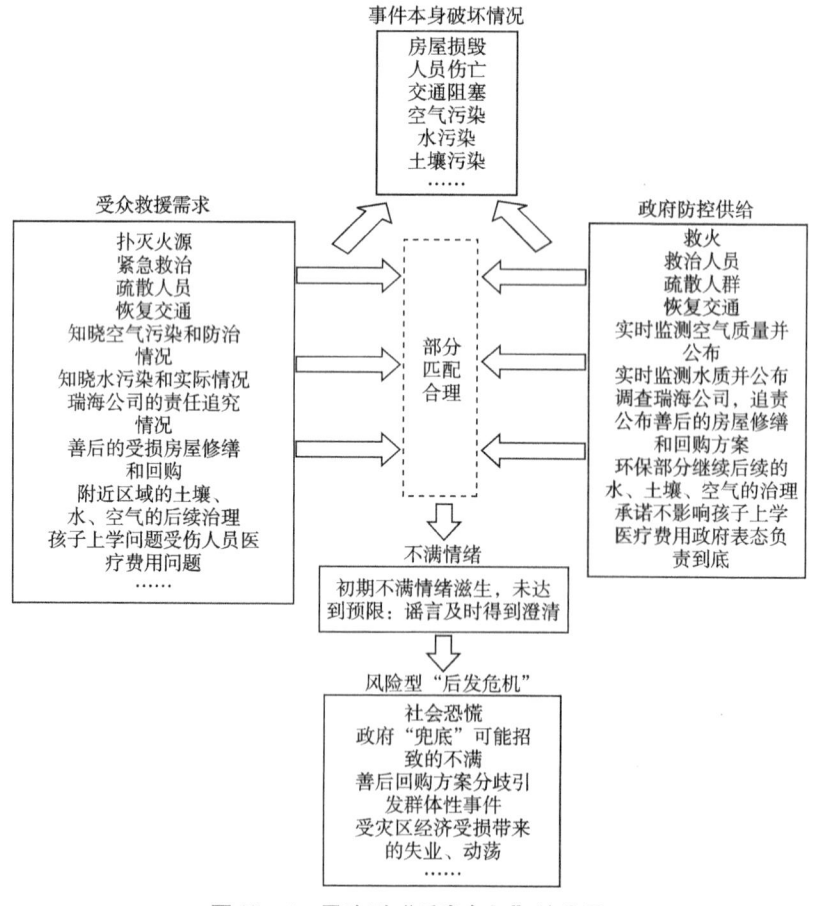

图37-4 风险型"后发危机"演化图

三 案例对比

吉林"11·13"和天津"8·12"事件时隔十年,通过对比两个案例可以发现,其虽然都属于危化品爆炸导致的灾害,事件爆发原因、发展路径具有一定的相似性,但是具体的防控策略和结果却有着明显的差异。

一是官方有效信息供给方面,吉林石化事件中无论是当事公司还是地方政府所召开的新闻发布会对于民众所关心的空气、水污染等问题只字未提,导致社会和网络上各种传言四起,造成民众恐慌;天津爆炸事件前后召开了十四次新闻发布会,虽然初期对于危化品种类等问题回答不明确,但是以一天一到两次的发布会频率不断刷新信息,保证了有效信息供给,在一定程度上避免了谣言的广泛传播。

二是短期防控效果方面,吉林石化事件处理过程中所采取的措施在一定时期内引起民众的不满,甚至成为后续危机爆发的导火索,如哈尔滨市所发停水公告的"欲盖弥彰",引发了饮用水等相关产品的抢购潮;天津爆炸事件由初期所成立的五个工作组负责救援工作,及时监测空气、水污染指标并予以公布,而且对民众所提善后中的受灾孩子上学、区域经济发展问题等现实问题都予以了回应,一定程度上打消了民众的诸多疑虑,短期内降低了"后发危机"出现的可能。

第四节 后发危机的具体防控策略

以天津"8·12"大爆炸事件为例,作为一起重大的化学事故灾害,其可能产生的"后发危机"不容忽视,如核心区污染对人身体产生的影响所导致的社会恐慌、谣言所带来的公众评价逆转、善后回购方案分歧可能引发的群体性事件及受灾区经济受损带来的失业、动荡问题等。政府应该重点从以下几方面着手。

一 合理开展预期管理,培养公众理性认知能力

面对预期反差逆转所带来的负面效应,政府应该合理进行"预期管理"。培养公众理性认知能力,防止可能招致的"二阶冲突"。政府要注意防止做出不切实际的承诺,以避免不合理地提升公众对未来发展的预期,导致过大的预期反差,特别要注意防止为了迎合民众的需求而无限制地做出超出实际

能力的承诺，要充分理解民众过高的预期所导致的社会风险，因为一旦承诺兑现不了或者和公众预期的不一样，就很有可能招致"二阶冲突"①，即政府原本是干预冲突一方，却无奈被殃及，转而成为冲突一方②。因此，有必要培养公众的理性认知能力，对危机可能造成的破坏性、救援的实际困难有着理性的认识，才能使公众对政府的救援效果做出更为合理的后续评价。

（一）跳出"塔西佗陷阱"，增强政府防控供给能力

政府公信力是政府与公众在互动的过程中所形成的一种社会关系，这种社会关系会带来普遍的服从和尊重。改革开放40年来我国经济迅猛发展，对政府公信力的提升起到了巨大的助推作用，但不可回避的是，在社会转型期伴随社会冲突和矛盾的增多，在多起热点事件中，政府的不作为和乱作为也不断受到公众质疑，加剧了政府公信力的危机，③ 使其陷入"塔西佗陷阱"，即政府无论说的话是真是假、做的事情是好是坏，都容易遭到公众的质疑和批评。④ 这种对政府公信力的预期直接影响着公众对政府行为的认知和评价。解决之道在于不断增强政府的危机防控供给能力，危机发生后，能够根据受众的需求及时、有效的实施救援，用实际行动和治理效果说话，才能逐渐提升公众对政府的正向评价。

（二）注意心理疏导和负面情绪消解，防止价值逆转

一方面，针对事故处理过程中及善后期可能引发的心理问题，政府已经组建几百名专业人员组成心理疏导志愿团队服务受众，帮助其解决心理问题，但应注意心理问题的潜伏期有可能是很长的，其影响是间隔性出现的，所以需要注意长期的心理问题疏导，可考虑在周边建立长期的心理服务咨询室。

另一方面，注意负面情绪的消解，防止公众不满情绪积聚所带来的"价值逆转"。负面情绪和情感容易导致非理性评价和极端报复行为，这种负面

---

① 常健、韦长伟：《当代中国社会二阶冲突的特点、原因及应对策略》，《河北学刊》2011年第3期，第116页。
② 张春颜：《控制与化解：转型期中国冲突治理的内在逻辑》，《学习论坛》2015年第2期，第48~49页。
③ 韩宏伟：《超越"塔西佗陷阱"：政府公信力的困境与救赎》，《湖北社会科》2015第7期，第29~30页。
④ 普布里乌斯·克奈里乌斯·塔西佗：《历史》，王以涛等译，商务印刷馆，1987年，第7页。

情绪有些是灾害事件爆发时所遗留的，有些则可能是在善后处理过程中导致的，有些则是由于特殊事件的煽风点火，如对善后医疗救治工作的不满、受损房屋修缮回购方案的不满、污染治理工作的担忧等，但碍于少数服从多数的规则或是其他原因，当时没有爆发出来，但是以后如若遇到某些冲突契机，就可能会加入进去，成为"非直接利益冲突者"[①]，即与社会冲突事件本身无关，而只是表达、发泄一种情绪。因此，必须重视消解危机处理过程中的负面情绪，通过构建多种渠道和平台为公众情绪提供发泄口，避免由于其积聚所带来的对政府救援行为的"价值逆转"。

---

① 黄顺康：《非直接利益冲突何以成为影响社会稳定的重要因素》，《甘肃社会科学》2008年第5期。

第三十八章 基于大数据背景的"推荐系统"运作模式的预测预控*

能否进行社会预测,历来是个争议颇多的论题。但无可争议的是,每一次科学技术的进步,都会给社会预测打开一扇能够见到光明的窗户。系统动态分析技术如此,神经网络分析技术亦是如此。而今天产生的基于大数据的"推荐系统"技术,又是一个鲜活的例证。"推荐系统"通过分析已知与未知事件之间的二元关系,量化已有事实过程之间的相似系数或相关系数,并挖掘每个不同信息单元之间的潜在共性,进而进行科学、合理的类比类推完成社会预测。其本质是信息的匹配过滤与事态趋势的研判,其目的是提高社会管理者的前馈控制能力,维护社会稳定。

预测以信息为基础和前提。长期以来,对社会预测持否定意见或畏难情绪者的一个重要理由是信息不对称。然而,随着大数据时代的到来,人类的每次点击、每次支付、每个电话、每次医疗问诊、每次社交活动、总之社会上每起事件和各行各业的情况都会被电脑记录并存储下来。如此,信息不可谓不多,不可谓不全矣。但是上述那些人又会说,面对每时每刻都在产生的如此数量巨大的数据碎片,我们根本无法用人脑来处理。这就是说,信息的爆炸性和无序性使得信息的利用率反而降低。因此,持社会预测不可能或难能者似乎又多了个的理由——"信息超载"。

然而柳暗花明,针对信息超载的"推荐系统"应运而生。"推荐系统"(Recommender Systems)被认为是当前解决信息超载和信息无序问题的最有效工具之一。[①] 信息相似度匹配是信息过滤的必要手段,"推荐系统"在整个匹配过程中兼有信息推测与推荐的功能,前者侧重过程导向,后者偏向结果导向,逻辑推测过程内涵于"推荐系统"当中,它们两者相互构成充要条

---

* 本章根据阎耀军、周兴志发表在《中南民族大学学报》上的国家社科基金重点项目(项目编号:13ASH003)阶段性成果《基于"推荐系统"运作模式的社会预测研究》编写。

① 王国霞、刘贺平:《个性化推荐系统综述》,《计算机工程与应用》2012年第7期,第66~67。

件。在实际运行当中,逻辑推测过程是产生系统推荐结果的必备前提。

近十年,"推荐系统"已在电子商务领域取得辉煌成就而且方兴未艾。然而令人不解的是,其他领域却对此置若罔闻,似乎从未敏感到其可以移植和再创造的预测性价值。为此笔者对"推荐系统"能否在更广泛的社会预测领域发挥它独特的作用,能否改造成为适用于某类社会预测的有效工具进行研究。

第一节 推荐系统与社会预测

一 何谓"推荐系统"

"推荐系统"是由"推荐"和"系统"两个词组成的一个联合词组。所谓推荐,《辞源》中的解释是"介绍好的人或事物希望被任用或接受";① 所谓系统,《辞海》中的解释是"自成体系的组织;相同或相类的事物按一定的秩序和内部联系组合而成具有某种特性或功能的整体"。② 进入互联网时代后,系统常常代指"软件",而"推荐系统",实际上就是一种用于"推荐"的系统软件。目前关于"推荐系统"的定义有不少,但被广泛接受的"推荐系统"概念和定义是 Resnick 和 Varian 在 1997 年给出的:"它是利用电子商务网站向客户提供商品信息和建议,帮助用户决定应该购买什么产品,模拟销售人员帮助客户完成购买过程"。③ 它的核心思路就是借助分析已知信息之间的相似性与相关性,推测下一阶段将会发生什么,并给出推荐结果。在电子商务领域,一个完整的"推荐系统"由三个部分组成:收集用户信息的行为记录模块,分析用户偏好的模型分析模块和推荐算法模块。最后通过"推荐系统"把用户模型中兴趣需求信息和推荐对象模型中的特征信息匹配,同时使用相应的推荐算法进行计算筛选,找到用户可能感兴趣的推荐对象,然后推荐给用户。

二 "推荐系统"与社会预测

社会预测从古至今主要经历了四个时期的演变:神灵性预测、经验性预

---

① 《辞源》,商务印书馆,2010。
② 《辞海》,上海辞书出版社,2010。
③ P. Resinick, H. R. Varian, "Recommender systems," *Communications of the ACM*, 30 (1997): 56–58.

测、哲理性预测和实证性预测。其间产生的预测方法多达数百种，但所有这些方法似乎在互联网、大数据时代均显得力不从心，不足以满足人们对现代信息化社会预测效率的渴望。然而令人欣慰的是，"推荐系统"的信息处理与分析优势，恰好弥补了社会预测在互联网时代下应对信息超载与信息无序问题的能力，对今后社会预测学的发展与完善具有重大的理论与实践意义。其中，"推荐系统"算法为社会预测信息的冗余与相似度匹配问题的解决提供了方法，从而进行逻辑推测，得出相应的预测结论。换言之，"推荐系统"与社会预测两者之间存在诸多相通性，都是旨在利用已知的相似信息推测未知的、即将发生的信息，为人们提供解决问题的方法和途径。因此，借助"推荐系统"这一理性工具，用于解决某类社会预测问题是完全有可能的。

（一）"推荐系统"的运作模式

1. "推荐系统"模型

（1）基于行为个体或集体的"推荐系统"模型

此模型假设行为个体或集体之间的活动具有相似性或相关性，即某行为个体会做出与其他行为个体相似的决定。例如，用户1、2、3、4均在网上买过产品a、b、c，因此对用户1进行推荐时，通过相似度匹配，系统会将用户2、3、4定义为与1相似的用户，而用户2、3、4又均购买过产品d，因此将产品d作为首选推荐给用户1；用户2、3、4中有两个人买过产品e，因此将产品e作为第二推依次类推生成产品d＞e等的推荐结果，过程如图38－1所示。

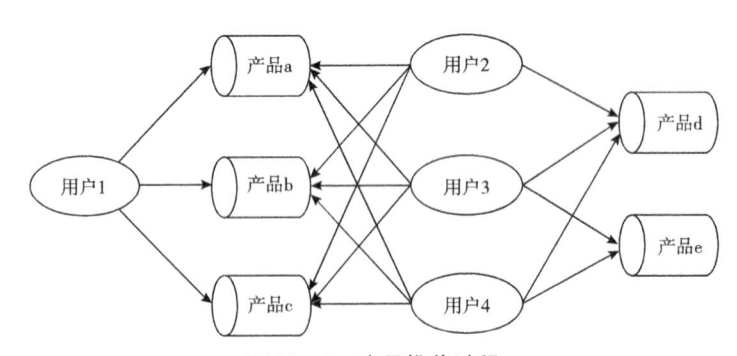

图38－1 产品推荐过程

资料来源：参见吴丽花、刘鲁《个性化推荐系统用户模型技术综述》，《情报学报》2006年第1期，第55~62页。

第三十八章 基于大数据背景的"推荐系统"运作模式的预测预控

基于行为个体或集体的"推荐系统"模型可以理解为,通过具体行为个体或集体之间的信息交流,抽象出所需要的指标化行为个体或集体模型。同样,由具体的被推荐对象信息抽象出指标化的被推荐对象模型。推荐算法则在行为个体或集体模型与被推荐对象模型之间起桥梁纽带作用,经过逻辑分析计算之后,得出科学合理的推断,输出结果,完成整个过程的推荐,如图38-2所示。

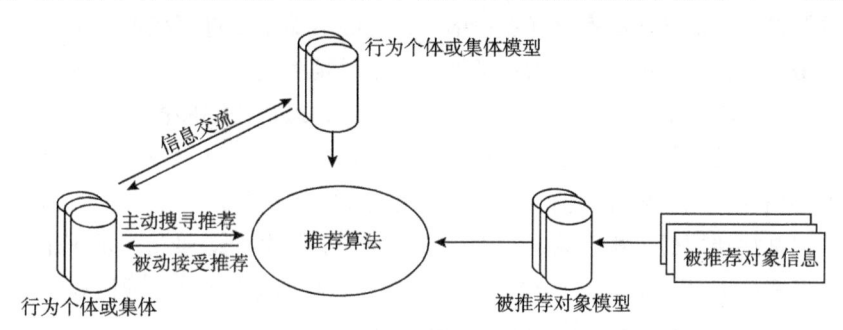

图38-2 基于行为个体或集体的"推荐系统"模型

(2) 基于项目的"推荐系统"模型

与基于行为个体或集体"推荐系统"模型的假设不同,基于项目的"推荐系统"模型假设:项目A_1与项目A_2非常相似时,当具备与选择项目A_1的相似条件时,系统则会主动将项目A_2推荐给决策主体。该模型与基于行为个体或集体"推荐系统"模型相比,具有一定的优势,它的推测范围具有相当的延展性,在行为个体或集体信息缺失的情况下,同样可以做出科学合理的推论。它的核心算法是计算项目之间的相似性,通过分析事件的历史行为进行科学估计,如图38-3所示。

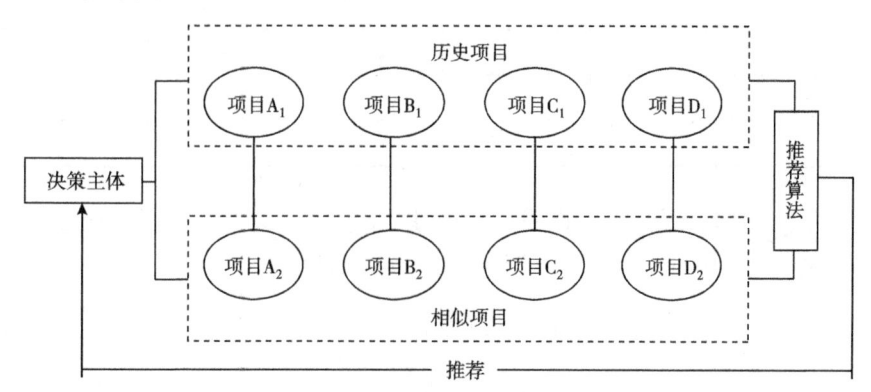

图38-3 基于项目的"推荐系统"模型

资料来源: G. Karypis, Evaluation of Item-based top-n Recommendation al-gorithms, Proceedings of the 10th International Conference on Information and Knowledge Management, 2001.

581

2. "推荐系统"算法

推荐算法在整个"推荐系统"中起类似人体大脑的作用,是"推荐系统"的神经中枢部分,决定"推荐系统"性能的成败。在诸多算法中,基于协同过滤推荐算法的应用最为广泛。[①] 协同过滤系统利用用户(行为个体或集体)对项目的评分数据计算用户相似性或项目相似性,然后根据相似性进行预测推荐。协同过滤系统优点:第一,能够过滤难以进行机器自动内容分析的信息,如随意的个人行为;第二,共享其他人的经验,避免了内容分析的不完全和不精确,并且能够基于一些复杂的、难以表述的概念(如信息质量、品格)进行筛选;第三,有推测新信息的能力,可以发现内容上完全不相似的信息,用户对推荐信息的内容事先是预料不到的。

要掌握协同过滤推荐系统,必须了解基于记忆的推荐算法。基于记忆的算法根据系统中所有被评过分的产品信息进行目标匹配与预测。假设 $U = \{u_1, \cdots, u_a, \cdots, u_b, \cdots, u_m\}$ 代表用户集合,用 $P = \{p_1, \cdots, p_x, \cdots, p_n\}$ 代表集合,用 R 代表评分项的 $n \times m$ 评分矩阵(见表1),这里的 a、b $\in 1, 2, \cdots, m$,$x \in 1, 2, \cdots, n$。设需要预测的值为用户对项目的打分 R,则预测函数形式有以下几种。

表 38 – 1 用户评分矩阵

类别	项目 1	……	项目 x	……	项目 n
用户 1	$R_{1,1}$	……	$R_{1,x}$	……	$R_{1,n}$
……	……	……	……	……	……
用户 a	$R_{a,1}$	……	$R_{a,x}$	……	$R_{a,n}$
……	……	……	……	……	……
用户 b	$R_{b,1}$	……	$R_{b,x}$	……	$R_{b,n}$
……	……	……	……	……	……
用户 m	$R_{m,1}$	……	$R_{m,x}$	……	$R_{m,n}$

第一,余弦相似性。[②] 设用户 a 和用户 b 在 m 维对象空间上的评分表示为向量 a,b,则 sim(a,b) 的相似性计算方法为:

$$\text{sim}(a,b) = \cos(a,b) = \frac{a \cdot b}{\|a\| \cdot \|b\|} \tag{1}$$

---

① 杨博、赵鹏飞:《推荐算法综述》,《山西大学学报》2011 年第 3 期,第 337~350 页。
② 詹尼士:《推荐系统》,人民邮电出版社,2013。

第三十八章 基于大数据背景的"推荐系统"运作模式的预测预控

其中 cos(a,b) 的取值范围在 -1 到 1 之间,"-1"表示两向量之间的夹角成 180 度,含义指两者之间没有交集、相似性;"1"表示两向量重合,含义指两者趋于一致。

第二,相关相似性。① 设用户 a 和用户 b 共同评分的对象集合用 $u_{a,b}$ 表示,则用户 a 和用户 b 之间的相似性通过 Pearson 相关系数度量,如式(2):

$$sim(a,b) = \frac{\sum_{c \in u_{a,b}}(R_{a,c}-\overline{R}_a)(R_{b,c}-\overline{R}_b)}{\sqrt{\sum_{c \in u_{a,b}}(R_{a,c}-\overline{R}_a)^2}\sqrt{\sum_{c \in u_{a,b}}(R_{b,c}-\overline{R}_b)^2}} \quad (2)$$

其中 $R_{a,c}$ 表示用户 a 对推荐项目 c 的评分,$R_{b,c}$ 表示用户 b 对推荐项目 c 的评分,$\overline{R}a$ 和 $\overline{R}b$ 分别表示用户 a 和用户 b 的平均评分。

相关相似性实质上是余弦相似性的演变,没有余弦相似性就没有相关相似性,两者对立统一:前者的应用范围比较狭窄,主要是进行向量之间的运算,理论性强;后者的使用范围较宽泛,只要有记忆数据就可以进行相似性计算,实用性强。

通过上面提出的相似性度量方法得到目标用户的最相似邻居,随之产生相应的预测结果。令 W_u 表示用户 u 的最相似邻居集合,则用户 u 对推荐对象 x 的预测评分 $R_{u,x}$ 可以通过用户 u 对最相似邻居集合 W_u 中项的评分得到,预测函数为:②

$$R_{u,x} = \overline{R}_u + \frac{\sum_{m \in W_u} sim(u,m)(R_{m,x}-\overline{R}_m)}{\sum_{m \in W_u}|sim(u,m)|} \quad (3)$$

其中 sim(u,m) 表示用户 u 和用户 m 之间的相似性,$R_{m,x}$ 表示用户 m 对推荐对象 x 的评分。$\overline{R}u$ 和 $\overline{R}m$ 分别表示被预测用户 u 和用户 m 对推荐对象的平均评分。

综上所述,协同过滤推荐算法在整个"推荐系统"中具有重要意义。它突破了以往用户被动搜索目标的惯例,该系统可以发现行为个体或集体潜在的但尚未被察觉的行为偏好,辅助决策者提前对事态的发展做出科学、有效的研判,强化了决策者的前馈控制思维能力。

---

① 詹尼士:《推荐系统》,人民邮电出版社,2013。
② 邓爱林:《电子商务推荐系统关键技术研究》,博士学位论文,复旦大学,2003。

（二）社会预测的相似性预测原理

"推荐系统"的运作逻辑蕴含着社会预测的相似性原理。所谓预测的相似性原理是指一种承认事物的个性，在事物的个性中寻求共性即相似性，并用于类推事物未来前景的理论。该理论假设客观事物虽然千差万别，但是它们之间在特定层次上总存在某种相似性；相似性原理不仅普遍存在于自然界，而且普遍存在于社会公共领域；依据事物之间的相似性，使得人们可以从已知事物推测未知事物，让社会预测成为可能。[①]

社会活动的相似性不仅是社会预测领域的重要前提和假设，从本质上揭示了物质之间的绝对联系和发展，还是人们对物质认识确定性和促使社会和谐发展的必要方法之一。同时，相似性预测原理为已知信息和未知信息之间打通了一条无障碍通道，打破了以往它们之间的鸿沟，使已知历史信息资源得到了有效的开发和利用，并通过物质、事件之间的相似性进行类比推理，得到人们所需要的预期目标。因此，社会活动的相似性预测原理应该被视为社会预测的核心理论之一，得到应有的重视与开发。

（三）"推荐系统"与社会预测的相互关系及意义

"推荐系统"根植于社会预测的相似性原理基础上，与社会预测的内在逻辑具有高度的一致性。社会预测的主要方法之一就是利用事物之间的相似性进行社会预测。"推荐系统"的运作逻辑亦是借助分析事件之间的相似性或相关性，通过信息过滤与相似性匹配，推测未知事件的发生，得出推荐结果。也正是因为"推荐系统"和社会预测之间拥有这样的内在逻辑关系，才使得"推荐系统"预测未知社会活动的发生成为可能。

"推荐系统"算法为相似性预测提供了数学工具，使相似性预测的前提与假设更加精确和完备。推荐算法的核心思想是通过建立系统模型，计算个体或集体行为之间、事件之间的相似系数或相关系数，然后用已知的信息推测出未知的信息。比如协同过滤中的经典算法余弦相似度公式（4）：

$$\text{sim}(a,b) = \cos(a,b) = \frac{a \cdot b}{\|a\| \cdot \|b\|} \qquad (4)$$

其中 $\cos(a,b)$ 的取值范围在 -1 到 1 之间。在实际应用中，可以把向量"a"与向量"b"分别定义为两种事物，用夹角的范围衡量事物之间的相

[①] 阎耀军：《社会预测学基本原理》，社会科学文献出版社，2005。

似程度。"-1"表示两向量之间的夹角成180度，意指两个事物之间不存在相似性；"1"表示两向量重合，意指两个事物趋于一致。在社会预测中的社会事件是"推荐系统"算法的信息载体，完成信息的相似性匹配与预测是推荐算法的任务所在。相似度不仅是"推荐系统"算法的核心概念，更是衡量社会预测效度和信度的核心参数。

"推荐系统"在电子信息化时代，可以为社会预测的相似性原理接地气、操作化提供极大的帮助。目前，将"推荐系统"应用于社会预测领域已经成为现实。比如，对某个地区某种案件犯罪概率的预测可以利用"推荐系统"的相似或相关系数进行定量分析，得出目标预测结论。首先利用其他 B、C、D、E 等片区的历史犯罪信息建立预测模型，然后通过推荐算法得出犯罪信息之间的相似系数，并对相似系数的计算值进行排序 B＞C＞D＞E，最后利用相似值最高的 B 和 C 信息数据就可以拟合 A 片区某一犯罪类型的犯罪率。具体分析请参考本章第二节"基于'推荐系统'方法的社会预测案例分析"。

"推荐系统"在高速运行的互联网社会中，能够为各个层面的决策者提供快捷高效的社会预测。"推荐系统"的推测与推荐功能主要表现在它的具体运作过程中，通过对历史事件与目标事件的相似度匹配分析，类推出目标事件的发展趋势，为决策主体提供大致的决策导向。它的价值在于极大地提高决策主体的工作效率，决策主体甚至可以事先不用了解被决策事物的特征与现象，就可根据具体事件之间的相似度分析得出参考性预测结论。在瞬息万变的信息社会，决策者在单位时间内所要做出决策的数量远远高于传统社会，因此决策效率将具有更加重要的意义，而"推荐系统"在信息化社会的预测优势就是效率。相信随着"推荐系统"的成熟应用，"推荐系统"将会成为进行信息化社会预测的一种常规武器。

第二节 基于推荐系统方法的社会预测案例分析

为更好地阐发"推荐系统"的社会预测功能，本文结合一个犯罪预测的实例详解如下。

（一）事件背景

大多数犯罪预测都基于犯罪历史数据。但在实际预测中，由于受内外诸因素影响，预测系统在预测过程中不可避免会遇到因数据缺失或稀疏而造成的冷启动问题，此时基于数据本身的预测方式将失效。基于"推荐系统"运作模式的预测方法恰好挽救了冷启动问题。2013年天津工业大学公共危机研究所接受北京市公安局怀柔分局委托并与其共同研发的"犯罪预测时空定位信息管理系统"[①] 就是一个很好的例证。这项成果正是根据"推荐系统"的思路研发的。该软件先通过分析不同地区之间的相似性关系，进而找出预测目标地区的最相似样本，最后利用样本的犯罪记录信息推测出信息缺失地区同类犯罪活动的概率，从而极大提高了预测准确性与置信度，打破了由于信息稀疏问题所引起的预测瓶颈。

（二）依据"推荐系统"的犯罪预测软件

根据前文阐述的"推荐系统"模型与算法，该软件首先在历史数据分析基础上对预测对象建立预测模型（见图38-4）。建立模型的目的旨在对事物的性态做出高度的抽象和归纳，提高人们对事物的系统认知水平，强化人们在实际操作过程中的条理性与科学性，做到客观、有章可循。

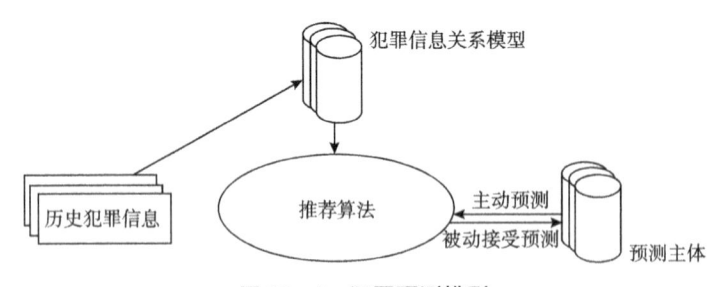

图38-4 犯罪预测模型

该软件中，全区被划分为16个大片区对应16个镇、乡和街道，每个大片区平均分割成若干网格，并将经过梳理的各类犯罪活动信息与相应网格绑定（见图38-5、图38-6）。每个网格的颜色和数字代表不同的警级和犯罪概率："0.0~0.2"为绿色——警级非常低；"0.2~0.4"为蓝色——警级低；"0.4~0.6"为黄色——警级中等；"0.6~0.8"为橙色——警级高；"0.8~1.0"为红色——警级很高。

以怀柔街区某时间段某地盗窃案件犯罪率预测为例，通过对该街区历史上盗窃犯罪记录数据进行分析得出：片区1的盗窃犯罪率0.00为绿色，表示

---

① 阎耀军、张明：《犯罪预测时空定位信息管理系统的构建》，《中国人民公安大学学报》2013年第4期，第73~80页。

第三十八章 基于大数据背景的"推荐系统"运作模式的预测预控

图 38-5 划分网格对历年犯罪数据进行网格化管理

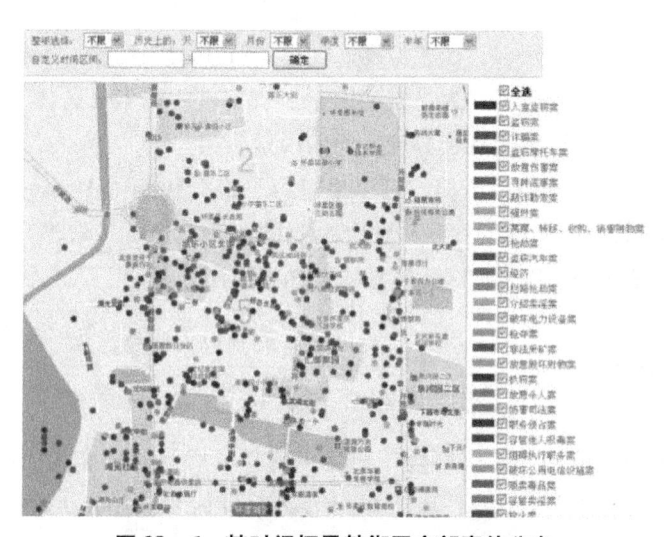

图 38-6 某时间怀柔某街区全部案件分布

案发率较低；片区 2 的盗窃犯罪率 0.05 为绿色，表示案发率较低；片区 3 的盗窃犯罪率 0.00 为绿色，表示案发率较低；片区 4 的盗窃犯罪率 0.00 为绿色，表示案发率较低；片区 5 的盗窃犯罪率 0.73 为橙色，表示案发率较高；片区 6 犯罪信息缺失，为此次预测的任务所在；片区 7 的盗窃犯罪率 0.14 为绿色，表示案发率较低；片区 8 的盗窃犯罪率 0.46 为黄色，表示案发率中等；片区 9 的盗窃犯罪率 0.23 为蓝色，表示案发率低（见图 38-7）。

当犯罪记录数据录入"犯罪预测时空定位信息管理系统"以后，系统会对各个网格中的进行相似度匹配分析，并筛选出与预测任务片区 6 最为相似

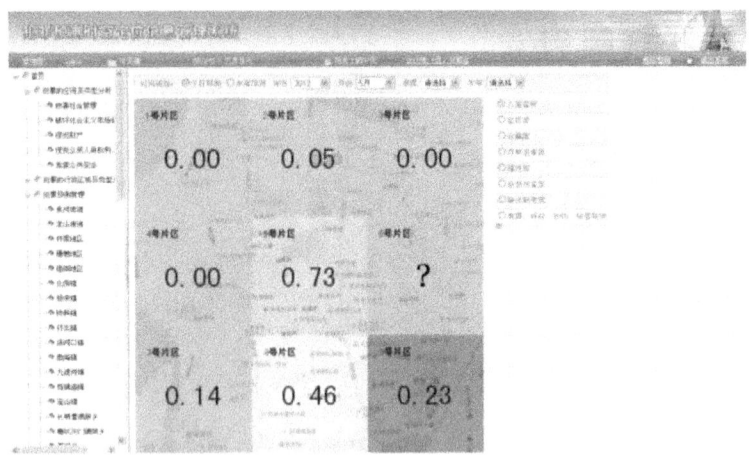

图 38-7 某时间各片区入室盗窃犯罪率分布

的参考片区集。在片区与片区相似度匹配的过程中主要考察以下指标是否相似：片区的人口分布因素、人员流动因素、贫富差距因素、居住小区安防设施因素、交通环境因素及社会心理方面的因素等。

至于如何确定相似片区集，可以通过第二部分提到的 Pearson 相关系数度量。给定指标矩阵 R，片区 a 与片区 b 的相似度 sim（a，b）可用公式（5）计算。符号 $\bar{R}a$ 代表片区 a 的平均指标指数评分。

$$sim(a,b) = \frac{\sum_{p \in P}(Ra,p - \bar{R}a)(Rb,p - \bar{R}b)}{\sqrt{\sum_{p \in P}(Ra,p - \bar{R}a)^2}\sqrt{\sum_{p \in P}(Rb,p - \bar{R}b)^2}} \tag{5}$$

相关系数取值从"+1"（强正相关）到"-1"（强负相关）。经过系统计算得出，片区 6 与片区 2、片区 5、片区 7、片区 8 和片区 9 的相似度分别为 0.00、0.76、0.21、0.35 和 0.59。从计算的结果不难看出，片区 6 与片区 2、片区 7、片区 8 的差异明显。在本案例中，很明显应该将片区 5 和片区 9 定义为与片区 6 相似的目标来预测盗窃案件在片区 6 的犯罪率。下面公式考虑了最相似的 N 个近邻与片区 a 平均评分 $\bar{R}a$ 的偏差，计算盗窃犯罪在"片区 a"的预测值为：

$$pred(a) = R_a + \frac{\sum sim(a,b)^* (R_b - \bar{R}_b)}{\sum sim(a,b)} \tag{6}$$

借助相似片区 5 和片区 9 的盗窃案件犯罪记录信息，系统软件计算得出盗窃案件在没有记录的片区 6 可能发生的犯罪概率为 0.42。

(三) 分析结论

在本案例中，"推荐系统"可以对每个片区的信息数据进行跟踪，通过推荐算法拟合不同片区的相似度，利用最相似历史储存信息可以对信息缺失的片区做出准确的某类犯罪趋势预测；它的核心思想就是依托社会预测的相似性原理，通过建立预测模型计算出不同片区之间的相似系数，用已知信息预测未知信息，从而使警方行动避免盲目性，提高针对性，提高警察的办案效率。据悉，北京市公安局怀柔分局自应用了以"推荐系统"为预测思路研发的"犯罪预测时空定位信息系统"软件之后，犯罪预测准确率一直保持在30%左右，大幅度提升了警务工作效率，警局形成以情报数据为依托、以预测结果为重点的工作模式。据北京电视台报道，仅系统上线运行的2014年1~5月，怀柔区接报110刑事和秩序警情数量同比下降27.9%，入室盗窃和抢劫案件数量下降了55%。怀柔公安分局还计划继续改进升级该系统，将预测范围扩大到交通、火灾等事故案件，使系统预测信息发挥更大作用。总之，"推荐系统"在本案例中的成功应用，证实了"推荐系统"在社会预测某些领域内的可行性与价值性。

总之，"推荐系统"运作模式和价值在于信息与信息之间简单并迅速的二元关系分析。对于社会预测而言，就是将这些二元关系信息数据通过模型化处理，以形成新的洞悉，进而提前在未知事件发生之前预知某种行为趋向或取向，从而实现前馈控制。"推荐系统"虽然不能做出深刻的因果性预测，但具有快捷简便实用性强的特点。因此，它不仅应该被看作一种解决某类预测的方法和工具，还应看作一种新的思维形态，这种思维形态意味着利用比较简单的方法来预知比较复杂的然而却是大量的日常性社会未知现象。当然，目前"推荐系统"和社会预测的结合还只是初步的，但我们相信它会日益在各种适宜的领域普及并期待它日趋完善。

第三节 推荐系统的优越性和实施条件

"推荐系统"对复杂而非线性的现代社会管理无疑起到了巨大的推动作用：一方面，它为我国的社会前馈控制管理提供了技术思路，拓宽了社会管理的维度，从已知管理领域逐步迈向未知管理领域；另一方面，维护了社会和谐，可以将潜在的社会危机问题处理在萌芽状态，使社会结构更加趋于稳定。此外，通过全篇的论述分析，结合"推荐系统"自身的特点、优势与社会前馈控制管理的特征，根据"推荐系统"在社会管理中的应用，不难得出以下几点结论。

第一，有利于维护社会的和谐稳定。几千年人类历史的证明，没有和谐稳定的社会环境，一切无从谈起。我国政府也多次在工作会议中强调，当前世界局势日趋复杂，在人类不断走向文明的同时，各种矛盾接踵而来。面对这样的新条件、新压力，我们不得不提高对社会有序管理的方法水平。一方面，在处理我国当前社会主要矛盾，即"人民日益增长的美好生活需要和不平衡不充分的发展之间的矛盾"时，需要我们加强机制创新、技术创新、思路创新，不断以深化体制改革为己任，早日实现供给侧结构性改革。另一方面，在处理我国社会基层矛盾时，需要我们做好事前控制的预案，并且预案要有前馈控制管理的真实本领，尽量将矛盾解决在初发状态，防止更大次生灾害的发生。例如，2008年贵州"瓮安事件"就是对我们最好的警示①。事件从发生到升级为群体性暴力事件，一个重要的原因就是政府的前馈预案工作没有做到位，如果当时贵州政府能够以前馈控制思维考虑问题，最后也不至于付出沉重的经济与社会代价。

"推荐系统"虽然产生于电子商务领域，凭借对顾客相似行为的数据分析，做出销售预判，解决商品销量的问题，但只要进行合理的开发与利用，其在社会管理领域仍然能发挥它的前馈预判作用，只是要解决的问题不再仅限于经济领域，而是延伸到了社会公共安全领域。在社会管理中，系统可以通过分析相关事件现象的相似性变化，在定性分析与定量运算的基础上，提前预判事态的发展趋势，将社会领域中的潜在危机影响因素显现出来，完成对社会的前馈控制管理，以便更好地维护社会发展的和谐与稳定。

第二，有利于决策的科学化。决策的科学化意味着决策要以充足的事实为依据，按照事物的内在联系对大量的资料和数据进行分析和计算，遵循科学的程序，进行严密的逻辑推理，从而做出正确的决策。在现代化社会，倘若决策还是依赖以前领导者的"拍脑门""拍桌子""拍胸脯"，那么这将给国家和民族的发展带来灾难性的后果。因此，了解怎样提高政府决策的科学性非常有必要。

当前随着各种信息分析工具的问世，科学地解决一些基本决策问题已经

---

① 《反思"瓮安事件"：直面疮疤勇于纠错让执政党自警自励贵州瓮安事件一周年》，新华网，2012年9月9日，http//news.xinhuanet.com/politics/2012-09/09/c_113010221.htm。

第三十八章 基于大数据背景的"推荐系统"运作模式的预测预控

不再是难题。产生于信息时代下的"推荐系统",作为一款高性能的科学决策分析系统,可以回答存在于我国现代社会管理中的"拍脑门"决策问题。"推荐系统"通过对海量数据资料的筛选与计算、机器学习与逻辑推理,可以为相关决策者提供科学的决策建议。与传统的决策方式相比,"推荐系统"在信息的掌握方面更加全面,在样本学习与逻辑运算方面更加系统。它避免了传统的以智囊团为决策模式的主观性与片面性缺陷,不再过分依赖某一领域专家的个人建议,而是强调数据运算的逻辑性与逻辑分析的关联性。

第三,有利于提高社会前馈控制管理的效率。效率是指在特定时间内,组织的各方面投入与产出之间的比率关系。在管理学中,效率是直接衡量一项工作成败的关键因素。一般来说,高效的工作主要依靠时间与成本的科学管理。社会的前馈控制管理模式,讲求的就是要把危机事件在有效的时间之内解决,提高社会管理的效率。纵观当代社会,一个最明显的特征就是变化快。但是,这也给我们来了一定的挑战,就好像坐过山车一样,随着速度的不断加快,我们的手和脚及身体的其他部位已经不能由我们自己所掌控。在社会管理中,因为变化快的因素,具体体现为反馈控制的迟滞。因此人类更加追求在有限的时间内,解决尽可能出现的问题,倘若不能在关键时刻解决问题,错过时机,就可能引发更严重的次生灾害。"推荐系统"可谓应势而生,它的分布式运算最突出的特点就是时效性高、运算速度快,在短短的几秒内可完成上千万亿次的运算,能有效地缓解关于社会管理效率滞后的问题。

第四,有利于降低社会运行的成本。所谓社会运行,是指社会有机体自身的运动、变化和发展,表现为社会多种要素和多层次子系统之间的交互作业以及它们多方面功能的发挥。社会运作的成本具体指维持社会有机体运动,变化及其社会多种要素和多层次子系统之间的交互作业的条件与资源。随着现代化社会的发展与进步,我们不禁会提出这样一个问题,社会运作的成本能否降低?答案当然是肯定的,科学化的管理过程本身就是降低社会运作成本的过程,它的目的就是解决资源的不合理利用及浪费的问题,前面已经阐述过有关"推荐系统"是怎样提高决策与管理的科学化,在此不再赘述。

此外,为更好地发挥"推荐系统"运作模式对社会管理的前馈控制能力,政府和社会的支持、数据的质量与数量管理、专业人才的培养、顶层的设计等是必不可少的环节。下面本书就围绕这几方面,介绍如何使"推荐系统"更加有效地参与社会前馈控制管理。

其一,完善数据立法。据统计,截至2016上半年,我国的网民规模已达到7.1亿，互联网普及率已达到51.7%①，并随着"互联网+"行动的提出，互联网已经逐渐成了促使我国数字经济、社会发展的重要阵地。同时，围绕着互联网发展起来的许多前沿科技和方法也已经渗透到了社会的各个领域，不得不说，"互联网+"行动计划给我国的创新发展营造了美好的蓝图。但是，互联网作为现代社会产生数据的重要来源，我们在充分开发利用互联网数据，使琐碎的数据形成巨大合力对社会进行治理时，如何识别伪信息和保护互联网数据以及个人隐私成了我们不得不思考的重要问题。例如，2016年《新闻直播间》记着就有关"苹果手机：定位服务？隐私泄露？苹果手机可追踪用户位置信息"做了相关调查报道。报道指出苹果手机的定位功能，已经引发了信息安全领域的高度关注，不少专家表示，这项功能暗藏着隐私泄露的风险，危机个人信息的安全，甚至可能上升到国家层面，危机国家安全②。

因此，我国必须制定严格的信息数据相关的法律使信息的使用规范化，并加大对信息安全的监管力度。目前《关于加强网络信息保护的决定》《政府信息公开条例》等系列规章尽管出台，但仍存在缺乏纲领性立法、体系不健全、层次低的问题：需要我们加强对数据立法的妥善处理，做好相关法律、法规之间的协调；分别修改制定强化信息安全与个人信息保护等方面的法律条文；建设法律法规统一管理发布平台，促进电子政务与政府信息公开，加强国际交流与合作，积极参与制定国际规则；创造良好的法制环境，促进国家治理规范发展。

其二，开放共享数据。目前我国在公共领域数据开放共享的程度还不够，造成"推荐系统"很难真正融入社会公共管理。但是随着现代科技的不断革新，信息技术产业的全球一体化已经成为当今世界发展的主流。信息技术的全球化意味着利用信息提供服务的产业部门不再以保守、防止信息数据泄露、竞争等为未来的发展方向，而是会趋向于相互合作、共同分享、开放各自数据。数据共享的程度将越来越反映一个国家的信息发展与国家治理水平③。

---

① 《中国网民规模达7.1亿，互联网普及率达到51.7%》，腾讯网，2016年8月3日，http://tech.qq.com/a/20160803/018606.htm。
② 《新闻直播间》，央视网，2016年7月22日，http://tv.cntv.cn/video/C10601/a84ee41ee70f4d9fa309287beb4bbfa1。
③ 《中国信息化趋势报告（四十七）2006—2020年国家信息化发展战略》，《中国信息界》2006年第9期，第8~17页。

第三十八章 基于大数据背景的"推荐系统"运作模式的预测预控

信息科技日益发展,要实现数据共享,分析数据间的关系,挖掘数据的深度价值,首先应建立一套统一的、法定的数据交换标准,规范数据格式,使用户尽可能采用规定的数据标准。我国这方面的研究相对滞后,应抓紧制定国家的空间数据交换标准,包括矢量数据交换格式、栅格影像数据交换格式、数字高程模型的数据交换格式及元数据格式。其次,我国需要设置专门的信息数据发布管理机构,以打破以前一个部门一套统计方法的壁垒,并不断加强对信息数据版权的监督与保护,遏制一切对信息数据进行非法使用或买卖的行为,从而为数据共享营造良好的外部环境。

此外,我国政府还应积极依法、依规开放政务信息,引导鼓励社会、商业数据的开放共享,以便满足社会、市场的快速发展。不言而喻,社会管理需要采集大量的信息数据样本为决策者提供参考,信息掌握的寡众在一定程度上决定了社会管理的成败。那么怎么才能获取海量的资料与信息呢?必须建立综合的信息数据共享平台,以实现信息数据的无阻碍交流与对接,进而降低"推荐系统"在公共领域应用的门槛。

其三,健全专业人才培养。5000年来,从古代的结绳计数到今天的计算机数据库,数据资源一直是人类文明进步所依托的重要资源,它的主要功能就是通过分析数据之间的变化情况,找到一定的社会发展规律,然后利用规律来进行社会管理。数据的出现也使得人类有机会能以数字符号来描述一件事物,丰富了人类的表达形式。人类凭借日益增强的智力,以数字符号为力量,有效实现了现代科技对我国社会的前馈控制管理,甚至可以使某些技术同样具有类似于人类的智能。整个社会的管理水平可以依靠数据帮助人们提升,反过来,对相关的专业人才培养来说,更是一个大好时机。

要完善"推荐系统"的深度信息化发展,人才是根本。我国在信息化人才领域的培养相对落后,需要进一步完善国家的政策支持,也需要高校、社会的共同努力。信息化发展是一场不可逆转的潮流,要大力培养信息化人才,需要构建以学校教育为基础,在职培训为重点,基础教育与职业教育相互结合,公益培训与商业培训相互补充的信息化人才培养体系。鼓励各类专业人才掌握信息技术,培养复合型人才。在培养高级人才、创新型人才时,要尊重信息化人才成长规律,以信息化项目为依托,加强实践教学,并以注重人才实际应用能力的培养为根本。

其四,加强顶层设计。进入现代化社会以后,中国在社会前馈控制治理方面付出的研究努力不亚于任何发达国家,2003年中共十六届三中全会就做出了"建立健全社会预警体系和应急管理机制"的相关决策,并且在随后的中央高层会议中反复强调其重要性。2013年，党的十八届三中全会进一步提出"要改进社会治理方式，激发社会组织活力，创新有效预防和化解社会矛盾体制，健全公共安全体系"[①]。这些重要论断都在要求我国要继续加强在社会前馈控制方面的探索与努力。

随着互联网、计算机信息技术的发展，我国已经意识到数据将给我们国家的预警体系建设带来前所未有的机遇，如果合理利用，可以帮助我们有效地管理社会，并增强我们对社会的预见能力，有效实现对社会管理的前馈控制。本研究涉及的"推荐系统"正是一款集互联网技术与计算机信息技术相结合的产物，它在电子商务领域已经成熟利用，并已取得辉煌的成绩，但是在社会治理领域一直处于试验阶段。为此需要我国相关政府部门注意"推荐系统"的社会实用价值，并出台相关的配套政策鼓励科研人员进行相应的研究与开发。

---

① 《中共十八届三中全会与全面深化改革》，人民网，2014年11月3日，http://cpc.people.com.cn/n/2014/1103/c64387-25964193.html。

第三十九章 基于"人在回路"技术的敏感领域社会预测研究*

"人在回路"(human in the loop)属于今天计算机科学的一个前沿领域。广义的人在回路,简称HIL或HITL,指计算机于人脑合作,共同管理或操作一个系统。在此定义中,人可以扮演主动角色,也就是说参与操作,也可以扮演被动角色,即单纯被计算机观察和服务。狭义的HIL则专指人参与控制的主动角色。对此,在业内人士中似乎已是众所周知的常识。但是,人和人是不同的,由什么样的"人"在回路,对于其仿真模拟的结果,却是大相径庭的,尤其对于敏感领域的社会预测则更是如此。为此,本章将针对敏感领域社会预测如何利于人在回路技术的计算机仿真操控问题进行探讨。

第一节 什么是社会预测敏感领域的"官-僚困境"?

毋庸讳言,在仿真预测领域中业内所面临的一个普遍难题,就是由于某种保密和统计制度的限制,预测者得不到所需要的数据或真实的数据,那么其"仿真"也就成了"仿假",即使预测方法再先进,其结果也必然荒谬。现代预测作为一种"科学+艺术"的工作,需要具有远见卓识的领导者和专业预测工作者合作完成。因为在存在较大面积信息盲区的情况下,其未知空间只能靠领导者的经验和直觉来弥补,但多数领导者对复杂的预测技术往往一无所知,而专业预测者又缺乏必要的情报信息和经验来源。这种来自长官和僚属双边的缺憾常常致使预测工作陷入困境,对此我们称之为"官-僚困境"①。这一困境在社会

---

* 本文根据阎耀军、郭涛发表在《理论与现代化》上的国家社科基金重点项目(项目编号:13ASH003)阶段性成果《敏感领域社会预测中的"官僚-困境"及其破解》编写。

① 在中国古代"官"和"僚"是有区别的。"官"是指掌握公共权力并有一定职位的人,而"僚"则是指为"官"出谋划策之人,如"幕僚"、"智囊"和"私人顾问"等。在本文语境下的"官-僚困境"特指在社会预测敏感领域中的长官(领导者)和参谋人员(专业预测者)两者之间的信息不对称现象。

预测的敏感领域①尤其如此。

仿真模拟作为一种利用现代计算机技术发展起来的虚拟实践方法，因具有预先揭示未来风险和矫正对策的功能，备受当今领导者和预测研究者青睐。由于仿真模拟所赖以展开的虚拟环境是根据真实的物理法则模拟而来，所以这种预测方法必须以必要的信息量、深刻的洞察力及专业知识和技术为前提。但是在敏感领域中，由于各种保密制度和统计制度的限制，其敏感信息的拥有者均为具有较高职务的领导者，而从事仿真模拟的预测研究者难有知情权；由于现代社会分工和专业知识的局限，具有高层政治经验和研判能力的领导者，对艰深的预测技术和专业研究工作又勉为其难。在这种情形下：拥有专业知识和技术的预测者，因缺乏必要信息而难以拿出高质量的预测；而拥有丰富信息和经验的领导者，既不满意预测者的预测，自己又缺乏专业知识和技术，难以进行科学预测。对此，我们希望通过"人在回路"的技术，在预测系统软件中嵌入领导者的预见能力，并通过组织设计和流程再造，扩大预测者知情权的方法，使这种"官－僚困境"得到解决。

第二节　社会预测敏感领域官－僚困境的成因

为深刻理解社会预测敏感领域的官僚困境，应当深入分析其成因。据说第二次世界大战时的著名政治家、英国首相丘吉尔在做重大决策的时候，绝不盲从参谋机构的所谓经过"科学论证"的预测，而是幽默地表示要和上帝直接通电话。另一位深谙此中奥妙的中国领导人则认为："没有参谋的领导是瞎领导，没有领导的参谋是瞎参谋。"② 这两位国家领导人的话，可以说是对上述"官－僚困境"生动而深刻地写照。

"官－僚困境"所蕴含的领导者和从事具体预测工作的参谋人员（以下简称参谋人员）在预测活动中的具体矛盾有以下三个方面。

（一）敏感领域信息分布的倒金字塔结构与双边信息不对称

社会预测多涉及"敏感领域"。在这些领域中，敏感信息（包括涉密情报等）分布的一个显著特点是呈倒金字塔结构，即越是高层领导，掌握的敏

---

① 本文所指称的"敏感领域"是泛指那些数据资料不宜向社会公开的涉密领域。
② 参见《李瑞环文集》。

感信息越多，知情权随级别的高低由高至低递减，反之则相反。形成这种信息结构的成因和理由，可以用"保密"二字高度概括。至于"保密"后面所隐含的制度或体制性缺陷，此不赘述。但是，科学的预测是以必要的信息量为基础和前提的，真正从事专业预测研究的人员在这种敏感信息分布的倒金字塔结构中很难充分获得预测所需要的信息。所以，他们要么因无法把所需变量纳入预测模型而陷入无米之炊的窘境，要么因受虚假数据的误导而演算出似是而非的结果。"又要马儿跑，又要马儿不吃草"，这是我们在业内听到最多的抱怨之一。显然，在这种情况下所做出的任何预测，对掌握更多信息、经验丰富且具有高度直觉和洞察力的领导者来说是不能满意的。难怪丘吉尔每遇此况，都要"与上帝直接通电话"。但是掌握着大量内部情报信息而又经验丰富的"丘吉尔们"，他们会预测（这里指技术性的预测）或有功夫做专业的预测工作吗？这就是我们所说的"官－僚困境"的第一层意思：会预测的缺信息，信息多的不会预测。

（二）职业性质使然的社会阅历与双边洞察力的不对称

社会预测之不同于自然预测，主要表现为预测的主、客体均由人和人的活动构成，而其在某种情况下会呈现非线性、非理性、反射性、涌现性、不可重复性等复杂特点。因此不可能以纯客观数据简单测算并做机械推论。所以，上述丘吉尔和上帝直接通电话的言论是耐人寻味的，它从侧面佐证了预测是一种"科学＋艺术"的说法。社会作为一种超复杂巨系统，预测者在进行社会预测时永远无法穷尽其所有变量，而大面积信息盲区的存在，只有靠那些具有丰富经验的领导者的直觉和洞察力来填补，而这也正是参谋们（预测工作者）的先天缺陷。综观现在从事预测或与预测有关的研究人员，绝大多数都是毫无领导工作经验的学者。总之无可争议的一个明显事实是：领导者，尤其是那些阅历无数的政治家或身经百战的军事家，他们作为决策者所具有的那种对未来事物发展的直觉判断和深刻洞察，绝非一般预测人员所能企及。但是，现代科学预测是建立在科学方法和技术手段基础之上的，如若脱离了这个基础，任何仅凭直觉和洞察力所形成的预测，终归是玄而又玄，甚至有"拍脑袋"预测之嫌。反之，具备那些复杂的预测方法和技术水平的研究人员，通常又不具备领导者那种超人的定性研判能力，因而所做预测更倾向于依赖数学模型和计算机演算出的机械性结果。这就是我们所说的"官－僚困境"的第二层意思：懂技术的无经验，有经验的无技术。

（三）社会分工的专业化与双边知识结构的不对称

由于社会发展的日益复杂化和社会分工的日益细化，现代预测成为一种非常专门的领域或职业，涉及一些非常专门的知识，尤其是利用计算机技术所进行的数学建模、系统动态分析、神经网络分析、系统仿真模拟等等，而这些非常专门的知识和技术，通常需要专门的学习和训练才能获得。同样，现代领导也成为或者说终将成为一种专门的领域或职业，亦涉及一些专门知识，这就是领导科学和管理科学所包含的哪些知识系统。由此看来，领导者和预测者作为社会化分工的不同职业，在各自的知识结构上，即便是有交集也是极其有限的。也就是说双方均难以全面系统地掌握对方的知识系统。但是，如政治家所说：没有预见，就谈不上领导。又如学问家所说：没有科学方法，就谈不上科学预测。总之，预测者以预测未来为目标，但不具领导者对未来的超理性思维；领导者以控制未来为目的，却缺乏预测者的专业素养。双方相互依赖又和而不同。这就是我们所说的"官－僚困境"的第三层意思。

通过上述分析，我们深刻认识到，其实好的预测应该是领导者和预测者双方优势综合的结果，而双边困境正是肢解这种优势综合的罪魁祸首。进一步深入分析我们还可以认识到，"官－僚困境"之所以存在，确有其难解之苦衷，如敏感信息，尤其是涉密情报是否公开本身就是一把双刃剑：公开，有利于公众知情但不利于安全；不公开，有利于安全但不利于公众知情。诸如此类的问题，在制度安排上恐怕永难改变。因此，为了在敏感领域中做好现代科学预测工作，我们需要另辟蹊径。

第三节 预测软件中主观修正模块的设置与领导者预见能力的嵌入

现代预测尤其是仿真模拟工作是在计算机软件上完成的，如何将不懂计算机仿真模拟技术的领导者的预见能力嵌入计算机软件中，应当是解决官－僚困境的关键点。我们设想的利用"主观修正模块"将领导者的预见能力植入预测软件之中的技术，实际上是一种依靠科技进步的思路。前述两位国家领导人的言论，均从侧面说明一个问题：领导者和非领导者的视野和所掌握的信息是不对称的，领导者或许掌握着不为人知的机密情报，或者心中正酝

第三十九章　基于"人在回路"技术的敏感领域社会预测研究

酝着不宜马上道出的重大政策，而这一切均足以使他们有理由对一般研究机构所做出的预测进行"主观修正"。因此，本文中的"主观修正"可以定义为：决策者在研究机构预测结果的基础上，根据自己所掌握的高层情报和涉密信息、主观政治经验，甚至是超理性的潜意识以及貌似神秘的第六感等，对预测结论的某种人为修正。

下面我们以犯罪预测为例来解说如何通过计算机软件解决这一问题的途径。[1]

犯罪预测实际上是刑侦者和犯罪者一种智力上的互动反射和博弈[2]。双方都在努力窥探对方并隐藏自己的真实企图，其行为都带有很强的保密性，可谓社会预测中比较典型的敏感领域。在犯罪预测软件中，我们设置了预测犯罪行为发生的时间可能性系数和空间可能性系数两个基础性模块，[3] 这两个模块得出的预测均由计算机完成，根据纯客观的历史数据而形成的线性测算结果，不仅不能穷尽所有变量，更不能考虑人们的主观判断和机密情报及突发随机变量等不确定因素。然而长期的警务工作实践和大量事实反复证明，那些经验丰富的刑侦指挥员凭借其经验，甚至是直觉，对犯罪的预见是不容忽视的。为避免受机械计算结果的误导，我们在计算机软件中特别设置了体现领导者预见力的预测模块即主观修正系数模块。

主观修正系数模块的核心是主观修正系数。主观修正系数是指领导者在上述犯罪时空可能性预测系数的基础上，再根据情报、经验、突发情况等随机变量，以一定规则进行主观调整时所使用的参数。这个参数，便是领导者在预测软件中发挥预见能力的平台和空间。领导者完全可以根据自己所掌握而基层人员不甚了解的高层宏观信息，机密情报，以及多年经验所形成的某种超理性直觉，通过这个参数，把自己的预见嵌入预测软件。

主观修正系数可以由领导集体使用德尔斐法获得，亦可以由警务组织直接赋予特定的个人。主观修正系数的使用是有权限和规则的。其权限的大小由警务组织根据有关人员掌握信息情报的多寡、资历的深浅、警衔的高低以

---

[1] 参见由北京市公安局怀柔分局与天津工业大学公共危机管理研究所合作研发，已获得中华人民共和国国家版权局认定的计算机软件著作权成果（软著登字0542880号）：《犯罪预测时空定位信息管理系统V1.0》。

[2] 阎耀军：《社会预测的互动反射性原理》，《预测》2003年第1期，第11~14页；《社会预测的赌博与博弈》，《理论现代化》2004年第3期，第24~28页。

[3] 根据历史数据线性外推的犯罪行为发生的时间和空间的概率。参见阎耀军、张明《犯罪预测时空定位信息管理系统》，《中国人民公安大学学报》2013年第4期，第74~75页。

及职务相关程度尤其是刑侦能力的大小来评定划分。拥有不同修正权限的人对客观预测值的修正程度亦是有差别的。修正权限的拥有及其修正权的大小也不是固定不变的，它会根据修正者使用修正权后的应验率进行与时俱进的调整。也就是说，修正权可以随着修正者修正应验率的提高而得到相应提高，反之则相反，直至完全丧失修正权。

主观修正系数的计算方法如公式（1）所示：

$$Z = \frac{1}{d}\sum_{z=1}^{d}\left(\frac{1}{\rho_d}(\exp^{\frac{1}{u_d}}-1)\cdot f(Q_d, E_d, T_d)\right) \tag{1}$$

其中，Z 代表领导主观修正系数，z 代表领导的人数，$z = 1, 2, 3, \cdots, d$；ρ_d 代表第 d 个领导历史上对犯罪预测进行修正的应验率，$0 \leq \rho_d \leq 1$；u_d 代表第 d 个领导在犯罪预测修正中赋予的级别，$u_d = 1, 2, 3, 4, 5$；Q_d、E_d、T_d 分别代表第 d 个领导通过对情报、经验及突发情况进行判断得到的修正函数；$f(Q_d, E_d, T_d)$ 为综合情报、经验以及突发情况得到的主观修正系数，如表 39-1 所示。

表 39-1　情报、经验以及突发情况对主观修正系数的影响

级别	情报对犯罪概率的影响	根据经验对犯罪概率的调整	突发因素对犯罪概率的影响
五级	有重大影响	需大幅调整	有重大影响
四级	有较大影响	需较大调整	有较大影响
三级	有中等影响	需适中调整	有中等影响
二级	有轻微影响	需轻微调整	有轻微影响
一级	无影响	不需要调整	无影响

将领导者主观修正系数输入领导者主观修正系数模块，这个模块会自动与犯罪时间可能性系数和空间可能性系数两个基础性模块相拟合，并生成最终的预测值。

第四节　完善信息公开制度和搭设敏感信息流程中的法约尔天桥

对于信息不对称造成的"官-僚困境"，一种解决的思路是推动信息公开制度的建设工作。作为最主要的信息生产者、使用者和发布者，政府掌握

着约 80% 的社会信息资源,其拥有的信息关系民众生活的各个领域。信息公开是民众拥有的基本权利,同时是政府的义务和责任。政府信息作为一种公共产品,除可能会涉及国家安全的信息之外,应该最大限度地进行公开。因此世界各国在信息公开方面都在进行不断探索,目前信息公开已经成为一种世界性潮流和必然的发展趋势。美国 1966 年就颁布了《信息自由法》,明确规定政府有向民众提供政府信息的义务。2009 年美国总统奥巴马上台后签署的首份总统备忘案就是《透明和开放的政府》,第二份总统备忘案就是《信息自由法》,他要致力于建设一个前所未有的开放政府。2003 年"非典"之后,我国的信息公开建设不断推进,2007 年颁布《中华人民共和国政府信息公开条例》(以下简称《条例》),推动政府信息公开制度建设进入新阶段。但是在信息公开进程取得进展的同时,我们仍然面临着一些问题和挑战,比如《条例》的立法层级较低,相关法律配套以及现有法律衔接还存在一些问题,同时政府信息公开和保密之间存在协调与平衡问题等。这些问题和挑战的存在需要进一步加强我国政府信息公开制度建设,从制度和体制上进行顶层设计,实现信息公开工作的良性健康发展。

通过信息公开的实施推进,可以在一定程度上解决信息不对称造成的"官-僚困境",但对于敏感领域内的信息,可能仍然不宜进行全面公开。对此,可以尝试建立社会预测敏感领域信息流程的"法约尔天桥"① 予以解决,即对专业预测工作者或者参与特别专项预测的研究人员,特许开放敏感信息,提高他们的越级知情权,并以签订相应的保密协议为约束。另外,为解决社会预测研究的数据来源问题,应该对有资质的社会预测机构和专家采取特殊的政策,如在签署保密协议,或在其他有效法律手段和技术手段保障的情况下,向他们开放所谓的敏感数据,以解决他们在社会预测研究中普遍存在的信息不对称和"无米(数据)之炊"问题。在搭设敏感信息流程中的法约尔天桥中,建议建立如下具体制度进行规范。

(一) 开放获取敏感数据的申请窗口

鉴于敏感领域相关信息的"敏感"特性,可以设立一定的信息准入门槛,即对敏感数据有需求的相关研究组织和个人通过一定的组织程序进行申请,提供一条专业人员可以获取敏感数据的渠道和途径。

---

① "法约尔天桥"指为了克服由于统一指挥而产生的信息传递延误,在同级业务部门之间建立一个桥梁,这一桥梁是由法国企业家法约尔设计的,也叫"法约尔桥"(Fayol Bridge)。

（二）设立专门的知情资格审查委员会

设立由预测研究部门和政府保密部门联合组成的，对申请获取敏感信息人员资格进行审定的专门委员会，对申请人的资格进行审查和鉴定，根据申请人提交的信息和研究设计进行评估，以确定是否对其开放相应的敏感数据，同时对于资格审定不能通过的原因进行反馈。

（三）签署安全使用敏感数据的保密协议

对于获得社会预测敏感数据资格的申请人，应该签署严格的保密协议并采取对应的保密技术手段，确保敏感数据不通过这个环节向外泄露，从而对社会安全造成负面影响。当事申请人更要珍惜这难得的敏感数据获取机会，在做好保密工作的基础上根据这些敏感数据提炼出有价值的决策信息。

（四）建立高层领导核实关键数据的机制

敏感信息流程中的"法约尔天桥"能够发挥应有的作用，需要高层领导的实际支持和参与，取经需要取到"真经"，敏感数据的真实性需要进行严格把关，这就需要高层领导参与对一些敏感关键数据的核实，确保研究者获得最真实的敏感数据。

（五）引入信息公开负面清单管理模式

虽然"法约尔天桥"可以有效提高信息传递效率，但是"搭桥"需要付出一定成本，若信息能有效地公开就没有必要再付出这项"搭桥"成本。因此，应该及时解密没必要保密的统计资料，对于没有保密必要的统计资料要尽可能向全社会开放。为此可以建立信息公开负面清单管理模式，即由相应部门列出需要保密的信息清单，对于不在保密清单之内的信息应当建立时间表逐步进行公开。

综上所述，此中社会预测自身的特性在于：社会预测的复杂性使其比自然预测具有更多的信息盲区；社会预测的敏感领域使从事预测工作的专业技术人员难以接触"涉密"数据资料；非理性和模糊判断的价值在社会预测中不容忽视。因此社会预测需要具有远见卓识的领导者和专业预测工作者合作完成，但是信息不对称造成了现实中大量存在的"官－僚困境"，这种困境在敏感领域的社会预测中表现尤为突出。本章在深入分析"官－僚困境"成因的基础上，结合犯罪预测的实例指出解决"官－僚困境"的关键点，即赋予领导根据自身掌握信息对计算机预测数值进行主观修正的渠道，得到更为符合实际的预测结果。同时，针对其他敏感领域社会预测工作的开展，借鉴企业运营管理中的"法约尔天桥"思想，尝试搭设敏感信息流程中的"法约尔天桥"，提出一条解决敏感领域社会预测中"官－僚困境"的路径。

第四十章 基于膜科学与技术的社会风险因子分离技术研究[*]

膜分离与传统的网过滤不同。它作为一种具有选择性分离功能的技术,可以根据主体的需要,选择对分离对象进行不同组分的分离、纯化、浓缩等过程进行膜分离。膜的种类和膜分离的方式多种多样。膜科学与技术作为一门新兴的交叉学科,如今已被广泛应用于气体分离、物料分离和水处理等自然界的各个领域并发挥举足轻重作用。与此同时,膜科学与技术中的新理论、新概念、新思路、新发现等也给予社会科学尤其是安全风险管理领域颇多重要启发。本章旨在将其理论及方法与社会安全风险管理相结合,提出"社会膜"概念,希望能够借鉴自然科学中的膜科学与技术,构建完善的社会安全风险管理的膜系统,为我国社会稳定风险的预防和规避提供新的思路、新的原理和新的方法。

第一节 对膜现象和膜技术的哲学思考

膜,作为一个汉语词语,其主要含义是指生物体内像薄皮的组织,如耳膜、视网膜、胃黏膜、竹膜、苇膜等。总之在大自然界的生物中存在形形色色、千奇百怪的膜。

人们很早就发现膜具有分离作用。膜分离是以膜作为分离介质,以外界能量或化学位差作为推动力,对双组分或多组分的流体进行分离、分级、纯化和浓缩的方法。例如,动物的消化系统就是自然界一种典型的膜分离现象。[①]

由于"自然膜"在自然界中具有膜分离的功能,人类便很自然的对其进行"仿生"利用,如在生产生活中利用过滤布将豆汁和豆渣相分离,利用渔网将

---

[*] 本章根据阎耀军、田惠发表在《深圳社会科学》上的国家社科基金重点项目(项目编号:13ASH003)阶段性成果《社会膜:社会风险预防中的膜技术研究》一文编写。

[①] 王学松、郑领英编著《膜技术》,化学工业出版社,2013,第58~63页。

水和鱼相分离等；在社会生活中利用门和围墙将外人和家人相分离；利用城防工事和安检设施将坏人和好人相分离等（见图40-1、图40-2、图40-3）。在此需要特别指出的是，当人类认识到膜的实质（功能）是分离以后，膜作为一种分离介质的形态和结构就发生了很大变化，其外部形态已经不限于"薄膜"，以致有些膜要比城墙还厚；其内部结构也已经不限于"网状"，以致千奇百怪。

图40-1 用滤布将豆汁和豆渣相分离

图40-2 用过渔网将水和鱼域相分离

由于地球上天然纯而又纯的物质极其稀少，95%以上的物质都是与其他物质混合在一起的"混合物"。所以人类的生存和发展便与"膜分离"具有不解之缘，"膜分离"与人类生活如影随形。

在自然领域，人们将海水加热蒸发，使水变成蒸汽，冷却蒸汽后，除去海水中的盐和有毒物质从而得到可饮用淡水的蒸馏技术，就是膜分离技术的典型代表；又如用活性炭吸附有机致癌物，活性炭便扮演了膜的角色，发挥

图 40 - 3 用城墙将"好人和坏人"相分离

了分离功能;再如将分子筛作为吸附剂,采用变压吸附方法,在改变压力的基础上,实现氧气与氮气分离;深冷分离技术将纯氧、纯氮和纯氢从混合气体中分离,从而得到高能燃料等。①

在社会管理领域,昔日秦始皇扫平六国后实施车同轨、书同文、统一货币、统一度量衡及焚书坑儒的"膜分离技术"来对复杂的社会政治文化进行"筛滤"、"浓缩"和"纯化",还建造了万里长城这一迄今为止地球上最大的"分离膜"(见图40-4、图40-5);而当代的互联网更是用"防火墙"和各种身份识别系统以及"网监机构"织就了一个遍布全球的庞大的"电子分离膜"。

综观上述,如果我们站在哲学的高度对这种司空见惯却熟视无睹的"膜现象"加以审视,不难发现膜和膜分离现象及膜技术的发展,正是自然演进和人类存续须臾不可或缺的一种普遍现象,亦是马克思主义哲学三大基本规律之一的否定之否定规律的题中应有之义。否定之否定规律认为事物的发展是通过其自身的辩证否定实现的。事物都是肯定方面和否定方面的统一。否定是对旧事物的质的根本否定,但不是对旧事物的简单抛弃,而是变革和继承相统一的扬弃。事物发展正是经过否定之否定构成事物从低级到高级、从简单到复杂的周期性螺旋式上升和波浪式前进的发展过程。否定之否定规律的表现形态是多种多样的,而膜分离正是否定之否定规律的具体表现形式之一。膜分离现象形象而具体地揭示了事物发展的过程和趋势,是唯物辩证法基本规律的生动体现。它是事物完善自己、发展自己的一个有规律的过程,反映了事物演化发展的一般规律。

---

① 岳志新、马东祝、赵丽娜、赵寒梅:《膜分离技术的应用及发展趋势》,《云南地理环境研究》2006年第5期,第52~57页。

图 40 – 4、图 40 – 5　美国宇航局的太空网站公开的欧洲太空总署的一颗卫星于 2004 年 3 月 25 日拍到的长城，它清晰地显示出长城的轮廓

资料来源：大华网 -《汕头都市报》，2004 年 5 月 17 日，http://www.sina.com.cn。

第二节　将膜技术引入现代社会风险管理的社会物理学思考

早在 1986 年，德国社会学家乌尔里希·贝克就出版了《风险社会》一书，预言风险社会的来临。现在随着风险社会的到来和现实社会风险的频仍，不仅"风险社会"一词终于被广泛认同，更重要的是寻求规避和破解社会风险之策，已然成为朝野热议的话题和学界研究的热点。那么，膜科学与技术能否为风险管理鼎助一臂之力？我们认为，膜科学与技术既然可以提升到哲学层面加以认知，就说明其必有普适性，将其引入社会风险管理也就顺理成章。因此我们大胆提出"社会膜"的概念，并尝试将其引入社会风险管理领域。

在将膜技术引入社会风险管理之前，我们需要大致了解现代膜科学与技术的发展。膜现象虽然自古有之，但是对"膜"的科学发现却始于 1748 年对猪膀胱的半渗透性的发现。1927 年第一张人工膜合成。20 世纪 60 年代后，膜技术获得飞速发展，尤其是工业膜的种类多种多样（见图 40 – 6）。

这里需要通俗地解释一下什么是膜和膜分离。膜是一种起分子级分离过滤作用的核心介质。但"膜分离"与传统的"网过滤"不同。它作为一种具有选择性分离功能的技术，可以根据主体的需要，选择对分离对象进行不同

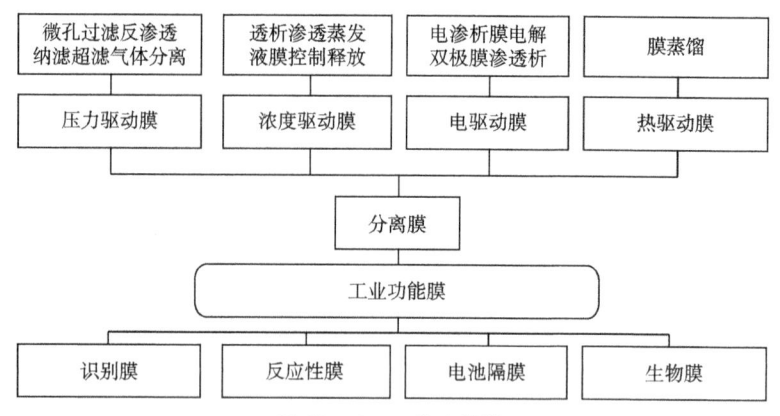

```
┌──────────────┐ ┌──────────────┐ ┌──────────────┐ ┌──────────┐
│微孔过滤反渗透│ │透析渗透蒸发  │ │电渗析膜电解  │ │          │
│纳滤超滤气体分离│ │液膜控制释放│ │双极膜渗透析  │ │ 膜蒸馏   │
└──────┬───────┘ └──────┬───────┘ └──────┬───────┘ └────┬─────┘
┌──────┴───────┐ ┌──────┴───────┐ ┌──────┴───────┐ ┌────┴─────┐
│  压力驱动膜  │ │  浓度驱动膜  │ │  电驱动膜    │ │ 热驱动膜 │
└──────────────┘ └──────────────┘ └──────────────┘ └──────────┘
                           │
                        分离膜
                           │
                     ┌──────────┐
                     │ 工业功能膜│
                     └──────────┘
   ┌──────────┬──────────┬──────────┐
│ 识别膜  │ 反应性膜 │ 电池隔膜 │  生物膜  │
```

图 40 -6　工业功能膜

组分的分离、纯化、浓缩等过程进行膜分离。膜分离的核心介质是分离膜。分离膜独有的选择透过性能，分离原理分为两种，其一是根据混合物物理性质的不同，即质量、体积大小和几何形态的差异，使用过筛的办法分离。例如，反渗透（RO）、超滤（UF）、微滤（MF）及一般过滤（F）。其二是根据混合物的化学属性，包括从膜表面接触的混合物中进入膜内的速率（溶解速率）和进入膜内后从膜的表面扩散到另一表面的速率两部分，二者的加和为总速率，总速率与透过膜所需时间成反比。如经过反渗透膜实现的除盐淡化技术。膜的种类、结构、形态和膜分离的方式多种多样，已经远远突破了原始的单一的"薄膜"形态（见图 40 -7 至图 40 -12）。

图 40 -7　固液膜分离设备来源

资料来源：http://img67.hbzhan.com/9/20170206/636219966960532614926.png。

图 40-8 天然色素精制膜分离设备来源

资料来源：http://p0.so.qhimgs1.com/t013fbc52276dca1c0c.jpg。

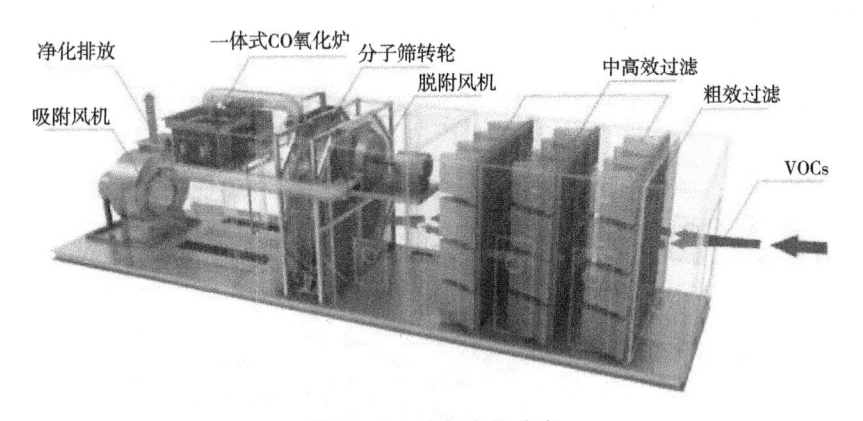

图 40-9 空气净化分离

资料来源：德州蓝美源环保科技有限公司企业官网，http://www.njdejun.com，2018 年 8 月 24 日。

总之，人类不断深入认识和了解分离膜及性能，分离方法从简至繁，工艺从一种技术独领风骚到百花齐放，形形色色不同材料和不同结构制成的分离膜不断开发，目前已经广泛运用于气体分离、物料分离和水处理等自然界的各个领域并发挥举足轻重的作用，产生了巨大的经济效益和社会效益，成为当今分离科学中最重要的手段之一。

在自然领域遥遥领先的膜分离技术面前，社会领域显然相形见绌，即使是比较先进的电子门禁和智能安检，也与原始的过关搜身没有多大实质性的区别（见图40-13）。更重要的是我们在社会领域还没有膜的理念和理论，

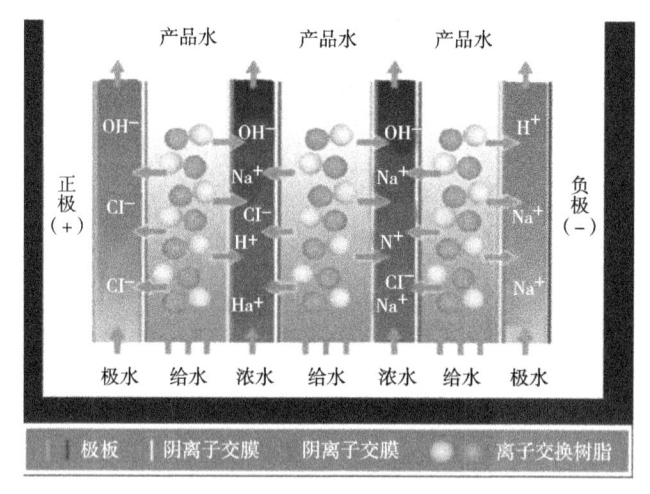

图 40-10　电渗析技术膜来源

资料来源：http://www.changchunshui.cn/d/file/zixunzhongxin/gongsixinwen/2015-02-04/e6bf63a8fd0a48247eb3283e1a546097.jpg。

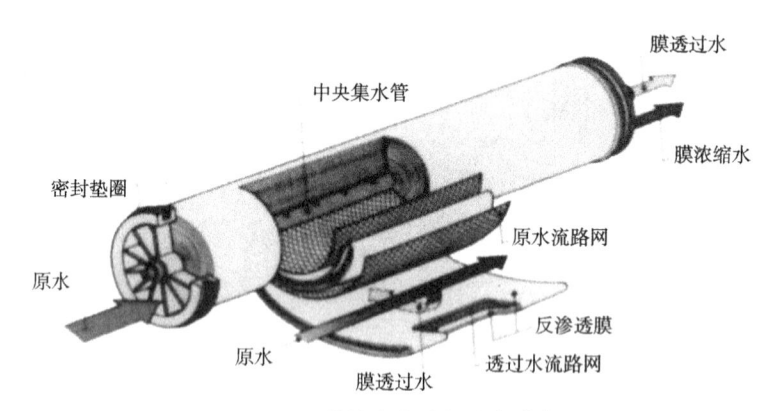

图 40-11　核能海水淡化分离膜来源

资料来源：https://timgsa.baidu.com/timg?image&quality=80&size=b10000_10000&sec=1531311433&di=5458a7b8b7f9730914c3f976a1187244&src=http://bbsfile.co188.com/forum/201509/21/160447ibyfa7grurulbrnw.png。

更没有膜分离的技术和技术体系。那么我们能否在自然科学中的膜科学与技术的启发下，借鉴并移植膜分离技术于社会风险管理领域？这是需要从理论上加以论证的。

首先，膜分离作为一个物理学过程，我们将其引入社会管理就应当进行社会物理学方面的思考。社会物理学其实是社会学创始人孔德在创立社会学时首先想到的名称，他当初只是为了避免与人重复遂命名为社会学。孔德认为社会与自然并无本质的不同，人类社会是自然界的一个部分，人为的社会

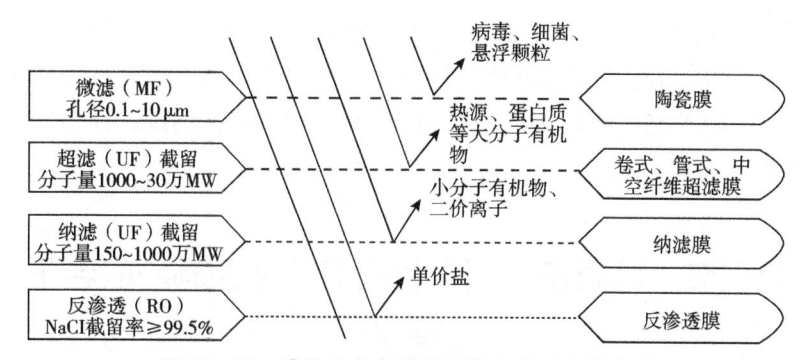

第四十章 基于膜科学与技术的社会风险因子分离技术研究

图 40-12 膜技术在电镀镍漂洗水处理中的应用

资料来源：中国环保在线，2015年12月04日，http://www.hbzhan.com/news/detail/102486.html。

图 40-13 过关安检

秩序通常可以看作"自然秩序"的简单延伸；而探讨人类社会生活规律的科学应是探讨自然规律的科学的直接延续。所以应该坚持统一的科学观，把研究自然界的方法贯彻到研究社会中去。当代秉承孔德这一理念的社会物理学派对于现实问题的探索，通常遵从一定的模式思考，并具较严格的逻辑推演，在寻求机制的过程中形成了如下的基本认知框架：①承认无论是自然系统还是人文系统，无一例外地随时（时间）随地（空间）都呈现"差异"的绝对性；②只要存在各种"差异"或"差异集合"，必然产生广义的"梯度"；③只要存在广义"梯度"，必然产生广义的"力"；④只要存在广义的"力"，必然产生广义的"流"；⑤社会物理学着重探索广义"流"的存在形式、演化方向、行进速率、表现强度、相互关系、响应程度、反馈特征及其敏感性、稳定性，从而刻画"自然—社会—经济"复杂巨系统的时空行为和运行轨迹，寻求其内在机制和调控要点，在计算机及网络工具的支持下；有效地服务于政治、经济、军事、社会等重大问题的决策与管理。①

由此看来,社会风险系统中的"差异""梯度""力"和"流",均应是膜技术的用武之地,膜技术毫无疑问具有在社会风险管理领域大显身手的理论可能性。

第三节　将膜技术引入社会风险管理领域的若干难点问题分析

在社会物理学认知框架下解决膜技术在社会领域应用的理论可能性仅是大前提,因为孔德的社会物理学把社会与自然完全不加区分的观点也并非完全没有争议。所以,如何具体落实膜技术在社会风险管理领域的应用,还需要从人文社会的具体特征出发来论证其可行性。我们认为至少有以下四个难题需要解决。

一　社会膜与工程膜的客体差异问题

工程膜(泛指在自然领域运用的人工膜)与社会膜的膜分离对象不同。前者分离的对象是没有知觉或没有主观能动性的自然物;而后者分离的对象是活生生的人,"是有意识的、经过思虑或凭激情行动的、追求某种目的的人"。② 所以,在膜分离过程中,在特定情形下,作为膜客体的一些人会因某种目的而采取伪装、隐藏、干扰等反分离技术,与膜分离主体相对抗;而另一方面,膜主体又必须根据膜客体的前述变化而进行自身结构及性能的改进和调整。如此循环往复以致无穷。这种情景可用图 40-14 表示。

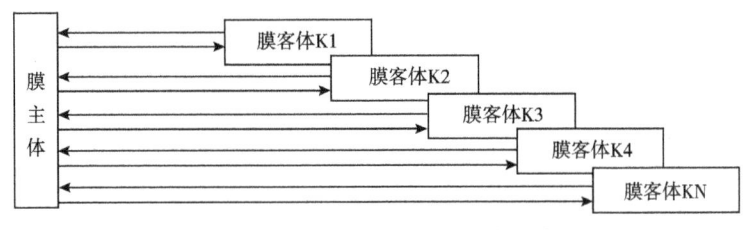

图 40-14　膜过程中的主客体互动

---

① 牛文元:《社会物理学与中国社会稳定预警系统》,《中国科学院院刊》2001 年第 1 期,第 16 页。
② 《马克思恩格斯选集》第 4 卷,第 247 页。

总之社会膜在膜分离过程中的这种主客体矛盾将会给膜识别造成极大干扰，严重者可导致膜分离无效。

二 社会领域的膜客体通过膜分离后的后续演变问题

工程膜的膜客体在被膜介质分离后一般不会发生变化，而社会膜的膜客体在被膜介质分离后，往往会有一部分发生变化。例如，经过严格筛选考察提拔上来的干部后来腐败变质成为罪犯就是典型的例子。这说明社会膜的膜分离过程往往不是瞬间的或一次性完成的，这就要求社会膜应当具有与时俱进的追踪检查功能，使膜客体始终处于膜分离过程的监督或笼罩之下。显然，社会膜比工程膜具有更高级的要求。那么，作为具有这种不同于工程膜的分离介质（社会膜）的外部形态和内部构造又应当是怎样的呢？它的技术载体和运行方式又应该是怎样的呢？

三 社会风险的虚拟性与社会膜的抽象化问题

风险是潜在的危机，因而具有非实在性或虚拟性。在社会膜的膜分离过程中，如何通过特定的分离介质分离风险因子，将虚拟的社会风险"实在化"（即可视化）？另外，人类具有自然和社会双重属性，社会膜亦分为具象膜和抽象膜（或称有形膜和无形膜）：对"自然人"进行风险因子分离的介质是具象的，如指纹识别、刷脸识别、步态识别以及各种门禁设备等都是实实在在的具象物体；但是对"社会人"进行风险因子分离的介质却往往是抽象的，如用于识别和排查意识形态、政治稳定、社会安全等领域风险的各种监测和评估指标体系，既不具备物化形态，更不具备技术形态，而仅是一种主观抽象。那么，如何构建出一种能够将虚拟的社会风险可视化并可操控化，如何将抽象的分离介质变成一种具有物化载体的、具象的社会膜，这里面有太多的难题要解决。

四 社会膜的技术化和智能化问题

如前所述，现代意义上的膜分离与传统的网过滤不同。其重要特征之一就是高度的技术化和智能化。例如，海水淡化与豆浆过滤在技术化和智能化程度上天壤之别，就具有本质的不同。同理，现代意义的社会膜，与古代依靠城防关隘阻拦风险的物理膜，以及单纯依靠人脑思辨来识别风险的"脑膜"，在技术化和智能化程度上也应具有本质区别。事实证明，随着现当代社会复杂性的与日俱增，传统物理膜和"脑膜"的社会风险防范功能与日衰减,说白了就是"越来越不靠谱"。所以,我们要构建现代意义上的社会膜,其技术化和智能化难题是无法回避的。

第四节　社会膜概念的界定和社会膜的技术结构设想

在阐述社会膜技术体系构想之前,为了方便讨论,我们应当总结社会膜的特征并对社会膜这个概念给予界定。

根据前文的讨论,可以认为社会膜至少应该具备以下特征:①社会膜是借鉴现代膜科学与技术中的新理论、新概念、新思路和新技术,移植于社会管理领域的一种衍生形态;②社会膜是一种依赖现代科学技术手段构建的一种利用人工智能方法识别、排除社会风险或不利扰动因素的物化介质,而不仅是一种思辨产品;③社会膜作为一种具有可将社会风险因子分离出来功能的物化介质,应当能够具有可批量化生产和可重复使用的产品属性。根据这些特征,我们认为社会膜是将现代膜科学与技术的理论和方法,移植于社会管理领域,创造的一种对社会风险及不良扰动因素具有识别和分离功能的物化介质。

根据上述定义,笔者主要针对抽象意义上的社会风险,提出社会膜的技术结构体系如下。

第一,针对社会风险的各具体险种,在特定风险逻辑模型的基础上,设置社会风险监测预警指标体系,并以智能化人机互动的计算机软件为载体,形成物化的风险识别的膜介质技术平台。这里面有三个要点。

其一是在解析风险对象逻辑结构基础上构建风险逻辑模型,并据此设置风险监测评估指标体系,如图 40 - 15 所示。

其二是这种评估指标体系的运行应该是智能化的,一般需要以计算机软件的形式来实现,如图 40 - 16 所示。

其三是由人、机、工具软件三维结构形成的相对固定的、可持续运行的物化技术平台。由这个平台即社会风险膜来完成对社会风险系统中的"差异""梯度""力""流"的监测和识别,从中观测风险传导即"流"的存在形式和演化方向、行进速率和表现强度等动力学特征,发现风险系统的运行轨迹和调控节点。

第二,建立与现实社会平行的社会风险仿真推演系统,通过虚拟的多元的膜过程来观察社会风险的传导和演化路径,为社会风险的多方案防范提供依据。

第四十章　基于膜科学与技术的社会风险因子分离技术研究

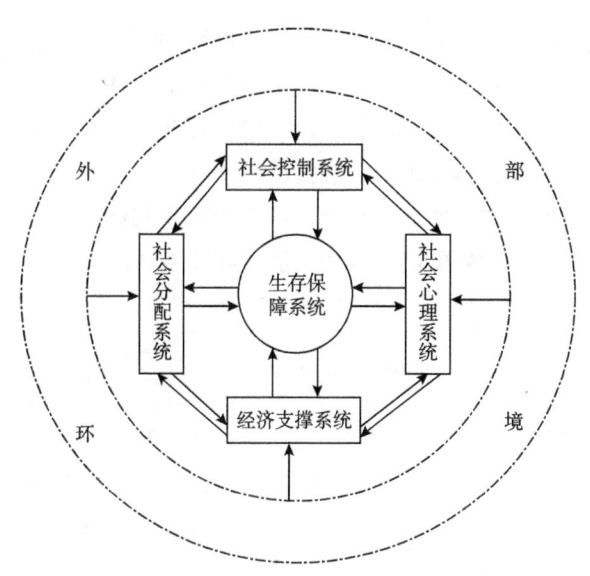

图 40-15　风险逻辑模型

注：必须根据逻辑模型衍生指标体系，而不是随意罗列。

资料来源：参见阎耀军《社会稳定的计量与预警预控系统的构建》，《社会学研究》2004 年第 1 期。

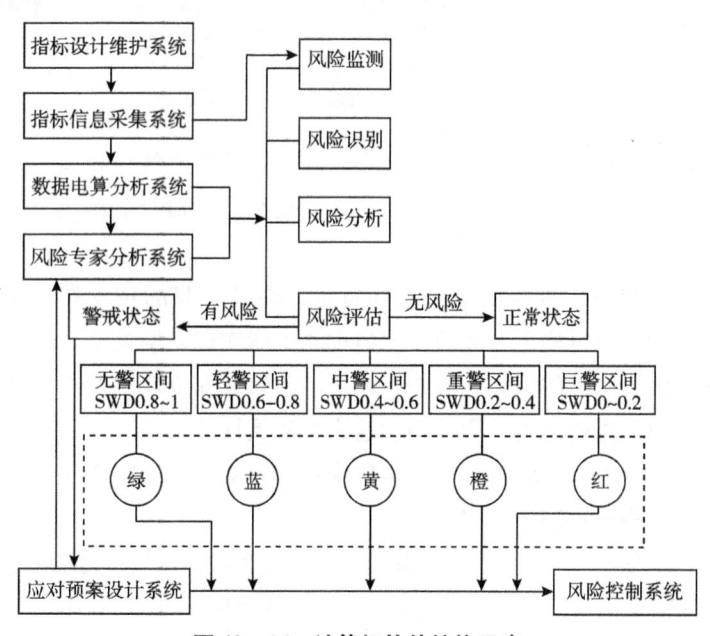

图 40-16　计算机软件结构示意

社会领域的风险具有随机性、涌现性、多变性、不确定性。因而社会膜的膜过程对象是一个复杂系统，不可能像工程膜的膜过程那样只有一个给定的向度。为此，必须在计算机上虚拟一个仿佛和现实社会孪生的"平行系统"，该平行系统是具有多元演化功能的动态系统，它能够从现实世界中获取引发系统崩溃的初始扰动数据，通过多向度推演来反映风险膜过程中出现的随机性变化，使社会膜成为对风险扰动因子具有"即时感知能力"的虚拟世界系统，并具有多向度推演的功能，从而为研判初始风险涌现规律提供依据，进而使风险处置策略的制定成为可能，如图40-17所示。

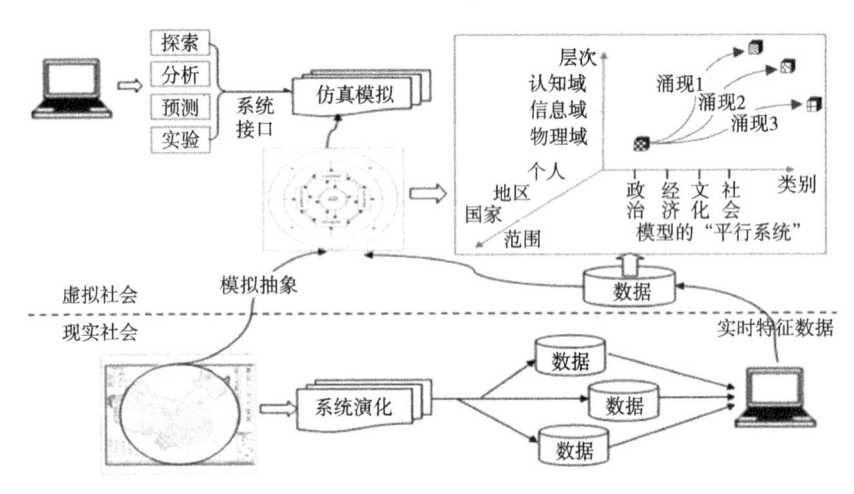

图40-17 社会风险仿真平行系统

第三，设置官方的建制性机构或官方资助的非营利智库机构，形成高水平高层次的人机互动的专业化组织系统，以最终实现对社会膜的操作、运行和管控。

鉴于社会膜与工程膜的诸多不同特征，在社会膜的技术结构中，权威性、专业化的组织机构不可或缺，因为舍此不能完成对膜对象原始数据的有效的、真实的、完整的采集和输入；舍此不能保证膜介质即社会膜本身的有效维护和与时俱进的完善；舍此不能达成充满灵性的人机互动和带有超理性的睿智互补。社会风险管控组织机构作为社会膜的有机组成部分，对社会膜的膜过程管控模式见图40-18。

综上，膜分离作为一种利用特殊制造的、具有选择透过性能的隔膜，在外力作用下对混合物进行分离、提纯、浓缩的一种分离新方法，不但适用于自然领域，亦同样适用于社会领域。社会作为一种复杂巨系统，其膜分离的介质、结构、形态、方式会与工程膜有诸多不同，但其实质（功能）都是为了去芜存菁。社会膜在社会安全及风险管理领域将会有十分广阔的发展前景。

第四十章　基于膜科学与技术的社会风险因子分离技术研究

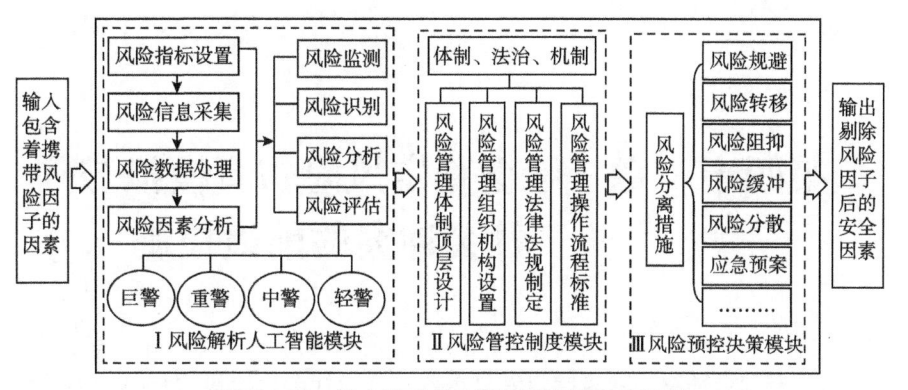

图 40-18　社会膜对社会风险因子的分离过程

第四十一章 社会稳定风险仿真模拟与社会冲突的前馈控制*

为规避社会冲突，政策制定者总是事先进行社会稳定风险评估，力求预知特定政策投入运行后所产生能量的正负及其大小，以规避或防范社会冲突。由于社会风险模拟方法以特定的政策及其施加目标为研究对象，可以在人工环境中建立一个与它相似的仿真模型，并通过人工和计算机手段，使其在虚拟环境中运行并实施多向度推演，观察其未来发展变化的过程及最终结果，预先发现其中的问题并进行对策矫正，因此这种方法被业内认为以动态推演的优势超越于传统的静态评估，对社会冲突风险的防范具有极大的应用价值。本章主要对社会稳定风险仿真模拟的主要内容及其焦点和难点进行探讨，同时对社会稳定风险系统整体性涌现的产物——社会冲突，提出利用社会风险仿真模拟方法实施前馈控制的初步构想。

社会稳定风险仿真模拟是指通过建模与仿真技术，对影响社会稳定的相关要素进行建模仿真，并以此来研究危机情景下社会各相关实体的行为及动态演化过程，与此同时模拟和导调相应政策投入的实施效果，从而达到从整体上预测社会风险，并对可能发生的社会冲突实施前馈控制的目的。

仿真模拟作为一种现代的虚拟实践手段，在不同领域有不同的称谓，如在军事领域称为"作战模拟"，在经济领域称为"政策模拟"，以及我们在研究社会风险时称谓的"风险模拟"，另外还有其他学者所称谓的"社会模拟""社会仿真"等，本章在使用这些概念时与仿真模拟概念均具有基本相同的含义。

在上述意义界定的基础上，我们对下列问题展开讨论。

---

* 本章根据阎耀军、郭涛发表在《北京行政学院学报》上的国家社科基金重点项目（项目编号：13ASH003）阶段性成果《社会稳定风险仿真模拟与社会冲突的前馈控制》编写。

第四十一章 社会稳定风险仿真模拟与社会冲突的前馈控制

第一节 仿真模拟方法与社会冲突的前馈控制

在种种社会冲突中，最极端的形式是战争。据瑞士研究人员计算，在世界史记载的5575年中只有320年是没有战争的，在17560多次战争中死亡36.4亿人，损失财富折合成黄金可制成一条宽150公里、厚10米、环绕地球一周的金带。① 由此可见，我们人类社会的发展，实际上是伴随着社会冲突一路磕磕绊绊走来。毋庸置疑，社会冲突给人类造成的破坏是极其巨大的。所以兵圣孙子认为："上兵伐谋，其次伐交，其次伐兵，其下攻城，不战而屈人之兵，善之善者也。"② 这说明"不战而屈人之兵"乃是解决冲突的最高境界。

然而，"不战而屈人之兵"（即化解矛盾）的方法很多，比如谈判、诱降、威慑等，那么有没有用仿真模拟的方法避免战争冲突，从而实现"不战而屈人之兵"效果的呢？回答是肯定的。我国史书记载的"墨子止楚攻宋"事件，就是一个十分典型的案例。公元前440年，楚国欲用鲁班发明的云梯等武器攻打宋国。墨子为止楚攻宋，解带为城，以牒为械，与公输班模拟攻守，楚方九攻未果，而宋方守力尚余，故而放弃攻宋念头。③ 对此，就方法的实质而言，这就是仿真模拟，只不过当时墨子所用的仿真模拟工具不是计算机而是一根腰带和几块木片而已。

墨子利用仿真模拟方法止楚攻宋的精彩之处在于：第一，冲突双方在冲突未发生之前，就在虚拟的环境中把未来可能发生的冲突进行了提前演示而且耗时很短；第二，冲突双方在虚拟的环境中将冲突双方的行为做多方案反复推演（九次调整各自攻防策略）而且不发生成本；第三，各种方案的结果在虚拟环境中得到验证而且是即时验证，符合现代科学的实证性要求；第四，避免了在现实中的一场成本高昂的大规模社会冲突而且是流血冲突。由此可见，仿真模拟方法对实现社会冲突的前馈控制，显然具有无与伦比的优越性和极为广泛的应用前景。抚今追昔，令人不得不扼腕叹息：如果历史上多几个像墨子这样的人，或者多一些人使用仿真模拟方法来解决社会冲突，那人类该会减少多少损失。

---

① 陈锋：《无奈的硝烟》，北京解放军报出版社，1999，第1页。
② 施芝华：《孙子兵法新解》，上海学林出版社，2000，第88~89页。
③ 参见吴毓江撰《墨子校注》（上下册），孙启治点校，中华书局，2006，第68页。

令人欣慰的是，随着现代科学技术的发展，军事领域的仿真模拟已经由传统的沙盘推演发展为依靠电子计算机的作战模拟，而且这种对战争的仿真模拟已经能够把数十个战区连在一起进行模拟，如美国国防高级技术研究项目局支持的国防仿真交互系统（DSI）已经能把从韩国到欧洲的65个作战模拟站连在一起进行作战模拟。在经济领域，仿真模拟被称为政策模拟，科学家们开发的"政策模拟器"同样能够把几十个国家的经济运行连在一起进行仿真推演，从而预先控制未来的经济走势。

对于这种在现代科技催生下广泛运用并方兴未艾的计算机仿真模拟技术，目前哲学界有人将之归为虚拟实践（即根据真实的物理法则，并以数字化符号为中介，构建虚拟的社会环境，然后利用计算机技术让预控对象等要素在其中模拟运行，从仿真推演中得出预控结果），并认为这种虚拟实践的形式是人类超前认知的一种新形式，为人类超前认知和掌控未来打开了一扇新的认识之门。其实正如前所述，这种虚拟实践的超前认知形式古已有之，今天只不过是现代科技的发展使人们有了新的认识工具和技术，最终使其提上了更重要的议事日程。反思人类有史以来的超前认知形式，在蒙昧时期用龟卜、蓍筮，在有了阅历以后用经验推测，在有了知识以后用逻辑推理，在有了可以延展人脑的科学工具以后，当然要用计算机了。不过由现代科学技术催生的现代仿真模拟，和墨子时代的仿真模拟不可同日而语的地方是，它会使人类给预测、前馈控制，甚至是仿真模拟技术本身，都会带来革命性的变化，即对社会冲突实施前馈控制空间的扩大提供了空前的可能性。

社会冲突前馈控制的基础和前提是社会预测。然而众所周知，关于社会预测的可能性，不仅在学术界一直存在争议，就是世俗社会也觉得不那么靠谱。所以，以社会预测为基础和前提条件的社会冲突前馈控制，当然亦在质疑之列。其实这和大家并不真正了解社会预测有关。社会预测和自然预测是两种性质完全不同的预测：自然预测的客体是对预测主体无感知能力的物，而社会预测的客体是对预测主体有感知能力的人（他或他们对预测主体的预测不仅有感知，而且还会产生"因应"行为），这就造成社会预测过程中主、客体之间的互动反射。[①] 因此我们不能要求社会预测像多数自然预测一样精准，更不能要求社会预测能够一次性完成。此其一；由于信息量和信息处理能力的限制，人类对社会现象，既不可能完全（百分之百）能够预测，也不可能完全不能预测，此其二。简言之，就是一个社会预测或者说未来研究的

---

① 阎耀军：《试论社会预测主客体的互动反射性原理》，《预测》2003年第1期，第11~14页。

可能性空间有多大的问题。同理，对社会冲突的前馈控制而言，也是一个可能性空间有多大的问题。关于这个长期以来备受争议的议题，我们认为只有引入现代科技的元素才能解释明白，换言之，也只有在现代科技发展的今天才能找到有说服力的解释。

其实人类的大脑作为一种超前认知的人体器官，和人体的其他器官一样，都必须要借助工具才能得以延展和加强。正如人们用肉眼只能看清几百米远的景物，但是凭借望远镜却能看到几千米，凭借哈勃望远镜等遥感工具能感知100多亿光年以外景物一样，社会预测的可能性空间或者说本文讨论的对社会冲突前馈控制的可能性空间，也必将随着科学技术发展产生的新的认识工具才能逐步扩大。一个明显的例子就是20世纪六七十年代罗马俱乐部的一群未来学家，运用系统动态分析技术预测了地球未来100年后的状况，引起了全世界仍然方兴未艾的一系列前馈控制行动。已故著名社会学家陆学艺先生说："自从人猿相揖别，人类就梦想着能够对未来实现前馈控制。"[①]在遥远的古代，人们用龟甲、蓍草作为预测（占卜）工具，显然不能取得科学的预测结果；而凭借经验预测又极受局限；后来一些哲人智者凭借逻辑推理预测未来，但现代社会越来越复杂，产生的海量信息使人的大脑已经难以处理这样的复杂系统，以致一些科学家慨叹"现代社会越来越不受我们控制，成了一个失控的世界"[②]。所以要科学地预测未来和对未来进行前馈控制，出路在于必须凭借科学的"遥感工具"，于是系统动态分析技术、神经网络分析技术、计算机仿真模拟技术等预测方法便应运而生了，尤其是近年在互联网、云计算支持下兴起的"大数据分析技术"，很可能将极大地拓展社会预测的可能性空间，甚有可能使得人类对未来前馈控制的能力产生革命性的变化。所以具体到本文的主旨而言，我们的结论是：仿真模拟方法和技术的采用，将会极大地拓展对社会冲突实施前馈控制的可能性空间。

第二节　社会稳定风险的系统性涌现与仿真模拟

从系统科学角度看，社会冲突实质上是社会稳定风险系统的一种整体性

[①] 陆学艺：《前馈控制：人类有史以来的梦想——阎耀军新作〈社会管理的前馈控制〉引介》，《理论与现代化》2014年第1期。
[②] 著名社会学家吉登斯（Giddsens）语，转引自阎耀军、薛岩松《风险社会中的管理时滞与前馈控制》，《天津大学学报》2009年第4期，第330页。

涌现结果。何为涌现？从现象上来说，一队士兵过桥，便步走①没问题，齐步走桥塌了。这里的重量、力量、步幅、数量、速度、都没变，但是节奏变了，产生了同频共振现象——这就是涌现。从抽象定义来说，所谓涌现，是指系统"整体具有部分或部分之总和所没有的性质、特征、行为、功能等，称为整体质或系统质"②。对此，系统论创始人贝塔朗菲借用亚里士多德命题"整体大于部分之和"通俗地表达涌现性为1+1>2,③ 并明确指出，研究整体涌现性是"基本的系统问题"。④中国人民大学苗东升教授作为我国对涌现性研究最深入的学者之一，曾在《21世纪100个科学难题》一书中以"系统科学的困惑"为题深刻指出："系统科学面临的困惑之核心在于如何认识和把握涌现性。"由此可见，社会冲突作为社会稳定系统的一种整体性涌现，我们应该如何认识和把握？如何以这种涌现为核心概念说明其特征、来源、成因、发生的条件、机理、演变规律并构建涌现模型？如何控制这种涌现的发生？如何利用这种涌现趋利避害？这些都是社会冲突仿真模拟中不能不研究和不能不解决的关键问题，亦是令人困惑的问题。

凡系统均有涌现性。以上论及的经济、军事系统有涌现性，社会稳定风险系统也有涌现性。那么问题是我们对前两者包括本文没有论及的自然领域诸多涌现性的仿真模拟均取得了许多令人鼓舞的成果和长足进展，而为什么对后者——社会稳定风险系统涌现性的仿真模拟却至今裹足不前呢。

关于整体涌现性研究的文献给我们的启发是应当看到涌现的无限多样性。现实世界有无数充满差异的系统，其整体涌现性的发生方式、性质、层级、类别、程度以及速度是千差万别的。差别是系统整体涌现性不同所造成的。钱学森把系统划分为小系统、大系统、简单巨系统、复杂巨系统和特殊复杂巨系统几类，就是考虑到这些类别所具有的不同涌现性。以此考察社会稳定系统的涌现性，我们会发现社会冲突——这种社会稳定风险系统整体涌现性的产物，与其他系统的涌现性有诸多不同。

第一，从层次维度看，社会稳定风险系统属于特殊复杂巨系统。在广义的社会概念中，它不仅包括经济和军事，还包括政治、文化方面的局部领域

---

① 作为军事术语的"便步走"，是指没有统一节奏的随便走。
② 苗东升：《系统科学精要》（第2版），中国人民大学出版社，2006，第56页。
③ 〔美〕冯·贝塔朗菲：《一般系统论——基础发展和应用》，林康义等译，清华大学出版社，1987，第51页。
④ 〔美〕冯·贝塔朗菲：《普通系统论的历史和现状》，载《科学学译文集》，中国社会科学院情报研究所编译，科学出版社，1980。

的矛盾和冲突,甚至涉及人类社会与自然交互的生态环境方面的矛盾和冲突;在狭义的社会概念中,它不仅涉及社会保障、社会治安、民族宗教、干群关系、廉政建设、收入分配等方面的矛盾和冲突,还会涉及许多关乎民生的诸如物价、食品安全、征地拆迁、劳动就业、教育及医疗卫生等具体问题引发的矛盾和冲突。所以,对社会稳定风险进行仿真模拟,并不是对各个局部领域仿真模拟结果的简单相加,而是要考虑其非加和性涌现的新性态。

第二,从有无规制维度看,涌现可分为有规制涌现和无规制涌现。社会稳定风险属于无规制涌现。约翰·霍兰在《涌现——从混沌到有序》中将涌现现象分为两大领域:一个是由规则制约的领域,存在"由规则控制的系统中的涌现现象",① 如弈棋游戏、基因指导下的生物发育、规划指导下的经济社会发展以及复杂适应系统等;另一类则是无控制规则的涌现现象,"涌现现象也会在那些至今几乎还没有什么规律可循的领域中发生"。② 显然诸如军事、经济等领域属于前者,社会稳定风险属于后者。

第三,从线性非线性角度看,社会稳定风险系统是由多领域网络系统组成的复杂网络系统,一般具有复杂系统的非线性基本动力学特征,多属于非线性系统,而且往往是强非线性系统。按照数学模型的特点,可以把系统划分为线性的和非线性的两类。贝塔朗菲明确指出,系统具有两种整体性,一种是整体等于部分之和的加和式整体性;另一种是整体不等于部分之和的非加和式整体性。涌现即整体呈现出来的非加和特性。凡系统必有涌现性,没有任何涌现性的多元集合属于非系统,即加和性整体,有人形象地称之为"堆"。③ 社会稳定风险系统作为系统虽然也呈现某些加和性特征,但是其非线性系统的非加和性特征则要更多、更显著。因此对其进行仿真模拟显然要比线性系统要困难得多。

第四,从组织维度看,涌现可分为自组织涌现和他组织涌现。自然界自发演化中产生的系统一般都是自组织的,其涌现也反映为自组织涌现;人类设计制造的系统一般都是他组织的,其涌现也反映为他组织涌现。凡人为设计、组建、制造、使用和操作的系统都着眼发挥其整体功能,要求系统涌现

---

① 约翰·霍兰:《涌现——从混沌到有序》,陈禹等译,上海科学技术出版社,2001,第49页。
② 美国学者拉兹洛(Ervin. Laszlo)在《用系统论的观点看世界》中,通过对比"整体"与"堆"的区别,论述了涌现的新质性。他认为,"整体"与"堆"是不同类型的两种概念,整体并不是它各部分的简单总和,而堆是。
③ 苗东升:《论涌现》,《河池学院学报》2008年第2期,第11~12页。

具有组分及其总和所没有的新功能，但是他组织系统往往会涌现设计者完全没有意料到的新属性、新功能，需要人们在系统投入使用后才能发现，某些深层次的涌现性甚至会在数十年甚至数百年后才能被发现。社会稳定风险系统作为他组织系统，如何从制度安排和政策设计方面控制社会稳定风险涌现，即社会冲突的发生是仿真模拟的难题。

第五，从常态和非常态维度看，涌现可分为常态涌现和非常态涌现。常态涌现表现在整体量不等于部分量之和。线性系统的涌现性总体上是常态的，因为系统性态量之间具有线性叠加关系（如经济系统仿真模拟中的投入和产出模型，战争仿真模拟中的兵力、武器的增加或减少对战争结果的推演等），叠加关系就是加和性关系，所以可以做线性化处理的涌现性都是常态的，只有非线性系统才具有非常态的整体涌现性。对于常态的涌现，我们可以用线性数学模型求解，因而是可以预料的。但对于非常态涌现，我们却缺乏有力的数学工具，因而是难以预料的。所以社会冲突作为社会稳定风险系统输出的一种非常态涌现产物，一般都有不可预料的方面。

第六，从速度维度看，涌现可分为突发性涌现和非突发性涌现。同一系统的整体涌现性是多方面的，常常既有突发式的，又有非突发式的。在社会稳定风险系统中，人们往往更关注那种突发式的涌现，而忽视非突发式涌现。其实从涌现发生方式看，在系统存在明显的临界现象的情况下，非加和性的出现的确是突发行为，可以称为突发式涌现；当系统不存在明显的临界现象，称为非突发式涌现。不可否认，社会稳定风险系统的突发性涌现和非突发涌现两种方式在现实中都大量存在，但通过渐进累积方式形成非突发式涌现则更为普遍。在社会稳定风险的仿真模拟中，如何推演系统某些节点破坏程度达到一定阈值可能引起的级联失效（俗称多米诺骨牌效应），从而找到导致突发式涌现的核心脆弱节点；如何对"温水煮青蛙"式的非突发式涌现进行渐变推演，无疑都是难度颇大的课题。

第七，从内外因看，涌现还可分为内生型涌现和外生型涌现，以及内外双生型涌现。随着我国的改革开放和世界经济全球化浪潮，现代社会日趋开放。对社会稳定风险这样一个耗散结构的开放系统来说，外部环境对系统涌现发挥着十分重要的作用。所以在社会稳定风险仿真模拟中须臾不可忽视外部环境因素。因为外部环境对系统有重要的塑造作用，为了从外部环境中获取资源并应对压力，系统通过对其组分的整合、组织来趋利避害，由此在相当程度上规定了系统整体涌现性产生的方向和方式。我国现在面临一个复杂多变的国际环境，社会稳定风险的涌现毫无疑问属于内外双生型涌现，其外部环境对系统涌现的制约如"蓬生麻间不扶自直",我国社会稳定风险涌现的方向、方式、性质、力度等在相当程度上是由环境所规定的。

综上所述,社会稳定风险系统的整体性涌现似乎很复杂很神秘,"但它归根结底源于:组分、规模、结构和环境四种效应"①。一言以蔽之,是一种系统效应。问题在于我们现在的困惑和困难是缺乏必要的数学工具,以涌现概念为核心,对社会稳定风险的整体性涌现——社会冲突,给出一个逻辑自洽的涌现模型,并通过它实现仿真模拟,这就是我们当前研究社会稳定风险暨社会冲突面临的最大挑战。

对于复杂系统,钱学森曾提出"从繁到简"建立系统学的设想,② 多年来我们在社会稳定风险领域也一直在为此而努力探索,但是就实现仿真模拟而言,至今还没有找到令人满意的方案。本章的设想也仅是初步的,希望能有抛砖引玉之效。

第三节 对社会稳定风险涌现(社会冲突)进行仿真模拟的初步设想

社会稳定风险仿真模拟研究分三个层次:其一是宏观层次,主要关注国家或大尺度区域的社会运行状况,以及与其相关的国际政治局势演变情况,为高层决策提供战略层次的分析与支持,方法是通过图表、曲线、地图染色等手段进行表现;其二是中观层次,介于宏观与微观两者之间,主要关注人群行为的日常运作过程的描述和展现,城市或地区级社会运行状况的日常状态和危机状态的行为(如就业、购物、看病、舆情、游行、集会等),并涉及区域人群群体行为的算法(如从众算法、感染算法、传播算法等);其三是微观层,主要研究中观层的一个局部典型区域,如街区、广场、银行、股票交易所、商场、加油站、医院、机场、车站、码头等,用于更加精细的刻画和描述社会局部场景变化,会涉及三维(3D)智能环境和智能实体建模等。三个层次之间有聚合及解聚的接口,使之能够相互连接贯通,并可以基本平滑过渡。

社会稳定风险仿真模拟研究的大致内容包括两个层面:其一是对社会稳定风险的识别,即导致社会冲突涌现的条件或潜在可能性研究;其二是有针

---

① 苗东升:《系统科学大学讲稿》,中国人民大学出版社,2007,第22页。
② 钱学森:《创建系统学》,山西科学技术出版社,2001,第523页。

对性的维稳政策推演,即社会冲突的前馈控制研究。为此需要结合社会稳定风险问题进行建模和仿真,通过多种情景下的社会稳定风险问题起因研究,以及多主体的社会安全内在机理研究,提出具有科学性和可信度的理论分析模型;需要通过数据挖掘和复杂性分析技术,提出社会稳定风险识别、风险防范和预警分析计算体系;需要根据社会稳定风险序列模式发现技术及应对策略,利用仿真交互网络系统对社会稳定风险实施在线监测、评估和风险对策模拟研究。其中最主要的具体研究任务有以下三个方面。

(一) 构建社会稳定风险涌现模型

在社会稳定风险的仿真模拟中,如何构建社会稳定风险涌现模型将是本课题首先要解决的问题。过去我们曾经建立过一个"社会稳定模型"(见图41-1),[①]但那只是一个理论模型,虽然笔者在那个模型中刻画了全国背景下政治、经济、文化、民生及外部环境各个风险领域的虚拟空间,并描述了各个风险领域的相互关系,对社会风险的演化也具有一定的识别和线性推演功能,但是它还不具备复杂系统的非线性动态推演的能力,也就是还不具备获得系统整体"涌现"的功能。本课题将在原有基础上引入复杂适应系统理论(CAS)、人工生命与人工社会理论,以及基于 Agent 的建模仿真技术,构建中国社会稳定风险仿真模型。模型选择的合理与否直接关系到模型模拟结果的准确性,所以模型构建在本研究中将居于核心地位,也是本课题的难点和重点之一。

(二) 构建社会稳定风险"平行系统"

所谓平行系统,"是指由某一个自然的显示系统和对应的一个或多个虚拟或理想的人工系统所组成的共同系统","其方法的基本思想是在计算机上建立一个与现实世界系统平行的系统,但这个平行系统并非现实系统的一个简单映像,而是把现实系统作为计算机系统模型的一个具体特例,平行系统的运行结果是所有可能的系统形态的总集。同时,还需要通过不断结合现实对虚拟系统进行修正,使其更符合当时的情况,从而达到预测系统发展的目的。"[②]基于平行系统的思想,我们将在上述社会稳定风险涌现模型的指导下,

---

① 阎耀军:《社会稳定的计量与预警预控系统的构建》,《社会学研究》2004 年第 3 期,第 1~4 页。
② 胡晓峰:《社会仿真——信息化战争研究的新领域》,电子工业出版社,2010,第 10~11 页。

第四十一章 社会稳定风险仿真模拟与社会冲突的前馈控制

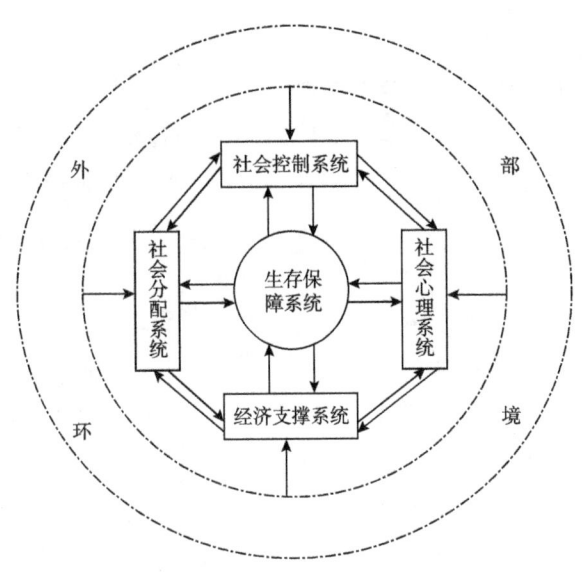

图 41-1 社会稳定理论模型

运用 Agent 的建模方法，根据研究需要在计算机上建立一个和现实社会的"平行系统"（社会稳定风险跟踪仿真模拟实验室），该平行系统是具有演化功能的动态系统，它能够从现实世界中获取模型需要的关键特征数据来纠正系统运行过程的偏差，使社会稳定风险模型成为具有"感知能力"的虚拟世界系统，从而逼近现实世界并与现实世界与时俱进的运行，使社会稳定风险系统的总体行为表现通过大量不同种类、不同层次之间的复杂非线性相互作用涌现出来。笔者针对本课题初步设想的平行系统见图 41-2。

（三）构建社会稳定风险模拟器

社会稳定风险模拟器是借鉴经济领域仿真模拟研究构建政策模拟器（Policy Simulator, PS）的方法，针对社会稳定风险领域研究的一种移植性创新的提法。政策模拟器的一般定义是"一个为政府服务的决策支持系统（DSS），它的目标是寻求适当的政策去响应未来和发现社会经济面临冲击的政策对策"[①]。政策模拟器是在政策模拟学科发展的同时，发达国家基于基础理论的研究，利用数学和计算机方法，建立的一种政策模拟系统。政策模拟器作为一种用于探索各种政策情景的大型软件，由于具有通过仿真推演预先揭

---

① 王铮等：《国家经济安全政策模拟器的开发问题》，《中国科学院院刊》2007 年第 1 期，第 49~56 页。

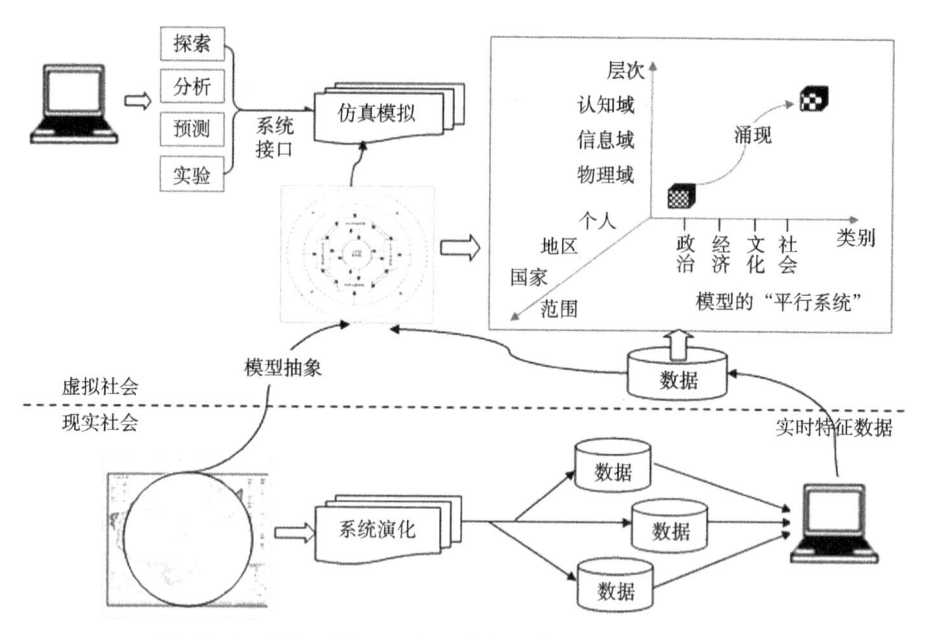

图 41-2 平行系统——虚拟社会系统与现实社会系统平行

示风险和矫正对策的功能,所以被称为保障国家安全的"新核武器",并且在经济领域得到广泛运用。现在世界上一些著名的政策模拟器有美国的 AMIGA 和 Fair-Model,澳大利亚 Murphy Model,加拿大的 SPSD/M,美、日、德、澳联合开发的 MSG2,以及印度的 Storm 等。

所谓社会稳定风险模拟器,其实是政策模拟器在社会风险领域的具体应用,是"一个为政府避免社会危机、维护社会稳定服务的决策支持系统。社会风险模拟器的主要任务应该包括两个层面:其一是对社会风险的识别,其二是有针对性的政策推演"[1]。社会稳定风险模拟器与上述社会稳定风险涌现仿真模拟系统及平行系统相连接,针对"涌现出的"虚拟社会冲突,制定政策并投入人工环境中运行,通过人工和计算机手段,使其进行多向度推演,观察其未来发展变化的过程及最终结果,力求预知特定政策投入运行后所产生能量的正负及其大小,预先发现其中的问题并进行对策矫正,以规避或防范现实中社会冲突的真正出现,与此同时对那些不可避免的社会冲突提出有效的符合实际的对策建议。

构建社会风险模拟器应该是一个长期的建设目标,它作为为政府维护社会稳定服务的决策支持系统,将把计算机技术、人工智能技术、软件工程技

---

[1] 阎耀军:《我国社会预警体系建设的纠结及其破解》,《国家行政学院学报》2012 年第 3 期,第 22 页。

术与社会管理科学、系统科学、政策科学等现代科学理论和方法、技术有机融为一体，为决策者认识社会稳定风险涌现机制、规律及趋势走向提供工具和手段。它应能在输入相关变量后，实现风险因素识别、风险定量描述、风险等级评估、风险损失算法、风险预警和对策生成、风险应对效能计算、风险处置措施流程、风险管理行动保障描述、风险管理指令描述、风险模拟图形显示等方面的功能。从人类对社会冲突实现前馈控制的长期理想目标来看，社会稳定风险模拟器应该是本领域研究的最终落脚点和成败关键。

最后，在实现上述目标和具体任务构想中，前文多处提到 Agent 技术的运用是一个关键。因此有必要在此做一个进一步的交代和介绍。Agent 是一个使用广泛的概念，在不同学科领域，甚至在同一学科中，对其都有不同的理解，至今没有一个确切的界定，其在中文术语里有"智能体""代理人""主体""代理商""代理""节点"等意思。我们可以这样描述：Agent 是指在一定环境下能够独立自主地运行，作用与自身环境也受到外部环境影响，并能不断从环境中获取知识以提高自身能力，且将推理和知识表示相结合的智能实体，具有自治性、反应性、自适应性、可通信性以及自学习性等特点。[1] Agent 通常由六个部分组成：①用于存储 Agent 知识的知识库，知识来源一是由用户增加，二是通过学习模块获得；②利用知识进行各种推理的推理机；③用于维护知识库，并通过推理机控制通信模块、事件处理模块和学习模块的用户界面；④负责 Agent 与外界联系（环境或别的 Agent）的通信模块；⑤作为 Agent 实现目标的事件处理方法集合的事件处理模块；⑥从 Agent 的不断运行中总结经验，为知识库增加新知识的学习模块（见图 41-3）。

基于 Agent 的建模仿真是利用 Agent 思想对复杂系统中各个仿真实体（诸如家庭、企事业单位、社会团体、政府组织）构建模型，通过对 Agent 及其相互之间（包括环境）的行为进行描述和刻画，以获得复杂系统的宏观涌现行为。Agent 的主要特点是具有对复杂系统的自然描述能力，通过各个 Agent 之间的互动演化而获得传统研究方法难以得到的"涌现"行为。近年来 Agent 作为对复杂系统仿真建模的基本手段，其应用已经比较深入和广泛。据说美国建立的综合分析仿真环境（SEAS）已经能够支持成千上万个人工 Agent 运行，并允许现实世界中的用户分成多组扮演不同的参与方参加仿真模拟，扮演某一角色并与计算机生成的各种人工 Agent 进行交互，对事件做

---

[1] 罗批：《从综合到涌现——战争复杂系统综合建模仿真方法、实践与思考》，国防大学出版社，2011，第9、41~42页。

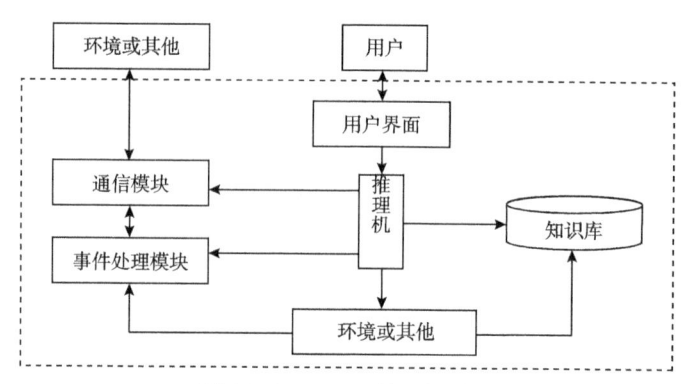

图 41-3　Agent 的一般结构

出反应，从而影响仿真模拟的运行结果。他们开发的虚拟国际系统（VIS）能对全球62个国家进行建模，从市、省、国家、地区、世界等不同的层次刻画其中的民众、组织和领导在多个领域的行为。[①] 在我国，以国防大学胡晓峰为代表的研究团队，基于Agent方法建立了危机条件下的国际政治生态模型、某地区经济演化模型、民意模型、舆论模型、谣言模型、大规模群体事件模型等社会空间模型。胡晓峰认为"Agent能够模仿人类的行为，具有智能型、社会性、适应性等特征，在基于Agent的建模过程中，可以很容易通过Agent的交互来描述系统的复杂性，非常适用于复杂性问题的建模仿真研究。""目前，基于Agent的建模与仿真是最具有活力的建模仿真方法，CAS、人工生命、人工社会的和新方法都是基于Agent的建模仿真方法"。[②]

总之，我们希望能够在前人研究的基础上和帮助下，利用作为人工社会核心方法的Agent建模仿真，在计算机中"培育"出一个能够模拟社会稳定风险系统的各种状态和发展特性的、"危机四伏"的风险社会。在这个虚拟的社会中，众多Agent利用规则支配其日常行为并相互博弈，在Agent的相互作用下使可能的社会冲突得到预先"涌现"，从而有利于人们实施有针对性的预控对策推演。也许我们的这些想法听起来有点类似"科幻"，人工社会研究目前确实仍然面临许多问题，甚至引起了哲学层面上的争议，但是它们仍然不失为目前研究复杂性问题，特别是社会复杂系统的最有前途和最有力的工具。从人类发展史的高度看，过去人类许多当时看似不可思议的幻想，在今天都成为现实。

---

① 罗批：《从综合到涌现——战争复杂系统综合建模仿真方法、实践与思考》，国防大学出版社，2011，第9、41~42页。
② 胡晓峰：《社会仿真——信息化战争研究的新领域》，电子工业出版社，2010，第24~27页。

第四十二章　研究结论及后续研究设想

第一节　研究结论

本项研究是在风险社会的理论和现实日益引起全世界的高度关注，我国党和政府在新时期的方针政策中隆重推出"社会建设"概念和理念，以及前馈控制方法在自然科学尤其是工程技术领域开始广泛运用的背景下进行的。

本项研究的宗旨是期望构建一种能够更好地适应当代社会特点的前馈控制社会管理模式，以消除或弥补单纯反馈控制的"时间滞差"缺陷。

本项研究认为，当代社会的突出特点是与传统社会相比，社会运行速度日趋加快，社会结构日趋复杂，社会联系日趋密切。这种趋势的必然结果就是全球一体化。全球化的直接后果之一是社会风险的加大，与其相联系的间接后果是社会控制（反馈控制）能力的下降。对此，正如一些社会学家认为，现代社会已经超出了我们的控制能力；现代社会越来越不受我们控制，我们正处于一个失控的世界。

本书认为，造成反馈控制效力下降的根本原因在于反馈控制固有的先天缺陷——时间滞差效应，即反馈控制在发现问题到控制问题之间有一段时间滞差（简称时滞），在这个时滞中，"问题"的量和质都有可能发生很大变化。在传统社会中，由于社会结构简单，尤其社会运行速度缓慢，这种时间滞差对管理（反馈控制的）活动的影响不大，因此有"亡羊补牢，犹未为晚"的说法。但是这种时滞效应，在高速运行且日益复杂的现代社会中正在被日益放大，致使"潘多拉魔盒效应"屡屡产生。对此，亡羊补牢式的反馈控制已经显得力不从心。为此本研究针对传统的反馈控制模式的缺陷，提出社会管理的前馈控制模式，试图弥补反馈控制的时滞缺陷。

本书围绕社会管理的前馈控制问题，进行了以下四个方面的研究工作。

一 前馈控制的基本理论方面的研究

研究发现,我们的社会越是向前发展,前馈控制就日益显现优越性。但是,前馈控制并不排斥反馈控制,它只是以自己独特的优点弥补反馈控制的缺陷。

所谓前馈控制,简而言之,就是事先分析和评估即将输入系统的扰动因素对输出结果的影响,并将期望的管理目标同预测结果加以对照,在出现问题之前就发现问题,事先制定纠偏措施,预控不利扰动因素,将问题解决在萌芽或未萌状态。由此可见,前馈控制是与反馈控制相对而言的。反馈控制在社会过程的末端,对社会过程所输出的社会结果与社会目标相比较所产生的偏差进行控制,因此是一种"事后控制",其特点是根据最终结果产生的偏差来指导将来(下一次社会过程)的行动。反馈控制的基本过程为以预期目标为标准→衡量实际结果→将实际结果与预期目标相比较→确定偏差→分析造成偏差的原因→确定纠正方案→贯彻纠正措施。

前馈控制在社会过程的前端,对尚未输入社会过程的扰动因素与社会目标相比较所可能产生的偏差进行控制,因此是一种"事前控制",其特点是对输入社会系统的扰动因素进行控制。前馈控制的基本过程为以预期目标为标准→分析输入变量→预测输入变量中的扰动因素对输出结果的影响→对可能产生的影响与预期目标进行比较→确定偏差→控制变量的输入。

将反馈控制与前馈控制相比较,我们可以看到反馈控制的特点是"亡羊补牢",其优点是具有确定性和实在性,缺点是具有被动性和"时间滞差性",尤其是对"大滞后系统"的迟滞效应是无能为力的。前馈控制的特点是"曲突徙薪",优点是能够防患于未然,掌握主动权,缺点是具有不确定性和虚拟性。前馈控制运用不断获得的最新信息加以预测,并将期望的社会管理目标同预测结果加以对照,在出现问题之前就发现问题,事先制定纠偏措施,将问题解决在萌芽状态。因此,前馈控制的优势在于可以避免反馈控制的"时滞"缺陷。但是由于人类的认识是有盲区和局限性的,不能够对未来实现完全的前馈控制,所以在前馈控制力不能及的地方仍要依靠反馈控制,重要的是我们应当看到,就控制方式本身所具有的功能来说,前馈控制比反馈控制具有不可比拟的优越性。

总之,前馈控制并不排斥反馈控制,它只是以自己独特的优点弥补反馈控制的缺陷。

二 历史上前馈控制的思想理论和方法方面的研究

研究发现，前馈控制作为一个现代学术概念于今提出，但是作为一种管理智慧或思想，应当说古已有之。在人类漫长的历史发展过程中，无论是东方还是西方，人们对前馈控制问题都进行了大量深入而有成效的探究，总结出许多有关前馈控制的经验和教训。例如，中国古代的老子在2500年前就提出了"为之于未有，治之于未乱"的前馈控制思想，而秦始皇统一中国后采取的"书同文、车同轨、统一货币、统一度量衡"，甚至"焚书坑儒"等政治措施，均具有前馈控制意义。在西方近、现代提出的"社会指标方法"，就是一种典型的前馈控制工具，而罗马俱乐部在《增长的极限》一书中提出的"世界模型"，推演了世界100年之后的情况之后，向人们发出了振聋发聩的警报，更是引起了全世界的前馈控制行动。然而，由于时代的局限，这些探索只能停留在经验或者孤立的层面，表现为一种零散的、不成体系的思想或者观点，而且大多隐含在思想家的书籍言论和政治家的治国方略中。为了在构建现代前馈控制模式中充分汲取古今中外的精华，本研究对历史上有关前馈控制意义的思想、理论、方法和实践案例逐一发掘整理，条分缕析，总结提升，尤其重点对现代西方盛行的一些前馈控制方法进行了比较详细的阐述，为前馈控制模式的构建开阔视野，积累可资借鉴的思想财富和精髓。

三 前馈控制管理机制系统的一般模式研究

研究发现，前馈控制虽无统一模式，但是凡建立或设计前馈控制模式应当遵循一些基本原则，即本项研究提出的前馈控制管理机制系统模式设计带有共性的三条原则：以监测预警和风险评估为前提的原则，也可称之为超前预测原则；预警预报和预案启动制度化链接原则，也可称之为未萌先动原则；依赖可操作性的技术支撑体系的原则，也可称之为操作务实原则。根据这些原则，本项研究设计了前馈控制管理机制系统的一般模式（常模）。

四 前馈控制管理机制系统应用方面的研究

本项研究以国家社会稳定、信访问题及民族关系为个案展开。研究发现，前馈控制机制模式的构建有三个关键问题要解决。其一是预警指标的设立，因为"预警"是实现"前馈"的基础性条件，没有预警，前馈就成了无源之水；其二是围绕预警指标的运行机制的构建，因为"机制"是实现前馈控制的载体，没有机制，预警指标就不能运行，控制也就成了一句空话；其三是依托电子信息技术的操作系统的构建，因为只有依靠现代电子信息技术，才能实现实时监控。所以，本项研究主要围绕前馈控制系统的预警指标设计、前馈控制预警机制的构建和监测—预警—预控管理信息系统研发这三个关键问题展开。

（一）前馈控制系统的预警指标设计

前馈控制系统的预警指标设计是前馈控制模式构建的逻辑起点。运用建立社会指标体系的方法对复杂的社会现象进行测量，是一个严肃和严谨的科学过程，绝不可用随意堆砌或拼凑指标的方法简单为之。必须首先对研究对象的内在逻辑结构进行深入的定性分析，从中抽象出反映客观规律的理论模型，并以此为依据推导出指标体系的框架，即评价模型。因此，本项研究在深入分析不同类型的社会管理对象的逻辑结构之后，提出相应的前馈控制理论模型，并在此基础上提出了前馈控制指标体系的框架，并建构相应的前馈控制指标体系。至此，奠定了社会管理前馈控制模式的基础和前提条件。

（二）前馈控制系统的运行机制构建

结合我国国情设计科学的前馈控制的机制模式，是本项研究最重要的核心内容，也是本研究的目的能够实现的关键所在。"机制"作为一种工具，它是实现目标的通道和手段。近年来"预警"和"应急管理"已成为社会各界的热门话题和高频词语，但是如何实现预警和应急管理，恰恰是前馈控制的核心内容和瓶颈所在。开展前馈控制机制的研究，探索前馈控制管理的内在机理，创建新机制，对形成更加完善的社会管理模式意义重大。所以，本研究从前馈控制的内涵出发，选取国家社会稳定、国家信访问题、国家民族关系和地区民族关系为个案，客观分析其现行组织结构及其职能设置，诊断其前馈控制功能不足的缺陷，从而设计出一个将前馈控制管理的各项功能（先导指标设计、前馈信息汇集、先兆分析、趋势研判、警级发布、警势预控、应急管理等）纳入其中的前馈控制机制系统模式，并在对该模式进行静态和动态、宏观和微观的详尽阐述的同时，进一步指出其运行实施的操作步骤和要点。

（三）监测—预警—预控管理信息系统研发

现代意义上的社会管理前馈控制系统，应当由前馈控制的指标系统、运行机制系统和信息管理系统三个子系统组成。如果仅有前两个子系统而无后者，那么整个前馈控制系统还是无法正常运行。因为在现代高速运行且瞬息万变的社会中，采用人工方式来采集和处理海量数据几乎已不可能。即便勉强为之，其难度和高昂的成本也是任何实际工作部门所难以长期承受的。退一万步说，即便能够承受，其时效性也要大打折扣。因为不能进行实时监控的预警系统几乎是没有意义的。所以，有必要依靠现代电子信息技术，针对社会管理领域的具体管理对象，开发出可操作的计算机软件，以实现社会管理领域监测—预警的自动化，为社会管理工作插上现代科技的翅膀。

通过以上研究，总的结论是我们所面临的社会，无论在转型幅度、运行速度还是全球化程度诸方面都今非昔比，而正因如此，危机便显得更加频繁、更加肆虐、更加迅疾，致使我们已经习惯了的传统的反馈控制管理方式总是"慢半拍"。而就在这"慢半拍"所形成的时间滞差中，风险变得更加难以控制。因此，反思以反馈控制为主的传统管理方式，对现代社会管理体制和运行机制进行以前馈控制为内容的改革和创新，就成为必然选择。

前馈控制模式的逻辑起点或首要前提是建立前馈（预警）指标体系，前馈控制模式的运行载体是一整套切实可行的运行机制，前馈控制的现代化手段是电子信息技术。事实证明，在社会领域实施前馈控制管理是可行的。前馈控制不排斥反馈控制，它与反馈控制的互动互补，必将在今后的社会管理活动中发挥越来越重要的作用。

第二节　后续研究设想

社会系统比之自然系统具有更大的复杂性和不确定性，因而其前馈控制也必将受到某种程度的局限。本项研究将前馈控制引入社会管理领域仅是初步探索，其未知的研究空间还很大，就笔者目前的认识水平所想到的，至少还可以进行以下方面的研究。

一　建立有利于前馈控制管理的制度框架研究

前馈控制机制从根源上来说，首先涉及制度安排，尤其是"顶部设计"的科学性。党中央提出"科学发展观"和"构建和谐社会"等一系列命题，这些命题其实都涉及制度安排和"顶层设计"的科学性问题。马克思就很注意制度的科学性。他当时分析资本主义不可克服的周期性经济危机时指出

"症结正是在于，对生产自始就不存在有意识的社会调节"。① 可见能否进行有意识的社会调节，有社会制度结构上的重要原因。制度结构的科学性就在于它具有自动调节并不断适应发展变化的能力。而自动调节能力的获得，其实就是前馈控制研究的重要内容之一。

二　前馈控制模式的分类研究

前馈控制在实践层面几乎涉及所有行业和领域，其针对性和应用性很强，"隔行如隔山"，每一行都有自身的特殊性，所以应进行各个层次和各个专门领域的前馈控制模式研究，要与相应的实际工作部门紧密结合，系统化地展开，以确保研究成果的针对性和实用性，以及在各个领域和层次的全面渗透性。

三　人工智能危机剧情生成系统研究

所谓危机剧情生成系统，是指专门设立的一种危机虚拟设计机构，这个机构的功能就是根据危机预警指标体系测量所得到的数据结构，运用计算机交互模型技术进行危机遐想剧情设计，设想各种可能发生的"故事情节"，其中不仅包括社会环境生成的危机，而且包括自然环境生成的危机等。这种剧情生成系统在利用电子计算机的情况下效率很高，如美国在第一次海湾战争中就利用计算机模拟生成100多种"剧情"，其中甚至包括"伊拉克若点燃了所有输油管道的后果"这种非常离奇的风险剧情。现代社会是高风险社会，涉险因素非常庞杂，只有建立由计算机辅助的风险剧情生成系统，才有利于穷尽变数，做到万无一失。

四　社会危机态势推演系统研究

所谓社会危机态势推演，是指根据危机剧情生成系统所设计的种种剧情进行"作战想定"的二次开发，即将已形成规范化技术文档的社会风险作战想定进一步转化为可直接用于公危机作战态势推演的剧情。这种推演系统通常包含一些大型的、复杂的计算机模型，这些模型可模拟各种规模和种类的危机应对行动，主要用于各级危机管理人员的训练和演习。这种利用计算机模拟的推演系统在军事上的运用相当普遍，如美国的军事推演模型有500多种。我们今后可以将这种方法应用于社会管理领域。由于电子计算机运算速

---

① 《马克思恩格斯全集》第32卷，第542页。

度快，不仅可以将众多可能发生的情况预先集中地暴露在公共危机管理人员面前，而且可以将较长时间的行动过程压缩到较短时间内模拟出来，这就为危机的前馈控制提供了有利条件。

五 前馈控制的方法和技术支撑体系

前馈控制要具体落实到操作层面，首先必须有一整套实用的方法和技术。在人类已有的管理理论和实践中，与前馈控制相关的，或者对前馈控制具有启发意义的方法和技术是十分丰富的，如对社会矛盾的风险评估技术、简化技术、缓解技术、均衡技术、预应技术、仿真推演技术、网格化管理技术等等。其次就是要借鉴西方社会管理中丰富的前馈控制方法和技术，使之中国化。总之，我们要将这些散落的无线之珠用"前馈控制"这条主线穿插和编织起来，形成一整套行之有效的前馈控制方法和技术体系。

六 社会风险模拟器的研发

社会风险模拟器作为一种把计算机技术、人工智能技术、软件工程技术与社会管理科学、系统科学、政策科学等现代科学理论和方法、技术有机地融为一体，为决策者和用户认识社会稳定风险的发生机制、发展规律和趋势走向，规避社会风险的工具和手段，是借鉴西方的"政策模拟器"和"战争仿真系统"的思路、方法和技术，并将其移植于社会风险管理领域的一个全新的研究领域。我们把社会风险模拟器定位为一个为避免社会风险、维护社会稳定服务的决策支持系统。其主要功能是对社会风险的识别和对规避社会风险对策的推演。为此，该模拟器的构建需要结合社会风险问题进行建模和仿真，通过多种信息形式下的社会风险问题起因研究，以及多主体的社会安全内在机理研究，提出具有正确性和可信度的理论分析模型；需要发展相应的数据挖掘技术和复杂性分析技术，提出社会风险识别、风险防范和预警分析的计算体系；需要根据社会风险序列模式发现技术及应对策略，利用仿真交互网络系统对社会稳定风险实施在线监测、评估和风险对策模拟研究。总之，社会稳定风险模拟器的构建，是对应于复杂社会系统的一项复杂的系统工程，由于社会稳定系统是一个充满不确定性、非线性和涌现性的典型复杂系统，对其中的风险进行仿真模拟肯定是困难重重，有很长的路要走，但我们坚信这一研究方向是正确的，因为人类需要探索一种规避社会风险的新型工具。

第三卷参考文献

著作（以出版时间先后为序）

〔美〕诺伯特·维纳：《人有人的用处——控制论和社会》，知识出版社，1950。

〔美〕冯·贝塔朗菲：《一般系统论——基础发展和应用》，林康义等译，清华大学出版社，1987。

〔美〕冯·贝塔朗菲：《普通系统论的历史和现状》，载《科学学译文集》，中国社会科学院情报研究所编译，科学出版社，1980。

〔美〕L. 迈尔斯编《现代系统工程学概论》，四川人民出版社，1983。

〔美〕D. H. 梅多斯等：《增长的极限》，李宝恒译，四川人民出版社，1984。

〔美〕丹尼尔·贝尔：《后工业社会来临——对社会预测的一项探索》，商务印书馆，1984。

《百子全书》，浙江人民出版社，1984。

陈禹编《信息系统的分析与设计》，电子工业出版社，1986。

〔古罗马〕普布里乌斯·克奈里乌斯·塔西佗：《历史》，王以涛等译，商务印刷馆，1987。

〔美〕赫伯特·A. 西蒙：《社会控制论》，华夏出版社，1988。

〔美〕G. 戴维斯：《管理信息系统》，新疆人民出版社，1988。

袁利金、蒋绍忠：《系统动态学——社会系统模拟理论和方法》，浙江大学出版社，1988。

郑杭生、李强、李路路：《社会指标理论研究》，中国人民大学出版社，1989。

陈福祥：《预测控制及应用》，华中理工大学出版社，1993。

席裕庚：《预测控制》，国防工业出版社，1993。

朴顺玉：《管理信息系统》，中国人民大学出版社，1994。

严家明、于真、杜云波等：《社会机制论》，知识出版社，1995。

〔美〕布热津斯基:《大失败》,军事科学院外军资料翻译组译,军事科学出版社,1998。

G. E. P. Box 等:《时间序列分析——预测与控制》,顾岚译,中国统计出版社,1998。

陈锋:《无奈的硝烟》,北京解放军报出版社,1999。

施芝华:《孙子兵法新解》,上海学林出版社,2000。

〔爱尔兰〕约翰·霍兰:《涌现——从混沌到有序》,陈禹等译,上海科学技术出版社,2001。

钱学森:《创建系统学》,山西科学技术出版社,2001。

朱庆芳、吴寒光:《社会指标体系》,中国社会科学出版社,2001。

〔英〕安东尼·吉登斯:《失控的世界》,周红云译,江西人民出版社,2001。

北京太平洋国际战略研究所:《应对危机:美国国家安全决策机制》,时事出版社,2001。

吴必康:《美英现代社会调控机制》,人民出版社,2002。

阎耀军:《超越危机:社会稳定的量度与社会预警》,延边大学出版社,2003。

邓爱林:《电子商务推荐系统关键技术研究》,博士学位论文,复旦大学,2003。

薛澜、张强、钟开斌:《危机管理:转型期中国面临的挑战》,清华大学出版社,2003。

王来华:《舆情研究概论》,天津社会科学院出版社,2003。

〔德〕乌尔里希·贝克:《风险社会》,何博闻译,译林出版社,2004。

〔德〕乌尔里希·贝克:《世界风险社会》,吴英姿等译,南京大学出版社,2004。

〔美〕罗伯特·希斯:《危机管理》,中信出版社,2004。

王煜全:《情报制胜》,科学出版社,2004。

王铮:《中国国家环境经济安全的政策模拟分析》,科学出版社,2004。

阎耀军:《社会预测学基本原理》,社会科学文献出版社,2005。

阎耀军:《现代实证性社会预警》,社会科学文献出版社,2005。

周永生:《企业危机预警评价体系构建研究》,广西师范大学出版社,2005。

于晓明:《社会转型期山东信访形势分析与对策研究》,山东人民出版社，2006。

冯惠玲：《政府信息资源管理》，中国人民大学出版社，2006。

肖鹏军：《公共危机管理导论》，人民大学出版社，2006。

吴毓江撰《墨子校注》（上下册），孙启治点校，中华书局，2006。

苗东升：《系统科学精要》（第2版），中国人民大学出版社，2006。

赵成根主编《国外大城市危机管理模式研究》，北京大学出版社，2006。

苗东升：《系统科学大学讲稿》，中国人民大学出版社，2007。

王晓林：《社会发展机制优化论》，中央民族大学出版社，2007。

童星、张海波：《中国转型期的社会风险及其识别：理论探讨与经验分析》，南京大学出版社，2007。

上海太平洋国际战略研究所编《俄罗斯国家安全决策机制》，时事出版社，2007。

刘均：《风险管理概论》，清华大学出版社，2008。

王银梅：《社会稳定及预警机制研究》，法律出版社，2009。

〔英〕彼得·泰勒-顾柏、〔德〕詹斯·O..金编著《社会科学中的风险研究》，黄觉译，中国劳动社会保障出版社，2010。

王小非：《海军作战模拟理论与实践》，国防工业出版社，2010。

胡晓峰：《社会仿真——信息化战争研究的新领域》，电子工业出版社，2010。

王超：《重大突发事件的政府预警管理模式研究》，湖北科技出版社，2010。

马怀德：《法制背景下的社会预警机制和应急管理体系研究》，法律出版社，2010。

陈秋玲：《社会风险预警研究》，经济管理出版社，2010。

王铮、薛俊波、朱永彬：《经济发展政策模拟分析CGE技术》，科学出版社，2010。

罗批：《从综合到涌现——战争复杂系统综合建模仿真方法、实践与思考》，国防大学出版社，2011。

颜烨：《煤殇：煤矿安全的社会学研究》，社会科学文献出版社，2012。

阎耀军：《社会管理的前馈控制》，社会科学文献出版社，2013。

〔奥地利〕詹尼士等：《推荐系统》，蒋凡译，人民邮电出版社，2013。

王学松、郑领英编著《膜技术》，化学工业出版社，2013。

涂子沛：《大数据——正在到来的数据革命，以及它如何改变政府、商业与我们的生活》，广西师范大学出版社，2013。

<h2 style="text-align:center">论文（以发表时间先后为序）</h2>

高筱苏：《情景分析在公司规划中的应用》，《预测》1990年第9期。

陈岳：《我国犯罪预测的现状和设想》，《吉首大学学报》（社会科学版）1992年第2期。

宗蓓华：《战略预测中的情景分析法》，《预测》1994年第2期。

张春曙：《大城市社会发展预警研究及应用初探》，《预测》1995年第1期。

宋林飞：《社会风险指标与社会波动机制》，《社会学研究》1995年第6期。

阎耀军：《试论社会科学与社会预测》，《社会科学战线》1997年第6期。

樊克勤、高铁梅、张桂莲：《我国经济预警信号系统的维护和应用》，《预测》1997年第5期。

雷振扬：《论政府与公众关系预警》，《中南民族学院学报》1997年第4期。

尚东涛：《基层单位干群关系预警系统探讨》，《理论与改革》1998年第1期。

陈仲常：《失业风险监测预警指标考察》，《经济科学》1998年第4期。

王培暄：《贫富差距社会风险的承受力、预警及对策》，《南京大学学报》1999年第4期。

夏索琴：《我国城市居民收入分配的监测预警》，《现代管理科学》1999年第2期。

Vapnik V., *The Nature of Statistical Learning Theory* (New York: Springer-verlag, 1999).

蓝若莲：《失业对我国经济及社会的影响与建立失业监测预警指标体系研究》，《经济师》2000年第6期。

王光：《社会治安评价指标与预警》，《人民公安》2000年第3期。

朱跃中：《中长期能源发展情景分析方法对我国未来节能规划的启示》，《中国能源》2000年第5期。

牛文元：《社会物理学与中国社会稳定预警系统》，《中国科学院院刊》2001年第1期。

鲍宗豪、李振：《社会预警与社会稳定关系的深化》，《浙江社会科学》2001年第4期。

冯煜：《中国失业预警线探索》，《山西财经大学学报》2001年第4期。

王文革：《危机的预警识别》，《思想·理论·教育》2001年第6期。

张泮洲：《对敏感问题预警系统建立的研究》，《上海统计》2001年第10期。

阎耀军：《论社会预警的概念及概念体系》，《理论与现代化》2002年第5期。

叶国文：《预警和救治：从"9·11"事件看政府危机管理》，《国际论坛》2002年第3期。

曹哲文：《论企业集团危机管理系统的设计》，《湖南工程学院学报》2002年第3期。

杨雪冬：《从反恐怖国家回到正常国家："9·11"前后的美国危机管理》，《经济社会体制比较》2002年第6期。

陈尧：《当代政府的危机管理》，《行政论坛》2002年第7期。

秦立强、王光：《浅谈我国社会治安环境的评价与预警》，《社会学月刊》2002年第8期。

阎耀军：《试论社会预测主客体的互动反射性原理》，《预测》2003年第1期。

〔德〕乌尔里希·贝克：《从工业社会到风险社会》（上篇），王武龙译，《马克思主义与现实》2003年第3期。

张小明：《从SARS事件看公共部门危机管理机制设计》，《北京科技大学学报》2003年第3期。

王二平等：《社会预警系统与心理学》，《心理科学进展》2003年第4期。

韦琦：《复杂系统崩溃的脆性致因研究》，《系统工程》2003年第4期。

韦琦、金鸿章、郭健：《基于脆性联系熵的复杂系统崩溃致因研究》，《自动化技术与应用》2003年第4期。

郭晓来：《对现代危机管理的几点思考》，《广东行政学院学报》2003年第5期。

张成福：《公共危机管理：全面整合的模式与中国的战略选择》，《中国行政管理》2003年第7期。

郭学堂：《国际危机管理与决策模式分析》，《现代国际关系》2003年第

8 期。

薛澜、朱琴:《危机管理的国际借鉴:以美国突发公共卫生事件应对体系为例》,《中国行政管理》2003 年第 8 期。

陈建华、何志武:《论中国政府的危机管理》,《江汉论坛》2003 年第 11 期。

田军:《基于德尔斐法的专家集成模型研究》,《系统工程理论与实践》2004 年第 1 期。

阎耀军:《社会稳定的计量与预警预控系统的构建》,《社会学研究》2004 年第 3 期。

阎耀军:《现代社会预警的结构模式及操作要略》,《未来与发展》2005 年第 4 期。

张学才、郭瑞雪:《情景分析法综述》,《理论月刊》2005 年第 8 期。

金鸿章、李琦、吴红梅:《基于脆性因子的复杂系统脆性分析》,《哈尔滨工程大学学报》2005 年第 12 期。

吴丽花、刘鲁:《个性化推荐系统用户模型技术综述》,《情报学报》2006 年第 1 期。

毛媛媛、戴慎志:《犯罪空间分布与环境特征——以上海市为例》,《城市规划学刊》2006 年第 3 期。

阎耀军:《加强社会管理的前馈控制研究》,《国家行政学院学报》2006 年第 4 期。

岳志新、马东祝、赵丽娜、赵寒梅:《膜分离技术的应用及发展趋势》,《云南地理环境研究》2006 年第 5 期。

阎耀军:《对社会稳定实施前馈控制的可能性探索》,《学术研究》2006 年第 9 期。

赵豪迈:《电子政务中政府模型与建设方法研究》,博士学位论文,同济大学,2006。

金炳镐、严庆:《论民族关系发展与和谐社会构建的切合》,《青海民族研究》2007 年第 1 期。

王铮等:《国家经济安全政策模拟器的开发问题》,《中国科学院院刊》2007 年第 1 期。

张海波:《社会风险研究范式》,《南京大学学报》2007 年第 2 期。

冯磊、张明毫:《我国公共危机管理机制模型的构建——基于组织整合理论的分析》,《武汉科技大学学报》2007 年第 2 期。

宋协娜：《略论信访问题预警系统建设》，《理论学刊》2007 年第 2 期。

李晓翔、谢阳群：《危机信息系统研究》，《情报理论与实践》2007 年第 3 期。

王伟：《公共危机信息体系构建与运行机制研究》，博士学位论文，吉林大学，2007 年第 12 期。

苗东升：《论涌现》，《河池学院学报》2008 年第 2 期。

童星：《社会风险预警研究与行政学危机管理研究的整合》，《湖南师范大学社会科学学报》2008 年第 2 期。

童星：《熵：风险危机管理研究新视角》，《江苏社会科学》2008 年第 6 期。

黄顺康：《非直接利益冲突何以成为影响社会稳定的重要因素》，《甘肃社会科学》2008 年第 5 期。

宋协娜：《新时期信访工作机制建设论要》，《学习论坛》2009 年第 2 期。

阎耀军：《风险社会中的管理时滞与前馈控制》，《天津大学学报》2009 年第 4 期。

陈磊、任若恩：《时间序列判别分析技术和指数加权移动平均控制图模型在公司财务危机预警中的应用》，《系统管理学报》2009 年第 6 期。

张世伟、万相昱、曲洋：《公共政策的行为微观模拟模型及其应用》，《数量经济技术经济研究》2009 年第 8 期。

牛文元：《社会物理学与中国社会稳定预警系统》，《中国科学院院刊》2001 年第 1 期。

孙翊、王铮：《中国多区域社会保障均衡的政策模拟》，《数量经济技术经济研究》2010 年第 4 期。

阎耀军：《信访问题预警的理论模型及指标体系》，《国家行政学院学报》2010 年第 3 期。

宋协娜等：《我国信访问题预警机制的全面整合与系统构建》，《天津大学学报》2010 年第 4 期。

阎耀军：《应急管理的前馈控制模式研究》，《中国应急管理》2010 年第 9 期。

孙翊：《"后危机"时代中国多区域支付政策的 CGE 模型、模拟及分析统计研究》2010 年第 10 期。

侯延香：《基于情景分析的企业危机预警》，《科技情报开发与经济》

2010年第17期。

刘雪明:《情景模拟法在公共政策课程教学中的应用》,《教育评论》2011年第1期。

易小平:《中国社会转型与社会创新管理》,《武汉学刊》2011年第6期。

李培林:《创新社会管理是我国改革的新任务》,《新重庆》2011年第2期。

肖潇:《基于多智能体经济模拟的货币政策效应研究》,《计算机工程与科学》2011年第2期。

林祥伟:《当代中国社会风险的三种形式》,《黄海学术论坛》2011年第2期。

杨国林:《社会管理科学化的基本内涵及实现路径》,《新远见》2011年第3期。

赵军:《我国犯罪预测及其研究的现状、问题与发展趋势》,《湖南大学学报》(社会科学版)2011年第3期。

常健、韦长伟:《当代中国社会二阶冲突的特点、原因及应对策略》,《河北学刊》2011年第3期。

杨博、赵鹏飞:《推荐算法综述》,《山西大学学报》2011年第3期。

赵军:《我国犯罪预测及其研究的现状、问题与发展趋势》,《湖南大学学报》(社会科学版)2011年第3期。

陈东冬:《民生哲学视域下的创新社会管理研究》,《中共桂林市委党校学报》2011年第4期。

戴莉:《创新社会管理体制机制 构建社会治安管理新模式》,《武汉学刊》2011年第5期。

纪晓岚:《关于社会管理理论若干问题探索》,《华东理工大学学报》(社会科学版)2011年第5期。

资金星:《社会管理创新的法哲学思维》,《甘肃理论学刊》2011年第6期。

吕志奎:《中国社会管理创新的战略思考》,《政治学研究》2011年第6期。

刘华新:《新技术、新理念助力现代应急管理》,《中国应急管理》2011年第11期。

闫红丽:《社会危机管理领域主题图本体模型构建研究》,《南阳师范学院学报》2011 年第 12 期。

杨芳勇：《重大事项社会稳定风险评估研究综述》，《社会工作》（实务版）2011 年第 12 期。

张成：《社会管理创新语境中的公安应急管理探析》，《政法学刊》2012 年第 1 期。

朱西林：《论社会管理创新视域下推进网络虚拟社会善治》，《广西社会主义学院学报》2012 年第 1 期。

李永超：《论社会稳定风险评估长效机制建设》，《中共贵州省委党校学报》2012 年第 1 期。

康鸿：《当前中国社会风险与危机事件多发的根源》，《人文杂志》2012 年第 1 期。

田忠钰：《风险社会下党执政能力面临的挑战及对策》，《实事求是》2012 年第 1 期。

蒯正明：《吉登斯全球风险社会理论解读与评述》，《江西师范大学学报》2012 年第 1 期。

李晓明：《社会稳定风险评估机制初论》，《山东警察学院学报》2012 年第 1 期。

李林川：《风险社会与社会管理创新》，《民主》2012 年第 1 期。

徐亚文：《论社会稳定风险评估机制的局限性及其建构》，《政治与法律》2012 年第 1 期。

章先华：《论我国应急管理机制创新——从疫情应急角度分析》，《江西社会科学》2012 年第 2 期。

张涛：《复杂适应系统下收入分配政策的动态评价：一个基于主体微观模拟模型》，《中国社会科学院研究生院学报》2012 年第 2 期。

朱德米：《政策缝隙、风险源与社会稳定风险评估》，《经济社会体制比较》2012 年第 2 期。

刘堂灯：《风险社会视域下预见性政府的构建》，《大连民族学院学报》2012 年第 2 期。

左亚文：《当今中国社会风险的哲学透视》（上），《论探讨》2012 年第 2 期。

谭爽：《特殊重大工程项目的风险社会放大效应及启示——以日本福岛核泄漏事故为例》，《北京航空航天大学学报》（社会科学版）2012 年第 2 期。

阎耀军：《我国社会预警体系建设的纠结及其破解》，《国家行政学院学

2012年第3期。

崔德华：《风险社会理论的基本维度及对我国构建和谐社会的意义》，《鸡西大学学报》2012年第3期。

刘红春：《风险社会视阈下公共危机事件中的舆论引导》，《新闻知识》2012年第3期。

韩震：《人类进入风险社会》，《文明》2012年第3期。

肖瑛：《风险社会与中国》，《探索与争鸣》2012年第4期。

龚维斌：《我国社会管理中的几个重要问题》，《中共福建省委党校学报》2012年第4期。

杨小军：《社会管理创新：系统论视角思考》，《党政论坛》2012年第4期。

殷灿：《在风险社会的社会管理创新中信访工作何去何从？》，《经营管理者》2012年第4期。

方维：《基于蒙特卡洛模拟的项目风险管理方法研究》，《计算机与现代化》2012年第4期。

孟荣：《风险社会理论对我国构建和谐社会的启示》，《现代企业教育》2012年第5期。

王国霞、刘贺平：《个性化推荐系统综述》，《计算机工程与应用》2012年第7期。

赵宇：《非常规突发事件情景中社会应急管理能力构建》，《领导科学》2012年第8期。

李万里：《网络社会风险分析与对策》，《重庆科技学院学报》（社会科学版）2012年第9期。

刘霞：《公共危机治理：理论建构与战略重点》，《中国行政管》2012年第3期。

常健：《预期反差的社会效应与管理》，《学海》2013年第2期。

阎耀军、张明：《犯罪预测时空定位信息管理系统的构建》，《中国人民公安大学学报》2013年第4期。

张水波、康飞、李祥飞：《基于支持向量机的建设工程项目经理胜任力评价》，《中国软科学》2013年第11期。

于丽英、蒋宗彩：《基于复杂系统观的城市群公共危机形成机制研究》，《系统科学学报》2013年第3期。

李祥飞、张再生：《基于误差同步预测的SVM金融事件序列方法》，《天津大学学报》(自然科学版) 2014 年第 1 期。

陆学艺:《前馈控制:人类有史以来的梦想——阎耀军新作〈社会管理前馈控制〉引介》,《理论与现代化》2014 年第 1 期。

刘佩锋:《天津"8·12"火灾爆炸事故的警示》,《江苏警官学院学报》2015 年第 5 期。

张春颜:《控制与化解:转型期中国冲突治理的内在逻辑》,《学习论坛》2015 年第 2 期。

韩宏伟:《超越"塔西佗陷阱":政府公信力的困境与救赎》,《湖北社会科学》2015 年第 7 期。

王红茹、吴文征:《天津港"8·12"爆炸直接经济损失或达 700 亿》,《中国经济周刊》2015 年第 34 期。

附录 已发表的与本项研究相关的论文

《试论社会科学与社会预测》,《社会科学战线》1997 年第 6 期。

《关于建立 DSS——天津—环渤海社会经济发展评价与预测系统》,《理论与现代化》1998 年第 3 期。

《论社会预警的概念及概念体系》,《武警学术》2002 年第 7 期。

《论社会预警的基本原理》,《武警学术》2002 年第 8 期。

《社会预警研究的历史回顾》,《武警学术》2002 年第 9 期。

《论社会学中社会预测学的学科建设》,《南方论丛》2003 年第 1 期。

《社会预测学:一个亟待拓展建立的新兴学科》,《天津日报》2003 年 1 月 13 日。

《城市社会预警基本原理刍议》,《天津社会科学》2003 年第 3 期。

《构建社会稳定指标体系的理论依据》(上),《武警学术》2003 年第 5 期。

《构建社会稳定指标体系的理论依据》(下),《武警学术》2003 年第 6 期。

《建立国家社会稳定监测—预警—预控系统的设想》,《武警学术》2003 年第 7 期。

《社会预测学:社会学中亟待兴建的分支学科》,《理论现代化》2003 年第 2 期。

《建立城市社会运行监测预警系统的构想》,《城市》2003 年第 5 期。

《试论社会预测的主客体互动反射性原理》,《预测》2003 年第 1 期。

《社会预测的赌博与博弈》,《理论现代化》2004 年第 2 期。

《社会稳定的计量与预警预控系统的构建》,《社会学研究》2004 年第 3 期(《新华文摘》转载)。

《社会稳定的系统动态分析及其定量化研究》,《天津行政学院学报》2004 年第 2 期。

《社会稳定的测量与群体性突发事件的预警预控系统》,《南方论丛》

2004年第4期。

《超越危机——构建新的社会预警指标体系及其运行平台的设想》,《甘肃社会科学》2005年第3期。

《社会预警:从神秘占卜走向现代科学》,《南方论丛》2005年第2期。

《现代实证性社会预警探索》,《社会》2005年第4期。

《现代社会预警的结构模式与操作要略》,《未来与发展》2005年第4期。

《为社会预测辩护（一）——论社会预测与自然预测之间的重要差异》,《江西社会科学》2005年第6期。

《为社会预测辩护（二）——论社会预测的不确定性与测不准原理》,《社会科学辑刊》2005年第5期。

《为社会预测辩护（三）——论规律作为社会预测的基础和前提》,《江苏社会科学》2006年第3期。

《为社会预测辩护（四）——社会预测客体的因应及主客体之间的博弈》,《未来与发展》2006年第5期。

《为社会预测辩护（五）——社会预测的惯性原理及其运用的条件和局限》,《理论与现代化》2006年第4期。

《加强社会管理的前馈控制研究》,《国家行政学院学报》2006年第4期。

《对社会稳定施行前馈控制可能性的探索》,《学术研究》2006年第9期。

《对我国社会和谐稳定度的实证研究与模拟预警》,《中南民族学院学报》2006年第3期。

《预警和预控:协调社会阶层利益关系的前馈控制机制》,《中国党政干部论坛》2006年第5期。

《维护社会稳定需要建立前馈控制机制》,《中国党政干部论坛》2006年第7期。

《从古代龟蓍占卜到现代科学预测》,《湖北社会科学》2006年第3期。

《论社会预测的周期性原理》,《南方论丛》2006年第1期。

《论社会预测的相似性原理》,《南方论丛》2006年第2期。

《美国教育的未来意识对我国继续教育的启示》,《继续教育》2006年第5期。

《我国社会和谐稳定的时序分析及模拟预警——运用社会指标理论和方

法施行前馈控制可能性的探索》,《天津行政学院报》2006年第2期。

《在我国社会管理系统中建立前馈——反馈复合控制机制的思考》,《北京工业大学学报》2007年第3期。

《民族关系和谐的逻辑结构和系统分析模型——兼及测度民族关系和谐状况的指标体系设置》,《中南民族大学学报》2008年第3期。

《如何使"双刃剑"不走偏锋?——对建立抑制高科技负效应前馈控制机制的思考》,《未来与发展》2008年第8期。

《建立我国民族关系评估指标体系的总体构想》(合作),《中南民族大学学报》2009年第3期。

《风险社会中的管理时滞与前馈控制》(合作),《天津大学学报》2009年第4期。

《论我国民委系统民族关系预警机制的构建》(合作),《中南民族大学学报》2009年第6期。

《信息技术在民族关系危机预警管理中的应用》(合作),《延边大学学报》2009年第5期。

《基于前馈控制的组织设计探讨》(合作),《中央财经大学学报》2009年第8期。

《信访问题预警的理论模型及指标体系》(合作),《国家行政学院学报》2010年第2期。

《我国信访问题预警机制的全面整合与系统建构》(合作),《天津大学学报》2010年第4期。

《应急管理的前馈控制模式研究》,《中国应急管理》2010年第9期。

《基于前馈控制理论的高校安全技术防范系统》(合作),《未来与发展》2010年第8期。

《我国古代社会管理的前馈控制思想研究》《国家行政学院学报》2011年第3期。

《民族关系评估与监测——预警信息管理系统的构建》(合作),《中南民族大学学报》2011年第3期。

《我国社会预警体系建设的纠结及其破解》,《国家行政学院学报》2012年第4期。

《我国古代社会控制精要——预控思想探微》,《天津大学学报》2013年第4期。

《情报学理论方法与社会预警的交叉融合研究》(合作),《情报探索》

2014 年第 3 期。

《社会危机阶段性预警及预警应急体系的建立》（合作），《东南大学学报》2014 年第 6 期。

《犯罪预测时空定位信息管理系统的构建》（合作），《中国人民公安大学学报》2014 年第 8 期。

《复杂系统脆性视角下的公共危机预控研究》（合作），《天津大学学报》2015 年第 2 期。

《基于"推荐系统"运作模式的社会预测研究》（合作），《中南民族大学学报》2016 年第 1 期。

《社会稳定风险仿真模拟与社会冲突的前馈控制》（合作），《北京行政学院学报》2016 年第 1 期。

《基于 Agent 仿真模拟方法的民族关系研究构想》（合作），《未来与发展》2016 年第 1 期。

《基于复杂系统理论的公共危机预警方法研究》（合作），《大连理工大学学报》2016 年第 1 期。

《重大灾害引发"后发危机"的生成机理和防控策略研究》（合作），《上海行政学院学报》2016 年第 6 期。

《敏感领域社会预测的"决策——参谋困境"及其破解》（合作），《理论与现代化》2017 年第 4 期。

《城市化进程中收入差距与刑事犯罪问题研究》（合作），《统计与决策》2017 年第 8 期。

《在加强应急管理的同时亦应重视社会预警的对策建议》（合作），《中国应急管理》2018 年第 8 期。

《社会膜：社会风险预防中的膜技术研究》（合作），《深圳社会科学》2019 年第 1 期。

《社会风险规避与社会稳定风险模拟器的构建》（合作），《未来与发展》2019 年第 1 期。

后 记

社会科学文献出版社曾陆续出版了我的《社会预测学研究》第一卷、第二卷和第三卷，现在以《预测·预警·预控——未来研究三部曲》为书名对这三卷书合卷修订再版，不仅是因为这三卷书早已售罄，更因为后来主持的国家社科基金重点项目（项目编号：13ASH003）"基于政策模拟的社会稳定风险研究"，使这一领域的研究有了新的进展，需要收录一些新的成果。

合卷版对第一卷和第二卷，除删除了后记外，基本内容几乎只字未改，以示尊重历史。第三卷增加了八章（第三十五至第四十二章），均由我与课题组成员根据新近发表在学术期刊上的国家社科基金重点项目的部分阶段性成果编写而成。由于这些阶段性成果均可归属于"前馈控制"的范畴，故全部接续在第三卷中，与此同时删除了原第三卷的全部附件。

光阴荏苒，岁月如梭。笔者自1997年在《社会科学战线》发表《试论社会科学与社会预测》一文，宣告正式进入社会预测学或未来研究领域开始，一路走来至今已有20余年。现在已到退休年龄。本想凭借这部合卷版的出版，给自己画个句号，给学术界一个交代。但是令自己内心都非常诧异的是，在此书付梓之际，竟然没有一点如释重负的感觉。因为在"未来研究"这个迷人的领域里，还有太多的问题需要回答，有太多的困惑需要破解，有太多的猜想需要证明，有太多的诱惑需要尝试，有太多的知识需要汲取，有太多的缺憾需要弥补……总之，就像一首歌里唱的那样，真的好想再活500年。

然而，朝如青丝暮成雪，皓首亦未能穷经。这是大自然生生息息的规律，是科学探索永无止境的规律。我必须释然，必须把接力棒交给后人，寄希望于他们做得更好并薪火相传，因为这是人类已经为之探索了5000多年而至今仍未看到穷期的战斗。

有人曾问世界著名未来学家阿尔文·托夫勒最喜欢什么颜色？他毫不犹豫地说最喜欢蓝色，因为蓝色代表大海和天空，而大海和天空象征未来。

是啊，深邃的大海和浩瀚的太空中有着太多太多的未来之谜，这些谜永无尽解而又永远诱人，就像一个蓝色的梦。心若在梦就在，我虽老矣，但会永葆一颗追梦的赤子心，正如整个人类在漫长的历史与无垠的未来之间，始终携带这种追梦的基因。

然而，个体生命存续的短暂与人类基因延续的永恒毕竟是不同的。人退休了就像剧场落下了帷幕，即使另一场剧目又将开始，此剧的剧中人也必须谢幕。

谢幕时我要深深地感谢在学术上对我有很大帮助的人，他们是：

天津社会科学院已故老院长王辉研究员，我要感谢他于1994年不拘一格地为我拉开了学术大剧场的序幕，如果没有他的"慧眼识珠"，就没有我后来20多年丰富多彩、生龙活虎的学术演出；

中国社会科学院已故荣誉学部委员陆学艺研究员，我要感谢他每每在学术角色转换的当口为我指明方向，如果没有他的"老马识途"，就没有后来我在某些领域的捷足先登和先拔头筹；

社会科学文献出版社丁凡女士，我要感谢她自2005年出版我的社会预测学研究第一卷起，十多年来对我每一本书的编辑，如果没有她逐字逐句"查讹识错"的精心审校，流星划空般的思想也不会固化成淬凝的陨石；

我的妻子余朗丽女士，我要衷心感谢她近四十年相濡以沫的陪伴，如果没有她"识大体顾大局"并践行"好女人管三代"的传统美德，我将事倍功半。

最后我还要感谢我的最爱，年方6岁的我的小孙子阎星衡小朋友，正是他那一颗对未来充满憧憬的童心，使我对未来充满希望。我相信，为了我们的后代，为了祖国的未来，在我们每个人的心目中，都有一颗永恒的"未来之星"。

2018年9月27日于学府花园明理湖畔

图书在版编目(CIP)数据

预测·预警·预控：未来研究三部曲 / 阎耀军著. -- 北京：社会科学文献出版社，2018.12（2023.4 重印）
ISBN 978 - 7 - 5201 - 3825 - 3

Ⅰ.①预… Ⅱ.①阎… Ⅲ.①社会学 - 研究 Ⅳ.①C91

中国版本图书馆 CIP 数据核字（2018）第 256641 号

预测·预警·预控
——未来研究三部曲

著　　者 / 阎耀军

出 版 人 / 王利民
项目统筹 / 丁　凡
责任编辑 / 丁　凡　李惠惠
责任印制 / 王京美

出　　版 / 社会科学文献出版社·城市和绿色发展分社（010）59367143
　　　　　　地址：北京市北三环中路甲 29 号院华龙大厦　邮编：100029
　　　　　　网址：www.ssap.com.cn
发　　行 / 社会科学文献出版社（010）59367028
印　　装 / 北京虎彩文化传播有限公司

规　　格 / 开　本：787mm × 1092mm　1/16
　　　　　　印　张：42.5　字　数：757 千字
版　　次 / 2018 年 12 月第 1 版　2023 年 4 月第 2 次印刷
书　　号 / ISBN 978 - 7 - 5201 - 3825 - 3
定　　价 / 198.00 元

读者服务电话：4008918866

▲ 版权所有 翻印必究